Thomas Schlemmer
Die Italiener an der Ostfront 1942/43

Schriftenreihe
der Vierteljahrshefte für Zeitgeschichte
Band 91

Im Auftrag des Instituts für Zeitgeschichte

Herausgegeben von

Karl Dietrich Bracher, Hans-Peter Schwarz, Horst Möller

Redaktion: Johannes Hürter und Jürgen Zarusky

R. Oldenbourg Verlag München 2005

Die Italiener
an der Ostfront
1942/43

Dokumente zu Mussolinis Krieg
gegen die Sowjetunion

Herausgegeben und eingeleitet
von
Thomas Schlemmer

Übersetzung der Dokumente
aus dem Italienischen
von Gerhard Kuck

R. Oldenbourg Verlag München 2005

Eine Gemeinschaftspublikation des Instituts für Zeitgeschichte München-Berlin und des Deutschen Historischen Instituts in Rom

Bibliografische Information Der Deutschen Bibliothek

Die Deutsche Bibliothek verzeichnet diese Publikation in der Deutschen Nationalbibliografie; detaillierte bibliografische Daten sind im Internet über <http://dnb.dbb.de> abrufbar.

© 2005 Oldenbourg Wissenschaftsverlag GmbH, München
Rosenheimer Straße 145, D-81671 München
Internet: http://www.oldenbourg.de

Das Werk einschließlich aller Abbildungen ist urheberrechtlich geschützt. Jede Verwertung außerhalb der Grenzen des Urheberrechtsgesetzes ist ohne Zustimmung des Verlages unzulässig und strafbar. Dies gilt insbesondere für Vervielfältigungen, Übersetzungen, Mikroverfilmungen und die Einspeicherung und Bearbeitung in elektronischen Systemen.

Gedruckt auf säurefreiem, alterungsbeständigem Papier (chlorfrei gebleicht).
Gesamtherstellung: R. Oldenbourg Graphische Betriebe Druckerei GmbH, München

ISBN 3-486-57847-2
ISSN 0506-9408

Inhalt

Vorwort VII

Erster Teil: Das italienische Heer im Krieg gegen die Sowjetunion 1941 bis 1943. Militär- und erfahrungsgeschichtliche Aspekte eines gescheiterten Abenteuers 1

I. Mussolinis Krieg in der Sowjetunion zwischen Erinnerung und historischer Forschung 1
   1. Der weiße Reiter 1
   2. Zum Stand der Forschung 3

II. Das königlich-italienische Heer und der Krieg gegen die Sowjetunion 1941/42 6
   1. Die Entscheidung zur Intervention an der Ostfront 6
   2. Das italienische Expeditionskorps und die strukturellen Schwächen des königlichen Heeres 10
   3. Das italienische Expeditionskorps in der Sowjetunion. 17
   4. Die Aufstellung der 8. Armee 23

III. Das königliche Heer und seine Soldaten an der Ostfront. 32
   1. „Italiani – brava gente"? „Zur italienischen Besatzungspraxis im Süden der Sowjetunion 32
   2. Zur Mentalität und Kriegserfahrung der italienischen Soldaten an der Ostfront 38
   3. Bündnistreue, Mißtrauen und Vorurteile. Zur Realität der deutsch-italienischen Waffenbrüderschaft auf dem sowjetischen Kriegsschauplatz 46
   4. Die Verbindungsdienste als operative Schnittstellen der Koalitionskriegführung 52

IV. „Cannae am Don". Der Untergang der 8. italienischen Armee im Winter 1942/43 58
   1. Die 8. italienische Armee im Rahmen der Operation „Blau" 58
   2. „Kleiner Saturn" und „Ostrogoschsk – Rossosch". Die Offensiven der Roten Armee und die Zerschlagung der ARMIR 62
   3. Der Rückzug als militärisches und bündnispolitisches Desaster . . . 70

Zweiter Teil: Deutsche und italienische Dokumente zum Kampf und
Untergang der ARMIR 1942/43   77

    Bemerkungen zur Auswahl und Aufbereitung der Dokumente   77
    Verzeichnis der Dokumente   80
    I. Deutsche Dokumente (Nr. 1–15)   82
    II. Italienische Dokumente (Nr. 16–29) 159

Abkürzungsverzeichnis. 271

Quellen- und Literaturverzeichnis 275

Register. 285
    Personenregister 285
    Ortsregister. 288

Karten 293

Vorwort

Dieses Buch ist in Rom entstanden, wo ich als Mitarbeiter des Deutschen Historischen Instituts mehr als drei Jahre leben und arbeiten durfte. Mein Dank gilt all jenen, die mir besonders in den ersten Monaten über so manche nicht nur sprachlich bedingte Hürde hinweg geholfen haben. Stellvertretend seien hier nur Lutz Klinkhammer, Monika Kruse, Petra Nikolay und Susanne Wesely genannt. Es war auch gut zu wissen, daß Michael Matheus, der Direktor des DHI, und sein Stellvertreter Alexander Koller meine Studien stets mit Interesse und Wohlwollen begleitet haben. Dank schulde ich ebenfalls Oberst Massimo Multari, dem Chef des *Ufficio Storico dello Stato Maggiore dell'Esercito*, und seinen Mitarbeitern im Archiv für ihre zuvorkommende Betreuung und ihre Nachsicht mit meiner teutonischen Ungeduld. Amedeo Osti Guerrazzi hat mir in langen Gesprächen geholfen, meine Gedanken zu ordnen und meine Thesen kritisch zu prüfen. Es ist geradezu ein Wunder, daß mir seine Frau Chiara nicht die Gastfreundschaft aufgekündigt hat, obwohl ich keine Gelegenheit ausgelassen habe, sie mit historischen Exkursen zu langweilen.

Im Institut für Zeitgeschichte danke ich den Herausgebern dafür, daß sie diesen Band in die Schriftenreihe der Vierteljahrshefte für Zeitgeschichte aufgenommen haben, und den beiden Redakteuren, die ihn zu bearbeiten hatten. Auch stehe ich einmal mehr in der Schuld meines Freundes Hans Woller, ohne dessen Zuspruch ich vermutlich gar nicht auf die Idee gekommen wäre, mich mit der Geschichte der faschistischen Kriegsallianz zu beschäftigen. Er hat nicht nur das Manuskript mit spitzem Bleistift gelesen, sondern auch großzügig darüber hinweggesehen, daß ich seine Mitarbeiterinnen Renate Bihl und Barbara Grimm zuweilen eingespannt habe, um Literatur zu besorgen, die in der Ewigen Stadt beim besten Willen nicht aufzutreiben war. Meiner Frau Regina schließlich danke ich dafür, daß sie einen großen Teil meiner familiären Pflichten mit übernommen und zugleich die Zeit gefunden hat, ihren Sachverstand als Historikerin und Germanistin in diese Arbeit einzubringen. Gewidmet ist dieses Buch unseren Kindern Lukas und Rebekka, die ihren Vater in den letzten Monaten allzu oft mit so illustren Gestalten wie Giovanni Messe und Kurt von Tippelskirch teilen mußten.

Rom–München, im Juni 2005   Thomas Schlemmer

Erster Teil
Das italienische Heer im Krieg gegen die Sowjetunion 1941 bis 1943

Militär- und erfahrungsgeschichtliche Aspekte eines gescheiterten Abenteuers

I. Mussolinis Krieg in der Sowjetunion zwischen Erinnerung und historischer Forschung

1. Der weiße Reiter

Man schrieb den 22. Dezember 1942, als einige Tausend deutsche und italienische Soldaten in Arbusow um ihr Leben kämpften. Es waren die Reste der 298. deutschen Infanteriedivision, der 52. italienischen Infanteriedivision „Torino" und anderer Verbände, die einige Tage zuvor gezwungen worden waren, ihre Stellungen am Don zu verlassen, und nun auf ihrem Rückzug nach Westen von motorisierten Einheiten der Roten Armee überflügelt und in der von Hügeln umgebenen Ortschaft auf halbem Wege zwischen Meschkow und Tschertkowo eingeschlossen worden waren. Viel Hoffnung auf Rettung bestand nicht. Verpflegung, Munition und Sanitätsmaterial waren ebenso knapp wie Treibstoff für die wenigen Transport- und Gefechtsfahrzeuge; zahlreiche Soldaten hatten noch nicht einmal mehr ihre Gewehre. Die sowjetischen Truppen, die die Höhenzüge um Arbusow besetzt hielten, nahmen die bunt zusammengewürfelte Truppe nahezu pausenlos unter Beschuß, und es waren so viele Opfer zu beklagen, daß das Wort vom „Tal des Todes" die Runde machte[1]. In dieser Situation entschlossen sich die kommandierenden Offiziere zu einem gewagten Manöver: Ein Gegenangriff sollte den Feind zurückdrängen, den Druck von den eigenen Positionen nehmen und die Voraussetzungen für einen späteren Ausbruch schaffen. Das Unternehmen drohte sich jedoch festzulaufen, als – so will es die Überlieferung – gleichsam ein Wunder geschah. Ein junger Soldat schwang sich auf ein Pferd, ergriff eine italienische Fahne und ritt eine verzweifelte Attacke. Hoch zu Roß, im Feuer der Maschinengewehre, aber scheinbar unverwundbar, sei er seinen Kameraden als übermenschliches, gottgesandtes Wesen erschienen, und als er die eigenen Linien passiert und sich gegen den Feind gewandt habe, so berichtete ein Augenzeuge, hätten Soldaten aller Einheiten und Waffengattungen neuen Mut geschöpft. Mit dem Schlachtruf „Savoia" auf den Lippen seien

---

[1] AUSSME, L 13/202, Oberstleutnant Archimede Palazzo: Olocausto. Il „ripiegamento" della Divisione „Torino" nell'eco dei caduti e nella voce dei superstiti, S. 5; zum Gesamtzusammenhang vgl. 8ª Armata Italiana nella seconda battaglia difensiva del Don, S. 34-37.

sie dem Beispiel des unbekannten Reiters gefolgt und hätten die zahlenmäßig und waffentechnisch überlegenen Rotarmisten in erbitterten Nahkämpfen zurückgeworfen. Als sich die Raserei gelegt habe und wieder Stille eingekehrt sei, habe sich keine Spur des legendären Retters mehr gefunden; nur das Pferd sei mit Mühe und aus vielen Wunden blutend zurückgekehrt[2].

Dies ist der Stoff, aus dem Schlachtenmythen gemacht sind[3], Mythen, die immer wieder neu erzählt werden, deren Wahrheitsgehalt man nicht hinterfragt und die ihre Wirkungsmacht noch nach Jahrzehnten entfalten. Die kollektive Erinnerung an den Untergang der 8. italienischen Armee zwischen Don und Donez im Winter 1942/43, der für Zehntausende von Soldaten den Tod oder Kriegsgefangenschaft bedeutete, ist voll von solchen Geschichten, die von scheinbar ausweglosen Situationen und übermenschlichen Anstrengungen zeugen oder von der Aura des Unerklärlichen umgeben sind und die einst ersonnen wurden, um dem eigenen Handeln einen Sinn zu geben, das Leid der Hinterbliebenen zu lindern oder politisches Kapital aus der Katastrophe zu schlagen[4]. Schon früh erschien Mussolinis Feldzug gegen die Sowjetunion – die *Campagna di Russia* – dabei als Geschichte eines tragischen Verhängnisses. Zeitzeugen und Publizisten überboten sich in ihrem Bemühen, das grausame Geschehen in Worte zu kleiden, geradezu mit Superlativen und machten vor der Passion Christi ebenso wenig halt wie vor großen Dichtungen der Antike wie der „Odyssee" Homers oder der „Anabasis" des Xenophon[5]. Prinzipiell waren einer zwar unhistorischen, aber publikumswirksamen Dramatisierungsdynamik keine Grenzen gesetzt. Doch wie man die militärische Katastrophe im Winter 1942/43 auch immer beschrieb, eine zentrale Achse der Interpretation blieb stets dieselbe: die Stilisierung des italienischen Soldaten als Opfer – und das gleich in dreifacher Hinsicht, nämlich als Opfer einer verbrecherischen Politik der faschistischen Führung, als Opfer eines gnadenlosen Krieges gegen die Rote Armee, die Weite des Landes und die Unbilden der Natur und nicht zuletzt als Opfer der deutschen Waffenbrüder, die ihre tapfer kämpfenden Verbündeten im Stich gelassen, ja verraten hätten.

Mit dieser einseitigen Konzentration auf die Leiden des einfachen Soldaten und seine Rolle als Opfer weist die kollektive Erinnerung der italienischen Gesellschaft an die Zerschlagung der *Armata Italiana in Russia* (ARMIR) erstaunliche Parallelen zu dem Grundmuster des Gedenkens an den Untergang der 6. Armee in Stalingrad auf, das in der Bundesrepublik Deutschland lange Zeit dominant gewesen ist[6]. Indem man hier wie dort die Tatsache unterschlug, daß die eigenen Soldaten keinen

---

[2] Die Geschichte des Reiters von Arbusow, der mit dem bei dieser Aktion gefallenen, posthum mit der goldenen Tapferkeitsmedaille ausgezeichneten *Carabiniere* Giuseppe Plado-Mosca identifiziert wird, hat zahlreiche Varianten. Meine Schilderung stützt sich auf die Berichte zweier Augenzeugen: Roberto Lerici, Relazione sul ciclo operativo 19 dicembre 1942 – 17 gennaio 1943, und vor allem Attilio Boldoni, Epopea dei Carabinieri della „Torino", beide Berichte in: Bedeschi (Hrsg.), Fronte russo, Bd. 1, S. 22–44, hier S. 30, und S. 55–72, hier S. 63f.
[3] Vgl. Krumeich, Schlachtenmythen in der Geschichte, in: ders./Brandt (Hrsg.), Schlachtenmythen, S. 1–17.
[4] Vgl. hierzu den grundlegenden Aufsatz von Focardi, Bravo italiano.
[5] Vgl. Schlemmer, Erfahrung und Erinnerung.
[6] Vgl. Wegner, Mythos „Stalingrad", in: Krumeich/Brandt (Hrsg.), Schlachtenmythen, S. 183–197, hier S. 191f.; das folgende Zitat findet sich ebenda, S. 192.

Verteidigungs-, sondern einen Angriffskrieg führten, von den politischen Rahmenbedingungen abstrahierte und die Geschichte der Katastrophe von der Geschichte des vorausgegangenen Feldzuges abkoppelte, ließen sich unangenehme Themen wie Kriegsschuld und Verantwortung für die verbrecherische Besatzungspolitik elegant vermeiden, wobei man in Italien schnell damit bei der Hand war, etwaige Nachfragen mit dem Hinweis auf die Rolle der Deutschen zu kontern. Dieser Ansatz hatte jedoch zwei weitere Konsequenzen: Zum einen lief er auf eine „Ausweitung und Enthistorisierung des Opferbegriffs" hinaus und leistete einer vereinfachenden Sicht der Dinge Vorschub, die letztlich keine Sieger und Verlierer mehr kannte – „Roter Stern und schwarze Federn. Dieselben Leiden, dieselben Helden", wie ein italienischer Journalist noch im April 2003 schrieb[7]. Zum anderen trug eine solche Sicht der Dinge nicht gerade dazu bei, die wissenschaftliche Aufarbeitung der Vergangenheit zu fördern, so daß man bilanzieren könnte: Über die *Campagna di Russia* ist zwar viel geschrieben, aber erstaunlich wenig geforscht worden.

2. Zum Stand der Forschung

Die ersten Abhandlungen über den Kampf der 8. italienischen Armee und ihren Untergang zirkulierten schon, als der Krieg in Europa noch in seiner ganzen Härte wütete. Neben Pamphleten der faschistischen Propaganda, die das Heldentum des italienischen Soldaten priesen und die antibolschewistische Ratio des Krieges gegen die Sowjetunion beschworen[8], wurden zunächst unter der Hand, nach der Landung der Alliierten in Süditalien dann auch offen, regimekritische Erlebnisberichte und Tagebuchnotizen verbreitet, die von den Geschehnissen an der Ostfront Kunde gaben[9]. So unterschiedlich diese Schriften in ihrer Anlage und politischen Stoßrichtung auch sein mochten, so transportierten sie doch eine Reihe von Interpretationsmustern, die das Bild der *Campagna di Russia* entscheidend prägen sollten. Daß die italienischen Soldaten tapfer gekämpft hätten, wurde dabei ebensowenig in Frage gestellt wie ihr Status als Opfer. Auch die Rollen der Helden und Schurken waren eindeutig verteilt: hier der gute Italiener, dort der böse, grausame Deutsche, dem ohne zu zögern die gesamte Verantwortung zugeschoben wurde – sei es nun für den Krieg und die Besatzungsherrschaft in der Sowjetunion oder für die Katastrophe der italienischen Armee.

Die wohl wichtigsten Meilensteine auf dem Feld der Memoirenliteratur und Selbstzeugnisse setzten zunächst der sozialistische Politiker Giusto Tolloy[10], der als Offizier dem Oberkommando der 8. Armee angehört hatte und nun unter anderem die Unfähigkeit der italienischen Militärführung anprangerte, sowie Giovanni Messe[11], der als Marschall von Italien sowohl Mussolini als auch dem postfaschisti-

---

[7] Paolo Di Stefano, Stella rossa e penne nere. Stessi dolori, stessi eroi, in: Corriere della Sera vom 26. 4. 2003, S. 27; mit den „penne nere" sind die *Alpini* gemeint, deren Kopfbedeckung eine schwarze Feder zierte.
[8] Vgl. Mazzara, Fanti in Russia, oder Gianturco, Ritorno dalla Russia.
[9] Am bekanntesten ist wohl das Buch von Giusto Tolloy, das zunächst im Untergrund verbreitet wurde und regulär erstmals 1944 in Livorno erschien; vgl. auch Palazzo, Verità.
[10] Vgl. Tolloy, Armata italiana.
[11] Vgl. Messe, Guerra al fronte russo (die erste Auflage erschien 1947; für den vorliegenden Band wurde auf die überarbeitete und erweiterte Neuauflage von 1964 zurückgegriffen). Als

schen Italien im Krieg gegen Deutschland gedient hatte und nach 1945 neben seiner eigenen Ehre auch die des untergegangenen königlichen Heeres zu retten versuchte. Es folgten Bücher aus der Feder von Nuto Revelli, dessen zornige Aufzeichnungen von der Ostfront[12] ebenso für Furore gesorgt haben wie die von ihm herausgegebenen Sammlungen von Soldatenbriefen und Selbstzeugnissen[13], von Mario Rigoni Stern, dem mit seinem auch ins Deutsche übersetzten Erlebnisbericht ein Bestseller gelungen ist[14], oder von Giulio Bedeschi, dessen romanhaft ausgeschmückte Erinnerungen immer wieder neu aufgelegt worden sind[15]. Als öffentliche, zum Teil auch politisch einflußreiche Persönlichkeiten gaben sie mit der unumstrittenen Autorität des Zeitzeugen Fragen, Themen und Interpretationen vor, und es ist kein Zufall, daß der Beitrag über den Rückzug der ARMIR in Mario Isnenghis Ende der neunziger Jahre erschienenem großen Sammelwerk über die italienischen Erinnerungsorte nicht von einem Historiker verfaßt wurde, sondern von Nuto Revelli[16]. Damit trugen die Akteure von einst aber entscheidend dazu bei, daß ein gleichsam kanonisiertes Bild vom Krieg der italienischen Soldaten an der Ostfront entstand, das Teil jener geheiligten Wahrheiten über die Geschichte Italiens im Zweiten Weltkrieg wurde, die anzuzweifeln leicht die Frage nach der geistigen Gesundheit des kritischen Zeitgenossen nach sich ziehen konnte[17].

Das *Ufficio Storico* des italienischen Heeresgeneralstabs hat mit seinen zum Teil umfangreichen Publikationen – so nützlich sie sind – nur wenig zur Aufklärung beigetragen. Denn entweder können die Studien ihren rechtfertigenden Charakter nicht leugnen[18], bauen unkritisch auf den Abschlußberichten der an der Ostfront eingesetzten Großverbände und ihrer Generalstäbe auf oder konzentrieren sich ausschließlich auf die militärischen Operationen, wobei die politischen Rahmenbedingungen ebenso ausgeblendet bleiben wie die Geschehnisse hinter der Front[19]. Auch die angelsächsische Forschung, die ansonsten viele wichtige Beiträge zur Geschichte des Faschismus und seiner Kriege geleistet hat, hilft kaum weiter. Einer der

---

eines der wenigen Bücher zur *Campagna di Russia* wurde Messes Buch schon früh übersetzt (Krieg im Osten, 1948) und erlangte aufgrund seiner Monopolstellung im deutschen Sprachraum fast den Status einer Primärquelle.

[12] Vgl. Revelli, Mai tardi (die erste Auflage stammt wohl aus dem Jahr 1946); darauf aufbauend sein Buch: Guerra dei poveri (erstmals 1962). Der im Februar 2004 verstorbene Revelli berichtete bis kurz vor seinem Tod immer wieder über seine Erlebnisse als Leutnant der *Alpini* an der Ostfront und als Partisan im Krieg gegen die deutschen Besatzer; vgl. etwa sein letztes Buch: Due guerre.

[13] Vgl. Revelli, Strada del davai (erstmals 1966), und Ultimo fronte.

[14] Vgl. Rigoni Stern, Sergente nella neve; das Buch wurde unter dem Titel „Alpini im russischen Schnee" ins Deutsche übersetzt. Rigoni Stern ist bis heute publizistisch aktiv; vgl. etwa sein Buch: Ultima partita a carte.

[15] Wohl am bekanntesten: Bedeschi, Centomila gavette (erstmals 1963). Wie hoch Bedeschis Schriften noch heute geschätzt werden, zeigt auch die Tatsache, daß mehr als zehn Jahre nach seinem Tod mit „Il natale degli alpini" oder „Il segreto degli alpini" Bücher erscheinen, die neben veröffentlichten Texten auch bislang unbekanntes Material aus dem Nachlaß enthalten.

[16] Vgl. Revelli, Ritirata di Russia, in: Isnenghi (Hrsg.), Luoghi della memoria – Strutture ed eventi, S. 365–379.

[17] Vgl. Ceva, Riflessioni, in: ders., Guerra mondiale, S. 271.

[18] Dies trifft vor allem auf die frühen Studien zu, die im Spannungsfeld zwischen Selbstrechtfertigung und Staatsräson erarbeitet wurden; vgl. 8ª Armata Italiana nella seconda battaglia difensiva del Don und Operazioni del C.S.I.R. e dell'A.R.M.I.R.

[19] Vgl. Servizi logistici und Operazioni delle unità italiane al fronte russo.

besten Kenner der Materie, MacGregor Knox, schweigt sich über die italienische Intervention auf dem sowjetischen Kriegsschauplatz nahezu vollständig aus[20], während Brian R. Sullivan in seinen instruktiven Abhandlungen zuweilen das Opfer zählebiger Mythen und Halbwahrheiten geworden ist[21]. Mit der deutschen Historiographie steht es nicht viel besser, sieht man von zwei grundlegenden Aufsätzen der Militärhistoriker Gerhard Schreiber und Jürgen Förster einmal ab[22]. Die Debatte um die Ausstellung „Vernichtungskrieg. Verbrechen der Wehrmacht 1941 bis 1944" hat daran nur wenig geändert, auch wenn im Zuge dieser Debatte wiederholt die Rolle der verbündeten Truppen an der Ostfront thematisiert worden ist[23].

Die wichtigsten Studien der italienischen Geschichtswissenschaft zur *Campagna di Russia* sind schnell genannt[24]. Unverzichtbar ist noch immer der den Geist des Antifaschismus atmende Sammelband *Gli Italiani sul fronte russo*, der aus einer Tagung in Cuneo im Jahre 1979 hervorgegangen ist[25]. Dann verdient die Untersuchung von Alessandro Massignani über das Verhältnis der deutschen und der italienischen Soldaten besondere Erwähnung, und zwar nicht nur, weil der Autor bisher als einziger die entsprechenden Akten in den Militärarchiven der beiden ehemaligen Achsenmächte ausgewertet hat, sondern auch, weil es eines seiner Anliegen war, einige vor allem auf den Erzählungen von Zeitzeugen basierende Grundannahmen auf ihren Wahrheitsgehalt zu überprüfen[26]. Maria Teresa Giusti hat dagegen durch ihre ausgedehnten Recherchen in russischen Archiven die Forschung zum grausamen Schicksal der italienischen Kriegsgefangenen in der Sowjetunion auf eine neue Grundlage gestellt[27]. Mit diesem Thema haben sich auch der Journalist Francesco Bigazzi und sein russischer Kollege Evgenij Zhirnov befaßt; genauer gesagt, haben sie die Geschichte einer kleinen Gruppe von Gefangenen nachgezeichnet, die erst Anfang 1954 nach Italien zurückkehren konnten und unter denen sich auch einige wegen Kriegsverbrechen Verurteilte befanden[28]. Die beiden Autoren gehen den Vorwürfen, die diesen Urteilen zugrunde lagen, nicht im einzelnen nach, doch die von ihnen zitierten Dokumente lassen erahnen, daß die italienischen Truppen tiefer in den von ihren deutschen Verbündeten entfesselten Vernichtungskrieg verstrickt gewesen sind, als man bisher angenommen hat.

Nun macht die italienische Geschichtswissenschaft um diese Themen schon seit längerer Zeit keinen Bogen mehr. Es sind vor allem jüngere Wissenschaftlerinnen und Wissenschaftler, die sich seit einiger Zeit intensiv mit der Rolle Italiens als Besatzungsmacht in Afrika[29] und auf dem Balkan[30] beschäftigen und dabei heraus-

---

[20] Vgl. Knox, Italian Armed Forces, in: Millet/Murray (Hrsg.), Military Effectiveness, Bd. 3, und Knox, Italian Allies.
[21] Vgl. Sullivan, Italian Soldier, in: Addison/Calder (Hrsg.), Time to kill, S. 195–202.
[22] Vgl. Schreiber, Italiens Teilnahme, in: Förster (Hrsg.), Stalingrad, und Förster, Ruolo, in: Italiani sul fronte russo.
[23] Vgl. etwa die Aufsätze von Förster und Ungváry in: Hartmann/Hürter/Jureit (Hrsg.), Verbrechen.
[24] Überdies ist noch eine ins Italienische übersetzte Arbeit aus sowjetischer Zeit zu erwähnen: Filatov, Campagna orientale.
[25] Vgl. Italiani sul fronte russo.
[26] Vgl. Massignani, Alpini e Tedeschi.
[27] Vgl. Giusti, Prigionieri italiani.
[28] Vgl. Bigazzi/Zhirnov, Ultimi 28.
[29] Vgl. hierzu eine Reihe von Beiträgen in Labanca (Hrsg.), Militari italiani in Africa.

gearbeitet haben, mit welcher brutalen Konsequenz die Truppen des königlichen Heeres und die faschistischen Milizen dort zu Werke gegangen sind. Durch diese Arbeiten ist zweifellos die auf Renzo De Felice zurückgehende These ins Wanken geraten, „daß sich der italienische Faschismus außerhalb der Vernichtungslogiken befunden habe und diese folglich allein dem Nationalsozialismus eigen gewesen seien"[31]. Allerdings ist davon bisher noch kein Impuls ausgegangen, auch Mussolinis blutiges Abenteuer an der Ostfront unter neuen Fragestellungen nochmals aufzurollen. Für den sowjetischen Kriegsschauplatz gilt noch immer das Klischee *Italiani – brava gente*, also – um mit Wolfgang Schieder zu sprechen – die „italienische Variante der deutschen Wehrmachtslegende"[32].

II. Das königlich-italienische Heer und der Krieg gegen die Sowjetunion 1941/42

1. Die Entscheidung zur Intervention an der Ostfront

Es war Außenminister Galeazzo Ciano, der Benito Mussolini in den frühen Morgenstunden des 22. Juni 1941 wecken ließ und seinem am Meer weilenden Schwiegervater telefonisch mitteilte, Hitler habe seinen Bündnispartner offiziell davon in Kenntnis gesetzt, daß die Wehrmacht zum Angriff gegen die Sowjetunion angetreten sei. Konsultationen zwischen den beiden Achsenmächten hatte es nicht gegeben; das Deutsche Reich stellte Italien (und im übrigen auch Japan) vor vollendete Tatsachen, obwohl dieses Vorgehen „dem Geist und Buchstaben des ‚Stahlpakts' vom Mai 1939" offen widersprach[33]. Dennoch zögerte Mussolini keinen Augenblick, den Schulterschluß mit den Deutschen zu vollziehen; noch vor Sonnenaufgang befand sich auch Italien mit der Sowjetunion im Kriegszustand[34].

Schon diese rasche Reaktion des „Duce" zeigt, daß ihn der deutsche Überfall auf die UdSSR nicht überraschend getroffen hatte[35] – ungeachtet der Tatsache, daß Italien zu keiner Zeit in die Vorbereitungen des Unternehmens „Barbarossa" einbezogen worden war. Die Hinweise, die Mussolini seit Ende 1940 von den Agenten seines Militärgeheimdienstes, den italienischen Militärattachés in Berlin, Moskau

---

[30] Einen guten Überblick über den gegenwärtigen Forschungsstand bietet Mantelli (Hrsg.), Italia fascista potenza occupante.
[31] Mantelli, Italiener auf dem Balkan, in: Dipper/Klinkhammer/Nützenadel (Hrsg.), Europäische Sozialgeschichte, S. 72, der sich auf ein Interview von Giuliano Ferrara mit Renzo De Felice vom 27. 12. 1987 bezieht; abgedruckt in: Jacobelli (Hrsg.), Fascismo e gli storici, hier S. 6.
[32] Wolfgang Schieder, Die römische Werwölfin. „Gute Leute, diese Italiener", hieß es einst über die Armeen des Duce, doch neue Quellen dokumentieren Verbrechen und Verdrängen, in: Süddeutsche Zeitung vom 7. 1. 2002, S. 15.
[33] Förster, Entscheidungen der „Dreierpaktstaaten", in: DRZW 4, S. 897; zur Übermittlung von Hitlers Botschaft an Mussolini vgl. Ciano, Diario, S. 526, Eintrag vom 22. 6. 1942.
[34] Den Generalstäben der Teilstreitkräfte und den höheren Kommandos wurde mitgeteilt, daß sich Italien seit dem 22. 6. 1941, 5.30 Uhr, im Kriegszustand mit der UdSSR befinde; vgl. Diario Storico Comando Supremo, Bd. 4/1, S. 405.
[35] Dies wurde in der älteren Forschung wiederholt behauptet; vgl. etwa Ragionieri, Italien und der Überfall auf die UdSSR, S. 762 f.; dieser Aufsatz ist zwar veraltet und leidet an seinen ehernen marxistisch-leninistischen Prämissen, enthält aber eine Fülle von interessanten Zitaten aus der italienischen Memoirenliteratur.

II. Das königlich-italienische Heer und der Krieg gegen die Sowjetunion

oder Bukarest sowie von Politikern befreundeter Staaten und zunehmend auch von deutscher Seite[36] erhalten hatte, verdichteten sich immer mehr und reichten schließlich aus, um ein einigermaßen klares Bild von den Plänen des Alliierten jenseits der Alpen zu erhalten. Im Mai 1941 war man sich in Rom dann nicht nur sicher, daß es zum Krieg zwischen Deutschland und der Sowjetunion kommen würde, sondern verfügte auch über Informationen bezüglich des Angriffszeitpunkts, der operativen Absichten und der strategischen Ziele[37]. Der Feldzug, so berichtete Militärattaché Efisio Marras nach Rom, solle zwischen Juli und September stattfinden, etwa zweieinhalb Monate dauern, und mit der Besetzung Leningrads, Moskaus, der gesamten Ukraine und der kaukasischen Erdölfelder enden[38]. Als die beiden Diktatoren am 2. Juni zusammentrafen, um am Brenner über die politische und militärische Lage zu konferieren, ließ sich auch das Thema Sowjetunion nicht umgehen. Glaubt man Joseph Goebbels, so wurde Mussolini bei dieser Gelegenheit in groben Zügen über die diesbezüglichen deutschen Absichten orientiert[39], und offensichtlich tat dieser nichts, um Hitler von seinem Vorhaben abzubringen[40]. Im Gegenteil: Er drängte auf eine „endgültige Lösung der russischen Frage", wobei Hitler keinen Zweifel daran ließ, daß dies nur auf militärischem Wege geschehen könne.

Zu diesem Zeitpunkt war Mussolini freilich bereits dazu entschlossen, den Krieg im Osten nicht allein den Deutschen zu überlassen, obwohl diese signalisiert hatten, daß sie diesen Krieg ohne die Italiener zu führen gedachten, ja daß sie einen regelrechten „Austausch der Verbündeten" vollzogen hatten[41]. Schon am 30. Mai hatte er seinen Generalstabschef Ugo Cavallero angewiesen, drei Divisionen für einen Einsatz in der Sowjetunion vorzubereiten; sollte es zum Konflikt zwischen Deutschland und der UdSSR kommen, so ließ Mussolini den General wissen, könne Italien nicht abseits stehen, da es sich schließlich um einen „Kampf gegen den Kommunismus" handle[42]. Daß es dabei um mehr ging als um eine bloß symbolische Präsenz, wurde bereits bei der Auswahl der Divisionen deutlich, die man an die Ostfront zu entsenden beabsichtigte. Denn von Anfang an waren nur Elitetruppen und möglichst bewegliche Verbände im Gespräch, also Bestandteile des königlichen Heeres, die besonders rar und kostbar waren. Schließlich verfügten die italienischen Streitkräfte zu diesem Zeitpunkt nur über drei unvollständige Panzer- und drei schnelle Divisionen sowie über zwei motorisierte und eine Handvoll für den Transport mit Kraftfahrzeugen ausgebildete Infanteriedivisionen[43], von denen zudem einige in Nordafrika standen. Es bedeutete also einiges, daß sich das *Comando Supremo* am 19. Juni nach der Prüfung mehrerer Varianten dafür entschied, das

---

[36] Wobei es sich jedoch teilweise um gezielte Desinformation handelte; vgl. Goebbels-Tagebücher, Teil II, Bd. 1, S. 44, Eintrag vom 10. 7. 1941.
[37] Vgl. Schreiber, Italiens Teilnahme, in: Förster (Hrsg.), Stalingrad, S. 252 f., und Operazioni delle unità italiane al fronte russo, S. 33–37.
[38] Das Telegramm von Efisio Marras an das Kriegsministerium in Rom vom 7. 5. 1941 und sein ausführlicher Bericht vom 30. 5. 1941 sind als Dok. 2 und Dok. 3 ebenda, S. 519–522, abgedruckt; die Originale finden sich im AUSSME, L 13/48–1 und L 13/48–1 bis.
[39] Goebbels-Tagebücher, Teil I, Bd. 9, S. 395, Eintrag vom 22. 6. 1941.
[40] Vgl. ADAP 1918–1945, Serie D, Bd. 13/1, S. 7 ff. (das folgende Zitat findet sich auf S. 7): Benito Mussolini an Adolf Hitler vom 23. 6. 1941.
[41] Förster, Entscheidungen der „Dreierpaktstaaten", in: DRZW 4, S. 897.
[42] Cavallero, Diario, S. 188, Eintrag vom 30. 5. 1941.
[43] Vgl. Ceva, Storia delle Forze Armate, Anlage 34.

Corpo d'Armata autotrasportabile unter dem Befehl von General Francesco Zingales mit einer schnellen Division und zwei Infanteriedivisionen *autotrasportabili* für den Einsatz in der Sowjetunion zu designieren⁴⁴. Während man in Rom immer fieberhafter damit beschäftigt war, die Truppen für den Krieg im Osten zusammenzustellen, bemühte sich General Marras in Berlin um die Zustimmung des Bündnispartners. Am 20. Juni konnte er melden, das Oberkommando der Wehrmacht (OKW) sei über die italienischen Pläne auf dem Laufenden und gedenke, das Expeditionskorps auf dem südlichen Angriffsflügel zwischen ungarischen und rumänischen Verbänden einzusetzen⁴⁵.

Die Würfel für eine Intervention Italiens in den Krieg gegen die Sowjetunion waren im wesentlichen also bereits gefallen, als Hitler den „Duce" in der Nacht vom 21. auf den 22. Juni 1941 von der Eröffnung der Feindseligkeiten in Kenntnis setzen ließ. Obwohl er Mussolinis Angebot, ein Armeekorps an die Ostfront zu entsenden, „selbstverständlich mit dankerfülltem Herzen" nun auch offiziell annahm, machte er keinen Hehl daraus, daß er diesen Schritt für unnötig hielt und daß es ihm lieber gewesen wäre, Italien hätte seine Kräfte auf den Krieg im Mittelmeerraum konzentriert⁴⁶. Mussolini ging über diese militärisch gesehen durchaus berechtigten Vorbehalte mit leichter Hand hinweg; für ihn hatten momentan offensichtlich andere Überlegungen Priorität.

Damit ist die Frage nach den Gründen aufgeworfen, die Mussolini dazu bewogen, sich im Krieg gegen die Sowjetunion zu engagieren, obwohl die militärische Lage des Landes angespannt war und die traditionellen Interessensphären Italiens vor allem in Afrika und auf dem Balkan lagen. Die Antwort darauf muß auf fünf Ebenen ansetzen und fördert ein komplexes Bündel von Motiven zutage. Da ist zunächst Mussolinis ruhmsüchtiger Charakter zu nennen, der ihn vielfach intuitiv handeln ließ und dazu drängte, sich in Abenteuer zu stürzen, ohne lange die Konsequenzen zu bedenken. Dann hatte die Entscheidung, eine neue Front zu eröffnen, eine starke ideologische Komponente, die der „Duce" selbst immer wieder betonte, ohne freilich außer acht zu lassen, daß es auch um reine Machtpolitik ging⁴⁷. Schließlich gehörte der Kampf gegen den Bolschewismus zu den Lebensgesetzen des Faschismus, auch wenn die Beziehungen zwischen Italien und der Sowjetunion lange Zeit so schlecht nicht gewesen waren. Wirtschaftliche Interessen und die gemeinsame Ablehnung der 1918/19 geschaffenen europäischen Nachkriegsordnung schufen die Voraussetzungen für einen modus vivendi der beiden gegensätzlichen Regime und gipfelten im September 1933 in der Unterzeichnung eines Nichtangriffspakts⁴⁸. Die Eroberung Abessiniens, der spanische Bürgerkrieg und das

---

⁴⁴ Vgl. hierzu Operazioni delle unità italiane al fronte russo, S. 71–74, und die ebenda als Dok. 8–19 (S. 525–531) abgedruckten Auszüge aus dem Kriegstagebuch Ugo Cavalleros.

⁴⁵ Vgl. Schreiber, Italiens Teilnahme, in: Förster (Hrsg.), Stalingrad, S. 252. Die Telegramme 362/S und 363/S von General Efisio Marras an das Comando Supremo vom 20. 6. 1941 sind als Dok. 6 abgedruckt in: Operazioni delle unità italiane al fronte russo, S. 524; die Originale finden sich im AUSSME, L 13/48–1 bis.

⁴⁶ ADAP 1918–1945, Serie D, Bd. 12/2, S. 886–892 (das Zitat findet sich auf S. 891): Adolf Hitler an Benito Mussolini vom 21. 6. 1941; Mussolinis Antwort vom 23. 6. 1941, auf die im folgenden angespielt wird, findet sich in: ADAP 1918–1945, Serie D, Bd. 13/1, S. 7 ff.

⁴⁷ Vgl. Ciano, Diario, S. 530, Eintrag vom 1. 7. 1941.

⁴⁸ Vgl. dazu die Arbeiten von Petracchi: Diplomazia italiana in Russia; URSS nell'immagine del

II. Das königlich-italienische Heer und der Krieg gegen die Sowjetunion

deutsch-italienische Bündnis beschworen jedoch eine politische Eiszeit zwischen Moskau und Rom herauf. Dabei hatte die italienische Regierung Schwierigkeiten, sich auf die neuen Gegebenheiten einzustellen, die nach der Unterzeichnung des Ribbentrop-Molotow-Pakts Ende August 1939 entstanden waren. Mussolinis Feststellung, Italien könne in einem nicht zuletzt ideologisch motivierten Krieg „nicht abseits bleiben", war für ihn demnach ebensowenig eine leere Phrase wie der Hinweis, die alte Garde der faschistischen Partei sei dem im Sommer 1939 eingeschlagenen Kurs der Annäherung an die Sowjetunion nur widerwillig gefolgt und habe den Entschluß, „Rußland bei der Kehle zu fassen", begeistert aufgenommen[49].

Der Krieg gegen die Sowjetunion begradigte also die ideologischen Fronten, doch hatte er auch direkte Rückwirkungen auf die Dynamik des spannungsreichen deutsch-italienischen Bündnisses. Seit dem Debakel des italienischen Feldzugs gegen Griechenland und der Katastrophe der 10. Armee in Nordafrika hatte Italien in diesem Bündnis 1940/41 deutlich an Gewicht und Handlungsspielraum verloren. Mussolinis „paralleler Krieg" mit all seinen Ambitionen war im unwirtlichen albanisch-griechischen Grenzland und in der libyschen Wüste endgültig gescheitert[50]; damit war Italien als Großmacht diskreditiert – nicht nur, aber auch und vor allem in deutschen Augen. Die außenpolitischen Entscheidungen Mussolinis im Jahr 1941 und damit auch sein Entschluß, Italien in einen bewaffneten Konflikt mit der Sowjetunion zu führen, müssen vorwiegend vor diesem Hintergrund gesehen werden, und sie dienten dazu, ein widersprüchliches Doppelziel zu erreichen: gemeinsam mit dem nationalsozialistischen Deutschland das eigene imperialistische Programm zu verwirklichen und zugleich die Autonomie Italiens gegen eben dieses Deutschland zu verteidigen[51]. Dabei ging der „Duce" davon aus, daß die Deutschen den Krieg letztlich gewinnen und Italien seinen Anteil an der Beute überlassen würden. Er hoffte aber, daß sie in der Sowjetunion zu viele Federn lassen würden, um die Nachkriegsordnung allein diktieren zu können, und er hoffte geradezu sehnsüchtig, der Krieg möge so lange dauern, daß sich Italien militärisch für die als Schmach empfundenen Niederlagen der Jahre 1940 und 1941 würde rehabilitieren können. Die Entsendung eines möglichst gut ausgerüsteten Expeditionskorps an die Ostfront war nicht zuletzt eine Konsequenz dieser – wie sich sein Außenminister und Schwiegersohn ausdrückte – „ewigen Illusion".

Zudem ließ sich der Krieg gegen die Sowjetunion – und hier trafen sich die Überlegungen Mussolinis mit denen Hitlers – durchaus als strategische Variante des Krieges gegen Großbritannien verstehen, denn nach dem erwarteten mehr oder weniger raschen Sieg im Osten schien sich die Möglichkeit zu ergeben, die britischen

---

fascismo, in: Di Nolfo/Rainero/Vigezzi (Hrsg.), Italia e la politica di potenza, und Pinocchio, die Katze und der Fuchs, in: Wegner (Hrsg.), Zwei Wege nach Moskau, S. 527–539.

[49] ADAP 1918–1945, Serie D, Bd. 13/1, S. 7 ff., hier S. 7: Benito Mussolini an Adolf Hitler vom 23. 6. 1941; zu den Gründen für Mussolinis Entscheidung vgl. Schreiber, Italiens Teilnahme, in: Förster (Hrsg.), Stalingrad, S. 250–258, der jedoch die antideutschen Motive des „Duce" überbewertet. Vgl. auch De Felice, Mussolini l'alleato, Bd. 1, S. 390–400.
[50] Vgl. dazu jetzt ausführlich König, Kooperation als Machtkampf.
[51] Dieser Eindruck drängt sich bei der Lektüre des Ciano-Tagebuchs für die Monate Mai bis Juli 1941 geradezu auf; vgl. hierzu und zum folgenden Ciano, Diario, S. 508–535; das folgende Zitat findet sich ebenda, S. 529, Eintrag vom 29. 6. 1941. Eine ähnliche Einschätzung auch bei Battistelli, Guerra dell'Asse, Teil III/II-1.

Positionen im Nahen Osten und damit einen Eckpfeiler des Empire von zwei Seiten anzugreifen[52]. Bis es soweit war, und dies dürfte der fünfte und meist übersehene Grund für Mussolinis Entscheidung gewesen sein, hoffte man in der Sowjetunion auf Beute[53], gab es dort doch alles, was in Italien fehlte, also Getreide, Kohle, Erdöl oder metallische Rohstoffe. Der für Rüstungsfragen zuständige Staatssekretär General Carlo Favagrossa spekulierte etwa im Juli 1941 darauf, nach der Lösung des „russischen Problems" noch vor Jahresende auf diese Ressourcen zurückgreifen zu können[54]. Hitler scheint um diese Begehrlichkeiten gewußt zu haben, denn er hatte schon am 24. Juni angeordnet, die Italiener „keinesfalls an [die] Krim [heranzu-]lassen", die dem Deutschen Reich einverleibt werden sollte[55].

2. Das italienische Expeditionskorps und die strukturellen Schwächen des königlichen Heeres

Politische, ideologische oder ökonomische Erwägungen waren eine Sache, die Frage, ob sich Italien eine Teilnahme am Krieg gegen die Sowjetunion strategisch leisten konnte und ob das königliche Heer darauf vorbereitet war, eine andere. Hier ist zunächst zu bemerken, daß Mussolinis Abenteuer an der Ostfront weiter dazu beitrug, die eigenen Streitkräfte zu zersplittern[56]. Diese Entwicklung, die schließlich dazu führen sollte, daß das italienische Militär nur unter großen Anstrengungen zur Bildung operativer Schwerpunkte fähig war, hatte sich schon 1940 mit den Angriffen auf britische Positionen in Nord- und Ostafrika sowie auf Griechenland abgezeichnet, und sie wog um so schwerer, als diesen weit entfernten Kriegsschauplätzen keine ausreichende ökonomisch-militärische Basis gegenüberstand.

Diese Basis erwies sich nicht zuletzt deshalb als so brüchig, weil Italien den Übergang vom Agrar- zum Industrieland noch nicht endgültig vollzogen hatte und der damit verbundene Strukturwandel in vollem Gange war. Wenn man sich vor Augen hält, daß das Königreich in den dreißiger Jahren gegenüber Deutschland einen Entwicklungsrückstand von 30–50 Jahren aufwies[57], wird verständlicher, warum der faschistischen Militärpolitik vergleichsweise enge Grenzen gesetzt waren. 1938 stellte Italien lediglich 2,32 Millionen Tonnen Stahl her – das waren gerade einmal zehn Prozent der deutschen und 38 Prozent der japanischen Produktion; das pro Kopf erwirtschaftete Bruttoinlandsprodukt blieb mit 551 Dollar weit hinter dem des Deutschen Reiches (1126 Dollar), Großbritanniens (1181 Dollar) oder Frankreichs (936 Dollar) zurück, und der Index des gesamten Industriepotentials betrug 46, während für Deutschland ein Index von 214, für Großbritannien von 181 und

---

[52] Vgl. Hillgruber, 2. Weltkrieg, S. 48f. und S. 69, sowie Schreiber, Italiens Teilnahme, in: Förster (Hrsg.), Stalingrad, S. 254.
[53] Schon im Januar 1940 hatte General Mario Roatta „das Szenario einer Grenzverschiebung" entworfen, „in deren Folge die europäischen Staaten ihren Lebensraum im Osten finden sollten". Petracchi, Pinocchio, die Katze und der Fuchs, in: Wegner (Hrsg.), Zwei Wege nach Moskau, S. 538.
[54] Cavallero, Diario, S. 211, Eintrag vom 21. 7. 1941; Cavallero gab jedoch zu bedenken, daß die Deutschen den Löwenanteil der Beute für sich behalten würden.
[55] Halder, Kriegstagebuch, Bd. 3, S. 10, Eintrag vom 24. 6. 1941.
[56] Vgl. hierzu die vorzügliche Analyse von Knox, Italian Allies, S. 69–108.
[57] Vgl. Sullivan, Italian Soldier, in: Addison/Calder (Hrsg.), Time to kill, S. 177f.

II. Das königlich-italienische Heer und der Krieg gegen die Sowjetunion

für Frankreich von 74 errechnet wurde[58]. Die hausgemachten Probleme des ebenso korrupten wie ineffizienten faschistischen Regimes verschärften die ohnehin schwierige Situation zusätzlich. So vermochte der von wenigen Monopolisten wie Fiat und Ansaldo beherrschte, ansonsten in zahlreiche kleine und kleinste Firmen zersplitterte und überdies stark von Rohstoffimporten abhängige industrielle Sektor zu keiner Zeit, genügend konkurrenzfähige Waffen zu produzieren, um die Streitkräfte – und hier vor allem Heer und Luftwaffe – angemessen für die immer ausgreifenderen imperialistischen Abenteuer auszurüsten, in die sie von Mussolini seit dem Krieg gegen Abessinien 1935 gehetzt wurden[59]. Die „acht Millionen Bajonette" des Diktators waren daher nicht mehr als eine propagandistische Chimäre[60].

Zugleich ließ der gesellschaftliche Unterbau für eine moderne Armee zu wünschen übrig. Das italienische Bildungssystem brachte zu wenige Ingenieure, Techniker, ja selbst Mechaniker oder Kraftfahrer hervor, um den Bedarf der Streitkräfte zu decken, die sich zudem mit dem Problem konfrontiert sahen, daß zahlreiche Soldaten kaum lesen und schreiben konnten und so praktisch für alle anderen Aufgaben als einfachen Dienst ausfielen[61]. Angesichts dieser Faktoren hielt sich in Italien eine militärische Kultur, die in vielem an das 19. Jahrhundert erinnerte und die weitaus stärker von Niederlagen als von Siegen geprägt war. Das Debakel von Adua 1896 oder die Katastrophe von Caporetto 1917 hatten deutliche Spuren hinterlassen und zu einem tiefsitzenden Gefühl der Inferiorität geführt, das nicht selten zu übertriebener Sensibilität und Geltungssucht führte. Das – eher mäßige – Sozialprestige von Offizieren wurde davon ebenso beeinflußt wie ihr Selbstverständnis und ihr auffällig an Formen, Zeremonien und Privilegien orientiertes Rollenverhalten nach innen und außen, das die Beziehungen zu den Unteroffizieren und Mannschaften der eigenen Armee belastete und mit dem die deutschen Verbündeten nur in seltenen Fällen umzugehen verstanden[62].

Es ist hier nicht der Ort, um sich detailliert mit den Schwierigkeiten auseinanderzusetzen, mit denen die italienischen Streitkräfte im allgemeinen und die Truppen des königlichen Heeres im besonderen zu kämpfen hatten. Ein kurzes Schlaglicht

---

[58] Vgl. Knox, Italian Allies, S. 24f. und S. 47; die Angaben zum Bruttoinlandsprodukt pro Kopf in US-Dollar (bezogen auf das Jahr 1960); der Index des gesamten Industriepotentials gibt die Werte bezogen auf Großbritannien im Jahr 1900 an. Einen Überblick über die Problematik geben Raspin, Italian War Economy, und Zamagni (Hrsg.), Perdere la guerra.

[59] Einen fundierten Überblick zur Militär-, Rüstungs- und Kriegspolitik des faschistischen Regimes geben Rochat/Massobrio, Breve storia dell'esercito italiano, S. 208–293, sowie – bis zum Kriegseintritt – Sullivan, Italian Armed Forces, in: Millett/Murray (Hrsg.), Military Effectiveness, Bd. 2.

[60] Bei Schreiber (Politische und militärische Entwicklung, in: DRZW 3, S. 54) ist nachzulesen, wie die faschistische Propaganda mit immer höheren Zahlen prahlte; von sechs Millionen Soldaten, die man würde mobilisieren können, im Jahre 1934 über Mussolinis berühmte „acht Millionen Bajonette" 1936 bis zu angeblich 12 Millionen Mann 1939.

[61] Vgl. hierzu wie zur „military culture" Italiens Knox, Italian Allies, S. 23–49.

[62] Zeitgenössische Berichte und Selbstzeugnisse der Nachkriegszeit sind voll von entsprechenden Geschichten. Luciano Mela, Oberleutnant im Regiment „Savoia Cavalleria", erinnerte sich etwa daran (Ricordi di ieri e di oggi, in: Bedeschi (Hrsg.), Fronte russo, Bd. 1, S. 306–326, hier S. 320), einen deutschen Unteroffizier ins Gesicht geschlagen zu haben, nur weil sich dieser über das strenge Zeremoniell anläßlich der Essensausgabe amüsiert hatte. Allgemein zu diesem Problem vgl. Wegner, Krieg gegen die Sowjetunion, in: DRZW 6, S. 974f.

auf die vier Problemkomplexe Einsatzdoktrin, Heeresstruktur, Bewaffnung und Ausbildung soll daher genügen, um die Situation zu beleuchten, vor der das italienische Oberkommando im Sommer 1941 stand, als die drei Divisionen für die Ostfront ausgerüstet wurden[63]. Mussolinis Entscheidung im Juni 1940, Frankreich gleichsam in letzter Sekunde den Krieg zu erklären und damit aktiv in einen militärischen Konflikt einzugreifen, dem man noch im September 1939 aus wohl erwogenen Gründen ausgewichen war, hatte das Heer gleichsam auf dem falschen Fuß erwischt. Das lag nicht nur daran, daß die Armee gerade erst dabei war, die Lücken zu füllen, die die Kriege in Ostafrika und in Spanien gerissen hatten, sondern vor allem daran, daß sich die Landstreitkräfte seit 1937/38 in einer Modernisierungs- und Umstrukturierungskrise befanden. Mit der neuen Doktrin, eine schnelle Entscheidung militärischer Konflikte durch beweglich geführte Operationen herbeizuführen, hatte sich Generalstabschef Alberto Pariani nämlich von überkommenen Traditionen verabschiedet und seinen Divisionen zugleich eine neue Struktur verordnet: Aus der *divisione ternaria* mit drei Regimentern wurde die *divisione binaria* mit zwei Regimentern. Ziel dieser Maßnahme war es vor allem, die Beweglichkeit der Verbände zu erhöhen, wobei der Verlust an Kampfkraft durch moderne Waffen ausgeglichen werden sollte. Doch genau daran haperte es, zumal der italienische Kriegseintritt den ohnehin auf mehrere Jahre veranschlagten Modernisierungs- und Umrüstungsprozeß vorzeitig unterbrach. Die groß angelegte Reform, die vielfach als „eine der schwerwiegendsten Fehlentscheidungen der faschistischen Militärpolitik" angesehen wird[64], führte letztlich dazu, daß es den neuen Divisionen im Angriff an Feuerkraft und in der Defensive an Soldaten für eine vernünftige Tiefenstaffelung mangelte; auch von größerer Beweglichkeit konnte angesichts fehlender Transportmittel keine Rede sein.

Der geringe Motorisierungsgrad des italienischen Heeres, der im übrigen dem geringen Motorisierungsgrad der italienischen Gesellschaft entsprach, sollte bis 1943 die Achillesferse der Armee bleiben und die Doktrin vom Bewegungskrieg zu einem weitgehend inhaltsleeren Schlagwort degradieren[65]. Zudem hatte sich die italienische Generalität lange Zeit fast ausschließlich für Infanterie und Artillerie interessiert und die Entwicklung eines Waffensystems skeptisch beäugt, das sich gerade bei mobilen Operationen als schlachtentscheidend herausstellen sollte: des Panzers. So verfügte das königliche Heer 1940 zwar nominell über drei Panzerdivisionen, doch deren Gefechtsfahrzeuge waren nahezu allen Typen an Technik, Panzerung und Bewaffnung unterlegen, die Kriegsgegner und Verbündete ins Feld führen konnten. Veraltet war auch ein großer Teil der Artillerie, obwohl diese Waffengattung besondere Wertschätzung genoß. Im großen und ganzen verfügte die Truppe vor allem über mehr oder weniger stark modernisierte Geschütze aus der Zeit des Ersten Weltkriegs; das 1929 aufgelegte Programm, die Artillerieregimenter des Heeres neu auszustatten, war bis 1940 über Anfänge nicht hinausgekommen[66].

---

[63] Zu den strukturellen Problemen des italienischen Heeres vgl. über die bereits zitierten Arbeiten hinaus Montanari, Esercito italiano, insbesondere S. 209–319.
[64] Schreiber, Politische und militärische Entwicklung, in: DRZW 3, S. 57.
[65] Vgl. hierzu die nach wie vor maßgebliche Darstellung von Ceva/Curami, Meccanizzazione dell'esercito italiano, 2 Bde.
[66] Einzelheiten bei Montanari, Esercito italiano, S. 239–247, und Sullivan, Italian Soldier, in:

Freilich nützen die besten Waffen nichts, wenn man nicht gelernt hat, sie richtig einzusetzen, und damit sind wir beim vierten und letzten Punkt angelangt, der hier angesprochen werden soll: bei der Ausbildung der italienischen Soldaten. Wenn Brian R. Sullivan recht hat, war der schlechte Ausbildungsstand vor allem bei der Infanterie „probably the single most serious weakness of the Italian Army in 1940–41". Von den Reserveoffizieren und Mannschaften, die im Juni 1940 gegen Frankreich aufgeboten wurden, konnte beispielsweise nur ein Drittel als angemessen ausgebildet betrachtet werden – mit allen Konsequenzen, die dies für die Führung der Operationen und die Höhe der Verluste haben mußte. Den aktiven höheren Offizieren fehlte gemeinhin – und oft nicht zu Unrecht – das Vertrauen in die ihnen unterstellten Truppenführer, die sie daher an der kurzen Leine führten. Eigeninitiative konnte unter diesen Umständen kaum erwartet werden. Überdies ließen sich die Mängel vieler junger Truppenoffiziere auf Kompanie- oder Zugebene in der Regel nicht wie in anderen Armeen durch erfahrene Unteroffiziere ausgleichen, die zugleich den Mannschaften hätten ein Beispiel geben und im Notfall Führungsaufgaben übernehmen können. Denn zum einen war der Beruf des Unteroffiziers wegen der schlechten Bezahlung und der fehlenden Aufstiegschancen wenig attraktiv, so daß sich nicht viele dafür entschieden, und zum anderen sah die Kriegsgliederung der Kampfeinheiten zu wenige Planstellen für Unteroffiziere vor, als daß diese eine Korsettstange des Heeres hätten bilden können. Die Mannschaften waren somit in den Händen von Ausbildern, deren eigene Fähigkeiten oft zu wünschen übrig ließen. Erschwerend kam hinzu, daß zunächst jedes Regiment über eigene Ausbildungspläne verfügte und aus Kostengründen Schießübungen mit scharfer Munition ebenso selten waren wie gemeinsame Manöver mit Artillerie und gepanzerten Fahrzeugen unter realistischen Bedingungen.

Die Soldaten des königlichen Heeres bekamen die Folgen dieser strukturellen Defizite im ersten Kriegsjahr bitter zu spüren. Im Krieg gegen Griechenland verlor die italienische Armee fast 39 000 Mann an Gefallenen und Vermißten, in Nordafrika zerschlugen britische Truppen die 10. Armee und machten dabei 130 000 Gefangene[67]. Aber immerhin war die militärische Führung nach der Ernennung von Ugo Cavallero zum Chef des *Stato Maggiore Generale* im Dezember 1940 lernfähig genug, um Konsequenzen aus dem Debakel zu ziehen. Der Handlungsspielraum für durchgreifende Reformen war angesichts der politischen, ökonomischen und militärischen Rahmenbedingungen zwar arg begrenzt, doch reichten die ergriffenen Maßnahmen zusammen mit der auf dem Schlachtfeld teuer erkauften Erfahrung der italienischen Soldaten immerhin aus, um die Schlagkraft der eingesetzten Verbände merklich zu erhöhen[68]. Die drei für die Ostfront bestimmten Divisionen profitierten von dieser Entwicklung, und sie profitierten auch von der bei faschistischen Politikern wie bei hohen Militärs verbreiteten Furcht, gegenüber den deutschen Verbündeten einmal mehr als der „arme Verwandte" dazustehen[69].

Addison/Calder (Hrsg.), Time to kill, S. 185 f.; zum folgenden vgl. ebenda, S. 179–183, das Zitat findet sich auf S. 179.
[67] Vgl. Schreiber, Deutschland, Italien und Südosteuropa, und Stegemann, Italienisch-deutsche Kriegführung im Mittelmeer und in Afrika, in: DRZW 3, S. 413 und S. 598.
[68] Vgl. Sullivan, Italian Soldier, in: Addison/Calder (Hrsg.), Time to kill, S. 190–194. Zu den Versuchen der Reorganisation vgl. Battistelli, Guerra dell'Asse, Teil III/II-2.
[69] Ciano, Diario, S. 528, Eintrag vom 26. 6. 1941.

Giovanni Messe hat das italienische Armeekorps für die Ostfront, das seit dem 10. Juli 1941 offiziell die Bezeichnung *Corpo di Spedizione Italiano in Russia* (CSIR) führte[70], treffend als Kompromiß „zwischen ‚Wollen' und ‚Können'" beschrieben[71]. Damit spielte der General auf die Tatsache an, daß sich das *Comando Supremo* zwar der Tatsache bewußt war, daß die Deutschen in der Sowjetunion einen neuen „Blitzkrieg" planten, und folgerichtig versuchte, die eigenen Truppen entsprechend auszustatten, daß dies angesichts der beschränkten Mittel und der kurzen Vorbereitungszeit aber nur unvollkommen gelang. Dennoch konnte sich das Ergebnis dieser Bemühungen durchaus sehen lassen. Dem Generalkommando des *Corpo d'Armata autotrasportabile*, das die italienischen Verbände an der Ostfront führen sollte, wurden unterstellt: die 9. Infanteriedivision *autotrasportabile* „Pasubio", die 52. Infanteriedivision *autotrasportabile* „Torino", die 3. schnelle Division „Principe Amedeo Duca d'Aosta", starke Korpstruppen, zu denen neben einem Artillerieregiment mit Geschützen vom Kaliber 10,5 cm und modernen Flugabwehrkanonen vom Kaliber 7,5 cm, Pioniere sowie je ein Bataillon Maschinengewehrschützen und Panzerjäger gehörten. Die faschistische Miliz, die bei einer zum Kreuzzug gegen den Bolschewismus hochstilisierten Kampagne nicht fehlen konnte, entsandte die 63. motorisierte Legion „Tagliamento" zu drei Bataillonen an die Ostfront, wohin auch eine kleine Luftstreitmacht aus Jägern, Aufklärern und Transportflugzeugen verlegt wurde. Alles in allem verfügte das CSIR über 62000 Mann, 83 Flugzeuge, 220 Geschütze vom Kaliber 2 cm bis zum Kaliber 10,5 cm, 92 Panzerabwehrkanonen vom Typ 47/32, 4600 Trag-, Reit- oder Zugtiere und 5500 Kraftfahrzeuge, von denen jedoch ein großer Teil bei der *Intendenza speciale Est* als zentralem Steuerungsorgan für Nachschub, Logistik und Sicherheit im rückwärtigen Gebiet konzentriert war[72].

Die *divisioni autotrasportabili*, die es in der deutschen Wehrmacht nicht gab, waren ein aus der Not geborenes Mittelding zwischen einer normalen Infanteriedivision und einer motorisierten Division. Mit rund 10400 Offizieren, Unteroffizieren und Mannschaften war die *divisione di fanteria autotrasportabile* um einiges schwächer als die etwa 13000 Mann zählende Infanteriedivision herkömmlichen Typs; dafür verfügte sie über ein motorisiertes Artillerieregiment sowie über motorisierte Gefechtstrosse[73]. Die Infanterie war zwar dafür ausgebildet, mit Kraftfahrzeugen verlegt zu werden, aber der eigene Fuhrpark reichte dazu nicht annähernd aus, so daß die Division auf die Zuteilung von Transportraum durch übergeordnete Kommandos angewiesen war. Ansonsten blieb den Infanteristen der *divisioni autotrasportabili* nichts anderes übrig, als sich auf Schusters Rappen auf den Weg zu machen. Gepanzerte Mannschaftstransporter gab es in der italienischen Armee nicht.

[70] AUSSME, DS II 444, KTB CSIR, Juli/August 1941, Anlage 21: Ufficio Servizi CSIR (Nr. 2175/Serv. di prot. – gez. Guido Piacenza) an alle unterstellten Einheiten vom 10. 7. 1941.
[71] Messe, Krieg im Osten, S. 34.
[72] Die Zahlen, die sich in der Literatur finden lassen, weichen mehr oder weniger geringfügig voneinander ab. Die hier referierten Angaben sind den detaillierten Aufstellungen in Operazioni delle unità italiane al fronte russo, S. 531–541, sowie Ceva, Campagna di Russia, in: Italiani sul fronte russo, S. 173 f., entnommen.
[73] Zur Zusammensetzung der *divisioni autotrasportabili* und *celeri* im allgemeinen und der drei für die Ostfront bestimmten Divisionen im besonderen vgl. Schreiber, Politische und militärische Entwicklung, in: DRZW 3, S. 62, sowie Operazioni delle unità italiane al fronte russo, S. 74 ff. und S. 533–537.

Bei Feindberührung konnte die Verlegung der Infanterieregimenter auf ungeschützten Lkw somit rasch zu einem „Rezept für Massenselbstmord" ausarten[74]. Auch die italienischen schnellen Divisionen, die *divisioni celeri*, fanden in der Wehrmacht kein Gegenstück. Sie waren gemischte, nur rund 7300 Mann starke Verbände, die sich aus zwei Kavallerieregimentern, einem Regiment beweglicher Elite-Infanterie, den *Bersaglieri*, einer Abteilung leichter Panzer und einem berittenen Artillerieregiment zusammensetzten und deren Stärke weniger in ihrer Schlagkraft als in ihrer Mobilität bestand.

Die für die Ostfront bestimmte 3. schnelle Division „Principe Amedeo Duca d'Aosta", die mit 60 drei Tonnen leichten und mit Maschinengewehren bewaffneten Panzern vom Typ L 3-33 übrigens über die einzige gepanzerte Komponente des CSIR verfügte, zählte zweifellos zur Elite des königlichen Heeres, was insbesondere für das Mailänder Regiment „Savoia Cavalleria" und für das eigens motorisierte 3. Regiment *Bersaglieri* galt. Aber auch die Divisionen „Pasubio" und „Torino" bestanden aus bewährten Soldaten. Alle drei Divisionen, deren Mannschaften überwiegend aus dem Veneto, der Lombardei, der Toskana und aus Latium, aber auch aus Sardinien und Sizilien stammten[75], hatten auf dem Balkan gekämpft und waren nicht nur – für das italienische Heer eine Seltenheit – komplett, sondern für den Einsatz in der Sowjetunion auch mit Panzerabwehrgeschützen und Granatwerfern verstärkt worden; zudem rüstete man das Korps für alle Fälle mit chemischen Kampfstoffen, sprich: Giftgas aus[76]. Trotz dieser Bemühungen, die Mussolini in Begeisterung ausbrechen ließen[77], spiegelte auch das Expeditionskorps die strukturellen Probleme des königlichen Heeres wider. Obwohl das *Comando Supremo* dem CSIR mehr Kraftfahrzeuge zugeteilt hatte, als angesichts der Gesamtsituation eigentlich vertretbar war, reichte der Bestand nicht aus, um beide Infanteriedivisionen gleichzeitig zu transportieren. Zugleich machte sich das Fehlen leistungsfähiger gepanzerter Gefechtsfahrzeuge ebenso negativ bemerkbar wie die ungenügende Ausstattung mit moderner Artillerie und automatischen Waffen. Anders als es die Legende will, war das Expeditionskorps dennoch keine Truppe des 19. Jahrhunderts, die man in den vielleicht schrecklichsten Krieg des zwanzigsten gehetzt hatte, bestehend aus Soldaten in schlechten Uniformen, mit Schuhen aus Pappe und Waffen „aus der Zeit von König Pippin"[78]. Der Kommandeur des CSIR und seine Soldaten waren im Gegenteil stolz auf ihr Armeekorps, das sie zu Recht für einen Verband von nicht zu unterschätzender Kampfkraft hielten[79].

---

[74] Irving, Rommel, S. 173.
[75] Vgl. Giambartolomei, Campagna in Russia, in: Rainero/Biagini (Hrsg.), Italia in guerra – 1942, S. 277.
[76] Dokumente dazu finden sich im AUSSME, L 14/73-8; nach einer Aufstellung der *Intendenza* (DS II 570, Anlage zum KTB Intendenza CSIR, Januar/Februar 1942) waren zum Stichtag 31. 1. 1942 30 160 kg Senfgas in einem Depot in Dnjepropetrowsk eingelagert.
[77] Vgl. von Rintelen, Mussolini als Bundesgenosse, S. 147 f., und Ciano, Diario, S. 528, Eintrag vom 26. 6. 1941.
[78] Mauro Taccini, Con la Cosseria nella battaglia del Don, in: Bedeschi (Hrsg.), Fronte russo, Bd. 1, S. 529-547, hier S. 538; vgl. dazu auch den gut dokumentierten Beitrag von Cappellano, Scarpe di cartone.
[79] AUSSME, Fondo Messe, busta A, Kriegstagebuch des Kommandierenden Generals des CSIR, Eintrag vom 2. 9. 1941. In einem Feldpostbrief vom Sommer 1941 heißt es: „... dieses Expeditionskorps ist wunderbar. Enorm reich an Kraftfahrzeugen und den besten Waffen,

Abb. 1: Ostfront – Begegnung mit einer deutschen Division, August 1941 (AUSSME, Photoarchiv).

Jedes Urteil über die italienischen Truppen, die im Sommer 1941 an die Ostfront verlegt wurden, ist stark vom gewählten Vergleichspunkt abhängig. Für gewöhnlich werden die in der Regel besser ausgestatteten, besser bewaffneten, besser ausgebildeten und wohl auch besser geführten Divisionen der Wehrmacht zu solchen Vergleichen herangezogen, wobei man vor allem in Italien noch heute an einen motorisierten und gepanzerten Moloch denkt, wenn von Hitlers Armeen die Rede ist, ohne darüber nachzudenken, daß dieses Bild nicht zuletzt auf der die Realität stark verzerrenden Kriegspropaganda des Dritten Reiches beruht[80]. Vergleicht man das Expeditionskorps mit den Panzerdivisionen und motorisierten Infanteriedivisionen des deutschen Heeres, deren Anteil jedoch nur zwischen zehn und zwanzig Prozent lag, schneidet es zweifellos schlecht ab. Nimmt man jedoch die normalen Infanteriedivisionen als Maßstab, so liegen die Dinge weniger klar, zumal diese Perspektive

    die bei der Bevölkerung wie bei den Truppen unserer Verbündeten Verwunderung hervorrufen." Zit. nach ACS, T-821/119, Bl. 889–894 (hier Bl. 893), Comando Supremo – SIM: Relazione quindicinale (1–15 agosto 1941) sulla revisione della corrispondenza effettuata dalle Commissioni provinciali di censura postale vom 25. 8. 1941.

[80] Vgl. hierzu den glänzenden Aufsatz von Ceva, Cavalli di Hitler, in: ders., Guerra mondiale, S. 245 f. (die im folgenden zitierte Angabe zum Verhältnis zwischen gepanzerten bzw. motorisierten Divisionen und normalen Infanteriedivisionen findet sich ebenda). Auch Rochat (Truppe italiane) hat vor schiefen Vergleichen und voreiligen Schlüssen gewarnt.

auch den Blick auf eine Reihe von strukturellen Problemen freigibt, mit denen das deutsche Heer ebenso zu kämpfen hatte wie das königlich-italienische[81]. Dies wird bei den Problemen, die eigenen Truppen mit Kraftfahrzeugen auszustatten, ebenso deutlich wie bei der Bewaffnung der Infanterie, wo man in Deutschland wie in Italien an Standardwaffen festhielt, die sich bereits im Ersten Weltkrieg bewährt hatten. Sowohl der Karabiner 98k als auch das italienische Gewehr Modell 91 waren gute und zuverlässige Waffen[82], doch sie waren von den Maschinenpistolen und Sturmgewehren überholt, wie sie in großem Stil vor allem von der Roten Armee und später auch von den amerikanischen Truppen eingesetzt wurden. Auch bei der Panzerabwehr zeigen sich Parallelen. Das deutsche wie das italienische Heer setzte auf kleinkalibrige, leicht bewegliche Geschütze. Wiederum handelte es sich sowohl bei der 3,7 cm Pak der Wehrmacht als auch bei der Kanone 47/32 der italienischen Truppen um keine minderwertigen Konstruktionen; sie erwiesen sich jedoch als weitgehend untauglich, um Panzer wie den sowjetischen T 34 unschädlich zu machen. Zur Abwehr von Panzerangriffen waren daher zumindest in der ersten Phase des Ostfeldzugs nicht nur die italienischen Einheiten auf die Unterstützung deutscher Tanks oder der Luftwaffe angewiesen.

Dies führt uns zu einem weiteren wichtigen Punkt: Das CSIR stand im Krieg an der Ostfront nicht allein, das heißt, es hing viel davon ab, ob es entsprechend seiner Möglichkeiten eingesetzt wurde und ob die übergeordneten deutschen Stäbe dazu bereit waren, die zweifellos vorhandenen Defizite durch entsprechende Maßnahmen zu kompensieren. Die Aufgabe des Expeditionskorps konnte sicherlich nicht darin bestehen, den ersten Stoß in die Tiefe des Raumes zu führen. Doch war das CSIR Kampfaufträgen zweiter Ordnung zur Entlastung der schnellen deutschen Truppen durchaus gewachsen – wenn auch unter Aufbietung aller Kräfte und zuweilen unter großen Verlusten, wie sich zwischen August 1941 und Juli 1942 zeigen sollte.

3. Das italienische Expeditionskorps in der Sowjetunion

Das CSIR wurde zwischen dem 10. Juli und dem 5. August zunächst nach Ungarn verlegt. Der Eisenbahntransport – man benötigte 216 Züge – dauerte in der Regel sechs Tage, und während der Reise kam es wiederholt zu teils organisierten, teils spontanen Sympathiekundgebungen für die Truppen des Achsenpartners. Der vorgesehene Versammlungsraum lag im Osten Rumäniens, so daß die Verbände von den ungarischen Ausladebahnhöfen aus eigener Kraft weitere 280 Kilometer zurücklegen und dabei die Karpaten überqueren mußten[83]. Das deutsche Oberkommando hatte beschlossen, die italienischen Truppen der 11. Armee zu unterstellen, die am Unterlauf des Dnjestr aufmarschiert war und die auch ungarische und rumänische Großverbände führte. Das CSIR sollte die Reserve dieser Armee bilden und

---

[81] Zu den strukturellen Defiziten des deutschen Heeres auf den Feldern Infanteriewaffen, Fahrzeuge und Panzerabwehr vgl. Müller, Rüstungspolitik im totalen Krieg, in: DRZW 5/2, S. 618–639.
[82] Positive Urteile zum Gewehr Modell 91 und zur Panzerabwehrkanone 47/32 – beide Waffen gelten in der Vulgata als Ausweis der Impotenz und Inkompetenz des italienischen Heeres – finden sich bei Sullivan, Italian Soldier, in: Addison/Calder (Hrsg.), Time to kill, S. 184 f.
[83] Vgl. Operazioni delle unità italiane al fronte russo, S. 79–82.

an den Dnjestr vorgeführt werden. Diese Bewegung war noch im Gange, als das Armeeoberkommando das CSIR darum ersuchte, die am weitesten vorgezogene Division, die „Pasubio", ins Gefecht zu schicken, um zurückweichenden Truppen der Roten Armee am Bug den Weg nach Osten zu verlegen. Das italienische Generalkommando entsprach diesem Wunsch – wenn auch nicht leichten Herzens, lief er doch der erklärten Absicht zuwider, das CSIR möglichst als geschlossenen Verband einzusetzen. Andererseits bot sich eine Gelegenheit, den Wert der eigenen Truppen unter Beweis zu stellen, wenn man der deutschen Bitte nachkam, zumal es manche schon nicht mehr erwarten konnten, in die Schlacht zu ziehen; „das CS[IR] setzt alles daran, um diesem deutschen Ersuchen um Hilfe sobald wie möglich in kameradschaftlicher Weise nachkommen zu können"[84], hieß es am 4. August in einem Bericht an das *Comando Supremo*. So marschierte die zu diesem Zweck verstärkte Division „Pasubio" nach Südosten und trug am 11./12. August in zwei Gefechten dazu bei, den sowjetischen Verbänden den Rückzug über den Bug abzuschneiden[85].

Die Schlacht zwischen den Flüssen Dnjestr und Bug war noch im Gange, als das Oberkommando der Heeresgruppe Süd beschloß, die italienischen Truppen der Panzergruppe 1 zu unterstellen. Diese Entscheidung, die am 14. August wirksam wurde, hatte für das CSIR weitreichende Folgen. Als Teil der gepanzerten Speerspitze der Heeresgruppe Süd rückte das Expeditionskorps nun nahe an ein Zentrum der Operationen heran, und dies zeigte nicht nur den generellen Mangel der Wehrmacht an schnellen Truppen, sondern auch, daß man den Italienern einiges zutraute. Das italienische Generalkommando nahm diese Entscheidung voller Stolz zur Kenntnis, wobei man sich der Tatsache durchaus bewußt war, daß die künftigen Aufgaben über das hinausgehen würden, was das CSIR eigentlich zu leisten im Stande war[86]. Zudem war zu erwarten, daß das deutsche Oberkommando seine Erwartungen und Anforderungen mit jeder geglückten Aktion des Expeditionskorps steigern würde.

Zunächst konnte jedoch nur die Division „Pasubio" eingesetzt werden, die zusammen mit dem III. Armeekorps zum Dnjepr vorstieß, dabei dessen linke Flanke deckte und deutsche Verbände ablöste, die ihrerseits weiter nach Osten vorstießen. Das Kommando des Expeditionskorps versuchte indes fieberhaft, die 3. schnelle Division und die Division „Torino" zum Dnjepr vorzuführen. Fieberhaft deswegen, weil das Oberkommando der Panzergruppe darauf drängte und weil man fürchtete, gleichsam abgehängt zu werden – mit den negativen Rückwirkungen auf das Prestige des königlichen Heeres und die Moral der Truppe[87]. Tatsächlich schienen sich diese Befürchtungen zu bewahrheiten, als das Expeditionskorps, das aller

---

[84] AUSSME, DS II 444, KTB CSIR, Juli/August 1941, Anlage: Comando CSIR (Ufficio Operazioni Nr. 4060/Op. di prot. – gez. Giovanni Messe) an das Comando Supremo vom 4. 8. 1941.

[85] Vgl. Operazioni delle unità italiane al fronte russo, S. 83–90.

[86] AUSSME, DS II 444, KTB CSIR, Juli/August 1941, Anlage: Comando CSIR (Ufficio Operazioni Nr. 4375/Op. di prot. – gez. Giovanni Messe) an das Comando Supremo vom 16. 8. 1941.

[87] AUSSME, DS II 444, KTB CSIR, Juli/August 1941, Anlage 194: Comando CSIR (Ufficio Operazioni Nr. 4780/Op. – gez. Giovanni Messe) an das Comando Supremo vom 27. 8. 1941.

II. Das königlich-italienische Heer und der Krieg gegen die Sowjetunion 19

logistischer Hindernisse zum Trotz am 15. September mit allen drei Divisionen am Dnjepr stand, dem Befehlshaber des rückwärtigen Heeresgebiets der Heeresgruppe Süd unterstellt und mit der Sicherung eines breiten Frontabschnitts auf dem westlichen Flußufer betraut wurde. Doch schon am 20. September kehrte das CSIR unter den Befehl der Panzergruppe 1 zurück und erhielt zwischen dem 28. und dem 30. September sogar Gelegenheit zu einer eigenständigen Operation, die als „Manöver von Petrikowka" in die italienische Militärgeschichte eingegangen ist. Dabei schlossen die drei Divisionen des Expeditionskorps die zwischen dem Fluß Oriol und dem Brückenkopf von Dnjepropetrowsk stehenden Truppen der Roten Armee ein, wobei ihnen mehr als 10 000 Kriegsgefangene in die Hände fielen[88].

Nach dem Sprung über den Dnjepr stand die Panzergruppe 1 zunächst vor der Aufgabe, durch einen Stoß nach Süden die Küste des Asowschen Meeres zu erreichen, dann nach Osten einzuschwenken und sowohl Rostow am Don als auch das Donezbecken – ein Zentrum der sowjetischen Schwer- und Rüstungsindustrie – zu erobern. Wiederum hatte das CSIR dabei die linke Flanke der Panzergruppe zu decken; zugleich war den italienischen Divisionen zusammen mit den Verbänden des XXXXIX. Gebirgskorps aber auch eine wichtige Rolle beim Angriff auf das Donezbecken zugedacht worden[89]. Diese Operationen begannen für das Expeditionskorps am 4. Oktober und wurden durch den hinhaltenden Widerstand sowjetischer Truppen ebenso behindert wie durch zunehmende Nachschubprobleme, die sich im Laufe des Monats zu einer regelrechten Krise auswachsen sollten. Wegen starker Regenfälle blieben die Fahrzeugkolonnen im Schlamm stecken, die Vorverlegung der Nachschubbasen erwies sich als komplizierter und zeitaufwendiger als gedacht, das weitmaschige Eisenbahnnetz setzte den Transporten auf der Schiene vergleichsweise enge Grenzen, und die Zerstörung der Brücken über den Dnjepr trug das ihre dazu bei, daß sich die Situation immer mehr zuspitzte[90]. Das Oberkommando der Heeresgruppe Süd verlangte 24 Güterzüge täglich, um den Nachschub gewährleisten zu können; tatsächlich wurden nur 14,5 bewilligt. Und obwohl man die Panzergruppe 1 bevorzugt zu versorgen versuchte, konnte die Nachschublage am 17. Oktober nur noch als „katastrophal" bezeichnet werden.

Nach einer Vereinbarung vom September 1941 hätten dem CSIR eigentlich 25 Züge monatlich zugestanden; wenig später wurde dieses Kontingent auf 20, im November dann auf 15 Züge reduziert[91]. Die zuständigen deutschen Stellen begründeten dies mit den allgemeinen Schwierigkeiten, versicherten aber, im Rahmen des Möglichen auf die Bedürfnisse des Expeditionskorps Rücksicht zu nehmen. Der Protest der Nachschubleitoffiziere des CSIR, die nicht zuletzt darauf hinwiesen, daß die Transporte aus Italien unabdingbar seien, um die Kampfkraft der eigenen Verbände zu erhalten, war entweder vergeblich oder veranlaßte die deutschen Kol-

---

[88] Vgl. Operazioni delle unità italiane al fronte russo, S. 96–102.
[89] Vgl. ebenda, S. 105–108, und Messe, Krieg im Osten, S. 123–127; zu den Operationen der Panzergruppe 1 vgl. Klink, Operationsführung, in: DRZW 4, S. 508–536.
[90] Vgl. Müller, Scheitern, in: DRZW 4, S. 969; das folgende Zitat findet sich ebenda, S. 970.
[91] Vgl. hierzu Messes eigene, nicht gerade unparteiische Schilderung (Krieg im Osten, S. 104–121) mit ausführlichen Quellenzitaten, die zeigt, wie sehr das Verhältnis zwischen den Verbündeten durch die Versorgungskrise belastet wurde. Dokumente zum Nachschub- und Transportproblem finden sich als Anlagen zum Kriegstagebuch der *Intendenza* CSIR für September/Oktober und November/Dezember 1942; AUSSME, DS II 575 und 548.

legen zu Zusicherungen, die sich angesichts der Rahmenbedingungen als Makulatur erweisen sollten. Der faktische Zusammenbruch der Versorgung im Oktober führte zu einer ersten Vertrauenskrise zwischen den Deutschen und ihren italienischen Verbündeten, die sich getäuscht fühlten und davon überzeugt waren, mehr oder weniger systematisch benachteiligt zu werden[92]. Die Auseinandersetzungen gingen sogar soweit, daß das italienische Generalkommando die weitere Mitwirkung an der Offensive der 1. Panzerarmee am 26. Oktober an eine Reihe von Bedingungen knüpfte, die Nachschub und Versorgung betrafen[93]. Dem Armeeoberkommando waren derartige Bedenken alles andere als fremd, doch entsprechende Einwände beim Oberkommando des Heeres gegen ein Festhalten an weitreichenden Operationszielen ohne ausreichende logistische Basis blieben ohne Wirkung[94].

Zu dieser Zeit hatten die italienischen Divisionen zusammen mit dem XXXXIX. Gebirgskorps am 20. Oktober bereits das Industriezentrum Stalino im Herzen des Donezbeckens erobert und stießen allen Schwierigkeiten zum Trotz weiter nach Osten vor[95]. Am 1. November nahmen die *Bersaglieri* der 3. schnellen Division die Stadt Rykowo, einen Tag später eroberten Einheiten der „Pasubio" Gorlowka. Dann ging das CSIR trotz des sich versteifenden Widerstands der Roten Armee daran, die eigenen Stellungen zu konsolidieren, um die Integrität der inneren Flügel der 17. Armee und der 1. Panzerarmee zu garantieren. Die Angriffe, die zwischen dem 6. und dem 14. Dezember unter ausgesprochen widrigen Bedingungen unternommen wurden, waren die letzte Frucht dieser Bemühungen und führten zur Besetzung einer vergleichsweise günstigen sichelförmigen Linie zwischen Debalzewo und Rassypnaja. Doch damit kam die Front im Abschnitt des CSIR noch nicht zur Ruhe. Am 25. Dezember wurde die stark geschwächte 3. schnelle Division an der Nahtstelle zum XXXXIX. Gebirgskorps angegriffen und konnte sich trotz schwerer Verluste nicht überall behaupten. Die sogenannte Weihnachtsschlacht dauerte bis zum 31. Dezember[96]. Daß sie letztlich zugunsten der Verteidiger ausging, war neben der Zähigkeit der italienischen Soldaten vor allem der Tatsache zu verdanken, daß das Oberkommando der 1. Panzerarmee rechtzeitig für Reserven und Panzerunterstützung gesorgt hatte. Damit war die „Weihnachtsschlacht" aber Erfolg und Menetekel zugleich – ein Erfolg, weil man es geschafft hatte, den Gegner zurückzuwerfen, ein Menetekel, weil die Verwundbarkeit auf sich allein gestellter italienischer Verbände offen zu Tage getreten war.

---

[92] Schon am 27. 8. 1941 schrieb General Messe in einer Vormerkung (Nr. 4780/Op.) für das *Comando Supremo* (AUSSME, DS II 444, KTB CSIR, Juli/August 1941, Anlage 194): „Es ist auch hervorzuheben, daß der absolutistische, rücksichtslose, aufdringliche deutsche Charakter eine gewisse Tendenz hervorbringt, unsere Bedürfnisse zu unterschätzen oder zumindest den ihrigen unterzuordnen: Dies ist mehr als einmal beim Nachschub geschehen sowie bei der Zuweisung eines Flugplatzes für die Luftwaffe und bei der Verteilung der Vorräte vor Ort."
[93] AUSSME, DS II 4007, Giovanni Messe an das Comando Supremo (Nr. 7346/Op.) vom 26. 10. 1941; vgl. auch Messe, Krieg im Osten, S. 120f.
[94] Vgl. Klink, Operationsführung, in: DRZW 4, S. 526.
[95] Zu den Operationen zwischen Mitte Oktober und Mitte Dezember 1941 vgl. Operazioni delle unità italiane al fronte russo, S. 108–153.
[96] Vgl. ebenda, S. 153–161, sowie die Rekonstruktion aus der Feder eines Offiziers des CSIR: Crespi, Battaglia di Natale.

Abb. 2: Ostfront – General Messe und Benito Mussolini während der Reise des „Duce" in die Ukraine, August 1941 (AUSSME, Photoarchiv).

In den nächsten Monaten tat sich im Abschnitt des CSIR nicht viel. Der härteste Gegner war der russische Winter, den die italienischen Einheiten nicht zuletzt aufgrund der mit über 12 000 Fällen von Erfrierungen bitter erkauften Erfahrungen im Krieg gegen Griechenland 1940/41 vergleichsweise gut meisterten[97]. Größere Operationen fanden dagegen weiter nördlich im Raum Isjum statt, wo das italienische Generalkommando den dringenden Bitten der Verbündeten nachkam[98] und die deutschen Truppen zwischen Januar und Juni 1942 mit rasch zusammengestellten taktischen Kampfgruppen für Sicherungsaufgaben sowie für defensive wie offensive Kampfaufträge unterstützte.

Wenn man das erste Jahr des Krieges gegen die Sowjetunion in den Blick nimmt, so kommt man – obwohl die italienischen Divisionen den Divisionen der Wehrmacht an Feuerkraft, Beweglichkeit und Fernmeldetechnik unterlegen waren, obwohl der Ausbildungsstand der Unteroffiziere und Mannschaften zu wünschen übrig ließ und obwohl die Offiziere andere Führungs- und Einsatzgrundsätze gewöhnt waren – nicht umhin, das Urteil der deutschen Seekriegsleitung zu teilen, die

[97] Zu den Fällen von Erfrierungen im Krieg gegen Griechenland vgl. Schreiber, Deutschland, Italien und Südosteuropa, in: DRZW 3, S. 413. Das CSIR hatte im Winter 1941/42 einen Toten und 3164 Fälle von mehr oder weniger schweren Erfrierungen zu beklagen. Mit Giovanni Messe (Krieg im Osten, S. 153–161), wird gemeinhin die Weitsicht der zuständigen italienischen Stäbe dafür verantwortlich gemacht, daß das CSIR vergleichsweise gut über den Winter kam, wobei Giorgio Rochat zu Recht (Truppe italiane, S. 41 Anm. 9) darauf hingewiesen hat, daß ein Fall von Erfrierungen auf 17 Mann oder – nur bezogen auf die Infanterie – ein Fall auf acht Mann nicht der „minimale Prozentsatz" war, von dem Messe (Krieg im Osten, S. 160) gesprochen hat. Im einzelnen vgl. AUSSME, DS II 570, KTB Intendenza CSIR, Januar/Februar 1942, Anlage: Bericht (Nr. 3234 di prot.) Comando CSIR (Direzione di Sanità, gez. Francesco Caldarola) vom 24. 4. 1942: „Accidenti da freddo nelle truppe del C.S.I.R. durante l'inverno 1941–1942".

[98] Vgl. Operazioni delle unità italiane al fronte russo, S. 162–177.

am 10. April 1942 in ihrem Kriegstagebuch vermerkte: „Auf russ. Kriegsschauplatz sind 3 [italienische] Divisionen eingesetzt, die sich anerkennenswert schlagen"[99]. Der unter militärischen Gesichtspunkten gesehen alles in allem erfolgreiche Einsatz des Expeditionskorps war nicht zuletzt ein Verdienst des Kommandierenden Generals Giovanni Messe. Dabei hatte sich das *Comando Supremo* ursprünglich gegen Messe und für Francesco Zingales entschieden[100]. Doch nachdem dieser überraschend erkrankt war, fiel das Kommando über das CSIR noch im Juli 1941 an den General aus Süditalien, der zu den begabtesten Truppenführern des königlichen Heeres zählte und auf eine beeindruckende Karriere zurückblicken konnte[101]. Es war dem 1883 geborenen Berufssoldaten wahrlich nicht in die Wiege gelegt, daß er seine militärische Karriere einmal als Marschall von Italien beenden sollte, hatte er doch zunächst die Unteroffizierslaufbahn eingeschlagen und sich erst durch spezielle Fortbildungskurse zum Truppenoffizier hochgedient. Vielleicht wäre es dabei geblieben, hätte nicht der Erste Weltkrieg die ideale Bühne abgegeben, auf der sich der wagemutige und ein wenig eitle Messe als tapferer Kämpfer präsentieren konnte. Bei Kriegsende gehörte der mehr als einmal verwundete und vielfach ausgezeichnete Major zu den Stoßtruppen der italienischen Armee, den legendären *Arditi*, und wurde 1923 zum Feldadjutanten von König Vittorio Emanuele III. berufen. Diese enge Verbindung zum Königshaus scheint seiner Karriere unter der Herrschaft der Faschisten nicht geschadet zu haben, zumal Messe als Bewunderer Mussolinis galt, der ihm seinerseits explizit seine Wertschätzung ausgedrückt hatte[102]. Beim Eintritt Italiens in den Zweiten Weltkrieg kommandierte Messe die 3. schnelle Division, wurde jedoch schon bald mit dem Kommando des *Corpo d'Armata speciale* an der Front im griechisch-albanischen Grenzgebiet betraut und aufgrund seiner Verdienste auf diesem Kriegsschauplatz zum *Generale di Corpo d'Armata* befördert.

Als kommandierender General des CSIR verstand es der charismatische Truppenführer, seine Soldaten immer wieder neu zu motivieren. Er erwies sich als ebenso flexibel wie lernfähig und schreckte auch vor unbequemen Entscheidungen wie der Ablösung enger Mitarbeiter in seinem Stab nicht zurück, wenn sie seinen Anforderungen nicht genügten[103]. Erfüllt von einem glühenden Nationalismus, war sein Verhältnis zu den Deutschen so zwiespältig wie das vieler italienischer Zeitgenossen in Partei und Armee[104]. Einerseits konnte er nicht genug vom Lob und der Anerkennung der mächtigen Verbündeten bekommen, andererseits reagierte er

---

[99] Zit. nach Schreiber, Italiens Teilnahme, in: Förster (Hrsg.), Stalingrad, S. 261.
[100] Vgl. Cavallero, Diario, S. 202, Eintrag vom 21. 6. 1941; zur Betrauung Messes mit dem Kommando über das CSIR vgl. auch dessen eigene Darstellung in: Krieg im Osten, S. 31 f.
[101] Eine wissenschaftliche Biographie Messes, dessen bemerkenswerte militärische und politische Karriere auch nach dem Frontwechsel Italiens weiterging, wäre es wert, geschrieben zu werden. Der bislang beste Versuch (für die Zeit bis 1943) stammt aus der Feder von Orlandi, Giovanni Messe, in: Garzia/Pasimeni/Urgesi (Hrsg.), Maresciallo d'Italia Giovanni Messe.
[102] Hier sei auf den aufschlußreichen Schriftwechsel im ACS, SPD-CO 1922–1943, busta 1275, fasc. 510063: Giovanni Messe, verwiesen.
[103] Mehrere entsprechende Telegramme Messes an das *Comando Supremo* vom Herbst/Winter 1941 finden sich im AUSSME, DS II 4007.
[104] Vgl. dazu die widersprüchlichen Aussagen Messes in den Tagebüchern von Galeazzo Ciano (Diario, S. 627, Eintrag vom 4. 6. 1942) und Giuseppe Bottai (Diario 1935–1944, S. 307, Eintrag vom 27. 5. 1942).

hochsensibel auf Verstöße gegen den guten Ton, auf Kritik oder gar auf Einmischungsversuche von Seiten der Alliierten. Er selbst sah sich gern als unnachgiebigen Vertreter der Interessen Italiens und seiner Soldaten an der Ostfront; die Deutschen, die ihn so sehr schätzten, daß sie ihm mit dem Ritterkreuz eine ihrer höchsten militärischen Auszeichnungen verliehen, hielten ihn dagegen für einen „zuverlässige[n] Freund"[105].

Neben seinem persönlichen Ehrgeiz und der Sorge um seine Soldaten wurde Messe vor allem von der Sorge um das nationale Prestige Italiens und die Ehre der eigenen Waffen umgetrieben. Er wollte das Expeditionskorps nicht nur in die Lage versetzt sehen, die Winterstellung um jeden Preis zu halten, sondern forderte immer wieder, es auch so umzubauen, daß es erfolgreich an den Offensiven des Jahres 1942 würde teilnehmen können. Dabei schwebte ihm weniger eine zahlenmäßige Verstärkung der italienischen Truppen in großem Stil als eine Steigerung ihres Kampfwerts unter anderem durch die Zuweisung von schwerer Artillerie, Kraftfahrzeugen, Panzern und Panzerabwehrwaffen vor. Zwei frische Divisionen – möglichst Gebirgstruppen – sollten die abgekämpften Divisionen ablösen, die aufzufrischen und zu motorisierten Großverbänden umzubauen waren, um die Kampfkraft und Mobilität im Falle der Wiederaufnahme des Bewegungskriegs sicherzustellen. Von diesen nachdrücklich vorgebrachten Plänen und Forderungen konnte nur ein kleiner Teil realisiert werden. Die Lage an der Front ließ nicht einmal die Herauslösung der am stärksten angeschlagenen Division, der schnellen Division „Principe Amedeo Duca d'Aosta", geschweige denn des gesamten Expeditionskorps zu, und in Italien war vieles von dem, was Messe gefordert hatte, absolute Mangelware, von den Schwierigkeiten auf dem Transportsektor ganz zu schweigen. So blieb es dabei, daß die 3. schnelle Division im Frühjahr 1942 zu einer motorisierten Division umgerüstet wurde, ihre berittenen Teile – die sich durchaus bewährt hatten – zu einer Kavalleriebrigade zusammengefaßt, die Korpstruppen durch ein Elitebataillon *Alpini* verstärkt und die Verluste der beiden Divisionen *autotrasportabili* so weit wie möglich ersetzt wurden[106].

4. Die Aufstellung der 8. Armee

Das *Comando Supremo* entschied sich damit für einen Kompromiß zwischen den gerechtfertigten Forderungen von der Front und den Sachzwängen, die sich aus der überwiegend politisch motivierten Entscheidung ergaben, die italienische Truppenpräsenz auf dem sowjetischen Kriegsschauplatz massiv auszubauen. Die treibende Kraft hinter dieser Entwicklung war kein geringerer als Mussolini. Der erste Transport an die Ostfront war noch nicht abgegangen, als der Diktator am 2. Juli 1941

---

[105] Distler, Verbindungsoffizier, S. 16; zur offiziellen deutschen Darstellung vgl. Chemnitzer Zeitung vom 10./11. 4. 1943: „General ‚Dappertutto'" und Völkischer Beobachter vom 22. 5. 1943: „Marschall Messe".

[106] Messes Eingaben, Vorschläge, Forderungen und Bitten an das *Comando Supremo* und das Oberkommando der 1. Panzerarmee zwischen Dezember 1941 und Mai 1942 finden sich im AUSSME, Fondo Messe, busta P, DS II 599, KTB CSIR, November/Dezember 1941 (Anlagen für Dezember), DS II 576, KTB CSIR, Januar/Februar 1942. Zur Reaktion des *Comando Supremo* vgl. Dokumente in DS II 1466. Zum Umbau des CSIR im Frühjahr 1942 vgl. Operazioni delle unità italiane al fronte russo, S. 170f.

dem deutschen Botschafter Hans Georg von Mackensen drei weitere Divisionen für den Krieg gegen die Sowjetunion in Aussicht stellte[107]. Zu diesem Zeitpunkt beschäftigte man sich im Generalstab des Heeres schon seit einigen Tagen damit, die Voraussetzungen für die Entsendung eines zweiten Armeekorps an die Ostfront zu prüfen, wobei bereits die Möglichkeit erörtert wurde, die beiden italienischen Korps unter einem eigenen Armeeoberkommando zusammenzufassen. Am 14. Juli wies Mussolini General Mario Roatta, den Chef des Generalstabs des Heeres, offiziell an, ein weiteres Armeekorps für die Ostfront vorzubereiten. Zehn Tage später informierte er Hitler von seinen Aktivitäten, wobei er nicht nur von einem zweiten, sondern sogar von einem dritten Korps sprach:

„Ich habe mit lebhaftestem Interesse gelesen, Führer, was Ihr mir über den Feldzug gegen Rußland und die Rassen, aus denen das bolschewistische Heer besteht, berichtet. Gerade wegen dieser heterogenen Zusammensetzung, wegen der Desorganisation der Kommandos und der brutalen Dummheit der Menschen, bin ich der hundertprozentig sicheren Überzeugung, daß Eure Armeen die russischen rasch vernichten werden, die im übrigen schon sehr schwer angeschlagen sind. Nach dem, was mir meine Generäle mitteilen, wird das italienische Armeekorps zwischen dem 10. und 15. August in Aktion treten können. Inzwischen bereite ich jedoch ein zweites Armeekorps vor und könnte auch ein drittes bereitstellen, sollte es nötig sein."[108]

Sechs Wochen später, am 25. August, drängte er Hitler während eines Meinungsaustausches geradezu, einer Verstärkung der italienischen Streitkräfte an der Ostfront zuzustimmen; er könne in diesem Fall sechs, neun und mehr Divisionen schicken. Als die Verbündeten seine Offerten aber mehr oder weniger nonchalant auf die lange Bank schoben, wurde er immer ungeduldiger und ließ im Herbst 1941 kaum eine Gelegenheit ungenutzt, um auf eine Verstärkung der eigenen Truppen auf dem sowjetischen Kriegsschauplatz zu drängen. Inzwischen hatte auch die militärische Führung wiederholt Überlegungen zur Entsendung weiterer Divisionen angestellt, die am 15. November in Dispositionen gipfelten, im kommenden Frühjahr unter der Führung des Armeeoberkommandos 8 zwei zusätzliche Korps (das II. und das XVIII.) mit vier Infanteriedivisionen (davon zwei *autotrasportabili*) sowie zwei Gebirgs- und zwei in Aufstellung begriffenen Panzerdivisionen für die Ostfront bereitzustellen. Vor diesem Hintergrund ist es durchaus möglich, daß Außenminister Ciano auch von italienischen Panzerdivisionen gesprochen hat, als er Hitler am 29. November einmal mehr die Frage vortrug, „die dem Duce am meisten am Herzen liegt: unsere Teilnahme am Krieg an der russischen Front"[109].

---

[107] Vgl. ADAP, Serie D, Bd. 13/1, S. 47 Anm. 1. Zu den italienischen Initiativen zur Entsendung weiterer Truppen an die Ostfront, zum strategischen Kalkül Mussolinis und zur deutschen Reaktion vgl. neben Schreiber, Italiens Teilnahme, in: Förster (Hrsg.), Stalingrad, S. 262–268, vor allem die detailliertere Analyse von Battistelli, Guerra dell'Asse, Teil V/II, der auch den Zielkonflikt zwischen politischen und militärischen Prämissen in den Blick nimmt. Das folgende, soweit nicht anders belegt, nach diesen beiden Darstellungen.
[108] DDI, Serie 9, Bd. 7, S. 390 ff. (hier S. 392): Benito Mussolini an Adolf Hitler vom 24. 7. 1941.
[109] DDI, Serie 9, Bd. 7, S. 798–802 (hier S. 800): Aufzeichnung von Galeazzo Ciano für Benito Mussolini über seine Gespräche in Berlin; die Aufzeichnung des Gesandten Paul Otto Schmidt über dieses Gespräch (ADAP, Serie D, Bd. 13/2, S. 733 ff.) weicht von der Version Cianos erheblich ab. Vgl. dazu auch Schreiber, Italiens Teilnahme, in: Förster (Hrsg.), Stalingrad, S. 265.

Im Grunde genommen war es noch immer das gleiche Bündel von Motiven, das den „Duce" bereits umgetrieben hatte, als er sich zur Entsendung des CSIR entschloß, und das ihn nun veranlaßte, immer wieder nachdrücklich auf eine stärkere Beteiligung Italiens am Krieg gegen die Sowjetunion zu drängen, wobei er sich zu Angeboten hinreißen ließ, die – wie er wissen mußte – das militärische Potential des Königreiches überstiegen. Allerdings sah er die Bedeutung Italiens im Bündnis der Achsenmächte mit jedem Sieg der deutschen Waffen schwinden, zumal die eigenen Streitkräfte dem wenig entgegenzusetzen hatten. Im Gegenteil: Auf dem Balkan hatte man Mühe, den Partisanen Herr zu werden, im Mittelmeer zeigten sich weder die Marine noch die Luftwaffe ihren britischen Gegnern gewachsen, und in Nordafrika mußten die deutsch-italienischen Verbände nach den Erfolgen des Frühjahrs schwere Rückschläge hinnehmen. Im Krieg gegen die Sowjetunion schienen dagegen Staaten an Gewicht zu gewinnen, die bislang nicht einmal die zweite Geige gespielt hatten. Daher betonte er schon im Juli 1941 gegenüber seinem Generalstabschef Ugo Cavallero, Italien könne an der Ostfront nicht weniger Präsenz zeigen als die kleine Slowakei[110], und daher verdüsterte sich auch seine Stimmung schlagartig, als er im Oktober von der Eroberung Odessas durch rumänische Truppen erfuhr[111]. Eine Verlegung starker italienischer Verbände an die Ostfront, die seit Juni 1941 den Mittelmeerraum als wichtigsten Kriegsschauplatz abgelöst hatte, sollte also, mit anderen Worten, zunächst dazu dienen, Italiens Position im Konzert der Angreiferstaaten zu festigen.

Mussolini ging dabei von folgenden Überlegungen aus: Aller germanophoben Ausfälle zum Trotz sah er, erstens, im nationalsozialistischen Deutschland nach wie vor den einzigen Partner, mit dem sich seine imperialistischen Ziele verwirklichen ließen. Zweitens glaubte er, daß die Wehrmacht den Krieg im Osten siegreich beenden würde, auch wenn er darauf spekulierte, daß sich die Kämpfe länger hinziehen würden als von den Deutschen erhofft. Drittens erwartete er, daß sich Hitler nach dem Fall der Sowjetunion wieder gegen Großbritannien wenden würde, wobei er von einem Vorstoß gegen die Positionen des Empire im Mittleren Osten aus dem Kaukasus heraus ausging; nicht zuletzt deshalb war stets nur von einem Einsatz der italienischen Verbände im Süden der Sowjetunion die Rede, und nicht zuletzt deshalb sprach man seit Oktober 1941 immer wieder davon, Gebirgstruppen an die Ostfront zu entsenden. Letztlich hoffte der Diktator, mit einer massiven Verstärkung der italienischen Truppenpräsenz auf dem sowjetischen Kriegsschauplatz, zwei Fliegen mit einer Klappe zu schlagen: verlorenes Prestige zurückzugewinnen und Italien den Platz als primus inter pares unter den Verbündeten des Deutschen Reiches zu sichern sowie durch einen Zangenangriff über den Kaukasus und Libyen die bisher getrennten Kriegsschauplätze im Mittelmeerraum und im Osten zu verbinden und so schließlich zu einer gemeinsamen Strategie der Achsenmächte zu kommen. Der Ausbau der italienischen Truppenpräsenz an der Ostfront war damit weniger eine spleenige „Marotte" Mussolinis[112] oder ein Auswuchs der Unterordnung Italiens nach dem Scheitern des Konzepts eines „parallelen Krieges" im

---

[110] Vgl. das Memorandum Mussolinis für Cavallero über die politisch-militärische Situation vom 24. 7. 1941, abgedruckt in: Ceva, Condotta, S. 169f.
[111] Vgl. Ciano, Diario, S. 546, Eintrag vom 17. 10. 1941.
[112] Ebenda, S. 544, Eintrag vom 10. 10. 1941.

Herbst 1940[113], sondern entsprang vielmehr der von politisch-strategischen Überlegungen genährten Hoffnung, aus einem deutschen Krieg einen Krieg der „Achse" machen[114] und so Seite an Seite mit dem nationalsozialistischen Deutschland auf einen großen Beutezug gehen zu können, ohne von diesem vereinnahmt zu werden.

Man macht es sich also zu einfach, wenn man wie Enzo Collotti behauptet, Italien habe weder eigenständige Motive noch besondere Gründe gehabt, um Krieg gegen die Sowjetunion zu führen[115]. Dieser Eindruck verstärkt sich, wenn man bedenkt, daß ökonomische Ziele bei den Dispositionen für den Einsatz weiterer italienischer Divisionen an der Ostfront eine immer größere Rolle spielten[116]. Hatte man sich im Zuge der Aufstellung des CSIR noch nicht intensiver mit den Perspektiven beschäftigt, die sich der italienischen Kriegswirtschaft in der Sowjetunion bieten könnten, so änderte sich das, nachdem das Expeditionskorps vor Ort eingetroffen war und klar wurde, mit welchen Ressourcen das eroberte und noch zu erobernde Territorium aufwarten konnte. Da Italien aber auf eine ernste Versorgungskrise zusteuerte und Getreide ebenso knapp zu werden drohte wie Kohle, Metalle und vor allem Erdöl, konnte es gar nicht ausbleiben, daß Politiker und Militärs dieses Potential aufmerksam beäugten. Vor allem 1942 wurden zum Teil weitreichende Projekte auf Kiel gelegt, die auf die Überbrückung aktueller Engpässe ebenso zielten wie auf die langfristige Ausbeutung agrarischer und mineralischer Rohstoffe, wobei man neben der Kaukasusregion mit ihren reichen Erdölvorkommen – dort hatte sich Italien bereits nach dem Ersten Weltkrieg engagiert – vor allem die Ukraine im Visier hatte[117]. Im Außenministerium gab es etwa einen Plan, dort in großem Stil Land zu bebauen, wobei das Deutsche Reich die nötige Ausrüstung und Italien die Arbeitskräfte stellen sollte[118].

Auf deutscher Seite stieß Mussolinis Wunsch nach der Entsendung weiterer Divisionen an die Ostfront zunächst auf wenig Gegenliebe. Die Angelegenheit wurde im Gegenteil dilatorisch behandelt, auch wenn Hitler dem Verbündeten wiederholt mehr oder weniger vage ein zukünftiges Engagement in Aussicht stellte[119], sei es noch im Feldzug gegen die Sowjetunion oder – nach dem Sieg – in einer Kampagne gegen die britischen Positionen im Mittleren Osten. Die Gründe für diese Reaktion liegen auf der Hand: Zum einen bestand im Sommer und Herbst 1941 keine militärische Notwendigkeit, neue italienische Großverbände an die Ostfront zu verlegen, zum zweiten wußte man um die strukturellen Schwächen der italienischen Streitkräfte, und zum dritten war nicht nur Hitler der Meinung, die Italiener sollten sich

---

[113] Vgl. Collotti, Alleanza italo-tedesca, in: Italiani sul fronte russo, S. 21.
[114] So die These von Battistelli, Guerra dell'Asse, Teil V/II-4.
[115] Vgl. Collotti, Alleanza italo-tedesca, in: Italiani sul fronte russo, hier S. 19.
[116] Vgl. Battistelli, Guerra dell'Asse, Teil V/II-3, der vor allem die Rolle der Treibstoffkrise und die Anziehungskraft der Ölfelder Kaukasiens unterstreicht.
[117] Dieses Kapitel des italienisch-sowjetischen Krieges ist bislang weitgehend unerforscht. Ein Beitrag des Autors auf der Basis der unverzeichneten Bestände der *Direzione Generale Affari Commerciali* des italienischen Außenministeriums ist in Vorbereitung. Zu den Projekten in der Kaukasusregion nach 1918 vgl. Webster, Espansione industriale.
[118] Vgl. Mantelli, Geschichte, S. 150.
[119] Vgl. etwa ADAP, Serie D, Bd. 13/1, S. 315–318: Aufzeichnung über zwei Unterredungen zwischen Adolf Hitler und Benito Mussolini am 25. 8. 1941, oder ADAP, Serie D, Bd. 13/2, S. 563–570: Aufzeichnung des Gesandten Paul Otto Schmidt über eine Unterredung zwischen Adolf Hitler und Galeazzo Ciano am 25. 10. 1941.

II. Das königlich-italienische Heer und der Krieg gegen die Sowjetunion 27

auf den Krieg im Mittelmeer und in Nordafrika konzentrieren[120]. Mit dem Scheitern des Unternehmens „Barbarossa" und der erfolgreichen Gegenoffensive der Roten Armee im Dezember 1941 änderten sich jedoch die Rahmenbedingungen grundlegend. Die empfindlichen Rückschläge, die die Wehrmacht im russischen Winter einstecken mußte, schienen dem „Duce" nun die ersehnte Gelegenheit zu bieten, verlorenes Terrain zurückzugewinnen und die Gewichte zwischen den beiden Achsenmächten neu auszutarieren.

Schon um den 14. Dezember teilte Generaloberst Jodl, der Chef des Wehrmachtführungsstabs im OKW, dem italienischen Militärattaché im Auftrag Hitlers mit, „daß außer dem von dem Duce vor kurzem angebotenen einen Gebirgskorps noch ein weiteres italienisches Korps eingesetzt werde"[121]. Eine Woche später erhielt Generaloberst Halder die Mitteilung, Hitler beabsichtige, „Italien, Ungarn und Rumänien" zu veranlassen, „starke Kräfte für 1942 so rechtzeitig zu stellen, daß sie schon vor der Schneeschmelze antransportiert werden und nach vorne marschieren können"[122]. Mussolini, der zu diesem Zeitpunkt bereits über den deutschen Kurswechsel unterrichtet war[123], wurde von Hitler am 29. Dezember offiziell davon in Kenntnis gesetzt, daß er sein Angebot, zwei weitere Korps an die Ostfront zu entsenden, „sehr dankbar" annehme, und er fügte hinzu, daß sich „daraus die Möglichkeit" ergebe, „eine komplette italienische Armee zu bilden", der er „die eventuell dann noch erforderlichen deutschen Verbände unterstellen werde"[124].

Obwohl Mussolini damit endlich am Ziel seiner Wünsche war (oder vielleicht gerade deshalb), beließ er es bei einer ausgesprochen knappen Antwort, wobei er bemerkte, „daß die italienischen, für die russische Front bestimmten Divisionen sich in Vorbereitung" befänden; man müsse nur noch rechtzeitig „die Frage der Transporte lösen"[125]. Dies entsprach freilich nicht ganz den Tatsachen, denn bei der Ausrüstung der zur Verlegung an die Ostfront vorgesehenen Großverbände gab es weitaus mehr offene Probleme als nur die Transportfrage. Schon seit den ersten Überlegungen im Sommer 1941 war klar, daß es unmöglich sein würde, ein zweites oder gar ein drittes Armeekorps ähnlich gut auszustatten wie das CSIR, ohne Prioritäten neu zu setzen und bisherige Planungen über den Haufen zu werfen. Am schwersten wog dabei zweifellos der Mangel an Kraftfahrzeugen aller Art, aber auch moderne Artillerie, Panzer- und Flugabwehrgeschütze ließen sich nicht einfach aus dem Ärmel schütteln. Es lag nahe, die potenten Verbündeten aus dem Norden um Hilfe zu bitten, doch diese zeigten sich mehr als zugeknöpft und schlossen etwa die Lieferung von Kraftfahrzeugen aus, um die an der Ostfront unabdingbare Beweglichkeit neuer italienischer Kontingente sicherzustellen[126]. Diese Weigerung

[120] Vgl. etwa DDI, Serie 9, Bd. 7, S. 494–497: Aufzeichnung über ein Gespräch zwischen Generaloberst Ugo Cavallero und Generalfeldmarschall Wilhelm Keitel am 25. 8. 1941.
[121] ADAP, Serie E, Bd. 1, S. 22f.: Aufzeichnung des Botschafters Ritter vom 16. 12. 1941.
[122] Halder, Kriegstagebuch, Bd. 3, S. 360f.: Fernschreiben des OKW betr. Zusammenstellung der von Hitler am 20. 12. 1941 Generaloberst Halder erläuterten Aufgaben des Heeres für die nächste Zeit.
[123] Vgl. ADAP, Serie E, Bd. 1, S. 93f.: Fernschreiben des Generals Enno von Rintelen vom 22. 12. 1941.
[124] ADAP, Serie E, Bd. 1, S. 104–113 (hier S. 108): Adolf Hitler an Benito Mussolini vom 29. 12. 1941.
[125] ADAP, Serie E, Bd. 1, S. 293f.: Benito Mussolini an Adolf Hitler vom 23. 1. 1942.
[126] Vgl. hierzu ausführlich Battistelli, Guerra dell'Asse, Teil V/II-2 und II-3.

kam freilich nicht von ungefähr, denn die Wehrmacht litt selbst unter einem empfindlichen Mangel an Kraftfahrzeugen, nachdem das Ostheer zwischen dem 31. Juni 1941 und dem 31. Januar 1942 allein rund 40 000 Lkw verloren hatte, von denen weniger als 13 000 wieder ersetzt werden konnten[127]. Es ist daher durchaus verständlich, daß man sich auf deutscher Seite zu einem Zeitpunkt den italienischen Wünschen verschloß, einen Beitrag zur Modernisierung des königlichen Heeres zu leisten, als die Verbände der Wehrmacht an der Ostfront einem tiefgreifenden Prozeß der „Entmodernisierung" ausgesetzt waren.

In dieser Situation kam es Anfang 1942 in Rom zu ernsten Differenzen zwischen der politischen und der militärischen Führung, die auch ein bezeichnendes Schlaglicht auf die unterschiedlichen Auffassungen warfen, wie dieser Krieg überhaupt zu führen sei. Während Mussolini aus strategischen Erwägungen heraus dazu bereit war, die italienischen Verbände auf dem sowjetischen Kriegsschauplatz nicht nur massiv zu verstärken, sondern sie auch auf Kosten der Heimatverteidigung, der Divisionen auf dem Balkan und sogar der Streitkräfte in Nordafrika aus eigener Kraft auszurüsten, um im Kielwasser des nationalsozialistischen Deutschland die eigenen weitgesteckten Ziele erreichen zu können, beäugten insbesondere die konservativen, der Krone nahestehenden Generäle ein allzu enges Bündnis mit den Deutschen skeptisch[128]. Sie hätten es vorgezogen, die errungenen Positionen zu konsolidieren, dem Verbündeten gegenüber – die Konfrontation nicht scheuend – auf Distanz zu gehen und damit letztlich weiterhin der bereits gescheiterten Strategie „paralleler Kriege" zu folgen. Das hieß nicht, daß diese Generäle eine Intervention Italiens an der Ostfront rundheraus abgelehnt hätten, allerdings rangierte der sowjetische Kriegsschauplatz auf ihrer Prioritätenskala deutlich hinter der Front in Nordafrika, dem Mittelmeerraum und dem Balkan.

Generalstabschef Cavallero, der zu den Fürsprechern der „Achse" zählte, aber auch die durchaus begründeten Einwände seiner Kollegen nicht einfach vom Tisch wischen konnte, bemühte sich darum, beiden Seiten gerecht zu werden, und pokerte mit seinen deutschen Verhandlungspartnern um die Verteilung der Lasten, die aus einer massiven Verstärkung des italienischen Kontingents erwachsen mußten. Doch das Oberkommando der Wehrmacht blieb hart und griff den Verbündeten weder mit Kraftfahrzeugen noch mit Panzer- und Flugabwehrkanonen unter die Arme. Auch der Wunsch, wenigstens die Rohstoffzuteilungen für die italienische Wirtschaft zu erhöhen, um die Produktion im eigenen Lande steigern zu können, blieb unerfüllt[129]. Generalfeldmarschall Wilhelm Keitel teilte Cavallero Ende Januar 1942 sogar mit, daß sich Deutschland nun doch nicht in der Lage sehe, die 250

---

[127] Einen Überblick über die Entwicklung der materiellen Ausstattung des deutschen Ostheeres zwischen dem 22. 6. 1941 und dem 31. 1. 1942 gibt die Tabelle bei Müller, Scheitern, in: DRZW 4, S. 974f. Bei der Heeresgruppe Süd, zu der auch das CSIR gehörte, hatte man schon im Juli 1941 in großem Stil auf von Pferden gezogene russische „Panjewagen" ausweichen müssen, da die Hälfte der Lkw defekt und Ersatzteile nicht zu beschaffen waren. Vgl. Bartov, Hitlers Wehrmacht, S. 38; das folgende Zitat findet sich ebenda, S. 27.
[128] Vgl. hierzu und zum folgenden Battistelli, Guerra dell'Asse, Teil V/II-4.
[129] Vgl. hierzu und zum folgenden – soweit nicht anders belegt – die bei Ceva, Condotta, S. 197–202, abgedruckten Dokumente: Wilhelm Keitel an Ugo Cavallero vom 25. 1. 1942; Ugo Cavallero an Wilhelm Keitel, Ende Januar 1942; Wilhelm Keitel an Ugo Cavallero vom 6. 2. 1942 und Ugo Cavallero an Wilhelm Keitel vom 18. 2. 1942. Zur deutschen Position vgl. auch Schreiber, Italiens Teilnahme, in: Förster (Hrsg.), Stalingrad, S. 268.

zugesagten Panzerabwehrkanonen vom Kaliber 4,7 cm aus belgischen Beutebeständen zu liefern. Zugleich gab das OKW jedoch im März 1942 seinem Wunsch Ausdruck, die neuen italienischen Divisionen notfalls auch auf Kosten in Kroatien oder in der Heimat stationierter Verbände so gut bewaffnet und ausgerüstet wie irgend möglich an die Ostfront zu schicken[130], nachdem Keitel Generaloberst Cavallero noch einen Monat zuvor mit den Worten beruhigt hatte, im zweiten Jahr des Krieges gegen die Sowjetunion seien gewisse Ausrüstungsmängel ganz normal und beim deutschen Ostheer ebenso festzustellen wie bei der Roten Armee. Angesichts der Entscheidung Mussolinis, die italienische Truppenpräsenz auf dem sowjetischen Kriegsschauplatz massiv auszubauen, und der deutschen Weigerung, Waffen und Material für dieses Unterfangen zur Verfügung zu stellen, blieb Cavallero letztlich nichts anderes übrig, als die für die Ostfront bestimmten Divisionen aus eigenen Beständen auszurüsten, und obwohl das *Comando Supremo* – durchaus gewisse Lehren aus dem Einsatz des CSIR ziehend – sein Bestes tat, blieben bestimmte Engpässe unüberwindlich.

Die *Armata Italiana in Russia*, der nach ihrer Verlegung an die Ostfront auch das CSIR unterstellt werden sollte, bestand aus dem Armeeoberkommando 8 mit Sitz in Bologna, das am 1. Mai 1942 in Funktion trat, dem Generalkommando des II. Armeekorps (Alessandria) mit den Infanteriedivisionen „Cosseria", „Ravenna" und „Sforzesca" und dem Generalkommando des Alpinikorps (Bozen) mit den drei Gebirgsdivisionen „Cuneense", „Julia" und „Tridentina"; zudem wurde der Armee die Infanteriedivision „Vicenza" direkt unterstellt, die aber nicht für Kampfeinsätze, sondern zur Sicherung des rückwärtigen Armeegebiets vorgesehen war[131]. Die faschistische Miliz war mit zwei Brigaden vertreten, die aus je vier Schützenbataillonen und zwei Bataillonen schwerer Waffen bestanden. Alles in allem zählte die 8. italienische Armee 229 000 Mann, die auf 224 Maschinenkanonen vom Kaliber zwei cm, 28 Infanteriegeschütze vom Kaliber 6,5 cm, rund 600 Rohre der Armee-, Armeekorps- und Divisionsartillerie vom Kaliber 7,5 cm bis zum Kaliber 21 cm sowie auf 52 moderne Flugabwehrkanonen vom Typ 75/46 zurückgreifen konnte. Zur Panzerabwehr hatte man der ARMIR 297 Kanonen vom Typ 47/32 (davon 19 auf Selbstfahrlafette) zugeteilt; dazu kamen die 36 leistungsfähigen Geschütze des Artillerieregiments 201 vom Typ 75/32 und 54 Panzerabwehrkanonen 97/38 vom Kaliber 7,5 cm, die nun doch von deutscher Seite geliefert worden waren, nachdem man von der Verwundbarkeit der italienischen Divisionen gegen Panzerangriffe Kenntnis genommen hatte[132]. An Transportmitteln verfügte die Armee neben 16 700 Kraftfahrzeugen aller Art über 1130 Zugmaschinen, 4470 Motorräder und 25 000 Trag-, Zug- bzw. Reittiere. An gepanzerten Gefechtsfahrzeugen führte man dagegen neben einigen Panzerspähwagen und den bereits genannten 19 Panzerabwehr-

---

[130] AUSSME, DS II 1469, KTB Comando Supremo, März 1942, Anlage 638: Telegramm Nr. 748/S. von Efisio Marras an das Comando Supremo vom 7. 3. 1942.

[131] Zur Aufstellung und Zusammensetzung der ARMIR vgl. Operazioni delle unità italiane al fronte russo, S. 186–194 und S. 597–631, sowie Ceva, Campagna di Russia, in: Italiani sul fronte russo, S. 177 ff., wobei die Zahlenangaben etwas differieren. Nach einer von Schreiber, Italiens Teilnahme, in: Förster (Hrsg.), Stalingrad, S. 269, zitierten deutschen Quelle betrug die Personalstärke der 8. Armee am 13. 8. 1942 sogar 256 705 Mann.

[132] AUSSME, DS II 1470, KTB Comando Supremo, April 1942, Anlage 929: Telegramm Nr. 1176/S. von Efisio Marras an das Comando Supremo vom 18. 4. 1942.

kanonen vom Typ 47/32 auf Selbstfahrlafette nur 31 leichte Panzer L 6 mit sich, die keine sieben Tonnen wogen und mit kleinkalibrigen Maschinenkanonen bewaffnet waren; wie schon das CSIR wurde auch die ARMIR von einer kleinen Luftstreitmacht aus Jagd-, Aufklärungs- und Transportflugzeugen unterstützt.

Was Bewaffnung, Ausrüstung und Motorisierung der 8. Armee angeht, so gilt mehr oder weniger dasselbe, was bereits über das Expeditionskorps gesagt worden ist: Obwohl Beweglichkeit und Feuerkraft der Verbände, aber auch die Leistungsfähigkeit der Fernmeldedienste zu wünschen übrig ließen, war die ARMIR kein Kanonenfutter, zumal ihre Divisionen weitgehend komplett ausgestattet an die Front gingen, während zahlreiche Divisionen des deutschen Ostheeres bereits sichtlich angeschlagen waren. Andererseits stand die ARMIR 1942/43 aufgrund der veränderten Rahmenbedingungen um einiges schlechter da als das CSIR ein Jahr zuvor, denn zum einen hatte sich die Rote Armee nach den katastrophalen Niederlagen der ersten Kriegsmonate konsolidiert, und zum anderen hatte die Entwicklung von Waffen und Kriegsmaterial Fortschritte gemacht, die am königlichen Heer weitgehend vorbei gegangen waren[133]. Zudem war die Zahl der Soldaten stärker gewachsen als die Zahl der schweren Infanteriewaffen und der Kraftfahrzeuge[134], so daß die italienischen Truppen an der Ostfront vor allem quantitativ, nicht aber nachhaltig qualitativ verstärkt worden waren, wie es General Messe noch im Winter 1941/42 gefordert hatte.

Dessen ungeachtet hatte das *Comando Supremo* alles getan, was nur halbwegs vertretbar war (und vielleicht sogar mehr), um aus der 8. Armee einen feldtauglichen Großverband zu machen. Der ARMIR war beispielsweise ein erheblicher Teil der begehrten modernen Geschütze zugeteilt worden, über die das königliche Heer verfügte. Darunter waren alle 36 schweren Panzerabwehrkanonen vom Typ 75/32, ein Viertel der modernen Flak vom Typ 75/46 und die einzige Abteilung schwerer Geschütze vom Typ 210/22, die man nach den Erfahrungen des CSIR dem Armeeoberkommando 8 unterstellt hatte. Die zuständigen Stäbe hatten selbst die mehr als 12 000 Kraftfahrzeuge und Zugmaschinen aufgetrieben, um Artillerie und Versorgungsdienste beweglich zu machen, wenn man schon die Kampftruppen nicht motorisieren konnte. Sieht man von Panzerkampfwagen neueren Typs einmal ab, die für die Front in Nordafrika reserviert waren, wurde die ARMIR im Frühjahr 1942 zweifellos bevorzugt behandelt, was angesichts der ungenügenden Rüstungsproduktion nur möglich war, indem man die Forderungen von anderen Kriegsschauplätzen zurückstellte[135]. Wie schwer die Aufstellung der 8. Armee mit ihren zehn Divisionen und ihre Entsendung an die Ostfront Italien aber tatsächlich belastete und welche Dimension die Intervention in den Krieg gegen die Sowjetunion damit angenommen hatte, wird erst deutlich, wenn man in Rechnung stellt,

---

[133] Einige Beispiele bei Rochat, Truppe italiane, S. 40 ff., der zugleich (S. 43) die außerordentlichen Anstrengungen des *Comando Supremo* zugunsten der ARMIR unterstreicht.
[134] Vgl. Operazioni delle unità italiane al fronte russo, S. 195 f. und S. 631; günstiger sah die Entwicklung bei der Artillerie aus, wo die Zahl der Rohre mit der Zahl der Soldaten Schritt gehalten hatte.
[135] Zur immer wieder aufflammenden Debatte, ob man vor allem die modernen Geschütze und die Kraftfahrzeuge der ARMIR nicht besser in Nordafrika eingesetzt hätte, vgl. vor allem Ceva, Campagna di Russia, in: Italiani sul fronte russo, S. 172–193.

daß die Rüstungsindustrie des Königreiches überhaupt nur in der Lage war, zwanzig kämpfende Divisionen zu versorgen[136], und daß der deutsch-italienischen Panzerarmee in Nordafrika im Januar 1942 nur sieben italienische Divisionen unterstanden[137].

Ursprünglich war beabsichtigt worden, die Verbände der ARMIR in zwei Schüben ab dem 1. Mai beziehungsweise ab dem 1. Juni 1942 an die Ostfont zu verlegen. Tatsächlich kam es jedoch zu erheblichen Verzögerungen, so daß das II. Armeekorps erst am 17. Juni und das Alpinikorps am 14. Juli aufbrechen konnte. Das Gros des II. Korps sammelte sich im Raum Charkow und marschierte von dort aus zum Aufmarschraum bei Stalino in der Nähe des CSIR, während sich die drei Divisionen des Alpinikorps bis Anfang September bei Isjum, Gorlowka und Rykowo wiederfanden. Endgültig abgeschlossen war der Aufmarsch der 8. Armee jedoch erst im Oktober, als die Division „Vicenza" ihr Einsatzgebiet erreicht hatte[138]. Der erste Eindruck, den die deutschen Verbindungsoffiziere von den neuen Verbänden hatten, war nicht ungünstig, obwohl ihnen deren Mängel nicht verborgen blieben, die sie jedoch weniger auf Bewaffnung und Ausrüstung als auf Organisation und Ausbildung zurückführten. So schrieb der Chef des Deutschen Verbindungsstabs zum italienischen Armeeoberkommando am 17. Juli[139]:

„II. A.K. besteht aus norditalienischen Verbänden, die bisher gegen Frankreich, Jugoslavien [sic!] und Griechenland eingesetzt waren. Sie verfügen über besonders gutes Menschenmaterial. Die Truppe ist gut diszipliniert. Bisher wurden 500 km Fußmarsch mit Gepäck trotz grosser Hitze in guter Stimmung überwunden. Der Wunsch, an den Feind zu kommen, ist vorherrschend. Die Divisionen sind gut ausgerüstet und bewaffnet, verfügen über eine besonders brauchbare Kraftfahrzeugausstattung. Sie sind voll kampfkräftig."

Und drei Wochen später urteilte er[140]:

„Während die Divisionen des XXXV. Korps [Ex-CSIR] im Rahmen des Möglichen aufgefrischt sind, verfügen die aus Italien herantransportierten Verbände über das volle Soll ihrer Stärke- und Ausrüstungsnachweisung [sic!]. Sie sind auf jedem Gebiet für italienische Verhältnisse gut herausgebracht. Dies trifft besonders für den Zustand der Kraftfahrzeuge zu. Bedenklich scheint nur die unzureichende Ausrüstung mit panzerbrechenden Waffen. Der Kampfwert der neuen Divisionen ist noch nicht zu übersehen, weil sie bisher kaum eingesetzt waren. Da sie meist norditalienischen Ersatz haben, sind sie sicherlich zu den besten Verbänden, über die das italienische Heer z[ur] Z[eit] verfügt, zu rechnen."

Letztendlich hing das Schicksal der ARMIR aber davon ab, wie ihre Divisionen von den übergeordneten deutschen Kommandos eingesetzt wurden und ob sie bei Bedarf verstärkt werden konnten. Der erste Chef des Deutschen Verbindungsstabs, Major von Gyldenfeldt, urteilte jedenfalls durchaus realistisch:

---

[136] Vgl. Knox, Italian Allies, S. 48.
[137] Vgl. Stumpf, Krieg im Mittelmeerraum, in: DRZW 6, Karte und schematische Kriegsgliederung zwischen S. 580 und S. 581.
[138] Vgl. Operazioni delle unità italiane al fronte russo, S. 195–199 und S. 305 ff., und Schreiber, Italiens Teilnahme, in: Förster (Hrsg.), Stalingrad, S. 268 f.; Dokumente zur Division „Vicenza", über deren Einsatz an der Ostfront man kaum etwas weiß, finden sich im BA-MA, RH 22/72.
[139] BA-MA, MFB4 18275, Bl. 1141, Fernschreiben des Chefs des Deutschen Verbindungsstabs zum italienischen AOK 8 an die Armeegruppe Ruoff, Ia, vom 17. 7. 1942.
[140] Dieses und das folgende Zitat sind Dok. 4, S. 102 f., des vorliegenden Bandes entnommen.

„Die 8. ital. Armee wird in der Lage sein, in der Verteidigung leichte und mittlere Angriffe abwehren zu können. Im Angriff kann sie in einfacher Lage möglichst in Zusammenarbeit mit deutschen Verbänden Brauchbares leisten."

III. Das königliche Heer und seine Soldaten an der Ostfront

1. „Italiani – brava gente"? Zur italienischen Besatzungspraxis im Süden der Sowjetunion

Es ist sowohl in der italienischen Öffentlichkeit als auch in der Historiographie weitgehend in Vergessenheit geraten, daß die italienischen Divisionen an der Ostfront Teil einer Invasions- und Besatzungsarmee gewesen sind. Daß die Frage nach den Geschehnissen abseits der Schlachtfelder aber – von Ausnahmen abgesehen[141] – zumeist nicht einmal gestellt worden ist[142], liegt nicht zuletzt daran, daß man schon früh und mit Nachdruck versucht hat, eine kritische Auseinandersetzung mit der *Campagna di Russia* gar nicht erst aufkommen zu lassen. Besondere Bedeutung kommt in diesem Zusammenhang einmal mehr den Erinnerungen von Giovanni Messe zu, der sich nicht nur als Meister der tendenziösen Interpretation scheinbar feststehender Fakten erwies, sondern als Marschall von Italien und Senator der Republik eine der Autoritäten verkörperte, deren Aussagen nur schwer in Zweifel gezogen werden konnten. Noch heute wird zuweilen für bare Münze genommen, was Messe kurz nach Kriegsende über das Verhalten der italienischen Soldaten an der Ostfront schrieb[143]:

„Wie bereits angedeutet, gestalteten sich die Beziehungen zwischen den Soldaten des C.S.I.R. und der Bevölkerung spontan zu einem gegenseitigen Verständnis, das sich schließlich zu aufrichtiger Herzlichkeit entwickelte. Die gefühlsmäßige Verwandtschaft, die beiden Völkern eigene Anhänglichkeit an die Familie und die Liebe zum Heimatboden, der gemeinsame Hang zur Sentimentalität, der ausgesprochene Sinn für persönliche Würde und für Gastfreundschaft – typisch für die russische Familie – bildeten einen fruchtbaren Boden für das wechselseitige Verhältnis. Auf der einen Seite schätzten die Russen das einfache, jeder Arroganz abholde Auftreten der Italiener, ihre Zärtlichkeit zu den Kindern, ihre Gutherzigkeit. Die Italiener fühlten sich ihrerseits zu diesem Menschenschlag hingezogen, der keine Feindseligkeit zeigte, keinen Bandenkrieg führte, gerne Gastfreundschaft gewährte und kleine Gefälligkeiten erwies."

Er glaube, so schloß Messe, das italienische Expeditionskorps habe durch sein Verhalten „seinem Lande einen wertvollen Dienst geleistet" und sich „durch seine überlegene Kultur, seinen Sinn für Gerechtigkeit und vor allem sein menschliches Verständnis" von allen anderen Heeren unterschieden, die an der Ostfront gekämpft hätten. Der Kommandierende General des CSIR zeichnete also in der Rückschau das Bild einer humanitären italienischen Insel in einem Weltanschauungs- und Vernichtungskrieg, und knüpfte dabei direkt an das Klischee vom edlen Italiener als Träger einer jahrtausendealten Kultur an, dessen sich bereits die faschistischen Propagandisten nicht zuletzt mit Blick auf die *Campagna di Russia* bedient

---

[141] Vgl. den folgenlos verhallten Aufsatz von Gentile, Alle spalle dell'ARMIR.
[142] Vgl. Isnenghi, Guerre degli italiani, S. 153f.
[143] Messe, Krieg im Osten, S. 89; das folgende Zitat findet sich ebenda, S. 93f.

III. Das königliche Heer und seine Soldaten an der Ostfront

hatten. So hieß es 1943 in einer Broschüre für von der Ostfront heimkehrende Soldaten:

„Erinnerst du dich, Rußlandkämpfer, an die erschreckten Gesichter der Frauen, Alten und Kinder, jedesmal, wenn wir in ein erobertes Dorf gekommen sind? [...] Nach einem Tag, als sie uns kennengelernt hatten, verschwand jedoch das Entsetzen, das Lächeln kehrte auf ihre Lippen zurück, und die Frauen sagten uns: ‚dobrii... dobrii italiànezi...' Sie erzählten uns, daß die Bolschewisten vor ihrer Flucht wiederholt hätten, was sie seit zwanzig Jahren [...] gepredigt hätten, nämlich daß wir Barbaren und Blutsauger seien und daß niemand unserem Massaker entkommen würde. Erinnert ihr euch dagegen an die Tränen der ukrainischen Frauen, immer als wir abgerückt sind? Jede ukrainische Frau, jung oder alt, hatte einen Verwandten, der gegen uns kämpfte. Aber dennoch eroberte eure Menschlichkeit, die Brüderlichkeit, mit der ihr das Brot und die Truppenverpflegung teilet, die den Kindern gegenüber gezeigte Zärtlichkeit, mit einem Wort, euer Sinn für Kultur, italienische Soldaten, die Bevölkerung auf einen Schlag."[144]

Daß in der Sowjetunion ein Weltanschauungs- und Vernichtungskrieg tobte, war den Entscheidungsträgern in Rom nicht entgangen, zumal Beobachter wie Militärattaché Efisio Marras schon früh keinen Zweifel daran gelassen hatten[145]. Diese Feststellung hielt jedoch Mussolini und das *Comando Supremo* ebensowenig wie ein von Messe gezeichnetes Memorandum vom Mai 1942, in dem die deutsche Besatzungspolitik in der Ukraine hart kritisiert wurde[146], davon ab, das Engagement des königlichen Heeres auf dem sowjetischen Kriegsschauplatz nicht nur fortzusetzen, sondern massiv zu verstärken.

Im Operationsgebiet der Streitkräfte fiel die Ausübung der vollziehenden Gewalt – also die Rechtsetzung, die Rechtsprechung und die Verwaltung – den Oberbefehlshabern der Armeen zu[147], die den Befehlshabern der rückwärtigen Armeegebiete und den Kommandierenden Generälen in der Gefechtszone dafür nach den Vorgaben der militärischen Zentralstellen die entsprechenden Anweisungen zukommen ließen. Das italienische Expeditionskorps erhielt diese Befehle bis Anfang Juli 1942 zunächst vom Oberkommando der 11. Armee, dann vom Oberkommando der 1. Panzerarmee sowie schließlich vom Oberkommando der 17. Armee und war auf der operativen Ebene wie ein deutsches Armeekorps in die Befehlskette eingebunden[148]. De jure war der Handlungsspielraum Giovanni Messes und seines Generalkommandos also begrenzt, de facto dürfte er aber größer gewesen sein als der seiner deutschen Kollegen, da er immerhin der höchste militärische Vertreter Italiens an der Ostfront war und als Vertrauter Mussolinis galt.

---

[144] Quello che hai visto in Russia, S. 6f.
[145] AUSSME, L 13/48–2, Bericht (Nr. 660/S) von Militärattaché Marras an das Comando Supremo über die Operationen an der Ostfront vom 31. 7. 1941, oder L 13/48–3, Bericht (Nr. 1253/S) von Militärattaché Marras an das Comando Supremo über den Winterfeldzug an der Ostfront vom 23. 4. 1942.
[146] AUSSME, Fondo Messe, busta P, Memorandum (gez. Giovanni Messe): „Note sulla politica germanica in Ucraina" vom Mai 1942; ähnlich auch das ebenfalls von Messe gezeichnete Memorandum „Aspetti della politica germanica di guerra sul fronte orientale" vom Oktober 1942 im selben Bestand. Vgl. auch Messe, Krieg im Osten, S. 69–77.
[147] Vgl. Umbreit, Verantwortlichkeit der Wehrmacht, in: Müller/Volkmann (Hrsg.), Wehrmacht.
[148] AUSSME, DS II 444, KTB CSIR, Juli/August 1941, Anlage 38: Anweisung des Comando Supremo – Ufficio Operazioni, Scacchiere orientale (Nr. 20770/Op. di prot. – gez. Ugo Cavallero) – vom 14. 7. 1941.

In der ersten Phase des Feldzuges hatten die italienischen Truppen vor allem für ihre eigene Sicherheit zu sorgen, sie wurden aber auch wiederholt mit der Säuberung des Kampfgebiets betraut. Die Verbündeten hatten es dagegen übernommen, die Nachschublinien zu garantieren[149]. Nachdem es der Roten Armee jedoch im Dezember 1941 gelungen war, den deutschen Vormarsch zu stoppen, und auch das CSIR zur Verteidigung hatte übergehen müssen, wuchsen den Verbänden des königlichen Heeres mehr und mehr die Pflichten einer Besatzungstruppe zu, die die ihr zugewiesene Zone um Jasinowatoje und Rykowo zu sichern hatte, aber auch im rückwärtigen Armeegebiet zum Bahn- und Objektschutz herangezogen wurde[150]; zudem spielten die zuständigen Stellen des CSIR nach der Zuweisung einer eigenen Wirtschaftszone im Umfang von 40 km rund um Stalino schließlich bei der Ausbeutung der Ressourcen vor Ort eine wichtige Rolle[151].

Die Verlegung der 8. Armee an die Ostfront, wo ihr im Juli 1942 auch das nun in XXXV. Armeekorps umbenannte CSIR unterstellt wurde, bedeutete für das italienische Engagement auf dem sowjetischen Kriegsschauplatz eine scharfe Zäsur, und zwar nicht nur, weil nun fast vier Mal so viele Soldaten des königlichen Heeres auf russischem Boden standen. Die Entsendung einer ganzen Armee, die zudem möglichst geschlossen eingesetzt werden sollte[152], war vielmehr auch ein gewolltes politisches Signal, wobei mit dem erhofften Zuwachs an Prestige zunächst einmal ein faktischer Zuwachs an Kompetenzen und Verantwortung verbunden war, der nicht zuletzt den sensiblen Bereich der Besatzungsherrschaft betraf. Das *Comando Supremo* trug diesem Umstand durch eine deutliche Verstärkung der Kräfte Rechnung, die im rückwärtigen Gebiet eingesetzt werden sollten, und kam damit auch einem Wunsch des OKW nach[153].

Seit August 1942 fiel der 8. Armee im Verband der Heeresgruppe B die Verteidigung eines 230–270 km breiten Frontabschnitts am mittleren Don zu. Hinter der zwischen 20 und 60 km tiefen Operationszone erstreckte sich das rückwärtige Armeegebiet der ARMIR, das einem Parallelogramm glich. Im Osten und Westen wurde es – grob gesprochen – von zwei Bahnstrecken (Kamensk – Rossosch – Woronesch; Luganskaja – Starobelsk – Troizkoje) begrenzt, im Norden verlief die Grenze dagegen jenseits der Linie Rossosch – Scheljakino – Nikitowka und im Süden entlang der Linie Starobelsk – Millerowo. Insgesamt umfaßte das Armeegebiet der ARMIR Ende 1942 21 Rayons mit 265 Städten und Gemeinden, in denen knapp

---

[149] AUSSME, DS II 570, Comando CSIR – Intendenza: Tätigkeitsbericht für die Zeit vom 10. 7. 1941–31. 3. 1942, S. 12.
[150] AUSSME, DS II 576, KTB CSIR, Januar/Februar 1942, Anlage: Comando CSIR, Ufficio Operazioni (Nr. 420/Op. di prot. – gez. Giovanni Messe), vom 23. 1. 1942 („Oggetto: Limiti zona giurisdizione") und Anlage: Übersetzung des Befehls Nr. 72/42 (geheim) der Feldkommandantur 240 vom 27. 1. 1942.
[151] AUSSME, DS II 570, KTB Intendenza CSIR, Januar/Februar 1942, Anlage 246: Rundschreiben (Nr. 2376/S.G. di prot.) vom 21. 2. 1942 („Oggetto: organizzazione sfruttamento risorse zona assegnata al CSIR"), und DS II 1557/8, Intendenza der 8. Armee: Tätigkeitsbericht („Due battaglie invernali 1941/42 – 1942/43") über die Ausbeutung der Ressourcen an der Ostfront, S. 14.
[152] Vgl. Wegner, Krieg gegen die Sowjetunion, in: DRZW 6, S. 817.
[153] AUSSME, DS II 1472, KTB Comando Supremo, Juni 1942, Anlage: Der deutsche General beim Hauptquartier der italienischen Wehrmacht (Ia Nr. 059/42 – gez. Oberst Otzen) an das Comando Supremo vom 26. 5. 1942.

476000 Menschen lebten. Das zentrale Steuerungsorgan jenseits der Operationszone war die *Intendenza*. Hier bemühte man sich etwa darum, die Sicherheit und Ordnung aufrechtzuerhalten oder wiederherzustellen, hier beschäftigte man sich in Theorie und Praxis mit der Unterstützung der italienischen Kriegswirtschaft durch das ökonomische Potential der eroberten Gebiete, hier wurde in Abstimmung und Konkurrenz mit den zuständigen deutschen Stellen die wirtschaftliche Ausbeutung des besetzten Gebiets betrieben, hier organisierte man Bordelle für die eigenen Soldaten[154]. Die Angelegenheiten der Militärverwaltung im engeren Sinne oblagen der *Direzione delle Tappe* mit ihren Etappenkommandos, wobei die rund 60 Mann starken *Comandi Tappa Speciali*, denen in der Regel ein bis drei Rayons unterstanden, als Schnittstelle zwischen der Bevölkerung und der italienischen Armee fungierten. Zumindest in der Theorie war die Machtfülle dieser Kommandanturen insbesondere auf den Feldern Administration, öffentliche Sicherheit und Rechtsprechung groß; sogar die Todesstrafe konnte ausgesprochen werden[155]. Wie die Praxis aussah, hing jedoch stark mit den Gegebenheiten vor Ort zusammen.

Es ist im Rahmen dieses Beitrags nicht möglich, die italienische Besatzungspraxis auf dem sowjetischen Kriegsschauplatz im Detail zu untersuchen, zumal der Forschungsstand ungenügend und die Quellenlage schwierig ist. Zahlreiche wichtige Fragen wie etwa die, mit welchen Instruktionen die Verbände des königlichen Heeres an die Ostfront entsandt wurden oder was man von den verbrecherischen Befehlen erfuhr, die den Divisionen der Wehrmacht mit auf den Weg gegeben worden waren, müssen daher offen bleiben. Sicher ist, daß schon bald Berichte die Runde machten, die Deutschen würden alle Politkommissare erschießen, ebenso Heckenschützen, „Flintenweiber" und Rotarmisten, die aus dem Hinterhalt gefeuert hätten[156]. Die Anweisungen des Armeeoberkommandos 11 über die Organisation der Militärverwaltung in den eroberten Gebieten östlich des Dnjestr, die das Generalkommando des CSIR am 23. August 1941 an die unterstellten Truppenteile weitergab, ließen freilich nur indirekte Rückschlüsse auf diese Praxis zu. Jeder aktive oder passive Widerstand der Zivilbevölkerung sollte durch „härteste Maßnahmen" im Keim erstickt werden, um die Sicherheit der Achsentruppen zu gewährleisten. Was die Kriegsgefangenen betraf, so waren alle „Politkommissare, Aufrührer und aus politischen Gründen nicht erwünschte Elemente" sobald wie möglich an deutsche Sammelpunkte oder provisorische Gefangenenlager zu überstellen. Weder die Weisung, im Ernstfall „härteste Maßnahmen" zu ergreifen, noch die Anordnung, be-

---

[154] Den besten Überblick geben die teilweise sehr umfangreichen Tätigkeitsberichte der *Intendenza* und ihrer Abteilungen für 1942/43; AUSSME, DS II 1557, 1558 und 1560. Dokumente zur Organisation von Bordellen für die italienischen Soldaten, über die man bisher so gut wie gar nichts weiß, finden sich im ACS, T-821/373, Faszikel IT 4890: „Istituzione Case di Tolleranza".

[155] Diese mußte jedoch vom *Direttore delle Tappe* bestätigt werden. Im einschlägigen offiziösen Werk (Servici logistici, S. 182f.) heißt es, es hätten jedoch ohnehin keine schweren Strafen ausgesprochen werden müssen, da es nur zu kleineren Vergehen gekommen sei. Die zwölf vollstreckten Todesurteile im Rayon Nowo Pskow wegen Verschwörung gegen die Besatzungsstreitkräfte, Anstiftung zur Rebellion und Waffenbesitzes blieben jedoch unerwähnt. AUSSME, DS II 1560/1, Intendenza der 8. Armee – Direzione delle Tappe: Tätigkeitsbericht für die Zeit von Juni 1942 bis März 1943, S. 54f.

[156] AUSSME, L 13/48–2, Bericht (Nr. 660/S) von Militärattaché Marras an das Comando Supremo über die Operationen an der Ostfront vom 31. 7. 1941.

stimmte Kriegsgefangene auszusondern und einem ungewissen Schicksal zu überantworten, trafen im Generalkommando des CSIR auf Widerspruch. Der Chef des Stabes, Oberst Guido Piacenza, erklärte vielmehr, man gebe die Anweisungen des Armeeoberkommandos 11 nicht zuletzt deshalb weiter, um das italienische Vorgehen dem deutschen soweit wie möglich anzupassen[157]. Diese Bemühungen konnten für sowjetische Zivilisten und politische Funktionsträger zuweilen tödliche Folgen haben. So meldete das 3. Regiment *Bersaglieri* am 3. November 1941 die Hinrichtung von elf Spionen[158], und der Militärseelsorger Lionello Del Fabbro hielt drei Tage später in seinem Tagebuch fest, daß zwei angeblich zur sowjetischen Geheimpolizei gehörende Gefangene von italienischer Seite erschossen worden seien[159].

Näheres bliebe ebenso zu klären wie die Frage, wie oft und unter welchen Umständen die Italiener direkt mit der Ermordung der sowjetischen Juden konfrontiert wurden. Das wenige, das man bisher weiß, läßt weniger auf Resistenz schließen als auf Indifferenz oder sogar auf Kollaboration. So übergaben Soldaten des königlichen Heeres im Raum Gorlowka 60–100 Juden dem Sonderkommando 4b[160]. Zudem gingen die *Carabinieri* der 8. Armee, denen in allen Sicherheitsfragen eine Schlüsselrolle zukam und die auch mit Problemen der Militärverwaltung betraut wurden, 1942 in den besetzten Städten und Dörfern nicht nur gegen die Aktivisten der Kommunistischen Partei und sonstige als gefährlich eingestufte Subjekte vor, die aufgespürt und interniert werden sollten, sondern auch gegen die Juden[161].

Am weitesten ging die deutsch-italienische Zusammenarbeit und die Einbindung der italienischen Streitkräfte in den deutschen Besatzungsapparat bei der Partisanenbekämpfung, wobei das Generalkommando des CSIR, das Oberkommando der 8. Armee oder mit Spezialaufgaben im rückwärtigen Gebiet betraute Verbände wie die Division „Vicenza"[162] offensichtlich dieselben Weisungen erhielten, die auch für die deutschen Truppen galten. Prinzipiell ist festzuhalten, daß sich das deutsche wie das italienische Vorgehen gegen die Partisanen „potentiell gegen die *gesamte* Zivilbevölkerung" richtete[163], und je stärker sich die Besatzer selbst bedroht fühlten, desto deutlicher zeigte sich dieses Charakteristikum. So hieß es in den Sicherheitsnormen des Kommandierenden Generals des Alpinikorps, die Zivilbevölkerung solle zwar human, aber mit größtem Mißtrauen behandelt werden. Jeder feindselige Akt

---

[157] AUSSME, DS II 444, KTB CSIR, Juli/August 1941, Anlage 179: Comando CSIR, Ufficio Ordinamento e Personale (Nr. 3032 ris. di prot. – gez. Guido Piacenza), an alle unterstellten Truppenteile vom 23. 8. 1941; diesem Dokument sind die oben zitierten Anweisungen des AOK 11 beigefügt.
[158] AUSSME, DS II 578, KTB 3. Division Celere, Oktober/November 1941, Anlage 406: Funkspruch 3. Regiment Bersaglieri, gez. Aminto Caretto, vom 3. 11. 1941.
[159] Vgl. Del Fabbro, Odissea nella steppa russa, S. 66.
[160] Vgl. Pohl, Einsatzgruppe C, in: Klein (Hrsg.), Einsatzgruppen in der besetzten Sowjetunion, S. 80; ich danke meinem Kollegen Dieter Pohl auch für weitere Hinweise.
[161] AUSSME, L 14/85-5, Comando dei Carabinieri Reali dell'8ª Armata: Tätigkeitsbericht für die Zeit vom 10. 5.–30. 9. 1942.
[162] BA-MA, RH 22/74, Bl. 194–221, Übergabeprotokoll (einschließlich Anlagen) über die Ablösung der 403. Sicherungsdivision durch die Division „Vicenza" am 27. 10. 1942.
[163] Klinkhammer, Partisanenkrieg, in: Müller/Volkmann (Hrsg.), Wehrmacht, S. 818; Hervorhebung in der Vorlage.

III. Das königliche Heer und seine Soldaten an der Ostfront 37

Abb. 3: Ostfront – Befragung eines russischen Partisanen, Juni 1942 (AUSSME, Photoarchiv).

sei prompt und mit Repressalien von beispielhafter Strenge zu beantworten, wobei Geiseln zu nehmen und im Ernstfall als Vergeltung zu erschießen seien[164].

Solche Repressalien hat es tatsächlich gegeben. Noch in der zweiten Hälfte des Februar 1943, als die 8. Armee bereits endgültig als zerschlagen angesehen werden mußte, unterdrückte eine Kampfgruppe unter der Führung von Oberst Mario Carloni, dem Kommandeur des 6. Regiments *Bersaglieri*, zunächst mit ganzer Härte eine Revolte in Pawlograd und führte dann zusammen mit deutschen Einheiten zwei „Strafexpeditionen" durch. Als Vergeltung für Angriffe auf die Kampfgruppe und den Tod zweier Offiziere wurde zuerst der Ort Snamenka vollständig zerstört, wobei die *Bersaglieri* von deutschen Panzern unterstützt wurden. Dann rächten Carlonis *Bersaglieri* unter dem Schutz schwerer deutscher Flak Angriffe auf deutsche und italienische Patrouillen im Raum Gorjanowskj, wobei sie sich mit einem deutschen Stoßtrupp zusammentaten, der – wie es in Carlonis Bericht heißt – Vergeltung für die Verstümmelung und Ermordung zweier Offiziere übte. Wieder machte man die Ortschaft dem Erdboden gleich; die Einwohner wurden – von Ausnahmen abgesehen – umgebracht[165].

---

[164] AUSSME, DS II 1094, KTB Division „Cosseria", November/Dezember 1942, Anlage 510: Generalkommando Alpinikorps (Nr. 6830 di prot. Op. – gez. Gabriele Nasci) an den Kommandeur der Division „Cosseria" vom 28. 12. 1942.

[165] AUSSME, L 14/87-1, Comando 6° Regimento Bersaglieri (gez. Mario Carloni): Relazione sul ciclo operativo, 22. 1.–22. 2. 1943; in einem undatierten und ungezeichneten Bericht über die 3. schnelle Division in der zweiten Verteidigungsschlacht am Don (DS II 1556/9) wird die Zerstörung von Snamenka und Gorjanowskj bestätigt, wobei nur von der Tötung

Angesichts dieser Vorfälle ist es zweifelhaft, ob man die teilweise schwerwiegenden sowjetischen Vorwürfe gegen italienische Offiziere und Soldaten tatsächlich so pauschal zurückweisen kann, wie es noch in jüngster Zeit geschehen ist[166]. Die Regierung der UdSSR hatte schon im Oktober 1944 erfolglos die Auslieferung von zwölf Militärs verlangt[167]; zudem sahen sich 23 Kriegsgefangene – von denen elf auch verurteilt wurden – mit der Anklage konfrontiert, Verbrechen begangen zu haben[168]. Ernsthaft untersucht hat man diese als Ausgeburt des Kalten Krieges und als Produkt totalitärer Justiz stalinistischer Prägung eingestuften Anschuldigungen freilich nie. Eine von der italienischen Regierung eingesetzte Untersuchungskommission diente nach dem Krieg weniger der Aufklärung der von der Sowjetunion und anderen Staaten erhobenen Vorwürfe als dazu, Mitbürger und Kameraden vor der Auslieferung zu schützen[169].

2. Zur Mentalität und Kriegserfahrung der italienischen Soldaten an der Ostfront

Weder die Tatsache, daß sich CSIR und ARMIR in den deutschen Besatzungs- und Repressionsapparat einbauen ließen, noch die Behauptung, italienische Soldaten hätten an der Ostfront Kriegsverbrechen begangen, passen zu dem Bild, das seit 1943/44 von der *Campagna di Russia* gezeichnet worden ist und das das kollektive Gedächtnis bis heute nachhaltig bestimmt. So erscheint der Ehrenschild des königlichen Heeres nach wie vor unbefleckt und der italienische Soldat auf dem sowjetischen Kriegsschauplatz als unwissendes Opfer. Dieses Bild ist vor allem von Veteranen in zahllosen, offensichtlich auf realen Eindrücken basierenden autobiographischen Schriften immer neu bestätigt worden, so daß es überflüssig schien, das Thema Mentalität und Kriegserfahrung anhand zeitgenössischer Quellen systematisch zu untersuchen. Wirft man aber einen Blick in Berichte über die Moral der Truppe[170], in die Akten der Kommissionen, die mit der Zensur der Feldpost befaßt waren[171], oder auch in unveröffentlichte Tagebücher, so zeigt sich, daß die Selbstzeugnisse der Veteranen nur einen Teil der Wirklichkeit widerspiegeln. Beispielsweise gaben die Motivation der Soldaten und ihre Kampfmoral der militärischen

---

von Partisanen die Rede ist und das Vorgehen der Kampfgruppe als legitime Notwehr geschildert wird. In den Erinnerungen von Carloni (Campagna di Russia, S. 182) ist ähnlich wie in dem umfangreichen Aufsatz von Aldo Giambartolomei (Guerra del 6° Reggimento Bersaglieri, S. 735) dagegen nur neutral von einem „Zusammenstoß" mit Partisanen die Rede, ohne daß näher darauf eingegangen wird.

[166] Vgl. Bigazzi/Zhirnov, Ultimi 28, S. 28 f. und S. 224 Anm. 6; ebenda, S. 29–36, ist ausführlich der zusammenfassende Bericht einer sowjetischen Untersuchungskommission zitiert.

[167] ASD, Rapp. Dip. – Russia 1861–1950, 320/3, Giorgio Liuzzi (Ufficio Informazioni, Stato Maggiore Regio Esercito) an das Außenministerium (Direzione Generale Affari Politici) vom 11. 5. 1946 (Nr. 97364/3/7 di prot.) – „Oggetto: Criminali di guerra italiani secondo i russi".

[168] Vgl. Bigazzi/Zhirnov, Ultimi 28, S. 36 f.

[169] Vgl. Focardi/Klinkhammer, Questione dei „criminali di guerra" italiani, S. 498.

[170] Hierzu gibt es keinen geschlossenen Bestand, zumal die Akten des Armeeoberkommandos vernichtet sind. Einige diesbezügliche Berichte finden sich im AUSSME, Fondo Messe, busta P, andere bei den Anlagen zu den Kriegstagebüchern der an der Ostfront eingesetzten Verbände sowie in den Beständen H 1 und H 9, die im selben Archiv verwahrt werden.

[171] Zur Organisation der Zensur zwischen 1940 und 1943 vgl. Rizzi, Sguardo del potere, S. 11–20.

III. Das königliche Heer und seine Soldaten an der Ostfront   39

Führung bis zum Herbst/Winter 1942 kaum Anlaß zur Beunruhigung. Die Härte des Krieges an der Ostfront und die außergewöhnlichen klimatischen Bedingungen, die hier herrschten, hinterließen zwar tiefe Spuren, hatten aber negative Auswirkungen eher auf die Physis als auf die Moral der Soldaten. Als die Rote Armee im Dezember 1942 ihre erste Offensive gegen die 8. italienische Armee startete, traf sie daher keineswegs auf demoralisierte Verbände, die sich willig in ihr Schicksal gefügt hätten. An diesem Befund ändert auch die Tatsache nichts, daß zahlreiche Soldaten seit dem Herbst 1942 durch die Niederlagen der Achsenmächte in Afrika, die Ernährungskrise in der Heimat, die alliierten Bombardements italienischer Städte und die Furcht vor dem russischen Winter zunehmend verunsichert worden waren[172].

Doch warum blieb die Moral der italienischen Verbände überhaupt so lange weitgehend intakt und war nicht – wie es die Legende will – rasch der Erkenntnis zum Opfer gefallen, in einem deutschen Krieg für deutsche Interessen den Kopf hinzuhalten[173]? Oder anders gewendet: Aus welchen Beweggründen und mit welchen Zielen kämpften die Soldaten des königlichen Heeres auf dem sowjetischen Kriegsschauplatz? Greift man als Beispiel das von den Zensoren in Mantua gesammelte Material – hauptsächlich Auszüge aus Feldpostbriefen von Soldaten des 80. Infanterieregiments der Division „Pasubio" – heraus, so spiegelt dieses ein ganzes Bündel von Beweggründen und Absichten wider, mit denen die Soldaten versuchten, den Krieg im Osten zu rechtfertigen[174]. In ihrem Bemühen, dem eigenen Tun und Leiden einen Sinn zu geben, waren die zumeist jungen und wenig gebildeten Männer dabei nicht zuletzt auf die Interpretationsmuster angewiesen, die ihnen Familie und Vaterland mit auf den Weg gegeben hatten, da sie selbst kaum dazu in der Lage waren, eigene Bewertungsmaßstäbe zu entwickeln[175]. Es ist daher kein Wunder, wenn in den Briefen von der Front neben mehr oder weniger unpolitischen Motiven wie dem Bedürfnis, der Familientradition Ehre zu machen, oder dem Wunsch, gefallene Kameraden zu rächen, vor allem patriotische Überzeugungen und Versatzstücke faschistischen Gedankenguts aufscheinen, mit dem die Masse der um 1920 geborenen Soldaten und ihre jungen Truppenoffiziere aufgewachsen war.

Besondere Bedeutung kam dabei der antikommunistischen Propaganda des faschistischen Regimes zu, das nicht müde wurde, den eigenen Soldaten immer wieder das ideologische Fundament des Krieges im Osten vor Augen zu führen[176]. Die italienischen Soldaten nahmen diese Botschaft in ihren Feldpostbriefen nicht selten

---

[172] Vgl. della Volpe, Italienische Feldpostbriefe, in: Vogel/Wette (Hrsg.), Heimaterfahrung und Frontalltag.
[173] Das heißt nicht, daß es keine Soldaten gegeben hätte, die dieser Meinung gewesen wären. Im Lagebericht des Armeewirtschaftsführers bei der 8. italienischen Armee für die Zeit vom 16.–31. 8. 1942 (BA-MA, RH 22/70) heißt es: „Massgebliche Offiziere erklären, daß sie ja nur Gäste auf dem deutschen Kriegsschauplatz seien und es sich ja um unseren Krieg handele." Vgl. auch Dok. 26.
[174] MST, Fondo Ufficio Censura postale di guerra di Mantova, busta 2, fasc. 3: Stralci di corrispondenze provenienti dal CSIR e dall'ARMIR raccolti dall'Ufficio censura, März 1942 bis März 1943; die aus diesen Dokumenten gewonnenen Ergebnisse (im folgenden werden nur Zitate belegt) bestätigt Pardini, Inchiostro nero, der mit den Berichten der Zensurkommission für die Provinz Lucca gearbeitet hat.
[175] Vgl. Latzel, Vom Kriegserlebnis zur Kriegserfahrung.
[176] Vgl. della Volpe, Esercito e propaganda, S. 89–92; Feldpostkarten mit martialischen Motiven sind ebenda, S. 160f., abgedruckt.

auf, wobei sich Antikommunismus, Rassismus und der staatlich verordnete, seit dem Kriegseintritt des Königreichs im Juni 1940 noch wütendere Antisemitismus[177] zuweilen zu einer aggressiven Mischung verbanden. In diesem Sinne schrieb ein Soldat des 80. Infanterieregiments:

„Wir Infanteristen aus altem italischem Geschlecht, erneuert durch die faschistische Revolution, werden tapfer, zäh und unüberwindlich eine Bresche [in die Reihen] des Feindes zu schlagen wissen, der uns seit Jahrtausenden erstickt. Wir werden ihn vollständig vernichten und in dieser vom Gestank des Bolschewismus beschmutzten Erde die Feldzeichen des römischen Imperiums aufrichten."[178]

Und ein Angehöriger einer Kraftfahrzeug-Einheit ließ seine Frau wissen:

„Ich denke, es wäre unser Untergang, wenn unsere Führer diesen Krieg nicht führen würden. Ich denke daran, daß dieses Völkergemisch aus allen verkommenen und barbarischen Rassen in unseren Kontinent einfallen [...] und unseren kleinen Sohn töten und dich und alle italienischen Frauen vergewaltigen könnte – und schon wird man zum Löwen. Der Krieg ist ohne Zweifel gewonnen, aber erinnere dich daran, daß ich mich eher in Stücke hauen lasse, als so etwas anzusehen, sollte man verlieren. – Die Religion und die christliche Zivilisation müssen über die russische Barbarei und die gefährlichen jüdisch-hebräisch-freimaurerischen Minderheiten triumphieren."[179]

Diese Rechtfertigungsmuster an der Hand, konnten sich die Soldaten wahlweise als Beschützer ihrer Heimat und ihrer Familie, als Befreier eines vom Bolschewismus geknechteten Volkes oder gar als Missionare in der Nachfolge Christi fühlen. Sie vertauschten, mit anderen Worten, die Rolle des Aggressors mit derjenigen des Verteidigers, der einen gerechten Krieg führte. Dieser Mechanismus scheint eine entscheidende Voraussetzung dafür gewesen zu sein, daß viele italienische Soldaten den Krieg gegen die Sowjetunion auch als ihren Krieg annehmen konnten.

Zudem wurde die zentrale Botschaft der *Campagna di Russia* nicht nur von der faschistischen Führung, sondern auch von Teilen der katholischen Kirche verkündet[180]. Der Krieg gegen die Sowjetunion wurde so zum Kreuzzug gegen den Bolschewismus oder zum heiligen Krieg gegen die „Gottlosen", wobei es nicht zuletzt Militärseelsorger waren, die diesen Gedanken in ihren Predigten wachhielten[181]. Die Denkfigur des Krieges gegen die Sowjetunion als eines Krieges gegen den Kommunismus war also doppelt legitimiert, was die Reichweite der antibolschewisti-

---

[177] Vgl. zusammenfassend Schlemmer/Woller, Faschismus; zur Verschärfung des antisemitischen Klimas im Zuge des Kriegseintritts vgl. – am Beispiel Roms – Casmirri, Voci, opinioni e stati d'animo, S. 543 f.; zur antisemitisch-antibolschewistischen Propaganda nach dem deutschen Angriff auf die Sowjetunion und der italienischen Kriegserklärung vgl. La difesa della razza 4 (1941) Nr. 19 und 5 (1942) Nr. 14.
[178] MST, Fondo Ufficio Censura postale di guerra di Mantova, busta 2, fasc. 3, Stralci di corrispondenze provenienti dal CSIR vom 18. 4. 1942, S. 15.
[179] MST, Fondo Ufficio Censura postale di guerra di Mantova, busta 2, fasc. 3, Stralci di corrispondenze provenienti dal CSIR vom 18. 7. 1942, S. 1.
[180] Vgl. Rizzi, Sguardo del potere, S. 112, der in bezug auf den Krieg gegen die Sowjetunion von einer „doppelten und konvergierenden Indoktrinierung" durch die faschistische und katholische Propaganda gesprochen hat. Zur positiven Reaktion auf den Krieg im Osten aus den Reihen des Klerus vgl. auch Colarizi, Opinione, S. 360 f.
[181] Vgl. z. B. Del Fabbro, Odissea nella steppa russa, S. 49, Eintrag vom 25. 8. 1941. Die Parolen „senza Dio" und „Paradiso Russo" finden sich z. B. in: MST, Fondo Ufficio Censura postale di guerra di Mantova, busta 2, fasc. 3, Stralci di corrispondenze provenienti dal CSIR vom 20. 6. 1942, S. 4.

III. Das königliche Heer und seine Soldaten an der Ostfront 41

Abb. 4: Ostfront – Infanteristen der „Sforzesca" zerstören in Krasnyj sowjetische Symbole, August 1942 (AUSSME, Photoarchiv).

Abb. 5: Ostfront – Schwarzhemden der Legion „Tagliamento" verzehren ihre Ration auf einer zerstörten Statue von Josef Stalin, Juli 1942 (AUSSME, Photoarchiv).

schen Propaganda vor allem unter jenen Soldaten erheblich verstärkt haben dürfte, die dem Faschismus nur lose verbunden waren oder dem Regime sogar distanziert gegenüberstanden. In jedem Fall findet sich die Überzeugung, auch im Namen der Kirche gegen die heidnischen Barbaren zu kämpfen, in zahlreichen Feldpostbriefen wieder. „Rußland ist unser Feind", notierte ein Leutnant im Sommer 1941[182]; der Krieg gegen „die wilde Bestie in Moskau" sei ein gerechter und heiliger Krieg, und so dächten nicht nur seine Soldaten, sondern das ganze christliche und zivilisierte Europa. Und ein anderer Soldat schrieb nach Hause: „Gott ist mit uns in diesem Krieg, den man als Kreuzzug bezeichnen kann, weil auf der einen Seite das Christentum und auf der anderen das Judentum steht."

Es ist auch davon auszugehen, daß faschistische Propaganda, ideologische Vorprägungen und das deutsche Vorbild unter den Bedingungen des Krieges an der Ostfront mitmenschliche Regungen zerstörten[183] und die Bereitschaft förderten, selbst offenkundige Verbrechen ohne Widerspruch hinzunehmen, ja sogar zustimmend zu kommentieren. So schrieb ein Unteroffizier der *Bersaglieri* in sein Tagebuch:

„Das Aufhängen von Juden ist hier mittlerweile nur noch eine simple Kurznachricht wert. Man hat sie bezahlt, wie sie es verdienen – kein Mitleid für diese Trabanten einer Rasse, die nichts anderes für die gesamte Menschheit vollbracht hat als Schlechtes. Hier werden sie mit einem runden Stück gelben Stoffs gekennzeichnet, das ihnen auf die Brust und die linke Schulter genäht wird. Das heißt, eines vorne und eines hinten. Alle müssen diese verrufenen Halsabschneider sehen, die die gesamte Menschheit ausgehungert haben. Am 22. nachts haben die deutschen Stellen zwei von ihnen aufgehängt und zwei andere erschossen; sie waren Hetzer."[184]

Die Forschung hat die Wirksamkeit der faschistischen Propaganda allerdings wiederholt in Zweifel gezogen. So betonte etwa Nicola della Volpe noch 1998, daß die ideologischen Parolen nur zu Beginn des Feldzugs auf fruchtbaren Boden gefallen seien. Als die italienischen Soldaten jedoch erkannt hätten, daß die Menschen in den eroberten Teilen der Sowjetunion keine mordenden Bestien seien, sondern arme Bauern wie sie selbst, hätten sie dem faschistischen Regime keinen Glauben mehr geschenkt[185]. Und tatsächlich finden sich Dokumente von einigem Gewicht, die diese These stützen. So äußerten sich von der Ostfront heimkehrende Soldaten etwa entsetzt über die Verbrechen der deutschen Verbündeten in den besetzten Gebieten[186], und so beklagte sich der Verfasser eines aufsehenerregenden Memorandums im August 1942 nicht nur darüber, daß insbesondere junge Offiziere der ideologischen Herausforderung des Krieges im Osten nicht gewachsen seien, sondern er

---

[182] ACS, T-821/119, Bl. 918–922 (hier Bl. 921), Comando Supremo – SIM: Relazione quindicinale (1–15 luglio 1941) sulla revisione della corrispondenza effettuata dalle Commissioni provinciali di censura postale vom 24. 7. 1941; das folgende Zitat findet sich ebenda.

[183] Vgl. etwa die bei Tomasin, Donne sovietiche, S. 95, geschilderte Episode, als eine italienische Kolonne auf eine zu Tode erschöpfte, auf der Straße liegende alte Frau traf, die einfach beiseite geschafft wurde. Ein Soldat, der Mitleid äußerte, wurde gemaßregelt.

[184] AUSSME, L 13/161, Tagebuch von Francesco Zito (Unterfeldwebel im 6. Regiment Bersaglieri), Eintrag vom 25. 2. 1942.

[185] Vgl. della Volpe, Esercito e propaganda, S. 89–97; vgl. auch Filatov, Campagna orientale, S. 117–136.

[186] ACS, MIn, DGPS – Divisione Polizia Politica, busta 215, fasc. 2: Corpo di Spedizione Militare.

schlug auch vor, die Stoßrichtung der Propaganda zu ändern. Man müsse damit aufhören, ein Bild von der Sowjetunion zu zeichnen, das der Realität offen widerspreche und die Zweifel der Soldaten an der Glaubwürdigkeit der eigenen Führung geradezu schüre[187].

Liest man dieses Memorandum jedoch im Lichte der von den Zensoren in Mantua gesammelten Briefe, so gewinnt man trotz Zeugnissen, die vom Reichtum des Landes, den imposanten Industrieanlagen und der Freundlichkeit der Zivilbevölkerung berichten oder vom Mitleid italienischer Soldaten mit hungrigen Kindern und darbenden Familien Kunde geben[188], einen anderen Eindruck. Es drängt sich vielmehr die Vermutung auf, daß die Stereotypen faschistischer Propaganda tief in das Bewußtsein vieler Soldaten eingedrungen waren und ihnen nicht nur in den ersten Kriegswochen als Bewertungsmaßstab für das dienten, was sie in der Sowjetunion sahen[189]. Aus diesen Briefen spricht wie aus denen deutscher Kameraden vielfach eine konstitutionelle „Überheblichkeit, die nicht nur anschlußfähig für rassistische Deutungsmuster [gewesen] ist, sondern sich mit ihnen" überschnitt[190].

In diesem Sinne wurde das angebliche „russische Paradies" wiederholt als Hölle beschrieben, seine Bewohner mit allen denkbaren negativen Adjektiven diffamiert. Die Russen, so kann man immer wieder lesen, seien barbarisch, häßlich, bösartig, feige und grausam, unzivilisiert, verräterisch, schmutzig und verlaust. „Hier wurden nicht mehr vornehmlich Verhältnisse markiert, sondern Menschen denunziert", wie Klaus Latzel nach der Auswertung zahlreicher deutscher Feldpostbriefe von der Ostfront festgestellt hat. Soldaten, die solche Briefe schrieben, zogen einen dikken Strich zwischen sich und den Bewohnern der besetzten Gebiete, ja sie zweifelten daran, ob diese Menschen seien wie sie selbst. So notierte ein Angehöriger einer Flak-Einheit im Juli 1942: „Die Leute hier sind ganz anders als wir, sie sind immer schmutzig, leben in Hütten wie in Afrika, und so muß man sehr aufpassen, um sich nicht irgendeine Infektionskrankheit einzufangen."[191] Und einige Wochen später schrieb ein anderer Flak-Soldat:

„Die häßlichen und schmutzigen Leute haben mehr von Tieren als von Menschen. Die Kinder [sind so] zerbrechlich, krank [und] vernachlässigt, daß sie Mitleid erregen. Manchmal kommen Schweine und Menschen aus den Hütten, sie leben zusammen und schlafen sogar zusammen."[192]

---

[187] AUSSME, H 1/41–15, Memorandum: „Reduci dal fronte russo" vom 18. 8. 1942.
[188] Nach den bei Tomasin, Donne sovietiche, S. 94, zitierten Aufzeichnungen von Agostino Scarazzati war es den Soldaten verboten, Zivilisten zu helfen, auch wenn dieses Verbot oft umgangen worden sei. Leutnant Giuseppe Perego vermerkte in seinem Tagebuch (Sanna, Ufficiale, S. 93), es sei schon in Polen verboten gewesen, Zivilisten zu grüßen oder ihnen gar etwas zu geben.
[189] Vgl. auch Pardini, Inchiostro nero, S. 103 und S. 106–109, nach der Auswertung der Zensurberichte aus der Provinz Lucca mit ausführlichen Zitaten von Feldpostbriefen von der Ostfront.
[190] Latzel, Tourismus und Gewalt, in: Heer/Naumann (Hrsg.), Vernichtungskrieg, S. 455; das folgende Zitat findet sich ebenda, S. 453.
[191] MST, Fondo Ufficio Censura postale di guerra di Mantova, busta 2, fasc. 3, Stralci di corrispondenze provenienti dal CSIR vom 10. 9. 1942, S. 4f.
[192] MST, Fondo Ufficio Censura postale di guerra di Mantova, busta 2, fasc. 3, Stralci di corrispondenze provenienti dal CSIR vom 7. 11. 1942, S. 3f. Vgl. auch Quello che hai visto in Russia, S. 6.

Das Bild, das hier beschworen wird, bedarf eigentlich keiner Interpretation. Es soll genügen, darauf hinzuweisen, daß diese „Übersetzung oder Verschiebung von sozialen Verhältnissen in menschliche, womöglich biologische Eigenschaften [...] ein wesentliches Argumentationsmuster des modernen Rassismus" reproduziert[193], der auch im Faschismus seinen festen Platz hatte[194]. Die Errichtung einer festen Grenze zwischen Zivilisation und Barbarei auf der einen und die Verwischung der Grenze zwischen Mensch und Tier auf der anderen Seite präjudizierten aber nicht nur das Urteil der Soldaten über ihre Umwelt, sondern konnten unter den besonderen Bedingungen des rassenideologischen Vernichtungskrieges in der Sowjetunion auch ihr Handeln beeinflussen. In jedem Fall dürften solche Denkmuster aber geeignet gewesen sein, die Gewaltbereitschaft gegen Kombattanten und Nichtkombattanten zu steigern, zivilisatorische Bindungen zu lösen und die Matrix völkerrechtlicher Bestimmungen zu untergraben. Ein Soldat des 80. Infanterieregiments schrieb in diesem Sinne nach Hause:

„[Seit] 14 Monaten sind wir mit diesen häßlichen Schweinsgesichtern auf Du und Du, und schon wenn ich sie sehe, bekomme ich Lust, mit meinem [Gewehr Modell] 91 auf sie anzulegen und ohne Mitleid auf sie zu schießen."[195]

Und ein Artillerist der Division „Sforzesca" beschrieb noch im Dezember 1942, wie er und seine Kameraden Lebensmittel requirierten und Zivilisten in ihren Dienst preßten; dieser Brief endet mit den Sätzen: „Wir lassen unsere Wäsche waschen und bügeln. Wenn sich [die Zivilisten] weigern, erzwingen wir ihre Dienste mit Gewalt. Sie müssen alles tun, was wir wollen, wenn nicht, bringen wir einen nach dem anderen um."[196]

Tatsächlich wissen wir von gewaltsamen Übergriffen italienischer Soldaten, unter denen neben der Zivilbevölkerung vor allem Kriegsgefangene zu leiden hatten. Im Dezember 1941, als es im Zuge der Kämpfe im Donezbecken offensichtlich hüben wie drüben zu Verstößen gegen das Kriegsvölkerrecht kam[197], meldete das 3. Regiment *Bersaglieri*, man habe 22 Kriegsgefangene hingerichtet, da diese trotz des Signals, sie wollten sich ergeben, wieder angefangen hätten zu schießen[198]. Und Mitte August 1942 beschrieb ein *Bersagliere* des 6. Regiments, was mit zwei Gefangenen geschah, die seiner Kompanie nach einem harten Gefecht am Don in die Hände gefallen waren. Da man nichts mit ihnen anzufangen gewußt habe, sei der Vorschlag gemacht worden, sie zu erschießen. Er habe, so der *Bersagliere*, mit anderen Kameraden dagegen protestiert, doch es sei nichts zu machen gewesen:

---

[193] Latzel, Deutsche Soldaten, S. 179.
[194] Vgl. die einschlägigen Aufsätze in: Burgio (Hrsg.), Nome della razza.
[195] MST, Fondo Ufficio Censura postale di guerra di Mantova, busta 2, fasc. 3, Stralci di corrispondenze provenienti dall'ARMIR vom 26. 9. 1942, S. 7.
[196] Zit. nach Filatov, Campagna orientale, S. 123.
[197] ACS, T-821/119, Bl. 794–799 (hier Bl. 798), Comando Supremo – SIM: Relazione quindicinale (1–15 dicembre 1941) sulla revisione della corrispondenza effettuata dalle Commissioni provinciali di censura postale vom 23. 12. 1941; ASD, DGAP 1931–1945 (URSS), 49/18, Anlage 1 zur Übersicht über an italienischen Soldaten auf dem sowjetischen Kriegsschauplatz verübte Verbrechen.
[198] AUSSME, DS II 648, KTB 3. Division Celere, Dezember 1941/Januar 1942, Anlage: Funkspruch 3. Regiment Bersaglieri (gez. Aminto Caretto) vom 27. 12. 1941.

III. Das königliche Heer und seine Soldaten an der Ostfront 45

Abb. 6: Ostfront – Exekution eines Gefangenen, Oktober 1941 (AUSSME, Photoarchiv).

„Die unseren sind wütend, weil die Russen unsere Gefangenen martern. Die beiden wurden 10 Meter auf die Wiese geführt, und man hörte den trockenen Schuß eines Karabiners. Einer fiel ohne zu klagen. Ein weiterer Schuß. Der zweite – nicht gut getroffen – begann, mitleiderregend zu schreien. Ein dritter Schuß, und alles kehrte zur ursprünglichen Stille zurück."[199]

Es läßt sich nicht sagen, wie oft so etwas vorgekommen ist. Um einen Einzelfall handelte es sich jedenfalls nicht, denn General Zanghieri sah sich im September 1942 gezwungen, den Offizieren seines II. Armeekorps einzuschärfen, daß der Befehl, keine Gefangenen zu machen, nur in Ausnahmefällen gegeben werden dürfe[200]. Zu klären wäre auch, wie mit den Rotarmisten verfahren wurde, die während der Kämpfe auf dem Rückzug vom Don im Winter 1942/43 gefangengenommen wurden. In den Gefechts- und Erfahrungsberichten ist nämlich häufig davon die Rede, daß Gefangene gemacht worden seien, über deren weiteres Schicksal man jedoch in den meisten Fällen nichts erfährt. Angesichts der Tatsache, daß die deutsch-italienischen Kolonnen nicht nur einmal zahlreiche Verwundete zurücklassen mußten, die nicht mehr marschieren konnten, fällt es schwer zu glauben, daß man die Gefangenen mit sich führen wollte. Glaubt man italienischen Berichten, so machten deutsche Soldaten zumindest in Arbusow mit zahlreichen Kriegsgefange-

---

[199] AUSSME, L 13/161, Tagebuch von Quinto Ascione, Eintrag vom 13. 8. 1942.
[200] AUSSME, DS II 885, KTB Division „Cosseria", September/Oktober 1942, Anlage 186: Anordnung des Generalkommandos II. Armeekorps (Nr. 2949/02 di prot. – gez. Giovanni Zanghieri) vom 18. 9. 1942.

nen kurzen Prozeß[201]. Aber auch italienische Einheiten wollten sich offenbar nicht mit Gefangenen belasten. So befahl der Kommandeur des 53. Infanterieregiments der Division „Sforzesca" während des Rückzugs, einen verwundeten Rotarmisten nach dem Verhör zu erschießen, weil er deutsche und italienische Uniformteile getragen habe[202].

3. Bündnistreue, Mißtrauen und Vorurteile. Zur Realität der deutsch-italienischen Waffenbrüderschaft auf dem sowjetischen Kriegsschauplatz

Kriegserlebnis und Kriegserfahrung der italienischen Soldaten wurden jedoch nicht nur vom Kampf gegen die Rote Armee und vom Umgang mit der Zivilbevölkerung in den besetzten Gebieten bestimmt, sondern auch und nicht zuletzt vom Verhältnis zu den deutschen Verbündeten. Dabei war der Mikrokosmos der deutsch-italienischen Allianz an der Ostfront freilich nichts anderes als ein Abbild der „Achse" Rom-Berlin mit all ihren Problemen und inneren Widersprüchen. Trotz aller ideologisch aufgeladenen Phrasen vom gemeinsamen Kampf zweier junger Nationen, die das Schicksal aneinandergeschmiedet habe, hatte weder Mussolini noch Hitler „eine wirkliche Partnerschaft zur Durchsetzung gemeinsamer Ordnungsvorstellungen" im Sinn, als sie dieses Bündnis schlossen. Es ging ihnen vielmehr um „parallele Expansion", wobei „der Verbündete die Deckung und Abschirmung der jeweiligen Kriegszüge des anderen" zu übernehmen hatte[203]. Für diesen Zweck schienen eine Abgrenzung der Interessensphären und kurzfristige Absprachen zu genügen; der Aufbau funktionsfähiger Koordinierungsorgane, die Festlegung gemeinsamer Kriegsziele, ja selbst die Planung gemeinsamer militärischer Projekte galten dagegen als nachrangig oder sogar als unerwünscht. Zudem war das historisch-psychologische Fundament der Allianz brüchig. Die Österreich- und die Südtirolfrage hatte die beiden Diktaturen lange entzweit, ganz abgesehen von den tiefsitzenden, im Ersten Weltkrieg aufgepeitschten Vorurteilen auf beiden Seiten. Nördlich der Alpen waren vor allem in „konservativen Kreisen, in der Staatsverwaltung, im Heer und in der Wirtschaft" skeptische Stimmen zu hören[204]. Generaloberst Halder notierte etwa im Juni 1941 in sein Kriegstagebuch: „Italien (wirtschaftlich zur Not ausreichend, stimmungsmäßig nicht stark, überall gehaßt, schwächster Punkt der Achse)."[205] Auf der Apennin-Halbinsel gefiel sich dagegen König Vittorio Emanuele III. darin, das Zerrbild des „häßlichen Deutschen" an die Wand zu malen[206], während Mussolini seine germanophobe Ader des öfteren nur mühsam zu zügeln wußte, und führende Militärs wie Badoglio oder später Messe die Deutschen von Natur aus für „anmaßend" und „aufdringlich" hielten[207].

---

[201] Vgl. Dok. 23 mit Anm. 162.
[202] AUSSME, DS II 1552/2, Gefechtsbericht des Infanterieregiments 53 für die Zeit vom 20.–24. 12. 1942.
[203] Woller, Faschistische Herausforderung, S. 206.
[204] Petersen, Deutschland und Italien, in: Michalka (Hrsg.), Zweiter Weltkrieg, S. 112.
[205] Halder, Kriegstagebuch, Bd. 2, S. 443.
[206] Schreiber, Italiens Teilnahme, in: Förster (Hrsg.), Stalingrad, S. 264; zahlreiche germanophobe Ausfälle Mussolinis finden sich ebenda, S. 254–258.
[207] Diario Storico Comando Supremo, Bd. 1/2, S. 174 f.: Pietro Badoglio an Benito Mussolini vom 4. 4. 1940; AUSSME, DS II 444, KTB CSIR, Juli/August 1941, Anlage 194: Comando

III. Das königliche Heer und seine Soldaten an der Ostfront 47

Die Rahmenbedingungen für den Einsatz italienischer Divisionen an der Ostfront waren also nicht gerade günstig, zumal das Mißtrauen der politisch-militärischen Führung des Deutschen Reiches gegen die Bündnispartner stets spürbar blieb und sich 1941 wie 1942 in übertriebener Geheimniskrämerei äußerte. So ordnete Hitler an, in den Vorbesprechungen über die Beteiligung der Verbündeten an der deutschen Sommeroffensive „äußerste Vorsicht" walten zu lassen[208]. Deren „Kommandobehörden" seien „so spät wie möglich in ihre Aufgaben einzuweisen", und man habe ihnen über „die Absichten im großen [...] nur so viel mitzuteilen, wie sie unbedingt wissen" müßten[209]. Dies sollte jedoch dadurch kaschiert werden, daß man Rücksicht auf das Prestige der weniger potenten Alliierten nahm, „Takt, politisches und psychologisches Verständnis" zeigte, ohne aber „im Bedarfsfall" auf „Härte und scharfe Befehle unter Berufung auf ihr Ehrgefühl und ihren nationalen Stolz" zu verzichten[210]. In diesem Sinne bemühte sich auch das Oberkommando des Heeres zumindest auf dem Papier darum, den eigenen Soldaten die negativen Folgen eines überheblichen und arroganten Auftretens den italienischen Kameraden gegenüber vor Augen zu führen[211], und so sind auch Anweisungen wie die des Befehlshabers des rückwärtigen Heeresgebiets der Heeresgruppe B zu verstehen, der im November 1942 betonte, die italienischen Truppen seien „mindestens ebenso wie die deutschen Truppen zu betreuen, als Gastvolk auf unserem Territorium eher besser als schlechter"[212].

Dieses vor allem in der ersten Phase des Krieges gegen die Sowjetunion spürbare doppelte Bestreben, den Italienern vor allem in der Form und zuweilen auch in der Sache entgegenzukommen, dabei aber die Trumpfkarten fest in der Hand zu behalten, traf im königlichen Heer auf die Bereitschaft, alles zu tun, um den deutschen Verbündeten zu zeigen, daß man sich vor ihnen nicht zu verstecken brauchte, auch wenn dies bedeutete, die eigenen Kräfte zu überspannen. Es galt, mit anderen Worten, geradezu eifersüchtig über das Prestige der italienischen Streitkräfte zu wachen, den Wert des Soldaten in der grau-grünen Uniform, seine Tapferkeit und seine Bündnistreue unter Beweis zu stellen und so zum Ruhm des Vaterlands beizutragen[213]. Damit gewannen symbolische Handlungen, die in der ritualisierten und hierarchisierten Welt des Militärs ohnehin eine große Rolle spielen, eine besondere Bedeutung. Ordensverleihungen, Glückwünsche zu siegreichen Waffentaten oder

CSIR (Ufficio Operazioni Nr. 4780/Op. - gez. Giovanni Messe) an das Comando Supremo vom 27. 8. 1941.
[208] KTB OKW, Bd. II/1, S. 313, Eintrag vom 1. 4. 1942.
[209] BA-MA, RH 20-11/2, Anweisung des Oberkommandos der Heeresgruppe Süd (Ia Nr. 1096/42 geh. Kdos. Chefs. - gez. Georg von Sodenstern) über die „Unterrichtung der Verbündeten über Operation ‚Blau'" vom 11. 5. 1942.
[210] Richtlinien des OKW vom 15. 4. 1942, zit. nach: Wegner, Krieg gegen die Sowjetunion, in: DRZW 6, S. 817 f.; vgl. auch Förster, Ruolo, in: Italiani sul fronte russo, S. 233 f.
[211] AUSSME, I 3/121, OKH, Generalstab des Heeres (H Wes Abt): Für den Kompanieführer - Merkblatt zum Unterricht Nr. 13 vom November 1941 „Der deutsche Soldat und das verbündete Italien".
[212] BA-MA, RH 22/73, Befehlshaber des Heeresgebiets B, gez. Erich Friderici, an die 213. Sicherungsdivision vom 12. 11. 1942.
[213] Diese Intention spricht nicht zuletzt aus Messes Berichten an das *Comando Supremo*; vgl. etwa für den Beginn des Feldzugs AUSSME, DS II 444, KTB CSIR, Juli/August 1941, oder - für die späteren Monate - Fondo Messe, busta P. Noch heute kreisen die Schriften vieler Veteranen von allen Kriegsschauplätzen um diese Schlüsselbegriffe; vgl. Innocenzi, Alleato.

Abb. 7: Ostfront – Bersaglieri verbrüdern sich mit deutschen Soldaten, August 1941 (AUSSME, Photoarchiv).

Beförderungen, Aufmerksamkeiten zu nationalen Gedenktagen oder Huldigungen an kommandierende Offiziere waren daher so etwas wie ein Barometer, an dem sich die deutsch-italienische Wetterlage an der Ostfront ablesen ließ. Freilich begab man sich hier ohne gewisse Kenntnisse der Sprache, der Gebräuche und der militärischen Kultur des Bündnispartners auf vermintes Terrain, konnte die falsche Wortwahl oder auch nur die falsche Tonlage doch alles verderben. Ausgesprochen sensibel war in dieser Hinsicht General Messe, der zwar mit seinen Vorbehalten gegen die Deutschen nicht hinter dem Berg hielt, aber nicht genügend Auszeichnungen und Belobigungen der mächtigen Waffenbrüder sammeln konnte[214]. Im Januar 1942 ordnete er sogar an, die eingehende Korrespondenz daraufhin zu prüfen, ob sich die Deutschen einer angemessenen Form befleißigt hätten, und dementsprechend getrennte Ablagen zu führen[215].

Die Offiziere der Wehrmacht taten sich in der Regel eher schwer damit, den richtigen Ton zu treffen, auch wenn es einige gab, die darauf achteten, in der Grußformel zuerst den „Duce" und dann den „Führer" hochleben zu lassen[216], ihre Männer zu Ehren der italienischen Kameraden mit dem Schlachtruf „Savoia" in den Kampf schickten[217] oder tief genug in den rhetorischen Farbtopf griffen, um auch ehrpus-

---

[214] Vgl. hierzu die eindrucksvolle Sammlung im AUSSME, Fondo Messe, busta P.
[215] AUSSME, DS II 570, KTB Intendenza CSIR, Januar/Februar 1942, Anweisung der Intendenza (Nr. 118/S.M. di prot. – gez. Carlo Biglino) an alle unterstellten Einheiten und Dienststellen vom 5. 1. 1942.
[216] AUSSME, Fondo Messe, busta P, Kommandeur des Brückenbau-Bataillons 560 an Giovanni Messe vom 31. 1. 1942.
[217] ACS, T-821/119, Bl. 830–835 (hier Bl. 834), Comando Supremo – SIM: Relazione quindici-

III. Das königliche Heer und seine Soldaten an der Ostfront 49

selige italienische Kameraden zufriedenzustellen. So schrieb etwa ein deutscher Verbindungsoffizier, als im Mai 1942 italienische Verbände seinen Einsatzbereich verließen:

„Ich hatte Gelegenheit, die Tugenden der italienischen Kameraden kennenzulernen. Als an Weihnachten in Pawlograd die Aufregung wegen des Kampfes gegen die Partisanen ihren Höhepunkt erreicht hatte, genügte ein einziger Ruf und meine teuren italienischen Kameraden stellten sich sofort an unsere Seite. Ich inspizierte die Wachposten in der Kampflinie und trotz der eisigen Kälte und des Schneesturms sah ich den Enthusiasmus in ihren Augen strahlen. [...] Ich könnte sehr viele Beispiele schildern, wegen der mir die italienischen Kameraden stets teuer bleiben werden. Ich habe meinem vorgesetzten Kommando von meinen Eindrücken über die Tapferkeit und den Kameradschaftsgeist der italienischen Soldaten berichtet. Und wenn ich in meine Heimat zurückkehre, werde ich allen erzählen, wieviel Enthusiasmus und wieviel Glauben ich in den italienischen Kameraden gefunden habe. Sie werden mein ganzes Leben unvergeßlich bleiben."[218]

Gelungene symbolische Akte waren gleichsam das Schmiermittel der deutsch-italienischen „Achse" auf dem sowjetischen Kriegsschauplatz und trugen viel dazu bei, Konflikte zu dämpfen und die Akzeptanz unliebsamer deutscher Befehle in den italienischen Stäben zu erhöhen. Doch eigentlich war es der militärische Erfolg (oder wenigstens die Aussicht darauf), der die Allianz an der Ostfront im Innersten zusammenhielt. Aus der Sicht des königlichen Heeres ist dies auch nicht überraschend, hatte man doch seit Juni 1940 eine Reihe von demütigenden Niederlagen einstecken müssen. 1941/42, im Süden der Ukraine, erfochten die Verbände des CSIR dagegen endlich Siege, auch wenn sie dies im Schatten des deutschen Ostheeres taten. Daher waren die italienischen Offiziere und Soldaten vielfach bereit, eigene Vorurteile zu überwinden, über deutsche Grobheiten hinwegzusehen, dem Bündnispartner auch in schwierigen Situationen entgegenzukommen und Mißverständnisse nicht allzu tragisch zu nehmen.

Für das Funktionieren der faschistischen Kriegsallianz war dies um so wichtiger, als es reichlich Stoff für Reibereien und Konflikte gab. Vor allem die Versorgung mit Nachschubgütern, die Ausbeutung der Ressourcen vor Ort und die Verteilung der Kriegsbeute waren umstritten. Dabei fühlten sich die Italiener immer wieder von den Deutschen benachteiligt oder gar betrogen, da diese entweder Zusagen nicht einhielten oder die Verbündeten mit einigen Brosamen abspeisen wollten[219]. Die zuständigen Stellen der Wehrmacht klagten dagegen darüber, daß das königliche Heer weder Verständnis für die objektiven Probleme der Kriegführung an der Ostfront aufbringe, noch die Anstrengungen zu würdigen wisse, die man unternehme, um die Verbündeten trotz allem zufriedenzustellen[220]. Auch die Notwendigkeit

---

nale (16–31 ottobre 1941) sulla revisione della corrispondenza effettuata dalle Commissioni provinciali di censura postale vom 12.11.1941.
[218] AUSSME, Fondo Messe, busta P, Oberleutnant Zittka an die Intendenza des CSIR vom 17.5.1942.
[219] Vgl. Messe, Krieg im Osten, S. 104–116, oder AUSSME DS II 1557/8, Intendenza der 8. Armee: Tätigkeitsbericht („Due battaglie invernali 1941/42 – 1942/43") über die Ausbeutung der Ressourcen an der Ostfront.
[220] AUSSME, DS II 1333 a, Memorandum des Verbindungskommandos des AOK 8 zur Heeresgruppe B (Nr. 531/Serv. di prot. – gez. Achille Mazzi) für General Malaguti vom 25.9.1942.

Abb. 8: Ostfront – Verleihung von Tapferkeitsauszeichnungen an italienische und deutsche Offiziere und Soldaten, April 1942 (AUSSME, Photoarchiv).

einer gewissen Voraussicht beim Umgang mit den Wirtschaftsgütern in den besetzten Gebieten würde nicht eingesehen[221].

Derartige Schwierigkeiten gab es zwar auch in der Wehrmacht, wie Verteilungskämpfe zwischen Kampfeinheiten und Landwirtschaftsführern oder Wirtschaftskommandos und Rivalitäten zwischen Teilstreitkräften und Waffengattungen immer wieder zeigten. Und auch das königliche Heer war alles andere als ein Hort des inneren Friedens und der uneingeschränkten Solidarität, wie kein geringerer als Carlo Biglino, der befehlshabende General der *Intendenza*, bemerkte, als er nachdrücklich betonte, daß sich unerfreuliche Vorfälle zwischen Deutschen und Italienern nicht wesentlich von denen unterschieden, die auch zwischen Angehörigen des CSIR zu verzeichnen seien, und daß man diese daher nicht überbewerten dürfe[222]. Doch während solche Vorkommnisse sowohl in den Reihen der Wehrmacht als auch im königlichen Heer gleichsam zum Tagesgeschäft gehörten, drohten sich Zusammenstöße zwischen Angehörigen der verbündeten Streitkräfte rasch zu diplo-

---

[221] BA-MA, MFB4 41403, Bl. 110–202, Dokumente des deutschen Wirtschaftskommandos beim italienischen AOK 8, oder RH 22/70, Gebietslandwirt von Bogutschar (gez. Hoppe) an Hauptmann Köhler vom 29. 8. 1942.

[222] AUSSME, DS II 548, KTB Intendenza CSIR, November/Dezember 1942, Anlage 481: General Biglino an alle unterstellten Einheiten und Dienststellen (Nr. 5968/S.M. di prot.) vom 3. 12. 1941.

III. Das königliche Heer und seine Soldaten an der Ostfront 51

matischen Zwischenfällen auszuwachsen, die oft in keinem Verhältnis mehr zu den Ursachen standen. Erschwerend kam dabei häufig hinzu, daß ein mühsam kaschiertes deutsches Überlegenheitsgefühl auf italienische Prestigesucht traf, das seine Wurzeln nicht zuletzt in einem tiefsitzenden Minderwertigkeitskomplex hatte. Zuweilen ergaben sich sogar Situationen, in denen die Deutschen praktisch nur Fehler machen konnten. Kamen sie der Forderung nach, die italienischen Verbände wie Truppenteile der Wehrmacht zu behandeln, mußten sie sich den Vorwurf gefallen lassen, sie seien rücksichtslos und würden die Kräfte der Verbündeten überschätzen. Trugen sie jedoch den Bedenken gegen die Leistungsfähigkeit der italienischen Divisionen Rechnung, wurden rasch Stimmen laut, die klagten, man werde nicht ernst genommen und mit Aufgaben zweiter Ordnung abgespeist, die sich nicht mit dem Prestige des königlichen Heeres vereinbaren ließen.

Summa summarum war das Verhältnis zwischen Deutschen und Italienern an der Ostfront bis September 1942 zwar nicht spannungsfrei, es war aber auch nicht so schlecht, wie es später dargestellt worden ist[223]. Vor allem in Frontabschnitten, wo deutsche und italienische Verbände längere Zeit kooperierten, entstand so etwas wie gegenseitige Wertschätzung, während bei Truppenteilen und Stäben, die mit den Italienern ansonsten nur wenig zu tun hatten, Gleichgültigkeit und Vorurteile keine Seltenheit waren. So berichtete General Marras im Februar 1942 über die deutsch-italienischen Beziehungen an der vom CSIR gehaltenen Nahtstelle zwischen der 17. Armee und der 1. Panzerarmee:

„Die deutschen Truppen in diesem Sektor sprechen mit Bewunderung von den Soldaten des CSIR; die italienische Artillerie wird sehr geschätzt: Einige Truppenteile, die Gelegenheit hatten, von unserer Artillerie unterstützt zu werden, haben erklärt, daß sie besser sei als die deutsche Artillerie. Dieses Gefühl der Bewunderung für unsere Truppen, lebhaft und spontan bei den deutschen Soldaten in diesem Sektor, schwächt sich jedoch in dem Maße ab, in dem man sich zu den höheren Kommandos begibt, wo es sich vollständig aufzulösen scheint."[224]

In eine echte Krise gerieten die Beziehungen zwischen den Achsenpartnern freilich erst, als die militärische Situation sukzessive schwieriger wurde und schließlich keinen Raum mehr für bündnispolitische Rücksichten und Gefälligkeiten ließ. Vor allem nachdem die Rote Armee Ende November 1942 zum Gegenangriff angetreten war, verschlechterten sie sich fast täglich, wobei dieser Prozeß in den Generalstäben begann und dann allmählich auf die Truppe übergriff. Die meiste Zeit hatten die deutschen Kameraden für die italienischen Soldaten nur eine untergeordnete Rolle gespielt. Man kämpfte auf derselben Seite, tauschte Freundlichkeiten aus und veranstaltete Fußballspiele[225], eine weitere Annäherung vereitelte jedoch schon die Sprachbarriere, die auf der anderen Seite zu zahlreichen Mißverständnissen führte. Oft waren in der Nähe der italienischen Einheiten auch keine deutschen Verbände stationiert oder sie blieben nicht lange genug, um intensivere Kontakte zu knüpfen. Dies schien dem Oberkommando der 8. Armee auch ganz recht gewesen zu sein; Ende August 1942 ordnete Generaloberst Gariboldi jedenfalls an, das Armeegebiet

---

[223] Vgl. etwa Messe, Krieg im Osten, S. 240–285.
[224] AUSSME, L 13/48-3, Bericht (Nr. 681/S) von Militärattaché Marras an das Comando Supremo über die Lage im Süden der Ostfront vom 28. 2. 1942.
[225] Vgl. die Schilderung bei Revelli, Mai tardi, S. 12, Eintrag vom 12. 8. 1942.

der ARMIR soweit wie möglich von deutschen Truppenteilen zu räumen[226]. In den Feldpostbriefen italienischer Soldaten tauchen die *alleati tedeschi* daher – wenn überhaupt – zumeist nur als summarische Größe auf, denen positive oder negative Stereotypen zugeschrieben wurden. Nicht zuletzt deshalb blieb beispielsweise die Rubrik „Bemerkungen über unsere Verbündeten" in den Berichten der Zensoren aus Mantua an den Militärgeheimdienst oft leer[227].

4. Die Verbindungsdienste als operative Schnittstellen der Koalitionskriegführung

Die intensivsten Kontakte mit den Angehörigen der befreundeten Streitkräfte hatten zweifellos die Angehörigen der Verbindungskommandos, die auf deutscher und italienischer Seite seit Juli 1941 als operative Schnittstellen der Koalitionskriegführung gebildet worden waren. Das Expeditionskorps verfügte über einen *nucleo di collegamento* bei den übergeordneten Armeeoberkommandos, der einem Verbindungsstab von beachtlicher Größe wich, als die 8. Armee im Juli 1942 einer deutschen Heeresgruppe unterstellt wurde[228]. Dagegen installierte die deutsche Führung zunächst einen Verbindungsstab beim Generalkommando des CSIR und bei der *Intendenza* sowie Verbindungskommandos bei den drei Divisionen des Korps. Während das italienische Oberkommando immerhin einen Offizier im Range eines Obersten mit der Führung des Verbindungsdienstes beauftragte, begnügten sich die Deutschen mit einem Hauptmann oder Major im Generalstab, was von italienscher Seite als kleiner Affront empfunden wurde[229] und darauf hindeutet, daß man sich eher vom Primat der Funktionalität als vom symbolischen Kapital der Ehre hatte leiten lassen. Da der Verbindungsdienst zum CSIR bis zum Sommer 1942 seinen Zweck im großen und ganzen ohne Probleme erfüllte, gab es keinen Grund, das System zu verändern. Als die ARMIR auf dem sowjetischen Kriegsschauplatz eintraf, wurde ihr daher ein Verbindungsstab unter Führung des Majors im Generalstab von Gyldenfeldt zugeteilt, der zu den Mitarbeitern des deutschen Militärattachés in Rom, General Enno von Rintelen, gehört und schon im Sommer 1941 als Verbindungsoffizier zum CSIR fungiert hatte[230]. Dem Deutschen Verbindungsstab (DVSt) beim italienischen Armeeoberkommando 8 unterstanden Deutsche Verbindungskommandos (DVK) bei den Armeekorps und den Divisionen der ARMIR,

---

[226] AUSSME, DS II 885, KTB II. Armeekorps, September/Oktober 1942, Anlage 11: AOK 8 (Nr. 02/2920 di prot. – gez. Italo Gariboldi) an die Korpskommandos und die Intendenza vom 27. 8. 1942.
[227] MST, Fondo Ufficio Censura postale di guerra di Mantova, busta 2, fasc. 2: Relazioni quindicinali della Commissione provinciale censura di guerra (Mantova) an das Comando Supremo – SIM, April 1942 bis März 1943.
[228] Vorgesehen waren 19 Offiziere, neun Unteroffiziere und 75 Mann; AUSSME, DS II 1333, Anweisung des Generalstabs des Heeres (Nr. 0034720/2 di prot. – gez. General Rossi) über die Aufstellung eines Verbindungsstabs zwischen dem AOK 8 und der deutschen Heeresgruppe vom 22. 5. 1942.
[229] Vgl. Dok. 1, S. 84.
[230] AUSSME, DS II 444, KTB CSIR, Juli/August 1941, Anlage: Comando CSIR (Ufficio Operazioni – gez. Giovanni Messe) an das Comando Supremo (Nr. 3887/Op. di prot.) vom 29. 7. 1941.

für die eine Stärke von drei Offizieren und zehn Mann beziehungsweise von drei Offizieren und sechs Mann vorgesehen war[231].

Die Aufgaben, die den deutschen Verbindungsoffizieren zugewiesen wurden, beschränkten sich jedoch nicht auf die klassischen Felder wie die Weitergabe von Befehlen, die Übermittlung von Meldungen und Nachrichten, den Austausch von Erfahrungen, die Fühlungnahme mit deutschen Truppenteilen und Dienststellen oder die „Behebung möglicher Reibungen und Mißverständnisse in vertrauensvoller Zusammenarbeit". Es ging von Anfang an auch darum, die italienischen Kommandobehörden zu kontrollieren und zu überwachen. Dieses janusköpfige Aufgabenspektrum erleichterte das Tagwerk der Verbindungskommandos nicht gerade, ja die widersprüchliche Gleichzeitigkeit von Hilfestellung und Kontrolle barg den Keim des Scheiterns in sich, zumal es den Verbündeten nicht entging, daß man ihnen scharf auf die Finger sehen wollte. Italienische Offiziere, die den Deutschen ohnehin nicht über den Weg trauten, konnten sich in ihren Vorbehalten bestätigt sehen, und diejenigen, die es mit der „Achse" ernst meinten, fragten sich wohl des öfteren, ob ihre skeptischen Kameraden nicht vielleicht doch recht hatten.

Der deutsche Verbindungsdienst zur 8. Armee wurde Ende August 1942 auf eine harte Probe gestellt, deren Folgen das Verhältnis zwischen Italienern und Deutschen dauerhaft belasten und einschneidende organisatorische Veränderungen mit sich bringen sollte. Am 20. August griff die Rote Armee die Nahtstelle zwischen der 8. italienischen und der 6. deutschen Armee an, die von der Division „Sforzesca" (XXXV. Armeekorps – CSIR) und der 79. Infanteriedivision (XVII. Armeekorps) verteidigt wurde. Dieser Vorstoß verfolgte das Ziel, einen Brückenkopf über den Don zu bilden, die wichtigste Nachschubstraße der 6. Armee zu bedrohen und so den deutschen Druck auf Stalingrad zu mindern. Die „Sforzesca" hatte noch nicht viel Kampferfahrung auf dem sowjetischen Kriegsschauplatz sammeln können und erwies sich nicht zuletzt deshalb als verwundbar, weil sie ihren rund 30 km breiten Verteidigungsabschnitt am Flußufer keine zehn Tage zuvor bezogen hatte. Trotz des Einsatzes aller Reserven der Division und des Korps gewann der Angriff an Boden, so daß sich das Generalkommando schließlich gezwungen sah, die „Sforzesca" auf die Stützpunkte Jagodnyj und Tschebotarewskij zurückzuziehen, um ein Aufrollen der Front zu verhindern, um zwei Flußtäler für einen Vorstoß in den Rücken der eigenen Truppen zu sperren und um eine Ausgangsbasis für Gegenangriffe zu behalten. Zwischen diesen beiden Stützpunkten klaffte eine mehr als 20 km breite Lücke, die nur von Kavalleriepatrouillen gesichert werden konnte[232].

Die Infanteristen der „Sforzesca" kämpften tapfer, solange sie in ihren Stellungen lagen. Als diese nicht mehr zu halten waren, gerieten die Absetzbewegungen jedoch stellenweise zur Flucht, die nur mühsam eingedämmt werden konnte und auch den deutschen Verbindungsoffizieren nicht verborgen blieb. In dem durchaus um Differenzierung bemühten Bericht eines deutschen Oberleutnants heißt es:

---

[231] BA-MA, MFB4 18035, Bl. 176ff., Oberkommando der Heeresgruppe Süd (Ia/IIa Nr. 534/42 geh. – gez. Georg von Sodenstern) vom 30. 6. 1942, betr. „Deutsche Verbindungskommandos zu den neu aufgestellten Verbänden von Verbündeten"; das folgende Zitat ist einem ebenda wiedergegebenen Aufgabenkatalog entnommen. Zur Kontrollfunktion der Verbindungsoffiziere vgl. Dok. 1, S. 82.

[232] Vgl. Operazioni delle unità italiane al fronte russo, S. 234–293; ausführlich und um Rechtfertigung bemüht die Darstellung bei Messe, Krieg im Osten, S. 240–272.

„Am 20. 8. verteidigte das Btl. Spighi [II. Bataillon des Infanterieregiments 54] zäh und tapfer die Stellung, mußte aber dann zurückgehen. Dieses Zurückweichen artete durch einen russ. Flankenangriff in eine Panik aus. Als um 16.00 Uhr der Gegenangriff von 3 anderen Btlen. begann, beobachtete ich mit dem Führer des D.V.K. die versprengten Reste des Btl. Spighi. Sie kamen zum Teil ohne Gewehre und Ausrüstung an. Die Masse der schweren Waffen der Infanterie war verloren gegangen. Die Moral war erschüttert. [...] Als am nächsten Tage die Lage durch den Stoß in der Mitte gefährlich wurde, versuchte man, uns zunächst nichts davon merken zu lassen. Teile der Division fluteten zurück und wurden teils beim Div. Gef[echts-]Stand, teils in Gorbatowo aufgefangen. Sie wurden in Kp. Stärke und Zugstärke immer wieder vorgeführt. Sie hatten nur noch teilweise ihre Waffen und gingen erst nach längerem Zureden wieder vor. Teile wurden auf Lastwagen vorgebracht. Nach Aussage einiger Offze. stiegen die Männer während der Fahrt wieder aus. Einzelne kamen sogar ohne Schuhwerk an."[233]

Beunruhigende Nachrichten dieser Art und der Verlust des Stützpunkts Tschebotarewskij, wodurch die Nachschubstraße nach Stalingrad unmittelbar bedroht zu sein schien, veranlaßten das Oberkommando der Heeresgruppe B zum Handeln. Da keine sofort einsetzbaren Reserven greifbar waren, hoffte man, die Lage auf eine andere Art und Weise stabilisieren zu können: durch die Unterstellung der im Raum Jagodnyj – Bolschoj kämpfenden italienischen Verbände unter das Kommando eines deutschen Generals. Tatsächlich sprach einiges dafür, die Kampfführung an der Nahtstelle zwischen der 8. italienischen und der 6. deutschen Armee in eine Hand zu legen, doch die Befehle wurden so erteilt[234], daß sie die italienischen Führungsstäbe unweigerlich vor den Kopf stoßen mußten, zumal dem Kommandierenden General des XXXV. Armeekorps, Giovanni Messe, damit indirekt das Mißtrauen ausgesprochen und zugleich schriftlich festgehalten wurde, daß „die Rückzugsbewegungen der Division Sforzesca um jeden Preis aufzuhalten" seien[235].

Daß die am 25. August angeordnete Unterstellung der Masse des XXXV. italienischen Armeekorps unter das XVII. deutsche schon am 27. August wieder rückgängig gemacht wurde, änderte nichts an dem bündnispolitischen Flurschaden, der inzwischen entstanden war. Insbesondere der populäre General Messe ließ keine Gelegenheit aus, um auf Genugtuung zu drängen, wobei er sich kaum mehr Mühe gab, seine antideutschen Affekte zu zähmen. Auf deutscher Seite war man zwar bemüht, einen „,Achsenbruch' unter allen Umständen" zu vermeiden[236]. Doch weder die Erklärungen der Heeresgruppe, die Messe im übrigen für „unaufrichtig und wenig loyal" hielt[237], noch die feierliche Auszeichnung italienischer Soldaten mit dem Eisernen Kreuz konnten den Eindruck verwischen, daß das Verhältnis zwischen Deutschen und Italienern an der Ostfront einen schweren Schlag erhalten hatte. Die

---

[233] BA-MA, MFB4 18275, Bl. 1161 f., Bericht von Oberleutnant Joos über den Zustand der Division „Sforzesca" vom 25. 8. 1942; vgl. dazu auch die Aufzeichnungen von Distler, Verbindungsoffizier, S. 40, der berichtet, Oberstleutnant Spighi habe ihm „vor Wut weinend" erzählt, daß „er der Panik nicht mehr habe Herr werden können, obwohl er mit der Waffe in der Hand getrachtet habe, sie einzudämmen".
[234] Die entsprechenden Befehle finden sich im AUSSME, Fondo Messe, busta P. Vgl. auch BA-MA, MFB4 41403, Bl. 1019–1022, KTB des Deutschen Generals beim italienischen AOK 8, Einträge vom 25.–27. 8. 1942.
[235] AUSSME, Fondo Messe, busta P, Funkspruch AOK 8 (Nr. 02/2911 – gez. Italo Gariboldi) an das XXXV. Armeekorps vom 26. 8. 1942; vgl. auch Messe, Krieg im Osten, S. 257–262.
[236] Distler, Verbindungsoffizier, S. 52.
[237] Messe, Krieg im Osten, S. 262.

Abb. 9: General der Infanterie von Tippelskirch bei der Verleihung des Eisernen Kreuzes an Offiziere und Soldaten der Infanterieregimenter 79 und 80 der Division „Pasubio", November 1942 (AUSSME, Photoarchiv).

militärische Lage im Abschnitt des XXXV. Armeekorps ließ sich bis Anfang September stabilisieren; die bündnispolitische blieb dagegen angespannt.

Dies lag auch daran, daß die sogenannte erste Verteidigungsschlacht am Don das Vertrauen der deutschen Führung in die italienischen Verbände und ihre Stäbe nachhaltig erschüttert hatte. Eine Konsequenz, die sich daraus ergab, war die Neuorganisation des deutschen Verbindungsdienstes beim italienischen Armeeoberkommando. Noch während die Kämpfe im Gange waren, übernahm am 27. August mit General der Infanterie Kurt von Tippelskirch ein hochrangiger Offizier die Führung des DVSt[238], da man auf deutscher Seite annahm, ein Verbindungsoffizier im Generalsrang könne das italienische Armeeoberkommando in schwierigen Situationen stärker beeinflussen als ein Major. Der Verbindungsstab selbst wurde in den folgenden Wochen massiv ausgebaut, so daß von Tippelskirch als Deutscher General bei der italienischen 8. Armee schließlich über eine Art Parallelgeneralstab verfügte, zu dem neben einem Chef des Stabes und einer Quartiermeisterabteilung Offiziere für „jedes Sachgebiet der Führung" gehörten[239]. Damit sollte die Dienststelle des Deutschen Generals aber nicht nur in die Lage versetzt werden, das italienische Armeeoberkommando in taktischen Fragen besser beraten zu können als bisher und durch die Weitergabe von Erfahrungen intensiveren Einfluß auf die Ausbildung der Truppe zu nehmen. Letztlich ging es auch darum, aus einem Verbindungsstab ein handlungsfähiges Führungsorgan für den Krisenfall zu machen, das deutsche Verbände in eigener Verantwortung führen und notfalls auch rasch in die Kampfführung der Verbündeten eingreifen konnte[240].

---

[238] BA-MA, MFB4 18035, Bl. 153, Fernschreiben des Oberkommandos der Heeresgruppe B (Ia – Nr. 6890/42 geh.) an das AOK 8 vom 27. 8. 1942.
[239] Doerr, Verbindungsoffiziere, S. 276.
[240] BA-MA, MFB4 18276, Bl. 387–391, Deutscher General beim italienischen AOK 8 (Nr. 902/42 geh.) vom 7. 12. 1942: Besondere Führungsanordnungen für DVSt und DVK Nr. 5.

Abb. 10: Ostfront – Generaloberst Gariboldi an der Front, Juli 1942 (AUSSME, Photoarchiv).

Der 1891 geborene General von Tippelskirch war auf den ersten Blick eine ausgezeichnete Wahl. Er sprach neben Englisch und Französisch auch sehr gut Italienisch und hatte zwischen 1938 und 1941 als Oberquartiermeister IV im Generalstab des Heeres fungiert, wo ihm unter anderem auch die Abteilung Fremde Heere West unterstanden hatte. Der General kannte das königliche Heer also besser als die meisten seiner Kollegen, und er hatte zudem 1941/42 als Kommandeur der 30. Infanteriedivision die Erfahrungen im Krieg gegen die Sowjetunion sammeln können, die er nun an seine italienischen Kollegen weitergeben sollte[241]. Andererseits war von Tippelskirch überaus ehrgeizig, von sich ebenso überzeugt wie von der Überlegenheit der eigenen Streitkräfte, und er überschritt in seinem Eifer, die Verbündeten auf Fehler und Versäumnisse aufmerksam zu machen, immer wieder jene imaginäre Grenze, die vom feinen Ehrgefühl der italienischen Offiziere gezogen wurde. Zusammenstöße mit dem Oberbefehlshaber der 8. Armee, Generaloberst Italo Gariboldi[242], der anstatt Messe mit dem Oberkommando betraut worden und schon als Oberbefehlshaber in Nordafrika an Erwin Rommel gescheitert war, konnten nicht ausbleiben, und es ist kein Zufall, daß gerade er bittere Anklagen gegen von Tippelskirch erhob[243], der den Oberbefehlshaber immer wieder unter Druck gesetzt hatte.

Die Arbeit der Verbindungsoffiziere war gleichsam ein Spiegel des deutsch-italienischen Verhältnisses und der faschistischen Kriegsallianz mit all ihren Höhen und Tiefen. Ihren Alltag prägten ein zäher Kampf um Informationen und gegen büro-

---

[241] Zu den Aufgaben des Deutschen Generals vgl. Dok. 2, S. 87–91; seine Amtsführung und sein Amtsverständnis werden besonders deutlich aus dem Kriegstagebuch des Deutschen Generals beim AOK 8 (BA-MA, MFB4 41403, Bl. 1003–1142). Vgl. auch Förster, Ruolo, in: Italiani sul fronte russo, S. 240 ff.

[242] Zur Biographie des 1879 geborenen Italo Gariboldi vgl. den entsprechenden Artikel von Ceva in: Dizionario biografico degli italiani, Bd. 52.

[243] AUSSME, L 13/48–5, Italo Gariboldi an das Comando Supremo (Nr. 08/1598) vom 11. 3. 1943.

III. Das königliche Heer und seine Soldaten an der Ostfront

kratische Hürden sowie Vorurteile und Mißtrauen, die oft genug auf Gegenseitigkeit beruhten. Weder die Deutschen noch die Italiener wollten sich allzu tief in die Karten schauen lassen, wobei man in den Führungsstäben der Verbände des königlichen Heeres besonders darum bemüht war, die Verbündeten über eigene Schwächen hinwegzutäuschen, selbst wenn sich intern geäußerter Tadel mit kritischen Hinweisen deutscher Kollegen deckte[244]. Mimosenhafte Beratungsresistenz auf der einen und überhebliche Schulmeisterei auf der anderen Seite waren jedoch keine gute Basis für eine gedeihliche Zusammenarbeit.

Letztlich sollten die Verbindungsoffiziere nur das sehen und melden, was die gastgebenden Stäbe für notwendig und opportun hielten[245], wobei der Hang zur Geheimniskrämerei zunahm, je heikler die militärische Lage wurde. Daß dies ernstzunehmende Konsequenzen für die kämpfende Truppe und die Führung der Operationen haben konnte, liegt auf der Hand. Angesichts dieser Grundkonstellation waren die persönliche Eignung der Verbindungsoffiziere, ihre Kenntnis der Sprache, Sitten und Gebräuche, ihr Fingerspitzengefühl, von entscheidender Bedeutung. Stimmten diese Voraussetzungen, dann konnte ein Verbindungsoffizier trotz der schwierigen Rahmenbedingungen einigermaßen erfolgreich arbeiten, wie das Beispiel von Major Fellmer zeigt, für den selbst Giovanni Messe nach 1945 noch lobende Worte fand[246]. Allerdings waren Männer mit den nötigen Fähigkeiten in der Wehrmacht dünn gesät, so daß man auch auf Kandidaten zurückgreifen mußte, denen eine „unheilbar antiitalienische Gesinnung" nachgesagt wurde[247]. Dies trug ebensowenig zur Vertrauensbildung bei wie die Ernennung von Südtirolern zu Verbindungsoffizieren, die vor 1939 im italienischen Heer gedient, dann aber für das Deutsche Reich optiert hatten[248]. Wie sich herausstellen sollte, vertrugen die Verbindungsdienste seit Herbst 1942 keine großen Belastungen mehr; sie versagten im Gegenteil genau dann, als sie am dringendsten gebraucht wurden: während der Großangriffe der Roten Armee gegen die Divisionen der ARMIR im Dezember 1942 und im Januar 1943.

---

[244] Vgl. Distler, Verbindungsoffizier, S. 41 und S. 54 ff. Als ein Beispiel vgl. die Auseinandersetzung zwischen General von Tippelskirch und General Malaguti; BA-MA, MFB4 41403, Bl. 1041, KTB des Deutschen Generals beim italienischen AOK 8, Eintrag vom 14. 10. 1942.
[245] Vgl. Distler, Verbindungsoffizier, S. 46; AUSSME, DS II 1333, Aktennotiz des italienischen Verbindungsstabs bei der Heeresgruppe B für General Malaguti vom 23. 11. 1942.
[246] Vgl. Messe, Krieg im Osten, S. 119.
[247] AUSSME, DS II 1551/9, Efisio Marras (Nr. 706/S) an das Comando Supremo und das Heeres-Oberkommando (SIE) vom 2. 5. 1943; hier auch Auslassungen über die Verbindungsoffiziere aus Südtirol.
[248] BA-MA, MFB4 18276, Bl. 438 ff., Deutscher General beim italienischen AOK 8 (Nr. 790/42 geh.) vom 28. 11. 1942: Besondere Führungsanordnungen für DVSt und DVK Nr. 3.

IV. „Cannae am Don"[249]. Der Untergang der 8. italienischen Armee im Winter 1942/43

1. Die 8. italienische Armee im Rahmen der Operation „Blau"

Die ARMIR war im Rahmen der großen deutschen Sommeroffensive an den Don beordert worden. Diese Offensive, die man auch als Hitlers „Zweiten Feldzug" gegen die Sowjetunion bezeichnet hat[250], beruhte im wesentlichen auf der Weisung Nr. 41 des „Führers" und obersten Befehlshabers der Wehrmacht vom 5. April 1942, in der die Operationsführung für die kommenden Monate festgelegt wurde. Da die Wehrmacht nicht mehr in der Lage war, wie noch ein Jahr zuvor an allen Frontabschnitten gleichzeitig anzugreifen, sollte der entscheidende Schlag zu dem Zweck, „die den Sowjets noch verbliebene lebendige Wehrkraft endgültig zu vernichten und ihnen die wichtigsten kriegswirtschaftlichen Kraftquellen so weit als möglich zu entziehen", im Süden der UdSSR geführt werden[251]. Im einzelnen waren mehrere aufeinander folgende, räumlich und zeitlich abgestimmte Teiloffensiven vorgesehen, deren Endziel in der Kaukasusregion lag, die wegen ihrer strategischen Lage als Tor zum Mittleren Osten und wegen ihrer reichen Erdölvorkommen von besonderer Bedeutung war. Auch der Einsatz der verbündeten Armeen – zur Wahrung des nationalen Prestiges in möglichst geschlossenen Formationen mit deutschen „Korsettstangen"[252] – wurde in Weisung Nr. 41 in den Grundzügen geregelt:

„Zur Besetzung der sich im Laufe dieser Operation mehr und mehr verlängernden Donfront werden in erster Linie die Verbände der Verbündeten mit der Maßgabe herangezogen, daß deutsche Truppen als starke Stütze zwischen Orel und dem Don sowie an der Stalingrader Landenge einzusetzen sind, im übrigen aber einzelne deutsche Divisionen hinter der Donfront als Eingreifreserven verfügbar bleiben. Die verbündeten Truppen sind weitgehend in eigenen Abschnitten so zu verwenden, daß am weitesten nördlich die Ungarn, demnächst die Italiener, am weitesten südostwärts die Rumänen eingesetzt werden."

Der deutsche Großangriff begann am 28. Juni 1942 und machte zunächst gute Fortschritte; der Vorstoß an den Don gelang ebenso wie die Einnahme von Woronesch. Dagegen scheiterten trotz beachtlichen Geländegewinns alle im Juli unternommenen Versuche, die Masse der gegnerischen Streitkräfte einzuschließen. In dieser Situation entschloß sich Hitler, den ursprünglichen Operationsplan entscheidend abzuändern. Die Heeresgruppe Süd wurde in zwei Heeresgruppen (A und B) aufgespalten, die den Auftrag erhielten, die Offensiven gegen Stalingrad und den Kaukasus nicht mehr nacheinander, sondern gleichzeitig vorzutragen. Daß beide Heeres-

---

[249] Gosztony, Hitlers fremde Heere, S. 299.
[250] Wegner, Krieg gegen die Sowjetunion, in: DRZW 6, S. 761; zur militärischen Konzeption und den strategischen Grundlagen der Offensive vgl. ebenda, S. 761–815; ein kurzer Überblick über Anlage und Verlauf der Operation „Blau" findet sich bei Kehrig, Stalingrad, S. 25–35.
[251] Abgedruckt in: Hitlers Weisungen für die Kriegführung, S. 183–188; die Zitate finden sich auf S. 184 und S. 187.
[252] Vgl. hierzu auch den im Detail korrekturbedürftigen, die großen Linien aber überzeugend nachzeichnenden Aufsatz von Hillgruber, Einbau der verbündeten Armeen, hier vor allem S. 670–674.

IV. „Cannae am Don". Der Untergang der 8. italienischen Armee   59

gruppen dafür offensichtlich zu schwach waren, störte den Diktator wenig. Daran änderten auch die Einwände von Generalstabschef Halder nichts, der dafür eintrat, zunächst wie vorgesehen gegen Stalingrad zu operieren und erst dann in den Kaukasus vorzustoßen, wenn für den Flankenschutz der angreifenden Verbände gesorgt sei. „Die trichterförmige Ausweitung der Front nach Osten und Süden mußte nach Auffassung des OKH angesichts des Umfangs der verfügbaren Kräfte zu einer Überdehnung der Frontlinien und zu einer Überforderung der nun zur Sicherung der Don-Stellung eingesetzten verbündeten Armeen führen"[253]. Dies sei jedoch nur unter der wenig wahrscheinlichen Voraussetzung zu verantworten, daß keine größeren Feindangriffe erfolgten. Doch Hitler ließ sich nicht umstimmen, so daß sich die ursprünglich für einen Nebenkriegsschauplatz vorgesehenen Armeen Italiens, Ungarns und Rumäniens in einem Sektor wiederfanden, der für eine Gegenoffensive der sowjetischen Streitkräfte geradezu prädestiniert war.

Weder Mussolini und das *Comando Supremo* noch die Führung der 8. Armee waren mit der Aufgabe glücklich, die ihren Verbänden zugewiesen worden war; ein prestigeträchtigerer Kampfauftrag als der, die linke Flanke der auf Stalingrad vorstoßenden Divisionen der 6. Armee und der 4. Panzerarmee zu decken, wäre ihnen sichtlich lieber gewesen[254]. Statt dessen mußte Generaloberst Gariboldi am 13. August die Verantwortung für einen etwa 270 km breiten Frontabschnitt am mittleren Don zwischen Pawlowsk und der Mündung des Flusses Choper übernehmen, wobei die Soldaten des II. und des XXXV. Armeekorps bis zum 16. August Stellungen bezogen, die bisher von deutschen Einheiten verteidigt worden waren. Es zeigte sich rasch, daß die Rote Armee nicht geneigt war, die Italiener in Ruhe zu lassen. Die Offensive gegen den Sektor der Division „Sforzesca" Ende August und Angriffe im Bereich des II. Armeekorps im September waren ein deutlicher Beleg hierfür. Daher drängte das Oberkommando der 8. Armee wiederholt sowohl auf die Zuführung deutscher Reserven als auch auf die Verkürzung des zugewiesenen Verteidigungsabschnitts. Die Möglichkeit dazu schien sich im Oktober zu ergeben, als die 3. rumänische Armee zwischen der ARMIR und der 6. deutschen Armee eingeschoben wurde. Doch da sich die Rumänen erfolgreich weigerten, die Ablösung zweier italienischer Divisionen wie befohlen zu vollziehen[255], blieb es bei einer Frontverkürzung um 40 km, so daß die Verbände des königlichen Heeres noch immer einen Abschnitt von 230 km Länge zu verteidigen hatten.

Anfang November waren die Umgruppierungen weitgehend abgeschlossen, und die Divisionen hatten ihre Winterstellungen bezogen. Auf dem linken Flügel der 8. Armee stand das Alpinikorps mit den Divisionen „Tridentina", „Julia" und „Cuneense", das nördlich von Pawlowsk den Anschluß an die 2. ungarische Armee hielt. Die *Alpini* waren zunächst im Rahmen der Heeresgruppe A für einen Einsatz im Kaukasus vorgesehen gewesen, dann aber sehr zur Freude von Generaloberst Gariboldi schon am 19. August umdirigiert worden, um die Donfront zu verstär-

---

[253] Wegner, Krieg gegen die Sowjetunion, in: DRZW 6, S. 892.
[254] Vgl. Cavallero, Diario, S. 450, Eintrag vom 4. 8. 1942; AUSSME, DS II 1551/1, Aufzeichnungen von Generaloberst Italo Gariboldi über die 8. Armee im Krieg gegen die Sowjetunion vom Dezember 1946, S. 15.
[255] Vgl. Kehrig, Stalingrad, S. 55–58, und Wegner, Krieg gegen die Sowjetunion, in: DRZW 6, S. 1008f.

ken[256]. Das II. Armeekorps besetzte mit den Divisionen „Cosseria" und „Ravenna" den Abschnitt zwischen Nowaja Kalitwa und Kuselkin, der besonders gefährdet war, weil die Sowjets hier in der Fluß-Schleife von Werch. Mamon einen Brückenkopf besaßen. Rechts davon stand das XXXV. Armeekorps mit der Division „Pasubio" und der 298. deutschen Infanteriedivision, während das XXIX. deutsche Armeekorps mit der Division „Torino", der 62. deutschen Infanteriedivision und der angeschlagenen Division „Sforzesca" den rechten Flügel der ARMIR bildete und Kontakt mit der 3. rumänischen Armee hielt. An Reserven verfügte die 8. Armee über die 294. Infanteriedivision und die 22. Panzerdivision der deutschen Wehrmacht sowie über die 3. schnelle Division, die jedoch noch von den schweren Kämpfen gezeichnet war, die sie im Juli und August zu bestehen gehabt hatte[257].

Damit hatte das deutsche Oberkommando eine beachtliche Zahl an eigenen Verbänden im Sektor der 8. Armee disloziert. Dies kam freilich nicht von ungefähr, da Hitler diesen Abschnitt als besonders gefährdet ansah und eine nördlich von Serafimowitsch angesetzte sowjetische Offensive gegen Rostow für möglich hielt, der die italienischen Truppen ohne Unterstützung nicht gewachsen seien. So hatte er seit dem 16. August 1942 wiederholt darauf gedrängt, deutsche Divisionen zur ARMIR abzustellen, zumal der Angriff der Roten Armee auf die Stellungen der „Sforzesca" seine Befürchtungen zu bestätigen schien. Anfang September spielte er sogar mit dem Gedanken, Verbände aus dem Raum Stalingrad abzuziehen und zur Verstärkung der Donfront einzusetzen[258]. Allerdings konnte sich die 8. Armee nur so lange der Aufmerksamkeit des sprunghaften „Führers" und obersten Befehlshabers der Wehrmacht gewiß sein, wie sein Interesse nicht von den Ereignissen in anderen Sektoren okkupiert wurde. Tatsächlich traten die Geschehnisse an der Donfront nur allzu bald hinter die Schlacht um Stalingrad zurück, ja der Gedanke an eine rasche Eroberung der Stadt entwickelte sich zu einer wahren Obsession, so daß Hitler am 6. Oktober die vollständige Inbesitznahme der Wolgametropole zur wichtigsten Aufgabe der Heeresgruppe B erklärte[259].

Letztlich wurde in Stalingrad aber nicht nur das Schicksal der dort kämpfenden deutschen Divisionen, sondern auch das Schicksal der ARMIR entschieden. Denn nur bei einem erfolgreichen Abschluß der Operation würden die notwendigen Kräfte freigemacht werden können, um den italienischen Sektor dauerhaft und entscheidend zu verstärken. Der Oberbefehlshaber der Heeresgruppe B, Maximilian Freiherr von Weichs, dem sowohl die 6. deutsche Armee als auch die 8. italienische Armee unterstanden, hatte schon am 24. August offen auf diesen Zusammenhang hingewiesen, als er an Generaloberst Gariboldi schrieb[260]: „Ich darf erneut versichern, daß nach Abschluß der Kampfhandlungen um Stalingrad der Verteidigungsabschnitt der 8. ital. Armee verkleinert bzw. der Armee ausreichende weitere Kräfte zugeführt werden." Doch Stalingrad fiel nicht, und die Schlacht um die Stadt ver-

---

[256] Vgl. hierzu ausführlich Massignani, Alpini e Tedeschi, S. 105–108.
[257] Zur Aufstellung der 8. Armee Anfang November 1942 vgl. Operazioni delle unità italiane al fronte russo, Abbildung 33.
[258] Vgl. KTB OKW, Bd. II/1, S. 597, S. 622, S. 642, S. 646 und S. 703, Einträge vom 16. 8., 22. 8., 26. 8., 27. 8. und 9. 9. 1942; Halder, Kriegstagebuch, Bd. 3, S. 523, Eintrag vom 16. 9. 1942.
[259] Vgl. Wegner, Krieg gegen die Sowjetunion, in: DRZW 6, S. 987.
[260] AUSSME, DS II 1551/1, Maximilian Freiherr von Weichs (Ia Nr. 2633/42 geh. Kdos.) an Italo Gariboldi vom 24. 8. 1942.

IV. „Cannae am Don". Der Untergang der 8. italienischen Armee

zehrte die deutschen Kräfte schließlich so sehr, daß „der Führung keine andere Wahl mehr [blieb], als Löcher durch das Reißen neuer Löcher zu stopfen"[261]. Die italienischen Verbände bekamen die Auswirkungen dieses Dilemmas schmerzlich zu spüren. Es fehlte an Transportraum ebenso wie an Treibstoff, es fehlte aber auch an Material zum Ausbau der Stellungen. So kam es im Herbst und Winter 1942 immer wieder zu regelrechten Verteilungskämpfen, die das Verhältnis zwischen Deutschen und Italienern nachhaltig belasteten[262].

Doch nicht nur die schwierige logistische Situation, die durch den Hang der *Intendenza*, Nachschubgüter in der Etappe zu horten, anstatt sie an die Truppe auszugeben, zusätzlich verschärft wurde[263], gab zu Meinungsverschiedenheiten Anlaß. Auch die Organisation der Verteidigung war zwischen italienischen und deutschen Führungsstäben umstritten. Nach den Weisungen, die das Oberkommando der Heeresgruppe B und Hitler selbst erlassen hatten, sollte der Don so nahe am Ufer wie möglich verteidigt werden, wobei der Aufbau einer robusten, durchlaufenden Hauptkampflinie vorgesehen war, auf die vor allem Hitler Wert legte; eine elastische Kampfführung wurde ausgeschlossen[264]. Diese Prinzipien liefen den Auffassungen der italienischen Kommandeure vor allem aus drei Gründen zuwider: Zum einen hätten sie gerne das Gelände besser ausgenutzt, auch um den Preis, die Stellungen weiter vom Flußufer entfernt anzulegen, zum zweiten konnten sie sich nicht an den Gedanken gewöhnen, zugunsten der ersten Verteidigungslinie auf möglichst starke Reserven zu verzichten, und zum dritten hielten sie es für unmöglich, eine durchgehende Hauptkampflinie aufzubauen. Statt dessen ließen sie eine Vielzahl von Stützpunkten anlegen, die meist von einem Zug Infanterie unter dem Befehl eines Leutnants besetzt und durch schwere Waffen wie Granatwerfer und Panzerabwehrkanonen verstärkt wurden. Die deutsche Führung und ihre Verbindungsoffiziere konnten in den ersten beiden Streitfällen Punktsiege davontragen, was das Stützpunktsystem anging, ließen sich die italienischen Stäbe jedoch nicht beirren. Die deutschen Einwände, ein solches Verteidigungssystem sei leicht zu infiltrieren und durch das Herausbrechen einzelner Stützpunkte entscheidend zu schwächen, wurden mit dem Argument gekontert, man habe weder genug Männer noch verläßliche Unterführer in ausreichender Zahl[265], um eine Verteidigungsstellung aufzubauen,

---

[261] Wegner, Krieg gegen die Sowjetunion, in: DRZW 6, S. 987.
[262] Vgl. Dok. 16, S. 160ff.; BA-MA, MFB4 18276, Bl. 387–391, Deutscher General beim italienischen AOK 8 (Nr. 902/42 geh.) vom 7. 12. 1942: Besondere Führungsanordnungen für DVSt und DVK Nr. 5; zu den Auseinandersetzungen vgl. z.B. MFB4 41403, Bl. 1025 und Bl. 1033, KTB des Deutschen Generals beim italienischen AOK 8, Einträge vom 2. 9. und 23. 9. 1942.
[263] Vgl. Rochat, Truppe italiane, S. 40.
[264] Vgl. u. a. Instruktionen zur Verteidigung von Wolga und Don, gez. Maximilian Freiherr von Weichs, abgeduckt in: Operazioni delle unità italiane al fronte russo, S. 654ff.; „Führerbefehl" über grundsätzliche Aufgaben der Verteidigung vom 8. 9. 1942 und Operationsbefehl Nr. 1, gez. Adolf Hitler, über die weitere Kampfführung im Osten vom 14. 10. 1942, beide Dokumente sind abgedruckt in: KTB OKW, Bd. II/2, S. 1292–1297 und S. 1301–1304; AUSSME, L 13/48–6, Maximilian Freiherr von Weichs (Ia Nr. 4469/42 geh. Kdos.) an die Oberbefehlshaber der 2. ungarischen und der 8. italienischen Armee vom 6. 12. 1942 (Auszug).
[265] BA-MA, MFB4 41403, Bl. 1041 f., KTB des Deutschen Generals beim italienischen AOK 8, Eintrag vom 14. 10. 1942; MFB4 18276, Bl. 392 ff., Deutscher General beim italienischen AOK 8 (Nr. 835/42 geh.) vom 30. 11. 1942: Besondere Führungsanordnungen für DVSt

die den Vorstellungen der Verbündeten entsprochen hätte. Die taktisch gesehen durchaus richtigen deutschen Empfehlungen fanden so ihre Grenzen nicht nur in der Beratungsresistenz der Verbündeten, sondern auch in den strukturellen Schwächen des königlichen Heeres, von Sachzwängen, die die breiten Verteidigungsabschnitte mit sich brachten, gar nicht zu reden. So blieb es weitgehend bei einem Stützpunktsystem italienischer Prägung, wobei man freilich nur die vorderen Stellungen einigermaßen hatte ausbauen können[266]. Projekte zur Anlage einer zweiten Linie oder zur Befestigung wichtiger Verkehrsknotenpunkte und Nachschubbasen wie Djogtewo, Kantemirowka oder Rossosch kamen über bescheidene Anfänge nur selten hinaus.

2. „Kleiner Saturn" und „Ostrogoschsk – Rossosch". Die Offensiven der Roten Armee und die Zerschlagung der ARMIR

Als die Rote Armee im Winter 1942 zum großen Gegenschlag ausholte, blieben die italienischen Divisionen zunächst unbehelligt. Die am 19. November entfesselte Offensive mit dem Decknamen „Uranus" zielte auf die nördlich und südlich von Stalingrad dislozierten Verbände der 3. und 4. rumänischen Armee, deren Stellungen rasch durchbrochen werden konnten. Bereits am 23. November vereinigten sich die Spitzen der beiden sowjetischen Stoßkeile im Rücken der 6. Armee, die damit zusammen mit Teilen der 4. Panzerarmee eingeschlossen war[267]. Die Rückwirkungen dieser Ereignisse auf die 8. italienische Armee waren gravierend. Durch den Zusammenbruch der 3. rumänischen Armee hing nämlich nicht nur der rechte Flügel des XXIX. Armeekorps in der Luft, sondern die ARMIR verlor auch nahezu alle deutschen Großverbände, die in ihrem Abschnitt als „Korsettstangen" an der Front eingesetzt oder als Reserven vorgesehen waren. Die 22. Panzerdivision war schon eine Woche vor Beginn des Unternehmens „Uranus" dem XXXXVIII. Panzerkorps unterstellt worden und operierte seither im Abschnitt der Rumänen, während die 62. und die 294. Infanteriedivision nach den ersten sowjetischen Erfolgen eilig nach Süden marschierten, um im Rahmen der neugebildeten Gruppe Hollidt die bedrohliche Lage bei der 3. rumänischen Armee zu stabilisieren. Da die 3. schnelle Division die Stellungen der 62. Infanteriedivision übernehmen mußte, verfügte das italienische Armeeoberkommando praktisch über keine Reserven mehr[268]. Einzig die im Verband des XXXV. italienischen Armeekorps eingesetzte 298. Infanteriedivision verblieb im Befehlsbereich von Generaloberst Gariboldi, doch dieser Verband hatte mit seinen durch ein sogenanntes Turk-Bataillon verstärkten beiden Infanterieregimentern nicht viel mehr zu bieten als eine der italieni-

---

und DVK Nr. 4. Ein italienischer Stützpunkt wird beschrieben bei Rigoni Stern, Alpini im russischen Schnee, S. 7–23.

[266] AUSSME, DS II 973, KTB II. Armeekorps, September/Oktober 1942, Anlage 281: Karte zum Stand der Arbeiten an den Verteidigungsstellungen zum 1. 10. 1942; L 14/87–1, Comando 8ª Armata, Ufficio Operazioni: La 2ª battaglia difensiva del Don, Teil 1: La preparazione dell'8ª Armata, S. 21.

[267] Vgl. Wegner, Krieg gegen die Sowjetunion, in: DRZW 6, S. 997–1023.

[268] Vgl. Kehrig, Stalingrad, S. 105 und S. 235; Operazioni delle unità italiane al fronte russo, S. 318.

IV. „Cannae am Don". Der Untergang der 8. italienischen Armee   63

schen Divisionen, wenn man von ihrer besseren Ausstattung mit schweren Panzerabwehrkanonen einmal absieht[269].

Während die neugebildete Heeresgruppe Don Ende November/Anfang Dezember 1942 verzweifelt versuchte, den Vormarsch der Roten Armee aufzuhalten und die Voraussetzungen für einen Vorstoß nach Stalingrad zu schaffen, verharrten die Divisionen der nach wie vor der Heeresgruppe B unterstehenden ARMIR in ihren Stellungen. Die sowjetische Führung plante dagegen bereits ihre nächste große Offensive im Süden der Ostfront. Das Unternehmen „Saturn" sah einen Angriff am mittleren Don vor und zielte nach der Vernichtung der deutsch-rumänischen Armeeabteilung Hollidt und der 8. italienischen Armee auf Rostow, um neben dem Rest der 4. Panzerarmee auch die im Kaukasus stehende Heeresgruppe A von ihren rückwärtigen Basen abzuschneiden. Logistische und operative Probleme erzwangen jedoch eine Änderung der Pläne, wobei sich das nun unter dem Decknamen „Kleiner Saturn" laufende Unternehmen unter Verzicht auf einen Vorstoß in die Tiefe des Raumes vor allem gegen die Heeresgruppe Don richtete und alle Versuche unmöglich machen sollte, die an der Wolga eingeschlossenen Verbände zu entsetzen[270].

Auf deutscher Seite wurden seit Ende November Angriffe gegen die 8. Armee befürchtet, deren Frontabschnitt man nicht nur für exponiert, sondern aufgrund der unterstellten Unzuverlässigkeit der italienischen Divisionen auch für besonders anfällig hielt[271]. Doch genaueres war weder dem OKW noch dem Deutschen General bekannt, der die anhaltenden feindlichen Truppenbewegungen am 2. Dezember zwar als Vorbereitungen für einen Angriff deutete, dessen Zielsetzung jedoch nicht darin sah, in die „Tiefe durchzustoßen", sondern lediglich darin, die „eigene Gliederung festzustellen und Brückenköpfe zu bilden"[272]. Noch unmittelbar vor Beginn des Großangriffs meldete General von Tippelskirch an den Generalstabschef des Heeres, es zeichne sich keine Durchbruchsabsicht ab, vielmehr bestehe der Eindruck, es gehe vor allem darum, die eigenen Kräfte zu binden[273]. Allerdings hielt es die deutsche Führung auch ohne konkrete Kenntnisse der sowjetischen Absichten für angebracht, den von allen deutschen Reserven entblößten Sektor der 8. Armee wieder zu verstärken. So bemühte sich die Heeresgruppe B seit dem 26. November darum, der ARMIR deutsche Panzerjäger zuzuführen[274], und im OKW wurde am 30. November nach einem Wutanfall Hitlers über die mangelhafte Ausrüstung der Verbündeten beschlossen, sowohl die Front der 2. ungarischen Armee als auch die

---

[269] BA-MA, MFB4 18275, Bl. 1205 f., Zustandsbericht 298. Infanteriedivision vom 5. 12. 1942. An Panzerabwehrwaffen verfügte die Division über 35 leichte, 16 mittlere und 15 schwere Pak; MFB4 18276, Bl. 279, Fernschreiben des AOK 8 (Nr. 02/6530 – gez. Bruno Malaguti) an die Heeresgruppe B vom 30. 11. 1942.
[270] Vgl. Wegner, Krieg gegen die Sowjetunion, in: DRZW 6, S. 1050 f.
[271] Vgl. KTB OKW, Bd. II/2, S. 1054, Eintrag vom 30. 11. 1942, und Lagebesprechungen, S. 48 f. (Mittagslage vom 12. 12. 1942); vgl. auch Förster, Ruolo, in: Italiani sul fronte russo, S. 245 ff.
[272] BA-MA, MFB4 41403, Bl. 1055, KTB des Deutschen Generals beim italienischen AOK 8, Eintrag vom 2. 12. 1942.
[273] BA-MA, MFB4 41403, Bl. 1068, KTB des Deutschen Generals beim italienischen AOK 8, Eintrag vom 15. 12. 1942; vgl. auch KTB OKW, Bd. II/2, S. 1128, Eintrag vom 13. 12. 1942. Erst ein am 15. 12. 1942 aufgefundener Operationsbefehl deckte die sowjetischen Absichten auf.
[274] BA-MA, MFB4 41403, Bl. 1053 ff. und Bl. 1058, KTB des Deutschen Generals beim italienischen AOK 8, Einträge vom 26. 11., 27. 11., 30. 11., 1. 12., 7. 12. und 9. 12. 1942.

der 8. italienischen Armee durch deutsche Verbände zu stützen[275]. Bis zum 10. Dezember waren unter anderem die 385. Infanteriedivision mit zwei Regimentern, die schwache 27. Panzerdivision, das Grenadierregiment 318 der 213. Sicherungsdivision, das Polizeiregiment 14 und mehrere Abteilungen beziehungsweise Kompanien Panzerjäger in den Sektor der ARMIR – und hier vor allem zum II. Armeekorps – verlegt worden; weitere Verbände wie die SS-Brigade Schuldt und das Führerbegleitbataillon befanden sich auf dem Marsch[276].

Am 11. Dezember begann die Rote Armee damit, ihre Offensive vorzubereiten, indem sie immer wieder Angriffe in Bataillonsstärke gegen das Zentrum der italienischen Aufstellung vortrug. Die Schwerpunkte lagen dabei zwischen Nowaja Kalitwa und Samodurowka (Division „Cosseria"), bei Deresowka (Grenadierregiment 318), im Raum Werch. Mamon (Division „Ravenna") und im Don-Bogen von Ogolew (Division „Pasubio")[277]. Noch ging es nicht darum, einen operativen Durchbruch zu erzielen, sondern darum, die in den angegriffenen Abschnitten eingesetzten italienischen und deutschen Einheiten soweit wie möglich zu schwächen. Diese Abnutzungsschlacht dauerte fünf Tage und tobte insbesondere im Abschnitt des II. Armeekorps, wo neben den Divisionen „Cosseria" und „Ravenna" auch das deutsche Grenadierregiment 318 stand.

Wenn die Angreifer einen Einbruch erzielen konnten, wurden sie durch Gegenstöße wieder vertrieben. Dabei warfen die Führungsstäbe nach und nach alle taktischen Reserven ins Gefecht, wobei diese ebenso wie die zur Unterstützung eingesetzten deutschen Kampfgruppen[278] schwere Verluste erlitten. „Italiener werden aus Stützpunkten herausgeschossen und machen teure Gegenangriffe", vermerkte das Kriegstagebuch des Deutschen Generals. „Mangelhafter Stellungsausbau" und „mangelhaftes Zusammenwirken mit schweren Waffen" und Artillerie führten jeden Tag erneut zu „Geländeverlusten". Die dann folgenden „Versuche, mit schneidigen Gegenstößen Lage wieder herzustellen", forderten einen hohen Blutzoll[279]. Doch cum grano salis stellten die deutschen Verbindungsoffiziere den italienischen Truppen in dieser Phase der Schlacht ein gutes Zeugnis aus. Am Ende des dritten Kampftages meldete der Verbindungsstab zum II. Armeekorps, die „Ravenna" habe „gut gehalten"[280]. In der Tagesorientierung des Ersten Generalstabsoffiziers beim

---

[275] Vgl. KTB OKW, Bd. II/2, S. 1054, Eintrag vom 30. 11. 1942.
[276] AUSSME, L 13/48–8, Aufstellung des AOK 8 über die bis zum 10. 12. 1942 in den Sektor der Armee verlegten deutschen Verbände; BA-MA, MFB4 18275, Bl. 556, Deutscher General beim italienischen AOK 8: Ia-Tagesmeldung vom 9. 12. 1942; vgl. Lagebesprechungen, S. 49 (Mittagslage vom 12. 12. 1942).
[277] Vgl. Operazioni delle unità italiane al fronte russo, S. 338–354 und Abbildung 38.
[278] Die italienischen Stäbe waren in der Verwendung der deutschen Reserven jedoch nicht frei; BA-MA, MFB4 18276, Bl. 331 f., Heeresgruppe B (Ia – Nr. 4502/42 geh. Kdos.) an AOK 8 vom 8. 12. 1942.
[279] BA-MA, MFB4 41403, Bl. 1068 f., KTB des Deutschen Generals beim italienischen AOK 8, Eintrag vom 15. 12. 1942; General von Tippelskirch äußerte sich gegenüber General Marras (ebenda, Bl. 1107) am 5. 1. 1943 ähnlich: „Die italienische Armee kämpfe zu teuer. Sie habe nahezu alle Reserven in den ersten Tagen der kleinen russischen Angriffe durch meist mit Bravour, aber unter hohen Verlusten geführte Gegenstöße verbraucht." Vgl. auch den Wochenbericht des Italien-Referats der Attaché-Abteilung im OKH an den deutschen Militärattaché in Rom vom 16. 1. 1943, abgedruckt in: Förster, Stalingrad, S. 143 ff.
[280] BA-MA, MFB4 18275, Bl. 536, Deutscher General beim italienischen AOK 8: Ia-Tagesorientierung vom 15. 12. 1942.

IV. „Cannae am Don". Der Untergang der 8. italienischen Armee 65

Deutschen General vom 15. Dezember war zu lesen, das „Verhalten der eigenen Truppe" verdiene „Anerkennung", und noch in der Zwischenmeldung vom 16. Dezember hieß es: „Große Teile der Inf[anterie] der Ravenna hielten tapfer die alten Stellungen in einzelnen Stützpunkten."[281] Freilich meldete die 27. Panzerdivision schon am 14. Dezember, zwar zeichneten sich noch keine Durchbrüche ab, wenn aber der „Russe mit grösseren [Panzer-]Kräften" komme, dann könne „er nicht aufgehalten werden"[282]. Tatsächlich waren zumindest die Infanteristen der „Cosseria" fast am Ende ihrer Kräfte, auch wenn ihre Moral noch nicht gebrochen war. Im Kriegstagebuch der Division heißt es:

„Nach vier Tagen des ununterbrochenen und blutigen Kampfes befinden sich die Verbände an der Grenze der menschenmöglichen Widerstandskraft. Dessen ungeachtet behauptet sich bei allen, bei Führern wie bei einfachen Soldaten, der höchste Wille, Widerstand zu leisten und an Ort und Stelle zu sterben."[283]

Bei der Heeresgruppe B reagierte man am Nachmittag des 15. Dezember auf die immer schwierigere Lage im Sektor des II. Korps mit dem Befehl, die Division „Cosseria" zur Verstärkung der „Ravenna" vom linken Flügel abzuziehen und dafür die 385. Infanteriedivision einzusetzen, die am folgenden Tag um sechs Uhr den Abschnitt der „Cosseria" übernehmen sollte[284].

Diese Bewegung ließ sich jedoch nicht mehr wie vorgesehen vollziehen[285], da am 16. Dezember bei Tagesanbruch die eigentliche Offensive der Roten Armee begann; die Abnutzungsschlacht wurde zur Durchbruchsschlacht[286]. Wieder lagen die Schwerpunkte bei der Division „Pasubio" und im Bereich des II. Armeekorps, wo die 6. sowjetische Armee (Woronesch-Front) und die 1. Gardearmee (Südwest-Front) mit nicht weniger als zehn Schützendivisionen, 13 Panzerbrigaden, zwei Panzerregimentern und vier motorisierten Schützenbrigaden zum Angriff angetreten waren. Dabei sah der Operationsplan vor, das Zentrum und den rechten Flügel der 8. Armee zunächst frontnah zu umfassen und dann im Zusammenwirken mit der aus dem Sektor der Armeeabteilung Hollidt angreifenden 3. Gardearmee auch weiträumig einzuschließen. Die Anfangserfolge der Roten Armee waren beachtlich, aber nicht durchschlagend. Dichter Nebel behinderte den Einsatz von Artillerie und Kampfflugzeugen, Panzer wurden von Minenfeldern aufgehalten, und die italienische Infanterie wehrte sich verzweifelt[287]. Allerdings wurden ihre Stützpunkte einer nach dem anderen eingeschlossen, zusammengeschossen oder von Panzern

---

[281] BA-MA, MFB4 18275, Bl. 534, Deutscher General beim italienischen AOK 8: Ia-Zwischenmeldung vom 16. 12. 1942. Vgl. auch die um Differenzierung bemühten Urteile in den Dok. 8, 9 und 10 des vorliegenden Bandes.
[282] BA-MA, MFB4 41403, Bl. 1066, KTB des Deutschen Generals beim italienischen AOK 8, Eintrag vom 14. 12. 1942.
[283] AUSSME, DS II 1094, KTB Division „Cosseria", November/Dezember 1942, Eintrag vom 15. 12. 1942.
[284] BA-MA, MFB4 41403, Bl. 1070, KTB des Deutschen Generals beim italienischen AOK 8, Eintrag vom 15. 12. 1942.
[285] BA-MA, MFB4 41403, Bl. 1072, KTB des Deutschen Generals beim italienischen AOK 8, Eintrag vom 16. 12. 1942.
[286] Zum Verlauf der Kämpfe und zum Kräfteverhältnis vgl. Operazioni delle unità italiane al fronte russo, S. 324–335, S. 354–387 und Abbildung 36; die hier angegebenen Zahlen sind sowjetischer Provenienz.
[287] Vgl. Plotnikov, Offensiva delle truppe sovietiche, in: Italiani sul fronte russo, S. 526.

niedergewalzt[288], und am frühen Nachmittag meldete der Erste Generalstabsoffizier der 8. Armee, Oberstleutnant Bonzani, die gesamte Infanterie der Division „Ravenna" sei „überrollt" worden[289]. Gleichwohl gelang es gepanzerten Kampfgruppen, den sowjetischen Vormarsch noch einmal aufzuhalten, doch es fehlte an Infanterie, um die Bresche zu schließen, die sich bei der Division „Ravenna" aufgetan hatte. Tatsächlich war die „Ravenna" am Ende. Am Nachmittag des 16. Dezember vermerkte das Kriegstagebuch des Deutschen Generals erstmals „fluchtartig" zurückgehende italienische Soldaten, und der Kommandeur der Division „Ravenna", General Dupont, mußte zugeben, daß er seine Leute „nicht mehr in der Hand" habe[290].

Doch das eigentliche Drama stand noch bevor. Am 17. Dezember warf die Rote Armee die Masse ihrer im Brückenkopf von Werch. Mamon konzentrierten Panzer in die Schlacht, und diesmal war alle Gegenwehr vergeblich. Weder die Reste der italienischen Regimenter noch die in diesem Raum eingesetzten deutschen Truppen vermochten die Angriffe zum Stehen zu bringen, so daß die rechts und links von der Frontlücke kämpfenden Verbände des II. und des XXXV. Armeekorps von der Umfassung bedroht waren und ihre inneren Flügel immer weiter zurücknehmen mußten. Als sich der Einbruch, den die sowjetischen Einheiten am Vortag in die Stellungen des II. Armeekorps erzielt hatten, zum Durchbruch ausweitete, war das deutsche Kalkül gescheitert, die Front so lange zu halten, bis Reserven herangekommen waren, um die Lage zu bereinigen und so gefährliche Rückwirkungen auf den Vorstoß des LVII. deutschen Panzerkorps zu vermeiden, das am 12. Dezember zum Entsatz von Stalingrad angetreten war[291]. Zwar hatte man Truppen in Marsch gesetzt, aber sowohl das Generalkommando des XXIV. Panzerkorps als auch die 387. Infanteriedivision kamen zu spät, um noch wirksam in die Durchbruchsschlacht eingreifen zu können. Obwohl auch an diesem Tage noch Widerstand geleistet wurde, begann sich im Laufe des 17. Dezember bei den italienischen Soldaten stellenweise Panik breit zu machen[292], die in einen ebenso unautorisierten wie ungeordneten Rückzug mündete und auch deutsche Einheiten in Mitleidenschaft zog. Der Zusammenhalt der Verbände ging ebenso verloren wie die Verbindung zwischen den Stäben und der fechtenden Truppe, so daß die Führung kein klares Bild der Lage mehr gewinnen konnte und die Offiziere an der Front ohne eindeutige Befehle blieben.

Wie schon Ende August bei der Division „Sforzesca" so zeigte sich auch jetzt wieder, daß die italienischen Infanteristen verbissen aushielten, solange sie in ihren Stellungen lagen, daß sie aber rasch die Orientierung verloren, wenn diese aufgegeben werden mußten. Zu viele mangelhaft ausgebildete junge Truppenoffiziere wa-

---

[288] Vgl. 8ª Armata Italiana nella seconda battaglia difensiva del Don, S. 22.
[289] BA-MA, MFB4 41403, Bl. 1074, KTB des Deutschen Generals beim italienischen AOK 8, Eintrag vom 16. 12. 1942; zur Lücke zwischen Deresowka und Gadjutsche vgl. ebenda, Bl. 1073–1076.
[290] BA-MA, MFB4 41403, Bl. 1075f., KTB des Deutschen Generals beim italienischen AOK 8, Eintrag vom 16. 12. 1942.
[291] Vgl. Förster, Ruolo, in: Italiani sul fronte russo, S. 248, und Kehrig, Stalingrad, S. 354–369.
[292] BA-MA, MFB4 41403, Bl. 1082 und Bl. 1084, KTB des Deutschen Generals beim italienischen AOK 8, Einträge vom 17. 12. und 18. 12. 1942; zum folgenden vgl. auch ebenda, Bl. 1084–1091, Einträge vom 18.–20. 12. 1942.

IV. „Cannae am Don". Der Untergang der 8. italienischen Armee 67

ren nicht in der Lage, aus eigener Initiative die richtigen Entscheidungen zu treffen. Sie hätten es zwar verstanden zu sterben, seien aber unfähig gewesen, Befehle zu geben, wie Generaloberst Gariboldi nach der Schlacht bemerkte[293]. Diese Offiziere hätten von oben gut geführt und aus dem Unteroffizierskorps unterstützt werden müssen[294]. Doch da in den Bataillons- und Regimentsgefechtsständen nicht selten Reserveoffiziere den Ton angaben, deren Fähigkeiten sehr zu wünschen übrig ließen, und erfahrene Unteroffiziere im königlichen Heer ein knappes Gut waren, blieben die Zugführer und Kompaniechefs in ihren Stützpunkten am Don nur allzuoft auf sich allein gestellt. Der Truppe entging die mangelnde Professionalität ihrer Führer nicht, was nicht gerade dazu beitrug, ihre Autorität und ihr Ansehen zu fördern. Ein Unteroffizier der *Bersaglieri* vertraute beispielsweise seinem Tagebuch an, sein Vorgesetzter habe mit einem Offizier lediglich die Uniform gemeinsam[295], und ein Kamerad bemerkte bissig, die eigenen Offiziere seien ebenso desorientiert wie uninformiert, während man genau wisse, was zu tun sei, wenn die Deutschen den Befehl führten[296]. Dies waren alles andere als gute Voraussetzungen für kritische Situationen, und tatsächlich gingen mutige, ja todesverachtende Akte individueller Tapferkeit im beginnenden Chaos unter, als der Großangriff der Roten Armee erste durchschlagende Erfolge zeigte. Zu diesen strukturellen Mängeln gesellte sich zumindest bei den drei Divisionen, die mit dem CSIR an die Ostfront gekommen waren, ein weiteres Problem: der Austausch der Offiziere und Soldaten, die schon länger als ein Jahr auf diesem Kriegsschauplatz eingesetzt waren. Damit kamen zwar frische Kräfte an die Front, doch der Verlust an Erfahrung und innerem Zusammenhalt war unübersehbar[297]. Aus kämpfenden Soldaten wurden unter diesen Umständen schnell Versprengte, die man hinter der Front nur mit Mühe sammeln und wieder ins Gefecht schicken konnte, zumal viele keine Waffe mehr trugen.

Das Oberkommando der Heeresgruppe B reagierte auf die sich zuspitzende Lage neben detaillierten Befehlen zunächst mit Führungshilfen, die in der Entsendung von Oberst Eberhard Kinzel zum II. Armeekorps gipfelten[298]. Dieser erfahrene Generalstabsoffizier übernahm am 15. Dezember nicht nur den Befehl über das Verbindungskommando, sondern sollte auch und vor allem die Entscheidungen von General Zanghieri und seines Generalkommandos im Sinne der deutschen Führung beeinflussen. Dann versuchten sowohl Generaloberst von Weichs als auch General von Tippelskirch, bis zum 17. Dezember eher durch Lob als durch Tadel, Durchhaltewillen, Kampfmoral und Zuversicht des Armeeoberkommandos zu stärken[299]. Doch als alle Versuche, Ordnung in die Reste des II. Armeekorps zu bringen und neue Haltelinien zu beziehen, ohne befriedigendes Ergebnis blieben, wurden Ton und Methoden rauher. Am Nachmittag des 17. Dezember erzwang die Heeres-

---

[293] Vgl. Dok. 18, S. 188.
[294] AUSSME, DS II 1551/1, Aufzeichnungen von Generaloberst Italo Gariboldi über die 8. Armee im Krieg gegen die Sowjetunion vom Dezember 1946, S. 39–42.
[295] AUSSME, L 13/161, Tagebuch von Francesco Zito, Eintrag vom 21. 3. 1942.
[296] ACS, MIn, DGPS – Divisione Polizia Politica, busta 215, fasc. 2: Corpo di Spedizione Militare, Bericht aus Florenz vom 8. 10. 1942.
[297] BA-MA, MFB4 18035, Bl. 263 ff., Notiz von Major Fellmer über Gespräche mit dem Generalstabschef und dem Ersten Generalstabsoffizier der 8. Armee am 21. 12. 1942.
[298] BA-MA, MFB4 41403, Bl. 1216, KTB DVK II. Armeekorps, Eintrag vom 14. 12. 1942.
[299] BA-MA, MFB4 41403, Bl. 1081 f., KTB des Deutschen Generals beim italienischen AOK 8, Eintrag vom 17. 12. 1942.

gruppe B weitreichende Vollmachten für Oberst Kinzel zur Organisation des weiteren Widerstandes im Sektor des II. Armeekorps[300]. Einen Tag später drängte Oberst Winter, der Erste Generalstabsoffizier der Heeresgruppe, General von Tippelskirch, „die Führung der Armee an sich [zu] reissen"[301]. Doch soweit kam es vorerst nicht[302], auch wenn wichtige Befehle am Armeeoberkommando vorbei erteilt wurden und das Generalkommando des XXIV. Panzerkorps am 18. Dezember die Verantwortung für den Abschnitt des II. Armeekorps und alle dort kämpfenden Truppenteile übernahm[303]. Auch verbal setzte die deutsche Führung nun auf Pression. Generaloberst Gariboldi mußte sich etwa die Drohung anhören, wenn keine energischen Schritte unternommen würden, den Auflösungserscheinungen Herr zu werden, werde man dem „Führer" melden, „daß die ital. Armee nicht mehr kämpfe, sondern wegginge"[304]. Und der Erste Generalstabsoffizier der ARMIR sah sich mit dem zornigen Ausruf des Deutschen Generals konfrontiert, es sei unmöglich, daß fünf italienische Divisionen „bis zum Schwarzen Meer ausreissen"[305].

Letztlich waren all diese Interventionen ein Ausdruck des hilflosen Bemühens, das Unmögliche doch noch möglich zu machen. Aber abgesehen davon, daß derartige verbale Ausfälle das immer wackligere Fundament der deutsch-italienischen Waffenbrüderschaft in gefährlicher Weise unterminierten, bewirkten sie nichts, da die Rote Armee den Verteidigern immer mindestens einen Schritt voraus war und mit raschen Vorstößen alle Versuche zunichte machte, die Lage zu stabilisieren[306]. Am 17. Dezember bedrohten die sowjetischen Panzerspitzen mit dem Flußtal des Bogutschar ein wichtiges Einfallstor in den Rücken der italienischen Front. Zudem hatte sich im Abschnitt der 3. schnellen Division (XXIX. Armeekorps) auf dem rechten Armeeflügel eine gefährliche Situation ergeben, die bei einem Durchbruch eine beidseitige Umfassung dreier Korps befürchten ließ. Am 18. Dezember standen die Angreifer vor Taly, wo sich noch bis vor kurzem das Hauptquartier des II. Armeekorps befunden hatte, am 19. Dezember erreichten sie Kantemirowka, eines der vorgeschobenen logistischen Zentren der *Intendenza*, und Tschertkowo. Damit stand die Rote Armee aber nicht nur tief im Rücken des XXXV. und des

---

[300] BA-MA, MFB4 41403, Bl. 1083, KTB des Deutschen Generals beim italienischen AOK 8, Eintrag vom 17. 12. 1942; vgl. auch Heeresgruppe B (Ia Nr. 4615/42 geh. – gez. Maximilian Freiherr von Weichs) an das AOK 8 vom 17. 12. 1942, abgedruckt in: Operazioni delle unità italiane al fronte russo, S. 696f.

[301] BA-MA, MFB4 41403, Bl. 1084, KTB des Deutschen Generals beim italienischen AOK 8, Eintrag vom 18. 12. 1942. Zwar wird von Tippelskirch mit den Worten zitiert „darüber kein Zweifel", doch noch am 16.12. und 17.12. (ebenda, Bl. 1078 und Bl. 1080) hatte er sich solchen Maßnahmen gegenüber skeptisch geäußert.

[302] Die deutschen Einheiten wurden von Tippelskirch erst am Morgen des 30. 12. 1942 unterstellt; BA-MA, MFB4 41403, Bl. 1101, KTB des Deutschen Generals beim italienischen AOK 8, Eintrag vom 30. 12. 1942.

[303] Vgl. 8ª Armata Italiana nella seconda battaglia difensiva del Don, S. 32; BA-MA, MFB4 41403, Bl. 1085f., KTB des Deutschen Generals beim italienischen AOK 8, Eintrag vom 18. 12. 1942.

[304] BA-MA, MFB4 18035, Bl. 269, Notiz des Deutschen Generals beim italienischen AOK 8 vom 19. 12. 1942.

[305] BA-MA, MFB4 41403, Bl. 1090, KTB des Deutschen Generals beim italienischen AOK 8, Eintrag vom 20. 12. 1942.

[306] Hierzu und zum folgenden vgl. 8ª Armata Italiana nella seconda battaglia difensiva del Don, S. 22–32.

XXIX. Armeekorps, sondern hatte auch die wichtige Eisenbahnverbindung zwischen Millerowo und Rossosch unterbrochen. Als sich zwei Tage später die nach Südwesten marschierenden sowjetischen Verbände bei Djogtewo mit den Panzerspitzen der aus dem Sektor der Armeeabteilung Hollidt vorstoßenden 3. Gardearmee trafen, waren vier italienische Divisionen und eine deutsche eingeschlossen.

Zwar war schon am 19. Dezember der Befehl gegeben worden, die Stellungen zurückzuverlegen, doch weder an der Tichaja noch am Tschir ließ sich - wie beabsichtigt - eine neue Verteidigungslinie aufbauen. Schließlich ging es nur noch darum, sich zu den eigenen Linien durchzuschlagen, wobei die Verbände des XXXV. und des XXIX. Armeekorps (oder was davon noch übrig war) zwei Marschkolonnen bildeten. Der *blocco nord* bestand vor allem aus Teilen der Divisionen „Ravenna", „Pasubio" und „Torino" sowie der 298. deutschen Infanteriedivision, der *blocco sud* aus Teilen der Divisionen „Pasubio", „Sforzesca" und Celere sowie der SS-Brigade Schuldt. Die nördliche Kolonne schlug sich bis Weihnachten zunächst nach Tschertkowo durch und wurde Mitte Januar bei Belowodsk von eigenen Einheiten aufgenommen, während die südliche Kolonne nach einer wahren Odyssee in den letzten Dezembertagen bei Skasyrskaja auf deutsche Truppen stieß und von dort in mehreren Tagesmärschen nach Forschtadt am Donez weiterzog[307].

Währenddessen hielt das durch die Division „Vicenza" verstärkte Alpinikorps weiterhin seine alten Stellungen am Don, wobei es die *Alpini* der Division „Julia" fertiggebracht hatten, zusammen mit den zusammengewürfelten Truppen des XXIV. Panzerkorps südwestlich des Flusses Kalitwa eine improvisierte Verteidigungslinie aufzubauen. Doch Mitte Januar 1943 brach das Verhängnis auch über die *Alpini* herein. Nach den Unternehmen „Uranus" und „Kleiner Saturn" startete die Rote Armee am 12. Januar mit der Operation „Ostrogoschsk – Rossosch" eine weitere Großoffensive gegen die Streitkräfte der Achsenmächte im Süden der Ostfront. Dabei sollten die 40. Armee (Woronesch-Front), die 3. Panzerarmee und die 6. Armee (Südwest-Front) die am Don verbliebenen deutschen, ungarischen und italienischen Verbände zerschlagen, die Bahnlinie Swoboda – Kantemirowka unter Kontrolle bringen und darüber hinaus bis auf die Linie Urazowo – Alexejewka – Repjewka nach Westen vorstoßen[308].

Zunächst richtete sich der Angriff gegen die 2. ungarische Armee, deren Stellungen am 14. Januar durchbrochen wurden. Am Morgen desselben Tages begann die Offensive gegen das XXIV. Panzerkorps, und auch hier hielten die Linien nicht lange. Allerdings erkannten weder die deutschen noch die italienischen Führungsstäbe die Tragweite dieses Durchbruchs, so daß gepanzerten Truppenteilen nicht nur ein Handstreich gegen das Generalkommando des XXIV. Panzerkorps, sondern am 15. Januar auch ein überraschender Vorstoß auf Rossosch gelang, wo sich

---

[307] Vgl. Operazioni delle unità italiane al fronte russo, S. 387–400 und S. 406–414; die Teile der Division „Ravenna", die hatten herausgezogen und neu geordnet werden können, wurden vom 22. 12. 1942–24. 1. 1943 bei Woroschilowgrad am Donez eingesetzt, die „Cosseria" sammelte sich dagegen zunächst im Abschnitt des Alpinikorps und trat dann den Marsch nach Westen an; vgl. ebenda, S. 415–421.

[308] Vgl. hierzu und zum folgenden Massignani, Alpini e tedeschi, S. 53–89 und S. 96 ff.; Schreiber, Italiens Teilnahme, in: Förster (Hrsg.), Stalingrad, S. 276 ff.; wertvolle Details zum Verlauf der sowjetischen Offensive finden sich bei Wimpffen, Zweite ungarische Armee, passim.

das Hauptquartier und die Versorgungsbasis des Alpinikorps befanden. Auch wenn dieser Vorstoß zurückgeschlagen werden konnte, so war doch klar, daß das XXIV. Panzerkorps in zwei Teile gespalten war und sowjetische Verbände tief in der Flanke beziehungsweise im Rücken der *Alpini* standen. Der Rückzugsbefehl ließ dennoch bis zum 17. Januar auf sich warten, und als sich die Divisionen „Tridentina", „Julia", „Cuneense" und „Vicenza" zusammen mit der 385. und 387. deutschen Infanteriedivision auf den Weg nach Westen machten, waren sie bereits eingeschlossen. *Alpini* und Grenadiere mußten sich ihren Weg freikämpfen, wobei die einzelnen Kolonnen ein höchst unterschiedliches Geschick erwartete. Während die zusammen mit den wenigen verbliebenen schweren Waffen des XXIV. Panzerkorps an der Spitze marschierende „Tridentina" den sowjetischen Sperriegel schließlich am 26. Januar bei Nikolajewka durchbrechen konnte und einige Tage später auf sicheres Terrain gelangte, erreichten nur Reste der anderen Divisionen die eigenen Linien. Das Gros war gefangengenommen worden oder tot.

3. Der Rückzug als militärisches und bündnispolitisches Desaster

Der Rückzug vom Don mit all seinen Schrecken wurde nicht nur zu einem Schlüsselerlebnis für die überlebenden Soldaten der ARMIR, sondern er sollte nach dem Krieg das Bild fast vollständig beherrschen, das man sich in Italien von der *Campagna di Russia* machte. Auf dem fluchtartigen Rückzug nach Westen spielten sich unbeschreibliche Szenen ab, wobei deutsche und italienische Soldaten nicht selten mit der Waffe in der Hand um Fahrzeuge, Lebensmittel oder Unterkünfte stritten. Nach dem weitgehenden Zusammenbruch der militärischen Ordnung regierte das Gesetz des Stärkeren mit brutaler Härte. Doch für das Verhältnis der Verbündeten erwies es sich als fast noch gravierender, daß sich die zuständigen deutschen Stellen in der Behandlung der überlebenden italienischen Soldaten, die sich als Helden fühlten, aber wie Versager oder Feiglinge behandelt wurden, nicht gerade durch große Fürsorge auszeichneten, als das Schlimmste überstanden war. Während der Schlacht am Don und sogar noch zu Beginn des Rückzugs hatte es dagegen immer wieder Szenen gegeben, in denen sich zeigte, daß die deutsch-italienische Waffenbrüderschaft nicht nur auf dem Papier stand, und es dürfte kein Zufall sein, daß das ausführliche Sündenregister, das der Kommandeur des 90. Infanterieregiments der Division „Cosseria" den Deutschen im März 1943 zur Last legte, in der Rubrik „fehlende Kooperation im Gefecht" nur einen Vorfall verzeichnet[309]. Dagegen berichtete Brigadegeneral Manlio Capizzi, der Infanterieführer der Division „Ravenna", wie die Kampfgruppe von Major Hoffmann nach dem sowjetischen Durchbruch vom 17. Dezember 1942 „mit Geschick und bewundernswertem, selten anzutreffenden Sinn für Zusammenarbeit" mit ihren Panzern den Rückzug seiner Männer vom Don gedeckt und ihre Stellungen erst dann aufgegeben habe, als auch die letzte italienische Einheit in Sicherheit gewesen sei[310]. Und noch am 19. Dezember waren es deutsche Panzerfahrzeuge, die ein erhebliches Risiko eingingen, als sie Oberstleutnant Luigi De Micheli, den Stabschef der *Intendenza*, und einige Mitstreiter aus Kantemirowka retteten, das die Italiener am selben Morgen nach dem

---

[309] Vgl. Dok. 24, S. 224.
[310] Capizzi, Divisione „Ravenna", S. 381.

IV. „Cannae am Don". Der Untergang der 8. italienischen Armee 71

Erscheinen feindlicher Panzerspitzen überstürzt und in voller Panik aufgegeben hatten[311].

Ereignisse wie die große Flucht von Kantemirowka, als mehrere Tausend vom Panzerschreck erfaßte italienische Soldaten den Kopf verloren hatten, waren Gift für das deutsch-italienische Verhältnis, da sie alle Vorurteile bestätigten, die man in den Reihen der Wehrmacht gegen das königliche Heer hegte. Während es nur wenige deutsche Augenzeugen gab, die von der Tapferkeit italienischer Infanteristen in ihren Stützpunkten am Don hätten berichten können, gab es zu viele, die in Kantemirowka dabeigewesen waren oder anderswo ähnliche Szenen beobachtet hatten. Dies führte dazu, daß die Italiener nicht mehr als Kameraden und Verbündete, sondern gleichsam als Muster ohne Wert angesehen wurden. Aufmerksamen Beobachtern wie Brigadegeneral Cesare Rossi, dem Infanterieführer der Division „Torino", entging diese Veränderung nicht:

„Es muß ohne Umschreibungen gesagt werden, daß Kameradschaft auf deutscher Seite solange existiert, wie sie kampfbereite, gut bewaffnete Männer zum Gegenstand hat, die in der Lage sind, einen sichtbaren und effektiven Beitrag zu den militärischen Operationen zu leisten. Andernfalls kommt es soweit, daß jedes Gefühl der Brüderlichkeit, der Solidarität und sogar des Respekts vollständig verloren geht."[312]

Aber es waren nicht nur deutsche Soldaten, die ein vernichtendes Urteil über die geschlagenen Verbände der ARMIR fällten. Italienische Offiziere wie Domenico Lo Faso, der in der Führungsabteilung der Division „Sforzesca" Dienst tat, standen ihnen nur wenig nach. In den Aufzeichnungen des Majors über seine Gedanken beim Vorbeimarsch einer abgekämpften Kolonne ist zu lesen:

„Es krampft sich mein Herz zusammen, wenn ich sie vorbeiziehen sehe. Was können wir von Soldaten wie diesen erhoffen? Beim ersten Schuß werden alle abhauen oder sich ergeben. Auch wenn es unter ihnen gute Leute gibt, werden sie doch von der Masse mitgezogen. Mir kommt fast das Heulen vor Wut und Scham. Das ist der italienische Soldat? Wie weit ist es mit unserem Volk gekommen? Und man schämt sich am meisten, wenn man auch Leute zum Vergleich heranzieht, die wir immer als unter uns stehend eingeschätzt haben. Inmitten der unseren ziehen einige Rumänen vorbei. Alle haben ordentliche Uniformen und alle sind bewaffnet, auch diejenigen, die sich mit in Decken gewickelten erfrorenen Füßen langsam hinter den anderen herschleppen. Die Schuld liegt nur bei uns. Wir haben den Subalternoffizieren keine Seele gegeben und wir sind nicht energisch genug gewesen, um sofort gegen die Unordnung und die Unsitte vorzugehen, die Waffen zurückzulassen. Jetzt kann man nur noch leiden. [...] Also ertragen wir diese Schande, um uns daran zu erinnern, wenn es darum gehen wird, die neuen Italiener zu schaffen."[313]

Der beklagenswerte Zustand der Truppenteile die sich hatten retten können, gab der deutschen Seite freilich noch lange nicht das Recht, ihnen die gebotene Unterstützung zu versagen; im Sinne der gemeinsamen Kriegführung wäre im Rahmen des Möglichen das Gegenteil sinnvoll und ratsam gewesen. Im OKW war man sich dieser Problematik durchaus bewußt und gab gegenüber dem Auswärtigen Amt zu,

---

[311] AUSSME, DS II 1557/1, Bericht von Oberstleutnant Luigi De Micheli über die Ereignisse in Kantemirowka vom 17.–19. 12. 1942 für General Biglino.
[312] AUSSME, DS II 1555/10, Bericht des Infanterieführers der Division „Torino", Brigadegeneral Cesare Rossi, über die Ereignisse an der Ostfront zwischen Oktober 1942 und Januar 1943 vom Juni 1943, S. 18f.
[313] Lo Faso, 5 Mesi, S. 101.

daß die italienischen „Beschwerden und Wünsche bis zu einem gewissen Grade begründet" seien. Tatsächlich seien die verbündeten Truppen „nach den bekannten Vorkommnissen an der Ostfront an einzelnen Stellen ganz sich selbst überlassen worden. Wenn sie auf ihrem Rückzug ohne Waffen, Verpflegung und alle Hilfsmittel angekommen" seien, sei „ihnen von einzelnen deutschen Truppenteilen in keiner Weise geholfen worden"[314]. Der Generalstabschef des Heeres hatte General Marras schon am 14. Januar 1943 versichert, er werde „Anweisung geben, daß sich die deutschen Truppen den Truppenteilen der ital. 8. Armee gegenüber besonders kameradschaftlich erweisen", und dem Militärattaché auch in anderen Fragen Entgegenkommen zugesagt[315]; an der Situation vor Ort änderte dies jedoch nicht viel.

Allerdings war es unter den Bedingungen, die zwischen Dezember 1942 und März 1943 im Süden der Ostfront herrschten, zuweilen auch ausgesprochen schwierig, die Bedürfnisse der italienischen Kontingente zu befriedigen, denn die Transport- und Versorgungsdienste hatten genug damit zu tun, die deutschen Gegenangriffe logistisch zu unterstützen. Zudem war ein grundlegender Dissens zwischen dem italienischen Armeeoberkommando und der deutschen Führung unverkennbar. Während letztere nämlich vorwiegend die Nutzung aller verbliebenen Ressourcen zur Stabilisierung der Lage im Auge hatte, bemühten sich die zuständigen italienischen Stäbe vor allem darum, zu retten, was zu retten war – und zwar an Menschen, Material und Kraftfahrzeugen, die die deutschen Kommandos nur zu gerne wieder eingesetzt hätten. Mißverständnisse und Konflikte konnten dabei gar nicht ausbleiben, und als sich Übergriffe von deutscher Seite häuften, ordnete Gariboldi bei Androhung schwerer Strafen an, das Eigentum des königlichen Heeres „mit *allen Mitteln* zu verteidigen"[316].

Letztlich versuchten beide Seiten immer wieder, einander die Schuld für das Desaster in die Schuhe zu schieben. In dieser gespannten Atmosphäre kam es bei den Angehörigen der ARMIR vielfach zu einem überraschend schnellen Wechsel des Feindbilds. Aus den ehemaligen Waffenbrüdern wurden Verräter, die man noch mehr hassen müsse, als man dies im Ersten Weltkrieg getan habe[317], und aus den zuvor nicht selten mit allen denkbaren Schimpfwörtern bedachten und als rückständig geschmähten Russen und Ukrainern wurden die „einzigen Freunde des italienischen Soldaten" an der Ostfront[318], wobei man freilich geflissentlich darüber hinwegsah, daß es sich bei der Gastfreundschaft in den Behausungen der Zivilbevölkerung in vielen Fällen um eine „erzwungene Gastfreundschaft" gehandelt hatte[319]. Es gab zwar nach wie vor Truppenteile wie die Kampfgruppe von Oberst Carloni, die auch nach der Katastrophe dazu bereit waren, an der Seite deutscher Soldaten zu kämpfen, und Offiziere, die sich um eine Wiederbelebung der Waffenbrüderschaft

---

[314] ADAP 1918–1945, Serie E, Bd. 5, S. 435 f.: Aufzeichnung des Botschafters z.b.V. Ritter vom 20. 3. 1943.
[315] Wochenbericht des Italien-Referats der Attaché-Abteilung im OKH an den deutschen Militärattaché in Rom vom 16. 1. 1943, abgedruckt in: Förster, Stalingrad, S. 143 ff., hier S. 144.
[316] AUSSME, DS II 1333, AOK 8 (Nr. 016/172 – gez. Italo Gariboldi) an das Oberkommando der Heeresgruppe B vom 6. 1. 1943; Hervorhebung im Original.
[317] Revelli, Mai tardi, S. 201, Eintrag vom 9. 3. 1943.
[318] Tolloy, Armata italiana, S. 92.
[319] Dieser Begriff findet sich bei Ascari, Lunga marcia degli alpini, S. 73, der jedoch hinzufügte, daß dies bei der Bevölkerung weder zu Groll noch zu Feindseligkeit gegenüber den Italienern geführt habe.

IV. „Cannae am Don". Der Untergang der 8. italienischen Armee   73

bemühten, nachdem die Reste der ARMIR im Auffrischungsraum um Gomel angekommen waren[320], doch mit den Ereignissen des Winters 1942/43 verstärkte sich eine achsenkritische, wenig germanophile Grundströmung, die es von Anfang an gegeben hatte und die nun immer deutlicher hervortrat.

Wie ein Lauffeuer verbreiteten sich Berichte, die davon zeugten, daß sich die so mächtigen und gut ausgerüsteten Deutschen geweigert hätten, ihren italienischen Kameraden in Not beizustehen, während die Zivilbevölkerung selbstlos das wenige mit den Italienern geteilt hätte, das ihr noch geblieben sei[321]. Ob diese Berichte auf wahren Begebenheiten beruhten, ob sie die Realität verzerrten oder übertrieben wiedergegeben wurden, ob sie gar erfunden wurden, um den Verlust von Handfeuerwaffen und Ausrüstungsgegenständen zu erklären[322], war dabei zweitrangig. Daß sich auch die deutschen Soldaten zumeist auf Schusters Rappen hatten nach Westen durchschlagen müssen – die 385. Infanteriedivision hatte von über 700 Kraftfahrzeugen keine 20 retten können[323] – und nicht bequem in gepanzerten Halbkettenfahrzeugen (wie es die Legende will), wurde ebenso rasch verdrängt wie die Tatsache, daß es während der Rückzugskämpfe auch Akte kameradschaftlicher Solidarität zwischen Deutschen und Italienern sowie Auseinandersetzungen zwischen italienischen Soldaten[324] gegeben hatte – von Übergriffen italienischer gegen deutsche Soldaten ganz zu schweigen[325].

Denn wie es zu den vielfach beklagten Übergriffen und Gewalttaten von deutschen gegen italienische Soldaten gekommen ist, so sind diese auch im umgekehrten Fall bezeugt. Bei Hans Wimpffen ist etwa nachzulesen, ein Offizier des königlichen Heeres habe während des Rückzugs das Feuer aus seinen Geschützen eröffnen lassen, um eine deutsche Kolonne dazu zu zwingen, die Straße freizumachen[326], und Oberst Heidkämper berichtete, daß ein italienischer Hauptmann damit gedroht habe, das Generalkommando des XXIV. Panzerkorps mit einem Maschinengewehr aus seiner Unterkunft „herausschießen zu wollen"[327]. Auch aus italienischen Selbstzeugnissen wird deutlich, daß Soldaten des königlichen Heeres in Streitfällen mit deutschen Kameraden bereit waren, von der Waffe Gebrauch zu machen[328]. Während es die deutsche Führung jedoch nur ausnahmsweise für opportun hielt, solchen Zwischenfällen nachzugehen, legte man auf italienischer Seite großen Wert

---

[320] Vgl. etwa Dok. 13 und Dok. 15.
[321] Vgl. etwa Dok. 29, S. 263f. Zahlreiche Beispiele werden berichtet in: Bedeschi (Hrsg.), Fronte russo, Bd. 1, S. 511ff., S. 563–566, S. 579ff.
[322] In Dok. 24 fallen die vielen Berichte über den Raub von ansonsten als veraltet geschmähten Schußwaffen durch gut bewaffnete deutsche Soldaten auf, die diesen Verdacht aufkommen lassen. Der Verlust von Waffen und Ausrüstung mußte schließlich begründet werden.
[323] BA-MA, RH 26-385/42, Brief eines Angehörigen der 385. Infanteriedivision vom 13. 2. 1943.
[324] Vgl. etwa Rigoni Stern, Alpini im russischen Schnee, S. 85f. oder S. 100.
[325] Vgl. – über die hier publizierten Dokumente hinaus – die ausgewogene Darstellung bei Massignani, Alpini e tedeschi, S. 129–138; zur Überlagerung und Bearbeitung des Erlebten vgl. auch Ceva, Riflessioni, in: ders., Guerra mondiale, S. 279–282; in einer Aktennotiz vom 24. 2. 1943 über einen Truppenbesuch bei der 387. Infanteriedivision (BA-MA, RH 24-24/192) heißt es, die Soldaten seien „erregt" über die „Rücksichtslosigkeit der Italiener".
[326] Vgl. Wimpffen, Zweite ungarische Armee, S. 280.
[327] Vgl. Dok. 12, S. 152.
[328] Vgl. etwa Lo Faso, 5 Mesi, S. 141f., Ascari, Lunga marcia degli alpini, S. 73f.; Corradi, Ritirata di Russia, S. 157f.

darauf, die Übergriffe der deutschen Verbündeten sorgfältig zu dokumentieren[329]. Die bis heute spürbare einseitige Betonung der Opferrolle der italienischen Soldaten an der Ostfront hat hier eine ihrer Wurzeln. Doch wie dem auch sei: Die Katastrophe am Don war ein „Wendepunkt" in den deutsch-italienischen Beziehungen[330]. Wie bei El Alamein zerbrach hier die „Achse" schon Monate vor Mussolinis Sturz, und es ist alles andere als ein Zufall, daß die Geschehnisse an der Ostfront nach dem 8. September 1943 einen Ansatzpunkt für die Propagandaoffensive der postfaschistischen Kräfte Italiens bildete, die auf die ausschnitthafte „Verkürzung" eines „viel umfassenderen Kriegserlebnisses" und auf die Verdrängung der Erinnerung an den Krieg an der Seite der Deutschen hinauslief[331].

Neben den negativen Erfahrungen vieler Soldaten war es vor allem die quantitative Bilanz der *Campagna di Russia*, die dem Fundament der deutsch-italienischen Allianz einen schweren Schlag versetzte. Als die Trümmer der 8. Armee Anfang März 1943 den Raum Gomel – Neschin – Schlobin erreicht hatten, der ihr von der deutschen Führung zur Neuordnung zugewiesen worden war, begann das ganze Ausmaß der Katastrophe sichtbar zu werden. Die ARMIR hatte 97 Prozent ihrer Artillerie verloren[332], 80 Prozent aller Reit-, Last- oder Zugtiere sowie 70 Prozent der Kraftfahrzeuge. Angesichts der dürftigen italienischen Rüstungsproduktion konnten diese Verluste kaum ersetzt werden, zumal das königliche Heer praktisch gleichzeitig in Nordafrika große Mengen an Waffen und Kriegsmaterial eingebüßt hatte. Ungeheuer waren auch die Ausfälle unter den Soldaten. Von den rund 230 000 Angehörigen der Armee, so nimmt man heute an, waren zwischen Dezember 1942 und Februar 1943 rund 95 000 Mann zu Tode gekommen oder in Gefangenschaft geraten; die Zahl der Verwundeten, Kranken oder an Erfrierungen Leidenden ging in die Zehntausende[333]. Allerdings ist es aufgrund der unsicheren Quellenbasis schwierig, genaue Angaben zu machen, so daß bis heute viele Fragen offen geblieben sind. So läßt sich beispielsweise nur schätzen, wie viele italienische Soldaten im Kampf gefallen sind, wie viele auf dem Rückzug vor Kälte oder Erschöpfung umkamen und wie viele in Kriegsgefangenschaft geraten sind. Neuere Arbeiten gehen davon aus, daß rund 25 000 Mann gefallen oder während des Rückzugs buchstäblich und im schlimmsten Sinne des Wortes auf der Strecke geblieben sind. Trifft dies zu, dann machte die Rote Armee im Winter 1942/43 etwa 70 000 italienische Kriegsgefangene, die ein grausames Schicksal erwartete. Etwa 22 000 erreichten nicht einmal die Lager, sondern fielen den Strapazen auf dem Marsch, den klimatischen Verhältnissen im russischen Winter, dem Hunger oder der Willkür der Wachmannschaften zum Opfer. Von denjenigen, die es bis in die Gefangenenlager schafften, kamen

---

[329] Vgl. Dok. 12 und Dok. 24.
[330] Deakin, Brutale Freundschaft, S. 247.
[331] Klinkhammer, Kriegserinnerung in Italien, in: Cornelißen/Klinkhammer/Schwentker (Hrsg.), Erinnerungskulturen, S. 336f.
[332] Vgl. Operazioni delle unità italiane al fronte russo, S. 464f.
[333] Vgl. Rapporto sui prigionieri di guerra italiani in Russia, S. 20; Andrea Romano, Russia, campagna di, in: de Grazia/Luzzatto (Hrsg.), Dizionario del fascismo, Bd. 2, S. 567. Das einschlägige Werk des Heeresgeneralstabs (Operazioni delle unità italiane al fronte russo, S. 487) geht von rund 85 000 im Winter 1942/43 Gefallenen und Vermißten sowie von knapp 30 000 Verwundeten und von Erfrierungen Betroffenen aus. Zu den Schwierigkeiten bei der Ermittlung der Verluste vgl. an einem Fallbeispiel Vicentini, Perdite della Divisione alpina „Cuneense".

IV. „Cannae am Don". Der Untergang der 8. italienischen Armee 75

nochmals 38 000 um; viele von ihnen waren so entkräftet, daß sie noch in den ersten Monaten des Jahres 1943 eine leichte Beute der Infektionskrankheiten wurden, die unter den Gefangenen grassierten. Letztlich waren es genau 10 032 ehemalige Soldaten der ARMIR, die Italien wiedersehen sollten[334].

Unter diesen Bedingungen war an einen weiteren Einsatz der 8. Armee an der Ostfront nicht zu denken. Nachdem das italienische Armeeoberkommando schon mit dem 31. Januar 1943 „aus der Führung in der Front ausgeschieden" war[335], wurden die zerschlagenen Verbände aus der Ukraine nach Weißrußland verlegt. Gariboldi und sein Stab, die *Alpini*, die Männer des XXXV. Armeekorps und die Soldaten der „Sforzesca" kehrten im März in die Heimat zurück[336]. Das II. Armeekorps mit den Divisionen „Ravenna" und „Cosseria" sollte dagegen neu formiert werden und das faschistische Italien weiterhin an der Ostfront repräsentieren. Doch dieses Projekt wurde schnell ad acta gelegt, da sich die deutsche und die italienische Führung nicht darüber einigen konnten, wie das Korps ausgerüstet und eingesetzt werden sollte. Dies lag nicht zuletzt daran, daß man in Italien angesichts der kritischen militärischen Lage im Mittelmeerraum und der politischen Krise des Faschismus nicht mehr dazu bereit war, wie noch 1941/42 stärkere eigene Kräfte zu mobilisieren[337], und daß man es auf deutscher Seite für verfehlt hielt, wertvolle Ausrüstung an ein Heer zu liefern, dessen Unzuverlässigkeit erwiesen zu sein schien[338]. So war es eine logische Konsequenz, auch noch die restlichen italienischen Truppen in die Heimat zurückzuverlegen. Als das II. Armeekorps die Sowjetunion im April/Mai 1943 verlassen hatte, bedeutete dies das unspektakuläre Ende der Intervention Mussolinis in den deutsch-sowjetischen Krieg.

---

[334] Vgl. Giusti, Prigionieri, S. 90–98 und S. 225–228.
[335] BA-MA, MFB4 41403, Bl. 1141, KTB des Deutschen Generals beim italienischen AOK 8, Eintrag vom 31. 1. 1943.
[336] Vgl. Schreiber, Italiens Teilnahme, in: Förster (Hrsg.), Stalingrad, S. 278–281.
[337] In Rom dachte die militärische Führung nach der Niederlage bei El Alamein und der Landung anglo-amerikanischer Truppen in Marokko schon Mitte November daran, entweder die *Alpini* oder die Divisionen des CSIR von der Ostfront abzuziehen, um die Heimatverteidigung zu stärken. Vgl. Cavallero, Diario, S. 575 f., Eintrag vom 17. 11. 1942. Zu den Ende 1942 einsetzenden – ergebnislosen – italienischen Bemühungen, die deutschen Verbündeten im allgemeinen und Hitler im besonderen von der Notwendigkeit eines Strategiewechsels (unter Umständen verbunden mit einem Separatfrieden mit der Sowjetunion) und einer Konzentration der Kräfte auf den Krieg im Mittelmeerraum zu überzeugen, vgl. Förster, Stalingrad, S. 54 ff., und Deakin, Brutale Freundschaft, S. 129–135 und S. 200–260.
[338] Vgl. Lagebesprechungen, S. 80 f. (Abendlage vom 4. 3. 1943).

Zweiter Teil
Deutsche und italienische Dokumente zum Kampf und Untergang der ARMIR 1942/43

Bemerkungen zur Auswahl und Aufbereitung der Dokumente

Die Quellenlage zur Geschichte der *Campagna di Russia* ist – paradoxerweise – schlecht und gut zugleich. Denn einerseits fehlen zentrale Bestände wie das Kriegstagebuch des Armeeoberkommandos mit allen Anlagen oder das Kriegstagebuch der *Intendenza* zwischen Mai 1942 und April 1943 vollständig, andererseits haben aber die General- und Divisionskommandos erstaunlich viel Schriftgut von der Ostfront zurückgebracht; Ausnahmen wie die vorwiegend mit Sicherungsaufgaben betraute Infanteriedivision „Vicenza" bestätigen jedoch auch hier die Regel. In großer Zahl finden sich bei den Kriegstagebüchern Einsatz- und Erfahrungsberichte, die zumeist in den ersten Monaten des Jahres 1943 angefertigt worden sind[1], und es ist kein Zufall, daß gerade diese Quellengattung so prominent vertreten ist. Diese Tatsache verweist neben der Bedeutung der Winterschlacht im Süden der Sowjetunion, die dem italienisch-sowjetischen Krieg faktisch ein Ende setzte, vor allem darauf, daß der Untergang der ARMIR auch ein Wendepunkt in der Geschichte der deutsch-italienischen Allianz war.

Die Beziehungen zwischen Italienern und Deutschen, die angeblichen oder tatsächlichen Übergriffe der ungeliebten deutschen Verbündeten sind daher ein Thema, das in kaum einem Erfahrungsbericht fehlt und auf das es den Verfassern ebenso besonders ankam wie den höheren Stäben bis hinauf zum *Comando Supremo*, in deren Auftrag diese Berichte nicht selten niedergeschrieben wurden. Unter den Autoren finden sich Offiziere aller Dienstgrade und Waffengattungen; zumeist gibt es für einen Großverband mehrere Quellen dieser Art, so daß es möglich ist, einzelne Darstellungen zu hinterfragen und den geschilderten Ablauf der Ereignisse kritisch zu prüfen. Freilich ist die Rekonstruktion der Fakten zuweilen ohnehin weniger interessant als die Art und Weise, in der sie von den Akteuren präsentiert und interpretiert worden sind. Liest man die Erfahrungsberichte von der Ostfront aufmerksam und im Bewußtsein der zentralen Deutungsachsen, die die kollektive Erinnerung an die *Campagna di Russia* bis heute prägen, so läßt sich eine ganze Reihe von zuweilen irritierenden Elementen entdecken, die nicht recht zu dem noch heute vorherrschenden Bild passen wollen und die Frage nach dem Pro-

---

[1] Eine umfangreiche, nach Großverbänden geordnete Sammlung dieser Berichte findet sich im AUSSME, DS II 1550–1561. Dieser Bestand wurde wiederholt für Arbeiten zum Ende der ARMIR herangezogen und bildete etwa eine wesentliche Grundlage für die erzählende Darstellung von Fortuna/Uboldi, Tragico Don.

zeß der bereits 1943 einsetzenden, nicht zuletzt politisch motivierten Erinnerungsbearbeitung aufwerfen.

Auf deutscher Seite finden diese Erfahrungsberichte nur vergleichsweise wenige Gegenstücke, obwohl die im Bundesarchiv-Militärarchiv verwahrten Akten des Deutschen Generals beim italienischen Armeeoberkommando 8 so gut überliefert sind, daß sie das Fehlen der entsprechenden italienischen Bestände zumindest zum Teil ausgleichen können. Auch dieser Umstand beruht nicht auf einem Zufall, denn während der Untergang der ARMIR im Winter 1942/43 die beteiligten italienischen Soldaten nachhaltig beeindruckte, ja nicht wenige gar für ihr Leben zeichnete, blieben diese Geschehnisse für ihre deutschen Kameraden – von Ausnahmen abgesehen – nur eine Episode, die zudem rasch vom langen Schatten überlagert wurde, den die Katastrophe der in Stalingrad eingeschlossenen 6. deutschen Armee warf. Anders als in Italien hatte man in den Führungsstäben der Wehrmacht auch kein Interesse daran, die Ereignisse und insbesondere die Konflikte zwischen Deutschen und Italienern genau zu rekonstruieren, wenn es nicht um außergewöhnliche Vorfälle wie den mysteriösen Tod von General Karl Eibl während des Rückzugs vom Don ging. So waren es vor allem die Verbindungsoffiziere mit ihrem besonderen Wissens- und Erfahrungshintergrund, die ihre Erlebnisse zu Papier brachten; eine auch für diesen Band wertvolle Sammlung wurde nachträglich als Band 35 in den Bestand „Deutscher General beim italienischen Armeeoberkommando 8" eingefügt.

Der Auswahl der in diesem Band abgedruckten Quellen lagen vier Kriterien zugrunde: Sie sollten, erstens, zeitnah verfaßt worden sein und ein von den weiteren Ereignissen möglichst ungetrübtes Bild vermitteln. Angesichts der Tatsache, daß sich die deutsch-italienischen Beziehungen mit dem Sturz Mussolinis, dem Waffenstillstand vom 8. September 1943 und der darauffolgenden Besetzung des Landes durch die Wehrmacht grundlegend veränderten, ist dieser Punkt von einiger Bedeutung. Zweitens sollten die Dokumente überwiegend narrativen Charakter haben, so daß sich Zustands-, Reise- und Erfahrungsberichte besonders anboten. Drittens kam es darauf an, nicht nur die kritischen Wochen zwischen Dezember 1942 und Januar 1943 abzudecken (obwohl diese im Zentrum des Interesses stehen), sondern den Zeitraum zwischen Sommer 1942 und Frühjahr 1943, um sich wandelnde Einstellungen und neue Problemlagen sichtbar zu machen. Viertens sollten die Dokumente einen Blick auf die Realität des deutsch-italienischen Bündnisses ermöglichen, das zwar politisch erst im Sommer 1943 endgültig scheiterte, militärisch aber spätestens Ende 1942 in den Wüsten Nordafrikas und in der eisigen Steppe am Don am Ende war.

Die Aufbereitung der Dokumente folgte dem Grundsatz, sie so gut lesbar wie möglich zu präsentieren, ohne die Authentizität zu zerstören. In diesem Sinne wurden – bis auf die weitgehend aus dem Original übernommenen Dokumentenköpfe – die meisten Abkürzungen aufgelöst, einfache Fehler in Orthographie und Zeichensetzung stillschweigend korrigiert, divergierende Schreibweisen vereinheitlicht und die Absätze – wenn nötig – gemäß der Binnenlogik der Argumente neu gegliedert; die Zahlen eins bis elf wurden ausgeschrieben, ebenso die Monate in Datumsangaben. Schwierig gestaltete sich die Ermittlung der korrekten Schreibweise von Orts- und Eigennamen. Was die Namen ukrainischer und russischer Orte angeht, mit denen sowohl Deutsche wie Italiener ihre Probleme hatten, so habe ich in den Dokumenten (in den meisten Fällen stillschweigend) auf die zeitgenössische Schreibweise zurückgegriffen, wie sie am häufigsten in den von Deutschen wie Italienern gleichermaßen benutzten Generalstabskarten zu finden ist. In der Einleitung, den Anmerkungen, den Karten und im Ortsregister wurden dagegen die heutigen Regeln der deutschen Transkription angewendet. Angesichts der Verständigungsprobleme zwischen den Verbündeten ist es auch kein Wunder, daß Eigennamen vielfach falsch geschrieben wurden; hier war es oft, wenn auch nicht immer, möglich, die korrekte Schreibweise aus den Akten der jeweils anderen Seite zu ermitteln; auch in diesem Fall geschah die Korrektur zumeist stillschweigend. Die Übersetzung der italienischen Dokumente besorgte Gerhard Kuck (Rom) in Zusammenarbeit mit dem Herausgeber dieses Bandes. Wir haben darauf verzichtet, die italienische Terminologie vollständig an die deutsche anzupassen, weil die italienischen Institutionen zuweilen entweder keine exakte Entsprechung auf deutscher Seite fanden oder weil eine Übersetzung bestimmter italienischer Begriffe einen Verlust an Authentizität bedeutet hätte, ohne die Verständlichkeit der Dokumente zu erhöhen. Als wertvolle Hilfe erwiesen sich einschlägige Wörterbücher aus den Kriegsjahren, die insbesondere zur Übersetzung militärischer Fachbegriffe und Ausdrucksweisen herangezogen wurden[2].

Die illustrierenden Photographien finden sich sämtlich im Photoarchiv des *Archivio dell'Ufficio Storico dello Stato Maggiore dell'Esercito* (Rom). Sie wurden von italienischen Kriegsberichterstattern angefertigt und müssen vor ihrem primär propagandistischen Hintergrund gesehen werden. Die Bildunterschriften wurden in modifizierter Form von den Vorlagen im Archiv übernommen, ohne ihren „Wahrheitsgehalt" im einzelnen prüfen zu können. Die Karten wurden von Emanuele Mastrangelo (Rom) erstellt.

---

[2] Vgl. Terminologia militare. Parte prima: italiano-tedesco, parte seconda: tedesco-italiano, hrsg. vom Ministero della Guerra, o.O. 1941.

Verzeichnis der Dokumente

Dokument 1: Der Verbindungsdienst zum italienischen Expeditionskorps in der Sowjetunion 1941/42 – BA-MA, ZA 1/2028–2030: Burkhard Müller-Hillebrand u. a., Die militärische Zusammenarbeit Deutschlands und seiner Verbündeten während des Zweiten Weltkrieges, unveröffentlichtes Manuskript P-108 der Historical Division der U.S. Army, o.J. (1953), Anhang E.

Dokument 2: Der Verbindungsdienst zur italienischen 8. Armee in der Sowjetunion 1942/43. Auszugsweise Wiedergabe aus dem Bericht des ehemaligen Deutschen Generals bei der italienischen 8. Armee – BA-MA, ZA 1/2028–2030: Burkhard Müller-Hillebrand u. a., Die militärische Zusammenarbeit Deutschlands und seiner Verbündeten während des Zweiten Weltkrieges, unveröffentlichtes Manuskript P-108 der Historical Division der U.S. Army, o.J. (1953), Anhang F.

Dokument 3: Bericht des Deutschen Verbindungskommandos über das italienische Expeditionskorps vom 9. Juni 1942 – BA-MA, MFB4 18276, Bl. 156–161.

Dokument 4: Bericht des Deutschen Verbindungsstabs über die 8. italienische Armee vom 8. August 1942 – BA-MA, MFB4 18035, Bl. 289–295.

Dokument 5: Bericht des Deutschen Verbindungskommandos über das II. italienische Armeekorps vom 3. August 1942 – BA-MA, RH 31 XIV/3, Bl. 9f.

Dokument 6: Wochenbericht des Deutschen Verbindungskommandos zum II. italienischen Armeekorps vom 16. September 1942 – BA-MA, RH 31 XIV/3, Bl. 27–30.

Dokument 7: Wochenbericht des Deutschen Verbindungsstabs beim II. italienischen Armeekorps vom 19. November 1942 – BA-MA, RH 31 XIV/3, Bl. 63ff.

Dokument 8: Zusammenfassung der Gefechtsberichte der Deutschen Verbindungskommandos bei den Divisionen der 8. italienischen Armee und gemeinsame Schlußfolgerungen vom 12. November 1943 – BA-MA, RH 31 IX/35, Bl. 127–133.

Dokument 9: Gefechtsbericht des Deutschen Verbindungskommandos bei der Division „Ravenna" vom 20. März 1943 – BA-MA, RH 31 IX/35, Bl. 60–74.

Dokument 10: Gefechtsbericht des Deutschen Verbindungskommandos bei der Division „Sforzesca" vom 19. November 1943 – BA-MA, RH 31 IX/35, Bl. 5–11.

Dokument 11: Gefechtsbericht über den Rückmarsch des Alpini- und des XXIV. Panzerkorps (14. bis 31. Januar 1943) vom 23. März 1943 – BA-MA, RH 31 IX/35, Bl. 91–100.

Dokument 12: Bericht Otto Heidkämpers über den Rückzug des XXIV. Panzerkorps und des Alpinikorps sowie über den Tod von General Karl Eibl am 21. Januar 1943 – BA-MA, NL 592/5.

Dokument 13: Bericht der 221. Sicherungsdivision an den Befehlshaber im Heeresgebiet Mitte vom 20. Februar 1943 – BA-MA, MFB4 42289/36509–24.

Dokument 14: Merkblatt für das Verhalten des italienischen Soldaten in den besetzten Ostgebieten – BA-MA, MFB4 42289/36509–24.

Dokument 15: Bericht der 221. Sicherungsdivision an den Befehlshaber im Heeresgebiet Mitte vom 31. März 1943 – BA-MA, MFB4 42289/36509–24.

Dokument 16: Bericht von General Efisio Marras über seine Inspektionsreise zur 8. italienischen Armee vom 26. September bis 5. Oktober 1942 – AUSSME, L 13/48–3.

Dokument 17: Aufzeichnungen Aldo Vidussonis für Benito Mussolini über eine Inspektionsreise an die Ostfront, einen Besuch im Führerhauptquartier und eine Reise nach München vom 20. September bis 8. Oktober 1942 – ACS, SPD-CR 1922–1943, 50/fasc. Aldo Vidussoni.

Dokument 18: Memorandum zur Lage der 8. italienischen Armee vom Beginn der sowjetischen Offensive bis zum Rückzug – AUSSME, L 14/92–13.

Dokument 19: Bericht von Major Achille Mazzi (italienisches Verbindungskommando zur Heeresgruppe B) für General Umberto Utili über das Verhältnis zwischen den Verbündeten vom Mai 1943 – AUSSME, DS II 1551/5.

Dokument 20: Bericht des Kommandierenden Generals des XXXV. italienischen Armeekorps, Francesco Zingales, über das Verhalten der deutschen Verbündeten am Beginn und während des Rückzugs vom Don, März 1943 – AUSSME, DS II 1555/2.

Dokument 21: Bericht des Kommandierenden Generals des II. italienischen Armeekorps, Giovanni Zanghieri, über den Einsatz in der Sowjetunion 1942/43 vom 30. April 1943 – AUSSME, DS II 1552/5.

Dokument 22: Bericht des Kommandeurs der Infanteriedivision „Torino", General Roberto Lerici, über das Verhalten der deutschen Verbündeten vom 14. Mai 1943 – AUSSME, DS II 1555/9.

Dokument 23: Bericht über den Einsatz der Carabinieri der Division „Torino" während des Rückzugs von Makarow nach Belowodsk vom 4. April 1943 – AUSSME, L 13/202.

Dokument 24: Bericht von Oberst Francesco Polito an das Kommando der Infanteriedivision „Cosseria" über das Verhalten deutscher Soldaten gegenüber ihren italienischen Kameraden vom 28. März 1943 – AUSSME, DS II 1551/5.

Dokument 25: Bericht des Stabschefs der Alpinidivision „Tridentina", Oberstleutnant Alessandro Ambrosiani, über den Einsatz in der Sowjetunion und das Verhältnis zwischen den Verbündeten 1942/43 – AUSSME, DS II 1554/6.

Dokument 26: Bericht des Armeepfarrers der 8. italienischen Armee, Don Arrigo Pintonello, über die Moral der Truppe und das Verhältnis zwischen Deutschen und Italienern an der Ostfront, undatiert – AUSSME, DS II 1551/5.

Dokument 27: Bericht von General Efisio Marras für das Comando Supremo vom 15. Januar 1943 – AUSSME, L 13/48–4.

Dokument 28: Bericht von General Efisio Marras für das Comando Supremo vom 20. Februar 1943 – AUSSME, L 13/48–4.

Dokument 29: Bericht über die Mission von Oberstleutnant Brunetto Paoli bei der 8. italienischen Armee vom 3. bis 15. Februar 1943 – AUSSME, L 13/48–4.

I. Deutsche Dokumente (Nr. 1–15)

Dokument 1

Der Verbindungsdienst zum italienischen Expeditionskorps in der Sowjetunion 1941/42

I. Auftrag, Unterstellungsverhältnis, Befehlsweg für den deutschen Verbindungsoffizier

Das deutsche Verbindungskommando beim italienischen Expeditionskorps hatte den Auftrag, Befehle der dem Korps vorgesetzten deutschen Dienststelle dem Korps zu übermitteln, deren Durchführung zu überwachen und die vorgesetzten deutschen Behörden laufend zu unterrichten. Für Übermittlung der Befehle verfügte das Verbindungskommando über eigenen Nachrichtendienst.

Für die Überwachung der Befehle erhielt das Verbindungskommando laufend Einblick in die Korpsbefehle und in dessen Tagesmeldungen und hatte die Aufgabe, die Tagesmeldungen des italienischen Korps der deutschen vorgesetzten Dienststelle laufend durchzugeben.

Die Eigenart der Kampfführung der Verbündeten machte darüber hinaus eine laufende Überwachung der Durchführung der deutschen Befehle durch eigenen Augenschein sowie durch besonders enge Fühlungnahme mit den Führungsorganen des Korps und mit der Truppe notwendig. Es hat sich in zahlreichen Einzelfällen erwiesen, daß es nötig war, Befehle der deutschen vorgesetzten Dienststellen erst im einzelnen zu interpretieren bzw. einzelne Führungsorgane des Korps dafür zu gewinnen, ehe seitens des Kommandierenden Generals die entsprechenden Maßnahmen getroffen wurden.

Da die im deutschen Kommando geübte Praxis, daß der Kommandierende General oder Chef [des Stabes] oder der Ia jeweils am Schwerpunkt der Kämpfe des Tages an Ort und Stelle sich vom Kampfverlauf überzeugten, bei den Italienern nicht gang und gäbe war, war es Aufgabe des Verbindungsoffiziers, am Schwerpunkt der Gefechtshandlungen sich selbst einen Einblick zu verschaffen. Hierbei ergaben sich häufig Gelegenheiten zur persönlichen Fühlungnahme mit den Divisionskommandeuren bzw. anderen Truppenführern, die insofern erleichtert wurde, als diese italienischen Offiziere, auch bei durchweg weit höherem Lebens- oder Dienstalter, eine gewisse Anlehnungsbedürftigkeit an den Ratschlag eines jüngeren deutschen Offiziers zeigten.

Somit lief der Befehlsweg von der deutschen übergeordneten Dienststelle an das Verbindungskommando [und] von diesem an das italienische Expeditionskorps, der Meldeweg [lief] entsprechend zurück.

II. Organisation des Verbindungsdienstes[1] innerhalb des Korps Messe
Das Verbindungskommando bestand:
1. Beim Korps: aus einem Verbindungsoffizier (Generalstabsoffizier), zwei Dolmetscheroffiziere[n] (Südtiroler, die zunächst im italienischen Heer gedient hat-

---

[1] Vgl. S. 52f. des vorliegenden Bandes.

ten, dann als deutsche Reserveoffiziere Dienst taten), einem Nachrichtenoffizier, zwei Schreibern, einem Kraftfahrer sowie Nachrichtentrupps, einem bis vier Fernsprechanschlußtrupps, zwei bis vier Funktrupps.
2. Bei den drei Divisionen des Korps: je ein Führer des Verbindungskommandos (Hauptmann der Reserve ein Österreicher, zwei Südtiroler, durchweg selbst Dolmetscher), dazu ein Dolmetscher, ein Kraftfahrer, Nachrichtenmittel je nach Zuteilung durch das Verbindungskommando des Korps.
3. Unterhalb der Divisionen bestanden keine ständigen Verbindungsorgane.
4. In Ausnahmefällen ergab sich eine weitere Besetzung mit Verbindungsorganen:
   a) Während der Winterverteidigung 1941/42 an den Nahtstellen zu deutschen Verbänden von deutschen zu italienischen Regimentern[2].
   b) In der Winterstellung 1942/43 infolge der Durchsetzung des Korpsabschnitts mit einzelnen deutschen Spezialeinheiten (Panzerjäger, Heerespioniere usw.)[3].

III. Tätigkeit der Verbindungsorgane bezüglich Beratung und Befehlsgebung
Beratung: Die Mentalität der Italiener verlangte eine sehr vorsichtige Beratung, bei der einesteils auf die große persönliche und nationale Eitelkeit (insbesondere beim Kommandierenden General selbst) Rücksicht genommen werden mußte, die andernteils aber erleichtert wurde durch das große Zutrauen vor allem des jüngeren Offizierkorps und der Truppe zum deutschen Soldaten.

Die Beratung war in allen taktischen Angelegenheiten dringend notwendig, da die Ausbildung der unteren Führung teilweise sehr zu wünschen übrig ließ und den Verhältnissen des modernen Krieges, vor allem in Rußland, in keiner Weise angepaßt war. Mangels Zutrauen der oberen und mittleren Führung zum eigenen Unteroffizierkorps pflegten die Italiener in der Verteidigung eigene Widerstandsnester unter Führung je eines Offiziers in etwa Zugstärke zu bilden. Es war Aufgabe des Verbindungskommandos, beim Korps und [bei den] Divisionen hier durch ständige Belehrung Abhilfe zu schaffen, um das Korps überhaupt zur Erfüllung seiner Aufgaben in der Verteidigung auf breiten Abschnitten zu bewegen.

Befehlsgebung: Eine einfache Übersetzung der deutschen Befehle war nicht möglich. Der nüchterne deutsche Befehlston wurde einfach nicht verstanden, es mußte daher oft ein entscheidender Befehl einzeln unterteilt [und] persönlich an die entsprechenden Organe herangetragen werden.

---

[2] Als im Dezember 1941 die Front an den Flüssen Donez und Mius zum Stillstand gekommen war, bildete das CSIR den linken Flügel der 1. Panzerarmee; die Division „Pasubio" hatte die Verbindung zu den benachbarten Verbänden der 17. Armee aufrechtzuerhalten. Die 3. Division Celere, die im Süden die Verbindung zum XXXXIX. Gebirgskorps hielt und diesem zeitweise auch unterstellt wurde, hatte Ende Dezember 1941 eine lokal begrenzte Offensive der Roten Armee abzuwehren; zu diesem Zweck wurde die Division durch das 318. deutsche Infanterieregiment, das 2. deutsche Fallschirmjägerregiment sowie durch deutsche Artillerie verstärkt. Vgl. Operazioni delle unità italiane al fronte russo, S. 153–161.
[3] Zur Aufstellung der ARMIR vor der sowjetischen Offensive im Dezember 1942 vgl. S. 59f. und S. 62 des vorliegenden Bandes. Dem XXXV. Armeekorps, das zwischen dem II. italienischen und dem XXIX. deutschen Armeekorps stand, fiel die Aufgabe zu, die Donfront zwischen Kuselkin und Monastyrschtschina zu verteidigen und zugleich die in den Rücken der eigenen Front führenden Flußtäler des Bogutschar und der Lewaja zu sperren. Da das Korps in diesen Wochen aus einer deutschen (298. Infanteriedivision) und einer italienischen Division („Pasubio") bestand, waren die Verbindungsdienste besonders gefordert.

IV. Stellungnahme mit Beispielen zur Tätigkeit der Verbindungsorgane
Die Zusammensetzung und insbesondere die meist reichhaltige Ausstattung mit Nachrichtenmitteln hat sich bewährt. Eine Schwierigkeit bereitete zunächst die Besetzung der Stelle des Verbindungsoffiziers mit „nur" einem Hauptmann i.G., die von den sehr auf Dienstränge usw. bedachten Italienern als eine Zurücksetzung ihrerseits betrachtet wurde. Es hat sich andernteils als besonders wichtig herausgestellt, daß für den Verbindungsoffizier individuelle persönliche Voraussetzungen vorliegen müssen, die ein Zusammenarbeiten mit dem betreffenden Verbündeten ermöglichen. Der Betreffende muß neben einem absolut starken Willen, die Absichten der deutschen Führung durchzusetzen, über ein großes Maß an Elastizität verfügen.

1. **Beispiel:** Meldung des Kommandierenden Generals bei Neuunterstellung unter die Panzergruppe Kleist[4] bei deren Chef des Stabes in Nowomoskowsk Ende August 1941. General Z.[5] (Chef des Stabes), sehr in Arbeit, wies den Verbindungsoffizier mit Kommandierendem General und Chef des Stabes[6] nur kurz ab, etwa mit den Worten: „Gehen Sie mir bloß mit den Brüdern raus, ich habe Wichtigeres zu tun." Es war selbstverständliche Pflicht des Verbindungsoffiziers, den Ton der Worte durch eine eigene Übersetzung auszugleichen, die etwa den Sinn hatte „der Herr General bittet um Entschuldigung, er wird sich aber freuen, die Herren nachher beim Essen zu sehen", und nachträglich General Z. davon zu überzeugen, daß es bei der Mentalität der Italiener ausgeschlossen sei, diese so kurz abzufertigen und sie, ohne mit ihnen gegessen zu haben, wegzuschicken.

2. **Beispiel:** Nach den Kämpfen im Abschnitt Dnjepropetrowsk[7] erhielten die ersten italienischen Soldaten und Offiziere Auszeichnungen. Es war Aufgabe des Verbindungsoffiziers, in wirklich zäher Kleinarbeit das vorgesetzte deutsche Generalkommando, später die Panzergruppe Kleist, davon zu überzeugen, daß es nach italienischer Sitte unmöglich sei, daß ein Soldat eine Auszeichnung erhalte, wenn nicht zum mindesten gleichzeitig, besser vorher, die unmittelbaren Vorgesetzten ausgezeichnet worden seien. Als das EK II für General Messe kam, wurde dieses mit der

---

[4] *Ewald von Kleist* (1881–1954), Generalfeldmarschall, 1914–1918 Teilnahme am Ersten Weltkrieg, 1919 Übernahme in die Reichswehr, 1940–1942 Oberbefehlshaber der Panzergruppe von Kleist bzw. der Panzergruppe 1 und der 1. Panzerarmee, 1942–1944 Oberbefehlshaber von Heeresgruppen im Süden der Sowjetunion, 1945 Kriegsgefangenschaft, 1946 an Jugoslawien ausgeliefert und 1947 zu 15 Jahren Haft verurteilt, 1948 an die Sowjetunion überstellt, in sowjetischer Kriegsgefangenschaft verstorben.

[5] *Kurt Zeitzler* (1895–1963), Generaloberst, 1914–1918 Teilnahme am Ersten Weltkrieg, 1919 Übernahme in die Reichswehr, nach verschiedenen Truppen- und Stabsverwendungen 1940–1942 Chef des Stabes der Panzergruppe von Kleist bzw. der Panzergruppe 1 und der 1. Panzerarmee, seit März 1942 Chef des Stabes beim Oberbefehlshaber West, September 1942 – Juli 1944 Chef des Generalstabs des Heeres, 1945–1947 britische Kriegsgefangenschaft.

[6] *Guido Piacenza*, Brigadegeneral, 1941 Oberst und Chef des Stabes des Corpo d'Armata Autotrasportabile bzw. des CSIR, Anfang November 1941 wegen Krankheit abgelöst, 1942 als Artillerieführer des XX. Armeekorps in Nordafrika gefallen.

[7] Am 15. 9. 1941 war es Messe gelungen, sein Korps am Dnjepr zu versammeln, dessen drei Divisionen einen Sektor zu verteidigen hatten, der südlich von Dnjepropetrowsk begann und bis Augustinowka reichte. Zwei Wochen später nahm das CSIR an einer Offensive über den Dnjepr teil. Zur Versammlung am Dnjepr und zum sogenannten Manöver von Petrikowka vgl. Operazioni delle unità italiane al fronte russo, S. 90–102.

normalen Post während der Schlammperiode von einem „Storch"[8] bei dem Verbindungskommando abgeworfen. Der Verbindungsoffizier erhielt Befehl, das EK II zu übergeben. Im italienischen Korpsstab war hierfür keinerlei Verständnis vorhanden, daß weder ein Schreiben von OKW, OKH, noch von General von Kleist oder Zeitzler beilag bzw. daß keiner dieser Herren selbst die Verleihung vornehmen werde. Man maß dieser Verleihung eine außergewöhnliche Bedeutung bei. Nur durch den Hinweis des Verbindungsoffiziers nach mehrfachen vergeblichen Vorstellungen beim Korps[9], daß die Schlammperiode und der Gesundheitszustand [des] Generals von Kleist diesen behinderten, die Verleihung selbst vorzunehmen, konnte die Übergabe stattfinden[10]. Es wiederholte sich Ähnliches bei der Verleihung des EK I und bedurfte zweier Flüge des Verbindungsoffiziers zur Panzerarmee, bis es gelang, daß die Ritterkreuzverleihung nicht ebenfalls durch den Verbindungsoffizier stattfinden mußte.

Es ergibt sich hieraus, daß grundsätzlich bei einer gemeinsamen Kriegführung mit Verbündeten diese nicht als Verbände der eigenen Truppe behandelt werden können, sondern daß es von grundlegendem Einfluß auf deren Einsatzfähigkeit und Leistung ist, daß sie psychologisch richtig behandelt werden.

Sofern bei den vorgesetzten deutschen Dienststellen hierzu das Verständnis fehlte, betrachtete es das Verbindungskommando als eine besondere Aufgabe, hier vermittelnd zu wirken, auch wenn hierfür seitens der deutschen Dienststellen teilweise das Verständnis mangelte.

Es war z. B. in einem Fall viel einfacher, den Angriff einer italienischen Division dadurch in Gang zu bringen, daß der Verbindungsoffizier beim Essen sagte, General von Kleist habe angerufen und seine besondere Anerkennung für das erfolgreiche Stoßtruppunternehmen bei der Division „Pasubio" ausgesprochen (stimmte gar nicht, löste aber außerordentliche Freude und Aufnahmebereitschaft beim italienischen Kommandierenden General aus). General von Kleist h[ä]tte gefragt, ob Erwägungen im Gange sind, die Höhe 203 in die eigene Stellung einzubeziehen.

Diese Formulierung reizte die Eitelkeit des italienischen Kommandierenden Generals, der sofort zu seinem Chef des Stabes sagte: „Utili[11], sehen Sie, das war mein

---

[8] Der Fieseler Fi 156 C „Storch" wurde von den Fieseler Werken GmbH in Kassel produziert und diente während des Zweiten Weltkriegs hauptsächlich als Verbindungsflugzeug.
[9] Hier ist wohl das Oberkommando der Panzergruppe 1 gemeint.
[10] Sowohl General Messe als auch Generaloberst Gariboldi legten großen Wert darauf, Angehörigen verbündeter Streitkräfte Auszeichnungen „auf dem Schlachtfeld" verleihen zu können; AUSSME, DS II 4007, Telegramm Messes an das Comando Supremo (6594/Op.) vom 10. 10. 1941, bzw. DS II 1472, Notiz für das Kriegstagebuch vom 6. 6. 1942 (Anlage 336 zum KTB des Comando Supremo für Juni 1942). Trotz der zuweilen widrigen Umstände war vor allem Messe stolz auf seine deutschen Auszeichnungen. Der Verleihung des EK I maß er so hohe Bedeutung bei, daß er den Wortlaut der entsprechenden Nachricht umgehend dem *Comando Supremo* übermittelte (DS II 4007, Telegramm 7984/Op. vom 12. 11. 1941), und obwohl Messe vor allem seit 1943 bemüht war, sich so weit wie möglich von den Deutschen zu distanzieren, bewahrte er doch sorgfältig alle Glückwünsche und Belobigungen auf, die ihn von dieser Seite erreicht hatten (Fondo Messe, busta P). Wie sehr Auszeichnungen zum Gradmesser des deutsch-italienischen Verhältnisses werden konnten, zeigt auch eine Episode im August 1942, als Messe aus Protest gegen Befehle der Heeresgruppe B demonstrativ das Ritterkreuz ablegte. Vgl. Distler, Verbindungsoffizier, S. 51 f.
[11] *Umberto Utili* (1895–1952), Generale di Corpo d'Armata, Teilnahme am Ersten Weltkrieg und am Krieg gegen Abessinien, 1940/41 Teilnahme am Krieg gegen Griechenland, seit Ende

Gedanke, veranlassen Sie sofort, daß morgen früh angegriffen wird." Eine einfache Übermittlung des kurz vor dem Essen eingetroffenen Befehls „Höhe 203 ist morgen früh anzugreifen" hätte dagegen nur Bedenken und Unwillen ausgelöst. Die Übersetzung und nachträgliche Übermittlung dieses Befehls konnte nunmehr später und in entsprechender Form erfolgen.

Es ergibt sich meines Erachtens hieraus, daß es unbedingt notwendig und zweckmäßig war, daß Verbindungskommandos eingesetzt wurden. Ihre Zweckmäßigkeit hat sich insbesondere in Zeiten reger Kampftätigkeit bewährt, wenn die Verbindungskommandos zwischen Division und Korps und zur deutschen Armee mit ausreichenden Nachrichtenmitteln ausgestattet waren und so italienische Tagesmeldungen durch entsprechende eigene Tagesmeldungen der Divisions-Verbindungskommandos, die stets früher eintrafen, ergänzt werden konnten.

Nochmals muß betont werden, daß möglichst zur Führung solcher Kommandos Persönlichkeiten herausgesucht werden müssen, die das Land, die Sprache und Mentalität der Verbündeten aus eigener Anschauung kennen oder in der Lage sind, sich entsprechend auf diese einzustellen.

BA-MA, ZA 1/2028–2030: Burkhard Müller-Hillebrand u. a., Die militärische Zusammenarbeit Deutschlands und seiner Verbündeten während des Zweiten Weltkrieges, unveröffentlichtes Manuskript P-108 der Historical Division der U.S. Army, o.J. (1953), Anhang E.

Dokument 2

Der Verbindungsdienst zur italienischen 8. Armee in der Sowjetunion 1942/43

Auszugsweise Wiedergabe aus dem Bericht des ehemaligen Deutschen Generals bei der italienischen 8. Armee

I. Die Entstehung der Dienststelle

Bei Erweiterung des italienischen Expeditionskorps zu einer Armee von drei Korps wurde dem italienischen AOK ein deutscher Verbindungsstab unter einem Major im Generalstab[12] zugeteilt. Im Sommer 1942 trat eine ernste Krise bei dieser Armee ein, als eine italienische Division unter einem russischen Angriff zusammenbrach und unter fluchtartigen Erscheinungen auswich[13]. Aus dieser Veranlassung entsandte der Chef des Generalstabes des Heeres[14] einen Gene-

---

September 1941 Colonnello Capo Ufficio beim Artillerieführer des CSIR, November 1941 – Ende Oktober 1942 Chef des Stabes des CSIR bzw. des XXXV. Armeekorps, 1943 Chef der Operationsabteilung im Comando Supremo, dann Verbindungsoffizier zu den alliierten Streitkräften, mit dem Aufbau italienischer Verbände betraut, 1944 Kommandeur des 1° Raggruppamento Motorizzato, dann des Corpo Italiano di Liberazione und der Kampfgruppe „Legnano", 1950–1952 Kommandeur des III° Comando Militare Territoriale (Mailand).

[12] Major i.G. von Gyldenfeldt; seine Identität war nicht zweifelsfrei zu ermitteln.
[13] Zur sogenannten ersten Verteidigungsschlacht am Don und zum Einsatz der Division „Sforzesca" vgl. S. 53 ff. des vorliegenden Bandes.
[14] *Franz Halder* (1884–1972), Generaloberst, 1914–1918 Teilnahme am Ersten Weltkrieg,

ral[15] als Verbindungsoffizier zur italienischen Armee. Der Gedanke war dabei, im Falle einer Wiederholung derartiger Krisen eine kraft ihres Dienstranges einflußreichere Persönlichkeit bei der italienischen Führung zu wissen und darüber hinaus einen als Truppenführer im Osten bewährten Offizier der italienischen Führung zur Verfügung zu stellen, der diese beraten könne und einen Einfluß auf die Ausbildung nehmen könne, um die Erfahrungen der deutschen Truppe auf die italienische übertragen zu können. Über seine Tätigkeit berichtet dieser General wie folgt:

„In Millerowo wurde ich durch den italienischen OB mit italienischer Liebenswürdigkeit, aber auch mit unverkennbarem Mißtrauen gegenüber den deutschen Absichten, die der Abstellung eines Offiziers in so hohem Range als ‚Verbindungsoffizier' unterliegen mochten, empfangen. Bei meiner Meldung brachte ich dem italienischen General, um sein verständliches Mißtrauen zu zerstreuen, sogleich zum Ausdruck, daß ich neben der bisherigen Tätigkeit als Verbindungsorgan beauftragt sei, der italienischen Armee mit meinen Erfahrungen in der Kampfführung im Osten, besonders im Winter, zu dienen.

II. Die Organisation der Dienststelle, ihr Ausbau und ihre Tätigkeit
Ende August 1942 stand die Armee am Don in folgender Abwehrgliederung: rechts das italienische XXXV. Armeekorps (General Messe), in der Mitte ein deutsches[16] Armeekorps unter General der Infanterie von Obstfelder[17] mit einer deutschen und einer italienischen Infanteriedivision und links das italienische II.[18] Armeekorps (General Zanghieri[19]), dessen linker Flügel Anschluß an die ungarische 2. Armee hatte. Teile einer deutschen Division waren noch von den Don-Kämpfen her beim italienischen XXXV. Armeekorps eingeschoben[20]. Das Alpinikorps, das ursprünglich zum Einsatz im Kaukasus vorgesehen war, wurde, um das vorwegzunehmen,

---

Übernahme in die Reichswehr, zunächst verschiedene Stabs- und Truppenkommandos, 1935/36 Kommandeur der 7. Infanteriedivision, 1936/37 an das Reichskriegsministerium kommandiert, 1937/38 zunächst Oberquartiermeister II (Ausbildung) bzw. I (operative Planung und Führung) im Generalstab des Heeres, seit 1. 9. 1938 Chef des Generalstabs des Heeres, am 24. 9. 1942 von Adolf Hitler entlassen, nach dem Attentat vom 20. 7. 1944 verhaftet und in ein KZ eingewiesen, im Mai 1945 befreit, anschließend amerikanische und britische Kriegsgefangenschaft, 1946–1961 Leiter der deutschen Abteilung der Historical Division der U.S. Army.

[15] Kurt von Tippelskirch, seit August 1942 General der Infanterie; zur Biographie vgl. S. 56 dieses Bandes.
[16] Handschriftlich eingefügt: „XXIX."
[17] *Hans von Obstfelder* (1886–1976), General der Infanterie, 1914–1918 Teilnahme am Ersten Weltkrieg, Übernahme in die Reichswehr, nach verschiedenen Stabs- und Truppenkommandos 1936–1940 zunächst Kommandeur der 3., dann der 28. Infanteriedivision, 1940–1943 Kommandierender General des XXIX. Armeekorps, nach vorübergehender Versetzung in die Führerreserve 1943/44 Kommandierender General des LXXXVI. Armeekorps, Dezember 1944 – Februar 1945 Oberbefehlshaber der 1. Armee, im März 1945 zunächst Oberbefehlshaber der 19. Armee, dann bis zur Kapitulation der 7. Armee.
[18] Handschriftlich korrigiert; ursprünglich fälschlich: „III." Armeekorps.
[19] Handschriftlich korrigiert; ursprünglich fälschlich: „Zingarelli". *Giovanni Zanghieri* (geb. 1881), Generale di Corpo d'Armata, 1942/43 Kommandierender General des II. Armeekorps, 1943 Kommandierender General des XVII. Armeekorps.
[20] Es handelte sich dabei um das Infanterieregiment 179 der dem XXIX. Armeekorps unterstehenden 62. Infanteriedivision.

Ende September auf dem linken Flügel eingesetzt, wo es dort [sic!] einen Abschnitt der ungarischen 2. Armee übernahm.

Bei jedem Armeekorps befand sich als Verbindungsoffizier ein deutscher Stabsoffizier mit einem Gehilfen (beim Alpinikorps ein General), bei jeder italienischen Division ein Hauptmann oder Oberleutnant. Teile eines deutschen Nachrichtenregiments, die dem deutschen Verbindungsstab bei der Armee unterstellt waren, hatten ein deutsches Nachrichtennetz bis zu den Korps eingerichtet, so daß die deutschen Verbindungsorgane taktische Vorgänge auf eigenen Leitungen und auf dem Funkwege an den Verbindungsstab melden und auch die üblichen Morgen- und Abendmeldungen durchgeben konnten. Diese Organisation blieb bis zum Zusammenbruch der italienischen Armee im Dezember 1942 unverändert.

Wesentlich erweitert wurde dagegen der Stab des Verbindungsoffiziers bei der Armee, dessen Dienststelle nach einiger Zeit in ‚Deutscher General bei der italienischen 8. Armee' umbenannt wurde[21]. Er erhielt einen Chef des Stabes, der bisherige Verbindungsoffizier wurde Ia. Zum Stabe traten allmählich neben dem schon vorhandenen Stabsoffizier der Nachrichtentruppe je ein Stabsoffizier der Artillerie, der Pioniere und für Panzerabwehr mit eigenen kleinen Stäben. Außerdem war dem ‚Deutschen General' die Quartiermeister-Abteilung unterstellt, die etwa den Umfang einer deutschen Quartiermeister-Abteilung bei einem Armeekorps hatte und mit dem italienischen Oberquartiermeister in Woroschilowgrad zusammenarbeitete.

Die Erweiterung des Stabes ergab sich aus den vermehrten Aufgaben, die der Dienststelle laufend zufielen. Sie lassen sich wie folgt gliedern: 1. Verbindungstätigkeit, 2. Hebung der Ausbildung bei der italienischen Truppe, 3. Verstärkung der Verteidigungsanlagen, 4. Mitwirkung bei der Kampfführung.

1. Verbindungstätigkeit: Der Schwerpunkt und die Schwierigkeiten der Verbindungstätigkeit lagen einerseits in der Weitergabe, Durchsetzung und Überwachung der von deutscher Seite an die italienische Armee gegebenen Befehle, andererseits in der Ausschaltung von Reibungen und Störungen beim Nachschub der Armee, der von der deutschen Mithilfe stark abhängig war. Eine ständige Quelle von Reibungen war auf taktischem Gebiet die Organisation der italienischen Verteidigung. Von deutscher Seite wurden an die Armee für die Organisation der Verteidigung Auflagen gemacht, die die Armee zum Teil nicht erfüllen konnte, an die sie aber auch nur unwillig heranging. Es handelte sich um ein umfangreiches Programm für die Anlage rückwärtiger Stellungen, den Bau von Panzerabwehrgräben unter Heranziehung der Zivilbevölkerung, um Einrichtung rückwärtiger Ortschaften als Stützpunkte mit Rundumverteidigung und anderes mehr. Diese ganze Organisation lag den Italienern nicht, weil sie allen nicht kämpfenden Verbänden keinen Kampfwert beimaßen und bei deren mangelhafter Ausbildung auch nicht beimessen konnten. Ferner machte die Art der Besiedlung in der Ukraine (sehr große, aber räumlich weit voneinander getrennte Dörfer) und der Mangel an Holz, das auch für die dringendsten Bedürfnisse der Truppe nicht annähernd ausreichte, die Durchführung der befohlenen Ausbauten auch materiell recht schwierig, wenn nicht teilweise unmöglich.

Auf dem Gebiet des Nachschubs war in erster Linie die unzureichende Leistungsfähigkeit des Bahnnetzes der Anlaß zu ständigen Auseinandersetzungen. Die

---

[21] Zum Deutschen Verbindungsstab bzw. zum Stab des Deutschen Generals beim italienischen AOK 8 vgl. S. 55 ff. des vorliegenden Bandes.

den Italienern zugebilligte Zugzahl erreichte nie deren hohe Anforderung und sank zeitweise so ab, daß der italienische OB schließlich drohte, ‚seine Armee zurückzunehmen', da er sie nach seiner Auffassung nicht ausreichend versorgen konnte[22]. Technische Mängel in dem italienischen Nachschubapparat, ihre mangelnde Bereitschaft, am Ausbau eines Verbindungsstückes mitzuarbeiten, das den Verkehr entlasten sollte, ihre zum Teil übertriebenen Bedürfnisse mögen an dieser ständigen Kalamität mitgewirkt haben. Ein entscheidender Faktor für das Versagen der Armee im Dezember 1942 sind Nachschubschwierigkeiten sicher nicht gewesen.

2. Hebung der Ausbildungstätigkeit: Die eingangs erwähnte Krise und eine weitere kleineren Ausmaßes im September[23] an der gleichen Stelle hatten die Unzulänglichkeiten der italienischen Führung in der Verteidigung und im Leistungsvermögen der Truppe über das erwartete Maß in Erscheinung treten lassen. Sie lagen einmal in taktischen Voraussetzungen und zum anderen in materiellen Mängeln. Beide Mängel soweit möglich zu beheben, wurde die wichtigste Aufgabe des ‚Deutschen Generals'. Irgendwelche Befehlsgewalt stand ihm nicht zu. Die Mitwirkung der Armee erfolgte nur widerstrebend, da, von den Schwierigkeiten, die Ausbildung der Armee vor dem Feinde zu ändern, ganz abgesehen, jede auch durchführbare Anregung sofort bei der sehr großen Empfindlichkeit der Italiener gegen jede Form unvermeidbarer Kritik Ablehnung auslöste. Die italienische Armee litt an mehreren Grundübeln, die sich nicht beseitigen ließen: a) der mangelhaften taktischen Ausbildung, b) der dadurch wohl mitbedingten, aber dem Italiener auch eigenen zentralisierten schematischen Führung, c) der minderwertigen materiellen Ausstattung.

Die schlechte Ausbildung machte sich bereits in der untersten Führung bemerkbar. Die Italiener waren sich ihrer bewußt und stellten sich auf den Standpunkt, daß sie bei der Infanterie nicht über Gruppenführer verfügten, die ihre Gruppe selbständig zu führen vermöchten [sic!]. Erst im Zuge sei eine taktische Führung möglich. Infolge der großen Frontbreiten sei diese Führung bei dem System durchlaufender Schützengräben nicht gewährleistet. Sie müßten ihre Züge daher in Stützpunkten, sogenannten *capisaldi*, zusammenfassen und lehnten den durchlaufenden Graben schlicht ab. Damit war der Einsickertaktik der Russen Tür und Tor geöffnet. Jeder russische Einbruch wurde nicht, wie bei uns üblich, durch Wiedergewinnung einzelner verlorener Grabenstücke, sondern durch Angriffe über das offene Gelände beseitigt, was oft genug mißlang, zum mindesten ungewöhnlich verlustreich war und bereits am ersten Tage des russischen Angriffs alle Reserven verschlang.

Keine Überredungskünste vermochten an diesem Zustand irgend etwas zu ändern. Besprechungen mit einsichtigen Unterführern an der Front führte[n] wohl zu Verständnis, fand[en] aber keinen Widerhall an höherer Stelle. Überdies beschnitt

---

[22] Bereits am 2. 9. 1942 erklärte Generaloberst Gariboldi, daß der Ausbau der Winterstellung durch den Mangel an Betriebsstoff gefährdet sei, und drohte gleichzeitig damit, „daß er, um ein Erfrieren seiner Leute zu vermeiden, soweit zurückgehen würde, bis er seine Truppen in Ortschaften unterbringen könnte". Im Rahmen einer Besprechung über strittige Fragen des Eisenbahntransports am 25. 9. 1942 äußerte sich Gariboldi ähnlich: Sollten die Verbündeten auf ihren Vorstellungen beharren, so „würde er ein Korps nach Italien schicken, um nicht die Leute erfrieren zu lassen". BA-MA, MFB4 41403, Bl. 1025 und Bl. 1034, KTB des Deutschen Generals beim italienischen AOK 8. Vgl. auch Dok. 16.

[23] Vermutlich wird hier auf den sowjetischen Angriff gegen die Stellungen des II. italienischen Armeekorps am Donbogen bei Werch. Mamon am 11. 9. 1942 angespielt, der erst einen Tag später endgültig zurückgeschlagen werden konnte. Vgl. dazu Dok. 6 mit Anm. 80.

die zentralistische Führung, die durch alle Instanzen hindurchging, der Führung aller Grade weitgehend die Hände – soweit sie überhaupt zu selbständigen Entschlüssen neigte – und machte jeden Einsatz von endlosen Telefongesprächen abhängig. Diese Zentralisierung trat auch – zusammen mit unzureichender materieller Ausstattung – in der Führung der Artillerie verheerend in Erscheinung.

Die Vorgeschobenen Beobachter als feuerleitendes, also schießendes Organ waren bei den Italienern ein unbekannter Begriff. Sie waren nur ‚Beobachter‘, die durch ihre Meldungen Feuer auslösen sollten. Sie verfügten auch nicht über Funkgerät. Die wenigen Geräte in der Abteilung waren zur Verbindung zwischen den Haupt B-Stellen der Batterien und der Abteilung eingesetzt, also dort, wo noch am ehesten mit Draht gerechnet werden konnte. Nicht einmal Scherenfernrohre waren vorhanden.

Jede Feuervereinigung wurde von oben zentral geleitet und dann viel zu spät und z.T. erst über den Artilleriekommandeur des Korps in mehr oder minder unbeobachtetes Feuer umgesetzt. Die Folge war, daß es nie gelang, feindliche Versammlungen zu zerschlagen, Angriffe im Keime zu ersticken und Einbrüche abzuriegeln.

Die vorgesetzten deutschen Stellen wurden über diese Schwächen der italienischen Verteidigung laufend unterrichtet und haben nicht verabsäumt, sie auch an höchster Stelle zur Sprache zu bringen. Abhilfe hätte nur – auf längere Sicht – eine gründliche Förderung der Ausbildung und eine Verbesserung der Führungsgrundsätze, auf kürzere Zeit eine weitere wesentliche Verengung der Gefechtsstreifen bringen können. Für ersteres fehlte es an Zeit, letzteres scheiterte a[m] Mangel an Kräften auf deutscher Seite.

3. Verstärkung der Verteidigungsanlagen: So blieb zur Verstärkung der Verteidigung nur eine bessere Ausstattung mit Waffen übrig. Sie wurde neben unzulänglichen Lieferungen an die Italiener in erster Linie durch die Eingliederung deutscher Panzerabwehr- und Flakverbände (zur Erdabwehr) in die italienische Verteidigung gesucht. Aufgabe der Stabsoffiziere dieser Waffengattungen im deutschen Verbindungsstab war es, den zweckmäßigen Einsatz der Waffen zu veranlassen und zu überprüfen sowie den Italienern die Kampfgrundsätze für ihre Verwendung zu übermitteln. In ähnlicher Form war der Stabsoffizier der Pioniere bei der Anlage rückwärtiger Stützpunkte und beim Einsatz von Minen tätig. Daß diese ganze Tätigkeit keine zuverlässigen Voraussetzungen für die erfolgreiche Abwehr eines russischen Großangriffs schuf, unterlag keinem Zweifel.

4. Mitwirkung bei der Kampfführung: Die aktive Mitwirkung des ‚Deutschen Generals‘ und seiner Organe bei der Führung des Kampfes begann mit dem russischen Durchbruch am 16. Dezember 1942[24]. Zunächst, etwa in der ersten Woche, kam es darauf an, durch die deutschen Verbindungsoffiziere bei den Korps und Divisionen ein möglichst klares und ungeschminktes Bild der Lage zu erhalten und der höheren deutschen Führung zu vermitteln. Das ist mit Hilfe der deutschen Nachrichtenmittel auch gelungen. Außerdem konnte auf dem Wege über die deutschen Verbindungsoffiziere der Widerstandswille der italienischen Führungsstäbe gestärkt werden. Das trat offensichtlich bei den beiden sehr energischen Verbindungsoffizieren bei den italienischen Infanteriekorps in Erscheinung[25], dürfte aber

---

[24] Vgl. dazu S. 65–69 des vorliegenden Bandes.
[25] Nach dem Wechsel von Major Fellmer in den Stab des Deutschen Generals führte Oberstleutnant von Woedtke den Verbindungsstab beim XXXV. Armeekorps (BA-MA, RH 31

auch bei den Divisionen der Fall gewesen sein. Schließlich gelang es, mit den beiden Korps durch die deutschen Verbindungsmittel fast ständig in Fühlung zu bleiben und ihnen wertvolle Feindnachrichten nach dem Durchbruch zu geben.

Erwähnt sei hier, daß sich zwei italienische Divisionen unter der tatkräftigen Führung des Generals von Obstfelder weit besser geschlagen haben[26] als die unter italienischen Kommandierenden Generälen stehenden Divisionen. Das führt nicht nur zu der alten Erkenntnis von der Bedeutung der Führerpersönlichkeit im Kriege, sondern beweist auch – wie in Afrika – das Vertrauen, das der deutschen Führung entgegengebracht wurde, und beweist schließlich, daß auch ein verhältnismäßig kleiner Verbindungsapparat (vom Korps zu den Divisionen) auch in Krisenlagen ausreicht. Daß in dieser Zeit der ‚Deutsche General‘ von sich aus und auf Weisung seiner vorgesetzten deutschen Heeresgruppe ständig bemüht war, auf die italienische Armee im Sinne eines härteren Widerstandes einzuwirken, liegt auf der Hand.

Um den 25. Dezember kämpften nahezu nur noch deutsche Splitter, zum Teil mit unterstellten schwachen italienischen Resten, im Einbruchsraum, während die Masse d[er] Italiener (ohne das nicht angegriffene Alpinikorps), soweit sie nicht eingeschlossen waren, sich in unaufhaltsamer Flucht aufgelöst in der Richtung auf den Donez bewegte und die erste deutsche Verstärkung (19. Panzerdivision) im Anrollen war. Der italienische OB sah keine Möglichkeit, aus seinen fliehenden Verbänden und rückwärtigen Diensten irgendwelche kämpfenden Verbände zu bilden.

Von diesem Zeitpunkt an bis zum 1. Februar 1943 war es bei der Dringlichkeit der Entscheidungen, die an die deutschen Verbände gegeben werden mußten, nur zeitweise möglich, die italienische Führung vor jedem Entschluß zu orientieren und ihr die Entschlußfassung und die Befehlsgebung, die ihr formal zustand, zu überlassen. Unberührt von der deutschen Führung blieb bis zum 14. Januar 1943 das bis dahin nicht angegriffene Alpinikorps. Aber auch mit diesem Korps war die Verbindung nach dem 14. Januar auch bald nur noch durch deutsche Funkstellen möglich. So glitt auch dort die Führung sehr schnell in die Hände eines deutschen Generalstabsoberst[s], der zufällig gerade verfügbar wurde und den Verbindungsdienst in diesem Korps übernahm[27].

III. Grundsätzliche Lehren

Wie aus den vorstehenden Ausführungen hervorgeht, lag das Grundübel der deutsch-italienischen Zusammenarbeit darin, daß die italienische Armee vor einer Aufgabe stand, der sie nicht gewachsen war und auch nicht – wie schon vor ihrem Zusammenbruch erkannt war – gewachsen sein konnte. Aus dieser Erkenntnis oder Vorahnung heraus waren dem Verbindungsstab Aufgaben zugewiesen worden, die er unter normalen Verhältnissen nicht hätte haben dürfen.

Man wird grundsätzlich feststellen dürfen, daß das Verbindungssystem für seinen

---

IX/35, Bl. 53–59, Erlebnisbericht des Obergefreiten Grüttel vom 23. 3. 1943). Den Verbindungsstab beim II. Armeekorps führte Major Hutzelmeyer; am 15. 12. 1942 wurde mit Oberst Kinzel ein erfahrener Generalstabsoffizier zum II. Armeekorps entsandt, wo der Schwerpunkt des sowjetischen Angriffs lag. Vgl. auch S. 67 f. des vorliegenden Bandes.

[26] Zum Zeitpunkt des sowjetischen Angriffs am 11. 12. 1942 unterstanden dem XXIX. deutschen Armeekorps mit den beiden Infanteriedivisionen „Torino" und „Sforzesca" sowie der 3. schnellen Division „Principe Amedeo Duca d'Aosta" nur italienische Großverbände.

[27] Gemeint ist wohl Oberst i.G. Otto Heidkämper, der Chef des Stabes des XXIV. Panzerkorps; vgl. dazu Dok. 11 mit Anm. 191.

ursprünglichen Zweck, Verbindung zu halten, ausgereicht hat und keine wesentlichen konstruktiven Mängel aufwies. Es wuchs aber über seinen normalen Zweck, bis auf den Quartiermeisterstab, hinaus. Schon die taktische Meldetätigkeit der Verbindungsoffiziere bei den untergeordneten Stäben (Armeekorps und Divisionen) ging über eine normale Verbindungstätigkeit hinaus, bedeutete bis zu einem gewissen Grade eine Überwachung der Italiener und wurde von diesen als eine solche empfunden. Ihre Aufgabe hätte sich darauf beschränken müssen, die Verbindung mit vorgesetzten deutschen Verbänden und deren Befehlsübermittlung sicherzustellen und gegebenenfalls die Verbindung zu benachbarten deutschen Verbänden zu vermitteln.

Abschließend glaube ich feststellen zu sollen, daß einheitliche Grundsätze in der Ausbildung und Führung, von einer gleichwertigen Bewaffnung ganz abgesehen, für ein erfolgreiches Zusammenwirken von Verbänden verschiedener Nationalität entscheidend sind. Verbindungsorganen fällt unter solchen Voraussetzungen in erster Linie die Aufgabe eines taktisch gebildeten, einfühlungsfähigen Dolmetschers zu, der die Mentalität beider Nationen kennt und sich hieraus ergebende Gegensätze und Reibungen geschickt zu überbrücken versteht."

BA-MA, ZA 1/2028–2030: Burkhard Müller-Hillebrand u. a., Die militärische Zusammenarbeit Deutschlands und seiner Verbündeten während des Zweiten Weltkrieges, unveröffentlichtes Manuskript P-108 der Historical Division der U.S. Army, o.J. (1953), Anhang F.

Dokument 3

Bericht des Deutschen Verbindungskommandos über das italienische Expeditionskorps vom 9. Juni 1942

Deutsches Verbindungskommando
b. ital. Expeditionskorps in Rußland

Nr. 594/42 geh. Kdos. KGST., den 9. Juni 1942

Bezug: Armeegruppe von Kleist Ic 5070/42 geh. vom 7. 6. 1942
Betr.: Zustand ital. Expeditionskorps

An AOK 17 – Ia

Anbei wird Kriegsgliederung des italienischen Expeditionskorps vorgelegt[28].
Hierzu meldet DVK:
1. Gliederung
a) <u>Korptruppen. Allgemein:</u> Masse mot. verlastbar (autotrasportabile), dies bedeutet verringerte Gefechtsstärken, insbesondere an Gefechtsfahrzeugen, um bei Zu-

---

[28] Eine schematische Kriegsgliederung des CSIR fehlt in der Anlage; der „quadro di battaglia" des CSIR zum 1. 8. 1941 ist abgedruckt in: Operazioni delle unità italiane al fronte russo, S. 531–537. Zur Zusammensetzung, Struktur und Bewaffnung des Expeditionskorps vgl. S. 14–17 des vorliegenden Bandes.

teilung von Kolonnenraum der Armee Truppe für größere Bewegungen verlasten zu können. Panzerabteilung besaß Drei-Tonnen-Panzer, diese nicht bewährt, größtenteils bereits auf Marsch ausgefallen[29]. Neue Panzer beantragt, sollen mit Transporten der 8. Armee eintreffen. Kavalleriegruppe: Entstanden durch die Umgliederung der Division Celere, deren Kavallerieregimenter und reitendes Artillerieregiment nach Einnahme des Industriegebietes nicht mehr einsatzfähig waren. Pferdezustand nach Auffrischung wesentlich verbessert (50 Prozent der alten Stärke einsatzfähig). Kavallerieregiment „Savoia" besser als „Novara", da Pferde während dessen Einsatz zu Fuß (Februar bis Mai) bei Gruppe von Mackensen[30] nur von Gefangenen gepflegt und nicht gearbeitet werden [sic!] konnten[31]. Kroatische Legion einsatzfähig, gute Truppe. Verwendbarkeit gebunden durch Duce-Befehl. Legion darf nur innerhalb italienischer Einheiten eingesetzt werden. Bataillon [Monte] Cervino einsatzfähig. Gute Truppe. Als Schilehrbataillon gedacht. Durch Transportschwierigkeiten erst [im] März eingetroffen. Vorübergehend als Stoßtrupplehrbataillon verwendet, dann bei Gruppe von Mackensen. Schwarzhemden: In Auffrischung, die nach Einsatz in Abwehrkämpfen bei Celere dringend nötig war[32]. Truppe von sehr geringem Kampfwert, Offizierkorps

---

[29] Das Expeditionskorps verfügte lediglich über eine Abteilung gepanzerter Fahrzeuge – die Gruppe „San Giorgio" bei der 3. Division Celere, die mit 60 leichten Panzern vom Typ L 3-33 ausgerüstet war, der rund drei Tonnen wog, kaum gepanzert und nur mit einem Maschinengewehr bewaffnet war (vgl. Pignato/Cappellano, Autoveicoli da combattimento, Bd. 1, S. 529–590). Zudem erwies sich das Fahrzeug im Einsatz als überaus anfällig; bis zum 1. 10. 1941 hatte die Gruppe „San Giorgio" bereits ein Drittel ihrer Panzer verloren (AUSSME, DS II 443, KTB III° Gruppo Carrri L „San Giorgio", Juni/Juli 1941, Anlage 7/1: Gliederung am 1. 6. 1941, und DS II 578, KTB III° Gruppo Carri L „San Giorgio", Oktober/November 1941, Anlage 7/1: Gliederung am 1. 10. 1941). Die Panzer wurden in der Folgezeit nicht mehr eingesetzt, die Abteilung diente als Infanterie.

[30] *Eberhard von Mackensen* (1889–1969), Generaloberst, Bruder des deutschen Botschafters in Rom (1938–1943), Hans-Georg von Mackensen, 1937/38 Kommandeur der Kavalleriebrigade, 1939 im Krieg gegen Polen Chef des Stabes der 14. Armee, dann 1939–1941 Chef des Stabes der 12. Armee, 1941/42 Kommandierender General des III. Panzerkorps, 1942/43 Oberbefehlshaber der 1. Panzerarmee, 1943/44 Oberbefehlshaber der 14. Armee in Italien, 1946 von einem britischen Militärgericht wegen des Massakers in den Fosse Ardeatine zum Tode verurteilt, zunächst zu lebenslänglicher, dann zu 25 Jahren Haft begnadigt, im Oktober 1952 entlassen.

[31] Die vom Generalkommando des III. Panzerkorps geführte Gruppe Mackensen wurde zur Abwehr der am 18. 1. 1942 beginnenden sowjetischen Offensive gegen die 6. und die 17. Armee eingesetzt. Um diese Operationen zu unterstützen, stellte das CSIR eine Eingreiftruppe zusammen, die zunächst nur Sicherungsaufgaben erfüllen sollte, dann aber auch Kampfaufträge übernehmen mußte. Diese Eingreiftruppe unter dem Befehl von Oberst Giuseppe Musinu bestand aus der Gruppe „San Giorgio" (ohne Panzer), Teilen des Kavallerieregiments „Lancieri di Novara" (zu Fuß) und zwei eigentlich zum Brückenbau vorgesehenen Pionierbataillonen. Ein kurzer Überblick findet sich bei Klink, Operationsführung, in: DRZW 4, S. 646ff., und Operazioni del C.S.I.R. e dell'ARMIR, S. 108–112.

[32] Dem CSIR war die 63. Legion „Tagliamento" mit dem 63. und 79. Schwarzhemden-Bataillon sowie einem – dem Heer entstammenden – Bataillon schwerer Waffen unterstellt; insgesamt zählte die Legion im August 1941 rund 1600 Mann, die an schweren Waffen über 78 Maschinengewehre, 24 Granatwerfer und acht Pak 47/32 verfügten. AUSSME, DS II 488, KTB 3. Division Celere, August/September 1941, Anlage 1/7: Kriegsgliederung der 63. Legion „Tagliamento". Als das Expeditionskorps Mitte Dezember 1941 endgültig zur Defensive überging, befand sich die Legion bei der 3. Division Celere, die aufgrund ihrer Zusam-

ausschließlich Reserveoffiziere, Mannschaft meist älterer Jahrgänge, geringe Ausstattung an schweren Waffen, militärischer Wert im Heer nicht hoch veranschlagt. MG-Bataillon: Tragtierausrüstung, mot. verlastbar. Artillerie: Reitende Artillerie entstammt Celere, hat dort gut gekämpft, Korpsartillerieregiment (mot.) nur Kaliber 10,5 cm, Schußweite 13 km. Artillerie mittleren oder schweren Kalibers fehlt ganz. Zugkraftwagen Radschlepper. Auch Flak untersteht Artilleriekommandeur. Panzerjäger: Beurteilung Geschütz siehe 2a. Pioniere mit Nachrichtentruppe unter Korpspionierführer zusammengefaßt. In Ausbildung ursprünglich als Brückenbau- bzw. Baubataillon beschränkt [sic!], keine Sturmpioniere. In Auffüllung nach infanteristischem Einsatz bei Gruppe von Mackensen. Nachrichtenabteilung: Mangel an Stärke, Ausstattung und Ausbildung erschwert Führung im deutschen Sinne grundlegend. Chemie-Bataillon: Zwei Entgiftungskompanien, eine Flammenwerferkompanie, die gerne im Ortsgefecht und Kampf um Feldstellungen eingesetzt wird. Transportdienste: Reste zur Zeit der Intendenz unterstellt.

b) Divisionen „Pasubio" und „Torino": Mot. verlastbare Divisionen (autotrasportabili). Bedürfen zur Beweglichmachung für mot. Marsch Zuteilung von Kraftwagenkolonnen für Mannschaften und Tragtiertransport (559 Lkw zu 35 Mann, 160 [?] zu acht Tiere[n]). Sind ohne Kolonnen-Zuteilung reine Fußtruppe mit verringerter Ausstattung von nur mot. Gefechtsfahrzeugen und Tragtieren (850 [pro] Division) zum Transport von schweren Waffen und Munition. Gliederung zu zwei Regimentern hat sich als nachteilig erwiesen, im Angriff fehlt Reserveregiment, in der Verteidigung mangelt es an infanteristischen Kräften. Zusammenfassung der Granatwerfer zu Granatwerferbataillonen günstig für Schwerpunktbildung. Artilleristisch schwach, 7,5 und 10 cm Kaliber. In erster Linie Nahkampfaufgaben für Divisionsartillerie, schon wegen Fehlens eigener Infanteriegeschütze der Infanterieregimenter, deren 13. Kompanien mit 4,7 cm („Torino") und 6,5 cm („Pasubio") Geschütz[en] zugleich Panzerjäger- und Infanteriegeschütz-Aufgaben haben. Panzerjäger-, Pionier- und Nachrichtenausstattung völlig ungenügend. Organische Aufklärungseinheit fehlt ganz.

c) Division Celere: Bisher Kavalleriedivision mit zwei Kavallerie- und einem Schützen- (= Bersaglieri) Regiment durch Zuführung eines zweiten Bersaglieriregiments und [eines] mot. Artillerieregiments mot. Division geworden. Nur Granatwerferbataillon noch tragtierverlastet; erwartet Zuführung eigener Kfz. Kampfwert der Bersaglieri durch Tradition und Auslese höher als der der übrigen Infanterie.

---

mensetzung nur über schwache infanteristische Kräfte verfügte, jedoch an der Nahtstelle zum XXXXIX. Gebirgskorps einen besonders bedrohten Sektor zu verteidigen hatte. Ein erheblicher Teil der Verluste, die das CSIR im Zuge der sogenannten Weihnachtsschlacht im Abschnitt der 3. Division Celere zu verzeichnen hatte (vom 20. 12.–31. 12. 1941 Gesamtverluste von ca. 1350 Mann), entfiel auf die Legion „Tagliamento". AUSSME, DS II 576, KTB CSIR, Januar/Februar 1942, Anlage: Comando CSIR (Nr. 168 op. di prot. – gez. Giovanni Messe) an das Comando Supremo und – zur Kenntnis – an den Generalstab des Heeres vom 5. 1. 1942: „Sintesi avvenimenti dal 20 al 31 dicembre".

d) Rückwärtige Dienste: Versorgung des Korps basiert auf Intendenz, Intendent[33] war bisher Verbindung von Quartiermeister des Korps, Nachschubführer, Außenstelle Generalquartiermeister, wird jetzt Organ der Armee. Mangels eigener Nachschubkolonnen der Divisionen sind diese voll von Zuteilung von Kolonnenraum bzw. Zuführung abhängig. Sehr gut entwickelt: Sanitätsdienste. Haben gut und erfolgreich gearbeitet. Verwaltungsdienste (Commissariat[o]) schematischer und schwerfälliger als deutsche Dienste. Sind zur Organisation planmäßiger Ausnutzung des Landes ohne deutsche Landwirtschaftsführer nicht in der Lage. Einrichtung von eigenen kleineren Versorgungsstützpunkten (tappa) an Nachschubstraßen mit Nachrichtenmittel[n] und Möglichkeit der Unterbringung, Versorgung und Verpflegung hat sich wiederholt bewährt und wurde immer und bis 200 km rückwärts aufrechterhalten.

e) Luftwaffe[34]: Untersteht dem Korps, das Aufklärungs- und Jagdeinsätze im allgemeinen bis ins Kleinste selbst bestimmt. Aufklärung oft schematisch und wegen des schlechten Materials nur vorsichtig eingesetzt. Jäger an sich gut, leiden unter Mangel an Funkausstattung Boden-Bord, freie Jagd somit Glückssache.

2. Ausrüstung

a) Waffen und Gerät: Infanterie-Handwaffen, Maschinengewehre und Granatwerfer brauchbar. Maschinenpistole vorhanden, geringe Ausstattung in der Truppe. Bis auf geringe Ausnahmen sind Ausfälle aufgefüllt. Artillerie: Divisionsartillerie mit 7,5 und 10 cm Kaliber ungenügend in Schußweite und Wirkung. 10,5 cm Kanone der Korpsartillerie (bis 13 km Schußweite) gutes Geschütz. Nachteil gestreckte Flugbahn. Rohre zur Zeit stark ausgeschossen. Ersatz im Antransport. Kein [p]anzer[brechendes] Geschoß. Flak 7,5 und 2 cm gutes Material, ebenfalls keine [p]anzer[brechende] Munition. Pak: 4,7 cm Kaliber bei Infanterieregimentern und Panzerjägern des Korps und der Division gleich. Entspricht in Schußleistung höchstens deutscher alter 3,7 cm. Anfangsgeschwindigkeit 360 m/sec., wirksamste Schußentfernung 200, äußerste noch wirksame 700 m. Waffe gegen russische mittlere und schwere Panzer fehlt. 7,5 cm Flak [...][35]. Pioniergerät: Holzpontons, bewährt im Brückenkopf Dnjepropetrowsk[36]. Durch Eigenkonstruktion Tragfähigkeit von fünf bzw. zehn auf sieben bzw. 13 to erhöht. Nachrichtengerät: Ungenügend in Menge und Leistung, Fernsprechgerät veraltet,

---

[33] *Carlo Biglino* (1891–1955), Generale di Corpo d'Armata, Teilnahme am Krieg in Libyen, Verwendungen im militärischen Ausbildungswesen (Logistik), 1940/41 als Oberst Chef der Intendenza der 9. Armee in Albanien, Ende September 1941 – Ende März 1943 als Brigadegeneral Chef der Intendenza des CSIR bzw. der 8. Armee, dann Kommandeur der Division „Pasubio", nach 1945 Kommandeur der Division „Mantova" und Kommandierender General des V. Armeekorps.

[34] Dem CSIR waren neben einigen Transportflugzeugen zunächst zugeteilt: 22° Gruppo Caccia Terrestre und 61° Gruppo Osservazione Aerea; Anfang Mai 1942 wurden die Jagd- und Aufklärungsstaffeln nach Italien verlegt und ersetzt durch: 21° Gruppo Caccia Terrestre und 71° Gruppo Osservazione Aerea. Vgl. den kurzen Überblick von Pedriali, Regia Aeronautica in Russia.

[35] Rest des Satzes unleserlich.

[36] Während der Kämpfe um den Brückenkopf von Dnjepropetrowsk schlugen italienische Pioniere eine wichtige Pontonbrücke über den Fluß, was ihnen ein Sonderlob des Oberbefehlshabers der Panzergruppe 1 einbrachte; AUSSME, DS II 575, KTB CSIR, September/Oktober 1941, Anlage 224 bis für Oktober: Kommandeur des Pionierregiments 511 (mot.) an den Kommandeur des italienischen Pionierbataillons 9 vom 4. 10. 1941.

empfindlich gegen Feuchtigkeit, wenig Kabel. Funkgeräte zum Teil modern und leistungsfähig, jedoch geringe Feldbrauchbarkeit[37].

b) Kfz-Lage: Beweglichkeit zur Zeit stark eingeschränkt. Einsatzfähigkeit der eigenen Kfz: 75 Prozent Division Celere, 35–40 Prozent Divisionen „Pasubio" und „Torino"[38]. Erhöhung der Einsatzbereitschaft der zwei Divisionen durch Zusammenfassung aller Instandsetzungsdienste und nunmehriges Eintreffen der Ersatzteile um 15–20 Prozent binnen drei Wochen (nach Aussage des Quartiermeisters) zu erwarten. Darüber hinaus fehlt zur Zeit völlig eigener Kolonnenraum für mot. Transport. Neu eingetroffene Kfz: Sehr erfreulicher Eindruck, typenrein. Weitere Kolonnen im Anrollen mit Transportbewegung der 8. Armee. Bewährt mot. Karetten als Gefechtsfahrzeuge der Infanterie, Eintonnen-Lkw, starker Motor, Geländegängigkeit nur durch profillose Wulstreifen beeinträchtigt. Zwei- und dreirädrige Kräder gutes Material. Die Masse der Lkw braucht Diesel, Ottofahrzeuge sind im allgemeinen auf die Zugkraftwagen, geländegängigen Lkw (bei Chemie-Bataillon), Karetten, Pkw und Kräder [beschränkt]. Verbrauch in ruhigen Zeiten somit 2/3 Diesel, 1/3 Otto, V.S. [?] für Einsatz aller Kfz 1/2 zu 1/2.

c) Pferdelage: Pferde der Kavallerieregimenter und des reitenden Artillerieregiments zu 50 Prozent wieder einsatzfähig. Ersatz im Anrollen. Muli der Infanterieregimenter ebenfalls 50 Prozent.

d) Bekleidung: In Ordnung. Winterbekleidung kam rechtzeitig, größtenteils im Lufttransport. Sehr zweckmäßig: Uniformhemd für Sommer ohne Rock tragbar.

3. Personelle Lage

a) Verluste: Siehe Anlage 2[39]. Bei Angriffen ist wegen mangelnden Zusammenwirkens der Waffen und ungenügender Geländeausnützung stets mit größeren Verlusten als bei deutscher Truppe zu rechnen. Die Ausfälle durch Erfrierungen waren zunächst hoch (1200 im Korps in erster Dezemberhälfte), durch scharfes Eingreifen des Kommandierenden Generals und infolge der stützpunktartigen Verteidigung rapid[e] abgesunken[40].

---

[37] Vgl. dazu allgemein Servizi logistici, S. 97–117; zu den Defiziten der italienischen Nachrichtentruppe an der Ostfront vgl. Massignani, Alpini e tedeschi, S. 114–119. Ein umfangreicher Einsatzbericht des Comando Genio CSIR vom 11. 7. 1941–31. 5. 1942 findet sich im ACS, T-821/355.

[38] Handschriftlicher Zusatz unleserlich.

[39] In Anlage 2 zu DVK Nr. 594/42 geh. Kdos. (BA-MA, MFB4 18276, Bl. 162) sind die Verluste des CSIR vom Beginn des Einsatzes bis zum 1. 6. 1942 aufgelistet. Das italienische Expeditionskorps hatte demnach 1435 Tote, 5924 Verwundete, 361 Vermißte sowie 12 144 Kranke und Verunglückte zu beklagen. Insgesamt beliefen sich die Ausfälle des CSIR nach diesem Dokument bis 1. 6. 1942 auf 19 864 Mann.

[40] Nach Angaben der *Intendenza* des CSIR wurden im Dezember 1941 1379 und im Januar 1942 1054 Fälle von Erfrierungen gezählt (AUSSME, DS II 570, KTB Intendenza CSIR, Januar/Februar 1942, Anlage: Rechenschaftsbericht (Nr. 1759/S.M. di prot.) der Intendenza des CSIR für den Generalstab des Heeres (Ufficio Servizi I) für den Monat Januar 1942 vom 8. 2. 1942). Zwischen August 1941 und Ende Juni 1942 meldete die Intendenza insgesamt 3614 Fälle von Erfrierungen; vgl. Aufstellung der Intendenza des CSIR: „Ricoveri ospedalieri del periodo agosto 1941 – 30 giugno 1942", undatiert, abgedruckt in: Servizi logistici, S. 279. Messe selbst (Krieg im Osten, S. 153–162) schilderte die Vorbereitungen und die Organisation des Winterfeldzugs in der ihm eigenen Art. Vgl. auch den gut dokumentierten Beitrag von Cappellano, Scarpe di cartone.

b) <u>Ersatz</u>: Bis Ende Dezember 1941 Korps ohne Ersatz, zur Zeit durch Ersatztransporte nur noch 50 Prozent der Leute seit Beginn beim Korps. Ersatz brauchbares Menschenmaterial. Noch 6000 Mann im Antransport, trotzdem noch geringe Fehlstellen.

c) <u>Zustand und Stimmung der Truppe</u>: Truppe hat <u>Winter</u> erstaunlich gut überstanden und dadurch an Selbstvertrauen und Festigkeit gewonnen. Gesundheitlich nachträglich Schäden an Herz, Lunge und Nieren. Ermüdungserscheinungen nach nunmehr elfmonatigem Einsatz des Korps weniger bei der Truppe als in dem großteils überforderten Offizierkorps[41]. <u>Urlaub</u>: Erschwert durch Quarantänevorschriften bei Einreise in Italien[42]. Korps sieht vor, Leute bei dringenden häuslichen Gründen gegen Ersatz auszutauschen. <u>Stimmung</u>: Gut, zweifellos besonderes Verdienst des Kommandierenden Generals, der den nicht immer leicht zu behandelnden Soldaten anzupacken versteht und dessen Fürsorge dankbar anerkannt wird. Starker positiver Einfluß der Kirche.

4. Charakteristik der Kommandeure und Generalstabsoffiziere

a) <u>Korps</u>: <u>Kommandierender General</u> Exzellenz Messe[43]. Starke Persönlichkeit, von der militärischen und politischen Zweckmäßigkeit aufrichtiger Zusammenarbeit überzeugt. Führt taktisch vorsichtig unter Einschätzung des Kampfwertes seiner Truppe. Große Autorität bei [der] Truppe, vereint starke persönliche Stellung beim Duce und beim Königshaus (war Flügeladjutant, obwohl beförderter Unteroffizier). <u>Chef des Stabes</u> (Oberst Utili) kluger Kopf, beweglich, tüchtig und durchaus ehrlich. Ia (Oberstleutnant Conti[44]) äußerst fleißig. <u>Quartiermeister</u> (Major Cangini[45]) tatkräftiger, energischer Offizier, der auf Befehl des Chefs Bearbeitung der Versorgung aus [den] Händen des dafür vorgesehenen Sottocapo (Oberstleutnant Alessi[46], 52 Jahre) übernommen hat. <u>Ic</u> (Oberstleutnant Bianchi[47]), ehrgeizig, hat Ic-Dienst, insbesondere Abwehr aufgezogen.

---

[41] In einem von Messe gezeichneten Bericht des Generalkommandos (Nr. 2816/op. di prot.) an das *Comando Supremo* über die Moral der Truppe vom 10.4.1942 (AUSSME, Fondo Messe, busta P) heißt es: „Die Folgen [des Winterkriegs] machten und machen sich bemerkbar: zahlreiche Kranke, eine überraschende Schwierigkeit, auch nach leichten Unpäßlichkeiten wieder physisch zu Kräften zu kommen, starke nervliche Zerrüttung, Herzen, die sich erschöpfen, und tuberkulöse Erscheinungen, die sich auch bei konstitutionell gesunden und nicht vorbelasteten Personen zeigen. Die Offiziere haben im Verhältnis sehr viel stärker gelitten als die Truppe."

[42] Vorgesehen war eine Quarantäne von 15 Tagen in eigens dafür eingerichteten Lagern (ACS, T-821/374, Bl. 5–8, Stato Maggiore del Regio Esercito (Nr. 135700/10900/R. di prot. – segreto) vom 23.4.1943: Rimpatrio del II° Corpo d'Armata). Zusammen mit den Transportproblemen und der langen Reisedauer machten es die Quarantänebestimmungen nahezu unmöglich, den Soldaten des CSIR regulären Heimaturlaub zu gewähren.

[43] Zur Biographie Messes vgl. S. 22f. des vorliegenden Bandes.

[44] *Federico Conti*, Oberstleutnant i.G., seit März 1942 Chef des Ufficio Operazioni im Generalstab des CSIR als Nachfolger von Carlo Cavallero.

[45] *Gianfilippo Cangini*, Generale di Divisione, 1941/42 als Major Chef der Direzione Trasporti im Generalstab des CSIR, November 1942 – Juni 1943 Chef des Stabes der Division „Pasubio", zwischen Januar und April 1943 auch amtierender Divisionskommandeur, nach 1945 Kommandeur der Panzerdivision „Ariete".

[46] *Manlio Alessi*, 1941/42 als Oberstleutnant Sottocapo di Stato Maggiore und Chef des Ufficio Servizi im Generalstab des CSIR.

[47] *Ugo Bianchi*, seit Januar 1942 Chef des Ufficio Informazioni im Generalstab des CSIR.

b) Korpstruppen: Kavalleriekommandeur (General Barbò[48]) sympathisch und kameradschaftlich, keine starke Persönlichkeit. Artilleriekommandeur (General Dupont[49]) sehr tätig, viel vorne bei seiner Artillerie, hat bei vertretungsweiser Führung einer Division[50] sich viel persönlich um Stellungsausbau in vorderer Linie gekümmert. Korpspionierführer (General Tirelli[51]) persönlich außerordentlich beweglich, bemüht, aus geringem Nachrichtengerät und an Pionierausbildung nachzuholen, soweit irgend möglich [sic!].

c) Divisionen: Division Celere: Kommandeur (General Marazzani[52]) älterer Kavallerieoffizier, früher Attaché in Warschau; hat sich deutscher Führung gut angepaßt. Chef (Oberst Battaglini[53]) klug, bestimmt nicht ganz durchsichtig. Division hat unter XXXXIX. [Gebirgs-]Armeekorps Dezember/Mai 1941/42 viel hinzugelernt. Division „Torino": Kommandeur (General Lerici[54]) verdiente auch im deutschen Heer, Divisionskommandeur zu sein. Chef (Major Turrini[55]) guter Ia.

---

[48] *Guglielmo Barbò* (1887–1945), Brigadegeneral, Teilnahme am Ersten Weltkrieg als Offizier bei der Kavallerie und bei den Granatwerfern, seit 1937 Kommandeur des Regiments „Nizza Cavalleria", das er 1940/41 in den Kriegen gegen Frankreich und auf dem Balkan führte, seit November 1941 als Oberst Kommandeur des Regiments „Savoia Cavalleria", 1942 Kommandeur der Kavalleriebrigade des CSIR bzw. der 8. Armee, Anfang November 1942 abgelöst und nach Italien zurückgekehrt, nach dem 8. 9. 1943 von deutschen Truppen gefangengenommen, während des Transports geflohen, in Mailand untergetaucht, verhaftet und im Januar 1945 nach Deutschland deportiert, im KZ Flossenbürg umgekommen.

[49] *Francesco Dupont* (geb. 1889), Generale di Divisione, 1941/42 Artillerieführer des CSIR, 1942/43 Kommandeur der Division „Ravenna".

[50] Francesco Dupont führte als Brigadegeneral vom 8. 1.–16. 2. 1942 vertretungsweise die Division „Torino"; AUSSME, DS II 603, KTB Division „Torino", Januar/Februar 1942, Einträge vom 8. 1. und 16. 2. 1942.

[51] *Mario Tirelli* (geb. 1893), Generale di Corpo d'Armata, Teilnahme am Ersten Weltkrieg als Kompaniechef und Bataillonskommandeur, 1941/42 Pionierführer des CSIR, nach 1945 Chef des Pionierwesens der Marine, 1953–1959 Präsident der Associazione Nazionale Genieri e Trasmettitori d'Italia.

[52] *Mario Marazzani* (1887–1969), Generale di Corpo d'Armata, Teilnahme am Ersten Weltkrieg, Generalstabsausbildung, 1933–1937 italienischer Militärattaché in Warschau, 1937 zunächst stellvertretender Kommandeur, dann 1939 – November 1942 Kommandeur der 3. Division Celere „Principe Amedeo Duca d'Aosta", 1943 Inspekteur der Kavallerie, nach dem 8. 9. 1943 untergetaucht, nach dem Ende des Zweiten Weltkriegs zunächst im Verteidigungsministerium, dann 1947/48 Kommandeur des III° Comando Militare Territoriale (Mailand), 1948–1955 militärischer Berater des Staatspräsidenten.

[53] In der Vorlage: „Bottaglini". *Dandolo Battaglini*, als Oberst i.G. 1941/42 Chef des Stabes der 3. Division Celere „Principe Amedeo Duca d'Aosta".

[54] *Roberto Lerici* (geb. 1887), Generale di Divisione, 1937/38 Kommandeur der Brigade „Del Timavo", seit 1940 Kommandeur der Division „Bologna", 1942/43 Kommandeur der Division „Torino", wegen Erfrierungen längere Zeit im Lazarett, im Juli 1943 zum Kommandierenden General des in Apulien stehenden IX. Armeekorps ernannt, im Oktober 1944 von der Sowjetunion beschuldigt, die Verantwortung für Plünderungen und Zerstörungen in Rykowo zu tragen, 1947 aus dem Heer ausgeschieden, lebte in den fünfziger Jahren in Genua.

[55] In der Vorlage: „Turinu". *Umberto Turrini* (geb. 1904), 1926 zum Oberleutnant befördert, Verwendungen im militärischen Ausbildungswesen, 1940/41 Bataillonskommandeur im Krieg gegen Griechenland, als Major 1942/43 Chef des Stabes der Division „Torino",

Division war im Vorjahr schlecht, mit neuem Kommandeur und Ia wesentlich verändert. Division „Pasubio": Kommandeur (General Giovanelli[56]) alt, kein Schwung, schwach als Führerpersönlichkeit. Chef (Oberst Ricca[57]) vielseitig begabt, dienstlich wenig interessiert; kann, wenn es darauf ankommt, geschickt improvisieren. Division hat trotz dieser Besetzung [im] September 1941 unter Gruppe von Schwedler[58] gut gearbeitet und noch jetzt dorthin enge Beziehungen (sehr guter Divisions-Verbindungsoffizier).

Schlußurteil:

1. Korps zur Zeit einsatzfähig

a) in jetziger Stellung bei weiterem Ausbau und Zuführung von Stellungsbaugerät zur Abwehr bis mittlerer russischer Angriffe. Gegen mittlere und schwere Panzer ungenügende Waffen und noch ungenügende Geländeverstärkung. Ausbildung von Panzervernichtungstrupps und Bau von Panzerhindernissen läuft;

b) für Wiederaufnahme der Bewegung mit Division Celere und Teilen [der] Korpstruppen sofort, mit Divisionen „Pasubio" und „Torino" nach Erhöhung der Beweglichkeit. Diese gestattet zur Zeit nicht einmal Fußmarsch der geschlossenen Divisionen, für mot. Transport fehlen eigene Kolonnen des Korps. Mit Zuführung der bereits zugesagten und bei Intendenz eingetroffenen 400 Lkw ist Fußmarschbereitschaft behelfsmäßig gegeben. Die vo[m] Divisionskommandeur „Pasubio" insbesondere geforderte Frist von mindestens 20 [?] Tagen Ruhe für Auffrischung der Leute ist nach den ruhigen Kampfverhältnissen des Frühjahres nicht unumgänglich – Korps hat im Herbst 1941 vor den Operationen wiederholt auf seine beschränkte Einsatzfähigkeit hingewiesen, während der Operationen jedoch die gestellten Forderungen erfüllt.

2. Für volle Einsatzbereitschaft beabsichtigte [der] Kommandierende General, zur Zeit in Rom, dort zu beantragen[59]:

1944/45 Verbindungsoffizier zu den Alliierten, dann Generalstabsverwendungen, als Oberst Kommandeur des Infanterieregiments 46, 1952 zum Chef des Ufficio Operazioni im Generalstab des Heeres berufen, 1954 zum Brigadegeneral, 1957 zum Generale di Divisione befördert, Kommandeur des Militärbezirks Genua und der Division „Cremona", 1960 zum Generale di Corpo d'Armata befördert, 1960–1962 Kommandierender General des V. Armeekorps, dann Kommandeur des Wehrkreises Tosco-Emiliana und Kommandeur der Guardia di Finanza.

[56] *Vittorio Giovanelli*, Generale di Divisione, 1940–1942 Kommandeur der Division „Pasubio", Mitte September 1942 aus Altersgründen abgelöst, zunächst durch Brigadegeneral Roberto Olmi vertreten, dann Anfang Dezember 1942 durch General Guido Boselli ersetzt.

[57] *Umberto Ricca*, Oberstleutnant i.G., 1941/42 Chef des Stabes der Division „Pasubio", Mitte November 1942 durch Gianfilippo Cangini ersetzt.

[58] In der Vorlage: „Schedler". *Viktor von Schwedler* (1885–1954), General der Infanterie, Teilnahme am Ersten Weltkrieg, 1933 zum Chef des Heerespersonalamts ernannt, 1938–1942 Kommandierender General des IV. Armeekorps, 1943–1945 Befehlshaber im Wehrkreis IV. Ende September 1941 deckte die Division „Pasubio" im Zuge eines Angriffs über den Fluß Oriol die rechte Flanke der Gruppe von Schwedler. Vgl. Luoni, „Pasubio" sul fronte russo, S. 85–94; AUSSME, DS II 628, KTB Division „Pasubio", September/Oktober 1941, Anlage 138: Operationsbefehl Nr. 17 des Kommandos der Division „Pasubio" (Nr. 5748 di prot. op. – gez. Vittorio Giovanelli) vom 22. 9. 1941; im selben Bestand finden sich auch einige in herzlichem Ton gehaltene Funksprüche zwischen General Giovanelli, General von Schwedler und Oberst Erich Abraham, dem Kommandeur des Infanterieregiments 230.

[59] Der General befand sich zwischen dem 24. 5. und dem 20. 6. 1941 in Italien (AUSSME, Fondo Messe, busta A, Tagebuch des Kommandierenden Generals für Juni 1942).

a) Die erste antransportierte neue Division der 8. Armee, um mit dieser und Division Celere und Korpstruppen sofort einsatzfähig zu sein.
b) Schwere Artillerie zur Verstärkung der geringen Feuerkraft insbesondere für Angriffe.
c) Panzer, die als moralische Stütze der Infanterie für Angriffe kaum entbehrlich sind.
d) Panzerabwehr: Hierzu bereits 18 Pak (f) durch OKH zugesagt.
e) Nachrichtengerät, um damit eine der wesentlichsten Lücken der Führung der Truppe auszufüllen.
f) Mot. Kolonnen: Raum aus den mit 8. Armee ankommenden Kolonnen.

Was von diesen Forderungen erfüllt wird, ist noch nicht abzusehen. Rückkehr des Kommandierenden Generals für [den] 15. Juni erwartet. Allgemein ist bei Führung und Truppe der absolute Wille mitzumachen und ein – abgesehen von der Beweglichkeit – aufgrund der Erfahrungen des Winters gegenüber dem Vorjahr gesteigerter Kampfwert der Truppe.

Zwei Anlagen[60]   Major i.G.[61]

BA-MA, MFB4 18276, Bl. 156–161.

Dokument 4

Bericht des Deutschen Verbindungsstabs über die 8. italienische Armee vom 8. August 1942

Deutscher Verbindungsstab
zum kgl. ital. 8. AOK

Nr. 52/42 geh. Kdos.   O.U., 8. August 1942
                                                                                                        5 Ausfertigungen
                                                                                                        4. Ausfertigung

Zustandsbericht der ital. 8. Armee
Stand 1. August 1942

I. Gliederung: [...][62]

II. Personelle Lage
a) Die Verluste der Armee im Monat Juli betrugen: Gefallene 238 (darunter 19 Offiziere), Verwundete 1360 (darunter 61 Offiziere), Vermißte 84. Insgesamt 1682

---

[60] Nach handschriftlicher Notiz wurde mit dem Zustandsbericht nur *eine* Anlage übersandt.
[61] Das Dokument ist ungezeichnet, wurde aber vermutlich von *Reinhold Fellmer* (geb. 1911, 1941/42 als Hauptmann bzw. Major i.G. Chef des DVK beim CSIR bzw. beim XXXV. italienischen Armeekorps, im November 1942 Wechsel in den Stab des Deutschen Generals bei der 8. italienischen Armee, 1943 Ia der 76. Infanteriedivision, 1944 im Stab des Chefs der Heeresrüstung und Befehlshabers des Ersatzheeres) verfaßt.
[62] Der „quadro di battaglia" der 8. italienischen Armee ist abgedruckt in: Operazioni delle unità italiane al fronte russo, S. 605–628. Zur Struktur und Bewaffnung der Armee vgl. S. 29f. des vorliegenden Bandes.

(darunter 80 Offiziere). Von diesen Verlusten entfallen auf die Division Celere 1593 Mann (darunter 75 Offiziere)[63].

b) Die personelle Einsatzfähigkeit beträgt bei Division Celere 80 Prozent, bei den übrigen Verbänden 96–100 Prozent.

III. Materielle Lage

a) Waffen: Division Celere verfügt über:

l.MG	91 Prozent der Sollstärke
s.MG	80 Prozent
Granatwerfer 8,1	50 Prozent
Pak/IG 4,7	83 Prozent
Flak 2 cm	92 Prozent
Kanonen 7,5	66 Prozent

Alle übrigen Verbände sind voll aufgefüllt.

b) Kraftfahrzeuge: Divisionen „Torino" und „Pasubio" verfüg[en] über 50 Prozent der Sollstärke der Kraftfahrzeuge, Division Celere [verfügt] über 70 Prozent. Die übrigen Einheiten sind voll aufgefüllt.

c) Pferde: Divisionen „Torino" und „Pasubio" verfügen über 47 Prozent ihrer Pferde. Die übrigen Verbände sind voll aufgefüllt.

d) Einzelheiten der Pak-Ausrüstung: […]

e) Einzelheiten über die Gasschutzausrüstung: […]

IV. Bisherige Leistungen

Von den Divisionen der Armee waren Generalkommando XXXV. Armeekorps mit Divisionen „Pasubio", „Torino" und Celere seit Juli 1941 in Rußland eingesetzt. Die Divisionen des Generalkommandos II. Armeekorps waren bisher gegen Frankreich und im albanisch-griechischen Krieg eingesetzt. Im Juli 1942 waren eingesetzt:

a) XXXV. Armeekorps (Divisionen Celere, „Torino", „Pasubio") im Angriff gegen die feindliche Front [bei] Orlowo – Iwanowka – Debalzewo. Der Angriff führte zur Einnahme von Iwanowka (durch die Division Celere) und des Kohlengebiets von Krasnyj Lutsch (durch die Division „Sforzesca", die die Division „Torino" ablöste). Die Hauptlast des Kampfes trug die Division Celere, die auch die Masse der Verluste hatte[64]. Beute: 2300 Gefangene, 26 Geschütze und Granatwerfer, 30 MG, 60 leichte automatische Waffen, viele hundert Gewehre und Kriegsmaterial.

b) Nach Herausziehen aus der Front wurde die 8. Armee nach Nord-Ost abgedreht. Am 23. Juli wurde die Brücke über den Donez bei Woroschilowgrad hergestellt und die Verschiebung der Armee an den Don in den Abschnitt Jelanskoje – Pawlowsk begonnen[65].

---

[63] Zwischen dem 12. 7. und dem 8. 8. 1942 meldete die 3. Division Celere 233 Gefallene (darunter 16 Offiziere), 1347 Verwundete (darunter 63 Offiziere) und 105 Vermißte; AUSSME, DS II 1086, KTB 3. Division Celere, August/September 1942, Anlage: Übersicht über Verluste und Beute vom 12. 7.–8. 8. 1942.

[64] Vgl. Operazioni delle unità italiane al fronte russo, S. 200–207. Die Zahl der Gefangenen lag möglicherweise höher; in Operazioni del C.S.I.R. e dell'ARMIR, S. 135, ist von 4000 gefangenen Rotarmisten die Rede.

[65] Zum Bau der Kriegsbrücken und zum Übergang der Armee über den Donez vom 23.–31. 7. 1942 vgl. Operazioni delle unità italiane al fronte russo, S. 208 ff.

c) Division Celere wurde vom 29.–31. Juli im Kampf gegen den russischen Brückenkopf bei Sserafimowitsch eingesetzt. Sie [wies] am 30. Juli starke russische Angriffe, die von 40 Panzer[n] unterstützt wurden, zurück. Am 31. Juli wurden die Angriffe fortgesetzt[66].

V. Schlußbeurteilung

Während die Divisionen des XXXV. Korps im Rahmen des Möglichen aufgefrischt sind, verfügen die aus Italien herantransportierten Verbände über das volle Soll ihrer Stärke- und Ausrüstungsnachweisung [sic!]. Sie sind auf jedem Gebiet für italienische Verhältnisse gut herausgebracht. Dies trifft besonders für den Zustand der Kraftfahrzeuge zu. Bedenklich scheint nur die unzureichende Ausrüstung mit panzerbrechenden Waffen.

Der Kampfwert der neuen Divisionen ist noch nicht zu übersehen, weil sie bisher kaum eingesetzt waren. Da sie meist norditalienischen Ersatz haben, sind sie sicherlich zu den besten Verbänden, über die das italienische Heer zur Zeit verfügt, zu rechnen. Trotzdem muß auf folgende Erfahrungen in [der] Zusammenarbeit mit italienischen Verbänden hingewiesen werden: Dem italienischen Soldat[en] und Führer fehlt die nötige innere Härte, schwierige Lagen durchzustehen, und der unbedingte Wille, am befohlenen Ziel festzuhalten. Das führt zu einem für deutsche Begriffe unverständlichen Mangel an Energie, auch jeweilige [sic!] Schwierigkeiten meistern zu wollen. Für unvorhergesehene Änderung der Lage, für starke Kampfeindrücke und Verluste ist der Italiener stark empfindlich. Auch gut beurteilte Verbände sind krisenempfindlich.

Das äußere Bild und die Disziplin der Truppe weich[en] vom deutschen Vorbild stark ab. Trotz besten Willens der Führung kann sich diese den zur Zeit auftretenden Disziplinlosigkeiten [gegenüber], insbesondere bei der Versorgung aus dem Lande durch einzelne Soldaten, nicht durchsetzen[67]. Das Verhältnis zur Zivilbevölkerung schwankt zwischen Anbiederung und sinnlosem Bedrohen mit der Waffe.

Die italienische Führung, besonders der Oberbefehlshaber [Italo Gariboldi] und der Chef des Generalstabes[68], hat den festen Willen, nach besten Kräften mitzuarbeiten und den deutschen Befehlen und Wünschen gerecht zu werden. Der Führungsapparat ist aber umständlich und langsam. Das Fehlen ausreichender Nachrichtenmittel macht die Verbindung mit den unterstellten Verbänden unsicher. Die Folge ist, daß die Führung schlecht über die eigene Lage orientiert ist und nicht die

---

[66] Am 24. 7. 1942 wurde die 3. Division Celere der 6. deutschen Armee bzw. deren XVII. Armeekorps unterstellt. Zusammen mit deutschen Truppen konnten die *Bersaglieri* den von der Roten Armee hartnäckig verteidigten Brückenkopf über den Don bei Serafimowitsch zwar zerschlagen, doch der Mangel an Truppen, das schwierige Gelände und wiederholte Gegenangriffe machten eine dauerhafte Sicherung des Territoriums unmöglich. AUSSME, DS II 1086, KTB 3. Division Celere, August/September 1942, Anlage: Kommando 3. Division Celere (Nr. 2/3348/op. di prot. – gez. Mario Marazzani) vom 10. 8. 1942: „Attività della divisione dal giorno 11 luglio al giorno 8 agosto 1942".

[67] Zu diesem Problem finden sich zahlreiche Dokumente in: BA-MA, MFB4 41403, Bl. 110–202.

[68] *Bruno Malaguti* (geb. 1887), Brigadegeneral, zunächst Verwendungen auf dem nordafrikanischen Kriegsschauplatz, dann 1942/43 Chef des Stabes der 8. Armee, 1943 Kommandeur der Division „Torino".

Möglichkeit hat, schnell umzudisponieren. Die Arbeitsweise der Stäbe ist schematisch, unbeweglich und zum Teil ungenau.

Die 8. italienische Armee wird in der Lage sein, in der Verteidigung leichte und mittlere Angriffe abwehren zu können. Im Angriff kann sie in einfacher Lage möglichst in Zusammenarbeit mit deutschen Verbänden Brauchbares leisten.

Der Chef des Deutschen Verbindungsstabes
[von Gyldenfeldt]
Major i.G.

An
Heeresgruppe B Ia
Nachrichtlich an:
GenStdH/Att.Abt.
GenStdH/Fremde Heere West
KTB
Entwurf

BA-MA, MFB4 18035, Bl. 289–295.

Dokument 5

Bericht des Deutschen Verbindungskommandos über das
II. italienische Armeekorps vom 3. August 1942[69]

Ia geheim
Nr. 54/42 geh. 3. August 1942

Zustandsbericht

1. Die Marschbewegungen sind im allgemeinen planmäßig verlaufen, so daß die befohlenen Marschziele und Rasträume – wenn auch schleppend – und meist mit großen Verspätungen – erreicht wurden[70]. Meldungen von Seiten der Divisionen über erreichte Räume, Eintreffen und Abmarschzeiten pp. an das Korps erfolgten anscheinend nicht, jedenfalls war die vorgesetzte Dienststelle meist unorientiert, gelegentlich auch uninteressiert. Im übrigen gewinnt man den Eindruck, daß die Zusammenarbeit mit de[m] DVK[71] gar nicht erwünscht und

---

[69] Dieser Zustandsbericht ist ungezeichnet und nur als Entwurf überliefert. Datum und Protokollnummer sind handschriftlich eingetragen.

[70] Die Marschbewegungen und Etappen der Divisionen der 8. Armee lassen sich ersehen aus: AUSSME, DS II 785, KTB II. Armeekorps, Juli/August 1942, Anlage 65: Comando 8ª Armata, Stato Maggiore – Ufficio Operazioni (Prot. Nr. 02/1800 – gez. Italo Gariboldi) vom 24. 7. 1942: „Movimenti oltre il Donez". Zu den Marschbewegungen aus italienischer Sicht: DS II 787, KTB Division „Ravenna", Juli/August 1942, Anlage 163: „Relazione sulle marce compiute della D. f. ‚Ravenna'" (Nr. 561/Op. segreto – gez. Eduardo Nebbia) vom 9. 8. 1942; nach diesem Bericht legten die beiden Infanterieregimenter der Division in 34 bzw. 32 Tagen im Fußmarsch 1125 bzw. 1035 km vom Versammlungsraum nahe Charkow bis zum Einsatzgebiet am Don zurück.

[71] Nachfolgend handschriftlich gestrichen: „auch".

nicht angestrebt wird. Schriftliche Befehle (auch im Auszug) wurden trotz mehrfacher Bitten nicht ausgehändigt. Mißtrauen und Minderwertigkeitskomplexe sind wohl der Grund. Die Zusammenarbeit mit den italienischen Kommandobehörden ist dadurch trotz gegenseitiger Höflichkeiten sehr erschwert.

2. Plünderungen pp.: Mit Erreichen des Raumes um Woroschilowgrad und nach Überschreiten des Donez wurde von Seiten der Wirtschafts- [und] Erfassungsorgane ständig darüber Klage geführt, daß italienische Soldaten willkürlich plündern, Vieh abschlachten, Pferde stehlen usw. So[72] wurden am 29. Juli in Belowodsk 18 Stück Vieh abgetrieben, ein Lager erbrochen und daraus eine große Anzahl Eier sowie Honig und andere Lebensmittel entwendet. Außerdem sind am 31. Juli zwischen sieben und neun Uhr vormittags von Wilokowski fünfzig Pferde, am 31. Juli, neun Uhr früh von Strelzowka dreißig Pferde und von Melowoje vier Pferde abgetrieben worden[73]. Der Kommandierende General des II. italienischen Korps [Giovanni Zanghieri] hat genaue Untersuchung und strengste Bestrafung zugesichert.

Die Ursache zu diesen Disziplinlosigkeiten liegt anscheinend darin, daß die Mannschaften ungenügend verpflegt werden, weil Offiziere und Unteroffiziere auf Kosten der Mannschaft leben. Dieser Eindruck besteht auch durchaus bei den italienischen Mannschaften selbst und wird von der Masse sogar den deutschen Offizieren und Mannschaften gegenüber freimütig zum Ausdruck gebracht. Irgendwelche Sonderzuweisungen an Rauchwaren, Schokolade pp. haben Unteroffiziere und Mannschaften bisher nicht erhalten. Demgegenüber erhielten die Offiziere des Korpsstabes je Kopf mehrere Tafeln Schokolade, Drops und einige hundert Zigaretten. Der deutsche Soldat (Offizier, Unteroffizier und Mann) wird vom italienischen Soldaten geachtet, Haltung, Disziplin und die kameradschaftliche Einstellung zwischen Offizier und Mann, getragen von gegenseitigem Vertrauen werden von [italienischen] Unteroffizieren und Mannschaften offen und ehrlich bewundert[74].

[3.] Ungenügend organisiert ist ferner das Auffangen von russischen Kriegsgefangenen, die von der kämpfenden Truppe ohne Bewachung zurückgeschickt worden sind und in großer Zahl einzeln oder in kleinen Trupps nach rückwärts marschieren. [In Gorodischtsche sollen von ca. 30 Verwundeten bzw. kranken russischen Soldaten 19 geflohen sein[75].]

---

[72] Nachfolgend handschriftlich gestrichen: „Unter anderem".
[73] Diese Einzelfälle ließen sich nicht nachweisen. Zur Ausbeutung der Ressourcen vgl. die von General Eduardo Nebbia gezeichneten, detaillierten Anweisungen des Kommandos der Division „Ravenna" (Nr. 08/2727 di prot. Com.) vom 30. 7. 1942; AUSSME, DS II 787, KTB Division „Ravenna", Juli/August 1942, Anlage 119.
[74] Exemplarisch zur Kritik an den Verhältnissen in der italienischen Armee: ACS, T-821/119, Bl. 901–905, Comando Supremo – SIM: Relazione quindicinale (16–31 luglio 1941) sulla revisione della corrispondenza effetuata dalle Commissioni provinciali di censura postale vom 7. 8. 1941.
[75] Dieser Satz schloß ursprünglich an die weiter unten berichtete Episode über die angebliche Unterweisung sowjetischer Zivilisten im Gebrauch italienischer Handgranaten an und wurde später durch handschriftliche Anweisung nach oben verschoben, ohne daß die Intention des Verfassers genau zu erkennen ist. Die hier erfolgte Positionierung entspricht der Logik der Argumentation.

[4.] Das Einsammeln von Beutestücken ist bisher überhaupt nicht organisiert. In Werchnaja oder Moshajewka wurde[76] am 29. Juli durch die Division „Ravenna"[77] ein Beutewaffenlager aufgefunden. Das Lager ist unbegreiflicherweise unbewacht zurückgeblieben. Die Waffen wurden in der Nacht vom 29. zum 30. Juli gestohlen.

[5.] Es ist festgestellt worden, daß italienische Soldaten, anscheinend Angehörige der Division „Torino", der russischen Bevölkerung den Gebrauch italienischer Handgranaten genau erklärt haben[78]. Im Hinblick darauf, daß im Raume (x-y) nach Meldung der Gebietsführer und Staroste bereits Partisanen aufgetreten sein sollen, scheinen durchgreifende Maßnahmen geboten.

[6.] Für die bevorstehenden Abwehrkämpfe am Don sind die Divisionen nicht mit Minen ausgestattet. Anforderung soll bereits erfolgt sein.

[7.] In letzter Zeit sind häufig Schwierigkeiten in der Betriebsstoffversorgung aufgetreten, angeblich weil die Armee hierfür nicht rechtzeitig gesorgt hat (Klagen der Divisionen „Ravenna" und „Torino").

BA-MA, RH 31 XIV/3, Bl. 9f.

Dokument 6

Wochenbericht des Deutschen Verbindungskommandos zum II. italienischen Armeekorps vom 16. September 1942[79]

An O.U., den 16. September 1942
Deutschen Verbindungsstab
zum kgl. ital. 8. AOK

Wochenbericht

I. [Allgemeine Lage]
1. Die Vorgänge bei den Divisionen „Ravenna" und „Cosseria" am 11. September (Übersetzen des Feindes bei Sswinjucha und Krassno Orechowoje in Stärke von mehreren Bataillonen sowie Vordringen über Ssolonzy hinaus) sind bekannt[80].

---

[76] In der Vorlage ursprünglich: „soll [...] aufgefunden worden sein".
[77] In der Vorlage ursprünglich: „Division „Torino".
[78] Dieser Satz wurde in der Vorlage handschriftlich gestrichen.
[79] Der Bericht ist als Entwurf gekennzeichnet; eine Protokollnummer fehlt.
[80] Die Division „Cosseria" verteidigte den Abschnitt von Nowaja Kalitwa bis Krasno Orechowoje, die Division „Ravenna" die Sehnenstellung im Donbogen von Werch. Mamon, den die Rote Armee bereits Ende August größtenteils zurückerobert hatte, und daran anschließend das Don-Ufer bis zur Mündung des Bogutschar. Am 11. 9. 1942 wurden beide Divisionen angegriffen, wobei die sowjetischen Kräfte vor allem auf Schlüsselstellungen an der Basis des Donbogens zielten, um von zwei Seiten in den Rücken der italienischen Einheiten zu gelangen. Sowohl die Gegenangriffe an der Nahtstelle zwischen den Divisionen „Cosseria" und „Ravenna" als auch bei Swinjucha und Solonzy im Abschnitt der Division „Ravenna" brachten keine Bereinigung der Lage, drohten aber die taktischen Reserven beider Divisionen aufzuzehren. Während die „Cosseria" dem Angriff schließlich am 12. 9. selbst Herr werden konnte, benötigte die „Ravenna" die massive Unterstützung des II. Armeekorps, das

Am Sonnabend (den 12. September) wurde der Einbruch durch entschiedenes Eingreifen ausreichender Reserven bereinigt. Der Ausgang des Unternehmens hat hier im Stabe der Führungsabteilung eine hochzufriedene, um nicht zu sagen sieghafte Stimmung ausgelöst, die gefährlich erscheint, da sie jegliche Kritik an der Ausführung des Unternehmens von vorneherein unterband. Daß bei dem Unternehmen durch den zögernden Einsatz der Reserven und durch Fehler der Führung nach und nach zwei Bataillone aufgerieben wurden (bisher bekannte Verluste der „Cosseria" und „Ravenna": gefallen: zehn Offiziere, 98 Unteroffiziere und Mannschaften; vermißt: 77 Mann; verwundet: 28 Offiziere, 463 Unteroffiziere und Mannschaften) und der Einsatz der Kräfte in keinem Verhältnis zum „Erfolg" stand, hat hier niemand zu einer Überlegung veranlaßt. Es wurde auch von Seiten des Kommandierenden Generals [Giovanni Zanghieri] und des Chefs des Stabes[81] erklärt, daß die Armee selbst ihre vollste Zufriedenheit zur Durchführung des Unternehmens geäußert habe[82].

Ich glaube, dies zur Kenntnis bringen zu müssen, da nach meinem Dafürhalten unbedingt eine Lehre aus dem Verlauf des Unternehmens gezogen werden muß. Eine ähnliche Aktion des Gegners kann sich jeden Tag wiederholen, und es ist vorauszusehen, daß dann weitere Bataillone ebenso geopfert werden wie bei diesem Unternehmen.

2. Die Zusammenarbeit mit dem Ic, Major Giraudo[83], und seinem Büro ist sehr gut. Auskünfte werden sofort und genau erteilt, und die Mitwirkung des DVK häufig in Anspruch genommen. Bei Vernehmungen könnte unter Umständen ein besseres Ergebnis erzielt werden, wenn nicht z. B. die Vernehmung der mit Fallschirm abgesetzten Partisanen durch zuschauende neugierige Soldaten gestört worden wäre und man die Vernehmung eindringlicher durchgeführt hätte.

---

mit den Schwarzhemden der Brigade „23 Marzo" eigene Reserven ins Gefecht warf. Das II. Korps verlor bei diesen Kämpfen insgesamt 678 Mann, darunter 39 Offiziere. Vgl. Operazioni delle unità italiane al fronte russo, S. 297–300; die Kriegstagebücher der beteiligten italienischen Großverbände finden sich im AUSSME, DS II 973 (II. Armeekorps), 975 (Division „Ravenna") und 885 (Division „Cosseria"), aus deutscher Sicht werden die Ereignisse geschildert in: BA-MA, MFB4 41403, Bl. 1163, Bl. 1166 und Bl. 1169, KTB des DVK zum II. Armeekorps, Einträge vom 11. 9.–13. 9. 1942.

[81] *Ugo Almici*, Oberst i.G., 1942/43 Chef des Stabes des II. Armeekorps.
[82] AUSSME, DS II 973, KTB II. Armeekorps, September/Oktober 1942, Anlage 127: Kommando II. Armeekorps (Nr. 2886/02 di prot. – gez. Giovanni Zanghieri) vom 13. 9. 1942: „Encomio ai reparti dipendenti per l'azione del 11–12 settembre 1942" und Anlage 175: AOK 8 (Ufficio Operazioni, Prot. Nr. 02/3548 – gez. Italo Gariboldi) an das Kommando des II. Armeekorps vom 13. 9. 1942. In Zanghieris Belobigung heißt es: „Ich bin stolz auf meine Truppen und wünsche, daß alle meine Soldaten das wissen. Ich bin sicher, daß uns eine Verteidigung der Stellungen bis zum Äußersten und wuchtige Gegenangriffe auch in den kommenden Operationen erlauben werden, unsere Aufgabe vollständig zu erfüllen." Zur italienischen Interpretation der Ereignisse, die durchaus nicht frei von Selbstkritik war, vgl. AUSSME, DS II 975, KTB Division „Ravenna", September/Oktober 1942, Anlage 48: General Edoardo Nebbia an das Kommando des II. Armeekorps vom 13. 9. 1942 (Nr. 1357/Op.), und DS II 973, KTB II. Armeekorps, September/Oktober 1942, Anlage 153: Denkschrift des Kommandos des II. Armeekorps an die unterstellten Truppen vom 15. 9. 1942: „Ammaestramenti da trarsi dalle recenti azioni".
[83] *Giuseppe Giraudo* (geb. 1909), als Major Chef des Ufficio Informazioni des II. Armeekorps, im Januar 1943 zum AOK 8 versetzt, 1966–1972 Generalsekretär des italienischen Verteidigungsministeriums.

II. Wirtschaft und Versorgung

1. Die Zusammenarbeit mit dem Quartiermeister des II. italienischen Armeekorps (Oberstleutnant Criscuolo[84]) hat sich günstig ausgewirkt. Den Divisionen wurde untersagt, in landwirtschaftlichen Angelegenheiten und bei Verteilung der Lebens- und Futtermittel dem Starosten gegenüber Befehlsgewalt auszuüben. Die Landwirtschaftsführer behalten die Verfügungsberechtigung über die Vorräte, sie verteilen sie auf Anfordern [sic!], wobei sämtliche im Korpsbereich anfallenden Erzeugnisse ausschließlich dem Korps oder der Armee zustehen. Zu jedem Kreislandwirt wird ein italienischer Verbindungsoffizier abgestellt werden[85]. Auf Veranlassung des Quartiermeisters wurde jeder Division ein Kreis als Einzugsgebiet zugewiesen („Ravenna": Kreis Bogutschar, „Cosseria": Kreis Nowaja Kalitwa), ebenso sind ihnen aus den Kreisen Mitrofanowka und Taly bestimmte Mengen des Anfalles zugeteilt. Die beiden letzten Kreise dienen im übrigen ebenso wie der Kreis Kantemirowka der Versorgung der Korpstruppen und der Bevorratung des Korps und der vorgeschobenen Stelle (Centro „K") der Intendenza. Vom Quartiermeister wurde ein Versorgungs- und Vorratsplan bis zum 15. März 1943 aufgestellt[86]. Die Gegenüberstellung dieses Plans mit den nach Angaben der Kreislandwirte festgestellten Vorräte[n] und Erträgen der neuen Ernte ergibt: sehr erhebliche Überschüsse an Weizen, Überschüsse bei Öl, Hafer, Hirse, Mais, Heu und Stroh, einen Fehlbedarf von rund 7400 Stück Vieh.
Die Roggenvorräte und -erträge werden dabei nicht in Anspruch genommen; das Kommissariat lehnt es ab, Roggen abzunehmen. Da der alte Weizen dumpfig ist, wird er vom Kommissariat beanstandet; es muß daher bei den zu hohen Ansprüchen der Italiener schon jetzt an die noch nicht in ausreichender Menge gedroschene neue Ernte herangegangen werden, obwohl eine unvermeidliche geringfügige Dumpfigkeit des alten Weizens in Kauf genommen werden könnte.
Die Vorschläge des Wirtschafts-Verbindungsoffiziers über Verteilung der zugewiesenen Mengen von Petroleum, Schmieröl und Naphta sind vom Ib angenommen worden[87].
2. Unberechtigte Entnahmen von Lebensmitteln finden hier und da noch statt. Gemeldeten Einzelfällen wird allerdings vom Ib bereitwillig nachgegangen. Der Korpsbereich wird immer noch von Kommandos fremder, weitab liegender Einheiten aufgesucht, die hier Lebensmittel besorgen wollen. Die Kreislandwirte müssen derartige Ansprüche aber im Hinblick auf das Verlangen der Italiener, diesen Raum für ihre eigene Versorgung vorzubehalten, ablehnen. Derartige Fahrten verbrauchen also nur unnötig Kraftstoff und führen gelegentlich zu wildem Requirieren.

---

[84] *Vittorio Criscuolo* (geb. 1906), 1942/43 als Oberstleutnant Sottocapo im Stab des II. Armeekorps.
[85] Zur Ausbeutung des Landes vgl. die Berichte der *Intendenza* der 8. Armee „Due battaglie invernali 1941/42 – 1942/43. Relazione sulla condotta dell'organizzazione sfruttamento risorse locali sul fronte russo" (AUSSME, DS II 1557/8; aus jeder Seite des Berichts sprechen die Gegensätze zwischen der *Intendenza* und der deutschen Wehrwirtschaftsorganisation) und des *Ufficio Economia di guerra* der *Intendenza* vom 27. 3. 1943 (der Bericht findet sich im selben Bestand).
[86] Nicht ermittelt.
[87] Nicht ermittelt.

3. Große Schwierigkeiten sind durch die Einrichtung des Centro avanzato „K" der Intendanza der 8. Armee entstanden. Die Dienststelle ist besetzt mit Oberst de Biase[88] (Leiter), Oberstleutnant Russo[89], einem Oberst des Kommissariats, einem Major Bianca und einer weiteren Reihe Offiziere [sic!] und angeblich über 400 Mann. An die Kreislandwirte in Kantemirowka und Mitrofanowka werden nun sowohl vom II. Armeekorps als auch vom Centro „K" Anforderungen gerichtet. Die Kreislandwirte wissen daher häufig nicht, wie sie knappe Lebensmittel verteilen sollen. Dem vom Wirtschafts-Verbindungsoffizier wiederholt vorgetragenen Wunsch, die Intendantur der Armee von der Versorgung aus dem Korpsbereich auszuschalten und sie auf rückwärtiges Gebiet zu beschränken, ist bisher nicht entsprochen worden. [...][90]

Hu[tzelmeyer]
Major und DVK-Führer

BA-MA, RH 31 XIV/3, Bl. 27–30.

Dokument 7

Wochenbericht des Deutschen Verbindungsstabs beim II. italienischen Armeekorps vom 19. November 1942[91]

Deutscher Verbindungsstab
zum ital. II. A.K.

Nr. Ia/215/42 geh.   O.U., den 19. November 1942
An
Deutschen General
beim ital. AOK 8

Wochenbericht

1. Betr. Verhältnis zwischen DVK „Cosseria" und Divisionskommando „Cosseria"
Über Einzelheiten der Angelegenheit liegt Sonderbericht bei. Allgemein sei noch bemerkt, daß sich alle italienischen Dienststellen gegen Anforderungen wehren, die ihnen Doppelarbeit bringen, und auch nicht ohne weiteres einsehen wollen, daß doppelte Meldungen (je ein italienischer und ein deutscher Meldeweg) nötig seien.
Ferner ist begreiflicherweise die Möglichkeit, mit allen Unterlagen versehen zu werden, die nur überhaupt erwünscht sind, viel größer, wenn eine Untermischung mit deutschen Verbänden vorhanden ist oder deutsche Verbände einer italienischen Kommandostelle unterstellt sind. In diesem Falle <u>müssen</u> eben alle Unterlagen ge-

---

[88] *Achille de Biase*, Oberst, Offizier z.b.V. im Generalstab der Intendanza der 8. Armee.
[89] Angaben zu Oberstleutnant Russo, dem Oberst des Kommissariats und Major Bianca wurden nicht ermittelt.
[90] Es folgt ein Abschnitt über Kompetenzkonflikte und Reibereien am Beispiel der Betriebsstoffzuteilung.
[91] Der Bericht ist als Entwurf gekennzeichnet.

geben werden, auch wenn sie nach italienischer Auffassung noch so „geheim" sind, während ein Verbindungskommando oder Verbindungsstab, der einem reinrassig italienischen Verband angehört, wohl immer gewisse Schwierigkeiten haben wird. Im allgemeinen kann festgestellt werden, daß die italienischen Stellen um so aufgeschlossener sind, je mehr sie sich in Frontnähe befinden.

2. Besetzung der vorderen Linie

Die Verstärkung der Besetzung der vorderen Linie ist bei der Division „Cosseria" vorgesehen. Nach der Zusicherung des Divisionskommandos ist sie auch bereits im Gange. Der Deutsche Verbindungsstab behält die Angelegenheit im Auge und wird, sobald es möglich ist, eine Planskizze mit der neuen Aufstellung übersenden.

3. Italienische Ortsnamenbezeichnung

Am Geburtstag des Königs wurde zum Gedenken des gefallenen Oberstleutnants Agosti[92] der Ort Krasnyj in Borgo Agostia umgetauft[93]. Es ist anzunehmen, daß die Umbenennung russischer Orte in wohlklingende italienische Namen weiter um sich greift. Die Einheiten bedienen sich ihrerseits dann lieber der italienischen, statt der auf den Karten verzeichneten Namen. Dies dürfte zu Unzuträglichkeiten und Verwirrung, besonders in den Meldungen, führen.

Hu[tzelmeyer]

Anlage zu Nr. 215/42 geh.

Deutscher Verbindungsstab
zum ital. II. A.K.

Betr.: Kontakt des DVK „Cosseria" mit dem Div.Kdo.[94]

Wie bekannt, haben sich im Verkehr zwischen dem DVK „Cosseria" (Leutnant Reichel[95]) und dem Divisionskommando schon vor Wochen gewisse Spannungen ergeben. Leutnant Reichel bekam die Unterlagen für seine Tätigkeit (Meldungen, Karten, Planpausen usw.) nur mit Schwierigkeiten in die Hand. In seiner vertraulichen Aussprache mit mir führte er das zunächst darauf zurück, daß er als Subalternoffizier und infolge seiner Jugend den Italienern gegenüber nicht die Möglichkeit habe, sich entsprechend durchzusetzen.

Ich habe mich daraufhin mit dem seinerzeitigen Sottocapo[96] (jetzigen Capo di

---

[92] *Guido Agosti* (1893–1942), Oberstleutnant, Kommandeur des I. Bataillons des Infanterieregiments 90 der Division „Cosseria", am 11. 9. 1942 bei Kämpfen im Donbogen von Krasno Orechowoje gefallen.
[93] Krasnyj war Sitz des Kommandos der Division „Cosseria"; AUSSME, DS II 885, KTB Division „Cosseria", September/Oktober 1942, Anlage: „Situazione descrittiva di base della Divisione Cosseria", 27. 10. 1942.
[94] Der Bericht ist als Entwurf gekennzeichnet und undatiert.
[95] Nicht ermittelt.
[96] *Giuseppe Massaioli* (geb. 1901), 1925 als Oberleutnant dem Infanterieregiment 26 zugeteilt, Verwendungen in den ostafrikanischen Kolonien Italiens, 1934 zum Hauptmann, 1941 zum Major befördert, 1942/43 zunächst Chef der Sezione Operazioni e Servizi im Stab der Division „Cosseria", dann seit Anfang November 1942 als Oberstleutnant Chef des Stabes der Division „Cosseria", nach Kriegsende im Generalstab verwendet, 1948 zum Militärattaché in Belgrad ernannt, 1952–1954 als Oberst Kommandeur des Infanterieregiments 40, Ende

Stato Maggiore) der Division „Cosseria", der den inzwischen versetzten Capo[97] vertrat, ausgesprochen und dabei festgestellt, daß nicht das geringste vorlag, was gegen Leutnant Reichel sprach; es wurde mir im Gegenteil versichert, daß die Person des Leutnants Reichel sehr genehm sei und man nur aus Geheimhaltungsgründen und wegen vorliegender Weisung des Korps nicht allen Anforderungen und Wünschen des DVK's gerecht werden könne. Eine Weisung des Korps ginge z. B. dahin, keine geheimen Befehle und Schriftstücke wie Operationsbefehle, Meldungen usw. in Abschrift aus der Hand zu geben. (Hier möchte ich einschalten, daß das Divisionskommando der „Ravenna", falls ein solcher Befehl des Korps wirklich bestanden haben sollte oder noch besteht, sich mir gegenüber als damaligem Führer des DVK „Ravenna" stets darüber hinweggesetzt hat).

In der persönlichen Verhandlung zwischen dem Sottocapo der „Cosseria" und mir wurde dann festgelegt, daß der DVK-Führer der „Cosseria" die Meldungen der Division dreimal am Tag vorgelegt bekommen sollte, was seinerzeit keine weiteren Schwierigkeiten bereitete, da das Divisionskommando und das DVK Haus an Haus untergebracht waren. Außerdem wurde mir zugesagt, daß Planpausen über Stellungsräume, Lagekarten, Lageveränderungen usw. jeweils auf Anforderung zur Verfügung gestellt werden sollten. Diese Regelung hat sich auch eingespielt gehabt, und ich selbst fand bei meinen späteren Besuchen beim Divisionskommando dort immer beste Aufnahme.

Mit der Übersiedlung des Divisionskommandos nach Weselyj ergaben sich nun schon insofern gewisse neue Schwierigkeiten, als das DVK räumlich notgedrungen ziemlich weit weg vom Divisionskommando untergebracht werden mußte. Das DVK brachte deshalb erneut die Bitte vor, die Meldungen in Abschrift zu bekommen, um dadurch eine Vereinfachung des Geschäftsbetriebs zu erreichen. Der Chef der „Cosseria" lehnte dieses Ansuchen ab und erklärte, daß er von seinem Standpunkt nur abgehen könne, wenn das Korps die Bereitstellung von Abschriften der täglichen Meldungen befehle.

Ich bin darauf beim Chef des Korps [Ugo Almici] vorstellig geworden[98], habe ihm die Situation dargelegt und die Zusicherung erhalten, daß er sich mit dem Kommando der Division „Cosseria" diesbezüglich auseinandersetzen werde. Selbstverständlich solle das DVK der Division „Cosseria" die Meldungen der Division genauso erhalten, wie ich diejenigen des Korps regelmäßig erhalte.

Bei Abschluß des Berichts war die Frage leider noch nicht restlos geklärt, da die Weisung des Korps noch nicht an das Divisionskommando gelangt war. Es ist aber

---

1954 Kommandeur der italienischen Sicherheitskräfte in Somalia, 1955 als Brigadegeneral Kommandeur der Division „Friuli", stellvertretender Kommandeur des Militärbezirks Palermo, Ende 1957 zum Generale di Divisione befördert, Kommandeur der Division „Aosta", seit Februar 1959 Generale di Corpo d'Armata, Kommandeur des Wehrkreises Sizilien, seit 1961 Territorialkommandeur Süd, 1962–1964 Kommandeur der Guardia di Finanza, seit April 1964 Präsident des Consiglio Superiore delle Forze Armate.

[97] *Giuseppe Stefanelli*, Oberst, bis Anfang November 1942 Chef des Stabes der Division „Cosseria".

[98] Im Kriegstagebuch des DVK zum II. Armeekorps (BA-MA, MFB4 41403, Bl. 1154, Eintrag vom 18./19. 8. 1942) heißt es zu Almici: „Das D.V.K. knüpft persönliche Beziehungen zu den Angehörigen des it. Korpsstabes an. Die bisher schwierige Zusammenarbeit scheint nach den ersten Eindrücken sich etwas leichter zu gestalten. Das grösste Misstrauen muss offenbar beim Chef des Stabes, Oberst Ugo Almici, überwunden werden."

bestimmt damit zu rechnen, daß die Angelegenheit nun binnen kurzer Zeit in Ordnung geht[99]. Diesbezügliche Mitteilung erfolgt noch.

Hu[tzelmeyer]
Major

BA-MA, RH 31 XIV/3, Bl. 63 ff.

Dokument 8

Zusammenfassung der Gefechtsberichte der Deutschen Verbindungskommandos bei den Divisionen der 8. italienischen Armee und gemeinsame Schlußfolgerungen vom 12. November 1943

Die 8. italienische Armee war seit Juli/August 1942 an der Donfront zwischen Pawlowsk und Weschenskaja eingesetzt. Linker Nachbar war die 2. ungarische, rechter die 3. rumänische Armee. Mit Ausnahme der drei Divisionen des italienischen Expeditionskorps („Pasubio", „Torino", Celere), die seit August 1941 an den Kampfhandlungen im Osten teilgenommen hatten, waren alle Truppen neu aus Italien gekommen, zahlenmäßig voll aufgefüllt, jedoch besonders an Panzerabwehrwaffen und Winterbekleidung mangelhaft ausgestattet.

Im August wurde die Front am rechten Flügel der Division „Sforzesca" und im Abschnitt des II. Armeekorps mit stärkeren russischen Kräften angegriffen. Es gelang, den Einbruch bei der „Sforzesca" abzuriegeln, da aber alle Gegenangriffe zur Bereinigung der Lage erfolglos waren, konnten die Russen den für die Novemberangriffe bei der inzwischen eingetroffenen rumänischen Armee entscheidend wichtigen Brückenkopf südlich des Don behaupten[100]. Bereits bei den ersten Kämpfen

---

[99] Um diese Frage zu klären, bedurfte es letztlich einer Intervention des Deutschen Generals, der am 25. 11. 1942 ein klärendes Gespräch mit General Malaguti führte; als Ergebnis wurde festgehalten, daß die Deutschen Verbindungskommandos „durch Meldungen über Lage zu orientieren" seien. Der Stabschef des II. Armeekorps zeigte sich jedoch alles andere als überzeugt und ließ wenige Tage später durchblicken, er wolle keinen eigenen deutschen Meldeweg (BA-MA, MFB4 41403, Bl. 1052 f., KTB des Deutschen Generals beim italienischen AOK 8, Einträge vom 25. 11. und 28. 11. 1942). Erst am 30. 11. 1942 teilte General Zanghieri den Divisionen seines II. Armeekorps mit (Comando II° Corpo d'Armata, Ufficio Operazioni, Nr. 4485/02 di prot.), das Armeeoberkommando wünsche, daß die deutschen Verbindungsoffiziere über die Lage auf dem Laufenden gehalten würden. Zu diesem Zweck seien ihnen Kopien der Lageberichte auszuhändigen und das entsprechende Kartenmaterial zugänglich zu machen. Dagegen müsse es so weit wie irgend möglich vermieden werden, daß sie Kenntnis von geplanten Späh- und Stoßtruppunternehmen oder anderen speziellen Projekten erhielten. AUSSME, DS II 1094, KTB Division „Cosseria", November/Dezember 1942, Anlage 254.

[100] Ende August 1942 gelang es der Roten Armee, an der Nahtstelle zwischen dem XXXV. italienischen Armeekorps und dem der 6. Armee unterstehenden XVII. deutschen Armeekorps einen rund 70 km breiten und 20 km tiefen Brückenkopf westlich des Don zu bilden. Die Front am Brückenkopf von Serafimowitsch und Tschebotarewskij wurde bis Oktober 1942 schrittweise an rumänische Divisionen übergeben. Vgl. Gosztony, Hitlers fremde Heere, S. 241 und S. 291–296.

waren einwandfreie Mängel besonders in der unteren Führung der Division festzustellen, die in panikartigen Erscheinungen zum Ausdruck kamen.

Beim II. Armeekorps ging der durch die geographische Lage äußerst schwer haltbare Raum im kleinen Donbogen bei Werch. Mamon verloren. Alle weiteren Angriffsversuche des Feindes scheiterten jedoch, besonders infolge des entschlossenen Eingreifens der Schwarzhemden-Brigade „23. März".

Die folgenden Monate bis Anfang Dezember verliefen verhältnismäßig ruhig. Beiderseitige Späh- und Stoßtrupptätigkeit, Artilleriebeschuß, vereinzelter Bombenabwurf und Bordwaffenbeschuß und Ausbau der eigenen Abwehrfront kennzeichnen diese Zeit, die man als die Ruhe vor dem Strum bezeichnen kann. In der zweiten Novemberhälfte, als man im Abschnitt der italienischen Armee nichts Schlimmes ahnte, trat der Russe zum überraschenden Doppelangriff bei der 3. rumänischen Armee in Richtung Südosten und aus der Kalmückensteppe in Richtung Nordwesten an, und es gelang ihm, bei Kalatsch die beiden Kräftegruppen zu vereinigen und dadurch Stalingrad einzuschließen. Es wurden weitgehende Maßnahmen zur Abriegelung des Einbruches und zur Wiederherstellung der alten Front getroffen. Im Zuge dieser Maßnahmen wurden die 62. und 294. deutsche Infanteriedivision aus dem Bereich der 8. italienischen Armee herausgenommen und zum Nachbar[n] geworfen, was eine bedeutende Schwächung der vorhandenen Reserven bedeutete.

Anfang Dezember faßte der Feind in kürzester Zeit eine bedeutende Anzahl von neuen Infanteriedivisionen und Panzerkräften vor der italienischen Armee zusammen, mit Schwerpunktbildung bei den Divisionen Celere und „Pasubio", besonders aber vor dem Abschnitt des II. Armeekorps [...][101]. In Erkenntnis der Tatsache, daß besonders für die an den russischen Winter ungewohnten Italiener [sic!] eines der Hauptschwächemomente die geringe Widerstandsfähigkeit gegen die Kälte war, begann der Feind die Aktion nicht mit einem Großangriff, sondern schwächte zuerst den Gegner durch verstärkte Stoßtrupptätigkeit und häufige Angriffe bis zu Bataillonsstärke. Besonders im Abschnitt des II. Armeekorps war die Truppe – auch die zur Verstärkung herangeführten deutschen Verbände – schon vor Beginn des Großangriffes am 16. und 17. Dezember infolge der Tag und Nacht anhaltenden Kampftätigkeit beinahe völlig erschöpft. Deshalb – wenn auch nicht allein deshalb – der rasche Einbruch und der folgenschwere Durchbruch der Panzer- und motorisierten Verbände im Rücken des XXIX. deutschen („Sforzesca", Celere, „Torino") und des XXXV. italienischen Armeekorps („Pasubio" und 298. Infanteriedivision) bis vor Belowodsk und in den Raum von Millerowo. Infolge der drohenden und teilweise bereits vollendeten Einschließung des ganzen rechten Flügels der italienischen Armee bekamen diese Divisionen den Befehl, sich von der Donfront zu lösen, sich auf neue Stellungen abzusetzen bzw. durchzuschlagen [...].

Bis zu diesem Zeitpunkt hatten die Divisionen Celere, „Torino" und „Pasubio" dem besonders bei letzterer Division immer stärker werdenden Feinddruck standgehalten und die Stellung im wesentlichen gehalten. Nur bei der Celere war es dem

---

[101] Hier folgt ein Verweis auf die Berichte über die Divisionen „Pasubio", „Ravenna" und „Cosseria" (alle im selben Aktenband); auf solche Verweise wird auch im folgenden verzichtet. Zur sogenannten zweiten Verteidigungsschlacht am Don vgl. S. 62–69 des vorliegenden Bandes.

Feind gelungen, in der Nacht vom 16. zum 17. Dezember an der Naht des rechten Flügels mit stärkeren Kräften einzusickern und die Lage bedrohlich zu gestalten [...]. Die besonders heftigen Angriffen ausgesetzte „Pasubio" hatte unter Aufgabe von Ogolew, Krassnogorowka, Abrossimowo und Monastyrschtschina die Front etwas zurückgenommen [...].

Infolge des allgemeinen Rückzugsbefehls bildeten die Divisionen verschiedene, auf den wenigen Rückzugsstraßen marschierende Gruppen, die bei Tag und Nacht von feindlichen Kräftegruppen, Panzern und Partisanen angegriffen wurden und infolge unzureichender Unterkunft, Lebensmittel- und Betriebsstoffmangel[s] schwerste Kampftage durchzustehen hatten. Zu Hunderten waren die Ausfälle nur infolge Erschöpfung. Von den zwei Hauptmarschgruppen stand die eine unter Führung des Kommandierenden Generals des XXIX. Armeekorps, General von Obstfelder, die sich in südlicher Richtung über Werchne Makejewka, Kaschary und Kijewskoje nach Skassyrskaja mit Marschziel Morosowskaja durchkämpfte. Skassyrskaja wurde am 28. Dezember erreicht [...]. Die zweite [Marschgruppe], die sich hauptsächlich aus Teilen der 298. Infanteriedivision und der Division „Torino" zusammensetzte, zog sich über Arbusow, wo sie das erste Mal völlig eingeschlossen wurde [...] nach Tschertkowo zurück und hielt hier weit überlegenen Feindkräften, die diesen Stützpunkt 20 Tage lang immer wieder konzentrisch angriffen, stand, bis am 15. Januar [1943] der Durchbruch nach Belowodsk erfolgte. In Millerowo wurden am 25. Dezember Teile der 3. Gebirgsdivision, Celere und „Sforzesca" eingeschlossen, die sich unter Führung von Generalleutnant Kreysing[102] tapfer verteidigten und am 15. Januar nach Woroschilowgrad und Kamensk den Durchbruch erzwangen.

Infolge der genannten Rückzugsbewegungen hatte sich eine neue Abwehrfront gebildet, an der mit Ausnahme des Kessels von Tschertkowo bis gegen Mitte Januar nur kleinere Kampfhandlungen stattfanden. Von den italienischen Divisionen blieben weiterhin im Einsatz: die „Ravenna" am Donez [...] und drei Divisionen des Alpinikorps („Julia", „Cuneense", „Tridentina") sowie die Division „Vicenza" [...].

Mitte Januar setzte der Russe zum großen Entscheidungsschlag an, der die Front des ganzen Südabschnittes weit nach Westen verschob, zur Vernichtung der 6. Armee in Stalingrad und zur Eroberung der wichtigen Städte Woroschilowgrad, Rostow, Charkow, Woronesch und Kursk führte. Erst im März gelang es den deutschen Restverbänden, verstärkt durch das SS-Panzerkorps Hausser[103] und die Divi-

---

[102] *Hans Kreysing* (1890–1969), General der Gebirgstruppen, Teilnahme am Ersten Weltkrieg, in die Reichswehr übernommen, 1936 Oberst und Kommandeur des Infanterieregiments 16, 1940–1943 Kommandeur der 3. Gebirgsdivision, im November 1943 zum Kommandierenden General des XVII. Armeekorps und im Dezember 1944 zum Oberbefehlshaber der 8. Armee ernannt.

[103] *Paul Hausser* (1880–1972), SS-Oberstgruppenführer und Generaloberst der Waffen-SS, Teilnahme am Ersten Weltkrieg, in die Reichswehr übernommen, 1932 als Generalleutnant verabschiedet, 1933 Landesführer des „Stahlhelm" von Berlin-Brandenburg, seit 1934 Karriere bei der SS, 1936 zum Inspekteur der SS-Verfügungstruppen ernannt, 1940–1942 Kommandeur einer SS-Division in den Kriegen gegen Frankreich, Jugoslawien und die Sowjetunion, 1942–1944 Kommandierender General eines SS-Panzerkorps, 1944 Oberbefehlshaber der 7. Armee, 1945 Oberbefehlshaber der Heeresgruppe G an der Westfront, bis 1949 in amerikanischer Kriegsgefangenschaft, im Spruchkammerverfahren als „Belasteter" einge-

sion „Großdeutschland", nicht nur, den Angriff zum Stehen zu bringen, sondern auch einen Teil des verlorenen Geländes, unter anderem Charkow, zurückzuerobern[104].

Von den italienischen Divisionen verdient im Rahmen dieser Kämpfe nur mehr der Einsatz des Alpinikorps und der Division „Vicenza" eine kurze Erwähnung [...]. Von diesen Divisionen hatte bis Mitte Januar nur die zur Sicherung der rechten Korpsflanke eingesetzte Division „Julia" größere Gefechtshandlungen zu bestehen. Das Korps stand im ganzen Abschnitt an den alten Stellungen am Don. Als die russischen Panzerkräfte im Norden und Süden durchgestoßen [waren] und das Korps mit deutschen und ungarischen Truppen eingeschlossen war, gelang es nach einer Reihe von erfolgreichen Durchbruchsgefechten und einem Marsch von rund 250 km, am Oskol den eisernen Ring endgültig zu durchbrechen. In Belgorod wurden Anfang Februar die Reste – nur etwa 1/5 der Gesamtstärke – gesammelt, und im Fußmarsch wurde gegen Mitte März Gomel, der Sammelraum auch für alle übrigen italienischen Divisionen erreicht. Die Gesamtausfälle der italienischen Armee in der Zeit vom 10. Dezember bis Mitte Februar wurden auf etwa 4500 Offiziere und 120000 Unteroffiziere und Mannschaften geschätzt[105].

Während des ganzen Einsatzes der 8. italienischen Armee war die Tätigkeit der DVK von ausschlaggebender Bedeutung. Diese Tätigkeit beschränkte sich nicht mit der [sic!] Lösung des Sprachmittlerproblems, sondern setzte sich als Hauptaufgabe, die enge Zusammenarbeit und das Vertrauensverhältnis zwischen deutschen und italienischen Dienststellen in jeder Weise zu fördern. Das war die Voraussetzung, um richtig positive und für den Einsatz entscheidend wichtige Arbeit zu leisten. Die DVK hatten zwar keine taktische Befehlsgewalt, aber trotzdem war die beratende und vermittelnde Tätigkeit besonders in den schweren Dezember- und Januartagen von größter Bedeutung, um mit den geschwächten italienischen Verbänden wenigstens Teilerfolge zu erzielen.

Immer wieder zeigte sich, wie der Italiener, psychologisch richtig angefaßt, auf alle Forderungen und Wünsche einging und sich in jeder Weise bemühte, die an ihn gestellten Erwartungen zu erfüllen. Besonders kleinere, deutschen Truppen unterstellte italienische Einheiten zeigten, auf diese Weise beeinflußt, ganz beachtliche Erfolge. Wenn es nicht klappte, so war das oft in erster Linie der zu geringen Zahl von Verbindungsoffizieren oder der ungeschickten Art der Befehlsübermittlung von Seiten mancher deutscher Dienststellen zuzuschreiben.

Aus dem Gesagten geht hervor, daß für eine fruchtbringende Zusammenarbeit mit Verbündeten Sprachkenntnisse zwar eine wichtige Voraussetzung, sozusagen das Werkzeug sind, aber nicht das Entscheidende: Ein Verbindungsoffizier muß – wenn auch jeder seine Erfahrungen im Lauf der Zeit sammelt – das nötige Taktgefühl und eine gewisse Kenntnis des Volkscharakters der Verbündeten mitbringen und darf nicht alles nach dem eigenen, dem deutschen Maßstab bemessen. So, aber auch nur so, kann ein Verbindungskommando seinen Aufgaben voll gerecht werden und für die gemeinsamen Ziele überaus wertvolle Arbeit leisten.

---

stuft, arbeitete seit 1951 als prominentester Sprecher der „Hilfsgemeinschaft auf Gegenseitigkeit der Waffen-SS" an einer Rehabilitierung der Waffen-SS.

[104] Vgl. dazu Wegner, Krieg gegen die Sowjetunion, in: DRZW 6, S. 1064–1082.
[105] Zu den Verlusten der 8. italienischen Armee vgl. S. 74f. des vorliegenden Bandes.

Als Schlußfolgerungen über den Einsatz der 8. italienischen Armee im Osten kann folgendes gesagt werden:
1. Trotz aller Mängel und Fehler, die im Laufe des Einsatzes zu Tage traten, ist die Behauptung, die von mancher Seite aufgestellt wurde, die Italiener wären einfach davongelaufen, nicht nur übertrieben, sondern als absolut falsch zu bezeichnen. Nicht alle Divisionen haben unter den gleichen Voraussetzungen gekämpft, und deshalb ist eine relative Bewertung sehr schwer. Trotzdem dürfte im rechten Abschnitt d[ie] Division „Torino" (Generalleutnant Lerici) und im linken die „Tridentina" (Generalleutnant Reverberi[106]) und besonders die im Wehrmachtsbericht genannte[107], dem Generalleutnant Eibl[108] unterstellte Division „Julia" einer besonderen Erwähnung würdig sein.
2. Verglichen mit deutschen Divisionen war der Kampfwert aller, auch der besten italienischen Truppen, natürlich sehr mäßig. Dasselbe muß aber nicht nur von den Italienern, sondern in gleicher Weise von den Rumänen und Ungarn gesagt werden. Trotzdem ist es falsch, wenn man die geringe Leistung völlig negativ beurteilt.
3. Abgesehen von der durch charakterliche Veranlagung bedingten geringeren körperlichen und moralischen Widerstandskraft bei besonders schweren Gefechten und bei Rückschlägen waren die Hauptgründe für manche Mißerfolge die mangelhafte Führung und Ausrüstung. Die obere Führung war teilweise gut und gab wiederholt auch Beweise von beispielhafter Tapferkeit, während die untere Führung, in erster Linie das gesamte Unteroffizierkorps mangelhaft ausgebildet war und es an der besonders im Einsatz unbedingt notwendigen Fürsorge für die Truppe fehlen ließ. Besonders schlimm wirkte sich das Fehlen an ausreichender und wirkungsvoller Panzerabwehr aus. Die Kenntnis in der Panzernahbekämpfung fehlte beinahe völlig. Dieses teilweise den russischen Stahlkolossen hilflose Gegenüberstehen war der entscheidende Faktor für die Panikerscheinungen und damit am [sic!] Zusammenbrechen der Abwehrfront.
4. Als besonders günstig stellte sich der Einsatz kleiner italienischer Kräftegruppen in Anlehnung an deutsche Einheiten heraus. Durch den Ansporn, der durch die

---

[106] *Luigi Reverberi* (1892–1954), Generale di Corpo d'Armata, Teilnahme am Krieg in Libyen und am Ersten Weltkrieg, nach 1918 im Kommando der 2. Alpinidivision, 1935 Kommandeur des Infanterieregiments 67, bis zum Kriegseintritt Italiens 1940 vor allem Stabsverwendungen, während des Krieges gegen Griechenland im Kommando des XXVI. Armeekorps, bis 1943 Kommandeur der Alpinidivision „Tridentina", in der Nacht vom 8. auf den 9. 9. 1943 verhaftet und bis Januar 1945 interniert, von der Roten Armee in Pommern befreit und im September/Oktober 1945 repatriiert, anschließend wieder im aktiven Militärdienst.

[107] Am 29. 12. 1942 hieß es im Bericht des OKW: „In den Abwehrkämpfen im Großen Don-Bogen hat sich die italienische Division ,Julia' besonders ausgezeichnet." Wehrmachtberichte, Bd. 2, S. 410.

[108] *Karl Eibl* (1891–1943), General der Infanterie (am 1. 3. 1943 posthum mit Wirkung zum 1. 1. 1943 befördert), Teilnahme am Ersten Weltkrieg in der Armee Österreich-Ungarns, 1920 ins österreichische Heer übernommen, nach dem „Anschluß" Österreichs 1938 als Major in die Wehrmacht übernommen, 1939 im OKH, 1940–1942 Regimentskommandeur, 1942 zum Generalmajor, dann zum Generalleutnant befördert, 1942/43 Kommandeur der 385. Infanteriedivision, im Januar 1943 mit der Führung des XXIV. Panzerkorps beauftragt, am 21. 1. 1943 während des Rückzugs vom Don unter ungeklärten Umständen ums Leben gekommen.

unmittelbare Beobachtung der Kampfleistung des Einzelnen entstand, steigerte sich der Kampfwert bedeutend[109].

Wenn auch die 8. italienische Armee im Winter 1942/43 nicht voll die Erwartungen erfüllte, die man in sie gesetzt hatte, und der Durchbruch in diesem Feindabschnitt sich verhängnisvoll für die Operationen im Südabschnitt auswirkte, müssen die unbestritten positiven Leistungen doch richtig gewertet werden und darf der Tapferkeit so mancher Offiziere, Unteroffiziere und Mannschaften und dem gewaltigen Blutopfer der gesamten Armee die Anerkennung nicht versagt bleiben.

[Salazer]
Oberleutnant

BA-MA, RH 31 IX/35, Bl. 127–133.

Dokument 9

Gefechtsbericht des Deutschen Verbindungskommandos bei der Division „Ravenna" vom 20. März 1943

DVK Div. „Ravenna" O.U., 20. März 1943
Oblt. Pernter

Gefechtsbericht

[…][110]

I. Kampfhandlungen vom 11. bis 17. Dezember 1942[111]
Seit etwa einem Monat sammelte der Feind enorme Massen an Menschen und Material aller Art im Raum Nish. Gniluscha – Werch. Mamon – Nishnij Mamon. Die feindlichen Kräfte gegenüber der HKL der Division „Ravenna" waren wie folgt zusammengesetzt (siehe beiliegende Feindlage vom 10. Dezember 1942[112]):

---

[109] In einer anliegenden Notiz (BA-MA, RH 31 IX/35, Bl. 134) wies der Verfasser auf einen weiteren wichtigen Punkt hin: die Rückführung vieler erfahrener Soldaten der drei Divisionen des italienischen Expeditionskorps, die bereits seit August 1941 an der Ostfront gekämpft hatten, nach Italien kurz vor der Offensive der Roten Armee.
[110] Auf die Wiedergabe der Inhaltsübersicht wurde verzichtet.
[111] In der Vorlage falsch: „1943".
[112] In der Vorlage falsch: „1943"; dieses Dokument fehlt in der Anlage. Im AUSSME, DS II 1126 a, findet sich als Anlage zum Kriegstagebuch des II. Armeekorps für die Monate November und Dezember 1942 das vom *Ufficio Informazioni* des II. Armeekorps erstellte „Notiziario Informazioni particolareggiato dal 6 al 12 dicembre 1942". Nach diesem Feindlagebericht waren vor der Front des II. Armeekorps fünf Schützendivisionen der Roten Armee aufmarschiert: auf dem linken Flügel, den die Division „Cosseria" und das deutsche Grenadierregiment 318 verteidigten, die 127. und die 350., auf dem von der Division „Ravenna" gehaltenen rechten Flügel die 195., die 41. und die 1. Schützendivision; zwei weitere Schützendivisionen (die 172. und vermutlich die 48.) hatte man nebst gepanzerten Truppen hinter der Front ausgemacht. Detailliert zum Ansatz der sowjetischen Kräfte im Bereich des II. Armeekorps vgl. Operazioni delle unità italiane al fronte russo, S. 327 ff.; danach traten im Abschnitt der Division „Cosseria" Teile der 6. Armee mit dem XV. Armeekorps sowie dem XVII. Panzerkorps und im Abschnitt der Division „Ravenna" Teile der 1. Gardearmee

195. Infanteriedivision im Krassno Orechowoje-Bogen, 41. Infanteriedivision im Werch. Mamon-Bogen (links), 44. Infanteriedivision im Werch. Mamon-Bogen (rechts), 1. Infanteriedivision gegenüber Sswinjucha.

Außerdem lagen in den rückwärtigen Linien noch einige Reservedivisionen (laut Luftaufklärung und Gefangenenaussage). Im Raum Nishnij Mamon und Ossetrowko wurden etwa 200 bis 250 Panzer festgestellt. Eine große Anzahl von Granatwerfern und „Stalinorgeln"[113] wurden vom Feinde herbeigeschafft.

Am 11. Dezember um fünf Uhr griff der Feind, vorbereitet durch starkes Artillerie- und Granatwerferfeuer unsere Stützpunkte westlich und nördlich [von] Krassno Orechowoje an (siehe Skizze vom Werch. Mamon-Bogen[114]). Gleichzeitig warf er starke Kräfte gegen P. 150,2 und P. 218 und Sswinjucha.

Die angreifenden Kräfte wurden auf etwa zehn Bataillone geschätzt. Die Gefechte dauerten bis in die Abendstunden an. Der Feind wurde im Handgemenge mehrmals zurückgeworfen. Trotz hartnäckigem Widerstand [sic!] gelang es dem Feinde, in den späten Abendstunden, einen vorgeschobenen Stützpunkt am Nordabhang in P. 218 zu besetzen. Zu diesen Kampfhandlungen wurde ein Schwarzhemden-Bataillon herbeigezogen (Reservebataillon)[115].

Nach Aussage von Gefangenen sollte der Feind am 12. [Dezember] mit sämtlichen vier Divisionen (195., 41., 44., und 1. Infanteriedivision) gleichzeitig angreifen. Es wurden folgende Gegenmaßnahmen getroffen: 1. Bombardierung feindlicher Truppenansammlungen jenseits des Don, in P. 193 und P. 220 beim Morgengrauen des 12. durch die Luftwaffe; 2. Aufschließen der Reserven der 298. Infanteriedivision auf Pereschtschepnoje; 3. Heranziehung aller verfügbaren Reserven von Gadjutschje, Bogutscharskij, Dubowikoff und Twerdochlebowa; 4. Einsatz des Schwarzhemden-Bataillons „Leonessa"[116].

In der Nacht zum 12. Dezember setzte der Feind seine Angriffe in Krassno Orechowoje und P. 218 fort. Zwei Stützpunkte westlich [von] Krassno Orechowoje gingen verloren. Nördlich von Krassno Orechowoje und P. 218 wurde der Feind mit großen Verlusten und Einsatz von Flammenwerfern zurückgeworfen. Am 12. Dezember wurden starke feindliche Angriffe im Krassno Orechowoje-Bogen

---

mit dem IV. und VI. Garde-Armeekorps sowie dem XVIII., dem XXIV. und dem XXV. Panzerkorps zum Angriff an. Nach dem hier zitierten Feindlagebericht waren im Bereich des Donbogens von Werch. Mamon Panzertruppen in der Stärke eines Regiments festgestellt worden. Nach dem einschlägigen Generalstabswerk (hier S. 328) setzte die Rote Armee jedoch allein gegen die Division „Ravenna" 504 Panzerfahrzeuge ein.

[113] So bezeichneten deutsche Soldaten die im Sommer 1941 erstmals eingesetzten mobilen Salvengeschütze der Roten Armee, mit denen je nach Typ bis zu 48 Raketengeschosse gleichzeitig abgefeuert werden konnten.

[114] Diese Skizze fehlt in der Anlage.

[115] Die Schilderung der Kampfhandlungen folgt in auffälliger Weise dem Kriegstagebuch der Division „Ravenna"; AUSSME, DS II 1330, KTB Division „Ravenna", November/Dezember 1942, Eintragungen vom 11.–18. 12. 1941.

[116] Die Schwarzhemden-Gruppe „Leonessa" mit dem XIV. und dem XV. Bataillon sowie dem XXXVIII. (schweren) Bataillon gehörte zum *Raggruppamento* „23 Marzo"; die *Camicie Nere* bildeten den Kern der Reserven des II. Armeekorps. AUSSME, DS II 1126 a, KTB II. Armeekorps, November/Dezember 1942, Anlage 372: „Dislocazione del II C.A. alle ore zero del giorno 15 dicembre 1942".

und P. 218 zurückgewiesen. Am Abend war die HKL wiederhergestellt. Im Sswinjucha-Bogen feindliche Ansammlungen von Menschen und Material.
Der angesagte feindliche Generalangriff vom 12. Dezember wurde nicht ausgeführt. Man konnte bereits zur Überzeugung kommen, daß der Feind die Absicht hatte, unsere Stützpunkte in Bataillonsstärke ununterbrochen anzugreifen, dieselben zu opfern, um die „Ravenna" bei Tag und Nacht in Schach zu halten und sie zu schwächen.
Am 13. Dezember hartnäckige Kämpfe im Raum Krassno Orechowoje bis zum späten Nachmittag. Angriffe und Gegenangriffe folgten den ganzen Tag hindurch. Um 18 Uhr waren die bereits verloren gegangenen Stützpunkte wieder in unseren Händen. Im Sswinjucha-Bogen und nördlich [von] P. 218 weitere starke Ansammlungen von Truppen und Material. Durch eigene Artillerieeinwirkung wurden dieselben den ganzen Tag hindurch wirksam bekämpft. Der Feind hatte enorme Verluste. Eigene Verluste ebenfalls schwer.
In der Nacht zum 14. Dezember wurde ein feindlicher Einbruchsversuch vor Krassno Orechowoje zum Scheitern gebracht. Im Morgengrauen griff der Feind den P. 218 in Bataillonsstärke an. Er wurde zurückgeschlagen. Während des Tages folgten starke Bombardierungen im ganzen Divisionsabschnitt durch die feindliche Luftwaffe. Sämtliche feindliche Angriffe am 14. Dezember wurden überall zurückgeschlagen. Die Verluste des Feindes wurden an diesem Tag und in der vorhergehenden Nacht auf etwa 3500 an Toten und Verwundeten geschätzt[117].
In der Nacht zum 15. Dezember wurden starke Truppenansammlungen an der Abschnittsgrenze zwischen Division „Ravenna" und Division „Cosseria" (318. Infanterieregiment) festgestellt. Es gelang dem Feinde, am 15. Dezember um fünf Uhr früh in das Tal zwischen „Cosseria" und „Ravenna" einzudringen und den P. 158,2 dadurch zu bedrohen. Im Laufe des Nachmittags folgten eigene Gegenangriffe, unterstützt durch zwei Züge des 318. Infanterieregiments und Teile der „Cosseria". Verfügbare Truppenteile wurden aus Gadjutschje herangezogen. Es gelang, die verloren gegangenen Positionen teilweise wiederzugewinnen. Eigene Verluste waren wieder stark. Gegen 18 Uhr griff der Feind neuerdings mit drei bis vier Bataillonen das Tal zwischen „Cosseria" und „Ravenna" an. Es gelang ihm, nach hartnäckigen Kämpfen einzudringen, und die Höhe 158,2 lief in Gefahr [sic!], umzingelt zu werden.
Die Verbindung mit [dem] 318. Infanterieregiment wurde unterbrochen. Eine Wiederherstellung des Kontaktes mit [dem] Infanterieregiment 318 wurde am 16. Dezember durch eigene Gegenangriffe zwar versucht, man konnte aber kein positives Ziel erreichen. Feindliche Schiabteilungen, bewaffnet mit Maschinenpistolen, vereitelten jeden Annäherungsversuch mit dem [sic!] Infanterieregiment 318. In der Nacht zum 16. Dezember starker Lärm von Raupenfahrzeugen im Raume [P.] 193 und P. 220. Feindliche Minenfelder wurden vom Feinde entfernt. Es war somit klar, daß ein Panzerangriff bevorstand.

---

[117] AUSSME, DS II 1330, KTB Division „Ravenna", November/Dezember 1942, Anlage: Bericht über den Einsatz der Division „Ravenna" (gez. Francesco Dupont) seit dem 11. 12. 1942 für das AOK 8 vom 8. 1. 1943; der Wahrheitsgehalt dieser Angabe ist jedoch nicht zu überprüfen.

Am 16. Dezember um sechs Uhr früh griff der Feind unter Vorbereitung durch Artillerie- [und] Granatwerferfeuer den Divisionsabschnitt von allen Seiten an, und zwar: die 195. Infanteriedivision in Richtung Krassno Orechowoje, 41. und 44. Infanteriedivision auf Krassno Orechowoje, P. 217,6 und P. 218 und die 1. Infanteriedivision in Richtung Sswinjucha. Der feindliche Angriff wurde durch ungefähr 60 Panzer (T 34) unterstützt. Gleichzeitig griffen Teile der 195. russischen Infanteriedivision die Höhe 158,2 vom Westen und Teile der 1. Infanteriedivision den P. 196 vom Osten an. Trotzdem mehrere feindliche Panzer durch eigene Minen zerstört und weitere durch eigene Pak erledigt wurden, gelang es dem Feinde dennoch, mit etwa 30 Panzern durchzubrechen und in Richtung Gadjutschje und Filonowo vorzustoßen. Durch die Panzergruppe Maempel[118], die aus Pereschtschepnoje anrollte, wurde der größte Teil dieser Panzer zerstört. Inzwischen wurden mehrere eigene Stützpunkte im Raume [P.] 217,6 von vielfacher feindlicher Übermacht überrannt. Im Gegenangriff konnten einige Stützpunkte noch zurückgenommen werden.

Am Nachmittag des 16. Dezember folgten neuerdings starke feindliche Infanterie- und Panzerangriffe auf Raum Höhe 217,6, die mit Hilfe der Panzergruppe Maempel zurückgeschlagen werden. Inzwischen traf in Gadjutschje eine eigene Panzereinheit ein (12 Panzer, Sechs-Tonner), die wegen Mangel an Benzin nicht mehr eingesetzt werden konnte[119]. Besonders starker Druck wurde vom Feinde auf P. 158,2 von Westen und P. 196 von Osten her ausgeübt. Es gelang dem Feinde, von Westen (P. 158,2) und Osten (P. 196) einen Stützpunkt nach dem anderen aufzurollen. Gegenmaßnahmen konnten keine getroffen werden, da bereits sämtliche Reserven ins Gefecht geworfen waren.

Durch den Vorstoß des Feindes vom Westen (158,2) und vom Osten (196,0) wurde der ganze Divisionsabschnitt bedroht. Ich forderte bei der 298. Infanteriedivision einen Vorstoß in Richtung P. 196,3. Geringe Kräfte hätten genügt, dem Feind in den Rücken zu fallen und [ihn] zum Stehen zu bringen. Aus taktischen Gründen wurde jede Hilfe außer Artillerieeinsatz seitens der 298. Division abgelehnt. Einen weiteren Versuch machte ich beim Infanterieregiment 318. Auch aus westlicher Richtung hätte man den Feind in Höhe 158,0 angreifen und zum Abdrehen zwingen können. Leider konnte auch das Infanterieregiment 318 nicht eingreifen. In Gegenangriffen wurde der Feind im Osten und Westen niedergehalten, um wenigstens eine zu rasche Umzingelung zu vereiteln.

Am 16. Dezember um 13.30 Uhr wurde vom II. Armeekorps der Befehl gegeben, sich auf die Linie Bogutscharskij – Golyj – P. 182,4 – Anhöhen von Bogutschar und Fluß Bogutschar zurückzuziehen. Eine Verstärkung von vier Bataillonen sollte herbeigeschafft werden, um die neue Sicherungslinie zu verteidigen[120].

---

[118] In der Vorlage: „Hempel"; im folgenden stillschweigend korrigiert. Führer der Kampfgruppe, die im wesentlichen aus Teilen des Panzergrenadierregiments 140, des Panzerartillerieregiments 27 und der Sturmgeschützabteilung 201 bestand, war vermutlich der damalige Major und spätere Oberst Rolf Maempel. BA-MA, MFB4 18276, Bl. 218, Unterkunftsübersicht der Truppenteile der 27. Panzerdivision, undatiert.

[119] Nach dem Bericht über den Einsatz der Division „Ravenna" (gez. Francesco Dupont) seit dem 11. 12. 1942 für das AOK 8 vom 8. 1. 1943 (AUSSME, DS II 1330, KTB Division „Ravenna", November/Dezember 1942, Anlage) handelte es sich um leichte Kampfwagen vom Typ L 6.

[120] Vgl. De Giorgi, Divisione Ravenna, S. 135.

Dieser Befehl wurde aber nur teilweise ausgeführt, da mittels eines Gegenbefehls diese Rückwärtsverlegung annulliert wurde. Die bereits in Bewegung gesetzten Truppen wurden, soweit es möglich war, in ihre Stellungen zurückgerufen und zur Verteidigung der Linie Gadjutschje – Filonowo eingesetzt. Die Panzergruppe Maempel hatte den Befehl zur Rückverlegung der Verteidigungslinie nicht erhalten.

Während der Nacht zum 17. Dezember wurde vom II. Armeekorps mitgeteilt, daß die 298. Infanteriedivision das Bataillon „Turcomani"[121] der Division „Ravenna" zur Verfügung stellen müsse, daß die Panzergruppe Maempel der Division „Ravenna" direkt unterstellt würde, daß ferner die Division „Cosseria" ihre Kräfte zwischen Dubowikoff und Gadjutschje verlegen sollte, um dadurch die neue Verteidigungslinie zu verstärken. Diese Vorkehrungen konnten aber nicht mehr getroffen werden, da der Feind am 17. Dezember um vier Uhr früh wieder zum Angriff antrat[122]. Die Höhe 217,6 wurde von allen Seiten mit feindlichen Panzern und Infanterie angegriffen. Nach hartnäckigen Kämpfen gelang es dem Feinde, die eigene Linie zu durchbrechen. Die Panzergruppe Maempel lief Gefahr, isoliert zu werden. Nur mit Mühe konnte sie sich in Richtung Gadjutschje und Pereschtschepnoje durchschlagen.

Gegen neun Uhr wurde[n] Gadjutschje und Filonowo vom Feinde besetzt. Feindliche Panzer stießen in Richtung Popowka und Twerdochlebowa vor und drangen um 9.30 in Popowka und um 14 Uhr in Twerdochlebowa ein. Eigene Kampfeinheiten, die in Gadjutschje, Filonowo und P. 204,4 noch Widerstand leisteten, waren vollständig abgeschnitten. Es wurde versucht, Offiziere vom Stab mittels Panzerspähwagen nach vorn zu schicken, [diese Versuche] wurden aber durch feindliche Pak abgewiesen. Um 8.30 Uhr verließ das taktische Kommando Gadjutschje.

Die Absicht, in Bogutscharskij neuen Widerstand zu leisten, konnte nicht mehr in Betracht gezogen werden, da dort bereits das ganze Dorf durch die feindlichen Luftangriffe in Brand gesteckt war. Inzwischen gelang es Teilen der eingeschlossenen Kräfte in Gadjutschje, Filonowo und P. 204,4 durchzubrechen und sich in Richtung Bogutscharskij und Pereschtschepnoje zurückzuziehen. Am 17. Dezember um 11.30 Uhr kam vom II. Armeekorps der Befehl, sich auf Ssmaglejewka zurückzuziehen[123]. Die Rückzugsbewegung wurde durch Einwirkung der feindlichen Luftwaffe, durch Partisanen, durch feindliche Schitrupps und Panzer fortwährend gestört. Starke eigene Verluste an Toten und Erfrorenen waren zu verzeichnen. An einen geordneten Rückzug war nicht mehr zu denken. Zur „Ravenna" stießen Teile der 298. Infanteriedivision, der Division „Cosseria" und [des] 318. Infanterieregiments, sowie Troß von obigen Einheiten. Das hatte zur Folge, daß die „Ravenna" vollkommen zersplittert wurde. Teile der „Ravenna" lösten sich auf diese Weise vom eigenen Kommando und marschierten mit den anderen Einheiten in Richtung Kantemirowka.

---

[121] Das Turk-Bataillon 783 war der nur sechs Bataillone starken 298. Infanteriedivision als Verstärkung zugeführt worden und verfügte laut Zustandsbericht vom 5. 12. 1942 (BA-MA, MFB4 18275, Bl. 1205 f.) über knapp 950 Mann, 52 leichte und schwere Maschinengewehre, 15 Granatwerfer und drei Pak vom Kaliber 4,5 cm aus sowjetischer Produktion.

[122] AUSSME, DS II 1330, KTB Division „Ravenna", November/Dezember 1942, Eintragungen vom 16. 12. und 17. 12. 1941.

[123] Vgl. De Giorgi, Divisione Ravenna, S. 150.

II. Verteidigung von Taly und Einsatz am Donez

Zwischen 17. und 19. Dezember wurde Taly mit gesammelten Truppen verteidigt[124]. Diese Verteidigung konnte nur mit größten Schwierigkeiten durchgeführt werden. Man hatte nur mehr versprengte Truppen, physisch und moralisch abgekämpfte Elemente, zur Verfügung. Nur durch den persönlichen, energischen Einsatz des Generals Dupont und der dort befindlichen Stabsoffiziere war es möglich, eine Verteidigung zu organisieren[125]. Am 19. Dezember wurde die „Ravenna" von deutschen Kampfgruppen in Taly abgelöst.

Die Division „Ravenna" erhielt den Befehl, sich über Mitrofanowka – Rossosch nach Woroschilowgrad zurückzuverlegen[126]. Am 24. Dezember erreichte das Kommando der „Ravenna" Woroschilowgrad. General Dupont bekam den Befehl, die Brückenköpfe in Luganskaja und Wesselaja Gora zu besetzen und zu verteidigen[127]. Am 30. Dezember um 18 Uhr wurden die Truppen der „Ravenna" von deutschen Einheiten abgelöst, da bereits ein neuer Befehl vorlag. Die Division „Ravenna" wurde der Armee[abteilung] Fretter-Pico[128] unterstellt. Sie erhielt die Aufgabe, den Abschnitt zwischen Derkul-Mündung und Michailowka[129] am Donez zu verteidigen.

---

[124] AUSSME, DS II 1330, KTB Division „Ravenna", November/Dezember 1942, Anlage: Bericht über den Einsatz der Division „Ravenna" (gez. Francesco Dupont) seit dem 11. 12. 1942 für das AOK 8 vom 8. 1. 1943; vgl. auch Capizzi, Divisione „Ravenna", S. 384. Ursprünglich hatte Francesco Dupont, der Kommandeur der Division „Ravenna", vom II. Armeekorps den Auftrag erhalten, zwischen Kusmenkow und Twerdochlebowa eine neue Verteidigungslinie aufzubauen. Nachdem sich dieses Vorhaben als illusorisch erwiesen hatte, sollte der Ort Taly verteidigt und damit der Weg nach Kantemirowka blockiert werden, wo sich das logistische Nervenzentrum des gesamten II. Korps befand. Da sich das Gros der „Ravenna" bereits in Richtung Smaglejewka – Kantemirowka zurückgezogen hatte, bestanden die italienischen Truppen in Taly vor allem aus Pionieren, gesammelten Versprengten und schwacher Artillerie, verstärkt durch deutsche Kräfte, deren Kern Teile einer Panzerabwehreinheit bildeten.

[125] Nach Fortuna/Uboldi, Tragico Don, S. 200, hatte Dupont wiederholt damit gedroht, zurückweichende Soldaten erschießen zu lassen.

[126] Ein Bild von der verwirrenden Lage und der schwierigen Befehlsübermittlung zeichnet AUSSME, DS II 1330, KTB Division „Ravenna", November/Dezember 1942, Anlage: Bericht über den Einsatz der Division „Ravenna" (gez. Francesco Dupont) seit dem 11. 12. 1942 für das AOK 8 vom 8. 1. 1943; nach diesem Bericht erreichte das Kommando der „Ravenna" Woroschilowgrad bereits am Nachmittag des 23. 12. 1942.

[127] Ausführlich hierzu AUSSME, DS II 1552/13, Bericht von Oberstleutnant Mario Rizzo: „Monografia sulla D. Ravenna in Russia", 1946, S. 66–81.

[128] *Maximilian Fretter-Pico* (1892–1984), General der Artillerie, Teilnahme am Ersten Weltkrieg und Übernahme in die Reichswehr, 1939–1941 Chef des Stabes des XXIV. Armeekorps, 1941 Kommandeur der 97. Jägerdivision, 1941/42 Kommandierender General des XXX. Armeekorps, 1942/43 Oberbefehlshaber der Armeeabteilung Fretter-Pico, 1944 Oberbefehlshaber der 6. Armee. Die Ende Dezember 1942 gebildete Armeeabteilung Fretter-Pico bestand aus dem Generalkommando des XXX. Armeekorps und „eiligst zusammengekratzten Verbänden unterschiedlichster Provenienz" (Wegner, Krieg gegen die Sowjetunion, in: DRZW 6, S. 1052), denen die kaum lösbare Aufgabe zugewiesen wurde, die fast 150 km breite Lücke zwischen den Heeresgruppen B und Don zu schließen. Zu den negativen Eindrücken des Generals von den verbündeten Truppen, die sich auf dem Rückzug vom Don befanden, vgl. Fretter-Pico, Verlassen, S. 114.

[129] Möglicherweise Burtschak-Michailowka östlich von Woroschilowgrad.

Bereits am 6. Januar 1943 waren die noch verfügbaren Truppen in Stellung, und zwar: drei Bataillone Infanterie, eine Batterie 2 cm, eine Batterie 7,5 cm, eine Batterie 10 cm, zwei Geschütze 10,5 cm, wenige l.MG und s.MG[130]. Zwischen 6. Januar und 18. Januar nur Stellungsausbau, keine feindlichen Angriffe. Am 19. Januar 1943 wurde die „Ravenna" von Banden angegriffen, welche sofort erledigt wurden[131]. Am gleichen Tage um 22.30 Uhr griffen die Russen in Bataillonsstärke, unterstützt durch 1000 Partisanen[132], Krushilowka an. Die dort befindlichen zwei Kompanien wurden vom Feinde eingeschlossen, leisteten aber dennoch hartnäckigen Widerstand. Die aus Makaroff Jar und Iwanowka herangebrachte Verstärkung konnte Krushilowka nicht erreichen, da sie selbst von starken feindlichen Kräften angegriffen wurde. Am 20. Januar um zwei Uhr gelang es den in Krushilowka eingeschlossenen Truppen, durchzubrechen und sich teilweise auf Iwanowka zurückzuziehen. Der Feind suchte sich nach Süden und Westen auszubreiten, wurde aber niedergehalten.

Für [den] 21. Januar wurde eine Gegenaktion im Verein mit dem 573. Infanterieregiment (304. Division) geplant. Diese Vorbereitungen wurden aber durch feindliche Angiffe (zwei bis drei Bataillone) in Richtung Dawydo Nikolskij gestört. Der Feind wurde von der „Ravenna" und [vom] 573. Infanterieregiment zurückgeschlagen. Gleichzeitig um 0.15 Uhr griff der Feind mit zwei bis drei Bataillonen und circa 1000 Partisanen Makaroff Jar an, dessen Besatzung nur aus einer Kompanie bestand[133]. Bis sieben Uhr früh wurde Widerstand geleistet, wurden dann aber überrannt [sic!]. Nur wenige konnten sich in Richtung Iljewka retten.

Neue feindliche Kräfte wurden mittels Lkw zugeführt. Es wurde entschieden, die Linie Iljewka – Höhe 155,8 – 175,3 und Dawydo Nikolskij mit den noch verfügbaren Truppen zu besetzen und zu verteidigen, in Erwartung, daß Verstärkungen durch deutsche Einheiten eintreffen. Am Nachmittag des 21. Januar wurde ein feindlicher Angriff auf Iljewka abgewiesen. Temperatur minus 40 Grad.

Am 22. Januar griff der Feind wiederum Iljewka von Osten, Süden und Westen an. Aus den Häusern schossen unerwartet Partisanen. Iljewka war eingeschlossen.

---

[130] Oberstleutnant Mario Rizzo machte in seinem Bericht (AUSSME, DS II 1552/13, hier S. 68) aus dem Jahr 1946 exakt die gleichen Angaben; mit diesen Kräften sollte ein Abschnitt von etwa 45 km gesichert werden.

[131] Das Kriegstagebuch der Division „Ravenna" für den 19. 1. 1943 (AUSSME, DS II 1330) vermerkt dazu nichts; im Kriegstagebuch des Infanterieregiments 38 vom 20. 1. 1943 (im selben Bestand) heißt es dagegen: „Bei Einbruch der Dunkelheit kommt es in den Ortschaften Krushilowka und Makaroff [Jar] zu Aktionen von Partisanen. Einige von ihnen werden gefangengenommen und an Ort und Stelle erschossen."

[132] Oberstleutnant Rizzo schätzte die Zahl der Partisanen in seinem Bericht (AUSSME, DS II 1552/13, hier S. 73) ebenfalls auf rund 1000, beim Infanterieregiment 38 (DS II 1330, KTB IR 38, Januar/Februar 1943, Eintrag vom 19. 1. 1943) ging man dagegen nur von etwa 300 aus.

[133] Diese Zahl wird wiederum durch den Bericht von Oberstleutnant Rizzo (AUSSME, DS II 1552/13, hier S. 75) bestätigt; beim Infanterieregiment 38 (DS II 1330, KTB IR 38, Januar/Februar 1943, Eintrag vom 21. 1. 1943) ging man dagegen nur von etwa 500 aus. Die Besatzung von Makarow Jar bestand laut Kriegstagebuch aus einer italienischen und einer stark dezimierten deutschen Kompanie.

Oberst[leutnant] Lupo¹³⁴ stürmte an der Spitze versprengter Truppenteile auf Iljewka, um die dort befindliche Besatzung zu befreien. Er fiel den Heldentod¹³⁵. Ein zweiter Entlastungsangriff wurde gemacht, blieb aber ergebnislos. Eigene Verluste waren stark, beinahe sämtliche Offiziere fielen in diesen Gefechten. Es blieben nur mehr im Ganzen vier Kompanien als kämpfende Truppen übrig. Der Armeeabteilung Fretter-Pico wurde mitgeteilt¹³⁶, daß man mit der „Ravenna" für einen weiteren Einsatz nicht mehr rechnen könne, da weder Menschen noch Material zur Verfügung stehen.

Am 22. Januar um 13 Uhr traf die Spitze einer deutschen Panzerdivision ein und stieß auf Krushilowka vor. Krushilowka wurde noch am gleichen Tage durch Panzereinheiten, Teile des 573. Infanterieregiments und der „Ravenna" zurückerobert. Am 23. Januar wurde Makaroff Jar zurückgenommen. Am 24. Januar wurde die „Ravenna" auf Befehl der Armeeabteilung Fretter-Pico als kämpfende Truppe zurückgezogen¹³⁷. Am 20., 21., 22. und 23. Januar 1943 verlor die „Ravenna" etwa 700 Mann (davon 30 Offiziere) an Toten und Verwundeten.

Total-Verluste der Division „Ravenna": Circa 5000 Mann an Toten, Vermißten, Gefangenen und Verwundeten¹³⁸, circa 90 Prozent der Artillerie und des Materials aller Art, circa 90 Prozent sämtlicher Transportmittel (Lkw, Pkw, Traktoren usw.). Die Artillerie und sämtliche Kraftwagen gingen nur deshalb verloren, weil kein Benzin vorhanden war.

III. Bemerkungen

Aus vorliegendem Bericht geht vor allem klar hervor, daß die Division „Ravenna" nicht am ersten Kampftag „getürmt" ist, wie oft und speziell von der 298. Infanteriedivision behauptet wurde, sondern daß zwischen 11. und 17. Dezember 1942 Tag und Nacht gekämpft wurde. Eine deutsche Division hätte vielleicht an derselben Stelle infolge besserer Ausrüstung und Bewaffnung einige Tage länger Widerstand leisten können, der Rückzug wäre aber auch ihr nicht erspart geblieben. Während des Einsatzes mußten nachstehende Mängel festgestellt werden:

---

[134] In der Vorlage: „Lugow". *Renato Lupo* (1893–1943), Oberstleutnant, Bataillonskommandeur im Infanterieregiment 38 der Division „Ravenna".

[135] Im Kriegstagebuch des Infanterieregiments 38 heißt es dazu: „Oberstleutnant Lupo führt persönlich einen Sturmangriff, um den Druck zu mindern und den Ring der Angreifer zu durchbrechen, aber stirbt glorreich an der Spitze seiner Männer." AUSSME, DS II 1330, KTB IR 38, Januar/Februar 1943, Eintrag vom 22. 1. 1943.

[136] Die Division „Ravenna" teilte der Armeegruppe Fretter-Pico in einem telefonischen Lagebericht mit, die abgekämpften Truppen seien nicht mehr länger in der Lage, Widerstand gegen einen weit überlegenen und von Partisanenverbänden wirksam unterstützten Feind zu leisten; zudem sei die Temperatur zeitweise auf bis zu minus 40 Grad Celsius gesunken. AUSSME, DS II 1330, KTB Division „Ravenna", Januar/Februar 1943, Eintrag vom 22. 1. 1943.

[137] Dieser Befehl ist Teil des Berichts von Oberstleutnant Rizzo, in dem sich auch identische Angaben über die Verluste der Division „Ravenna" vom 20.–23. 1. 1943 finden; AUSSME, DS II 1552/13, hier S. 80f.

[138] Eine Aufstellung des Divisionskommandos (AUSSME, DS II 1330, KTB Division „Ravenna", November/Dezember 1942, Anlage 46) nennt für den Monat Dezember 1942 Gesamtverluste von 5400 Mann; für den Monat Januar 1943 betrugen die Verluste der „Ravenna" nach einer weiteren Aufstellung (DS II 1330, KTB Division „Ravenna", Januar/Februar 1942, Anlage 42) noch einmal mehr als 850 Mann.

1. <u>Brennstoff</u>: Während der ganzen Kampfzeit war entweder <u>kein</u> oder nur <u>wenig Benzin</u> und Diesel zur Verfügung. Die Kampfeinheiten konnten nicht rasch genug von einer Stelle zur anderen gebracht werden, weil Benzin fehlte. Der Munitions- und Verpflegungsnachschub und Abtransport der Verwundeten konnte aus gleichen Gründen nur stoßweise durchgeführt werden. Wenn z. B. am Morgen der zugewiesene Brennstoff anrollte, konnte man schon am gleichen Abend keinen Tropfen mehr finden. Am nächsten Morgen stand bereits wieder eine große Anzahl von Kfz wegen Mangel an Brennstoff still. Die ganze Artillerie und sämtliche Kfz hätte man retten können, wenn der Brennstoff nicht gefehlt hätte.

[2.] <u>Bewaffnung und Ausrüstung</u>: Bei den italienischen Divisionen fehlt es vor allem an Pak. Die „Ravenna" hatte nur sechs Stück Pak Kaliber 7,5 cm, die überhaupt für Bekämpfung eines feindlichen Panzers in Frage kamen. Mit der 4,7 cm Pak kann man <u>keinen</u> feindlichen Panzer erledigen. Die „Ravenna" verfügte über etwa 20 Batterien, darunter zahlreiche schwere Geschütze. Es hat sich gezeigt, daß schwere Artillerie im Osten ganz unzweckmäßig ist. Schwere Artillerie ist vor allem zu wenig beweglich und kann meistens wegen Mangel an Zielen (Beschießungsobjekten) gar nicht lohnend zum Einsatz kommen. Nur wenige Batterien sind erforderlich, dafür aber zahlreiche Pak und automatische Waffen, speziell Maschinenpistolen. Große Schwierigkeiten hatte man wegen Mangel an Werkzeugen aller Art. Es fehlte außerdem an Stacheldraht, Nägeln usw. Die oft angeforderten Minen gegen Panzer und Truppen konnten erst ein oder zwei Tage vor Beginn der Kampfhandlungen gelegt werden. Bei der italienischen Division fehlt es auch an pferdebespannten Fahrzeugen, Panjewagen und Schlitten.

[3.] <u>Fußbekleidung</u>: Man kann immer wieder feststellen, daß der italienische Soldat schlechte Fußbekleidung hat. Der Grund liegt nicht am Schuh oder am Stiefel selbst, sondern in der Behandlung. Es kommt oft vor, daß der italienische Soldat neue Schuhe zwei bis drei Monate trägt, ohne dieselben nur einmal eingefettet zu haben. Die Folge ist, daß das Leder in kurzer Zeit austrocknet, sich zerklüftet und schließlich bricht.

[4.] <u>Taktische Bemerkungen</u>: Warum ist es dem Feinde gelungen, in Punkt 217,6 durchzubrechen? Nachdem die „Ravenna" nur über sechs Pak Kaliber 7,5 cm verfügte, hatte man noch am Vorabend vor Beginn der Kampfhandlungen eine deutsche Pak-Kompanie im Raume Gadjutschje eingesetzt. Es waren zwei Pak zu 8,8 cm und fünf Pak zu 7,5 cm. Diese Pak-Einheit war <u>nicht</u> der Division „Ravenna" unterstellt. Es gab daher bezüglich der Aufstellung der Pak Meinungsverschiedenheiten. Das italienische Kommando wollte die Pak gleich hinter den Stützpunkten aufstellen, um die feindlichen Panzer schon <u>vor</u> den eigenen Minenfeldern unter Feuer nehmen zu können. Der Kommandant der Pak-Abteilung hatte aber entschieden, seine Geschütze rückwärts im Raume Gadjutschje aufzustellen, um dort die durch die Verteidigungslinien durch[ge]brochenen feindlichen Panzer aufzuhalten und zu zerstören.

Dieser zweite Entschluß bewies sich [sic!] aber in der Praxis als nachteilig. Die feindlichen Panzer rollten an und stellten sich vor unseren Minenfeldern auf, nahmen unsere Stützpunkte unter direkten Beschuß und legten sie dadurch vorübergehend lahm. Während die feindlichen Panzer unsere Stützpunkte im

direkten Beschuß niederhielten, beseitigte die feindliche Infanterie die eigenen Minen und Stacheldrahthindernisse. In kurzer Zeit hatten sich Panzer und Infanterie den Weg zu den eigenen Stützpunkten freigemacht, ohne daß man von den eigenen Stützpunkten aus mit den dort befindlichen automatischen Waffen einwirken konnte. [...][139]
Hätte man in der Nähe des Stützpunktes eine Pak aufgestellt, so hätten die Panzer <u>nicht</u> den eigenen Stützpunkt unter direktes Feuer nehmen können, noch weniger hätte die feindliche Infanterie die eigenen Minen ungestört beseitigen können. Das Fehlen der Pak am ausschlaggebenden Platze hatte zur Folge, daß die feindlichen Panzer und die feindliche Infanterie die eigenen Stellungen ohne Schwierigkeiten überrannten und sich nach rückwärts ausdehnten. Viele feindliche Panzer wurden zwar von der eigenen Pak im Raum Gadjutschje zerstört, die Stützpunkte (Höhe 217,6) wurden aber vorher überrannt.

[5.] <u>Das Verhältnis zwischen den deutschen und den italienischen Truppen:</u> Es ist klar, daß der deutsche Soldat dem italienischen Soldaten in jeder Hinsicht überlegen ist. Es muß dabei aber nicht vergessen werden, daß der deutsche Soldat besser bewaffnet, besser ausgerüstet, besser erzogen ist und auch besser ernährt wird. Es liegt aber deshalb kein Grund vor, daß der deutsche Soldat seinen Verbündeten nur als fünfzigprozentigen Kämpfer ansieht und behandelt.
Durch das DVK mußten unzählige Reibungen und Unstimmigkeiten, welche zwischen der 298. Infanteriedivision und der „Ravenna" entstanden [waren], geschlichtet werden. Die Division „Ravenna" mußte bei der Ablösung durch die 298. Infanteriedivision sämtliche Ortschaften im Raume Bogutschar räumen. Im Abschnitt, den die Division „Ravenna" übernehmen mußte, waren nur wenige Ortschaften, daher äußerst schlechte Unterbringungsmöglichkeiten für die Truppen. Man mußte den größten Teil der Truppen in Unterständen unter der Erde unterbringen. Das war mit großen Schwierigkeiten verbunden, denn es fehlte Holz, Werkzeug und Material aller Art. Dazu war der Boden schon zugefroren (zweite Hälfte [des Monats] Oktober). Die Folge war, daß die Italiener alles, was zur Errichtung und Ausstattung eines Unterstandes brauchbar war, vom früheren Abschnitt mitnahmen. Die 298. Infanteriedivision wollte natürlich davon nichts wissen. Es gab heftige Auftritte. Die 298. Infanteriedivision ging so weit, daß sie l.MG aufstellen ließ und mit „schießen" drohte.
Ein deutscher Unteroffizier wollte den italienischen Oberst Bianchi[140], den Regimentskommandeur des 38. Infanterieregiments, ausgezeichnet mit drei silbernen Tapferkeitsmedaillen, aus seiner Wohnung herausjagen, weil er selbst einziehen wollte. Nachdem Oberst Bianchi seine Pistole zog, verließ der deutsche Unteroffizier das Haus (Oberst Bianchi ist in russischer Gefangenschaft).
Diese angeführten Beispiele dienen zu beweisen [sic!], wie „stur" und unbedacht gehandelt wird. Auch der Italiener hat seine Fehler und gibt Anlaß, daß auf irgendeine Art eingeschritten werden muß. Das geschieht aber nicht mit l.MG oder mit Anmaßung, sondern mit einer gewissen Taktik, die man sich aneignen muß, wenn man überhaupt etwas erreichen will. Es muß leider festge-

---

[139] Auf die Reproduktion der an dieser Stelle eingefügten Skizze zur Verdeutlichung dieser Vorgehensweise wurde verzichtet.
[140] *Mario Bianchi*, Oberst, Kommandeur des Infanterieregiments 38 der Division „Ravenna".

stellt werden, daß die Soldaten der italienischen 8. Armee größtenteils enttäuscht in ihre Heimat zurückkehren, weil sie vom deutschen Soldaten oft alles andere als kameradschaftlich behandelt wurden.
[...]141

DVK zur Division „Ravenna"
(gez.) Pernter
Oberleutnant

BA-MA, RH 31 IX/35, Bl. 60–74.

Dokument 10

Gefechtsbericht des Deutschen Verbindungskommandos bei der Division „Sforzesca" vom 19. November 1943

Oberleutnant Otto Joos   den 19. November 1943
DVK ital. Div. „Sforzesca"

Rückzugskämpfe der ital. Division „Sforzesca" vom Don
Mitte Dezember 1942 bis Anfang Januar 1943

In der Nacht vom 12. zum 13. Oktober 1942 übernahm die Division „Sforzesca" den Abschnitt zwischen den beiden Donbogen südlich [von] Weschenskaja und B. Gigonazkij. Die Division unterstand dem italienischen XXXV. Armeekorps des italienischen Korps-Generals Messe. Korps-Gefechtsstand Karinowskaja, Divisions-Gefechtsstand Nish. Tschukarin. Rechter Nachbar italienische Division Celere, linker Nachbar 62. deutsche Infanteriedivision142. Vor dem Divisionsabschnitt herrschte geringe Feindtätigkeit. Die Division baute die Stellungen aus.

Gliederung der Division „Sforzesca": Divisionsstab mit: einer Pionier- und Nachrichtenkompanie, Infanterieregiment 53, Infanterieregiment 54, Artillerieregiment 17 (mit zwei leichten Abteilungen 7,5 cm und einer schweren Abteilung 10,5 cm, dazu sechs Pak 7,5 cm), ein Granatwerferbataillon 8,1 cm, eine Flakkompanie 2 cm143. Zugeteilt waren: zwei Artillerieabteilungen 7,5 cm und eine Abteilung 15 cm.

HKL war der Don. Von jedem Regiment waren zwei Bataillone mit je drei Schützenkompanien in vorderer Linie eingesetzt. Vom dritten Bataillon diente je eine Kompanie den vorn eingesetzten Bataillonen als Bataillonsreserve. Die verblei-

---

[141] Die drei hier aufgeführten Dokumente fehlen in der Anlage.
[142] Die 3. schnelle Division übergab die Verantwortung für ihren Frontabschnitt am 1. 11. 1942 an eine rumänische Division; AUSSME, DS II 1556/9, Bericht von General Mario Marazzani über den Einsatz der 3. schnellen Division an der Ostfront 1941/42, S. 106. Seither verlief an der rechten Grenze des Verteidigungssektors der Division „Sforzesca" auch die Grenze zwischen der ARMIR und der 3. rumänischen Armee.
[143] Zur Kriegsgliederung der Division „Sforzesca", Stand 1. 12. 1942: AUSSME, DS II 1027, KTB Division „Sforzesca", November/Dezember 1942, Anlage 6; hier sind zwei mit leichten Geschützen ausgestattete Flakbatterien und zwei Kompanien mit 4,7 cm Pak aufgeführt.

bende Kompanie des dritten Bataillons war Regimentsreserve. Die kroatische Legion (Stärke ein Bataillon) war Divisionsreserve.

Am 24. Oktober sagen russische Überläufer über den 25. Jahrestag der kommunistischen Revolution am 7. November oder kurz danach Ereignisse voraus, die angeblich entscheidend für den Ausgang des Krieges sein sollen. Sie sprechen von der bevorstehenden Ankunft von Verstärkungen aus dem Fernen Osten.

In den letzten Oktobertagen war das rumänische I. Armeekorps herangekommen und einsatzbereit. Es sollte u.a. die Abschnitte der italienischen Divisionen Celere und „Sforzesca" übernehmen. Wegen der Breite des ihnen zugewiesenen Abschnittes machten die Rumänen Schwierigkeiten[144]. Sie erklärten, ohne ausreichende – ihnen angeblich zugesagte – deutsche Reserven die Verantwortung für einen so breiten Abschnitt nicht übernehmen zu können. Schließlich kam eine Einigung (nach Angaben der Rumänen durch Führer-Entscheidung) in der Form zustande, daß in der Nacht vom 31. Oktober zum 1. November nur die Division Celere abgelöst wurde, während die „Sforzesca" in ihrem Abschnitt verblieb und ab [dem] 1. November acht Uhr taktisch dem deutschen XXIX. Armeekorps (General der Infanterie von Obstfelder) unterstellt wurde. Rechter Nachbar der „Sforzesca" [war] die 7. rumänische Infanteriedivision, die mit 11. und 14. Infanteriedivision das rumänische I. Armeekorps bildete[145].

Während im ersten Novemberdrittel vor dem Abschnitt der „Sforzesca" nur geringe feindliche Aufklärungstätigkeit herrschte, war der Feind beim Nachbar[n] sehr unternehmungslustig. Gefangene und Überläufer berichteten übereinstimmend über Eintreffen von erheblichen Verstärkungen, darunter auch Panzer, und ab [dem] 11. November erwartete die rumänische 7. Infanteriedivision einen russischen Großangriff mit Panzern. Etwas weiter rechts waren seit Tagen bereits Kämpfe südlich des Don im Gange. Von diesen Tagen an nahm auch die feindliche Fliegertätigkeit über dem Abschnitt der „Sforzesca" erheblich zu. Die Nächte waren schon erheblich kalt, der Don an einzelnen Stellen zugefroren.

Major Distler[146] erfährt am 14. November in Millerowo beim Deutschen General, daß vor dem rechten Nachbarn sich die russische 5. Panzerarmee und andere Teile versammelten. Der erwartete Angriff setzte am 19. November ein[147]. Am 22. November erfolgte der russische Durchbruch, und das DVK wurde um 12 Uhr

---

[144] Zum Konflikt um die Grenze zwischen der ARMIR und der 3. rumänischen Armee, der eine Krise zwischen den Verbündeten auszulösen drohte und erst nach Einschaltung der obersten deutschen und rumänischen Kommandobehörden durch einen letztlich keine Seite zufriedenstellenden Kompromiß beigelegt werden konnte, vgl. Wegner, Krieg gegen die Sowjetunion, in: DRZW 6, S. 1008f.
[145] Nach Wegners Aufstellung zu „Stärke und Ausrüstung der im Stalingrader Raum operierenden deutschen und rumänischen Verbände" (ebenda, S. 1003ff.) gehörte die 14. rumänische Infanteriedivision im November 1942 zum II. rumänischen Armeekorps.
[146] *Ernst Distler*, Major, 1942/43 Führer des DVK zur Division „Sforzesca".
[147] Dieser Angriff – Teil der groß angelegten Operation zur Einschließung der 6. Armee – traf im Bereich der 3. rumänischen Armee neben dem IV. vor allem das auf dem linken Armeeflügel, also in der Nähe der italienischen Truppen, eingesetzte II. rumänische Armeekorps, dessen Divisionen „trotz stellenweise verzweifelter Gegenwehr binnen weniger Stunden aufgerieben" wurden. Wegner, Krieg gegen die Sowjetunion, in: DRZW 6, S. 1018f. Zur Zerschlagung und zum Zusammenbruch der 3. rumänischen Armee vgl. auch Gosztony, Hitlers fremde Heere, S. 302–309.

vom deutschen XXIX. Armeekorps unterrichtet, daß Gorbatowo im Kriuscha-Tal vom Feind besetzt sei und die Russen dort einen Brückenkopf in der tiefen linken Flanke der Division gebildet hätten[148]. Am Abend war die Lage sehr bedrohlich, denn die Masse des rumänischen I. Korps, vermischt mit Teilen [von] weiter rechts gelegenen rumänischen Einheiten, strömte in Unordnung zurück. Die deutsche 62. Infanteriedivision (linker Nachbar der „Sforzesca") wurde durch die italienische Division Celere abgelöst und zum Schutze der tiefen rechten Flanke mit Front nach Osten eingesetzt. Der neu herangeführten 62. und der 294. Infanteriedivision (bisher Reserve des italienischen Alpinikorps am linken Flügel der Armee) gelang es, in der Linie Kriuscha-Tal – Tschir den russischen Einbruch abzuriegeln. Beide Divisionen mit den Resten des rumänischen I. Armeekorps bildeten die Gruppe Hollidt[149]. Zum Abriegeln des russischen Einbruches war auch dort eine Kampfgruppe der Division „Sforzesca" in Stärke von zwei Bataillonen und einer Artillerieabteilung eingesetzt[150]. Während die Kampftätigkeit beim rechten Nachbar[n] nicht mehr abriß, stellten eigene Stoßtrupps fest, daß die Russen ihre Stellungen am Don nur noch an vereinzelten Stellen schwach besetzt hielten (9. Dezember). Spähtrupps konnten fünf bis sechs km über den Don gehen, ohne auf Feind zu stoßen.

Am 16. Dezember erfolgte ein russischer Panzerangriff auf Bokowskaja und am 17. Dezember auf die rumänische 7. Division, die ihren rechten Flügel an die deut-

---

[148] Das I. rumänische Armeekorps, das den Anschluß an den rechten Flügel der 8. italienischen Armee halten sollte, hatte sich zunächst einigermaßen behaupten können, geriet dann aber in immer stärkere Bedrängnis. Das XXIX. Korps und die Division „Sforzesca" versuchten wiederholt, sich ein Bild von der Lage an ihrer rechten Flanke zu verschaffen (AUSSME, DS II 1027, KTB Division „Sforzesca", November/Dezember 1942, Einträge vom 22.11. und 23. 11. 1942), die von Tag zu Tag bedrohlicher zu werden schien (BA-MA, MFB4 41403, Bl. 1051, KTB des Deutschen Generals beim italienischen AOK 8, Eintrag vom 23. 11. 1942).

[149] *Karl Hollidt* (1891–1985), Generaloberst, Teilnahme am Ersten Weltkrieg, 1919 Übernahme in die Reichswehr, verschiedene Stabsverwendungen und Truppenkommandos, 1935–1938 Chef des Stabes des I. Armeekorps, 1938/39 Infanteriekommandeur 9 in Siegen, 1939 zunächst Kommandeur der 52. Infanteriedivision, dann Chef des Stabes der 5. Armee, 1939/40 Chef des Stabes des Oberbefehlshabers Ost, 1940 zunächst Chef des Stabes der 9. Armee, dann bis Januar 1942 Kommandeur der 50. Infanteriedivision, 1942 Kommandierender General des XVII. Armeekorps, November 1942 – März 1943 Oberbefehlshaber der Armeeabteilung Hollidt, 1943/44 Oberbefehlshaber der 6. Armee, 1945 militärischer Berater des Reichsverteidigungskommissars im Ruhrgebiet, seit April 1945 in amerikanischer Kriegsgefangenschaft, wegen Kriegsverbrechen angeklagt und 1948 verurteilt, 1949 aus der Haft entlassen. Laut schematischer Kriegsgliederung (Stand: 23. 11. 1942) der Heeresgruppe Don (abgedruckt in: Wegner, Krieg gegen die Sowjetunion, in: DRZW 6, S. 1030) bestand die Gruppe Hollidt aus den beiden Infanteriedivisionen (62. und 294.) des XVII. deutschen Armeekorps sowie dem I. und II. rumänischen Armeekorps mit der 7. und 11. Infanteriedivision bzw. der 9. Infanterie- und 7. Kavalleriedivision.

[150] Auf Befehl des XXIX. Armeekorps stellte die Division „Sforzesca" am 23. 11. 1942 eine Kampfgruppe unter dem Kommando von Brigadegeneral Michele Vaccaro zusammen, die aus Teilen des II. Bataillons des Infanterieregiments 54, Teilen des Maschinengewehrbataillons 104, zwei Kompanien mit 4,7 cm Pak und zwei Batterien des Artillerieregiments 201 mit 7,5 cm Geschützen bestand. Diese Kampfgruppe wurde bis zum 28. 11. zum Schutz der rechten Flanke bei der 9. rumänischen Infanteriedivision eingesetzt. AUSSME, DS II 1027, KTB Division „Sforzesca", November/Dezember 1942, Einträge vom 23.–28. 11. 1942.

sche 62. Infanteriedivision angelehnt hatte[151]. Am 17. Dezember traf auf Grund dieser Ereignisse vom XXIX. Korps der Befehl ein, in drei Etappen auf die Tschir-Stellung zurückzugehen. Absicht war eine Frontverkürzung, um über Napoloff – Warwarin Anschluß an den Don zu bekommen (SSO Migulinskaja)[152]. Die Stichworte für die drei Etappen hießen Linien Puglia, Bologna, Roma. Zur selben Zeit erfolgte aber ein Einbruch entlang des Tichaja-Tales in Richtung Meschkoff. Zur Bereinigung dieses Angriffes wurde die schon genannte Kampfgruppe der italienischen Division „Sforzesca"[153] nach Warwarin verschoben, um von dort nach Westen in die Flanke des Russen hineinzustoßen. Die Heranbringung durch Mot.-Marsch dieser Kampfgruppe war schon deshalb sehr schwierig, weil die Masse der Fahrzeuge unterwegs wegen Betriebsstoffmangel liegen blieb. Trotz wiederholter Hinweise und Anforderungen war dem DVK immer wieder gesagt worden, die Italiener sollen ihre Stellungen halten, und dazu brauchten sie kein Benzin. Nach anfänglichen Erfolgen geriet der Angriff ins Stocken. Inzwischen waren von dieser Kampfgruppe in einem Ortsteil mehrere russische Kraftfahrzeuge erbeutet worden mit einer Mappe, worin allem Anschein nach wichtige russische Papiere sich befanden. Ich befand mich zu dieser Zeit bei dieser Kampfgruppe und leitete die Papiere sofort über die Division an das XXIX. Korps weiter. Unter diesen Papieren befand sich, wie sich später beim Korps herausstellte, ein Versorgungsbefehl für zwei weitere nordwestlich durchgebrochene Panzerkorps. Am nächsten Morgen wurde diese Kampfgruppe von den Russen aus Warwarin fluchtartig hinausgeworfen. Am selben Tage kehrte ich wieder zum Divisionsstab zurück, wo inzwischen zur besseren Verbindungsaufnahme der Quartiermeister des XXIX. Korps, Major i.G. von Wangenheim[154], eingesetzt war.

Die Division befand sich in [sic!] dieser Zeit auf dem Rückmarsch vom Don. Zuerst hatte sich das rechte Regiment vom Don abgesetzt. In der Nacht vom 19. zum 20. sollte die Tschir-Stellung bezogen werden. Divisions-Gefechtsstand 19. Dezember, ein Uhr Frolow, sechs Uhr Napoloff. In Napoloff traf ich erst wieder auf das DVK mit Major i.G. von Wangenheim und Major Distler. Noch gegen Abend fuhr

---

[151] Zugleich wurde die linke Flanke der Division durch erfolgreiche sowjetische Angriffe im Abschnitt der 3. Division Celere bedroht; vgl. 8ª Armata Italiana nella seconda battaglia difensiva del Don, S. 28.

[152] Dieser Befehl, der die erste Etappe des Rückzugs der „Sforzesca" vom Don an den Tschir (unter Anlehnung des linken Flügels an den Don) für die Nacht vom 18. auf den 19. 12. 1942 festlegte, datiert vom 18. 12. und erreichte das Kommando der Division auch an diesem Tag. AUSSME, DS II 1027, KTB Division „Sforzesca", November/Dezember 1942, Eintrag vom 18. 12. 1942, und Anlage 13 zum Kriegstagebuch: Generalkommando XXIX. Armeekorps (Uff. Op. Nr. 3099/42 segretissimo) an Kommando der Division „Sforzesca" vom 18. 12. 1942.

[153] Die auf Befehl des XXIX. Armeekorps zusammengestellte Kampfgruppe, die erneut unter dem Kommando von Brigadegeneral Vaccaro stand und dem links von der Division „Sforzesca" stehenden 6. Regiment *Bersaglieri* zu Hilfe kommen sollte, setzte sich aus je einem Bataillon der Infanterieregimenter 53 und 54 sowie einem Bataillon *Bersaglieri* zusammen. AUSSME, DS II 1027, KTB Division „Sforzesca", November/Dezember 1942, Eintrag vom 17. 12. 1942.

[154] *Horst Freiherr von Wangenheim* (geb. 1909), 1942 als Major i.G. Quartiermeister des XXIX. Armeekorps, 1943 Ia im Stab des LIX. Armeekorps, 1944 Ia der 277. Infanteriedivision.

ich weiter nach Ob. Tschirskij, wo der neue Divisions-Gefechtsstand errichtet werden sollte. Ich hatte mit mir einen Fernsprechtrupp, der in Ob. Tschirskij die Korpsleitung anzapfen sollte. Das DVK mit Major i.G. von Wangenheim trifft vor Ankunft des italienischen Divisionsstabes ein und erhält kurz danach fernmündlich etwa folgenden Befehl vom XXIX. Armeekorps für die Division „Sforzesca": „Zwei russische Panzerkorps sind beim linken Nachbarn durchgebrochen (Bogutschar) und haben die Straße Millerowo – Djogtewo vom Westen her erreicht. Korps schlägt sich unter Vermeidung von Hauptstraßen durch und sammelt im Raum Nowo Astachoff – Nishnij Bolischinskoj."[155] Dieser Befehl wurde von einem Funkspruch bestätigt, der im gleichen Sinne von General von Obstfelder gezeichnet war. An d[ie] Übermittlung dieses Befehls schloß sich eine längere Debatte an mit dem italienischen Divisionskommandeur und dem Ia[156]. Bei dieser Unterredung war ich noch persönlich anwesend. General Pellegrini[157] fragte, was mit den mot. Verbänden geschehen solle, die nur über Betriebsstoff für 20 km verfügten. Darauf antwortete Major von Wangenheim, jedes Fahrzeug müsse eine Betriebsstoff-Reserve von 200 km erhalten, die anderen Kfz, die Waffen und Munition, Verpflegung und Bekleidungsvorräte mit der Masse der Artillerie, die ja motorisiert war, wären zu sprengen. Der Munitions- und Lebensmittelvorrat war sehr groß, denn es war immer befohlen, daß die Stellungen zu halten wären und man auch aushalten müsse, wenn der Feind rechts und links durchbrechen sollte und es selbst zur Einschließung käme. Dieser Befehl wirkte niederschmetternd auf die Italiener[158]. Major von Wangenheim trieb zur höchsten Eile an und erklärte, keine Minute wäre mehr zu verlieren. Auf die Frage des italienischen Ia, ob dieser Befehl dem Befehl „sauve qui peut" gleichkäme, antwortete Major von Wangenheim: „Ja, man könne den Befehl so auffassen."

---

[155] AUSSME, DS II 1027, KTB Division „Sforzesca", November/Dezember 1942, und Anlage 17. In diesem Befehl des XXIX. Armeekorps vom 19.12.1942, 23 Uhr heißt es: „Zwei feindliche PzK haben von Westen die Straße Djogtewo – Meschkoff erreicht. Der Befehl, die Sicherungslinie und die Widerstandslinie zu halten, ist aufgehoben. Durchbruch nach Süden in kompakten Kolonnen – bestehend aus allen Waffen – in Richtung Nishnij Bolischinskoj – 25 km südwestlich von Nowo Astachoff. Alles zerstören, was aus Treibstoffmangel nicht zurückgebracht werden kann. Funkverbindung mit AK halten."

[156] Nach Distler, Verbindungsoffizier, S. 72 f., nahm neben Pellegrini Giovanni Fiore (Oberstleutnant, 1941/42 Chef des Stabes der Division „Sforzesca") an dieser Unterredung teil. Als Leiter des *Ufficio Operazioni e Servizi* (und damit einem deutschen Ia vergleichbar) fungierte Major Aldo Beolchini.

[157] *Carlo Pellegrini* (geb. 1887), Generale di Divisione, 1941–1943 Kommandeur der Division „Sforzesca", anschließend bis zum 8.9.1943 Kommandeur der Regia Accademia di Artiglieria e Genio und der Scuola di Applicazione di Artiglieria e Genio in Montecatini Terme, bis Januar 1945 in deutscher Internierung, von der Roten Armee in Pommern befreit und im September/Oktober 1945 repatriiert.

[158] Major Distler, der Chef des DVK, der sich jedoch im Datum irrte, schrieb in seinen Erinnerungen: „Der Befehl löste bei General Pellegrini und seinem Chef Fiore einen begreiflichen Schock aus. Beide erklärten ihn zunächst für absolut undurchführbar. Die Truppe sei nicht in der Lage, sofort einen weiteren Nachtmarsch anzutreten, der wiederum eine Marschleistung von mehr als 30 km von ihr fordere. Auch bedeute der Befehl, soweit er sich auf die Fahrzeuge erstrecke, den Verlust der gesamten Divisions-Artillerie und der Mehrzahl der Mot.-Fahrzeuge. Damit sei die Division der Vernichtung und ihr Führer der Schande preisgegeben." Distler, Verbindungsoffizier, S. 73.

Ich erhielt Befehl, mit der Masse des DVK rasch nach Nowo Astachoff vorauszufahren und Quartier zu machen. Der italienische Divisionsstab fuhr noch einmal nach Napoloff, um mit den dort noch aufgebauten Funkanlagen den Befehl an die beiden vom Don zurückmarschierenden Regimenter zu geben, an der Tschir-Stellung nicht halt zu machen, sondern in einem Gewaltmarsch bis Popowka durchzumarschieren. Die mot. Artillerie war inzwischen schon an der neuen Tschir-Stellung in Stellung gegangen. Befehlsgemäß wurde die Masse des Materials gesprengt, aber die meisten versuchten doch noch, vieles in Sicherheit zu bringen[159], so daß [auf] dem Rückmarsch am Wege alle 100 m Fahrzeuge und Geschütze lagen, denen der Betriebsstoff ausgegangen war. In der Eile des Rückzuges waren die Mannschaften dann auf andere Fahrzeuge aufgesprungen und hatten alles unbeschädigt zurückgelassen. Auf jedem Fahrzeug hingen Trauben von italienischen Soldaten der rückwärtigen Dienste. Jede Minute wurde mit dem Auftauchen russischer Panzer gerechnet, und jeder versuchte, möglichst schnell wegzukommen. Die beiden zu Fuß marschierenden Regimenter, die noch 30 km weiter vorn waren, waren praktisch auf sich selbst angewiesen.

Ich selbst traf am Morgen des 20. Dezember um vier Uhr in Nowo Astachoff ein. Ich wunderte mich darüber, kaum einen Soldaten zu sehen, suchte die Häuser ab und traf zufällig den Ib der deutschen 62. Infanteriedivision[160]. Ich sagte ihm: „Machen Sie sich darauf gefaßt, in einigen Stunden wird hier eine tolle Karussellfahrt der Italiener beginnen, die vor lauter Angst und Aufregung nicht wissen, wohin sie fahren sollen. General von Obstfelder hat den Rückzugsbefehl für die ihm unterstellten Divisionen[161] (Divisionen „Sforzesca", Celere, „Torino", „Pasubio", deutsche 298.) gegeben." Ob dieser Befehl auch für den linken Flügel des Korps gelte, wüßte ich nicht. Für den rechten allerdings sei es eine Tatsache. Der Ib war sehr überrascht und rief den Ia der Gruppe Hollidt[162], die ihren Gefechtsstand einige Kilometer weiter in Werch. Grekowo hatte, an und berichtete über meine Aussage. Der Ia ließ mich ans Telefon kommen, fragte mich, ob ich verrückt sei und ob ich an einer Halluzination leide, denn er kenne General von Obstfelder und er gebe nie einen solchen weittragenden Befehl wie die Entblößung der linken Flanke der schwer kämpfenden Gruppe Hollidt, ohne diese vorher zu verständigen. Ich erwiderte, ich bedauere, daß trotzdem meine Aussagen auf Tatsachen beruhen, und [ich] würde sofort zum Gefechtsstand der Gruppe Hollidt fahren. Nach zehn bis 15 Minuten traf ich auch dort ein. Als ich den Gefechtsstand betrat, meldete ich mich beim Ia, der sagte: „Leider haben Sie recht gehabt, General von Obstfelder ist soeben eingetroffen."

---

[159] Befehlsgemäß sollten die Panzerabwehrkanonen um jeden Preis gerettet, die restlichen Geschütze jedoch unbrauchbar gemacht werden. General Pellegrini berichtete später (AUSSME, DS II 1027, KTB Division „Sforzesca", November/Dezember 1942, Anlage 33: „Relazione sui fatti d'arma dal 16 dicembre 1942 al 31 dicembre 1942"), die Artilleristen hätten zunächst nur die Zugmaschinen zerstört und versucht, so viele Geschütze wie möglich in Sicherheit zu bringen, indem man sie an Lkw hängte. Wegen des Mangels an Treibstoff habe man jedoch immer mehr Fahrzeuge aufgeben müssen.

[160] Nicht ermittelt.

[161] Dem XXIX. Armeekorps waren bei Beginn der Offensive die 3. Division Celere sowie die Divisionen „Torino" und „Sforzesca" unterstellt; die „Pasubio" und die 298. Infanteriedivision bildeten dagegen das XXXV. italienische Armeekorps.

[162] Nicht ermittelt.

Einige Minuten später trat General von Obstfelder aus dem Nebenzimmer heraus, sah seinen Ia, den Major i.G. von Bila[163], und mich und gab uns folgenden Befehl: „Sie fahren sofort zurück und führen die italienische Division ‚Sforzesca' in die Tschir-Stellung zurück!" Wir fuhren sofort ab, und auf der Straße nach Kamenka begegneten uns einzelne Fahrzeugpulks der Italiener, auch mit Artillerie, die zurückfuhren. Wir wußten, daß in Kamenka eine Brücke sich befand, wo wir leicht die Division aufhalten konnten. Dort angelangt, sprang ich herab, hielt den ersten italienischen Lkw mit vorgehaltener Pistole an und brachte dadurch alle nachfolgenden zum Stehen. Zufälligerweise traf ein deutsches Sturmgeschütz ein. Ich ließ es auf die Brücke fahren und dadurch den Verkehr sperren. Anschließend fuhren wir zum italienischen Divisionskommandeur, der sich in Popowka aufhielt. Als ich ihm diesen neuen Befehl eröffnete, schlug er die Hände über den Kopf zusammen und sagte: „Konnten Sie diesen Befehl mir nicht 12 Stunden früher bringen? Na, vielleicht können wir noch was retten." Sofort sandte er einige Offiziere im Kfz zu den Regimentern, die inzwischen schon die Tschir-Stellung überschritten hatten, mit dem Befehl, daß die Regimenter sofort kehrtmachen sollten, um sich in der Tschir-Stellung zu verteidigen. Auf die Frage der Italiener, was rechts und links für Anschlüsse wären, konnten wir keine genaue Auskunft geben[164].

Die Regimenter führten den Befehl aus[165], zur gleichen Zeit begann aber die rumänische 7. Division zurückzumarschieren. Sie hatten im Laufe der Nacht gesehen,

[163] *Ernst von Bila* (geb. 1908), 1942/43 als Major i.G. zunächst Quartiermeister, dann Ia im Stab des XXIX. Armeekorps, 1943 Ic im Stab der 6. Armee und Ia der 258. Infanteriedivision.
[164] Oberleutnant Joos gab am 10. 1. 1943 eine schriftliche Erklärung zu Inhalt und Übermittlung dieses Befehls ab, der zu den Anlagen des Kriegstagebuchs genommen wurde (AUSSME, DS II 1027, KTB Division „Sforzesca", November/Dezember 1942, Anlage 18). Der Befehl, die Stellung am Tschir nun doch zu besetzen, obwohl die linke Flanke ungeschützt war und niemand sagen konnte, ob es möglich sein würde, auf dem rechten Flügel Kontakt mit deutschen oder rumänischen Truppen aufzunehmen, habe „beim Divisionsstab allgemeine und nur zu begreifliche Empörung" geweckt, erinnerte sich Major Distler später. Weiter schrieb der Chef des DVK: „Man hat deutscherseits die Fähigkeit der italienischen Generale und Generalstabsoffiziere stets nur gering geschätzt. [...] Nun waren aber Pellegrini und Fiore durchaus keine militärischen Nichtskönner und sahen sofort, dass in diesem Falle etwas in der deutschen Befehlsgebung nicht stimmte. Sie hatten der Truppe befehlsgemäss Gewaltmärsche zugemutet, die, wie sie voraussahen, die Auflösung der Regimenter bedeuteten. Sie hatten befehlsgemäss die Artillerie, das Herzstück der Division, geopfert. Sie hatten befehlsgemäss den grössten Teil der Mot.-Fahrzeuge vernichten lassen, alles in der gläubigen Überzeugung, dass das Korps den Befehl dazu unter dem eisernen Zwang der Notwendigkeit gegeben hatte, nachdem ihm keine andere Wahl geblieben war. Und nun war dieser ungeheure Befehl offensichtlich gar nicht unumgänglicher Notwendigkeit entsprungen! Nun sollte die grausam verstümmelte und zu Tode erschöpfte Division sogar wieder kehrtmachen und den Weg zurückgehen, auf dem sie zur Stunde noch unterwegs war! Das Korps hatte gut befehlen, die Division ‚Sforzesca' solle die Tschir-Linie erneut besetzen! War es sich denn nicht darüber klar, dass es die Division ‚Sforzesca' gar nicht mehr gab, dass sie durch Selbstmord geendet, dass man sie zwecklos geopfert hatte?" Distler, Verbindungsoffizier, S. 73 f.
[165] Im Bericht General Pellegrinis (AUSSME, DS II 1027, KTB Division „Sforzesca", November/Dezember 1942, Anlage 33: „Relazione sui fatti d'arma dal 16 dicembre 1942 al 31 dicembre 1942") heißt es pathetisch über die Stellung am Tschir: „Es ist ein vorgeschobenes und isoliertes Fragment einer Kampflinie, das keinerlei Möglichkeit hat, Widerstand zu leisten. Es ist lediglich ein Zeichen des Ruhms, das die Truppen der ARMIR und damit das italienische Heer ehrt."

wie die Italiener sämtliche Lager und Artilleriestellungen sprengten und fluchtartig zurückgingen. Auf Befragen war ihnen geantwortet worden: „Wißt Ihr noch nicht? Allgemeiner Rückzug, zwei russische Panzerkorps sind durchgebrochen!" So ergab sich jetzt das Bild, daß auf derselben Straße die Italiener wieder vormarschierten und die Rumänen in kleineren Gruppen, völlig erschöpft von de[m] seit Tagen tobenden Kampf, nach rückwärts strömten. Der rumänische Divisionskommandeur[166] erhielt sowohl vom Kommandierenden General des rumänischen I. Korps, als auch vom General Hollidt den Befehl, sofort zurückzumarschieren. Er führte aber diesen Befehl nicht aus, sondern erklärte, er könne erst am nächsten Morgen seinen Truppen einen weiteren Marsch zumuten. Dem Divisionsverbindungsoffizier soll er nach Angabe des Verbindungsoffiziers auf Vorhaltungen hin gesagt haben: „Seid Ihr mit Eurer Kriegführung bloß ruhig, ich führe jetzt meine Division alleine, und da hat niemand dreinzureden!"

Der italienische Gefechtsstand befand sich in Popowka, Teile der Artillerie, die noch aufgefangen werden konnten, befanden sich in Kamenka. Große Teile der Rumänen, völlig erschöpft, lagen auch in diesen Dörfern. Am 21. zwischen drei und vier Uhr wurden die Italiener und Rumänen durch einen Panzerangriff, der völlig überraschend kam, aus Kamenka hinausgeworfen. Gegen sieben Uhr wurde auch der Divisions-Gefechtsstand in dichtem Nebel aus Popowka geworfen. Eine Unmenge Material und Fahrzeuge gingen wieder verloren. Dabei mehrere Abteilungen von mot. schwerer Armeeartillerie, die von Meschkoff und westlich davon Anschluß an uns gefunden hatte. Der Divisions-Gefechtsstand wurde nun in Werchne Makejewka in der Nähe des Korps-Gefechtsstandes eingerichtet. Der Stab traf dort gegen neun Uhr ein. Hier wurde durch Funk den beiden Regimentern der Befehl gegeben, querfeldein unter Vermeidung der Hauptstraße Kamenka - Popowka, die vom Feinde besetzt sei, Werchne Makejewka zu erreichen[167]. Inzwischen hatten die Regimenter gemeldet, daß sie einen russischen Panzerangriff unter Abschuß von drei Panzern abgeschlagen hätten. Dann kam noch eine Meldung, daß sie sich befehlsgemäß in Versammlung befänden, und damit hörte die Verbindung auf.

Um 21 Uhr des 21. Dezember fuhr der Divisionsstab mit den Resten der Artillerie und [der] Trosse nach Kijewskoje, wo inzwischen auch der Korps-Gefechtsstand sich befand. In Werchne Makejewka waren noch Teile der Division Celere, und zwar 600 Mann Bersaglieri des 6. Bersaglieriregiments unter dem Befehl von Oberst Carloni[168] eingetroffen. Dazu noch einige hundert Mann der italienischen Division „Pasubio" mit dem Kommandierenden General des italienischen

---

166 Angaben zu den rumänischen Generälen und dem Verbindungsoffizier wurden nicht ermittelt.
167 AUSSME, DS II 1027, KTB Division „Sforzesca", November/Dezember 1942, Anlage 19: Befehl des Kommandos der Division „Sforzesca" an die Infanterieregimenter 53 und 54 vom 21. 12. 1942, 14 Uhr. Der Rückzug sollte in der Nacht vom 21. auf den 22.12. beginnen und bis zum 23. 12. 1942 zur Besetzung der Linie Nowopokrowskij - Werch. Grekowo führen. Nur das Notwendigste sollte mitgenommen, der Bedarf an Munition aus zurückgelassenen oder weggeworfenen Vorräten am Rande der Rückzugsstraßen gedeckt werden.
168 *Mario Carloni* (geb. 1894), Generale di Divisione, 1942/43 als Oberst Kommandeur des 6. Regiments Bersaglieri der 3. Division Celere „Principe Amedeo Duca d'Aosta", 1944/45 Kommandeur der Divisionen „Monterosa" und „Italia" im Heer der RSI, nach 1945 wegen Kriegsverbrechen zunächst vor einem alliierten, dann vor einem italienischen Gericht angeklagt.

XXXV. Armeekorps, Exzellenz Zingales[169] (Nachfolger von General Messe), ferner der Kommandeur der Division „Pasubio", Generalleutnant Boselli[170], und sein Brigadegeneral[171], die sich uns anschlossen. In Kijewskoje waren mit dem Korps eingetroffen ein Bataillon SS des Sturmbannführers Schuldt[172] und ein anderes Elite-Bataillon, dessen Namen mir nicht bekannt ist. Dabei befanden sich mehrere Selbstfahrlafetten 8,8 cm. In der Nacht erfolgte auf Kijewskoje ein Panzerangriff, der unter Abschuß von mehreren Panzern abgeschlagen wurde. Am nächsten Morgen lösten die Bersaglieri die SS ab[173]. Das Korps mit den deutschen Verstärkungstruppen marschierte am 24. nach Südosten ab. Etwas später marschierten der italienische Divisionsstab und die Rumänen ebenfalls ab[174]. Ich marschierte mit dem Divisionsstab. Major Distler war wegen Krankheit zum Korps gekommen. Die Nachhut bildete das Bersaglieriregiment unter Befehl von Oberst Carloni, ein ausgezeichneter Kommandeur, dessen Einheit die einzige war, die in einem Verbande noch eine gewisse Kampfkraft besaß. Am 24. um 12 Uhr erreichten wir Annenskij. Das Korps mit den deutschen Truppen befand sich zehn km weiter westlich.

Hier in Annenskij erreichte uns nach einem Gewaltmarsch querfeldein der Kommandeur des Infanterieregiments 53, Oberst Contini[175], mit 300 Mann seines Regi-

[169] *Francesco Zingales* (geb. 1884), Generale di Corpo d'Armata, 1911/12 Teilnahme am Krieg in Libyen, 1912–1914 Besuch der Militärakademie in Modena, 1915–1918 Teilnahme am Ersten Weltkrieg, 1926–1929 Kommandeur des Infanterieregiments 23, dann Verwendungen im militärischen Ausbildungswesen und weitere Truppenkommandos, 1937–1939 Kommandeur der Division „Piave", 1939–1941 Kommandierender General des Corpo d'Armata autotrasportabile, Teilnahme an der Invasion Jugoslawiens, Kommandierender General des CSIR, wegen Krankheit abgelöst und am 17. 7. 1941 durch Giovanni Messe ersetzt, führte nach seiner Genesung Armeekorps in Nordafrika, seit 1. 11. 1942 Kommandierender General des XXXV. Armeekorps, 1943 Kommandierender General des XII. Armeekorps, 1945–1947 General z.b.V. des Kriegsministeriums, 1947 in den Ruhestand versetzt.
[170] *Guido Boselli* (geb. 1887), Generale di Divisione, seit Anfang Dezember 1942 Kommandeur der Division „Pasubio", 1943 Kommandeur der Division „Firenze".
[171] *Cesare Gandini* (geb. 1893), Generale di Corpo d'Armata, 1940 Offizier bei der italienischen Waffenstillstandskommission in Frankreich, 1942/43 als Brigadegeneral stellvertretender Kommandeur der Division „Pasubio", 1943 Chef des Stabes der italienischen 11. Armee in Griechenland, nach 1945 Kommandeur der Divisionen „Cremona" und „Mantova", Chef der italienischen Militärmission in Washington, italienischer Vertreter im Militärausschuß der NATO, Präsident des obersten Militärgerichts.
[172] In der Vorlage: „Schulte". *Hinrich Schuldt* (1901–1944), SS-Brigadeführer und Generalmajor der Waffen-SS, zunächst Marineoffizier, 1933–1942 Kompaniechef, Bataillons- und Regimentskommandeur bei den SS-Verbänden „Leibstandarte Adolf Hitler" und „Totenkopf", 1942/43 Kommandeur der im Bereich der ARMIR eingesetzten SS-Kampfgruppe Schuldt, 1943/44 Kommandeur der 2. lettischen SS-Brigade.
[173] AUSSME, DS II 1027, KTB Division „Sforzesca", November/Dezember 1942, Anlage 20: Befehl des XXIX. Armeekorps für die Division „Sforzesca" für den 23. 12. 1942 vom 22. 12. 1942, und Anlage 21: Befehl der Division „Sforzesca" an das 6. Regiment Bersaglieri vom 22. 12. 1942, 19 Uhr (Nr. 1/2457/op. di prot.). Das 6. Regiment *Bersaglieri* unterstand der Division ebenso wie eine aus versprengten Truppenteilen gebildete Kampfgruppe und die Reste der 7. rumänischen Infanteriedivision; KTB Division „Sforzesca", November/Dezember 1942, Einträge vom 22. und 23. 12. 1942.
[174] Laut Kriegstagebuch vom 23. 12. 1942 (AUSSME, DS II 1027, KTB Division „Sforzesca", November/Dezember 1942) verließen die Truppen der „Sforzesca" Kiewskoje bereits am Morgen dieses Tages; Annenskij wurde noch am 23.12. erreicht.
[175] *Massimo Contini*, Oberst, 1942/43 Kommandeur des Infanterieregiments 53 der Division „Sforzesca".

ments und brachte folgende Nachricht[176]: Die Regimenter hätten sich befehlsgemäß versammelt und wären in einer einzigen Kolonne abmarschiert. Dabei wären sie schon immer durch kleinere Panzerangriffe gestört worden, die sie aber immer noch hätten abweisen können (die Regimenter hatten ja nur noch 6,5 cm Infanteriegeschütze und 4,7cm Pak). Er hätte die Vorhut gebildet. Plötzlich sei aber von allen Seiten ein stärkerer Panzerangriff erfolgt, er wäre mit der Vorhut vom Gros getrennt gewesen und wäre weitermarschiert. Eine Zeit lang hätte er noch Gefechtslärm gehört, bis auch dieser verstummt sei. Im Nachtmarsch querfeldein habe er dann Kijewskoje erreicht, das von uns schon geräumt worden war, und habe unseren Weg leicht finden können nach all den fortgeworfenen Ausrüstungssachen und zurückgelassenen Waffen.

Am 25. marschierten wir wieder in Richtung Südost ab und erreichten am selben Tage die Ortschaft Krasnojarowka am nächsten Querflußtal einige Kilometer südwestlich [von] Rossosch[177]. Wir igelten uns ein, denn rings um uns brannten die Dörfer. Das Korps zehn km weiter westlich von uns wurde von russischen Panzern angegriffen und mußte eiligst in der Nacht zu uns stoßen. Auf die ersten Fahrzeuge des Korps eröffneten die Rumänen in Unkenntnis der Sachlage das Feuer und verursachten dadurch einige Verluste, bis der Zwischenfall geklärt war. Das Korps mit den deutschen Truppen marschierte sofort wieder weiter; anschließend auf einer parallelen Straße marschierten die Italiener und Rumänen. Den Rückzug deckte das Regiment Carloni, das sich noch einige Stunden im Ort mit russischen Panzern herumschoß. Auf dem Marsche wurden wir von deutschen Fliegern einige Male angegriffen[178]; 30 bis 40 Tote waren dabei zu beklagen, dabei auch ein Verwundeter meines Funktrupps, den ich unterwegs eingefangen hatte (er gehörte zu einem DVK bei einer rumänischen Division) und mit dem ich in Funkverbindung mit dem Korps stand.

Am Nachmittag desselben Tages trafen wir in einer Ortschaft zwei bis drei km südwestlich [von] Petrowskij ein. Einwohner sagten aus, daß in Petrowskij der Sitz einer russischen Armee wäre. Tatsächlich waren bei unserer Ankunft ungefähr eine Kompanie Russen aus dem Dorfe geflohen, da meine Kolonne (4000 Italiener, 2000 Rumänen, davon die Hälfte ohne Waffen) mit dem ungeheuren Troß und den Viehherden der Rumänen auf sie einen anscheinend angsterregenden Eindruck gemacht

---

[176] AUSSME, DS II 1552/15, Comando 53° Reggimento fanteria „Sforzesca": „Relazione sui fatti d'arme dal 20 al 24 dicembre 1942"; nach dem Kriegstagebuch der Division „Sforzesca" (DS II 1027), erreichten die Reste des Infanterieregiments 53 Annenskij am 24. 12., nach dem Bericht General Pellegrinis (Anlage 33 zum KTB Division „Sforzesca", November/ Dezember 1942) bereits einen Tag früher. Eine ausführliche Schilderung der Ereignisse findet sich auch in den Aufzeichnungen von Domenico Lo Faso, 5 Mesi, S. 105–109.
[177] AUSSME, DS II 1027, KTB Division „Sforzesca", November/Dezember 1942, Anlage 22: Befehl des XXIX. Armeekorps für den 24. 12. 1942. Danach sollten die auf dem rechten Flügel des Korps eingesetzten Verbände so schnell wie möglich Kontakt mit der Armeegruppe Hollidt herstellen. Der Division „Sforzesca" wurde die Aufgabe zugewiesen, Krasnojarowka zu besetzen und die Marschwege freizuhalten. Laut Kriegstagebuch der „Sforzesca" wurde die Ortschaft am Weihnachtsabend des Jahres 1942 vom 6. Regiment *Bersaglieri* eingenommen.
[178] Dieser versehentliche Luftangriff fand am 26. 12. 1942 statt. Eine Schilderung der Umstände findet sich in: AUSSME, DS II 1552/17, Leutnant G. Cominacini (Infanterieregiment 53): „Relazione sui fatti d'arme del dicembre 1942".

hatte. Der Ort wimmelte von Partisanen[179], es schoß aus allen Ecken, und kein Mensch wußte mehr, was hinten und vorne war.

Ich fuhr zum Korps und erhielt dort Befehl, mich weiter südwestlich nach Nikolajewskij zurückzuziehen. Der Befehl kam auch gerade sehr gelegen, denn die Italiener und Rumänen begannen schon, den langsam drückenden Russen nachzugeben. In den ersten Stunden des 28. [Dezember] marschierten wir ab mit dem Ziel Bolschoj Ternowyj[180]. Das XXIX. Korps marschierte wieder auf einer Parallelstraße zehn km weiter westlich. Einige Kilometer vor Bolschoj Ternowyj kreiste ein deutscher Flieger über uns und warf eine Karte über uns ab. In der Karte war um Bolschoj ein großer roter Kreis mit der Erklärung eingezeichnet: starke russische Panzerkräfte. Dann zeigte ein großer Pfeil einige Kilometer zurück und dann nach Südwesten auf Skassyrskaja ein schwarzer Kreis mit der Inschrift: Deutsche Kameraden!

Den ganzen Tag über wurde zum Teil querfeldein in einer endlosen Kolonne marschiert. Hin und wieder erfolgten leichtere Panzerangriffe auf die Kolonnen. Gerade hier fiel es besonders auf, daß die Russen anscheinend aus Partisanen dünne Sicherungsschleier durch das Gelände gezogen hatten. Man fand oft kleine Gruppen von Soldaten, hauptsächlich Rumänen, erschlagen vor, und man sah auch die ausweichenden Zivilisten, wenn die Masse der Kolonne ankam. Wir waren aber so erschöpft, daß wir nicht mehr imstande waren, sie zu jagen. 15 km vor Skassyrskaja vereinigten wir uns mit der Gruppe des XXIX. Armeekorps. Hier wurden wir durch Flugzeuge versorgt und durch einige deutsche Panzer aus Skassyrskaja aufgenommen. Anschließend wurde am späten Nachmittag der Marsch nach Skassyrskaja die Nacht hindurch angetreten. Die Männer waren am Ende ihrer Kräfte. Viele blieben vor Erschöpfung an den Straßenrändern im Schnee liegen, waren nicht mehr zu bewegen aufzustehen, schliefen ein und erfroren[181]. Auch die SS, die seit einigen Tagen wegen Benzinmangels entmotorisiert war, war am Ende. Noch in dieser Nacht gab es vor Erschöpfungen sehr viel[e] Erfrierungen. Endlich erreichten wir Skassyrskaja und wurden in einigen Ortschaften um Skassyrskaja untergebracht.

Wir wußten aber nicht, daß wir uns außerhalb des Sicherungsgürtels befanden. Einen Tag später im Morgengrauen wurden wir von einem russischen Panzerangriff überrascht, und die Flucht begann von neuem[182]. Hinter Skassyrskaja wurden wir

---

[179] Zu den Angriffen der Partisanen und der anschließenden Razzia: AUSSME, DS II 1027, KTB Division „Sforzesca", November/Dezember 1942, Eintragungen vom 26. 12. und 27. 12. 1942.

[180] Die Befehle des XXIX. Armeekorps bzw. der Division „Sforzesca" an die unterstellten Truppenteile finden sich als Anlagen 26–28 zum Kriegstagebuch der Division „Sforzesca" für November/Dezember 1942 (AUSSME, DS II 1027). Die für den 27. 12. 1942 zunächst angeordneten Truppenbewegungen waren weniger feindlichen Angriffen als der Notwendigkeit geschuldet, die Unterbringung der Soldaten sicherzustellen. Am 27. 12., 24 Uhr, sollte alles für den Marsch von Nikolajewskij nach Bolschoj Ternowyj bereit sein, am 28.12., gegen ein Uhr, setzte sich die Kolonne in Bewegung; KTB Division „Sforzesca", November/Dezember 1942, Einträge vom 27. 12. und 28. 12. 1942.

[181] Das Kriegstagebuch der Division „Sforzesca" (AUSSME, DS II 1027) vermerkte am 28. 12. 1942 nur lapidar, der körperliche und moralische Zustand der Truppe habe die Grenzen jeder menschlichen Widerstandskraft erreicht.

[182] Dieser Angriff erfolgte, kurz nachdem die Kolonnen am Morgen des 30. 12. den Marsch wiederaufgenommen hatten; AUSSME, DS II 1027, KTB Division „Sforzesca", Novem-

aber erneut von deutschen Truppen aufgenommen. In mehreren Tagesmärschen erreichten wir dann Forschtadt. Auf diesem Marsche verabschiedete sich General von Obstfelder von den Italienern, um eine neue Aufgabe zu übernehmen[183]. Die Italiener machten einen wirklich demoralisierenden und heruntergekommenen Eindruck. Deswegen erhielten wir Befehl, möglichst schnell aus Froschtadt abzumarschieren. In Lichaja gelang es mir, die drei letzten Räumungszüge aus Morosowskaja noch mit 3000 Italienern vollzufüllen. Angeblich war kein Platz mehr vorhanden. In Wirklichkeit fuhren die Züge dreiviertel leer. Zustatten kam mir dabei, daß einige leere Kohlenwaggons dabei waren. Über diese offenen Waggons ließ ich Zelte spannen und brachte so ohne jegliche Erfrierung alle bis in die Gegend von Rykowo (Ordshonikidse) bei Stalino. Dort wurden die Italiener gesammelt. Von meiner Division waren es etwa noch 3000 Mann[184]. Als ich mich dort vom italienischen Divisionskommandeur, General Pellegrini, verabschiedete, entließ er mich mit einer bewegten Umarmung und mit vielen Worten des Dankes. Es ist anzuerkennen, daß er die Befehle der deutschen Führung immer bedingungslos und ohne jedes Zögern durchgeführt hat.

BA-MA, RH 31 IX/35, Bl. 5–11.

Dokument 11

Gefechtsbericht über den Rückmarsch des Alpini- und des XXIV. Panzerkorps (14. bis 31. Januar 1943) vom 23. März 1943[185]

Durch die neue Frontbildung, die nach dem russischen Durchbruch zuerst bei der 3. rumänischen Armee und dann beim II. italienischen Armeekorps erfolgte, hatte sich die strategische Lage beim Alpinikorps wesentlich verschlechtert. Die geographische Lage und die Notwendigkeit, durch Eroberung der Bahnstrecke Woronesch – Kantemirowka die Versorgung der gegen Rostow vorstoßenden russischen Panzerkräfte zu sichern, legten einen Umfassungsversuch der ganzen Front von Sswoboda bis Mitrofanowka nahe. Bedeutende Ansammlungen von Panzer-

---

ber/Dezember 1942, Anlage 33: „Relazione sui fatti d'arma dal 16 dicembre 1942 al 31 dicembre 1942".

[183] AUSSME, DS II 1027, KTB Division „Sforzesca", November/Dezember 1942, Anlage 32: General Hans von Obstfelder an die Division „Sforzesca" vom 30. 12. 1942. Diese Botschaft, die der General sehr zur Freude der italienischen Offiziere persönlich überbrachte (KTB Division „Sforzesca", November/Dezember 1942, Eintrag vom 31. 12. 1942), endete mit den beschwörenden, der Situation geradezu hohnsprechenden Worten: „Wir sind durch den starken Willen zum Sieg und durch den unerschütterlichen Glauben an den Erfolg der vereinten Waffen verbunden. Treu, in durch harte Zeiten gestärkter Kameradschaft der Waffen werden wir Seite an Seite stehen, bis der Endsieg erreicht ist, auch wenn sich unsere Wege jetzt trennen."

[184] Das vom *Ufficio Storico* des Heeresgeneralstabs herausgegebene Werk Operazioni delle unità italiane al fronte russo, S. 491, beziffert die Verluste der Division „Sforzesca" auf mehr als 5100 Mann.

[185] In italienischer Übersetzung abgedruckt in: Massignani, Alpini e Tedeschi, S. 190–196.

und Infanteriedivisionen vor der ungarischen und der deutschen Front im Abschnitt des XXIV. Panzerkorps bestätigten diese Annahme. Allein im Raum Kantemirowka waren bereits zu Beginn des neuen Jahres vier Infanteriedivisionen und ein Panzerkorps gemeldet [worden][186]. An der vermuteten und dann tatsächlich erfolgten Durchbruchsstelle [sic!] im Süden standen diesen gewaltigen Kräften auf eigener Seite nur die schon stark dezimierten SS-Einheiten Führerbegleitbataillon und [Kampfgruppe[187]] Fegelein[188] gegenüber. An Korps- und Armeereserven war überhaupt nichts da.

Angesichts dieser Lage konnte es niemanden überraschen, als am 12. Januar der Beginn des Feindangriffes bei den Ungarn und am 14. Januar beim XXIV. deutschen Panzerkorps gemeldet wurde. Unter Einsatz von zahlreichen Panzern durchbrach der Russe in kürzester Zeit die deutschen Stellungen und überraschte den Stab des XXIV. Panzerkorps in Shilin. Der Stab wurde zersprengt, der Kommandierende General, Generalleutnant Wandel[189], ist seit diesem Tag vermißt, sämtliche Geheimsachen fielen in Feindeshand[190]. Nur vier Offiziere, unter ihnen der Chef

---

[186] Nach italienischen Quellen hatte die Rote Armee bis zum 13. 1. 1943 im Raum Kantemirowka vor der Front der 27. Panzerdivision, des Führerbegleitbataillons und der SS-Kampfgruppe Fegelein vier Schützendivisionen (die 48., die 180., die 267. und die 350.), zwei Panzerkorps (das XII. und das XV.) sowie das VII. Kavalleriekorps zusammengezogen; vgl. 8ª Armata Italiana nella seconda battaglia difensiva del Don, S. 44.

[187] In der Vorlage unzutreffend: „Bataillon". Laut Kriegsgliederung vom 8. 1. 1943 (BA-MA, RH 31 IX/26, Bl. 28; abgedruckt in: Massignani, Alpini e Tedeschi, S. 216) bestand diese Kampfgruppe aus zwei Bataillonen des Polizeiregiments 15 und dem II. Bataillon des SS-Polizeiregiments 3, die durch Artillerie-, Flugabwehr- und Panzerabwehreinheiten verstärkt worden waren.

[188] *Hermann Fegelein* (1906–1945), SS-Gruppenführer und Generalleutnant der Waffen-SS, 1925/26 Dienst in einem Reiterregiment der Reichswehr, dann Eintritt in die bayerische Landespolizei, seit 1932 NSDAP-, seit 1933 SS-Mitglied, Karriere bei der Reiter-SS, 1941/42 Kommandeur der SS-Kavalleriebrigade, die im Sommer 1941 in Weißrußland mehr als 13 000 Juden ermordete, 1942 Inspekteur des Reit- und Transportwesens im SS-Führungshauptamt, im Dezember 1942 Führer einer Kampfgruppe im Verteidigungsabschnitt des italienischen AOK 8, später Kommandeur der SS-Kavalleriedivision „Florian Geyer" und Verbindungsoffizier Heinrich Himmlers im Führerhauptquartier, am 28. 4. 1945 wegen eigenmächtigen Verlassens des Führerbunkers in Berlin hingerichtet, 1950 im Spruchkammerverfahren postum als „Hauptschuldiger" eingestuft.

[189] *Martin Wandel* (geb. 1892), General der Artillerie, Teilnahme am Ersten Weltkrieg, in die Reichswehr übernommen, nach verschiedenen Stabsverwendungen und Truppenkommandos 1940/41 Artilleriekommandeur 105, 1941/42 Kommandeur der 121. Infanteriedivision, am 1. 12. 1942 mit der Führung des XXIV. Panzerkorps beauftragt, seit 1. 1. 1943 Kommandierender General des XXIV. Panzerkorps, stieß am 14. 1. 1943 bei einer Erkundungsfahrt auf sowjetische Panzer und gilt seither als vermißt.

[190] Dieses Schicksal ereilte die Führungsstaffel am 14. 1. 1943 gegen 18.30 Uhr. Nur wenigen deutschen Soldaten gelang unter Zurücklassung allen Schriftguts, aller Ausrüstung und aller Kraftfahrzeuge in kleinen Gruppen die Flucht; nach Angaben von Überlebenden seien in Gefangenschaft geratene Angehörige der Führungsstaffel an der Mauer der Kirche von Schilin erschossen worden. AUSSME, L 13–62/16, italienische Übersetzung des Erinnerungsberichts von Otto Heidkämper: „La via seguita dal XXIV° Panzer-Korps (Corpo corazzato) e dal ‚Alpini-Korps' (Corpo degli Alpini) dal Don presso Rossosch al Donez presso Woltschansk nei giorni dal 14 al 31 gennaio 1943"; weitere Berichte finden sich im BA-MA, RH 24–24/350.

des Stabes, Oberst Heidkämper[191], trafen am nächsten Morgen bei der 385. Infanteriedivision, die ihren Gefechtsstand nach Kolchose „Stalin" verlegt hatte, ein. In der Nacht vom 14. zum 15. übernahm General Eibl die Führung des XXIV. Panzerkorps, General Ricagno[192] den Befehl über die „Julia"[193], und die 385. Infanteriedivision wurde der 387. unterstellt.

Am Morgen des 15. Januar brachen die Panzer überraschend in Rossosch ein, sperrten die Ortsausgänge und lähmten dadurch die Führung beim Alpinikorps, das am Abend den Gefechtsstand nach Podgornoje verlegte. Da die russischen Panzerkräfte auch bei der ungarischen Armee durchgebrochen waren, wurde eilige Rücknahme der Front des Alpinikorps befohlen. Zur Besprechung über Einzelheiten der Durchführung fuhr ich mit dem O 1 des XXIV. Panzerkorps[194] in der Nacht vom 15. zum 16. Januar zu General Schlemmer[195] und General Nasci[196] nach Podgornoje und anschließend zur Division „Cuneense" nach Annuwka. Es wurde beschlossen, zuerst die 385. und 387. Infanteriedivision sowie die „Julia" über die Tschernaja Kalitwa zurückzunehmen und dann unter enger Fühlungnahme der verschiedenen Divisionen in verschiedenen Marschgruppen sich nach Westen abzusetzen bzw. durchzuschlagen.

---

[191] *Otto Heidkämper* (1901-1969), Generalleutnant, 1918 Teilnahme am Ersten Weltkrieg als Fahnenjunker bei den Pionieren, dann Teilnahme an den Kämpfen im Baltikum, in die Reichswehr übernommen, 1933-1935 an die Kriegsakademie kommandiert, anschließend verschiedene Stabsverwendungen und Truppenkommandos, 1939/40 Offizier im Stab der 2. leichten bzw. der 7. Panzerdivision, 1940-1942 Offizier im Stab der 4. Panzerdivision, die er im März/April 1942 auch vertretungsweise führte, 1942/43 Chef des Stabes des XXIV. Panzerkorps, 1943/44 Chef des Stabes der 3. Panzerarmee, seit September 1944 Chef des Stabes der Heeresgruppe Mitte, April/Mai 1945 Abschnittskommandeur im Erzgebirge und Kommandeur der 464. Division, anschließend amerikanische Kriegsgefangenschaft.

[192] *Umberto Ricagno* (1890-1964), Generale di Corpo d'Armata, 1936/37 als Oberst Kommandeur des 1. Alpiniregiments, 1941-1943 als Brigadegeneral Kommandeur der Division „Julia", 1943-1950 in sowjetischer Kriegsgefangenschaft, nach seiner Rückkehr mit der Leitung des Commissariato Generale Onoranze Caduti in Guerra betraut.

[193] Brigadegeneral Ricagno war der etatmäßige Kommandeur der Division „Julia", die am 22. 12. 1942 dem XXIV. Panzerkorps unterstellt worden war und erst am 18. 1. 1943 zum Alpinikorps zurückkehrte. AUSSME, DS II 1011, Relazione sull'attività bellica svolta dalla Divisione alpina „Julia", 16. 12. 1942-23. 1. 1943.

[194] Nicht ermittelt.

[195] *Ernst Schlemmer* (1889-1949), Generalleutnant, Teilnahme am Ersten Weltkrieg bei der bayerischen Fliegertruppe, seit 1920 bei der bayerischen Landespolizei, 1935 als Oberstleutnant in die Wehrmacht übernommen, 1936-1942 Regiments- und Divisionskommandeur bei den Gebirgstruppen, August 1942 - Februar 1943 Chef des Verbindungsstabs beim Alpinikorps, 1943 Divisionskommandeur, 1944/45 verschiedene Verwendungen und Kommandos in Italien, 1945-1947 Kriegsgefangenschaft.

[196] *Gabriele Nasci* (1887-1947), Generale di Corpo d'Armata, Teilnahme am Krieg in Libyen, 1915-1918 Teilnahme am Ersten Weltkrieg als Truppenoffizier, 1919/20 in Albanien eingesetzt, 1926-1930 Kommandeur des 8. Alpiniregiments, 1930-1935 Leiter des Büros des Inspekteurs der Alpini, 1935-1938 Kommandeur der Division „Tridentina", seit 1939 Befehlshaber, später Inspekteur der Alpini, 1940/41 Kommandierender General des XXVI. Armeekorps im Krieg gegen Griechenland, 1942/43 Kommandierender General des Alpinikorps, nach dem Waffenstillstand vom 8. 9. 1943 zunächst untergetaucht, lebte dann bis zum Abzug der deutschen Truppen unter Aufsicht in Feltre, 1945 Rückkehr in den aktiven Militärdienst.

Während im Laufe des 16., 17. und 18. Januar die geplanten Rückzugsbewegungen durchgeführt wurden, wurde der Stab des Alpinikorps in Postojalyi von russischen Panzern überrascht und zum Rückzug nach Podgornoje gezwungen. Bei diesem Angriff fiel[en] der Verbindungsoffizier beim Alpinikorps, Major von Albori und wahrscheinlich auch Sonderführer (Z) Berlanda[197].

Inzwischen war die Umgruppierung der Kräfte von der stehenden Front zur Marschordnung erfolgt, und die Spitze übernahm die noch kampfkräftigste Division, die „Tridentina", unter Führung von General Reverberi. Am 19. Januar wurde Postojalyi vom 5. Alpiniregiment im Sturm genommen. Eine große Zahl von gefallenen Russen und Italienern auf der Hauptstraße des Ortes kennzeichnete diesen ersten erbitterten Durchbruchskampf.

Nachdem so die erste Bresche in den bereits geschlossenen Einkesselungsring geschlagen war, wurden in der Nacht vom 19. zum 20. in einem eindrucksvollen Appell die Befehle für den allgemeinen Rückzug gegeben. Die Stäbe des Alpinikorps, des XXIV. Panzerkorps und der Division „Tridentina" hatten sich am 19. Januar in [der] Kolchose Opyt gesammelt und blieben während der ganzen Zeit des Rückmarsches zusammen. Die Verbindung zum Deutschen General beim italienischen AOK 8 und zur Heeresgruppe B wurde während des ganzen Rückmarsches durch die Funkstation der 385. Infanteriedivision hergestellt. Ab [dem] 24. Januar kam außerdem täglich ein Fieseler „Storch" von der Heeresgruppe mit einem Kurieroffizier, der uns genaue Auskunft über die Lage gab und auch unsere dringenden Anforderungen für Lebensmittel und Betriebsstoff nach Charkow übermittelte.

Als am Morgen de[s] 20. Januar sich alles zum Abmarsch fertigmachte und nichts von unmittelbarer Feindbedrohung ahnte, zischte es plötzlich in der Luft, und es folgte der helle, markante Einschlag einer Panzerkanone und kurz darauf ein zweiter, dritter und vierter Einschlag. Ein Haus brannte, und in die regellose Masse der sich zum Abmarsch fertigmachenden Leute kam Unruhe. Als sich jedoch zum gesteigerten Feuer der hinter den Höhen verborgenen Panzer noch MG- und Gewehrfeuer gesellte, mehrere Häuser in hellen Flammen auflöderten und ein Munitionswagen in Brand geriet, war die Verwirrung auf dem Höhepunkt angelangt. Menschen, Pferde, Lkw, Pkw liefen bzw. fuhren durcheinander, und es bedurfte einiger Zeit, bis einige Züge zusammengefaßt waren, um die auf wenige hundert Meter herangekommene Infanterie abzuwehren. Pak und Flak konnte[n] längere Zeit nicht angreifen, da man die Panzer zunächst überhaupt nicht sehen und nach einiger Zeit nur die feuernden Panzerrohre feststellen konnte, während die Panzer selbst in bester Deckung standen.

Nach etwa einer Stunde hatte sich die Lage so verschlimmert, daß unter Zurücklassung aller nicht geländegängigen Fahrzeuge eiligster Rückzug nach Postojalyi befohlen werden mußte. Was nun folgte, kann nur als Flucht bezeichnet werden, und es dürfte wohl kaum einer gewesen sein, dem an diesem Tage nicht die MG-Garben und Gewehrkugeln um die Ohren pfiffen. Vor Postojalyi gab General Eibl die Befehle für den Einsatz einer Nachhut, und damit war diese erste kritische Kampfphase überwunden. Die Verbände wurden, soweit das nicht schon erfolgt war, in

---

[197] Angaben zu Major von Albori und Sonderführer Berlanda wurden nicht ermittelt.

Marschgruppen unter verantwortlichen Führern zusammengefaßt, und es begann der noch zwölf Tage lange Fußmarsch nach Westen.

Am Abend des 20. folgte ein weiteres Gefecht um den Ort Karajschnik an der Rollbahn Rossosch – Nikolajewka. Die schwachen russischen Kräfte wurden von einem Alpinibataillon, verstärkt durch einige aus deutschen Trossen gebildeten kleineren Einheiten, teilweise vernichtet und der Rest in die Flucht geschlagen. Nachdem wir in dem dicht belegten Ort uns zur Ruhe hingelegt hatten, wurden wir um Mitternacht aus dem Schlaf geweckt: Angriff russischer Panzer von Norden und Süden, hieß es; die ersten Leuchtspurgeschosse kamen in das Dorf hereingezischt, eine Batterie der schweren Feldhaubitzen [der] Abteilung des Majors Fischer[198] war in Ermangelung anderer Pak zum direkten Beschuß in Stellung gegangen. Diesmal war die Lage nicht so schlimm, wie es anfangs schien; denn die Panzer, die scheinbar sehr schwach waren, wagten sich nicht in den Ort hinein, sondern beschränkten sich auf Störungsfeuer. So entschloß sich der Führer dieser Infanteriespitze zum Weitermarsch, und nach Säuberung eines Waldstückes erreichten wir gegen Mittag unser Tagesziel, ein Dorf vier km vor Scheljakino. Jedoch auch dieses Ruhequartier mußte in zweistündigem Kampf feindfrei gemacht werden.

Da ich diesen und den vorhergehenden Tag mit dem Spitzenbataillon marschiert war, um dort die Verständigung zwischen deutschen und italienischen Truppen zu erleichtern, hörte ich erst am Abend dieses Tages, daß General Eibl schwer verwundet worden und am Spätnachmittag gestorben sei. Damit ging die Führung der deutschen Verbände auf Oberst Heidkämper und der Befehl über alle eingeschlossenen italienischen, deutschen und versprengten ungarischen Kräfte auf den Kommandierenden General des Alpinikorps, Nasci, über. General Nasci verstand es, durch günstige Ausweichmarschrichtungen den Feind zu täuschen, und vertrat auch den richtigen Standpunkt, unter höchsten Marschleistungen ohne Rücksicht auf Ausfälle die Verbindung mit der neu gebildeten beweglichen Front herzustellen.

Noch während der Nacht begann der Weitermarsch in der Reihenfolge, wie sie von jetzt ab ständig beibehalten wurde: Voran die „Tridentina", verstärkt durch vier Sturmgeschütze und zwei Panzerspähwagen, unmittelbar gefolgt von einer Nebelwerferbatterie[199] und der schweren Artillerieabteilung des Majors Fischer; anschließend die 387. mit der unterstellten 385. Division, weiter die „Cuneense" und die „Vicenza", und den Abschluß sollte die Division „Julia" bilden, mit der aber seit [dem] 21. Januar keine Verbindung mehr bestand. Als letzte sichere Nachricht habe ich erfahren, daß die Division bei Popowka, nördlich [von] Rossosch, im schweren Kampf gegen starke feindliche Panzerkräfte gestanden hatte[200].

---

[198] Hierbei handelte es sich um die II. Abteilung des Artillerieregiments 71; zu Major Fischer wurden keine weiteren Angaben ermittelt; Photos finden sich bei Massignani, Alpini e tedeschi, S. 153 und S. 168.

[199] Diese mit mehrrohrigen Geschützen zum Abfeuern von Raketengeschossen ausgerüstete Batterie gehörte zum Artillerieregiment 387; ein Photo findet sich bei Massignani, Alpini e tedeschi, S. 168.

[200] Die Regimenter der Division versuchten, sich südlich der Kolonne, mit der die Reste des deutschen Generalkommandos marschierten, in zwei Gruppen nach Westen durchzuschlagen. Am 21.1. wurde die Gruppe um die Reste des Alpiniregiments 9 während einer Rast in

Die Marschspitze hatte bereits die beherrschende Anhöhe vor Scheljakino erreicht, als sie aus dem Ort und die Vorhut aus der Flanke von starkem MG-Feuer empfangen wurden. Sofort wurde von den Alpini eine Sicherung nach rechts und links vorgeschickt, Pak ging in Stellung, und die Gebirgsgeschütze nahmen bereits nach wenigen Minuten den Ort unter Feuer. Der erste Angriff der Alpini mißlang, und erst als die Sturmgeschütze mit vorfuhren, den Widerstand der russischen Panzer brachen und die Nebelwerferbatterie einige Salven nach Scheljakino hineinschoß, konnten die Alpini in den Ort eindringen und im Straßenkampf den Weg für die nachfolgende Truppe freimachen. Hier geschah jedoch das, was sich nachher öfter wiederholte: Die kampfkräftige Spitze mit den unmittelbar folgenden Truppen hatte den Weg über den Tschernaja Kalitwa-Fluß freigemacht, am Spätnachmittag kehrte der Feind jedoch mit neuen Infanterie- und Panzerkräften zurück und schnitt dem Stab und einem Teil der „Cuneense" den Weg ab. Der Divisionsgeneral der „Cuneense"[201] und der deutsche Verbindungsoffizier, Hauptmann Berger[202], wurden hier wahrscheinlich gefangengenommen[203].

Der Weitermarsch am 23., 24. und 25. Januar traf auf geringen Feindwiderstand, und was an Ausfällen zu verzeichnen war, war zum Großteil auf Erfrierungen und Erschöpfungen zurückzuführen. Der täglich zwölf- bis fünfzehnstündige Marsch durch das unwegsame Gelände und die Notwendigkeit für viele, im Freien zu schlafen, zehrte an den Kräften besonders auch deshalb, weil die Ernährung aus dem Lande für eine Masse von rund 90 000 Mann am Anfang und etwa 40 000 gegen Ende des Rückmarsches[204] nur zu einem beschränkten Teil möglich war.

Lesnitschanskij von gepanzerten Truppen überrascht und vollständig aufgerieben; die Überlebenden gerieten in Gefangenschaft. Die zweite Gruppe um die Reste des Alpiniregiments 8 wurde am 22. 1. in Nowyi Georgijewskije eingeschlossen und gefangengenommen, während das Divisionskommando am Morgen des 23. 1. 1943 von sowjetischen Truppen bei Scheljakino gestellt und größtenteils überwältigt wurde. General Ricagno, der sich mit Splittern seiner Division einer Marschkolonne der „Cuneense" angeschlossen hatte, wurde am 27. 1. in der Nähe von Waluiki gefangengenommen. AUSSME, DS II 1011, Relazione sull'attività bellica svolta dalla Divisione alpina „Julia", 16. 12. 1942–23. 1. 1943; vgl. auch Caruso, Tutti i vivi all'assalto, S. 216–219, S. 230 f. und S. 336–339, dessen dramatische Schilderung der Ereignisse sich aufgrund fehlender Belege jedoch oftmals nicht nachprüfen läßt.

[201] *Emilio Battisti* (1889–1971), Generale di Corpo d'Armata, Teilnahme am Krieg in Libyen, am Ersten Weltkrieg, am Krieg in Abessinien und am spanischen Bürgerkrieg, als Oberst Kommandeur des 7. Alpiniregiments, 1940 Chef des Stabes der Heeresgruppe West in Frankreich, Teilnahme am Krieg gegen Griechenland 1942/43 als Generale di Divisione Kommandeur der Division „Cuneense", 1943–1950 in sowjetischer Kriegsgefangenschaft, nach seiner Rückkehr u. a. Kommandeur des Militärbezirks Bologna und Präsident des Consiglio Superiore delle Forze Armate.

[202] Nicht ermittelt.

[203] General Battisti wurde am frühen Morgen des 27. 1. 1943 gefangengenommen, nachdem seine Marschkolonne bei Waluiki auf überlegene sowjetische Kräfte gestoßen war; AUSSME, DS II 1554/8, Emilio Battisti: „Relazione sulle operazioni svolte alla fronte russa dalla Divisione alpina ,Cuneense' " vom 23. 5. 1950.

[204] Gesicherte Angaben über die Gesamtstärke der eingeschlossenen italienischen, deutschen und ungarischen Truppen sind aufgrund der schwierigen Quellenlage kaum zu gewinnen. Massignani, Alpini e tedeschi, S. 98 ff., geht in seiner detailreichen Untersuchung davon aus,

Der 26. Januar war wieder ein Großkampftag. Während der Nacht bereits wurde die im nördlichen Vorort von Nikitowka, in Arnautowo, untergebrachte Spitze von etwa einem Bataillon Russen angegriffen, und da man die angreifenden Kräfte während der Nacht nicht abschätzen konnte, war allgemeiner Alarm. Auch im Morgengrauen setzten die Russen, durch das Gelände begünstigt, dem Weitermarsch ernsten Widerstand entgegen. Als sie jedoch die Masse der aufmarschierenden Truppen sahen, gaben sie den Widerstand auf, und der Marsch ging ohne Störung weiter bis an das an der Bahnlinie Ostrogoshsk - Waluiki gelegene Nikolajewka.

Hier entspann sich wohl der heftigste Kampf des ganzen Rückmarsches, als ob die Russen die letzte Gelegenheit zum Verhindern des Durchbruchs benutzen wollten. Alle einsatzfähigen Truppen der „Tridentina", alle für den infanteristischen Einsatz bewaffneten deutschen Trosse, unterstützt von den Sturmgeschützen griffen mehrere Stunden lang an, und wieder, wie schon in Scheljakino, bewährte sich die Unterstützung der Nebelwerferbatterie, die bei dieser Gelegenheit den Rest der vorhandenen Munition verschoß.

Während vorne an der Bahnlinie und am Ortseingang der Kampf den Höhepunkt erreicht hatte und der Rest der Marschkolonne, zu einem dichten Haufen gedrängt, am Hinterhang einer Anhöhe mit Spannung den Ausgang des erbitterten Kampfes abwartete, kamen, was bisher noch nie geschehen war, zwei feindliche Bombenflugzeuge und warfen ihre Last mitten in diese dichte und trotzdem einen großen Raum einnehmende Masse. Die Wirkung konnte unter diesen Umständen nicht anders sein: alles Volltreffer.

Als der zähe Widerstand der feindlichen Infanterie endgültig gebrochen war, bewegte sich diese mehrere Tausend Mann zählende Marschgruppe auf den Ortseingang zu, als plötzlich einige weiter rückwärts stehende russische Granatwerfer ihr Feuer gegen die trotz des vorangegangenen Fliegerangriffs noch auf engem Raum marschierenden Trosse richteten. Der Marsch stockte, und bei der zweiten Feuergruppe machten zwei Schlitten kehrt. Wie auf Befehl begann jetzt alles nach rückwärts zu fahren, der Russe hatte diesen Augenblick der Panik erkannt und verstärkte das Feuer. Nur durch rasches und energisches Eingreifen gelang es uns, diese Rückwärtsbewegung aufzuhalten und bei Einbruch der Dämmerung weiterzumarschieren. Etwa fünf Stunden hatte der Kampf gedauert.

Der Chef des Stabes beim Alpinikorps, General Martinat[205], der die ermüdete Truppe durch sein persönliches Beispiel zu diesem letzten Kampf anspornte, fiel am Ortseingang durch einen Schuß mitten in die Stirn.

daß das Alpinikorps zu Beginn des Rückzugs alles in allem etwa 70000 Mann stark war und die von den rückwärtigen Verbindungen abgeschnittenen Teile des XXIV. deutschen Panzerkorps knapp 10000 Soldaten zählten. Die von Massignani zitierten Angaben über die Zahl der ungarischen Soldaten, die sich den italienischen und deutschen Verbänden angeschlossen hatten, schwanken zwischen 2000 und 7000.

[205] *Giulio Martinat* (1891-1943), Brigadegeneral, Teilnahme am Krieg in Libyen und 1915-1918 am Ersten Weltkrieg, 1924-1927 Mitglied der italienischen Militärmission in Ecuador, 1935 zunächst Chef des Stabes der Division „Julia", dann bis 1937 der Division Camicie Nere „Tevere" im Krieg gegen Abessinien, im April 1937 erneut Chef des Stabes der Division „Julia", dann Kommandeur des 11. Alpiniregiments, nach weiteren Stabsverwendungen 1940/41 Chef des Stabes des XXVI. Armeekorps im Krieg gegen Griechenland, 1942 Chef des Stabes des Alpinikorps, am 26. 1. 1943 im Kampf um Nikolajewka gefallen.

Noch um Mitternacht wollte man den Marsch fortsetzen, um gegen Mittag die Verbindung mit der Kampfgruppe Cramer[206] zu erreichen, aber zwei getarnte MG und eine Pak sperrten den Weg bis zum Anbruch des Tages ab. Nur dem [sic!] Zusammenwirken von Sturmgeschützen und eine[r] Gebirgsbatterie gelang es, diesen letzten Widerstand zu beseitigen, und so wurde der Tagesmarsch begonnen, der aus der feindl[ichen] Umklammerung herausführte.

Während die normale Tagesleistung unter Berücksichtigung der Tatsache, daß ständig durch tiefen Schnee marschiert wurde, nicht über 25 km festgelegt werden konnte, wurde an diesem Tage 35 km marschiert, und das Spitzenfahrzeug, die Zugmaschine des XXIV. Panzerkorps, erreichte um etwa sieben Uhr abends Nikolajewka am Oskol, und am Ortseingang trafen wir mit den Panzerspähwagen der Kampfgruppe Cramer zusammen. Ein Teil der deutschen und italienischen Trosse entschloß sich, infolge Übermüdung in Uspenka Nachtquartier zu beziehen, wurde jedoch um drei Uhr morgens von mehreren Tausend Russen überfallen und zum Teil in und mit den Häusern verbrann[t], zum Teil durch Infanteriewaffen aufgerieben. Nur eine kleine Gruppe entkam im Schutze der Dunkelheit.

Damit war die Verbindung zur neuen Front – von HKL kann nicht gesprochen werden – hergestellt; nachdem aber am folgenden Tag, de[m] 28. Januar, Nowyj Oskol von uns aufgegeben werden mußte, stellte das erreichte Ziel nur eine kämpferische und moralische Entlastung dar. Der beschwerliche Fußmarsch, die äußerst dürftig[e] Verpflegung, die völlig unzureichende Unterkunft und besonders der Weitertransport der zahlreichenden Verwundeten hatten noch nicht ihr Ende gefunden. Am 28., 29. und 30. wurde noch marschiert, bis man da[nn] am Vormittag des 31. in der Nähe von Bolsche Troitzkoje auf die ersten Sankas, Lkw und Omnibusse stieß, und auch das erste Mal wurde auf einer schneefreien Straße marschiert. In Schebekino wurde das erste Mal wieder Verpflegung ausgegeben, und es erfolgte die Trennung zwischen deutschen und italienischen Truppen: die Alpini zogen weiter in Richtung Belgorod, die Deutschen marschierten nach Woltschansk, wo alles für vier Tage in das verdiente Ruhequartier zog.

Bereits im Verlauf dieser kurzgefaßten Darstellungen [sic!] der Rückzugskämpfe des Alpinikorps wurde auf die Hauptschwierigkeiten dieses Einsatzes hingewiesen. Zusammenfassend und ergänzend kann folgendes gesagt werden:
1. Abgesehen von der kämpferischen Leistung der Truppe, die an den Durchbruchsgefechten unmittelbar teilnahm, war die reine Marschleistung von rund 300 km durch freies Gelände und bei tiefem Schnee, bei Kälte und Schneesturm

---

[206] In der Vorlage: „Kramer"; im folgenden wurde diese Schreibweise stillschweigend korrigiert. *Hans Cramer* (1896–1968), General der Panzertruppen, 1941 Kommandeur des Panzerregiments 8 in Nordafrika, 1942 Chef des Stabes beim General der Schnellen Truppen im OKH bzw. General der Schnellen Truppen im OKH, Januar/Februar 1943 Führer eines Generalkommandos z.bV., März – Mai 1943 Kommandierender General des Deutschen Afrikakorps, bis 1944 in britischer Kriegsgefangenschaft, dann wegen seines Gesundheitszustands entlassen, General z.b.V. bei der Panzergruppe West, im Juli 1944 verabschiedet. Dem Generalkommando z.b.V. Cramer wurden Teile der 168. und die 26. Infanteriedivision, die 1. ungarische Panzerdivision, der Panzerverband 700 und die Sturmgeschützabteilung 190 unterstellt. An der Nahtstelle zwischen der 2. ungarischen Armee und dem Alpinikorps eingesetzt, sollte das Korps die Front der Verbündeten stützen. Vgl. Wimpffen, Zweite ungarische Armee, S. 118–129.

so gewaltig, daß nur körperlich kräftigste und willensstarke Soldaten durchhalten konnten.
2. Die Leistung wird aber noch erhöht durch die Tatsache, daß seit [dem] 20. Januar überhaupt keine normale Verpflegung mehr ausgegeben werden konnte und abgesehen von den kleinen Restbeständen diese ganze Heeresmasse von dem leben mußte, was aus den wenigen Dörfern, die am Marschweg lagen, herauszuholen war. Nur in den letzten Marschtagen wurde ein Teil des Bedarfes durch Einsatz von Segelschleppern und Abwurf aus Flugzeugen gedeckt, das reichte jedoch nur für etwa ein Viertel der Leute, und gerade die am meisten erschöpften Teile, die nicht mit der Spitze Schritt halten konnten, waren weiterhin auf das angewiesen, was sie in den Dörfern finden konnten. Ebenso war Unterkunft meist nur für etwa die Hälfte der Leute vorhanden, während der Rest nach härtesten Anstrengungen die kalte und lange Winternacht im Freien verbringen mußte.
3. Eine gewaltige Belastung für eine Marschkolonne waren die zahlreichen Verwundeten, die, soweit die Transportmöglichkeit es erlaubte, bis zum Ende mitgeführt wurden. Diese Transportmöglichkeit wurde von Tag zu Tag schwieriger, weil nicht nur Pferde und Tragtiere infolge Überanstrengung, Futtermangel und Feindeinwirkung zu Hunderten ausfielen, sondern auch die Zahl der kostbaren Zugmaschinen und Sturmgeschütze infolge Motorschaden und Benzinmangel ständig abnahm.
4. Gewaltig waren die Verluste während dieser zwei Wochen: Das Alpinikorps hatte Mitte Januar eine Stärke von rund 70 000 Mann. Davon trafen in Schebekino etwa 25 000 Mann ein, und von diesen mußten sofort etwa 11 000 in Lazarette eingeliefert werden. Es blieben also an einsatzfähigen Leuten rund 14 000. Die Verluste bei den deutschen Einheiten waren in dieser Rückmarschzeit nicht so stark, weil ein Großteil mit der Spitze Schritt halten konnte[207]. Gründe für derartig hohe Ausfälle waren Tausende von Erschöpfungen und Erfrierungen, Überfälle von Partisanen, überraschendes Auftreten von russischen Panzern bei Marschkolonnen ohne irgendein Panzerabwehrmittel. Gering, verglichen mit diesen Verlusten, war die Zahl der Toten und Verwundeten bei den Durchbruchskämpfen. Der letzte Kampf bei Nikolajewka hatte gezeigt, daß – besonders nach Ausfall von drei Sturmgeschützen und beinahe der gesamten Artillerie – auch die kämpfende Spitze am Ende der Kräfte war[208].

[Oberleutnant] Salazer

BA-MA, RH 31 IX/35, Bl. 91–100.

---

[207] Wieder fehlen gesicherte Angaben. Nach Massignani, Alpini e tedeschi, S. 98 ff., erreichten etwa 27 500 Mann des Alpinikorps die eigenen Linien; gemessen an der ursprünglichen Stärke müssen mehr als 40 000 italienische Soldaten umgekommen oder in Gefangenschaft geraten sein. Von den deutschen Soldaten, so nimmt Massignani an, sei zwischen 5500 und 6500 der Durchbruch gelungen.
[208] Dem Gefechtsbericht ist eine Kartenskizze beigefügt, auf deren Reproduktion verzichtet wurde.

Dokument 12

Bericht Otto Heidkämpers über den Rückzug des XXIV. Panzerkorps und des Alpinikorps sowie über den Tod von General Karl Eibl am 21. Januar 1943[209]

Panzerarmeeoberkommando 3 18. Mai 1943
Der Chef des Generalstabs

An den
Chefadjutanten der Wehrmacht beim Führer
und Chef des Heerespersonalamtes
Herrn Generalleutnant Schmundt[210]

Über die Begleitumstände, die am 21. Januar 1943 zum Tode des Generalleutnants Eibl, Kommandeur der 385. Infanteriedivision und seit [dem] 15. Januar stellvertretender Kommandierender General des XXIV. Panzerkorps, führten, melde ich folgendes:

Am 18. Januar 1943 wurde in Podgornoje der Befehl an die Truppen des XXIV. Panzerkorps und des Alpinikorps gegeben, mit Rücksicht auf den Betriebsstoffmangel und die Unmöglichkeit neuer Zufuhr alle nicht für die Artillerie, Pak und Sturmgeschütze notwendigen Kfz zu vernichten[211]. Das Generalkommando des XXIV. Panzerkorps behielt außer einigen handelsüblichen Pkw nur noch zwei 18 to-Zugmaschinen. Eine weitere Zugmaschine wurde dem Alpinikorps übergeben. Mit diesen wenigen Fahrzeugen verlegten beide Generalkommandos in der Nacht vom 18./19. Januar nach Ssowch. Opyt (etwa neun km westlich [von] Podgornoje). Durch das Fehlen jeglicher Aufklärung und Nahsicherung seitens des für diesen Gefechtsstand verantwortlichen Alpinikorps erfolgte am 20. Januar früh ein Überfall auf den Korps-Gefechtsstand, der nur im Nahkampf abgewehrt werden konnte. Von den Fahrzeugen beider Generalkommandos entkamen nur die drei Zugmaschinen[212].

---

[209] Abgedruckt in: Wimpffen, Zweite ungarische Armee, S. 410–416.
[210] *Rudolf Schmundt* (1896–1944), General der Infanterie, Teilnahme am Ersten Weltkrieg, in die Reichswehr übernommen, seit Januar 1938 Chefadjutant Hitlers, seit Oktober 1942 auch Chef des Heerespersonalamts, am 1. 10. 1944 an den Folgen der beim Attentat auf Hitler am 20. 7. erlittenen Verletzungen verstorben. Schmundt hatte Heidkämper am 14. 5. 1943 in einem streng vertraulichen Schreiben (BA-MA, NL 592/5; abgedruckt in: Wimpffen, Zweite ungarische Armee, S. 407) um einen Bericht über die Umstände des Todes von General Eibl gebeten.
[211] AUSSME, DS II 1554/1, Anlage 10 zum Gefechtsbericht General Nascis für die Zeit vom 14.–31. 1. 1943: Operationsbefehl Nr. 2 des Kommandos des Alpinikorps (Nr. 501/Op. di prot. – gez. Gabriele Nasci) an alle unterstellten Einheiten und den Deutschen Verbindungsstab vom 18. 1. 1943.
[212] In Opyt – nach Caruso, Tutti i vivi all'assalto, S. 168, aufgrund des allgemeinen Durcheinanders das „Epizentrum des Chaos" – waren neben den beiden Generalkommandos Truppenteile und Trosse aller Art untergezogen, die dort neu geordnet werden sollten. Der überraschende Angriff hatte nicht nur wegen der weiteren Verluste an Menschen, Material und Zusammenhalt, sondern vor allem wegen des Verlustes aller Funkgeräte und Führungsmittel des italienischen Korpskommandos schwerwiegende Konsequenzen. Die ohnehin schwierige Kommunikation mit den unterstellten Divisionen brach nun weitgehend zusam-

Da die Alpinidivision „Tridentina" ohne Belassung irgendwelcher Nachhuten nach Westen abgerückt war, wurden aus den in Skororyb versammelten Schlittentrossen des XXIV. Panzerkorps etwa 1000 Mann zur Bildung einer Nachhut an den Ortsrändern von Skororyb herausgezogen[213]. Ich blieb bis 21 Uhr bei dieser Nachhut. Generalleutnant Eibl war im Laufe des Nachmittags nach Postojalyi zurückgefahren und hier vom Kommandierenden General des Alpinikorps mit der Bildung einer Nachhut, bestehend aus einem Alpinibataillon und sonstigen greifbaren versprengten Teilen (dabei kampfkräftige Leute des deutschen Gefechtstrosses) beauftragt worden. Diese Nachhut sollte Postojalyi halten, bis alle Troßteile des XXIV. Panzerkorps Postojalyi nach Westen durchschritten haben würden.

Gegen 23 Uhr traf ich in Postojalyi bei Generalleutnant Eibl ein. Es gab hier zunächst eine scharfe Auseinandersetzung zwischen Generalleutnant Eibl und dem italienischen Nachhut-Bataillonskommandeur[214]. Dieser weigerte sich mehrfach, den Befehl des Generalleutnant[s] Eibl, bis ein Uhr nordwestlich [von] Postojalyi seine Stellung zu halten, auszuführen, weil er von seinem Divisionskommandeur den Befehl habe abzurücken, sobald alle italienischen Truppen nach Westen durchmarschiert seien. Dies sei bereits seit 21 Uhr der Fall. Erst durch das scharfe Eingreifen des italienischen Verbindungsoffiziers[215] wurde erreicht, daß der italienische Bataillonskommandeur meldete, er würde nunmehr den Befehl des Generalleutnants Eibl ausführen. Tatsächlich ist der italienische Bataillonskommandeur mit seinem Bataillon, wie mir einige Tage später gemeldet wurde, sofort abgerückt. Gegen

---

men; Verbindung mit den vorgesetzten Stäben konnte nur noch mit Hilfe der Funkstelle der 385. Infanteriedivision aufgenommen werden, die von einer der drei entkommenen Zugmaschinen transportiert wurde. Der Überfall auf Opyt belastete aber auch das schwierige Verhältnis zwischen Deutschen und Italienern, da man beim Stab des XXIV. Panzerkorps vor allem die Führung des Alpinikorps für das Desaster verantwortlich machte, die alle Warnungen in den Wind geschlagen und keinerlei Maßnahmen zur Aufklärung oder Sicherung der Umgebung getroffen habe. BA-MA, RH 24-24/192, Bericht des Generalkommandos des XXIV. Panzerkorps (Abt. Ia Nr. 100/43 geh. - gez. Otto Heidkämper) über die Rückzugskämpfe vom 14.-31. 1. 1943. General Reverberi berichtete dagegen (AUSSME, DS II 1554/5, Relazione sulle azioni svolte dalla Divisione „Tridentina" al fronte russo, S. 7), man habe sich in Opyt zur Verteidigung eingerichtet. Vgl. dazu auch die Einschätzung von Massignani, Alpini e tedeschi, S. 85 f.

[213] Das Alpinikorps hatte allerdings angeordnet, den Rückzug durch Nachhuten zu decken; AUSSME, DS II 1554/1, Anlage 8 zum Gefechtsbericht General Nascis für die Zeit vom 14.-31. 1. 1943: Befehl des Alpinikorps vom 17. 1. 1943, 12.30 Uhr. Angesichts der kritischen Lage war diese Aufgabe jedoch mit unkalkulierbaren Risiken verbunden, so daß nicht auszuschließen ist, daß die verantwortlichen Offiziere der Nachhuten auf eigene Faust handelten; außerdem war die Befehlsübermittlung schwierig. In diesem Zusammenhang muß auch gesagt werden, daß deutsche wie italienische Kommandos immer wieder den Versuch unternahmen, nicht die eigenen Soldaten, sondern Einheiten des Verbündeten als Nachhut zu exponieren. Die Sammlung und Neuordnung deutscher Truppen bei Skororyb und deren Einsatz zur Abschirmung gegen sowjetische Vorstöße entsprach einer Anweisung General Nascis an General Eibl. DS II 1554/1, Gabriele Nasci: Relazione sull'attività svolta dal Corpo d'Armata Alpino in Russia, S. 25.

[214] Nach dem Gefechtsbericht von General Reverberi (AUSSME, DS II 1554/5, Relazione sulle azioni svolte dalla Divisione „Tridentina" al fronte russo, S. 10) bildete das Bataillon „Verona" des 6. Alpiniregiments seit dem 20. 1. 1943 die Nachhut der Division „Tridentina".

[215] Vermutlich Oberleutnant Giuseppe Cancarini-Ghisetti.

24 Uhr fuhren Generalleutnant Eibl und ich neben der Kolonne auf der Straße Postojalyi – Kosino [in] Richtung Nowo Charkowka, da irgendwie die Nachricht nach rückwärts gekommen war, daß am Kalitwa-Übergang[216] Stockungen eingetreten seien. Der Russe drängte bei Postojalyi von Norden, Osten und Südosten (hier kämpften die letzten Teile der vereinigten 385./387. Infanteriedivision) scharf nach, so daß der Rückmarsch mit allen Mitteln im Fluß gehalten werden mußte.

In den beiden hintereinander fahrenden Zugmaschinen des Generalkommandos befanden sich in der ersten Generalleutnant Eibl mit mir und meinem aus einigen Offizieren des Generalkommandos und des Stabes der 385. Infanteriedivision gebildeten Rumpfstabe, in der zweiten die einzige Funkstelle, über die das Generalkommando noch verfügte. Das Alpinikorps und dessen Divisionen besaßen kein Funkgerät mehr. Westlich [von] Kosino ging der Vormarsch der Kolonne nur noch sehr langsam vorwärts, er stockte nach und nach völlig.

Gegen vier Uhr (es war noch dunkel) erreichten wir die letzte Höhe vor Nowo Charkowka. Wir befanden uns hier etwa 600 m von der Kalitwa entfernt. Es fielen einzelne Schüsse; ein italienischer Bataillonskommandeur am Anfang der Kolonne, die sich hier schon in mehrere Säulen geteilt hatte, meldete dem Generalleutnant Eibl, daß auf dem Westufer der Kalitwa Feindpanzer aufgetaucht seien und an ein Hinüberkommen vorläufig nicht zu denken sei. Das Alpinikorps-Kommando sei mit zwei bis drei italienischen Bataillonen und den deutschen Sturmgeschützen schon vor längerer Zeit über die Kalitwa gegangen, die Verbindung zu diesen Teilen sei seit Stunden abgerissen. Wie sich später herausstellte, hatte das Alpinikorps nichts getan, um von sich aus die Verbindung wiederherzustellen[217]. Es war anscheinend gar nicht darüber unterrichtet, daß die Verbindung abgerissen war.

Schon bei dieser ersten Vorfahrt an die Kalitwa waren uns mehrfach völlig erschöpfte und weinende italienische, auch deutsche Soldaten vor die Zugmaschine gelaufen und flehten, mitgenommen zu werden. Teilweise waren sie so erschöpft, daß sie irres Zeug redeten. Beide Zugmaschinen waren schon überbelastet, die Schlitten der Truppenteile waren mit Verwundeten voll belegt, so daß schon an diesem Tag und an den anderen Tagen bis zum 30. Januar alle erschöpften Soldaten ihrem Schicksal überlassen werden mußten. Ihre Zahl wurde von Tag zu Tag größer.

Wir machten mit beiden Zugmaschinen kehrt, fuhren etwa einen km zurück, um durch zwei Ordonanzoffiziere rechts und links der Vormarschstraße eine kurze Nahaufklärung anzusetzen. Generalleutnant Eibl und ich waren der Ansicht, daß der Übergang über die Kalitwa noch vor Anbruch der Dämmerung wieder in Gang gekommen sein mußte, weil sonst der auf dem Westufer befindliche Feind die auf dem Ostufer zu Tausenden hockenden italienischen Soldaten unter Feuer nehmen würde. Nach kurzer Überlegung entschloß sich Generalleutnant Eibl, abermals kehrt zu machen, um sich an die Spitze der Italiener zu setzen und mit beherzten Leuten den Übergang zu erzwingen.

[216] Bei Nowo Charkowka wurde nicht die Tschernaja Kalitwa, sondern einer ihrer Nebenflüsse, die Olchowatka, überschritten. Diese fehlerhafte Angabe zieht sich durch das gesamte Dokument.
[217] General Nasci schrieb dagegen in seinem Gefechtsbericht für die Zeit vom 14.–31. 1. 1943 (AUSSME, DS II 1554/1), er habe seinen Stabschef Martinat in Nowo Charkowka mit dem Auftrag zurückgelassen, mit den nachfolgenden Divisionen Verbindung aufzunehmen und Befehle zu übermitteln.

Generalleutnant Eibl war außerordentlich erregt angesichts der auf dem Ostufer der Kalitwa führerlos marschierenden oder stehenden italienischen Massen beim hereinbrechenden Morgen. Während er bisher im Innern der Zugmaschine mitgefahren war, setzte er sich nunmehr auf den Kühler der Zugmaschine, um, wie er mir sagte, durch „Avanti"-Rufe von hier aus beherzte Leute anzufeuern. Nachdem wir etwa 500 m gefahren waren, uns also noch etwa einen km vom Fluß entfernt befanden, gab es einen detonationsartigen Knall[218]. Ich sah durch die Windschutzscheibe in einem kurzen, hellen Feuerschein Generalleutnant Eibl nach rechts von der Zugmaschine herunterfallen. Die nur langsam fahrende Zugmaschine hielt sofort. Man hörte einen kurzen Aufschrei des Generals. Ich sprang sofort von der Zugmaschine. Es wurden Rufe laut: „Wer hat geschossen?" Aus der Kolonne heraus kamen einzelne Italiener und deuteten nach vorwärts, es sei von vorn aus der Kolonne geschossen worden. Andere behaupteten, wir seien über eine Mine gefahren. Wieder andere sagten, es sei aus der Kolonne heraus eine Handgranate geworfen worden. Generalleutnant Eibl sagte mir zunächst, er hätte sich auf etwas anderes eingestellt, und nun sei nur dies eingetreten. Er meinte wohl damit, daß er nun nur zum Krüppel geschossen sei und nicht seinen beiden früher gefallenen Söhnen in den Tod hätte nachfolgen können. Auch eine derartige Äußerung von ihm fiel. Der General befahl mir, daß sich niemand um ihn kümmern solle. Wir müßten sofort weiterfahren, um die Italiener über den Fluß zu bringen, sonst sei mit Einbruch der Helligkeit alles verloren. Während dem General ein Notverband angelegt wurde und ich mich kurz davon überzeugt hatte, daß an der rechten Kühlerhaube der Zugmaschine das Blech anscheinend durch eine Detonation zerstört, jedoch nirgendwo ein Ein- oder Ausschuß zu finden war (dieser hätte den Motor zerstören müssen), begab ich mich zu Fuß mit dem stellvertretenden Ia, Hauptmann von Zastrow[219] (Ib der 385. Infanteriedivision) entlang der Kolonne nach vorn. Im starken Dämmerlicht erreichten wir den Fluß, über den jedoch seit etwa 20 Minuten in breiter, ungeregelter Form wieder übergegangen wurde. Kurz bevor wir über die Brücke gingen, fielen einige Panzerschüsse. Es war nicht genau auszumachen, ob sie vom West- oder Ostufer kamen.

Da ursprünglich das Waldstück fünf km südwestlich [von] Nowo Charkowka als neuer Korps-Gefechtsstand und Rastraum für alle deutschen Truppen bestimmt war, gingen wir nach dieser Richtung weiter, wurden aber auf halbem Wege von der Funkstellen-Zugmaschine aufgenommen. Bei dem Punkt 197 wurde die Funkstelle aufgebaut. Nach kurzer Zeit traf hier die Zugmaschine, die den Generalleutnant Eibl mit sich führte, ein. Mir wurde gemeldet, daß die Zugmaschine, auf der wir nachts gefahren waren, beim Überfahren der Kalitwa in das Eis eingebrochen sei

---

[218] Massignani, Alpini e tedeschi, S. 89-93, hat die zur Verfügung stehenden Zeugenaussagen deutscher und italienischer Provenienz (hier ist zumeist von der Explosion eines Blindgängers, einer Mine oder einer verirrten sowjetischen Granate die Rede) ausgewertet und sorgfältig gegeneinander abgewogen, ohne letztlich zu einem Ergebnis zu kommen. Wichtiger als die tatsächliche Ursache der Explosion dürfte jedoch ohnehin die Tatsache sein, daß man auf deutscher Seite davon *überzeugt* war, es habe sich um einen Anschlag italienischer Soldaten gehandelt.

[219] *Tönniges von Zastrow* (geb. 1912), Ende 1942 Ib der 385. Infanteriedivision, 1943 Ib der 246. Infanteriedivision und Quartiermeister des XII. Armeekorps, 1944 im Stab der Panzergruppe West.

und hierbei Generalleutnant Eibl nur in letzter Sekunde vor dem Tode des Ertrinkens gerettet werden konnte. Ein Teil meiner Offiziere war hierbei bis zum Leib im Wasser gewesen.

Ich beabsichtigte, hier zu warten, bis ein bei der Heeresgruppe anzufordernder „Storch" den Generalleutnant Eibl abgeholt hätte. Erst eine Stunde nach Aufbau der Funkstelle gelang es, die Funkverbindung mit der Heeresgruppe herzustellen. Da inzwischen ein starkes Schneetreiben einsetzte und die Aussicht auf einen „Storch" sehr gering war, entschloß ich mich nach weiteren zwei Stunden, nach Krawzowka weiterzufahren, wo, wie ich inzwischen gehört hatte, das Alpinikorps untergezogen war. Wir trafen gegen 14 Uhr in Krawzowka ein.

Ich erwähne hier, daß etwa an der gleichen Stelle, an der Generalleutnant Eibl verwundet wurde, zwei Stunden später Generalleutnant Jahr[220] im Kampf mit feindlichen Panzern den Heldentod fand[221]. In einer Verwundetensammelstelle in Krawzowka war alles vorbereitet, so daß Generalleutnant Eibl sofort operiert werden konnte. Infolge [des] Fehlens jeglicher Sanitätsausrüstung konnte die Amputation des Beines nur behelfsmäßig durchgeführt werden. Das Nähen und Abbinden mußte, wie mir der operierende Stabsarzt meldete, mit desinfiziertem Bindfaden vorgenommen werden. Da das Herz des Generals durch starken Blutverlust und die Kälte sehr geschwächt war, konnte keine Narkose mehr durchgeführt werden, so daß der General bei vollem Bewußtsein operiert werden mußte. Er ist dann bald nach der Operation eingeschlafen und gegen 18.30 Uhr gestorben.

Schon an diesem Abend waren alle auf der Zugmaschine befindlichen Offiziere sich einig darüber, daß die schwere Verwundung des Generalleutnants Eibl nur durch eine Handgranate erfolgt sein konnte. Eine Verwundung durch Mine schied deshalb aus, weil am rechten Vorderrad der Zugmaschine keinerlei Beschädigungen zu finden waren. Eine Verwundung durch ein Geschoß schied deshalb aus, weil weder eine Beschädigung der Zugmaschine, die ein Geschoß hervorruft, noch ein Durchschuß an der Zugmaschine festzustellen waren. Erhärtet wurde die Ansicht, daß es sich bei der Verwundung des Generalleutnants Eibl um eine Handgranate gehandelt haben mußte, dadurch, daß mir an diesem oder dem folgenden Tage der auf der zweiten Zugmaschine fahrende Kommandeur der Divisionsnachrichtenabteilung der 385. Infanteriedivision[222] meldete, daß zu gleicher Zeit auch gegen seine Zugmaschine eine Handgranate geworfen [worden] sei. Er meldete mir ferner, daß am 22. Januar früh bei der Abfahrt von Krawzowka zwischen Kette und Laufrad seiner Zugmaschine eine italienische Handgranate gefunden worden sei. Bei diesem Fall ist also eine beabsichtigte Sabotage außer Zweifel.

---

[220] *Arno Jahr* (1890–1943), Generalleutnant, Teilnahme am Ersten Weltkrieg als Zugführer, Kompaniechef und Bataillonskommandeur, seit 1921 bei der Sicherheitspolizei in Danzig, 1935 als Oberstleutnant in die Wehrmacht übernommen, 1941/42 Pionierführer der 17. Armee, 1942/43 Kommandeur der 387. Infanteriedivision.

[221] Arno Jahr kam am 20. 1. 1943 bei Nowo Postojalowka ums Leben, als sowjetische Verbände seine aus den Resten der 385./387. Infanteriedivision, des Führerbegleitbataillons, der SS-Kampfgruppe Fegelein und italienischen Truppenteilen bestehende Marschkolonne vernichteten. Ob Jahr im Zuge der Kampfhandlungen starb oder Selbstmord beging, ist ungeklärt. Vgl. Wimpffen, Zweite ungarische Armee, S. 317f.

[222] Nicht ermittelt.

Ich habe in meinem Bericht über die Rückzugskämpfe des XXIV. Panzerkorps vom 16. bis 31. Januar 1943, den ich am 3. Februar der Armeegruppe Lanz[223] (Generalmajor Speidel[224]) und der Heeresgruppe B eingereicht habe[225], über die Verwundung des Generalleutnants Eibl kurz gemeldet und dabei zum Ausdruck gebracht, daß die Verwundung wahrscheinlich durch eine italienische Handgranate hervorgerufen worden ist.

Um das sich immer mehr zuspitzende Verhältnis zwischen Deutschen und Italienern in der kritischen Lage, in der wir uns befanden, nicht auf die letzte Spitze zu treiben, habe ich seinerzeit sofort verboten, daß unsere Annahme bezüglich der italienischen Handgranate von irgend jemandem weitererzählt würde[226]. Ich bin allerdings sowohl in Poltawa und Krementschug wie auch verschiedentlich während meines Urlaubs in Deutschland auf die Verwundung des Generalleutnants Eibl angesprochen worden, wobei ich jedesmal feststellen mußte, daß unsere Ansicht, die Verwundung sei durch eine italienische Handgranate hervorgerufen worden, als Tatsache überall bekannt war. Ich habe seinerzeit nach Vereinbarung mit dem General der Infanterie von Tippelskirch an Frau [Helene] Eibl geschrieben, daß ihr Mann, während wir mit der Zugmaschine an die Kalitwa fuhren, in vorderster Linie den Heldentod gestorben sei.

Unmittelbar nach der Verwundung des Generalleutnants Eibl konnte eine Untersuchung nicht durchgeführt werden, weil die Lage, wie oben gemeldet, drängte, die

---

[223] *Hubert Lanz* (1896–1982), General der Gebirgstruppen, 1938/39 Kommandeur des Gebirgsjägerregiments 100, 1940 Chef des Stabes des XVIII. Gebirgskorps, 1940–1942 Kommandeur der 1. Gebirgsdivision, 1943 Oberbefehlshaber der Armeeabteilung Lanz, 1943–1945 Kommandierender General des XXII. Gebirgskorps, in dieser Funktion im September 1943 für die Eroberung der Insel Kephalonia und die Erschießung der Offiziere der italienischen Gebirgsdivision „Acqui" verantwortlich, 1948 im Nürnberger Prozeß gegen die „Südost-Generäle" wegen Kriegsverbrechen auf dem Balkan zu 12 Jahren Haft verurteilt, 1951 entlassen. Zur Rolle von Lanz beim Massaker von Kephalonia vgl. Schreiber, Militärinternierte, S. 156–159. Laut schematischer Kriegsgliederung (Stand: 16. 2. 1943) der Heeresgruppe Süd (abgedruckt in: Wegner, Krieg gegen die Sowjetunion, in: DRZW 6, S. 1076) bestand die Armeeabteilung Lanz aus dem SS-Panzerkorps und dem Generalkommando z.b.V. Raus.

[224] Dr. phil. *Hans Speidel* (1897–1984), Generalleutnant der Wehrmacht und General der Bundeswehr, Teilnahme am Ersten Weltkrieg, in die Reichswehr übernommen, 1933–1935 Mitarbeiter des deutschen Militärattachés in Paris, 1936/37 Leiter der Abteilung Fremde Heere West im Generalstab des Heeres, 1940 zunächst Chef des Stabes des Militärbefehlshabers in Paris, dann Chef des Stabes beim Militärbefehlshaber Frankreich, im März 1942 als Chef des Stabes zum V. Armeekorps an die Ostfront versetzt, Ende 1942 Chef des Stabes beim Deutschen General beim italienischen AOK 8, 1943/44 Chef des Stabes verschiedener Großverbände an der Ostfront, April – September 1944 Chef des Stabes der Heeresgruppe B in Frankreich, aufgrund seiner Kontakte zu den Verschwörern des 20. 7. 1944 verhaftet, seit 1950 militärischer Berater der Bundesregierung, 1955–1957 Chef der Abteilung Gesamtstreitkräfte im Bundesverteidigungsministerium, 1957–1963 Oberbefehlshaber der NATO-Landstreitkräfte in Europa-Mitte.

[225] BA-MA, RH 24-24/192, Bericht des Generalkommandos des XXIV. Panzerkorps (Abt. Ia Nr. 100/43 geh. – gez. Otto Heidkämper) über die Rückzugskämpfe vom 14.–31. 1. 1943; der Bericht ist auf den 2. 2. 1943 datiert.

[226] Dieser Linie blieb Heidkämper auch nach dem Krieg treu. Noch am 1. 4. 1966 bat er Hans Wimpffen, dem er bei der Arbeit an seinem Buch über die 2. ungarische Armee an der Ostfront mit Rat und Tat zur Seite gestanden hatte, darum, bestimmte Passagen über den Tod von General Eibl zu verändern oder zu streichen, da sie „auch heute noch das deutsch-italienische Verhältnis belasten" würden. BA-MA, NL 592/5.

neben uns marschierende italienische Kolonne sich im Vormarsch befand und auch, weil einzelne Italiener, als die Vermutung der Verwundung durch eine italienische Handgranate ausgesprochen wurde, eine drohende Haltung annahmen.

Zu den beiden letzten Sätzen der Meldung des Oberarztes Dr. Haager melde ich[227], daß das Anzünden von deutschen Quartieren durch italienische Soldaten in den letzten Tagen der Einkesselung sich immer häufiger wiederholte. Ich selbst habe u. a. erlebt, daß ein italienischer Hauptmann drohte, nach Ablauf von zehn Minuten das Generalkommando, falls es seine Panjebude nicht räume, mit einem Maschinengewehr herausschießen zu wollen.

Heid[kämper]

BA-MA, NL 592/5.

Dokument 13

Bericht der 221. Sicherungsdivision an den Befehlshaber im Heeresgebiet Mitte vom 20. Februar 1943[228]

221. Sich.-Division   Div.St.Qu., den 20. Februar 1943[229]
Abt. Ic

Betr.: Italienische 8. Armee im Bereich der Division

An
Befehlshaber im Heeresgebiet Mitte – Ic –

I. Das militärische <u>Auftreten</u> der Truppen der 8. italienischen Armee im Divisionsbereich ist, wie die Russen sagen, „propagandistisch schlecht": Keine Grußdisziplin, keine Marschordnung. Die durchziehenden Kolonnen, in Einzelgruppen aufgelöst, bieten z.T. das Bild einer geschlagenen Armee. Geringe Überwachung und Fürsorge durch Offiziere, daher wenig Zusammenhalt. Keine schweren Waffen. Ein Teil der Soldaten ohne jede Waffe. Jedoch Bekleidung und besonders Schuhwerk überwiegend gut.

II. Trotzdem verläuft das <u>Zusammenarbeiten</u> der deutschen und italienischen Dienststellen bisher gut und reibungslos. Das Zusammenarbeiten zwischen den

---

[227] Oberarzt Joachim Haager, der Truppenarzt des Führerbegleitbataillons, hatte am 31. 3. 1943 an Generalmajor Schmundt geschrieben (eine Abschrift findet sich im BA-MA, NL 592/5; abgedruckt in: Wimpffen, Zweite ungarische Armee, S. 408 f.): „Alle Italiener hatten einen besonderen Haß gegen alle Kraftfahrzeuge, da diese alle in deutschen Händen waren und sie zu Fuß laufen mußten. Auch sonst war die Stimmung der meisten Italiener alles andere als deutschfreundlich, was sich z. B. im nächtlichen Anzünden von Quartieren, in denen deutsche Soldaten lagen, ausdrückte. Außerdem erlebte ich am 18. 1. 43 in Podgornoje (nördlich Rossosch), wie ein Italiener mit seinem Karabiner drei deutsche Soldaten erschoß. Leider entkam er unerkannt."

[228] Das Schreiben ist als Entwurf gekennzeichnet und ungezeichnet.

[229] Die Datierung ist – das ist angesichts der schlechten Qualität der Vorlage nicht genau zu entscheiden – möglicherweise auf den 20. 3. 1943 verändert worden.

Offizieren beider Nationen insbesonder[e] ist vorbildlich und vorzüglich.
Hauptmängel:
1. Fehlen eines Dolmetschers <u>deutscher</u> Staatsangehörigkeit.
2. Eintreffen der Italiener, ohne daß der deutsche Armeeverbindungsstab gleichzeitig, wenn nicht schon vorher, einen mit Vollmachten versehenen und für die Unterbringung der italienischen Truppe geeigneten Offizier vorausgeschickt hat, mit dem alles Erforderliche durchgesprochen und sofort Zweifelhaftes geklärt werden könnte.

Dadurch: Erschwertes Verhandeln, Verzögerungen in der Befehlsübermittlung, Offenbleiben von Unklarheiten, nicht rechtzeitige Unterrichtung über die einfachsten und notwendigsten Erfordernisse, die zur Unterbringung, Versorgung und Betreuung solcher Truppenmassen notwendig sind.

<u>Abhilfe</u> der Division: Engste persönliche Fühlungnahme des Divisionskommandos mit dem italienischen Kommando. Aufstellung eines die italienischen und deutschen Belange besonders bearbeitenden Stabes bei dem Divisionsstab[230]. Unmittelbare Überwachung und Führung in allen Quartierangelegenheiten. Sofortige Versorgung und Betreuung an den Ausladebahnhöfen. Sanitäre Betreuung einschließlich Entlausung. Unterrichtung der italienischen Führung von der Lage, insbesondere der Banditenlage[231], in den zu belegenden Räumen. Aushändigung eines Merkblattes, in dem alles Notwendige bezüglich des Auftretens und der Sicherheit der italienischen Truppe vermittelt wurde.

III. Dagegen stellt das <u>Verhalten des italienischen Soldaten</u> gegenüber der Zivilbevölkerung eine erhebliche Belastung dar. Geringe Beaufsichtigung und Zusammenhalt <u>führten zu</u> gruppenweise[m] oder vereinzeltem Umherstreifen in den Städten, Belästigung der Frauen und Mädchen, Eindringen in die Russenwohnungen, selbständige[m] Quartiermachen (teilweise mit Drohung und Gewalt), Requirieren und Plündern (mehrfach unter Androhung), zum Teil sinnlosen Tausch- und Kaufgeschäften (z. B. Brot gegen Ausrüstungsgegenstände, insbesondere Decken usw.), Übervölkerung der Märkte.

Dadurch: Verängstigung der Bevölkerung, teilweise offene Ablehnung, Stärkung der Banditenpropaganda, Ansteigen der Preise (Brot früher 40 Rubel, jetzt 100 bis 120 Rubel), Verknappung der Lebensmittel infolge Aufkaufen durch die italienischen Soldaten und Fernbleiben eines Teils der Landbevölkerung [wegen der Furcht], unterwegs beraubt zu werden.

<u>Gegenmaßnahmen der Division</u>: Erhöhte Streifentätigkeit, gemischte deutsche und italienische Streifen, die sich am besten bewährt haben, starker Polizeischutz an den Bahnhöfen, unmittelbare Unterrichtung des Ic-Offiziers des italienischen Kommandos von den Vorfällen durch den Ic der Division.

BA-MA, MFB4 42289/36509-24.

---

[230] Der „Unterbringungsstab" der 221. Sicherungsdivision stand unter der Leitung des Ib der Division, Oberleutnant Herrmann, dem drei Offiziere (darunter ein Sanitätsoffizier) und ein Beamter unterstellt waren; BA-MA, MFB4 42289/36509-26, Bericht der 221. Sicherungsdivision, Abt. Ib, vom 17. 4. 1943.

[231] Zur Geschichte der Partisanenbewegung in Weißrußland vgl. den Überblick bei Gerlach, Morde, S. 860-869.

Dokument 14

Merkblatt für das Verhalten des italienischen Soldaten in den besetzten Ostgebieten

221. Sich.-Division   Div.St.Qu., den 14. März 1943
Abt. Ic Nr. 89/43 geh.

1. Der italienische Soldat ist in den besetzten Gebieten Repräsentant seines Imperiums. Dementsprechend muß sein Auftreten sein. Der gemeinsame Kampf gegen die zersetzende bolschewistische Weltanschauung und ihre Träger verlangt rücksichtsloses Durchgreifen gegen bolschewistische Hetzer, Freischärler und restlose Beseitigung jedes aktiven oder passiven Widerstandes. Gegenüber der Zivilbevölkerung ist im dienstlichen wie außerdienstlichen Verkehr größte Zurückhaltung zu wahren, besonders gegenüber dem weiblichen Teil der Bevölkerung. Ein näherer Verkehr mit ihnen ist eines Soldaten der verbündeten Mächte unwürdig.
2. Die Banditenlage im hiesigen Gebiet macht es erforderlich, daß die Truppe unbedingt die nachstehenden Grundsätze befolgt:
    a) Ortschaften sind nur in geschlossenen Kolonnen und mit den nötigen Marschsicherungen zu verlassen. Auf dem Marsch stete Feuerbereitschaft.
    b) Jedes Umherziehen einzelner oder kleiner Gruppen im Gelände kann den Tod bedeuten.
    c) Ständige Sicherung der Quartiere bei Tag und Nacht.
    d) Gewährleistung, daß die Truppe binnen kürzester Frist abwehrbereit ist (Alarmübungen).
    e) Die Truppe muß über den russischen Ordnungsdienst (OD) unterrichtet werden. Der OD kämpft auf unserer Seite und hilft, das Gebiet [zu] befrieden (Bekanntmachung der Truppe mit den OD-Stützpunkten und mit der Bekleidung bzw. Uniform des OD sowie des Ost-Bataillons, damit unnötige Schießereien mit dem OD unbedingt vermieden werden).
3. Jede Eigenmächtigkeit gegenüber der Bevölkerung ist verboten. Insbesondere keine Gewalttätigkeiten, keine unberechtigte Wegnahme des Eigentums und Mißachtung des Ehrgefühls der Frauen und Mädchen.
4. Jeden übermäßigen Genuß von Alkohol meiden! Ausschreitungen scharf ahnden.
5. Schonung der Quartiere ist ein Gebot der Kameradschaft gegenüber der nachfolgenden Truppe. Das Mitnehmen von Einrichtungsgegenständen ist verboten.
6. Keine eigenmächtige Beitreibung. Vor allem kein Abschlachten von Vieh, insbesondere von Zuchtvieh aller Art.
7. Verschwiegenheit in allen militärischen Dingen und Vorsicht bei Gesprächen. Der feindliche Nachrichtendienst, der in erhöhtem Maße Frauen zu seinen Werkzeugen macht, ist gerade im besetzten Gebiet besonders am Werk. Jede Leichtfertigkeit, Wichtigtuerei und Vertrauensseligkeit kann deshalb schwerste Folgen haben.
8. Jedes Betreten der Märkte durch Soldaten ist verboten.
9. Einwandfreie Haltung, tadelloses Auftreten in der Öffentlichkeit und straffe Disziplin sind am besten geeignet, dem Soldaten der verbündeten Mächte Achtung

bei der Zivilbevölkerung der besetzten Gebiete zu verschaffen. Aufgabe der Offiziere ist es, sich in den schwierigen Verhältnissen der besetzten Ostgebiete ihrer Soldaten besonders anzunehmen.

BA-MA, MFB4 42289/36509-24.

Dokument 15

Bericht der 221. Sicherungsdivision an den Befehlshaber
im Heeresgebiet Mitte vom 31. März 1943

221. Sich.-Division   Div.St.Qu., den 31. März 1943
Abt. Ic Nr. 202/43 geh.

Bezug: Befh. H.Geb. Mitte – AO (Abw. III) – Nr. 150/43 geh. vom 9. März 1943
Betr.: Verhalten der im Divisionsbereich untergebrachten Italiener

An
Befehlshaber im Heeresgebiet Mitte – AO (Abw. III) –

Bei Beurteilung des Verhaltens der im Divisionsbereich untergebrachten Italiener ist zu unterscheiden zwischen Offizieren, Schwarzhemden und regulären Truppen. Aus der Zusammenarbeit mit italienischen Offizieren war guter Wille, Entgegenkommen und Kameradschaft zu entnehmen. Ferner Einsatzbereitschaft und der Wille, bis zum Endsieg in Rußland zu kämpfen. Jedoch steht die Haltung der übrigen Truppenangehörigen mit der Haltung der Offiziere nicht im Einklang. Die Offiziere waren zumindest in der ersten Zeit nicht in der Lage, sich durchzusetzen[232]. Auch trat der Mangel eines Unteroffizierkorps in unserem Sinne und die bei den unteren Dienstgraden fast fehlende Autorität stark in Erscheinung. Bei ihrer Ankunft machte die Truppe einen sehr schlechten Eindruck. Die italienischen Truppenangehörigen, vereinzelt auch italienische Offiziere, grüßten deutsche Offiziere nicht. Die Grußdisziplin und die Gesamthaltung der Schwarzhemden war besser. Im allgemeinen hat sich mit Fortschreiten der Zeit und dem Eintreffen der höheren Stäbe das Verhalten gebessert, insbesondere ist die Grußdisziplin mit geringen Ausnahmen in Ordnung gekommen[233].

[232] Im Bericht der GFP-Gruppe 729 vom 23. 2. 1943 (BA-MA, MFB4 42289/36509-24) heißt es dazu: „Major Albrecht [...] hat mit einer italienischen Einheit das Ansinnen in Erwägung gezogen, evtl. im Kampf mit Banditen durch Besetzung von Ortschaften absperrend mitzuwirken, um ein etwaiges Entweichen der Banditen zu verhindern. Ein italienischer Offizier hat das Ansinnen abgelehnt mit der Begründung, daß sie ihre Mannschaft nicht mehr in der Hand hätten und keinerlei Verantwortung übernehmen könnten, da ihre Soldaten bereits geäußert hätten, daß sie eher zu den Banditen überlaufen und mit diesen gegen die Deutschen kämpfen würden."
[233] Entgegen dieser positiven Darstellung hatte sich der Kommandierende General des II. Armeekorps, Arnaldo Forgiero, noch am 30. 3. 1943 (AUSSME, DS II 1238, KTB Intendenza II. Armeekorps, April 1943, Anlage 37) dazu gezwungen gesehen, die mangelhafte Grußdisziplin zu kritisieren, die „sicher nicht zu jenem Einvernehmen und zu jener herzlichen Kameradschaft zwischen Verbündeten" beitrage, die man in Rußland aufrechterhalten, ja

In der ersten Zeit kam es zu vielen Vergehen gegen die Disziplin sowie gegen das Eigentum der Zivilbevölkerung. Besonders fiel[en] das Betteln der Italiener (oft auch unter Darbietung von Musik), ferner das ständige Herumtreiben auf den Straßen, die Nichtbenutzung der Abortanlagen und in allererster Linie das eigenmächtige Quartiermachen auf, wobei sich die Italiener einfach in die Betten der Russen legten. Durchgeführte Kontrollen und gemeinsame Streifen der Feldgendarmerie und der Carabinieri hatten nur teilweise Erfolg, da sofort nach Verschwinden der Streife die Italiener, auch Offiziere, die Quartiere wieder bezogen. So haben z. B. in Dobrusch die Italiener noch in allerletzter Zeit die in Betrieb befindliche Papierfabrik ohne Quartieranweisung zum Teil besetzt, wobei Material und Handwerkszeug des wichtigen Betriebes verschwanden und die Fortführung [der Arbeit] in Frage gestellt wurde. In vielen Fällen wurden auch die einheimischen Inhaber der Wohnung zum Teil ihrer letzten Habe beraubt. Das führte dazu, daß die Reichsbahn sich mit der Bitte um Hilfe an die Division wandte, weil einheimische Arbeitskräfte nicht mehr zur Arbeit erschienen. Als Grund gaben sie an, ihre Wohnung, ihre Einrichtungen und ihre Frauen gegen die Italiener schützen zu müssen. Die in den ersten Tagen wiederholt beobachtete Veräußerung von Decken, die von der deutschen Heeresunterkunftsverwaltung geliefert worden waren, sowie von italienischen Ausrüstungsgegenständen wie Schuhe[n] und Pistolen konnte durch verstärkte Streifentätigkeit im Laufe der Zeit abgestellt werden. Einzelne festgestellte Fälle wurden nach Vereinbarung mit den italienischen Kommandostellen zur Bestrafung gemeldet. Im allgemeinen brachte die infolge der Disziplinlosigkeit bestehende Schwierigkeit, Dienstgrad, Truppenteil und Name festzustellen, viele Meldungen um den Erfolg.

Besonders zu erwähnen sind die zersetzenden Äußerungen gegenüber der russischen Bevölkerung, die zum Teil in der Öffentlichkeit und auf Märkten gefallen sind: Die Italiener und Rumänen gingen nach Hause, der Krieg sei zu Ende. Zu Hause würden sie sich ausruhen, um dann mit in den Krieg gegen die Deutschen zu gehen. Die Verpflegung der Deutschen sei viel besser als die der Italiener. Sie wollten keinen Krieg mit Rußland, dies hätten nur Hitler und Mussolini gewollt[234].

Die italienischen Soldaten, welche sich in d[ies]er Weise geäußert hatten, konnten nicht festgestellt werden, da sie der Person nach unbekannt blieben. Ein Vorfall in Klinzy hat jedoch zur Ermittlung des italienischen Soldaten Brin[...][235] geführt, der auf dem Schießstand der russischen Kaserne in Klinzy mit dem OD-Mann Awdassenko folgendes Gespräch gehabt hat:

Brin[...]: „Hast du in der Roten Armee gedient?"

sogar verbessern wolle. Er drohte daher bei Vergehen strenge disziplinarische Maßnahmen an und erklärte, die zuständigen deutschen Stellen hätten ähnliche Anweisungen an die ihnen unterstellten Soldaten ergehen lassen.

[234] Im Bericht der GFP-Gruppe 729 vom 23. 2. 1943 (BA-MA, MFB4 42289/36509–24) wird folgende Bemerkung überliefert: „Die Russen tun uns nichts, wir wollen nicht gegen die Russen kämpfen, eher sind wir bereit, die Deutschen zu schlagen. Mussolini und Hitler sind Freunde, aber wir nicht. Der Krieg hat in diesem Jahr ein Ende, aber die Bolschewiken gehen nicht kaputt."

[235] Der Rest des Namens ist nicht mit Sicherheit zu entziffern. Angaben zu den beiden Gesprächspartnern wurden nicht ermittelt.

Awdassenko: „Ja, ich bin von den Deutschen gefangengenommen [worden]."
Br.: „Weshalb bist du in den OD eingetreten?"
Aw.: „Damit die Banditen schneller bekämpft werden."
Br.: „Willst du denn wirklich gegen die Banditen kämpfen und schießen, wo doch vielleicht Angehörige von dir unter den Banditen sind?"
Aw.: „Meine Angehörigen sind nicht unter den Banditen."
Br.: „In ein bis zwei Wochen werden die Roten kommen, wohin willst du dann ausreißen?"
Aw.: „Ich gehe mit den Deutschen."
Br. – nachdem er auf die OD-Uniform des Aw. gezeigt hatte: „Wirf deine Uniform und dein Gewehr wieder weg und reiße aus, sonst werden dich die Roten noch erschlagen."
Aw.: „Weshalb sind im Augenblick so viele Italiener in Klinzy?"
Br.: „An der Front, in Odessa[236], haben sich 86000 Italiener den Roten ergeben, daraufhin sind die übrigen von den Deutschen von der Front weggejagt worden. Wir haben nur die Hälfte der Verpflegung wie die Deutschen bekommen. Jetzt geht es uns besser, weil wir Verpflegung aus Italien erhalten."[237]
Brin[...] und die anderen beteiligten italienischen Soldaten sind nach Verhandlung vor dem Kriegsgericht der Feldkommandantur 528 dem italienischen Kriegsgericht zum Einschreiten wegen Zersetzung der Wehrkraft übergeben worden. Brin[...] gab die Unterhaltung zu, versuchte aber den Inhalt seiner Erklärungen abzuschwächen und die bestimmten Erklärungen Awdassenkos auf [ein] Mißverständnis zurückzuführen. B. soll sich aber auch anderen OD-Angehörigen gegenüber in gleicher Weise geäußert haben. Weitere Ermittlungen laufen.

Die für die Italiener vorbereiteten <u>Quartiere</u> wurden von den Italienern nicht mit der [von] uns Deutschen gewohnten Intensivität verbessert. In verschiedenen Fällen kam es infolge der leichtfertigen Behandlung zu Bränden, welche die vorher mit Mühe hergestellten Quartiere vernichteten. Neue erhebliche Schwierigkeiten werden auftreten, wenn die Italiener ihre Quartiere verlassen werden.

Das <u>Verhältnis der Italiener zur russischen Bevölkerung</u> hat sich gebessert. Jedoch hat sich die russische Zivilbevölkerung nach wie vor abfällig über die Disziplinlosigkeit der Italiener geäußert und infolgedessen die gute Haltung der deutschen Truppen schätzen gelernt. Das ist das einzige propagandistische Plus aus dieser Zeit.

Die deutschen Soldaten haben in ihrem Verhältnis zu den Italienern eine – wenn auch kühle –, so doch richtige militärische und hilfsbereite kameradschaftliche Hal-

---

[236] Die Verbände der 8. italienischen Armee wurden zu keiner Zeit in der Region Odessa eingesetzt.

[237] Vorwürfe dieser Art wurden wiederholt laut, wobei neben fehlendem Frischfleisch vor allem der Mangel an landestypischen Produkten wie Weißbrot, Tomatenmark und Nudeln beklagt wurde. Der Intendant der 221. Sicherungsdivision hielt die Versorgung der italienischen Truppen dagegen für gesichert und die Klagen für nicht gerechtfertigt. Er mußte aber einräumen, daß die zwischen dem deutschen und italienischen Oberkommando vereinbarten Sätze aufgrund der angespannten Versorgungslage teilweise nicht hätten eingehalten werden können. Man habe sich aber im Rahmen des Möglichen um einen Ausgleich bemüht. BA-MA, MFB4 42289/36509-28, Tätigkeitsbericht des Intendanten der 221. Sicherungsdivision für die Zeit vom 1. 4.–30. 6. 1943.

tung bewiesen. Es sind auch nicht in einem einzigen Fall irgendwelche Reibungen zwischen deutschen und italienischen Offizieren oder Soldaten gemeldet worden[238].

                                  Für das Divisionskommando
                                  Der erste Generalstabsoffizier
                                            [unleserlich]

BA-MA, MFB4 42289/36509-24.

---

[238] Diese Feststellung dürfte kaum der Realität entsprochen haben, wie etwa ein handgreiflicher Zusammenstoß zwischen italienischen Soldaten und deutschen Sicherheitskräften zeigt, der vom Kriegsgericht des II. Armeekorps untersucht wurde. ACS, TMG 8ª Armata/CSIR: Sentenze del Giudice Istruttore Militare, Sentenza del giudice istruttore militare presso il Tribunale Militare di Guerra del II° Corpo d'Armata (Nr. 421 Reg. gener. Proc. del Re vom 29. 4. 1943 – Nr. 114 della sentenza) im Verfahren gegen Dante Polli u. a.

II. Italienische Dokumente (Nr. 16–29)

Dokument 16

Bericht von General Efisio Marras[1] über seine Inspektionsreise zur
8. italienischen Armee vom 26. September bis 5. Oktober 1942

Italienische Militärmission den 7. Oktober 1942-XX[2]
in Deutschland

Nr. 786/G
Bezug: Besuch bei der 8. Armee

An das
Comando Supremo
Feldpost Nr. 21

Am vergangenen 26. September besuchte ich das Oberkommando der 8. Armee und blieb in jenem Abschnitt bis zum 5. Oktober, wobei ich auch Kontakt zum Oberkommando der Heeresgruppe B in Starobelsk aufgenommen habe.

Zweck der Reise war, Kontakt zum Armeeoberkommando aufzunehmen und auf der Grundlage dessen, was mir das Oberkommando des deutschen Heeres mitgeteilt hatte, zusammen mit den Organen des Oberkommandos der Heeresgruppe die Transport- und Versorgungslage zu prüfen. Ich nutzte die Gelegenheit, um den Sektor der Armee kennenzulernen und so über das Gelände, die taktische Situation und die Verteidigungsorganisation unterrichtet zu werden.

In Ergänzung zu den bereits abgesandten diesbezüglichen Telegrammen[3] werde ich kurz über die Transport- und Versorgungsfrage berichten sowie einige

---

[1] *Efisio Marras* (1888–1981), Generale di Corpo d'Armata, 1912–1915 als Oberleutnant bei den Besatzungsstreitkräften auf Rhodos, 1915–1918 Teilnahme am Ersten Weltkrieg, Generalstabsausbildung, Mitglied der Untersuchungskommission über die Ursachen der italienischen Niederlage bei Caporetto, 1921–1936 verschiedene Stabsverwendungen und Truppenkommandos, u. a. Büroleiter von Generalstabschef Pietro Badoglio, 1936–1939 als Oberst bzw. Brigadegeneral Militärattaché in Berlin (mit Akkreditierung in Dänemark, Schweden und Litauen), Juli – November 1939 Artillerieführer des in Rom stationierten Armeekorps bzw. Chef des Stabes der 5. Armee in Libyen, seit November 1939 erneut Militärattaché in Berlin und seit November 1940 Chef der italienischen Militärmission in Deutschland, 1940 zum Generale di Divisione, 1943 zum Generale di Corpo d'Armata befördert, am 9. 9. 1943 in Deutschland interniert und an die RSI ausgeliefert, im August 1944 Flucht in die Schweiz, Rückkehr im Mai 1945, 1945–1947 Kommandeur des Comando Militare Territoriale Mailand, 1947–1950 Chef des Generalstabs des Heeres, 1950–1954 Chef des Generalstabs der italienischen Streitkräfte.
[2] Die römischen Ziffern im Datum beziehen sich auf die Zeitrechnung des faschistischen Regimes nach dem sogenannten Marsch auf Rom.
[3] AUSSME, DS II 1480, Fernschreiben von Efisio Marras an das Comando Supremo vom 5. 10., 6. 10. (15.30 Uhr) und 6. 10. 1942 (16.00 Uhr) als Anlagen Nr. 370, Nr. 371 und Nr. 372 zum KTB des Comando Supremo für Oktober 1942.

Nachrichten und Eindrücke übermitteln, die ich auf meiner Rundreise gewonnen habe.

Transport und Versorgung

Die Frage ist unter Teilnahme von Vertretern des Oberkommandos der 8. Armee und der Heeresgruppe B in einer Besprechung am 27. September in Millerowo erörtert worden. Gemäß der Lage, wie sie sich nach der Besprechung ergeben hat, habe ich dann am 4. Oktober[4] mit dem Oberkommando der Heeresgruppe und insbesondere mit General von Weichs[5] Rücksprache gehalten, um zu vervollkommnen, was bereits vereinbart worden war[6].

Die Lage stellt sich im wesentlichen wie folgt dar: Die Eisenbahntransporte an die russische Front befinden sich in einem chronischen Krisenzustand, was zum Teil an der Unzulänglichkeit der Anlagen liegt und zu einem großen Teil an den Schwierigkeiten, die die Partisanen im rückwärtigen Gebiet verursachen. Als Folge dieser Situation erfährt die von der deutschen Transportleitung vorgesehene Zahl der Züge unkalkulierbare, erhebliche Einschränkungen, die im Monat September den hohen Satz von 36 Prozent erreicht haben; in gewissen Phasen und in bestimmten Abschnitten ist dieser Prozentsatz bis auf 50 Prozent angestiegen. Ich referiere die Daten, die mir mitgeteilt worden sind, aber ich muß sofort hinzufügen, daß, wenn man um Informationen zur allgemeinen Lage bittet, geantwortet wird, es sei alles in Ordnung, und die Partisanen würden wirksam niedergehalten; spricht man andererseits von der Versorgung, bekommen die Aktivitäten der Partisanen ein völlig anderes Gewicht.

Auf jeden Fall muß man auch bedenken, daß die Fortdauer der Operationen gegen Stalingrad die Krise verschärft hat, da sie eine Intensivierung der Transporte zu den beiden in jenem Bereich eingesetzten deutschen Armeen erforderlich machte. Diese Situation hat sich auf die Transporte für die übrigen Armeen der Heeres-

---

[4] Eine Aufzeichnung über dieses Gespräch findet sich im AUSSME, DS II 1333 a.

[5] *Maximilian Reichsfreiherr von und zu Weichs an der Glon* (1881–1954), Generalfeldmarschall, 1914–1918 Teilnahme am Ersten Weltkrieg, 1919 Übernahme in die Reichswehr, seit 1937 als General der Kavallerie Kommandierender General des XIII. Armeekorps, seit Oktober 1939 Oberbefehlshaber der 2. Armee, seit Juli 1940 Generaloberst, 1942/1943 Oberbefehlshaber der Heeresgruppe B, seit Januar 1943 Generalfeldmarschall, im August 1943 zum Oberbefehlshaber Südost und der Heeresgruppe F ernannt, nach 1945 im Nürnberger Prozeß gegen die „Südost-Generale" angeklagt, jedoch noch während des Prozesses aus gesundheitlichen Gründen entlassen.

[6] Diese Frage, die sowohl die laufende Versorgung der 8. Armee als auch den Ausbau der geplanten Winterstellung am Don betraf, stand seit August 1942 im Raum und drohte im September zu eskalieren. Die wichtigsten italienischen Forderungen betrafen die Zuteilung von 402 Zügen zwischen dem 1. 9. und dem 15. 11. 1942 sowie die Zuteilung von 500 m³ Treibstoff täglich; die zuständigen deutschen Stellen wollten zwischen dem 10. 9. und dem 15. 11. 1942 dagegen nur 260 Züge und 200 m³ Treibstoff bereitstellen. AUSSME, L 14/88–10, Generalstab des italienischen Heeres (Nr. 230620 di. prot. segreto – gez. Francesco Rossi) an den Generalquartiermeister des deutschen Heeres vom 31. 8. 1942 und Oberquartiermeister/Heer (Nr. 9911/42 geheim – gez. Major i.G. Weller), an den Oberquartiermeister im italienischen Heeresgeneralstab vom 29. 11. 1942. Zu den Spannungen zwischen den Verbündeten und zum vermittelnden Gespräch von Marras am 27. 9. 1942 vgl. BA-MA, MFB4 41403, Bl. 1025, Bl. 1033 und Bl. 1035, KTB des Deutschen Generals beim italienischen AOK 8, Einträge vom 2. 9., 23. 9. und 27. 9. 1942.

gruppe B (8. italienische, 2. ungarische, 2. deutsche) und folglich auch auf den Zufluß von Betriebsstoff ausgewirkt, so daß unsere Armee in äußerste Schwierigkeiten geraten ist und nicht, wie es wünschenswert gewesen wäre, die trockene Jahreszeit nutzen konnte, um Material und Vorräte nach vorne zu bringen. Das deutsche Oberkommando wie auch das Oberkommando der Heeresgruppe glauben, nachdem sie Druck von allen Seiten erhalten haben, die Frage vorübergehend durch die Zuweisung von täglich fünfeinhalb Zügen und 300 m³ Betriebsstoff an die 8. Armee geregelt zu haben[7]. Gegenüber dem von der Intendenza der 8. Armee gemeldeten Bedarf gibt es somit einen Fehlbestand von einem Zug und 200 m³.

Von deutscher Seite wird versichert, daß nicht mehr möglich sei, und wenn die Daten richtig sind, die mir das Oberkommando der Heeresgruppe geliefert hat, müßte man tatsächlich einräumen, daß die fünfeinhalb Züge täglich, wenn sie beibehalten werden, einen günstigen Satz darstellen. In der Tat belaufe sich die Zahl der Züge, die der Heeresgruppe täglich zur Verfügung gestellt würden, insgesamt gerade auf 19. Andererseits habe ich den Eindruck gewonnen, daß die logistische Situation der Armee sich erheblich bessern würde, behielte man die Zahl der Züge bei, weil es ihr möglich würde, den Rest der trockenen Jahreszeit, die dieses Jahr glücklicherweise länger als gewohnt anhält, voll und ganz zu nutzen.

Einen erheblichen Nachteil stellt der Umstand dar, daß dreieinhalb Züge über Ostrogoshsk kommen und folglich umgeschlagen werden müssen[8]. Von deutscher Seite ist zugesichert worden, daß der Bau der Eisenbahnverbindung Ostrogoshsk – Jewdakowo mit allen Mitteln beschleunigt wird, deren Fertigstellung für ungefähr Mitte November vorgesehen ist; es ist auch zugesichert worden, später den Anteil der Züge zu vergrößern, die über Starobelsk herangeführt werden sollen.

Ein anderes Element, das die Versorgung der Armee betrifft, ist die Verfügbarkeit von Karren für Zugtiere. Das deutsche Kommando hat bereits angeordnet, eine bestimmte Zahl an landesüblichen Karren und Zugtieren abzugeben, deren Zahl nach Abschluß der Erntearbeiten erhöht wird[9].

Zusammenfassend bin ich der Meinung, daß es zur Zeit nicht möglich ist, von deutscher Seite mehr zu erlangen[10], und daß es notwendig ist, auf die Einhaltung

---

[7] Daß sich die deutsche Seite schließlich auf diesen entgegenkommenden Kompromiß einließ, war laut Marras nicht zuletzt auf eine Intervention Hitlers zurückzuführen; AUSSME, DS II 1480, Fernschreiben von Efisio Marras an das Comando Supremo vom 5. 10. 1942 (Anlage Nr. 370 zum KTB des Comando Supremo für Oktober 1942).

[8] Ostrogoschsk war deshalb ungünstig, weil dort keine Möglichkeit bestand, die Züge auf die von Norden nach Süden verlaufende Bahnlinie Jewdakowo – Millerowo – Kamensk weiterzuleiten. Menschen und Material mußten daher zunächst auf Kraftfahrzeuge und bei Jewdakowo erneut auf die Schiene verladen werden. Eine Linie von Ostrogoschsk nach Jewdakowo befand sich im Bau.

[9] Dies hatte Marras dem *Comando Supremo* bereits in einem Fernschreiben am 24. 9. 1942 mitgeteilt (AUSSME, DS II 4007); allerdings wollte sich die deutsche Seite noch nicht auf die Zuweisung der geforderten 2500 „Panjewagen" festlegen und erklärte auch, es sei noch nicht klar, wie viele von den 10000 Schlitten mit den dazugehörigen Pferden, die man zu beschlagnahmen gedenke, der 8. Armee überlassen werden könnten. AUSSME, L 14/88-10, Oberquartiermeister/Heer (Nr. 9911/42 geheim – gez. Major i.G. Weller) an den Oberquartiermeister im italienischen Heeresgeneralstab vom 29. 11. 1942.

[10] Daß die zuständigen deutschen Stellen den Verbündeten zumindest auf dem Papier weit entgegengekommen waren, zeigt die Tatsache, daß „der 6. Armee im Oktober [1942] trotz bevorzugter Versorgung im Tagesdurchschnitt nur 4½ Züge statt, wie vorgesehen, 8 bis

der eingegangenen Verpflichtungen zu achten, anstatt auf neue Zugeständnisse zu drängen.

Der Einsatzbereich der Armee
Mit Erlaubnis des Oberkommandos der Armee habe ich den gesamten von unseren Truppen besetzten Sektor besuchen dürfen. Dieser in einigen Abschnitten sehr ins Detail gehende Besuch hat es mir ermöglicht, eine Vorstellung von den Geländebedingungen, Verbindungswegen, der Verteidigungsorganisation und der taktischen Situation zu gewinnen sowie mir vor Ort ein genaueres Bild von den jüngsten Operationen in den Abschnitten des XXXV. und des II. Armeekorps zu machen[11].

Obgleich das Gelände westlich des Don im von unseren Truppen gehaltenen Gebiet die allgemeinen Merkmale einer Flachlandregion zeigt, wie sie für die ganze Ukraine typisch sind, weist es zahlreiche weitgeschwungene Anhöhen auf, die sich zuweilen zu niedrigen Hügeln erheben, was in den Senken die Möglichkeit von Bereitstellungen und Bewegungen bietet, die der Beobachtung vom Boden aus verborgen bleiben. In der Region mangelt es vor allem im südlichen Abschnitt an Wäldern, und die wenigen Wälder, die es gibt, sind im allgemeinen in ihrer Ausdehnung begrenzt. Der Boden wird zum Getreideanbau und als Weideland genutzt; weitläufig sind auch die Sonnenblumenplantagen. Dort, wo die Ernte noch nicht eingebracht worden ist, bieten sich deshalb für Männer im Gelände Deckungsmöglichkeiten. Einige Landstriche sind unbebaut. Die ganze Landschaft zeigt sich in dieser Jahreszeit in einem steppenartigen Gewand.

Ortschaften sind selten, die Häuser armselig, abgesehen von einigen Gebäuden, die als Schulen, Behörden oder zu industriellen Zwecken dienen. Wasser ist rar. Das Niveau der Lebenshaltung ist niedriger als in der Westukraine.

Das von unseren Truppen gehaltene rechte Donufer beherrscht im allgemeinen das gegenüberliegende Ufer; es fällt mit einer zwischen 20 und 50 m hohen Böschung zum Fluß hin ab; der Fluß liegt etwa 70 m hoch, die größeren Anhöhen dahinter erreichen bis zu 220 m. Der Böschung geht zum Fluß hin eine Niederungszone von unterschiedlicher Tiefe voraus, und sie wird häufig von großen (mit dem Namen balka bezeichneten) Schluchten durchbrochen, die ins Landesinnere reichen, wobei sie sich in kleinere Einkerbungen verzweigen und dem Feind die besten Wege zur Infiltration bieten, wenn es ihm gelingt, den Fluß zu überqueren. Diese balkas sind dann vom Feind bei seinen jüngsten Operationen tatsächlich genutzt worden. Sie werden jetzt nach und nach mit Minen und Hindernissen gesperrt. Der Sektor der Armee weist mit dem Tal der Tschernaja Kalitwa, eines rechten Nebenflusses des Don, auch einen ebenen Abschnitt auf, den zur Zeit die „Cuneense" hält, die ihn später an die „Cosseria" abgeben wird[12].

Das linke Donufer ist im allgemeinen flach und wird folglich von uns beherrscht; allerdings bietet es dem Feind gute Deckungsmöglichkeiten, da es ausgedehnte

---

10 Züge zugeführt werden" konnten. Wegner, Krieg gegen die Sowjetunion, in: DRZW 6, S. 989.
11 Zu den Kampfhandlungen vom 20. 8.–12. 9. 1942 vgl. Operazioni delle unità italiane al fronte russo, S. 250–300.
12 Seit Ende September 1942 bildete die Tschernaja Kalitwa die Grenze zwischen dem Alpinikorps und dem II. Armeekorps; vgl. ebenda, Abbildung 33.

Waldgebiete gibt, die bis zum Fluß reichen. Der Don selbst stellt kein Hindernis von großer Bedeutung dar; er ist ungefähr 150 m breit, doch verengt er sich dort, wo der Wasserlauf sich teilt und kleine Inseln bildet, die alle vom Feind besetzt sind; an einigen Stellen gibt es Furten. Die Sowjets bedienen sich für ihre Erkundungen verschiedener Wasserfahrzeuge; gegenüber dem sowjetischen Brückenkopf von Krutowskij, an der Nahtstelle zur 6. deutschen Armee, sind einige Brücken errichtet worden. Manche – auch sehr ausgedehnte – Ortschaften befinden sind auf beiden Ufern in der Nähe des Flusses. So erstreckt sich z. B. die Ortschaft Gorochowka im Abschnitt des II. Korps auf dem sowjetischen Ufer über ungefähr neun km.

Im Abschnitt unserer Armee ist das gesamte an den Don grenzende Gebiet in einer Tiefe von ungefähr fünf km von der Bevölkerung geräumt worden. Bei der ungarischen Armee ist man ebenso verfahren. Die geräumten Ortschaften bieten einige Unterbringungsmöglichkeiten und die in der Nähe des Flusses auch Holz und Befestigungsmaterial sowie verschiedene Materialien zur Einrichtung von Unterständen (Balken, Türen, Fenster usw.).

Die Einwohner und die lokalen Ressourcen
Die Einwohner verhalten sich im allgemeinen ruhig; man verspürt im Vergleich zu den deutschen Truppen und Dienststellen eine gewisse Präferenz für uns. Das Niveau der Lebenshaltung ist niedrig, doch die allgemeinen Lebensbedingungen der Landbevölkerung erweisen sich als gut, vor allem hinsichtlich der Ernährung; hingegen sind die Lebensbedingungen in den dichter bevölkerten Zentren schlechter, wo die Grundnahrungsmittel rationiert und nur den Arbeitern garantiert sind (die Brotration schwankt zwischen 200 und 250 gr.). Es gibt zahlreiche Flüchtlinge, die in verschiedene Richtungen ziehen; es handelt sich dabei um Personen, die man aus der frontnahen Zone entfernt hat, oder auch um Personen, die früher im rückwärtigen Gebiet evakuiert worden sind und nun zu ihren ursprünglichen Wohnsitzen zurückkehren, die die Kampfeinheiten hinter sich gelassen haben. Während von seiten der Wirtschaftsorgane nachdrücklich empfohlen wird, die Bauern nicht von ihrer Arbeit abzuziehen, ist festzuhalten, daß andererseits die Arbeitskräfte von den deutschen Behörden zu Hilfsdiensten und auch zu Straßenarbeiten herangezogen werden; gleichzeitig vollzieht sich die Rekrutierung von ins Reich zu transportierenden, insbesondere weiblichen Arbeitskräften, wobei die jüngeren und kräftigeren bevorzugt werden[13]. Typisch sind die Aktivitäten der Organisation Todt, die entlang einiger großer Straßen (ich habe dies auf der Straße Kantemirowka – Bogutschar beobachtet) einfache Assistenten einsetzt, die vor Ort Arbeitskräfte und Gerätschaften requirieren und dabei zuweilen unsere Truppenteile um Unterstützung ersuchen.

Die landwirtschaftlichen Ressourcen des Gebietes sind beträchtlich[14], wenngleich weniger reichhaltig als in der Westukraine; unsere Armee kann darauf zu-

---

[13] Zur Rekrutierung sowjetischer Arbeitskräfte für die deutsche Kriegswirtschaft im rückwärtigen Gebiet der 8. italienischen Armee vgl. die Berichte der Etappenkommandos, die wiederholt den negativen Einfluß dieser Maßnahme auf das Verhältnis von Besetzten und Besatzern betonten; ASD, DGAP 1931–1945 (URSS), 39/2.
[14] Detaillierte Übersichten über die Ressourcen des rückwärtigen Gebietes der 8. Armee finden sich im AUSSME, DS II 1557/8.

rückgreifen, freilich unter all den Schwierigkeiten, die der Mangel an Transportmitteln, die geringe Zahl an Mühlen und die von den deutschen Wirtschaftsorganen verhängten Beschränkungen mit sich bringen[15]. Wie bereits von der Intendenza der 8. Armee mitgeteilt[16], haben die deutschen Stellen 70 Prozent des Getreides für die Ernährung der Zivilbevölkerung und für die Saat reserviert, zwei Drittel des Tierfutters für die Zivilbevölkerung und 80 Prozent des Viehs für die Bevölkerung, für die Herstellung von Milchprodukten und für die Zucht. Das Bemühen, nicht nur die Ernährung der Zivilbevölkerung sicherzustellen, sondern auch möglichst viel zur Ernährung der deutschen Truppen an anderen Abschnitten der russischen Front herauszuziehen und zur Ernährung der deutschen Bevölkerung beizutragen, ist offensichtlich. Eine amtliche Meldung, die darauf hinweist, daß die jüngste Erhöhung der Brotration auf den Beitrag der in Rußland besetzten Gebiete zurückzuführen ist, bestätigt dies indirekt.

Die Unterbringung der Truppen und die Organisation der Verteidigung
Alle Verbände haben eine intensive Tätigkeit sowohl bei den Arbeiten an den Verteidigungsanlagen als auch beim Bau von Unterständen, beim Umbau von Unterkünften und bei der Instandsetzung der Verbindungswege entfaltet. Dem Mangel an Nachschubgütern begegnete man mit der Ausbeutung der Ressourcen vor Ort.

Bei der Organisation der Verteidigung setzte man auf die Anlage von Stützpunkten und Widerstandsnestern in unterschiedlichen Abständen, deren Bau in einigen Abschnitten ziemlich weit fortgeschritten ist[17]. Parallel dazu gewinnt die Verteidigungsstellung eine gewisse Tiefe. Von deutscher Seite ist empfohlen worden, die vordere Linie [möglichst] widerstandsfähig auszubauen; man hat gar darauf bestanden, die Kampflinie in Ufernähe zu errichten. Dieser Grundsatz schien angesichts der Chance, die Böschung soweit als möglich als Panzersperre zu nutzen, ohne damit selbstverständlich auf die direkte Beobachtung des Flusses zu verzichten, vielfach fragwürdig zu sein. Die deutsche Intervention hat in einigen Fällen zu Unsicherheit und zur Änderung von Befehlen geführt; aber diese Schwierigkeiten sind mittlerweile beseitigt, und die Ansicht der Kommandos und der Truppen vor Ort hat sich schließlich durchsetzen können[18]. Besondere Aufmerksamkeit hat man den balkas gewidmet, die zum Don hinabführen; sie sind durch den Einsatz von Minen insbesondere gegen Panzer gesperrt worden.

Alles in allem wurde trotz der knappen verfügbaren Mittel viel gearbeitet, und obgleich die Verteidigungsstellung ihre endgültige Gestalt und auch ihre nötige Festigkeit noch nicht erlangt hat, legt sie gleichwohl Zeugnis von den Aktivitäten unserer Soldaten ab, die zweifellos jene übertreffen, die von anderen Truppen und in

---

[15] Zu den Auseinandersetzungen zwischen den zuständigen italienischen Stellen und den deutschen Wehrwirtschaftsstäben vgl. den detaillierten Bericht des Generalstabs der *Intendenza* „Due battaglie invernali 1941/42–1942/43"; AUSSME, DS II 1557/8.
[16] Nicht ermittelt.
[17] Eine Übersichtskarte, die den Stand der Arbeiten wiedergibt und zeigt, daß diese letztlich nur im Bereich der vordersten Linie fortgeschritten waren, findet sich im AUSSME, L 14/86–1.
[18] Zur Auseinandersetzung über die Verteidigungsstrategie vgl. S. 61 f. des vorliegenden Bandes.

anderen Abschnitten entfaltet worden sind. Auch von deutscher Seite werden diese Aktivitäten weithin anerkannt[19].

Die allgemeine taktische Lage
Die Armee besetzt auch nach Durchführung der vorgesehenen Frontverkürzung – die im übrigen nicht mehr als 40 km ausmacht – im Verhältnis zu den verfügbaren Kräften einen sehr breiten Abschnitt, vor allem wenn man berücksichtigt, welche Bedeutung dieser mit Blick auf eine mögliche große sowjetische Operation in Richtung Rostow besitzt. Unseren Einheiten fehlt es an automatischen Waffen, abgesehen von denjenigen, die sich bereits seit langem in Rußland befinden und ihre Ausstattung mit erbeuteten Waffen vergrößert haben. Auch die Panzerabwehrbewaffnung ist unzulänglich. Die Artillerie befindet sich hingegen im Vergleich zu anderen Armeen in einem verhältnismäßig guten Zustand, doch mangelt es ihr vor allem bei den Alpinidivisionen[20] an Reichweite, die eines längeren Arms bedürften, weil sie an sehr weitläufigen Front[abschnitt]en aufgestellt sind. Die Lage wird sich erheblich bessern, wenn die Verteidigungsstellung eine größere Festigkeit erlangt hat und die notwendigen Vorräte angelegt sind. Die Stimmungslage der Truppen scheint optimal zu sein. In den Verbänden des alten CSIR wartet man auf die Ablösung. Dringend erwünscht ist das Eintreffen der Pakete [aus der Heimat], womit die Unmöglichkeit ausgeglichen werden kann, im Land irgend etwas zu kaufen.

Die Aktivitäten des Feindes
Die Sowjets entfalten eine intensive Aufklärungstätigkeit mit großen Patrouillen, die während der Nacht den Don zu überqueren versuchen und bisweilen unser Ufer erreichen, wobei sie fast immer Waffen und Gefangene in unseren Händen lassen. Tagsüber und insbesondere zur Dämmerung hin Störfeuer mit Artillerie und Granatwerfern der Infanterie. An einigen Stellen Aktionen von Scharfschützen. Der Feind tarnt seine Aktivitäten sorgfältig; Bewegungen und Arbeiten werden nachts oder im Schutz der ausgedehnten Waldgebiete durchgeführt.

Die sowjetische Luftwaffe ist tagsüber inaktiv; hingegen fliegt sie jede Nacht Angriffe gegen die wichtigsten Verkehrszentren und die vorgeschobenen Flugplätze der Luftwaffe, wobei sie mit kümmerlichen Ergebnissen wenige Bomben abwirft. Häufig ist das Absetzen von Flugblättern und Fallschirmspringern, die zum großen Teil gefangengenommen werden. Die Aktivitäten dieser Fallschirmspringer und der Partisanen im Armeeabschnitt haben bisher zu keinem Ergebnis geführt.

Das deutsche Verbindungskommando
Dieses verdient besondere Erwähnung, denn es steht unter dem Befehl eines Generals[21] [der Infanterie] und hat sich nach und nach dergestalt entwickelt, daß es einen aufdringlichen Charakter angenommen und Aufgaben übernommen hat, die weit

---

[19] In Wahrheit fiel das Urteil der deutschen Beobachter recht zwiespältig aus, wie die regelmäßigen Berichte der Verbindungsoffiziere an den Deutschen General zeigen; BA-MA, MFB4 18276, Bl 461–506.
[20] Die Artillerie der Alpinidivisionen bestand überwiegend aus Geschützen der Kaliber 7,5 und 10,5 cm; lediglich das Korps verfügte über eine Abteilung mit zwölf Geschützen vom Kaliber 14,9 cm; vgl. Operazioni delle unità italiane al fronte russo, S. 602f.
[21] In der Vorlage: „Generale di corpo d'armata"; dieser Rang entsprach dem eines Generals der Infanterie.

über den gewöhnlichen Verbindung[sdienst] hinausgehen. Außer dem Chef des Kommandos gibt es einen Oberst i.G. als stellvertretenden Chef des Kommandos, einen weiteren Generalstabsoffizier, der den Titel Stabschef trägt, einen für die Artillerie zuständigen Offizier, einen Nachrichtenoffizier, einen Feindlageoffizier, einen Offizier zur besonderen Verwendung; wahrscheinlich gibt es noch weitere nachgeordnete Offiziere; zahlreich [sind] die Mannschaften und reichhaltig [ist] die zur Verfügung stehende Ausrüstung[22].

Das Verbindungskommando verfügt über eine eigene Nachrichtenabteilung und eine eigene [Fernmelde-]Zentrale, über die alle Meldungen von und für unsere Armee laufen. Ich habe beim OKH interveniert, um eine direkte Verbindung der Armee mit meiner Dienststelle zu erhalten. Mir wurde erklärt, daß dieser Sachverhalt nicht bekannt sei und daß man davon ausgehe, daß es den direkten Kontakt schon gebe. Man kann deshalb vermuten, daß das Verbindungskommando eine echte Kontrolle ausüben und sich vielleicht auch das Vorrecht bei der Übermittlung der Lageberichte und anderer Nachrichten sichern möchte. So läßt sich zum Teil auch die Verzögerung erklären, die bei den Lagemeldungen der Armee aufgetreten ist.

Der Chef des Kommandos und seine Offiziere fahren im Sektor [der Armee] herum, der zuweilen auch von Offizieren der Heeresgruppe und von Offizieren des Oberkommandos des Heeres besucht wird. Alle geben ihrer Wertschätzung Ausdruck und äußern gelegentlich auch Bedenken. Insgesamt besteht der offenkundige Eindruck, daß das Verbindungskommando beabsichtigt, zunehmende Kontrollaktivitäten zu entwickeln. Man kann festhalten, daß, soweit bisher bekannt, keine der verbündeten Armeen einen Chef des [Verbindungs-]Kommandos im Rang eines Generals [der Infanterie] hat.

General von Tippelskirch, Chef des Verbindungskommandos bei unserer Armee, den ich seit langen Jahren kenne, war es wichtig, mir seine heikle und schwierige Situation darzulegen, wobei er mir sagte, daß seine Ernennung nicht nur der Tatsache geschuldet sei, daß er Italienisch könne (und das deutsche Heer verfüge nur über vier Generäle, die Italienisch können, inklusive von Rintelen[23]), sondern auch dem Faktum, daß der Umfang der Reserven, die das deutsche Oberkommando zu unserer Armee zu verschieben gedenke, die Anwesenheit eines sehr hochrangigen deutschen Offiziers verlange, der den Einsatz dieser Reserven zu koordinieren vermöge. Es lag ihm ferner daran hinzuzufügen, er wisse sehr wohl, daß einige seiner Einwände unsere empfindlichen Punkte berührt hätten, doch halte er es für notwendig, unserer Armee alle Erfahrungen des vergangenen Winterfeldzugs nahezubringen[24]. Ich antwortete ihm, wir würden es unsererseits immer begrüßen, über diese Lehren unterrichtet zu werden, während wir jegliches Gebaren mißbilligen würden, das auf eine Kontrolle schließen lasse. General von Tippelskirch erklärte mir, er wolle jede derartige Haltung absolut vermeiden, doch gegen Ende des Gesprächs fand er einen

---

[22] Vgl. hierzu Dok. 1 und 2 sowie S. 55 ff. des vorliegenden Bandes.
[23] *Enno von Rintelen* (1891–1971), General der Infanterie, Teilnahme am Ersten Weltkrieg, 1936–1943 deutscher Militärattaché in Rom und seit 1940 auch deutscher General im Hauptquartier der italienischen Streitkräfte.
[24] Kurt von Tippelskirch, der den ersten Winter des Krieges gegen die Sowjetunion als Kommandeur der 30. Infanteriedivision im Norden der Ostfront erlebt hatte, wurde nicht müde, diesen Punkt zu betonen; BA-MA, MFB4 41403, Bl. 1041 f., KTB des Deutschen Generals beim italienischen AOK 8, Eintrag vom 14. 10. 1942.

Weg, um zu sagen, er fühle sich seiner Verantwortung gegenüber dem deutschen Oberkommando und der gewissenhaften Ausführung seines Auftrags wegen verpflichtet, bei jeder Gelegenheit seiner Meinung Ausdruck zu geben. Ich bin deshalb zu dem Schluß gekommen, daß General von Tippelskirch besondere Anweisungen erhalten hat, die im wesentlichen zu einer zunehmenden Einmischung in die Aktivitäten der Armee führen müssen, zusätzlich zu derjenigen, die bereits ziemlich spürbar von der Heeresgruppe praktiziert wird.

[Schlußfolgerungen]
Dieser Besuch im Abschnitt der 8. Armee hat es mir erlaubt, mir noch einmal der Sorgen und der Bedürfnisse des Armeeoberkommandos hinsichtlich des Nachschubs und der Winterstellung bewußt zu werden, aber er hat mir auch ermöglicht festzustellen, wie eifrig seitens der Truppe gearbeitet worden ist, welche die gesamte verfügbare Zeit und alle Ressourcen vor Ort genutzt hat. Diese Betriebsamkeit und die hervorragende Moral der Verbände stellen ein höchst befriedigendes Ergebnis dar.

Die Aufgabe der Armee ist angesichts der großen Ausdehnung des ihr anvertrauten Abschnitts nicht einfach; die Lage wird sich mit dem weiteren Ausbau der Verteidigungsstellung verbessern, doch es ist unabdingbar, daß die Armee einen Teil unserer Divisionen in der zweiten Linie halten kann, um nötigenfalls mit eigenen Mitteln eingreifen zu können, ohne beim ersten möglichen Nachgeben der Front auf den militärischen Beistand der Deutschen zurückgreifen zu müssen. Diese Verfügbarkeit ist auch notwendig, um den Divisionen an der Front angemessene Ruhephasen garantieren zu können.

Die Einschränkungen, die unsere Armee im logistischen Bereich aufgrund der Fortdauer der Operationen gegen Stalingrad hinnehmen mußte, sind erheblich. Aber auch im operativen Bereich hat unsere Armee eine sehr wichtige Aufgabe erfüllt, da sie die in Stalingrad eingesetzten Armeen gedeckt hat. In Erfüllung dieser Aufgabe sind auch harte Gefechte geführt worden, und die vom XXXV. und vom II. Armeekorps erlittenen Verluste machen klar, welche Funktion die 8. Armee gehabt hat. Es ist notwendig, daß man jetzt von deutscher Seite – und dies ist dem OKH deutlich gemacht worden – alles mögliche unternimmt, um die von der Armee erbrachten Opfer zu kompensieren und es ihr zu ermöglichen, den verbliebenen Rest der trockenen Jahreszeit optimal zu nutzen. Man muß die schwerwiegenden allgemeinen Probleme des deutschen Heeres gebührend berücksichtigen, doch es ist unabdingbar, daß man die kürzlich versprochenen Züge und Betriebsstoffmengen unserer Armee regelmäßig zukommen läßt.

Der General und Chef der Mission
(E.L. Marras)

AUSSME, L 13/48–3.

Dokument 17

Aufzeichnungen Aldo Vidussonis[25] für Benito Mussolini über eine Inspektionsreise an die Ostfront, einen Besuch im Führerhauptquartier und eine Reise nach München vom 20. September bis 8. Oktober 1942

Rom, 24. Oktober 1942-XX

Notiz für den Duce

Die Reise (20.–29. September)

Die Abfahrt aus Mailand erfolgte am 20. September um 20.10 Uhr, nachdem Faschisten und Zuschauer den langen Zug im Bahnhof hatten bewundern können, der aus ungefähr vierzig Güterwaggons und aus den Wagen für die Delegation und die Eskorte bestand. Während des zweistündigen Halts in Mailand habe ich mich zunächst mit den Familien der Gefallenen unterhalten und anschließend den Erfrischungsraum für die Soldaten besuchen können.

Bei der Abfahrt dieses Zuges, der ein wenig das Herz des faschistischen Mailand verkörperte, das den Soldaten in Rußland – und insbesondere denjenigen aus Mailand – seine innige Liebe durch ein faßbares Zeichen seiner Zuneigung übermitteln wollte, [herrschte] bei allen größter Enthusiasmus.

Die Delegation fuhr in einem normalen Wagen dritter Klasse, wo sie sich zum Schlafen ein aus kleinen Seegrasmatratzen bestehendes Lager eingerichtet hatte, das sich – getestet während unseres neuntägigen Aufenthalts – als trefflich erwies.

Zu der von mir geleiteten Delegation gehörten: der Vizesekretär der GUF D'Este[26], der Mailänder Federale[27] Ippolito[28], der Mailänder Podestà[29] Gallarati Scotti[30], der Präsident der Mailänder Kriegsversehrten Gorini[31] und der [Präsident]

---

[25] *Aldo Vidussoni* (1914–1982), faschistischer Politiker, 1936 Teilnahme am Spanischen Bürgerkrieg, kriegsversehrt, Sekretär der faschistischen Studentenorganisation „Gioventù universitaria fascista" (GUF) in Triest, 1941 Sekretär der GUF, 1941–1943 Sekretär des PNF und Mitglied des faschistischen Großrats, nach dem 8. 9. 1943 Mitglied im Direktorium des PFR.

[26] *Antonio D'Este*, 1935–1937 Sekretär der GUF in Triest, 1942/43 stellvertretender Sekretär der GUF, stellvertretender Sekretär des nationalen Instituts für faschistische Kultur, Mitglied im Direktorium des PNF.

[27] Führer der faschistischen Partei auf Provinzebene.

[28] *Andrea Ippolito* (geb. 1903), faschistischer Politiker, Sekretär der GUF in Mailand, Sekretär des PNF in Lucca, Littoria und Rom, Mitglied im Direktorium des PNF, Dezember 1940 – November 1942 Sekretär des PNF in Mailand.

[29] Als zentrales Element der faschistischen Kommunalverfassung stand der Podestà seit 1926 den Verwaltungen in den Städten und Gemeinden Italiens vor; vgl. Loreto Di Nucci, Podestà, in: de Grazia/Luzzatto (Hrsg.), Dizionario del fascismo, Bd. 2, S. 395–398.

[30] *Gian Giacomo Gallarati Scotti* (1886–1983), Jurist, 1912 Eintritt in den diplomatischen Dienst, Karriere als Kolonialbeamter in Nordafrika, seit 1934 Senator des Königreichs Italien, 1938–1943 Bürgermeister von Mailand, nach dem Zweiten Weltkrieg Rückzug ins Privatleben.

[31] *Alessandro Gorini* (geb. 1891), Buchhalter, Teilnahme am Ersten Weltkrieg und an den militärischen Aktionen in Nordafrika, kriegsversehrt, Mitglied der Abgeordnetenkammer, Präsident der Vereinigung der Kriegsversehrten für Mailand und die Lombardei, Direktor der Zeitschrift „La stampella".

der Frontkämpfer Rossi[32], Hauptmann Navone[33] von der Abteilung „P"[34] des Generalstabs, der Chef meines persönlichen Sekretariats Gallo, der Inspekteur des Provinzialverbands Mailand Camagna, Hauptmann Wondrich vom Comando Supremo und mein Dolmetscher, der Journalist Ongaro und der Chef der Filmabteilung des PNF Moschioni.

In Verona stiegen die Eskorte mit dem Kommandanten des Zuges, Oberstleutnant Lanza, der Militärarzt und der für die Verpflegung zuständige Offizier zu.

Während der Fahrt auf italienischem Territorium wünschten die Honoratioren von Brescia, Verona und Bozen, mir den Gruß ihrer Städte und Provinzen zu überbringen.

Am Brenner, wo wir am 21. gegen zehn Uhr anlangten, erwartete uns die von der Nationalsozialistischen Partei gesandte Abordnung, die uns während der ganzen Reise durch Deutschland und die besetzten Gebiete begleiten sollte; sie setzte sich aus Oberbefehlsleiter Friedrichs[35], Befehlsleiter Klopfer[36] und dem Dolmetscher Bauer[37] zusammen.

Auch im Groß[deutschen] Reich oder in den von ihm kontrollierten Gebieten erhielten wir an den einzelnen Bahnhöfen Besuche und Grüße von den höchsten Würdenträgern der Partei und der Streitkräfte des verbündeten Deutschland: so in Innsbruck, Halle, Litzmannstadt, Brest-Litowsk, Stolpce, Baranowicze, Minsk, Brobuisk, Charkow, um nur die längeren Aufenthalte zu erwähnen. In Halle wünschten sich auch Botschafter Alfieri[38] mit Gattin und Kameraden des Berliner Fascio einzufinden; auch in anderen Orten wurde uns der willkommene Gruß der Vertreter der italienischen Gemeinden überbracht. Überall schließlich der Gruß der Kommandos und der Soldaten der Etappenkommandanturen.

Die in neun Tagen bewältigte Route war die nördliche, wobei oftmals Nebenstrecken benutzt wurden: nach dem Brenner kamen wir nach Innsbruck, Trudering (bei München), Nürnberg, Halle, Glogau, Lissa, Litzmannstadt, Warschau, Brest-Litowsk, Minsk, Gomel, Charkow, Kupjansk, Waluiki[39] und Millerowo. Aufgrund

---

[32] *Amilcare Rossi* (geb. 1895), Rechtsanwalt, Teilnahme am Ersten Weltkrieg, Inhaber der goldenen Tapferkeitsmedaille, seit 1919 Mitglied des PNF, Mitglied der Abgeordnetenkammer, Präsident der Associazione Nazionale Combattenti, Luogotenente Generale der faschistischen Miliz.

[33] Zu Navone und den im folgenden genannten Personen konnten keine Angaben ermittelt werden.

[34] Die für Fragen der Propaganda zuständige Abteilung des Generalstabs.

[35] *Helmuth Friedrichs* (geb. 1899), Funktionär der NSDAP, seit 1930 Geschäftsführer des Gaues Kurhessen, seit 1934 Leiter der Abteilung II (Parteiangelegenheiten) im Stab des „Stellvertreters des Führers" bzw. der Parteikanzlei der NSDAP.

[36] *Gerhard Klopfer* (1905–1987), Jurist und Ministerialbeamter, 1941–1945 Leiter der Abteilung III (staatliche Angelegenheiten) in der Parteikanzlei der NSDAP, 1942 Teilnehmer an der Wannseekonferenz, nach 1945 interniert, 1949 im Spruchkammerverfahren für minderbelastet erklärt, seit 1956 Rechtsanwalt in Ulm.

[37] Nicht ermittelt.

[38] *Dino Alfieri* (1886–1966), faschistischer Politiker und Diplomat, 1929–1932 Staatssekretär im Ministerium für die Korporationen, 1935/36 Staatssekretär im Ministerium für Presse und Propaganda, 1936–1939 Minister für Presse und Propaganda bzw. für Volkskultur, 1939/40 Botschafter am Heiligen Stuhl, 1940–1943 Botschafter in Berlin, Mitglied des faschistischen Großrats, stimmte am 24./25. 7. 1943 gegen Mussolini, Flucht in die Schweiz, 1944 im Prozeß von Verona in Abwesenheit zum Tode verurteilt.

[39] In der Vorlage: „Valniki".

der unsicheren Lage im Gebiet zwischen Brest-Litowsk und Gomel, das von Partisanen verseucht ist, wovon die zahlreichen entgleisten Waggons, Lokomotiven oder gar Eisenbahnzüge Zeugnis geben, hielt der Zug auf Befehl des Führerhauptquartiers nachts in den Bahnhöfen von Brest-Litowsk, Stolpce und Bobruisk. Während des Aufenthalts besichtigten wir in Brest-Litowsk die Stadt und die Zitadelle, in Minsk die Stadt und einige Gebäude (Oper, Volkshaus, Kirche, Verpflegungsstelle für die Zivilbevölkerung und Unterkünfte für die wolgadeutschen Flüchtlinge), wobei wir auch eine kurze Strecke auf der Autobahn nach Moskau gefahren sind, die zunächst von den Gebäuden des Polytechnikums und von Kasernen gesäumt wird; in Stolpce wie auch in Bobruisk wohnten wir der Vorführung deutscher Dokumentarfilme bei; ein Kurzbesuch in Charkow hat es uns erlaubt, die Physiognomie dieser großen, völlig stillosen, heute zum Großteil zerstörten Stadt kennenzulernen.

Die Ankunft in Millerowo erfolgte am 29. [September] um 11.30 Uhr. Am Bahnhof, der einfach und nur mit deutsch-italienischen Fahnen geschmückt war, erwarteten uns seine Exzellenz Gariboldi mit den höheren Offizieren des Armeeoberkommandos, viele Offiziere und eine Ehrenformation.

Eindrücke

Gegen die Organisation des Zuges ist nichts einzuwenden: sorgfältig hinsichtlich der Lagerung der Pakete, die ordentlich in die für sie bestimmten Waggons verladen wurden; ebenso sind auch die Waggons gekennzeichnet, die keine Pakete, sondern bestimmte Güter transportieren (Kognak- und Weinfässer, Zigaretten, Zitronen, Streichhölzer); auch für die Unterkunft und die Verpflegung der Delegation und ihrer Eskorte ist alles vorbereitet, indem ein Küchenkomplex beigefügt und ein halber Wagen der dritten Klasse als Mensa eingerichtet wurde. Die deutsche Abordnung – unser Gast, soweit es die Verpflegung betraf – hat stets in einem eigenen Waggon der Reichsbahn übernachtet. Wie Sie wissen, sind fünfzigtausend Pakete transportiert worden, abgesehen von den siebentausend persönlichen, die die Familien der Frontkämpfer geschickt haben.

Die persönlichen Pakete enthielten: eine Halbliterflasche Wein, einen Viertelliter Kognak, eine Dose Kondensmilch, ein Päckchen Marmelade, einen Sicherheitsrasierer aus Bakelit, ein Päckchen Rasierklingen, einen kleinen Panettone, eine kleines Medaillon der Madonnina, Trockentinte, Schreib- und Zeichenfeder, Bleistift, einen Bilderrahmen mit den Photographien des Königs[40] und des Duce, einen Geldbeutel, Briefpapier und Propagandapostkarten, zwei Taschentücher, zwei Paar Strümpfe, einen Pullover, ein Handtuch. Der Zug transportierte ferner, außer mehreren Hundert Bildern des Duce mit russischen Schriftzeichen, einen Waggon voller Zitronen, zwei voller Zigaretten, einen voller Streichhölzer, viele Hektoliter offenen Weines und Kognaks, 500 Kisten mit unterschiedlichem Propagandamaterial für die Kommandos und überdies verschiedene charakteristische Gegenstände wie Grammophone, Gitarren, Photoapparate, Fußbälle, Spielkartenpäckchen usw. All diese Gegenstände sind den Soldaten sehr willkommen, die wiederholt und mit allen Mitteln darauf bedacht waren, uns ihre Erkenntlichkeit und ihren Dank zukommen zu las-

---

[40] *Viktor Emanuel III.* von Savoyen (1869–1947), seit 1900 König von Italien, dankte im Mai 1946 ab, Tod im ägyptischen Exil.

Abb. 11: Ostfront – Aldo Vidussoni und Generaloberst Gariboldi schreiten die Ehrenformation ab, Oktober 1942 (AUSSME, Photoarchiv).

sen: In diesen Tagen habe ich sogar zahlreiche Briefe von Offizieren und Soldaten erhalten, die das beste Zeugnis von diesen Gefühlen der Dankbarkeit ablegen.

Im Laufe der Reise und während der Aufenthalte richtete ich meine Aufmerksamkeit auf die Betreuung der Truppen und das Funktionieren der Etappenkommandos. Bezüglich des ersten Punktes habe ich festgestellt, daß wir den Deutschen in nichts nachstehen[41]: Unsere Leute waren aufmerksam und zuvorkommend beim Austeilen von heißem Wein, Zigaretten, Zeitschriften, Postkarten, Bleistiften usw. und hatten für jeden Soldaten einen guten Wunsch, einen Gruß und ein freundliches Wort übrig. Aufgrund der gegebenen Verhältnisse war die deutsche Betreuung natürlich auch quantitativ sehr viel umfangreicher, da es eine stets bereite Küche, heißen Kaffee-Ersatz usw. gab, die auch unseren Soldaten nicht verweigert wurden. Was die Etappenkommandos und ihre Offiziere betrifft, stelle ich – soweit ich selbst habe beobachten können und aufgrund einiger Hinweise, die mir gegeben worden sind – fest, daß sie insgesamt gut funktionieren, das italienische Ansehen hochhalten und in bestem Einklang mit den deutschen Kameraden arbeiten.

Wie ich bereits gesagt habe, war der Empfang durch die politischen und militärischen deutschen Würdenträger großartig: Sobald der Zug in die verschiedenen Bezirke einfuhr, und kaum daß Zeit und Wetter es erlaubten, kamen die hohen Parteifunktionäre, die Repräsentanten des Staates, die hohen Offiziere, um uns zu

---

[41] Tatsächlich wurde vor Ort rege Kritik an der Betreuung der Soldaten geübt; vgl. etwa ACS, MCP, Gabinetto, busta 140, fasc. „Ottava Armata – Compagnia di Propaganda", sottofasc. 4: „Nucleo correspondenti di guerra presso l'ARMIR", Bericht für den Minister für Volkskultur, Gaetano Polverelli, vom 13. 4. 1943.

begrüßen; so stieg beispielsweise in Innsbruck der Gauleiter[42] zu; in Halle kam zusammen mit unserem Botschafter der erste Bürgermeister von Berlin[43]; in Litzmannstadt beehrte uns ein Vertreter des Gouverneurs Frank[44]. In den Gebieten unter Militärverwaltung haben uns die Streitkräfte begrüßt und uns zuweilen auch zusammen mit Honoratioren der Partei bei der Besichtigung von Objekten begleitet, die es verdienten, gesehen zu werden: so in Brest-Litowsk, Stolpce, Minsk, Bobruisk, Charkow. Überall wünschte man den Vertretern des faschistischen Italien zu sagen, daß sie willkommene Kameraden seien und daß das deutsche Volk stolz sei, an unserer Seite zu marschieren.

Kaum hat man den Brenner überquert, spürt man die enorme Anstrengung, die Deutschland für den Krieg unternommen hat: Den ersten Nachweis liefert der breite Einsatz von Frauen und Kindern für eine Unzahl von Dienstleistungen und Tätigkeiten, die zuvor zweifellos Vorrecht der Männer waren. Das Arbeitskräfteproblem, das engstens mit dem der Produktivität in den besetzten Gebieten und mit der Funktionsfähigkeit des Dienstleistungssektors verbunden ist, muß sehr stark zu spüren sein. Es gibt wenige und zumeist ältere Männer. Stark ist der Einsatz von Gefangenen – Russen, Franzosen, Belgiern, Polen –, die durch besondere Abzeichen kenntlich gemacht werden. Mit dem groß angelegten Einsatz von Frauen und Gefangenen versucht man, die Arbeitskraft den Erfordernissen der Produktion anzupassen und in Zukunft zu vermeiden, daß Ernten wie die des Getreides wegen entsprechender Probleme verlorengehen.

Der Boden erweist sich im übrigen als äußerst fruchtbar: Ausgedehnte Getreidefelder wechseln mit endlosen Sonnenblumen- und, vor allem in der Ukraine, Kartoffelpflanzungen ab. Die Produktion und ihre Nutzung hängen allerdings von der Arbeitskraft und vom Transportwesen ab, das bisher vor allem hinsichtlich des Transports mit Kraftfahrzeugen unzulänglich ist, wo man den Betriebsstoffmangel nachhaltig spürt.

Am meisten beeindrucken die Transporteinrichtungen, [und zwar] vor allem in den besetzten Gebieten, wo neben der Wiederinbetriebnahme der [Eisenbahn-]Linien die Spurweite vollkommen umgestellt worden ist und man die Modernisierung der Anlagen in den Bahnhöfen in Angriff genommen hat. Wie noch nie garantieren Ordnung und Disziplin einen Verkehr, der, wie es heißt, äußerst stark, aber auf die Minute genau reguliert ist.

---

[42] *Franz Hofer* (1907–1972), Kaufmann, seit 1931 NSDAP-Mitglied, 1932 zum Gauleiter von Tirol ernannt, 1938–1945 Gauleiter von Tirol-Vorarlberg, seit 1940 auch Reichsstatthalter für Tirol-Vorarlberg, seit September 1943 Oberster Kommissar in der Operationszone Alpenvorland, 1945 verhaftet, 1948 Flucht aus der Haft, im Spruchkammerverfahren als Hauptschuldiger zu drei Jahren und fünf Monaten Arbeitslager verurteilt, 1949 in Österreich in Abwesenheit zum Tode verurteilt.

[43] *Ludwig Steeg* (1894–1945), Verwaltungsbeamter, seit 1933 NSDAP-Mitglied, 1937–1940 Bürgermeister, seit 1940 amtierender Oberbürgermeister und amtierender Stadtpräsident von Berlin, Februar – April 1945 Oberbürgermeister von Berlin, in sowjetischer Internierung verstorben.

[44] Dr. jur. *Hans Frank* (1900–1946), Rechtsanwalt und nationalsozialistischer Politiker, 1933/34 bayerischer Justizminister, 1934–1945 Reichsminister ohne Geschäftsbereich, seit 1939 Generalgouverneur der nicht in das Deutsche Reich eingegliederten polnischen Gebiete, 1946 vom Internationalen Militärgerichtshof in Nürnberg zum Tode verurteilt und hingerichtet.

Überall Gelassenheit. Die Bevölkerung in den besetzten Gebieten zeigt nicht allerorts identische Gefühle und Verhaltensweisen, obgleich man eine allgemeine Tendenz zum Ertragen und zur Passivität feststellt. Die deutschen Dienststellen werden respektiert, ich würde sagen, wegen ihrer Strenge in der Behandlung [der Zivilbevölkerung] und der Unduldsamkeit bei mangelnder Zusammenarbeit gefürchtet. Vor allem die ukrainische Bevölkerung kollaboriert.

Absolute Härte wird den Juden gegenüber demonstriert, die man unnachsichtig behandelt und jeglicher Art von Restriktion unterwirft, auch wenn es welche gibt, die arbeiten. Italiener, die in jenen Gebieten leben, und zuweilen auch zur Vertraulichkeit aufgelegte Deutsche haben mir erzählt, daß Erschießungen an der Tagesordnung sind und auch große Gruppen von Personen jeglichen Alters und Geschlechts betreffen. In der Oper von Minsk haben wir das dort aufgehäufte Zeug von tausenden und abertausenden ermordeten Juden gesehen, und es scheint, daß es an die Bevölkerung verteilt wird. Es heißt, es würden nur diejenigen ausgebeutet, die arbeiten können, und zwar bis zu ihrer materiellen Erschöpfung. Was die Italiener am meisten berührt hat, ist die Art der Tötung, mit der sich die Opfer im übrigen anscheinend abgefunden haben. Die Bevölkerung ganzer Städte und Dörfer wurde um bis zu einem Drittel oder bis zur Hälfte dezimiert, insbesondere aufgrund der Beseitigung der Juden.

Bei den Kurzbesuchen, die ich in einigen Städten oder Ortschaften machen konnte, habe ich die Trostlosigkeit des Lebens feststellen können, die die Zerstörungen des Krieges überdauert hat. Überall ist die einseitige Anstrengung zur Industrialisierung sichtbar, die der Bolschewismus auf Kosten aller anderen Bedürfnisse der Bevölkerung unternommen hat. Das Bauwesen beeindruckt tendenziell aufgrund der enormen Ausmaße der Gebäude. Allerdings versinkt es in einer Grobschlächtigkeit, die neben der konzeptionellen Nachlässigkeit das Fehlen von Bebauungsplänen und einer Architektur verrät, die sich als solche bezeichnen läßt. Die Straßen sind in schlechtem Zustand, die Häuser der Bevölkerung, die das niedrige soziale Niveau erkennen lassen, auf dem die Menschen lebten, sind kläglich, schmutzig. Die Geschäfte sind halbleer. Nichts kann man kaufen, auch wegen der ziemlich hohen Preise; im übrigen leben die Märkte beinahe vom System des Tauschhandels.

Der Besuch bei der 8. Armee (29. September bis 7. Oktober)
Am 29. September kamen wir um 11.30 Uhr in Millerowo an, wo sich das Oberkommando der Armee befindet, und wurden von Seiner Exzellenz Gariboldi und von anderen Offizieren empfangen. Am Sitz des Oberkommandos wünschte General Gariboldi, der Delegation den Salut der 8. Armee zu überbringen. Ich antwortete, ich würde mich stolz und geehrt fühlen, daß ich von Ihnen den Auftrag erhalten habe, Ihren herzlichen Gruß den Soldaten zu überbringen, die auf dem Boden Rußlands kämpfen und denen das Vaterland und die Partei wie auch ihre Familien ständig nahe sind.

Ich wollte mit der Verteilung der Geschenkpakete gerade bei denjenigen beginnen, die sich als erste die Anerkennung des Vaterlands verdient haben: bei den Verwundeten. Am Dienstagnachmittag in Millerowo, am Mittwoch in Woroschilowgrad habe ich insgesamt ungefähr ein Dutzend Lazarette besucht, die über zweitausend Patienten beherbergen. Das Zusammentreffen mit den Verwundeten war besonders bewegend: alle Italiener müßten sehen können, welch hoher Geist diese unsere Tapferen beseelt! Die Pakete wurden in den Lazaretten ohne Ansehen der Nationalität an alle verwundeten Patienten verteilt, und es sind deutsche, rumänische, slowakische, ukrainische und sogar russische Kameraden in ihren Genuß gekommen.

Von Donnerstag, den 1. Oktober, bis einschließlich dem 6. besuchte ich von Millerowo aus noch einmal mit dem Flugzeug, dann mit dem Wagen unsere verschiedenen Divisionen, wobei ich mich nicht nur auf die Kommandos der Armeekorps oder Divisionen beschränkt habe, sondern auch zu den Kommandos der Kompanien und – sofern es möglich war – fast immer zu den weiter vorgeschobenen Stellungen, in die Beobachtungsstände, gegangen bin, so daß ich bis auf wenige hundert Meter an den Don herangekommen bin. Überall nahm ich direkten Kontakt mit den Offizieren und den Soldaten auf und war stolz darauf, aus ihrem eigenen Mund höchste Worte der Vaterlandsliebe, des Glaubens, der Siegesgewißheit zu vernehmen.

Am 1. [Oktober] besuchte ich die Division Celere, am 2. die Divisionen „Pasubio", „Sforzesca", „Tridentina" und die Schwarzhemden der [Legion] „Tagliamento"; am 3. die Divisionen „Cosseria" und „Ravenna" und die Schwarzhemden der XXIII. Brigade[45]; am 4. die Division „Torino", am 5. die Alpini der „Cuneense", am 6. die der „Julia". Da ich in Rossosch übernachtet hatte, habe ich am 5. auch die beiden Lazarette an diesem Ort besucht, so wie ich mich am 6. in das Feldlazarett von Saprina begeben wollte. Auf dem dortigen Friedhof ruht der am 3. gefallene Oberleutnant Cellanova[46], Sekretär der GUF von Pavia.

Überall, bei den Truppen und bei den aufmarschierten Abordnungen oder bei den Einheiten wünschte ich immer, Ihren Gruß, Duce, und den des Vaterlands zu überbringen, wobei ich den Soldaten versicherte, daß die Partei mobilisiert werde, um den Frontkämpfern und ihren Familien auf jede Weise beizustehen und ihnen zu helfen; ich sagte den Soldaten, wie sehr ihre Taten in Italien bekannt seien und bewundert würden. Ich erklärte ihnen, welche Bedeutung diesem Beweis der Solidarität und Zuneigung der Stadt Mailand zukomme. Die Alpini habe ich gemäß Ihres Befehls noch ermuntert, nicht die Hoffnung zu verlieren, bald im Gebirge eingesetzt werden zu können[47], sondern sich zu erinnern, daß ihre Väter sich bereits in Libyen gut zu behaupten wußten[48], denn die Alpini blieben überall dieselben, wo immer sie auch kämpften. Ich habe mich dann während meiner Besuche an hunderte und aberhunderte Soldaten gewandt und daraus die klare Überzeugung von

---

[45] In der Vorlage wörtlich: „raggruppamento". Hier ist wohl die dem II. Armeekorps unterstellte Schwarzhemden-Brigade „23 Marzo" gemeint.

[46] *Domingo Cellanova* (1914–1942), Oberleutnant im 8. Alpiniregiment der Division „Julia".

[47] Die drei Alpinidivisionen „Julia", „Tridentina" und „Cuneense" sollten zunächst zusammen mit deutschen Gebirgsjägern im Kaukasus eingesetzt werden, wurden dann jedoch ebenfalls an den Don verlegt (vgl. Operazioni delle unità italiane al fronte russo, S. 305–308). Die Aussicht, in ungewohntem Gelände kämpfen zu müssen, warf einen Schatten auf die Moral der Truppe, ohne sie jedoch zu erschüttern (AUSSME, DS II 974, KTB Alpinikorps, September/Oktober 1942, Anlage 129: Bericht des Alpinikorps über die Moral der Truppe und die Haltung der Zivilbevölkerung im Monat September 1942).

[48] Die Alpini hatten zwischen 1911 und 1915 auch im italienisch-türkischen Krieg um Libyen und in der sich anschließenden Kampagne zur Unterwerfung der Zivilbevölkerung gekämpft; vgl. Oliva, Storia degli Alpini, S. 90–93.

einer hervorragenden Moral gewonnen, die alle momentanen Entbehrungen zu überwinden hilft.

Eindrücke

Ich habe eine wirklich hervorragende Sanitätsausstattung vorgefunden[49]. Zufriedenstellende Verhältnisse in den Räumlichkeiten, die von unserem Sanitätsdienst sorgfältig und mit Bedacht eingerichtet wurden, auch um dem Winter begegnen zu können; Material in Fülle; hervorragende Ärzte, vor allem im chirurgischen Zentrum der Armee in Woroschilowgrad, wo die Professoren Fabiani[50], Uffreduzzi[51] und Dogliotti[52] arbeiten. Die Zahl der Rotkreuzschwestern, die mindestens um 50 Prozent erhöht werden müßte, ist hingegen bescheiden, obgleich sie leidenschaftlich und aufopferungsvoll die zahllosen Anforderungen des Dienstes auf sich nehmen. In den Lazaretten ruft man vor allem nach Radios und vielen, vielen Zeitschriften, Zeitungen und Büchern.

Hinsichtlich der Kommandos von Armee und Armeekorps habe ich festgestellt, daß sie zu stark mit Offizieren aufgebläht sind: 240 z.B. in dem der Armee, 100 in dem des Alpinikorps. Sehr viele Offiziere jeden Dienstgrads haben vorher noch nie an Kriegen oder Feldzügen teilgenommen. Die Organisation der Abteilungen „P" ist unzulänglich, worüber ich zahlreiche Klagen gehört habe. Wahrscheinlich ist der Chef der Situation nicht gewachsen, wie auch der Chef der Kriegsberichterstatter, die sich darüber beschweren, im Gegensatz zu den wenigen, die arbeiten können, weil sie autonom sind, ihren Dienst nicht gut versehen zu können[53]. Die Kommandos sind oftmals Dutzende Kilometer von den Linien entfernt. Bei den Kommandos der Bataillone und Kompanien dagegen überall ein hervorragender Eindruck.

Die Moral der Verwundeten ist hoch. Niemand beklagt sich, nicht einmal in den schmerzhaftesten Augenblicken: Alle sind stolz, ihr Blut für die Sache gegeben zu haben, und wünschen, bald zu ihren Einheiten zurückkehren zu können. Man verspürt eine gewisse Beschämung unter den Kranken, die sich unbehaglich fühlen angesichts derjenigen, deren Körper zerschunden war. Sie alle sind dankbar für das, was man für sie tut. Einen besonderen Eindruck hat ein Unteroffizier der Alpini mit einer Brustverletzung auf mich gemacht, der einem General, der ihm zur Verleihung

---

[49] Zur Organisation des Sanitätsdiensts der 8. Armee allgemein und zum im folgenden erwähnten chirurgischen Zentrum in Woroschilowgrad vgl. Servizi logistici, S. 48–51. Mängel und Probleme wie Transportschwierigkeiten oder das Fehlen bestimmter Sanitätsgüter wurden – dem propagandistischen Zweck der Reise gemäß – offensichtlich nicht thematisiert. Dazu auch AUSSME, L 14/87-2, Intendenza der 8. Armee: Bericht über den Einsatz der logistischen Dienste von Dezember 1942 – März 1943, S. 9–17.

[50] Nicht ermittelt.

[51] *Ottorino Uffreduzzi* (1885–1943), Chirurg, Direktor der chirurgischen Universitätsklinik in Turin, Verfasser von Lehrbüchern über Chirurgie im Krieg.

[52] *Achille Mario Dogliotti* (1897–1966), Chirurg, seit 1937 Professor für klinische Chirurgie in Catania, auf eigenen Antrag der 8. Armee zugewiesen, nach seiner Rückkehr von der Ostfront im Sommer 1943 zum Direktor der chirurgischen Universitätsklinik in Turin berufen, Mitbegründer der modernen italienischen Kardiochirurgie.

[53] Zu den Auseinandersetzungen um den Chef der Sektion Kriegsberichterstattung, Hauptmann Saverio Grana (geb. 1896, Beamter im Ministerium für Volkskultur), der von einigen italienischen Journalisten der Unfähigkeit geziehen und dann auch abberufen wurde, vgl. den Schriftwechsel im ACS, MCP, Gabinetto, busta 140, fasc. „Ottava Armata – Compagnia di Propaganda", sottofasc. 4: „Nucleo correspondenti di guerra presso l'ARMIR".

der silbernen Tapferkeitsmedaille gratulierte, antwortete, er habe nichts Besonderes getan, um sich eine solche Auszeichnung zu verdienen.

Auch die Stimmung unter den Soldaten in den Einheiten ist großartig: Vor allem die Gebirgstruppen vermitteln den klaren Eindruck von Selbstbewußtsein, Verantwortungsgefühl und von der Ruhe, die sich aus dem Vertrauen in die eigene Tapferkeit ergibt. Das Herannahen der Winterzeit hält zum Bau der Unterstände und Unterkünfte an, die sinnvoll und den Erfordernissen entsprechend angelegt werden.

In der Regel klagen die Soldaten nicht über die Verpflegung: Zweifellos hätten diejenigen an der Front gerne reichhaltigere Rationen, anderthalbmal so viel wie die anderen, wenn möglich. Man bittet vor allem, daß das Brot besser wird (was anscheinend wegen der Zubereitung und des Wassers nicht immer möglich ist) und daß der Soldat jeden Tag seine Ration Wein oder Kognak haben kann, die heute normalerweise auf drei- bis viermal in der Woche beschränkt ist. Ferner bittet man um eine Erhöhung der Zigarettenration, wobei betont wird, daß die fünf momentan verteilten unzureichend sind. Wünsche, denen es besondere Beachtung zu schenken gilt, wenn man bedenkt, daß das Land nur wenig bieten kann, abgesehen von den Lebensmitteln, die allerdings ebenfalls schwer zu erwerben sind, weil sie von den Deutschen kontrolliert werden oder weil es unmöglich ist, die Eigentümer zufriedenzustellen, die kein Geld wollen, bei dem sie im übrigen ihrer Mentalität entsprechend keinen Unterschied machen (tatsächlich wird nicht zwischen Rubel, Lira und Mark unterschieden, und das, was man z. B. für ein Päckchen Zigaretten erhalten kann, ist Dutzende von Mark wert). Dies wird durch die Tatsache bestätigt, daß der Soldat nichts ausgibt und die Summe zur Verbesserung der Verpflegung einbehalten wird. Man hat mich überdies darauf aufmerksam gemacht, daß bei der Verteilung der Beihilfen ein Mißverhältnis zwischen den Verbänden an der Front und den Verbänden in der Heimat bestehe, die davon in einem höheren Maße profitierten.

Die Beziehungen zu den deutschen Kameraden sind nicht gerade herzlich – aus unterschiedlichen Motiven, nicht zuletzt wegen des Gefühls, von den Deutschen kontrolliert und beiseite geschoben zu werden, wenn es darum geht, die Ressourcen des Landes zu nutzen.

Die Rußlandveteranen – die des alten CSIR – sehnen nachdrücklich ihre Ablösung herbei. Sie sind wirklich müde (und die Truppen erschöpft). Nachhaltig auf ihre Moral haben sich die bisweilen bestätigten, dann wieder nicht bestätigten Nachrichten über eine bevorstehende Heimkehr ausgewirkt, und eine klare Aussage von maßgeblicher Stelle dazu wäre opportun.

Es besteht ein Konflikt zwischen Gariboldi und Messe, der durch die Überzeugung des letzteren provoziert wird, geopfert worden zu sein[54]. Man munkelt auch, daß Gariboldi etwas zu nachgiebig gegenüber den Deutschen sei[55].

---

[54] Zu den Konflikten zwischen Gariboldi und Messe, die Auseinandersetzungen in Sachfragen ebenso beinhalteten wie persönliche Verletzungen und die letztlich zu Messes Entschluß führten, im September 1942 um seine Ablösung zu bitten, vgl. Orlandi, Giovanni Messe, in: Grazia/Pasimeni/Urgesi (Hrsg.), Maresciallo d'Italia Giovanni Messe, S. 100–105; vgl. auch den Schriftwechsel im AUSSME, Fondo Messe, busta A.

[55] Dies bestätigt etwa ACS, MIn, DGPS – Divisione Polizia politica, busta 215, fasc. 2: Corpo di Spedizione Militare Italiano in Russia, Bericht aus Verona vom 10. 12. 1942. Messe kultivierte den Ruf, hart und entschlossen mit den deutschen Verbündeten umzugehen (vgl.

Faschistischer Geist unter den Soldaten verbreitet, aber nicht in gleichem Maße unter den Offizieren. Auf jeden Fall stellt man fest, daß die unmittelbare Erfahrung der Methoden und Lebensbedingungen der Russen (die in ihrer Politik alles der Propaganda, der Erziehung, den Kriegsvorbereitungen geopfert haben) geholfen hat, mehr als eine Meinung zu ändern. Unter diesem Gesichtspunkt ist es wichtig, die P[ropaganda-]Offiziere richtig auszuwählen, die bei den Verbänden hervorragende faschistische Propagandaarbeit leisten können.

Die Winterstellung ist auch aufgrund der zahlreichen Truppenverschiebungen in jüngster Zeit noch nicht fertig. Insgesamt besteht auch aufgrund von Nachforschungen, die bei der Intendanza angestellt wurden, die Überzeugung, daß für die Truppe alles vorbereitet ist, daß aber nicht alles zur rechten Zeit eintreffen kann wegen des Mangels an Betriebsstoff und wegen der Aussicht, daß das Einsetzen des Regens den Verkehr mit Kraftfahrzeugen für eine gewisse Zeit blockiert, während der Transport mit Zugtieren ziemlich unzulänglich ausfällt, weil Tiere fehlen, die alle von den Deutschen requiriert worden sind. Die Unterkünfte sind im Bau; die Baracken sind bereits angekommen. Allerdings fehlen noch die Öfen, während für bestimmte Gebiete die Frage des Brennstoffs ein schwerwiegendes Problem sein wird, da die italienischen Stellungen heute weit entfernt sind vom Kohlerevier um Stalino und man nicht auf die Eisenbahn rechnen kann, die auf vielen Strecken überlastet, auf anderen noch nicht instand gesetzt ist.

Besuch beim Führer und in München (7. und 8. Oktober)
Nachdem ich beim Armeeoberkommando an der Feldmesse mit der Mailänder Madonnina teilgenommen und einen Major der Luftwaffe mit der auf dem Schlachtfeld [erworbenen] silbernen Tapferkeitsmedaille ausgezeichnet hatte, startete ich im viermotorigen Flugzeug des Führers zu dessen Hauptquartier und landete um 11.20 Uhr auf dem Flughafen von Winniza.

Um 13.30 Uhr wurde ich vom Führer empfangen, wobei Feldmarschall Keitel[56], Reichsleiter Bormann[57], der Dolmetscher und der persönliche Sekretär[58] Hitlers anwesend waren. Das außerordentlich herzliche Gespräch dauerte eine Stunde: Der Führer fragte nach meinen Eindrücken von der Front, äußerte sich zur politisch-militärischen Lage, wobei er sich optimistischer zeigte als in der Vergangenheit, wollte mir Erklärungen bezüglich des Einsatzes der Alpini geben (nebenbei merke ich an, daß mit Skiern ausgerüstete Bataillone sehr nützlich und erwünscht wären;

Ciano, Diario, S. 627, Eintrag vom 4. 6. 1942), bei denen er aber dennoch als zuverlässiger Partner galt (vgl. Distler, Verbindungsoffizier, S. 16).

[56] *Wilhelm Keitel* (1882–1946), Generalfeldmarschall, Teilnahme am Ersten Weltkrieg, 1919 Übernahme in die Reichswehr, seit 1935 Chef des Wehrmachtsamts im Reichskriegsministerium, 1938–1945 Chef des OKW, 1946 vom Internationalen Militärgerichtshof in Nürnberg zum Tode verurteilt und hingerichtet.

[57] *Martin Bormann* (1900–1945), nationalsozialistischer Politiker, seit 1933 Leiter des Stabes des „Stellvertreters des Führers", seit 1941 Leiter der Parteikanzlei der NSDAP im Range eines Reichsministers, 1943 zum „Sekretär des Führers" ernannt, während des Kampfes um Berlin ums Leben gekommen.

[58] Hier eventuell gemeint: *Philipp Bouhler* (1899–1945), Funktionär der NSDAP, 1934–1945 Leiter der „Kanzlei des Führers" im Range eines Reichsleiters der NSDAP, beging im Mai 1945 Selbstmord.

sie ließen sich während des Winters am Don zweckmäßig und gewinnbringend einsetzen), die auch in Anbetracht des Klimas in dem Abschnitt äußerst nützlich seien, in dem sie sich befinden, und schließlich sprach er ausführlich von seinem Wunsch, Euch, Duce, bald zu sehen, wobei er mich wiederholt beauftragt hat, Ihnen seine persönlichen Grüße zu überbringen.

Um 14.30 Uhr geruhte der Führer, die Personen aus meinem Gefolge zu empfangen: den Vizesekretär der GUF D'Este, den Chef meines persönlichen Sekretariats Gallo, den Pressereferenten des PNF Ongaro und den Dolmetscher Hauptmann Wondrich vom Comando Supremo, und er hat sich mit lebhafter Herzlichkeit verabschiedet. Im Hauptquartier hatte ich Gelegenheit, außer Feldmarschall Keitel und Reichsleiter Bormann noch Polizeichef Himmler[59], Pressechef Dietrich[60] und weitere Beamte, Parteifunktionäre und Offiziere kennenzulernen.

Erneut mit dem Flugzeug des Führers startete ich nach München, wo ich um 19 Uhr ankam und von Persönlichkeiten der Partei, des Staates und der Streitkräfte empfangen wurde. Am Abend gab der Gauleiter[61] einen Empfang; er hieß mich im Namen der Braunhemden herzlichst in der Stadt willkommen, die die Geburt der nationalsozialistischen Bewegung gesehen hat. Am nächsten Tag erwies ich den ersten Gefallenen der nationalsozialistischen Revolution die letzte Ehre, besichtigte den Verwaltungsbau [der NSDAP], das Braune Haus und den Führerbau.

Eindrücke
Aus dem Gespräch mit dem Führer habe ich den Eindruck gewonnen, daß die Oberkommandos und insbesondere Adolf Hitler – der keine Gelegenheit ausgelassen hat, mir seine lebhafteste Freundschaft und Bewunderung für Sie zu zeigen – den Beitrag der italienischen Armee im Rußlandfeldzug unter sachlicher Beurteilung unserer Anstrengungen sehr zu schätzen wissen. Äußerste Höflichkeit pflegte man uns gegenüber sowohl im Hauptquartier als auch in München, wo ich insbesondere mit dem Reichsschatzmeister[62] einen interessanten Meinungsaustausch über die Verwaltungsorganisation der Partei gehabt habe, die in München konzentriert ist, wie die drei enormen Karteien für zehn Millionen Parteimitglieder beweisen. Es wurde mir bestätigt, daß es auch in Deutschland eine Aufnahmesperre gibt, ja daß man zu einer Säuberung neigt, damit nur diejenigen in der Partei bleiben, die ihrer würdig sind.

---

[59] *Heinrich Himmler* (1900–1945), 1929–1945 Reichsführer SS, seit 1936 auch Chef der deutschen Polizei, seit 1939 Reichskommissar für die Festigung des deutschen Volkstums, 1943–1945 Reichsinnenminister, 1944/45 Oberbefehlshaber des Ersatzheeres und Chef der Heeresrüstung, nach seinem Angebot einer Teilkapitulation im Westen von Hitler im April 1945 aller Ämter enthoben, beging in britischer Kriegsgefangenschaft Selbstmord.

[60] *Otto Dietrich* (1897–1952), Journalist, seit 1931 Reichspressechef der NSDAP, 1937–1945 Staatssekretär im Reichsministerium für Volksaufklärung und Propaganda und Pressechef der Reichsregierung, 1945 verhaftet, 1949 in Nürnberg zu sieben Jahren Haft verurteilt, 1950 entlassen.

[61] *Adolf Wagner* (1890–1944), nationalsozialistischer Politiker, seit 1923 NSDAP-Mitglied, Teilnehmer am Hitler-Putsch, 1929–1944 Gauleiter des Gaues München-Oberbayern, 1933–1944 bayerischer Innenminister und stellvertretender Ministerpräsident, seit 1936 auch bayerischer Kultusminister.

[62] *Franz Xaver Schwarz* (1875–1947), Beamter, seit 1925 Reichsschatzmeister der NSDAP, 1945–1947 interniert, 1948 nach seinem Tod von der Spruchkammer als Hauptschuldiger eingestuft und zu Vermögenseinzug verurteilt.

Überall und immer das sichere Gefühl, daß die Partei in Deutschland alles ist; nichts gegen die Partei, alles für die Partei. Die Partei redet in allen Bereichen mit und gibt den Ton an. Die hohen Parteifunktionäre werden respektiert und nehmen die Ehrenplätze ein. Groß sind die ihnen vorbehaltenen Vergünstigungen, bestens die Gehälter (wurde mir vom Schatzmeister gesagt). Man gesteht ihnen, wie ich es auch in Wien habe feststellen können, in allem ein gewisses Privileg zu. Die hohen Parteifunktionäre wohnen in einem Vorort (München-Pullach) in Häusern, die der Partei gehören.

Gut sind die Beziehungen zu den Kameraden des Münchener Fascio, dessen Sekretär[63] ein vortreffliches Element ist. Aus Zeitgründen konnte ich nicht bei der italienischen Gemeinde verweilen. Ich habe Kontakt zu Mitgliedern der Leitung des Fascio aufgenommen und einen Besuch versprochen. Immerhin habe ich erfahren, daß sich die Gemeinde gut verhält und von den Deutschen hoch geschätzt wird.

P.S. – Beim Armeeoberkommando in Millerowo werden 80 Kosaken unter dem Befehl eines ehemaligen zaristischen Obersten ausgebildet[64].

In München hat der Schatzmeister der nationalsozialistischen Partei, Franz Schwarz, um die Ehre gebeten, von Ihnen eine Photographie mit Autogramm zu erhalten.

N.B. Die Eindrücke, die in diesem chronologischen Ereignisbericht zusammengestellt sind, beanspruchen nicht, definitiv und allgemeingültig zu sein. Tatsächlich sind sie zwar Ergebnis einer aufmerksamen Beobachtung, doch auch immer im räumlichen wie im zeitlichen Rahmen beschränkt und dementsprechend nicht gänzlich verallgemeinerbar.

ACS, SPD-CR 1922–1943, 50/fasc. Aldo Vidussoni.

Dokument 18

Memorandum zur Lage der 8. italienischen Armee vom Beginn der sowjetischen Offensive bis zum Rückzug

Die Dislozierung der Divisionen im Sektor der 8. Armee – ein Sektor mit einer Frontbreite von ungefähr 250 km – entsprach zum Zeitpunkt des russischen Angriffs – grosso modo – der folgenden groben Skizze: [...][65]

Der russische Angriff erfolgte anfangs mit einer beträchtlichen Menge Infanterie – ungefähr 30 Divisionen –, die insbesondere in Richtung der Divisionen „Cosseria" und „Ravenna" entlang des Tals von Petropalowka drängten. Gegen unsere bei-

---

[63] Nicht ermittelt.
[64] Zu den vor Ort rekrutierten Kavallerieeinheiten, die nicht zuletzt mit der Bekämpfung von Partisanen betraut waren, vgl. die Dokumente im AUSSME, DS II 1551/7 und L 14/93-8. Die Reste dieser Einheiten wurden 1943 nach Italien verlegt und sollten nach ihrer Reorganisation in Albanien eingesetzt werden.
[65] Hier folgt eine Skizze zur Dislozierung der italienischen und deutschen Großverbände im Frontabschnitt der ARMIR. Insgesamt enthält das Dokument sieben Lageskizzen, auf deren Reproduktion verzichtet wurde.

den Divisionen rückten nicht weniger als acht russische Infanteriedivisionen vor, d. h. 72 Bataillone. Ein ähnlich starker russischer Angriff erfolgte gleichzeitig im rumänischen Sektor[66]. [...]

Unsere beiden Divisionen leisteten – am 9., 10., 11., 12., 13., 14., 15. und 16. Dezember – verbissen Widerstand gegen den mit einer großen Zahl von Bataillonen geführten russischen Angriff; diese Bataillone wurden aufgehalten und dezimiert. Die Division „Ravenna", wo der Druck am stärksten war, hielt dem Angriff stand, allerdings mit wechselndem Geschick.

Der rumänische Abschnitt gab dem Druck des Gegners nach, so daß die deutsche Führung – um den Einbruch abzuriegeln – die Reserven und die deutsche Division des XXIX. deutschen Armeekorps aus dem italienischen Abschnitt abzog, die durch unsere Division Celere ersetzt wurde[67]. [...]

Dergestalt blieb der Sektor der 8. Armee – nach den ersten Gefechten – ohne Reserven. Unser Armeeoberkommando wies die deutsche Führung darauf hin, daß es in einer solchen Situation angebrachter sei, die gesamte Armee zurückzuziehen. Dieser Vorschlag wurde nicht angenommen, weil „der Führer will, daß man bis zum Äußersten Widerstand leistet"; hinsichtlich der Reserven würde sich die deutsche Führung darum kümmern, andere Großverbände, auch gepanzerte, heranzuführen.

Am Morgen des 17. Dezember – d. h. nach acht Tagen ebenso anhaltender wie ergebnisloser Angriffe der russischen Infanterie – wurde die Division „Ravenna", die am stärksten geschwächt war und folglich am stärksten wankte, von zwei russischen Panzerbrigaden angegriffen (ungefähr 200 Panzer), die in die Tiefe vorstießen und die Stellungen unseres Abschnitts nach Osten und Westen umgingen. Die Reste der „Ravenna", denen sich auch die der „Cosseria" anschlossen, wichen nach Süden aus. Diese Divisionen waren – mit den ihnen zur Verfügung stehenden Mitteln – nicht in der Lage, einen Panzerangriff zum Stehen zu bringen, auch weil – nach acht Tagen harter Kämpfe – die Munition, insbesondere die der Artillerie, fast aufgebraucht war. [...]

Um der Bedrohung zu begegnen, bezog die kroatische Legion mit Front nach Westen Stellung, und die Alpinidivision „Julia", die durch die Division „Vicenza" ersetzt wurde, postierte sich mit Front nach Osten rechts von der „Cuneense". [...]

Den Deutschen gelang es indessen nicht, die im rumänischen Abschnitt entstandenen Einbrüche abzuriegeln. Deshalb stießen die russischen Panzereinheiten entweder ungefähr 50 km tief vor oder umgingen die rumänische Aufstellung in Richtung Osten. [...]

---

[66] Vgl. hierzu die Dok. 8–10 und S. 62–69 des vorliegenden Bandes.
[67] Dieses Manöver erfolgte allerdings – das Dokument gibt die Chronologie der Ereignisse nicht immer korrekt wieder – bereits im November, während die Angriffe der Roten Armee gegen die ARMIR erst am 11. Dezember begannen. Abgezogen wurden die an der Front des XXIX. Armeekorps eingesetzte 62. Infanteriedivision sowie die 22. Panzerdivision und die 294. Infanteriedivision, die als Reserve vorgesehen waren. Vgl. 8ª Armata Italiana nella seconda battaglia difensiva del Don, S. 8ff. Die 3. Division Celere löste die 62. Infanteriedivision am 20. 11. 1942 ab und übernahm einen rund 52 km langen Frontabschnitt auf dem rechten Flügel der Armee. AUSSME, DS II 1556/9, zusammenfassender Bericht über den Einsatz der 3. Division Celere zwischen Dezember 1942 und Februar 1943.

Die russischen Panzereinheiten, die im Abschnitt unserer Division „Ravenna"
durchgebrochen waren und im Rücken unserer Aufstellung nach Westen vorrückten, wurden von den Divisionen „Cuneense" und „Julia" zum Stehen gebracht,
während diejenigen, die gegen Osten vorrückten und ihr Umgehungsmanöver fort-
setzten, die rückwärtigen Gebiete der Divisionen „Pasubio", „Torino", Celere und
„Sforzesca" erreichten, diese Divisionen von hinten angriffen und in der Rückwärtsbewegung aufrieben, die von diesem Moment an durch die Aktion des Feindes, die Überraschung und die in der Etappe ausgelöste Konfusion und Panik chaotische Züge annahm. Einigen Teilen dieser Divisionen gelang es, sich zusammen mit
den Resten der „Cosseria" und „Ravenna" einen Weg durch die russischen Einheiten zu bahnen und zu Fuß bis Tschertkowo[68] zu gelangen, wobei sie die gesamte
Artillerie, Munition, vielerlei Material, die Versorgungslager der Divisionen und
Armeekorps, Kraftfahrzeuge, Feldlazarette usw. in die Hand des Feindes fallen ließen.

In dieser kritischen Situation hatte unser Armeeoberkommando das Oberkommando der deutschen Heeresgruppe ersucht, den Rückzug des – bis dahin intakten
und noch nicht von den Russen angegriffenen – Alpinikorps zu befehlen, um zu
vermeiden, daß es von diesem gefährlichen Vorstoß der gegnerischen Einheiten in
Mitleidenschaft gezogen würde. Aber auch in diesem Fall vergebens: „Der Führer
will, daß man bis zum Äußersten Widerstand leistet!"

Ich glaube (aber das ist ein rein persönliches Urteil), daß die deutsche Führung
mit Blick auf den Widerstand der deutschen Armee in Stalingrad zum Widerstand
bis zum Äußersten verleitet wurde von: der Hoffnung auf eine – wie im vergangenen Winter – schnelle Erschöpfung der russischen Offensive, der Annahme, diesen
gegnerischen Einbruch sehr bald abzuriegeln, und schließlich von den gefährlichen
Konsequenzen, die sich für alle im Donbogen dislozierten deutschen und verbündeten Einheiten aus einer Rückverlegung dieses wichtigen Abschnitts ergeben
konnten – eine Rückverlegung, die die Abschnürung des Bogens bewirkt hätte.

So ging es bis zum 14. Januar, als neue russische Panzereinheiten – unbemerkt –
zwischen den Stellungen der „Julia" und Tschertkowo durchstießen. Ein Teil dieser Einheiten griff den letztgenannten Ort an, wo sie unsere dort versammelten
Einheiten einschlossen, und ein Teil stieß im Rücken unseres Alpinikorps in Richtung Rossosch vor. Zugleich wurden im Norden die ungarischen Stellungen zerschlagen. [...]

Die „Julia" und die „Cuneense", die bereits an der Front bedrängt worden waren,
wurden im Zuge dieser unerwarteten Einkreisung überrannt und fast völlig vernichtet (von jeder Division blieben zwischen 2000 und 4000 Mann übrig). Der „Tridentina" und einem Teil der „Vicenza" gelang es hingegen, dem gegnerischen Zangenangriff zu entkommen, indem sie sich nach Westen zurückzogen, während die
Versorgungslager der rückwärtigen Gebiete, die Artillerie, allerhand Material und
die Kraftfahrzeuge in der Hand des Feindes blieben.

Rückzug
So kam es zum Rückzug, wenn man ihn so nennen kann, aller Divisionen, und zwar
mit einer derartigen Schnelligkeit, daß das Armeeoberkommando in Millerowo

---

[68] In der Vorlage (wie auch weiter unten): „Scherkovo"; vgl. dazu auch Dok. 22 und 23.

plötzlich zur Nachhut und somit gezwungen wurde, die ihm zur Verfügung stehenden Carabinieri und Soldaten der [rückwärtigen] Dienste zur Verteidigung einzusetzen.

Einige Verbände, die weniger erschöpft oder noch in der Hand energischer Kommandeure waren, führten aufeinanderfolgende, harte Gefechte, um sich einen Weg durch die ständigen Sperren des Gegners zu bahnen. Die „Tridentina" beispielsweise führte insgesamt nicht weniger als 14 solcher Gefechte. Die Masse [der Truppe] hatte ein zersplittertes, chaotisches, erschreckendes Aussehen angenommen, wobei aus dem Offizier leider nur ein von der Strömung mitgerissener Automat geworden war. Es handelte sich um eine Flut von 100 000 und mehr Soldaten aller Waffengattungen und Verbände ohne den geringsten inneren Zusammenhang und ohne Disziplin, die von Panik durchdrungen, von Kälte und Hunger erschöpft über schneebedeckte Felder und Wälder nach Westen, nach Süden und Südwesten zog, auf bis zum Äußersten mit Karren, Schlitten, Kraftfahrzeugen, Zivilisten vollgestopften Straßen, ständig bedrängt, angegriffen und weiter zersplittert, eingekreist und herumgestoßen von Panzern, motorisierten Kräften und Kavallerie des Feindes. Unsere Soldaten befreiten sich von Waffen, Munition, Handgranaten, um den Marsch weniger beschwerlich zu machen.

Die überall herumliegenden Handgranaten explodierten beim Vorbeiziehen dieses menschlichen Gewimmels und forderten Opfer, die zu den nicht weniger zahlreichen hinzukamen, die der Feind, die große Kälte und die Erschöpfung verursachten. Man erlebte Mitleid erregende Szenen: erfrierende Soldaten, die sich am Ende ihrer Kräfte niederknieten, beteten, das Haupt senkten und im selben Augenblick starben. Selbstmorde und Fälle von Wahnsinn unter den Offizieren vervollständigten das traurige Bild. Die Erfrierungen hielten an, so daß die Opfer, die es nicht mehr schafften weiterzugehen, den Korridor des Rückzugs säumten. Und der Strom dünnte sich aus, blieb aber stattlich und wälzte sich fort, überflutete die Dörfer, wo die Isbas[69] von italienischen, deutschen, rumänischen und ungarischen Soldaten überquollen, die sich ausruhen und aufwärmen wollten. Um sich einen warmen Platz zu erobern, kam es – auch zu bewaffneten – Handgreiflichkeiten. In dem Durcheinander gerieten viele Isbas in Brand, wobei ein Großteil der hier untergebrachten Soldaten verbrannte, weil das Gedränge sie daran hinderte, sich zu retten. Bei diesen Ruhepausen stießen andere, der Gefangenschaft entkomme Soldaten – einige von ihnen ohne Mantel, andere ohne Rock und nicht wenige ohne Schuhe, die ihnen der Feind genommen hatte, um sie an der Flucht zu hindern, und mit strohumwickelten Füßen – zu dieser menschlichen Flut und versuchten, den Marsch mit ihr fortzusetzen.

Während sie sich vom Feinddruck lösten, verloren die Soldaten jedes militärische Aussehen: Hosen, Kopfbedeckungen, Jacken der ukrainischen Bevölkerung ersetzten die zerlumpten Uniformen, Filzstiefel die zerfetzten Schuhe. So zogen sie von Haus zu Haus, von Dorf zu Dorf, wo ihnen die Bevölkerung der Ukraine – mehr aus Sympathie oder Dankbarkeit als, wie viele behaupten, wegen einer Anordnung der russischen Stellen, die auch in Form von Flugblättern aus Flugzeugen abgewor-

---

[69] Einfache Wohnhäuser der Landbevölkerung in Rußland und der Ukraine.

fen wurde – Zuwendung, Aufmerksamkeit und Freundlichkeit entgegenbrachte und ihnen Essen, Kleidung und Ruhemöglichkeiten bot.

Einige, die aus der Gefangenschaft entkommen sind, behaupten überdies, daß ihnen selbst die russischen Soldaten und sogar die Partisanen dieselbe Behandlung hätten zu Teil werden lassen, während sie alle deutschen Gefangenen erschossen hätten. Einige andere hätten allerdings das Gegenteil behauptet, doch weiß ich nicht, ob diese Behauptung der Wahrheit entspricht oder ob sie geäußert worden ist, um die Geschichte von der überstandenen Gefahr zu dramatisieren[70]. Die erste Vermutung wird von der Mehrheit bestätigt, und man kann sie für glaubwürdig halten, weil sie von offensichtlichen Absichten politischer Natur inspiriert worden sein kann, die darauf zielten, die Italiener und die Deutschen auseinander zu bringen, die in dieser mißlichen Situation wirklich in tadelnswerter Weise gehandelt haben.

Verhalten der Deutschen gegenüber den Italienern[71]

Tatsächlich zögert kein Italiener vom General bis zum letzten Soldaten damit, das Verhalten der Deutschen gegenüber unseren Kommandos und unseren Soldaten im allgemeinen zu beklagen – ein Verhalten, das wegen des krassen Kontrastes zu der fast liebevollen Haltung der russischen Bevölkerung und zu der Humanität und Korrektheit, die, wie bereits angedeutet, einige Teile des feindlichen Heeres ihnen gegenüber zeigten, um so stärker hervortrat. Im einzelnen:

a) ließ und läßt man unser Armeeoberkommando weiterhin über die Kriegsereignisse ebenso im Unklaren wie über die Lage in den angrenzenden Abschnitten;
b) wurden die vom Oberkommando unserer Armee gemachten Vorschläge entweder nicht angenommen oder aber, falls sie angenommen wurden, von untergeordneten deutschen Kommandos in ihrer praktischen Umsetzung behindert. Für die nicht angenommenen Vorschläge ist niemals irgendeine Begründung gegeben worden;
c) wurde den diversen Forderungen unseres Armeeoberkommandos oder der Intendenza nicht stattgegeben, insbesondere hinsichtlich des Treibstoffs. Dieser wurde im übrigen von den Depots ohne Ermächtigungen nur nach der Abgabe von Wein und Lebensmitteln oder im Tausch gegen Gefälligkeiten jeglicher Art ausgegeben;
d) verhöhnten, verlachten und verschmähten die Deutschen auf Lastwagen oder in Zügen während des Rückzugs unsere Soldaten, die sich unter den elenden Bedingungen, die ich beschrieben habe, zu Fuß dahinschleppten. Und wenn jemand versuchte, auf die Lastwagen oder in die Züge zu steigen – oftmals halbleer oder voll von zuweilen wertlosen Gegenständen – wurde er mit dem Gewehrkolben geschlagen und gezwungen, unten zu bleiben;
e) durften unsere Soldaten – immer noch während des Rückzugs – die Isbas nicht betreten, in denen sich bereits deutsche Soldaten befanden, und selbst aus den

---

[70] Zur gefährlichen Situation der Gefangennahme vgl. Giusti, Prigionieri, S. 33–37, die auch Berichte italienischer Kriegsgefangener über die Tötung ihrer Kameraden zitiert.
[71] Der Abschnitt „Comportamento tedesco durante la battaglia" in: 8ª Armata Italiana nella seconda battaglia difensiva del Don, S. 60–66, lehnt sich eng an diesen Abschnitt des hier abgedruckten Dokuments an.

[von ihnen belegten] Isbas wurden unsere Soldaten mit der Waffe in der Hand vertrieben, um den deutschen Platz zu machen;
f) wurden Lastwagen, die von den Unsrigen wegen des Mangels an Treibstoff aufgegeben worden waren, von den Deutschen aufgetankt und für die eigenen Bedürfnisse eingesetzt;
g) wurden unsere Lastwagen, die auf der Straße zurückgelassen worden waren, weil sich der Fahrer vorübergehend entfernt hatte, unbefugt von den Deutschen übernommen und weggebracht, so wie – und das ist noch schlimmer – nicht wenige von unseren Kraftfahrern von den Deutschen unter Androhung von Waffengewalt gezwungen wurden, ihnen das Fahrzeug für ihre eigenen Dienste zu überlassen;
h) zwang man unsere Soldaten, auch die Verwundeten, unsere Kraftfahrzeuge zu verlassen, um Platz für die deutschen Soldaten zu machen;
i) wurden von den mit unseren Verwundeten belegten Zügen die Lokomotiven abgehängt, um sie an die deutschen Eisenbahnzüge zu hängen;
l) wurden verwundete und von Erfrierungen betroffene Italiener auf die Flachwagen gelegt, wo einige während der Fahrt wegen der Kälte gestorben sind, während sich die – nicht verwundeten – deutschen Soldaten in den geschlossenen Eisenbahnwagen niederließen, wo sie unbekümmert aßen und rauchten, während unsere Soldaten seit vielen Tagen hungerten;
m) wurde unseren Soldaten, wenn sie auf deutsche Versorgungseinheiten stießen, die mit Lebensmitteln einschließlich Brot ausgestattet waren, nichts oder bloß ein wenig Hirse und drei rohe Kartoffeln gegeben;
n) wurden einige Versorgungslager der Armee, für deren Räumung die Transportmittel verweigert worden waren, von den deutschen Truppen geplündert, so daß der Verdacht aufkam, der Grund für die Absage habe in der Absicht gelegen, sich der Lebensmittel und des Materials zu bemächtigen.

All diese Episoden und andere, die mir entfallen sind, haben bei <u>allen Italienern</u> der ARMIR eine entschieden deutschfeindliche Stimmung erzeugt. Denn die Italiener spüren, daß sie eine derartige Behandlung nicht verdienen, weil sie sich bewußt sind, daß sie ihre Pflicht bis zum äußersten Widerstand vollkommen erfüllt und ungefähr 70 Prozent ihrer Infanterie geopfert haben, um einem an Ausrüstung und Soldaten überlegenen Feind acht Tage lang die Stirn zu bieten. Dieser Widerstand hat es den deutschen Truppen erlaubt, sich in aller Ruhe zurückzuziehen und in aller Ruhe ihr gesamtes Material herauszuziehen. Wenn sich die italienischen Truppen in jener ungeordneten Weise zurückgezogen haben, ist dies vor allem der unhaltbaren Situation geschuldet, in der sie die deutsche Führung gelassen hatte: ohne Reserven, mit einer mehr als breiten Front, ohne adäquate Mittel zur Panzerabwehr, ohne Befehle, um einen geordneten Rückzug durchführen zu können, ohne Treibstoff. Die Deutschen schreiben die Niederlage jedoch mehr oder weniger offen dem Nachgeben der Front bei unserer Armee zu. Das ist nicht richtig. Bei einer solchen Behauptung kann es sich nur um eine politische Spekulation handeln. Bedauerlich ist deshalb die Bemerkung, die ein deutscher Offizier gemacht haben soll, als ihn einer unserer höheren Offiziere fragte, warum er einen seiner Vorgesetzten aus dem italienischen Heer nicht grüße: „Wir Deutsche haben am Don gesehen, was die Italiener wert sind!"

Derzeitige Lage
Der Strom von Versprengten erreichte den Donez und überquerte ihn teilweise; von hier aus gelang es dem Oberkommando unserer Armee unter unerhörten Mühen, Transportmittel zu erlangen, einen Teil der Versprengten mit Lastwagen und einigen Zügen schneller und weniger chaotisch in Richtung Dnjepr zu verfrachten, sie mit Lebensmitteln zu versorgen und einige Depots der Intendenza zu räumen. Erst am Ende des vergangenen Monats Februar war es möglich, einen Teil der Truppen am Dnjepr zu versammeln, und zwar verteilt wie folgt: ungefähr 12 000 in Dnjepropetrowsk und Umgebung; ungefähr 5000 in Lemberg und Umgebung; ungefähr 70 000 im Gebiet von Gomel – Neshin – insgesamt rund 87 000 Mann, zu denen etwa 34 000 hinzuzuzählen sind, die sich in Krankenheilstätten befinden und bereits heimgekehrt sind. Die Stärke der Armee belief sich zu Beginn des russischen Angriffs einschließlich des Ersatzes auf 235 000 Mann.

Allerdings ist zu berücksichtigen, daß es im Raum Dnjepropetrowsk – Lemberg – Gomel – Neshin und in den leeren Gebieten zwischen den vorrückenden feindlichen Kolonnen viele weitere Soldaten gibt, die sich in den Isbas versteckt halten und nach einer angemessenen Rast und nachdem sie sich vergewissert haben, daß die Gefahr vorbei ist, gruppenweise zurückkehren. Nicht wenige Soldaten haben die Transporte mit Verwundeten und von Erfrierungen Betroffenen genutzt, um sich unter diese zu mischen und ohne Wissen ihrer Kommandos heimzukehren, ebenso wie die Verwundeten und die Soldaten mit Erfrierungen ohne Wissen ihrer Kommandos mit den Transporten in Pflegeanstalten eingeliefert worden sind. Man kann also davon ausgehen, daß immer noch ungefähr 100 000 Mann über ein ungefähr 350 km breites und über 200 km tiefes Gebiet verstreut sind, locker in bunt zusammengewürfelten Formationen zusammengefaßt, mit ausgesprochen wenigen Offizieren, vereinzelten Regimentskommandeuren und einigen Divisionskommandeuren, ohne Verbindungen und ohne Mittel, eine Razzia durchzuführen, die sich im übrigen ziemlich schwierig gestalten würde.

Angesichts dieser Situation ist es dem Armeeoberkommando fast unmöglich, die Verluste genau festzustellen, auch weil zum Zeitpunkt des russischen Angriffs eine Ersatzabteilung, die noch nicht bei den Verbänden geführt wurde, in Richtung des Sektors der Armee marschierte, und eine weitere Abteilung Abgelöster[72], die bereits aus den Stärkemeldungen der Verbände gestrichen worden waren, ins rückwärtige Gebiet aufbrach. Diese beiden Abteilungen wurden – mit den entsprechenden Konsequenzen – in die Schlacht verwickelt.

Das Armeeoberkommando hat für die Zusammenstellung [der Verluste] angeordnet: Listen mit den Namen derer, die präsent sind, unter Angabe der Einheit, der sie angehören – diesen Listen werden die Namen der Versprengten hinzugefügt, sobald sie sich melden; eine Liste der bisher ermittelten und noch zu ermittelnden Toten. Nur hinsichtlich der Generäle ist festgestellt worden, daß alle präsent oder krankheitshalber im Lazarett sind, abgesehen von den folgenden: General Tarnassi[73], bei einem Luftangriff getötet; General Martinat, im Kampf gefallen; General

---

[72] Handschriftlich korrigiert; ursprünglich: „complementi", also Ersatz.
[73] *Paolo Tarnassi* (1890–1942), Brigadegeneral, 1942 als General z.b.V. im Stab des II. Armeekorps, Befehlshaber des rückwärtigen Korpsgebiets und des Militärbezirks Kantemirowka,

Perrod[74], vermißt; General Pezzi[75], vermißt; General Ricagno, in Gefangenschaft; General Battisti, in Gefangenschaft; General Pascolini[76], in Gefangenschaft.

Gegenwärtige Situation der Divisionskommandos
[...]

Im Laufe der Operationen verlorenes Material
Im großen und ganzen ging der Armee folgendes Material verloren[77]: die gesamte Artillerie (abgesehen von zwei 75 mm-Kanonen); die gesamte Munition; 12000 Kraftfahrzeuge von 16000 [ursprünglich] vorhandenen; fast alle Feldlazarette (abgesehen von einem oder zweien); alle Lebensmittel- und Bekleidungsdepots der Divisionen und Armeekorps; ein Drittel (nach General Biglino) der diversen Güter, der Lebensmittel und der Kleidung aus den Lagern der Intendenza. Die Magazine von Woroschilowgrad, Debalzewo, Charkow sollen geräumt worden sein. Die Räumung der Magazine von Rykowo und Stalino ist immer noch im Gange, da der Feind diese beiden Städte noch nicht besetzt hat, obgleich er bereits über die beiden Orte hinaus nach Westen vorgerückt ist[78].

Von den Deutschen und den Verbündeten im Zuge dieser Offensive allein im südlichen Abschnitt erlittene Gesamtverluste
Eine italienische Armee; eine ungarische Armee; zwei rumänische Armeen; anderthalb deutsche Armeen. Die Offensive ist noch nicht zum Stehen gebracht worden. Nur im südlichen Abschnitt verfährt die deutsche Führung [nach dem Prinzip] der elastischen Verteidigung und wirft den feindlichen Marschkolonnen aus Frankreich kommende Divisionen entgegen. Auf diese Weise hat sie ein ausgedehntes Territorium bis zum Donez wiederbesetzt und vor allem vermieden, daß die Russen bei Dnjepropetrowsk den Dnjepr erreichen. Dies hätte die südlich dieses Gebiets stehenden deutschen und verbündeten Truppen in eine kritische Lage gebracht. Westlich von Kursk und Orel hält die russische Offensive noch an und greift nach Westen aus. Von den Russen sind [amerikanische] Panzer und viele amerikanische

---

im Dezember 1942 bei einem Bombenangriff auf Mitrofanowka gefallen, im Oktober 1944 von der Sowjetunion bezichtigt, die Erschießung von Zivilisten befohlen zu haben.

[74] *Adriano Perrod* (1889–1942), Brigadegeneral, seit Oktober 1942 Artillerieführer des XXXV. Armeekorps.

[75] *Enrico Pezzi* (1897–1942), Brigadegeneral der Luftwaffe, 1918 Teilnahme am Ersten Weltkrieg als Leutnant bei der Artillerie, seit 1924 bei der Luftwaffe, Einsätze in Nord- und Ostafrika sowie im spanischen Bürgerkrieg, 1937 zum Oberst befördert, nach Italiens Eintritt in den Zweiten Weltkrieg Einsätze gegen Malta und in Nordafrika, 1942 zum Brigadegeneral befördert und Kommandeur der italienischen Luftstreitkräfte an der Ostfront, am 29.12. 1942 von einem Flug ins eingeschlossene Tschertkowo nicht zurückgekehrt.

[76] *Etelvoldo Pascolini* (1884–1956), Brigadegeneral, Teilnahme am Ersten Weltkrieg sowie an den Kriegen gegen Abessinien und Griechenland, im November 1942 zunächst Kommandeur des rückwärtigen Armeegebiets der 8. Armee, übernahm dann im Dezember 1942 das Kommando über die Division „Vicenza", geriet am 24.1.1943 im Raum Waluiki in sowjetische Gefangenschaft, 1950 nach Italien entlassen.

[77] Genauere Angaben finden sich in: Operazioni delle unità italiane al fronte russo, S. 464f.

[78] Die Rote Armee war bis Februar 1943 im Bereich der Heeresgruppe B nördlich von Rykowo und Stalino bereits bis in die Nähe von Dnjepropetrowsk vorgestoßen, während sich die Verbände der Heeresgruppe Don am Mius hatten halten können. Vgl. Wegner, Krieg gegen die Sowjetunion, in: DRZW 6, Karte nach S. 1060.

Lastwagen eingesetzt worden. Im südlichen Abschnitt ist von den Deutschen bis auf die Höhe von Gomel keine echte Widerstandslinie aufgebaut worden, doch, wie ich gesagt habe, werden frische Divisionen gegen die feindlichen Kolonnen geworfen, sobald sie ankommen.

So bilden sich leere Räume von beträchtlicher Ausdehnung, von denen einige wie die in der Gegend von Kiew und Gomel wegen der äußerst aktiven Partisanen auch gefährlich sind: Durch den Einsatz von Minen, die während des Transits der Eisenbahnzüge explodieren, beschädigen oder zerstören sie rollendes Material, [und zwar] insbesondere Lokomotiven, deren spürbaren Mangel die Deutschen beklagen. Sie greifen Dörfer an und bemächtigen sich ihrer auch unter Einsatz von Artillerie; sie geben den vorrückenden russischen Verbänden Signale; sie stören die Fahrzeugkolonnen; sie töten einzelne Soldaten.

Der Dnjepr, der ein wirksames Hindernis darstellen könnte, um Widerstand zu leisten, ist zum Teil noch gefroren. Doch die Deutschen haben an den taktisch wichtigsten Abschnitten mit Minen breite Furchen ausgehoben, die aufgrund der Eisdicke (auch mehr als ein Meter) richtiggehende Panzergräben bilden.

Gründe für die deutsche Niederlage im südlichen Abschnitt [der Ostfront] und für den chaotischen Rückzug der 8. italienischen Armee

Von deutscher Seite:
1. Das Beharren, eine Verteidigungslinie beizubehalten, die sich wegen der Breite und Tiefe der beiden Frontbögen nach Stalingrad und zum Kaukasus als gefährlich, wenig solide und folglich als anfällig dafür erwies, überrollt zu werden;
2. die Unkenntnis über den Umfang des Angriffs und die Vorgehensweise des Feindes bzw. die irrtümliche Annahme, [den Angriff] zerschlagen, aufhalten und, wie im vorausgegangenen Winter, dessen Auswirkungen zunichte machen zu können;
3. die Organisation der Verteidigung ohne ein solides, tiefgestaffeltes Stellungssystem; der rasche Zerfall dieser unzureichend vorbereiteten [Verteidigungslinie], weil man bei dem Versuch, die verschiedenen Löcher zu stopfen, die im Sektor [unserer Armee] entstanden waren, die Reserven sofort einsetzen mußte; der Abschnitt unserer Armee hätte als der heikelste und für die Sicherheit des gesamten Stalingrader Bogens wichtigste eingestuft werden müssen;
4. der Befehl, bis zum Äußersten Widerstand zu leisten, der angesichts der Wucht und des Nachdrucks des gegnerischen Angriffs, die im Vergleich mit unseren schwachen Stellungen bereits überdeutlich geworden waren, nur zu enormen Opfern an Menschen und vor allem an wertvollem Material führen konnte. Es fehlten eine klare Vorstellung und eine genaue Beurteilung der Lage, die das deutsche Oberkommando zweifellos dazu gebracht hätten, [den Truppen an] der Abwehr[-Front] – wenn schon nicht mit dem Herannahen des Winters, so doch zumindest nach den ersten Tagen eines ebenso ergebnislosen wie sinnlosen Widerstands – zu befehlen, schnell einen „Sprung zurück" zu machen, wie ihn im übrigen der Gegner während der deutschen Offensive im letzten Sommer in sehr opportuner Weise gemacht hatte;
5. eine zu weit vorgeschobene Dislozierung der verschiedenen Versorgungslager und Depots, die sich angesichts des herankommenden Winters und folglich in der

Gewißheit einer russischen Offensive (die im übrigen von Gewährsmännern und von den Russen selbst über in den Schützengräben postierte Lautsprecher angekündigt worden war) weiter hinten hätten befinden müssen;

6. die ausgebliebene Zuteilung von Treibstoff, an dem es dem Oberkommando der 8. Armee trotz beständiger Anforderungen seit ungefähr vier Monaten mangelte, was unsere Großverbände dazu gezwungen hat, die Artillerie, die Munition, die Kraftfahrzeuge, die Lebensmittel, die Bekleidung vor Ort zurückzulassen.

<u>Von italienischer Seite:</u>

1. fehlender Nachdruck[79] seitens unseres Comando Supremo gegenüber dem deutschen Oberkommando, um die Vorschläge operativer Natur und die verschiedenen Anträge zu unterstützen, die die ARMIR an die vorgesetzten deutschen Stellen gerichtet hat;
2. eine energischere Haltung des Oberkommandos der 8. Armee gegenüber den zuständigen deutschen Stellen, um zu erhalten, was unsere Großverbände benötigten;
3. Ausbleiben von Befehlen und Dispositionen seitens aller Kommandos – insbesondere der gehobenen – für einen geordneteren Rückzug;
4. qualitative Mängel der Truppenführer, insbesondere der subalternen, von denen freilich etliche höhere Offiziere und einige Generäle ebensowenig frei waren. Die Offiziere waren sich der schweren Verantwortung eines Rückzugs nicht vollständig bewußt und folglich auch nicht der Notwendigkeit, nahe bei der Truppe zu sein, die Geschlossenheit der eigenen Einheit um jeden Preis, mit allen Mitteln und mit größter Energie zu wahren, die Initiative zu ergreifen, wie es die besondere Situation erforderte, um die Probleme anzugehen und zu lösen. Die ausbleibenden Befehle von oben und die übertriebene Sorge, in Gefangenschaft zu geraten, führten bei vielen dazu, daß sie den Gleichmut, die Ruhe und jeden Anschein eines befehlshabenden Offiziers verloren. Richtig ist, daß die besten Kommandeure während der ersten Abwehrkämpfe fielen oder verwundet wurden und daß folglich nicht alle Regimenter und Bataillone ihren Kommandeur hatten; dies rechtfertigt jedoch keineswegs das beklagenswerte Verhalten der restlichen Offiziere.

Die innere Struktur der Einheiten war unzulänglich: Subalternoffiziere, die es verstehen – wie mir Seine Exzellenz Gariboldi sagte –, sich töten zu lassen, aber weder die Fähigkeit noch die Tatkraft dazu haben, Kommandos zu geben; höhere Offiziere der Reserve oder im aktiven Dienst, die der Altersgrenze nahe sind und das Kommando über ein Bataillon im Krieg als Rettungsanker betrachten, weil sie darauf hoffen, aufgrund von Verdiensten auf dem Schlachtfeld gnädig befördert zu werden; zu viele – körperlich und intellektuell geeignete – höhere aktive Offiziere, die nicht dem Generalstab angehören, dienen angesichts der Tatsache, daß dieser Dienst für sie im Rahmen ihrer Laufbahn als Truppenkommando gewertet wird, in den <u>mobilisierten</u> Kommandos von Großverbänden, so daß etliche den Rang eines Obersten erreichen, ohne jemals ein Bataillon gesehen zu haben, weder im Frieden noch im Krieg; auch mancher Offizier im Generalsrang ließ wegen Unfähigkeit und Kleinmut zu wünschen übrig;

---

[79] In der Vorlage ursprünglich: „assistenza"; handschriftlich korrigiert in: „insistenza".

5. die bezüglich von Taktik und Disziplin mangelhafte Standfestigkeit des Ersatzes, einschließlich derjenigen, die an die Front geschickt worden waren, um sich zu bewähren. Diese letztgenannten waren der Aufgabe angesichts der zahlenmäßigen und waffentechnischen Überlegenheit, die der Feind besaß, nicht gewachsen, um dann während des Rückzugs in die ungebührlichste Disziplinlosigkeit zu verfallen;
6. die Erschöpfung der noch nicht abgelösten Soldaten, die den zweiten Winter in Rußland verbracht haben;
7. die offensichtliche Unterlegenheit unserer Bewaffnung gegenüber den überaus beeindruckenden Möglichkeiten des Feindes. Diese Unterlegenheit hat den Mut und die Zähigkeit unserer Soldaten ziemlich untergraben, die nicht in der Lage waren, sich gegen die zahlreichen Panzer zu verteidigen, die ihre Stellungen überrollten.

Schwierigkeiten bei der Umsetzung einiger Anordnungen zur Neuordnung der 8. Armee

a) Versammlungsraum
Wie ich gesagt habe, sollen sich die Reste der 8. Armee auf Anordnung des Oberkommandos der deutschen Heeresgruppe im Raum Gomel sammeln. Dieses Gebiet ist aus folgenden Gründen nicht besonders geeignet:
1. es kann jederzeit zum Schlachtfeld werden, mit allen Konsequenzen für die Masse der Frontsoldaten, die von der inneren Struktur [der Einheiten], der Disziplin und der moralischen Verfassung her nicht in der Lage ist, Gefechte zu bestehen;
2. es handelt sich um Malariagebiet, vor allem aber ist es von einer beachtlichen Zahl höchst aktiver Partisanen verseucht und stellt folglich ein Territorium dar, das nicht die notwendige Ruhe bietet, die ein Unternehmen wie die Neuordnung eines Großverbands verlangt;
3. Gomel wird fast täglich von russischen Flugzeugen bombardiert. Wir haben bereits Tote und Verletzte als Opfer zu beklagen;
4. es fehlt an Unterkünften, so daß diese Masse, die aus über 100 000 Mann besteht, auf ein Gebiet von mindestens 150–200 km verteilt werden muß. Diese Situation begünstigt die Neuordnung der Verbände nicht.
Es erweist sich deshalb als notwendig: entweder die Zurückverlegung des Versammlungsraums zumindest bis auf die Höhe von Lemberg, oder die schnelle Repatriierung aller.

Seine Exzellenz Gariboldi hat dem deutschen Oberkommando diese Situation dargelegt und erklärt, „den Befehl nicht auszuführen", die Armee in Gomel zu versammeln. Da das Gesuch negativ beschieden wurde, hat er eine Intervention unseres Comando Supremo erbeten, das ihm geantwortet habe, es solle „sich an die Befehle der deutschen Stellen halten".

b) Aufstellung des II. Armeekorps
Auf Befehl des Comando Supremo – im Einvernehmen mit dem deutschen [Oberkommando] – sollen aus dieser Masse von ungefähr 100 000 Mann die besten Elemente ausgewählt werden, um das II. Armeekorps mit zwei Divisionen wiederaufzubauen: der „Cosseria" und der „Ravenna". Diesem Korps sollen Polizeiaufgaben

übertragen werden. Obgleich diese Aufgaben leicht zu sein scheinen, sind alle der Meinung – und nicht zu Unrecht – daß alle Reste der 8. Armee, wirklich alle, vom Kommandeur bis zum letzten Soldaten, aus folgenden Gründen in die Heimat verlegt werden müssen:

1. alle stehen noch unter dem Eindruck, dem Feind an Zahl und Ausrüstung weit unterlegen zu sein, und [glauben] deshalb, daß sie sich umsonst opfern würden;
2. alle leiden unter dem Zusammenbruch, den dieser ungeordnete, mühselige und belastende Rückzug bewirkt hat; deshalb sind alle erschöpft und, was die Moral betrifft, niedergeschlagen;
3. die besten Elemente, die zum Aufbau des II. Korps ausgewählt werden sollen, sind diejenigen, die sich in den früheren Gefechten hervorgetan haben und im allgemeinen diejenigen, die mit der ersten Expedition des CSIR an die russische Front gekommen sind. Nach zwei Jahren sind sie zwangsläufig ausgelaugt und würden sich zweifellos gedemütigt fühlen, wenn sie eines Tages ihre nach ihnen [an die Ostfront] gekommenen Kameraden heimkehren sähen. Kurzum, mit einer solchen Maßnahme würde man die weniger Verdienstvollen bevorzugt behandeln.
4. Es ist nicht einfach, aus den verbliebenen 100000 Mann ungefähr 50000 für das II. Korps auszuwählen, es sei denn, man nimmt auch die weniger Tauglichen. Ferner ist zu berücksichtigen, daß diese 50000 Bekleidung, Waffen und Ausrüstung benötigen, [Dinge], die sie heute nicht haben oder die sich in einem erbärmlichen Zustand befinden. Artillerie, automatische Waffen und Munition fehlen. Den Offizieren, die ihre Kisten verloren haben, fehlt die Ausstattung.
5. Die große Mehrheit hegt (zu Recht oder zu Unrecht) einen wilden Groll gegen die deutschen Verbündeten und erklären daher offen, daß „sie es vorziehen, mit den Russen zu kämpfen statt an der Seite der Deutschen, und es vorziehen, den Krieg zu verlieren, um nicht mehr an der Seite der Deutschen kämpfen zu müssen". Es mag sich dabei um Verrücktheiten handeln, aber so sieht ihre Stimmungslage wirklich aus, was ich sowohl während meines Aufenthalts als auch während der Reise feststellen konnte.
6. Man muß dem II. Korps einen neuen Kommandeur zuweisen, weil der jetzige sich seinem Amt nicht gewachsen gezeigt hat[80] und Seine Exzellenz Zingales die Ernennung zum designierten Armee[general][81] herbeisehnt, wofür er – nach eigener Aussage – bereits für geeignet erklärt worden ist. Er fühlt sich überdies gedemütigt, weil er an der russischen Front aufgrund der [spezifischen] Erfordernisse des Sektors praktisch nur die Division „Pasubio" befehligt hat, was ihm

---

[80] Generaloberst Gariboldi hatte dem *Comando Supremo* Ende Februar 1943 mitgeteilt, er halte den Kommandierenden General des II. Armeekorps, Giovanni Zanghieri, nicht für geeignet, dieses Kommando weiterhin zu führen (AUSSME, DS II 1489, Anlage zum KTB des Comando Supremo für Februar 1943: Funkspruch des AOK 8 an das Comando Supremo vom 21. 2. 1943). Nachdem es General Zingales, der Kommandierende General des XXXV. Armeekorps, abgelehnt hatte, dieses Kommando zu übernehmen, wurde Zanghieri im März 1943 durch General Arnaldo Forgiero ersetzt. Zu Zingales vgl. auch seinen eigenen Bericht in Dok. 20.

[81] Zingales hoffte wohl, zum *Generale designato d'Armata* befördert zu werden, eine Rangstufe, die es in der Wehrmacht nicht gab und die zwischen dem Rang eines Generals der Infanterie etc. und dem eines Generalobersten angesiedelt war.

hinsichtlich des umgehenden Vollzugs der von ihm erwarteten Beförderung geschadet habe, die er virtuell bereits zu besitzen glaubt.

c) Repatriierung der Überzähligen
Von den für den Personalbestand des II. Korps überzähligen [Soldaten] dürfen nicht mehr als 1000 täglich heimkehren, weil es die für die Quarantäne vorgesehenen Einrichtungen nicht erlauben, pro Tag eine größere Zahl zu repatriieren. Bei dieser geringen Menge würde die Heimkehr der Überzähligen ungefähr zwei Monate in Anspruch nehmen. Wie ich schon gesagt habe, gibt es zu viele offensichtliche und augenfällige Gründe, die dazu zwingen, das für eine geordnete Auffrischung des II. Korps [vorgesehene] Gebiet zügig zu räumen und so schnell wie möglich eine Masse von Individuen zu entfernen, die sich und anderen schaden und ein wenig erbauliches Schauspiel bieten. Seine Exzellenz Gariboldi ersucht, dafür Sorge zu tragen, nach weiteren Orten zu suchen, wo die Quarantäne vollzogen werden kann, um die tägliche Menge der Heimkehrer zumindest zu verdoppeln.

d) Heimkehr des Armeeoberkommandos
Es wäre erwünscht, daß vom Comando Supremo die Abfolge und damit das Datum für die Repatriierung des Oberkommandos der 8. Armee festgesetzt würde. Das Armeeoberkommando schlägt folgenden Ablauf vor: Alpinikorps; Truppen und Dienste der Armee; Armeeoberkommando; XXXV. Armeekorps; Intendenza. Es wäre auch erwünscht, daß man sich um den Transport Seiner Exzellenz Gariboldi und seines Generalstabs auf dem Luftweg kümmert.

e) Gepäckverlust der Offiziere
[...]

Verschiedenes
Deutsche Generäle haben unseren Generälen zu verstehen gegeben, daß man in Deutschland einen Separatfrieden Italiens fürchtet.
[...]
Seine Exzellenz Gariboldi hat mich ermächtigt zu berichten, er habe mit Bedauern festgestellt, daß die im Operationsgebiet mit dem Kommando über eine Division betrauten Brigadegeneräle, die er für einen höheren Rang geeignet hält, bei der Beförderung von Kollegen überrundet würden, die immer im Büro gewesen seien. Dies – hat Seine Exzellenz hinzugefügt – rufe eine gewisse Unzufriedenheit hervor. Gleiches gelte für die Beförderung und den Aufstieg der subalternen und höheren Offiziere sowie der Generäle aufgrund von Verdiensten im Kriege und ebenso für den Wechsel der Oberstleutnante in das Generalstabskorps, die bei Verbänden im Operationsgebiet dienen und sich von den anderen, in Rom residierenden Kollegen überrundet sehen.

Es geht das Gerücht, einige Soldaten hätten, um sich Lebensmittel zu verschaffen, Waffen an die Partisanen abgegeben. Nachforschungen hätten gezeigt, daß dieses Gerücht jeglicher Grundlage entbehrt[82].

---

[82] General Zanghieri nahm diese immer wieder auftretenden Vorwürfe so ernst, daß er Gegenmaßnahmen anordnete und Untersuchungen einleiten ließ. AUSSME, DS II 1204, KTB II. Armeekorps, März/April 1943, Anlage 6: General Zanghieri an die unterstellten Truppenteile (Nr. 733/02 di prot.) vom 5. 3. 1943.

Es ist auf die Unmöglichkeit hingewiesen worden, den Adressaten die Korrespondenz aus Italien zuzustellen; die Korrespondenz ist an verschiedenen Orten gelagert. Mit Ausnahme der Einschreiben wird sie vernichtet.

AUSSME, L 14/92-13.

Dokument 19

Bericht von Major Achille Mazzi[83] (italienisches Verbindungskommando zur Heeresgruppe B) für General Umberto Utili über das Verhältnis zwischen den Verbündeten vom Mai 1943[84]

Der Sektor, den man der 8. italienischen Armee am Don zugewiesen hatte, war von der deutschen Führung bereits seit September 1942 als besonders heikel eingestuft worden und sollte in Zukunft mit besonderer Aufmerksamkeit beobachtet werden. In diesem Sinne äußerte sich Marschall von Weichs, der Oberbefehlshaber der Heeresgruppe B, Anfang September 1942 im Beisein des Unterzeichneten gegenüber General Marras, wobei er die Versicherung hinzufügte, er wolle sein möglichstes tun, um die Reihen der 8. Armee zu verstärken[85].

Das Armeeoberkommando selbst mußte die deutsche Seite wiederholt auf das bestehende Mißverhältnis zwischen den verfügbaren Mitteln und der Breite des Abschnitts sowie auf das Fehlen ausreichender Reserven hinweisen, die es angefordert hatte. Gleichzeitig wurden sowohl vom Armeeoberkommando, das sich des deutschen Verbindungskommandos bediente, als auch vom Unterzeichneten als dem Chef des italienischen Verbindungskommandos wiederholt Panzerabwehrkanonen und Maschinengewehre beantragt, wobei soweit wie möglich auch auf funktionstüchtiges Kriegsmaterial aus Beutebeständen zurückgegriffen werden sollte. Die deutsche Seite kam diesen Forderungen entgegen, indem sie festlegte, die Division Celere, die Division „Sforzesca", die 294. Infanteriedivision und die 22. Panzerdivision in einer zweiten Linie aufzustellen. All diese Großverbände sollten nach einer

---

[83] Keine weiteren Angaben ermittelt.
[84] Dem Bericht geht eine von Major Mazzi gezeichnete kurze Vormerkung für Umberto Utili voraus: „Ihrer Aufforderung gemäß werde ich im vorliegenden Bericht zusammenfassend einige Aspekte und Tatsachen darlegen, die auf persönliche Erfahrungen, Befragungen von Soldaten und Einsichten zurückgehen, die ich in der Zeit meiner direkten Zusammenarbeit mit deutschen militärischen Dienststellen gewonnen habe. Es handelt sich um Aspekte und Tatsachen, die hoffentlich unter anderem dazu beitragen können, die Bedingungen, unter denen die 8. Armee auf russischem Territorium operieren mußte, objektiv zu bewerten, insbesondere soweit ein Zusammenhang mit den Beziehungen zu den Verbündeten besteht."
[85] Hier bezieht sich Mazzi offensichtlich auf das Gespräch zwischen Marras und von Weichs am 4. 10. 1942 in Starobelsk. Der italienischen Aufzeichnung (AUSSME, DS II 1333 a) zufolge führte der Oberbefehlshaber der Heeresgruppe B aus: „Der Führer betrachtet den Sektor der 8. Armee als strategisch äußerst heiklen Punkt besonders aufmerksam. – Wenn wir die Russen wären, würden wir diesen Sektor als für eine Aktion gegen unsere Aufstellung ausnehmend geeignet ansehen." Die im folgenden angesprochenen Probleme (Panzerabwehr- und automatische Waffen, Zuteilung von Beutewaffen) wurden laut dieser Aufzeichnung ebenfalls behandelt.

Verkürzung des von der Armee gehaltenen Sektors, die sich aus der Eingliederung der 3. rumänischen Armee an der rechten Flanke ergeben sollte, verfügbar werden. In Wirklichkeit konnte diese Schlachtordnung nicht eingenommen werden, weil:
- die 3. rumänische Armee, die nicht über ausreichende Kräfte verfügte, um den eigenen Abschnitt zu besetzen, die Division „Sforzesca" dazu zwang, an der Front zu bleiben;
- der von den Russen gegen Ende November erzielte Durchbruch im Abschnitt der 3. rumänischen Armee die deutsche Führung dazu zwang, die 294. deutsche Division und die 22. Panzerdivision in jenem Sektor einzusetzen[86], während die Division Celere den bisher von der 62. Division gehaltenen breiten Abschnitt übernehmen mußte, die bei dieser Gelegenheit ebenfalls in die Bresche geworfen wurde, welche die Russen bei der 3. rumänischen Armee geschlagen hatten.

Dergestalt ergab sich für die 8. Armee eine lineare Aufstellung in einem breiten Frontabschnitt ohne Verbände in zweiter Linie. Der italienischen Armee blieb nur das Versprechen, das die Heeresgruppe B über den General des deutschen Verbindungskommandos [Kurt von Tippelskirch] gegeben hatte, daß mit von hinten herankommenden deutschen Großverbänden (385. Division, 6. und 11. Panzerdivision) eine angemessene Reserve geschaffen werde. Von diesen Großverbänden traf die 385. Division mit Verspätung ein; die 6. und die 11. Panzerdivision kamen rechtzeitig, doch auch sie wurden eilig in den Sektor der 3. rumänischen Armee umgeleitet[87].

Die Forderung nach Panzerabwehrkanonen bewirkte trotz meines wiederholten Drängens bei der Heeresgruppe B wenig[88]. Etwas wurde bewilligt, doch sehr wenig im Vergleich zu den wirklichen Erfordernissen, die ein so breiter und heikler Abschnitt mit sich brachte, zumal sich der Don auch außerhalb der Frostperiode an verschiedenen Stellen leicht von Panzern überqueren ließ. Bezüglich der Maschinengewehre antwortete die deutsche Seite, daß man nicht über Kriegsbeute verfüge und ein entsprechender Antrag an das OKH gerichtet worden sei. Erst gegen Ende November wurde mir von deutscher Seite mitgeteilt, daß der Antrag zum größten Teil bewilligt worden sei und die Waffen in den Rüstungsfabriken und Depots in Deutschland vorbereitet würden, um anschließend an die Front geschickt zu werden.

[86] Zwei graphische Darstellungen zur Dislozierung der Großverbände im Bereich der 8. Armee zum 1. 11. (mit der Division „Sforzesca" an der Front, der 294. Infanteriedivision als Reserve im Sektor des Alpinikorps sowie der 22. Panzerdivision und der 3. Division Celere als Reserven hinter der Front des II. und XXXV. Korps) und zum 10. 12. 1942 (62. und 294. Infanteriedivision sowie 22. Panzerdivision abgezogen, 3. Division Celere als Ersatz für die 62. Infanteriedivision an der Front, 27. Panzerdivision als Eingreifreserve im Abschnitt des II. Korps) finden sich in: Operazioni delle unità italiane al fronte russo, Abbildungen 33 und 34.
[87] Die Panzerdivisionen wurden schließlich am Tschir (11.) und zum Entsatz Stalingrads (6.) eingesetzt. Zu den deutschen Verbänden im Sektor der ARMIR vgl. S. 60 und S. 62f. dieses Bandes, zu den auch die 8. Armee betreffenden Truppenbewegungen im November/Dezember 1942 vgl. Kehrig, Stalingrad, S. 101, S. 132 und S. 160.
[88] Neben den sechs Pak vom Kaliber 7,5 cm, die das OKH jeder italienischen Division zugeteilt hatte (vgl. Förster, Ruolo, in: Italiani sul fronte russo, S. 237f.), wies die Heeresgruppe B der 8. Armee Anfang Dezember auch 4,5 cm Pak zu, die man von der Roten Armee erbeutet hatte (BA-MA, MFB4 18276, Bl. 572, Nachricht des Deutschen Generals beim italienischen AOK 8 (Qu/WuG) vom 6. 12. 1942).

In wenigen Worten: Am 11. Dezember mußte die 8. Armee dem Ansturm übermächtiger russischer Kräfte standhalten
- mit einer linearen Aufstellung in einem sehr breiten Frontabschnitt;
- ohne Großverbände in zweiter Linie, ausgenommen die in letzter Minute eingetroffene 27. Panzerdivision, die allerdings nur über 47 Panzer verfügte[89];
- mit einer Ausstattung an Panzerabwehrwaffen, die völlig unzureichend war, um der Masse von russischen Panzern die Stirn bieten zu können;
- mit einem Rückgrat an Feuerkraft (Maschinengewehre), das im Verhältnis zur Breite des Verteidigungsabschnitts zu schwach war.

Dem muß noch der Treibstoffmangel hinzugefügt werden, der auf der an sich schon komplexen und schwierigen Aufgabe unserer Intendenza stets wie ein Alptraum lastete. Dieser Mangel wirkte sich nicht nur negativ auf die Transporte aus, weil er die Intendenza notgedrungen dazu zwang, auf einen konkreten und verläßlichen Transportplan zu verzichten und die Entscheidungen von Tag zu Tag zu treffen, sondern verhinderte auch die Bildung selbst der kleinsten Reserve, die für die Verlegung von Truppen und Gerät im taktischen Bereich, vor allem aber für die Manöver unserer Artillerie während des Rückzugs unabdingbar gewesen wäre. Die Masse unserer Artillerie konnte sich aufgrund des Treibstoffmangels dem Zugriff [des Feindes] nicht entziehen.

Aus persönlichen Beobachtungen und Erklärungen unserer Soldaten geht hervor, daß auf deutscher Seite sehr viel Personal und Gerät gerettet werden konnte, weil die Fronteinheiten über Treibstoff verfügten. Noch zum Thema der Verfügbarkeit von Treibstoff auf deutscher Seite: Es scheint, daß die Deutschen in mehreren Orten der frontnahen Etappe während des Rückzugs im letzten Moment einige ihrer Treibstofflager in die Luft gesprengt haben[90]. Im rückwärtigen Gebiet schließlich fiel der auch in Zeiten operativer Ruhe durchweg erhebliche Verkehr von Kraftfahrzeugen auf, mit denen deutsche Unteroffiziere und Soldaten in aller Bequemlichkeit unterwegs waren.

Die wirkliche Lage, in der sich die 8. italienische Armee zu Beginn des Winters befand, mußte dem Oberkommando der Heeresgruppe B bekannt gewesen sein, weil sie das Armeeoberkommando selbst durch den General des deutschen Verbindungskommandos wiederholt zum Vortrag gebracht hat und weil sich das deutsche Oberkommando seinerseits für jede operative Frage, die die 8. Armee betraf, gerne dieses Generals bediente. Man kann sicher nicht behaupten, dieser General sei bei der Ausübung seines Amtes von dem Willen beseelt gewesen, die Armee aus einem gesunden Verständnis für ihre wirklichen Bedürfnisse heraus zu unterstützen und ihr zu helfen, und er habe sich bei der Heeresgruppe dafür eingesetzt, Schwierigkei-

---

[89] Diese Zahl wird auch kolportiert in Operazioni delle unità italiane al fronte russo, S. 327. Tatsächlich zählte die dringend auffrischungsbedürftige Division mehr gepanzerte Gefechtsfahrzeuge. Nach einer Meldung des Deutschen Generals an das AOK 8 vom 9.12.1942 (BA-MA, MFB4 18276, Bl. 249) verfügte die 27. Panzerdivision unmittelbar vor den ersten Angriffen der Roten Armee über 47 Panzer, acht Pak vom Kaliber 7,5 cm auf Selbstfahrlafette sowie eine Sturmgeschützabteilung mit 22 Sturmgeschützen, von denen allerdings erst 16 eingetroffen waren. 12 weitere Pak vom Kaliber 7,62 cm auf Selbstfahrlafette und 17 Panzer vom Typ III sollten der Division so schnell wie möglich zugeführt werden (BA-MA, MFB4 18276, Bl. 222, Fernschreiben Nr. 6168 vom 9.12.1942, geheim).

[90] Bei Ostrogoschsk etwa mußte das zentrale Treibstofflager der 2. ungarischen Armee gesprengt werden; vgl. Wimpffen, Zweite ungarische Armee, S. 90.

ten zu beseitigen und der Armee ihre Aufgaben zu erleichtern. Seine vorrangige Funktion schien meiner Meinung nach weniger im Verbindungsdienst als in der indirekten Kontrolle des Wirkens der Armee zu bestehen, wobei sich die Tendenz abzeichnete, in die eigentlichen Kompetenzen des Armeeoberkommandos einzugreifen, wenn sich die Gelegenheit dazu bot. Seine Aktivitäten erschienen als entschieden einseitig, d. h. allein der deutschen Seite verpflichtet[91].

Ich bin nicht in der Lage, das Verhalten zu beurteilen, das die Offiziere des Oberkommandos der Heeresgruppe B während der entscheidenden Phase der russischen Offensive im Sektor der 8. Armee uns gegenüber an den Tag gelegt haben, weil ich von Mitte Dezember bis Ende Januar nicht beim [Verbindungs-]Kommando gewesen bin. Ich kann jedoch sagen, daß ich Ende Januar, als ich den Kontakt zum erwähnten deutschen Kommando wiederaufnahm, eine offen zur Schau gestellte Kälte und bei einigen Generalstabsoffizieren auch Unduldsamkeit im Umgang mit dem italienischen Verbindungskommando feststellen mußte.

Tatsächlich enthielt sich die deutsche Seite zwar jeglicher Andeutung oder jeden Kommentars über das Geschehene[92], doch die Probleme, die die Armee insbesondere im logistischen Bereich weiterhin betrafen (Zuteilung von Treibstoff, Zuweisung von Zügen für Evakuierungen, Zuteilung von Lebensmitteln entlang der für die Truppenbewegungen zu Fuß [vorgesehenen] Marschroute), fanden kein geneigtes Interesse mehr. Im Februar wurden nur wenige der vielen Anforderungen logistischer Natur bewilligt, die das italienische Verbindungskommando eingereicht und erörtert hatte.

Von deutscher Seite wurden gegen jeden unserer Anträge umfassende Einwände vorgebracht; die Abwälzung von Verantwortlichkeiten führte uns von einem Kommando zum anderen, wobei ein jedes erklärte, für die Behandlung des Themas nicht zuständig zu sein. Oftmals versprachen sie schließlich etwas, was sie dann nicht immer oder nur teilweise gewährten. Für den Bereich des Sanitätswesens muß ich hingegen anerkennen, daß die Sanitätsoffiziere, denen die Leitung dieses Dienstes im Rahmen der Heeresgruppe B oblag, sehr viel Verständnis zeigten und den dringenden Erfordernissen bei der Evakuierung und Unterbringung der Verwundeten und der Soldaten mit Erfrierungen (insbesondere ankommende Alpini und Soldaten [anderer Waffengattungen] sowie Bettlägerige in Charkow) mit einem ausgeprägten Opfersinn und Kameradschaftsgeist begegnet sind.

Insgesamt hatte ich mit anderen hohen Offizieren des [Verbindungs-]Kommandos den Eindruck, daß sich die deutsche Führung nach den bekannten Ereignissen kaum mehr um das Schicksal der Truppen gekümmert hat, die nicht sofort für Kampfzwecke wiederverwendet werden konnten, sondern es ihnen selbst überlassen hat, soweit wie möglich mit eigenen Mitteln für den Unterhalt und das Erreichen des jeweiligen Auffrischungsraums Sorge zu tragen (dies gilt auch für die ungarischen Truppen).

---

[91] Auch Generaloberst Gariboldi beklagte sich bitter über von Tippelskirch, der „keinerlei Sympathie für unser Heer" hege, und sprach sich dagegen aus, ihn auszuzeichnen; AUSSME, L 13/48-5, Italo Gariboldi an das Comando Supremo (Nr. 08/1598) vom 11. 3. 1943.

[92] Dies entsprach nach einer Absprache mit General Marras auch dem Willen des deutschen Oberkommandos; ADAP, Reihe E, Bd. 5, S. 435 f.: Aufzeichnung des Botschafters z.b.V. Ritter vom 20. 3. 1943.

Es fehlte nicht an unerfreulichen und auch ernsteren Zusammenstößen zwischen Italienern und Deutschen. Zumeist handelte es sich um Übergriffe unterschiedlicher Art seitens deutscher Soldaten gegen die Italiener, die sich auf dem Rückzug befanden und durch die Etappe zogen oder dort Halt machten. Im allgemeinen waren es Gruppen von deutschen Soldaten – dabei oftmals auch Unteroffiziere und Subalternoffiziere –, die sich ebenfalls auf dem Rückzug befanden und mit dem Ziel, so schnell wie möglich und unter geringeren Strapazen die Etappe zu erreichen, Kraftfahrer, Maultier- und Schlittenführer mit der Waffe in der Hand bedrohten, um sich des Transportmittels zu bemächtigen, wobei sie die Erschöpfung unserer Soldaten ausnutzten (siehe einige Fälle in der beiliegenden, vom italienischen Bahnhofskommandanten in Poltawa erhaltenen Abschrift eines Phonogramms)[93].

Major Estrafallaces[94] vom Oberkommando der 8. Armee, der einigen Alpinieinheiten östlich von Charkow entgegengeschickt worden war, berichtete, er habe energisch und mit Gewalt eingreifen müssen, als sich einige Deutsche, ich glaube Agrarexperten, beim Vorbeimarsch isolierter, müder und erschöpfter Gebirgstruppen den Treibern genähert hätten, um sich der Maultiere zu bemächtigen, die die tapferen Alpini noch mit sich führten. Major Estrafallaces behauptete, auf diese Weise sechs oder acht Maultiere gerettet zu haben.

Dem Armeeoberkommando und der Intendenza sind viele andere Übergriffe und Drohungen bekannt, und ich nehme an, daß sie davon eine gut dokumentierte Sammlung angelegt haben. Dem italienischen Verbindungskommando selbst sind, aus Charkow kommend, während seines kurzen Aufenthalts in Poltawa die in Anhang 2 [beschriebenen] Vorfälle widerfahren[95]. Ein Teil der Gewaltakte wurde auch von deutschen Soldaten, insbesondere SS-Einheiten, verübt, die aus dem rückwärtigen Gebiet an die Front unterwegs waren.

Anscheinend hatte sich insbesondere bei den deutschen Verbänden, die in der Etappe Halt machten oder die von hinten an die Front zogen, die Überzeugung verfestigt, die Italiener hätten das Schlachtfeld vorschnell verlassen, sich übereilt zurückgezogen und es so den Deutschen überlassen, die Lage zu bereinigen. Meiner Meinung nach ist diese falsche Überzeugung als Folge des unterschiedlichen Anblicks entstanden und gereift, den der italienische Rückzug dem beiwohnenden deutschen Soldaten verglichen mit dem Rückzug der deutschen Verbände bot. Tatsächlich war der Rückzug der deutschen Verbände nicht so auffällig und hart wie der italienische; deshalb konnte er den Augenzeugen in der Etappe größtenteils entgehen. Die Masse der deutschen Truppen hatte die Möglichkeit, Lastwagen, Schlitten und diverse Fahrzeuge der Trosse zu nutzen. Insgesamt waren im Vergleich zu den Italienern sehr wenige [deutsche] Truppen zu Fußmärschen ge-

---

[93] Costamiles Poltawa (gez. Hauptmann Bertegani) an Detachement UTIC (für General Biglino) vom 8. 2. 1943; auf die Wiedergabe dieser Anlage wurde verzichtet. Von zahlreichen ähnlich gelagerten Fällen wird in Dok. 24 berichtet.
[94] Major Ugo Estrafallaces war schon am 23. 12. 1942 vom AOK 8 als Verbindungsoffizier zum Alpinikorps entsandt worden; AUSSME, DS II 1126, KTB Alpinikorps, November/ Dezember 1942.
[95] Auf die Wiedergabe dieser Aufstellung über drei Zwischenfälle vom 13.–16. 2. 1943 in Poltawa wurde verzichtet; in Dok. 24 werden zahlreiche vergleichbare Fälle referiert.

zwungen. Die körperliche Verfassung und die Uniformen der italienischen Truppen, die über mehrere Wochen – oft vom Feind bedrängt – lange Strecken zu Fuß zurücklegen mußten, zeigten dagegen manifeste Spuren von Strapazen und Entbehrungen.

Der Major im Generalstabsdienst
(Achille Mazzi)

AUSSME, DS II 1551/5.

Dokument 20

Bericht des Kommandierenden Generals des XXXV. italienischen Armeekorps, Francesco Zingales, über das Verhalten der deutschen Verbündeten am Beginn und während des Rückzugs vom Don, März 1943[96]

[...]

V. Feindselige Haltung deutscher Offiziere und Soldaten gegenüber den Italienern von Werchne Makejewka bis Morosowskaja (21.–30. Dezember)
Von den ersten Kontakten mit den Deutschen in Werchne Makejewka an war es unverkennbar, daß sie einen kaum verhüllten Groll gegenüber den Italienern hegten, die als die Hauptverantwortlichen für den Rückzug angesehen wurden. Offenkundige Anzeichen einer solchen Haltung bemerkte man während des weiteren Rückzugs, den das Generalkommando des XXXV. mit dem XXIX. deutschen Armeekorps zwischen dem 24. und dem 30. Dezember von Kijewskoje bis Morosowskaja vollzog[97], bei zahlreichen Anlässen. Von diesen Anzeichen werden die wesentlichsten im folgenden aufgezählt:
1. Offiziere und Mannschaften trugen eine ostentative Gleichgültigkeit zur Schau oder verhielten sich offen feindselig, indem sie vortäuschten, die höheren Dienstgrade unseres Heeres nicht zu erkennen, und es systematisch unterließen, sie zu grüßen. Außerdem antworteten sie undiszipliniert und grob auf Fragen, die Offiziere an sie richteten.
2. Es war häufig möglich, Fetzen von Gesprächen in deutscher Sprache zwischen Offizieren und Soldaten aufzuschnappen, die hinsichtlich unserer Haltung während der Schlacht am Don beleidigend waren und versteckte Drohungen für die Zukunft enthielten.

---

[96] Im AUSSME, DS II 1555/1, findet sich ein 79 Seiten umfassender, auf den Januar 1943 datierter Bericht des XXXV. Armeekorps (Ufficio Operazioni) über die Ereignisse vom 25. 11.–31. 12. 1942, der von General Zingales gezeichnet ist. Darüber hinaus hielt es Zingales offenbar für nötig, einen auf März 1943 datierten Sonderbericht (Comando XXXV° Corpo d'Armata – Ufficio Operazioni: „Relazione sul contegno degli alleati tedeschi all'inizio e durante il ripiegamento") anzufertigen, der noch einmal 37 Seiten und einige Anlagen umfaßt und von dem hier die letzten beiden Kapitel abgedruckt werden.
[97] Vgl. dazu – aus deutscher Sicht – Dok. 10 sowie die kommentierenden Anmerkungen zu diesem Dokument.

3. In den täglichen Besprechungen zwischen Offizieren des Generalkommandos des XXXV. Armeekorps und deutschen Offizieren zu dienstlichen Zwecken (Bewegungen, Feindlage, Nachschub, Vorstellungen über den weiteren Gang der Operationen usw.) war ein systematischer Widerwille festzustellen, uns auch nur in der geringsten Weise zu unterstützen, obgleich unsere zwingenden Bedürfnisse bekannt waren.
4. Das deutsche Kommando hat ständig versucht, den Kontakt mit uns zu vermeiden, um uns über seine wirklichen Absichten bezüglich der nächsten Etappe im Dunkeln zu lassen.
5. Das willentliche und vollständige Desinteresse am Schicksal unserer höheren Offiziere, die aufgrund eiserner Notwendigkeit (Umfüllen von Benzin aus einem Kraftfahrzeug in ein anderes) ohne Transportmittel geblieben waren, ist in unanfechtbarer Weise deutlich geworden: Man verweigerte unseren Offizieren einen Platz in den Mannschaftstransportern, obgleich einige zur Verfügung standen und obgleich man wußte, daß eine Strecke von 55 Kilometern zu Fuß zu bewältigen war. Die unfreundliche Form der Verweigerung [unserer Bitte] ist der beste Beweis dafür, daß man einen wirklichen Groll gegen uns hegte, der bei jeder Gelegenheit zum Ausdruck kam.
6. Auch hinsichtlich des Transports unserer Verwundeten in deutschen Krankenwagen legte man uns Hindernisse jeglicher Art in den Weg.

Kurzum, die unfreundliche, bisweilen unfaire Form des täglichen Umgangs, aber auch das systematische Infragestellen all unserer Bedürfnisse mußten als Anzeichen für eine weit verbreitete feindselige Stimmung gelten. Die Ursache für eine solche Stimmung liegt in der grundlosen Überzeugung, daß die gesamte Verantwortung für den Rückzug aus den Stellungen am Don aufgrund ihres dürftigen Widerstands den italienischen Truppen zugeschrieben werden müsse. Die Vermutung, daß diese Stimmung künstlich aufrechterhalten wird, um die Moral und die Widerstandskraft der deutschen Truppen zu stärken, ist überaus glaubhaft.

Am 24. Dezember hatte ich eine lange Unterredung mit dem Kommandeur des XXIX. deutschen Armeekorps [Hans von Obstfelder], mit dem ich folgende Fragen besprochen habe:
a) Haltung der Deutschen gegenüber den Italienern;
b) Unterstellung des XXXV. Korps unter das XXIX.;
c) Erkundung von Perwomajskoje.

Hinsichtlich dieser Fragen führte ich aus:
a) Der Rückzug von der Front am Don hatte sich [im Abschnitt] von Werch. Mamon bis Weschenskaja vollzogen, wo italienische, rumänische und deutsche Divisionen eingesetzt waren[98]. Die versprengten Soldaten der letztgenannten hatten – von Nowo Astachoff [kommend] – Annenskij erreicht (61. und 62. deutsche Division[99]). Deshalb war es nicht angebracht, nur von italienischen Versprengten zu sprechen. Die Gründe für den Rückzug lagen in den allgemeinen Dispositio-

---

[98] Es handelte sich um Divisionen des II. und XXXV. italienischen Armeekorps, des XXIX. deutschen Armeekorps und der Gruppe Hollidt.
[99] Hier liegt ein Irrtum vor; die 61. Infanteriedivision stand bei der Heeresgruppe Nord im Raum Leningrad.

nen für die Verteidigung und im wesentlichen in der linearen Besetzung [der Front] ohne Eingreiftruppen und Reserven.

b) Der Frontabschnitt des II. Armeekorps, wo sich die Lücke aufgetan hatte, wurde nicht nur von zwei italienischen Divisionen, sondern auch von zwei deutschen Divisionen verteidigt[100]. Eine weitere Lücke ergab sich bei den Divisionen Celere und „Sforzesca": beide Divisionen unterstanden dem XXIX. deutschen Armeekorps. Die einzigen Divisionen, die ihre Positionen gehalten haben: die „Pasubio", die vom Feind heftig angegriffen wurde und deren Stärke in zehn Kampftagen auf unter 25 Prozent gesunken war[101], außerdem die beiden vom Feind nicht angegriffenen Divisionen, d.h. die „Torino" und die 298. deutsche Division. Deshalb war das Verhalten der Deutschen gegenüber den Italienern als den [angeblichen] Verantwortlichen der Katastrophe unberechtigt, schädlich und verbrecherisch.

c) Das XXXV. Korps hatte aufgrund des tapferen Widerstands, den es am Don geleistet hatte, und infolge der vor dem Rückzug erhaltenen Befehle (anderes Unterstellungsverhältnis der 298. Division, Aufgabe der Artillerie wegen Mangels an Betriebsstoff, Wechsel des von den vorgesetzten Stellen angeordneten Marschziels) an Kampfstärke verloren.

d) Der Befehl zur Erkundung von Perwomajskoje hatte nur einen Zweck[102]: das Wort „italienische Versprengte" in einen Befehl einzubauen, wobei man nicht umhin konnte zu spezifizieren „die dem XXIX. deutschen Armeekorps unterstanden", wenn man schon nicht „rumänische und deutsche" hinzufügen wollte. Die Unterredung zeigte Wirkung: Es wurde bestätigt, daß die Führungsoffiziere des XXXV. Korps und der „Pasubio" dazu eingesetzt werden sollten, die Versprengten zu sammeln und diese zu einem der Division „Sforzesca" unterstehenden Regiment zu formieren; das Generalkommando des XXXV. Korps sollte eine eigene Gruppe im Gefolge des [Generalkommandos] des XXIX. bilden und wie dieses bereit sein, im Falle einer möglichen Gefangennahme die äußersten Konsequenzen zu ziehen; am Weihnachtstag wurden mit einer warmen deutschen Mahlzeit zum ersten Mal Lebensmittel ausgegeben[103].

---

[100] Neben dem Grenadierregiment 318 der 213. Sicherungsdivision waren hier die 27. Panzerdivision und die 385. Infanteriedivision eingesetzt.

[101] Die Division „Pasubio" hatte zwar keinen Durchbruch zugelassen, aber den Donbogen von Ogolew aufgeben und sich bis zum 19. 12. 1942 auf eine Sehnenstellung zurückziehen müssen. Die Verluste der Division vom 1. 12.–19. 12. wurden mit 1900 Gefallenen und Vermißten und 5600 Verwundeten, Erkrankten und von Erfrierungen Betroffenen angegeben. Vgl. 8ª Armata Italiana nella seconda battaglia difensiva del Don, S. 18 und S. 26ff. Von deutscher Seite wurde die Lage bei der „Pasubio" nach den ersten Gefechten als bedrohlich und die Widerstandskraft der Division als gering eingeschätzt; BA-MA, MFB4 41403, Bl. 1074 und Bl. 1080, KTB des Deutschen Generals beim italienischen AOK 8, Einträge vom 16. 12. und 17. 12. 1942.

[102] Nach der Schilderung im Sonderbericht des XXXV. Korps: „Relazione sul contegno degli alleati tedeschi all'inizio e durante il ripiegamento" (AUSSME, DS II 1555/2) war der von der Führung des XXIX. Armeekorps wiederholt vorgebrachte Vorschlag, im mehr als 40 km vom aktuellen Standort entfernten Perwomajskoje versprengte italienische Truppen zu sammeln, für die Offiziere des XXXV. Korps deshalb ein solcher Affront, weil sie dieses Unternehmen angesichts der aktuellen Lage für ein ebenso sinnloses wie selbstmörderisches Himmelfahrtskommando hielten, das nur dem Ziel dienen konnte, sie loszuwerden.

[103] Eine kurze Schilderung dieser Aussprache findet sich auch im Bericht des XXXV. Korps

Die deutschen Verbindungsoffiziere berichteten ferner, daß der Kommandeur des [XXIX.] Korps[104] die deutschen Offiziere am 29. Dezember versammelt und ihnen gesagt habe: „Die Rumänen und Italiener haben ihre Pflicht vollständig erfüllt und müssen deshalb so behandelt werden wie die Deutschen behandelt werden." Dies geschah [zwar] nicht genau so, aber der Satz beweist, daß es vor dem 29. nicht geschehen war[105].

<u>Schlußfolgerung</u>
I. Schon vor dem Rückzug kam es aufgrund fehlender Kooperationsbereitschaft zweier deutscher Großverbände – der 298. Division und des XXIX. Armeekorps – gegenüber zwei italienischen Großverbänden – dem XXXV. Armeekorps und der Division „Pasubio" –, die mit allen Kräften in der Verteidigungsschlacht am Don engagiert waren, zu Zwischenfällen. Dieser Mangel an Kooperationsbereitschaft hatte negative Auswirkungen auf den Rückzug des XXXV. Armeekorps, da die Division „Pasubio" und die dem XXXV. Armeekorps direkt unterstehenden Truppen von den deutschen Großverbänden auf den Flügeln überhaupt nicht unterstützt wurden und sich völlig dabei verschlissen, den Durchbruch am [Don-]Bogen von Ogolew zu verhindern, wobei sich die Verluste vom 1. bis zum 19. Dezember auf <u>ganze 11 000</u> Mann beliefen[106].

Die Infanterie zahlte den höchsten Preis, so daß nicht mehr als 3000 Infanteristen des XXXV. [Armeekorps] die Verteidigungsstellungen hielten, als der Befehl zum Rückzug kam. Diese Sachlage wurde erschwert durch die von der deutschen Führung gewollte Ausdehnung des Sektors der 298. deutschen Division auf die halbe Front der „Pasubio" mit der daraus folgenden teilweisen Unterstellung der Infanterie des XXXV. [Armeekorps] (ungefähr ein Drittel) unter diese Division[107]. Da sich diese Teile aufgrund der folgenden Ereignisse nicht wieder mit dem Armeekorps vereinigen konnten, ergab es sich, daß <u>das XXXV. [Armeekorps] zu Beginn des Rückzugs insgesamt über 2000 Infanteristen verfügte, die den unterschiedlichsten Verbänden angehörten</u> (I./79. [Infanterieregiment], 80. Infanterie[regiment], Brigade „3 Gennaio", 4. Baubataillon, Eingreif-

---

(Ufficio Operazioni) über die Ereignisse vom 25. 11.–31. 12. 1942 (AUSSME, DS II 1555/1). Die Deutschen hätten sich daraufhin zumindest formal korrekter verhalten, auch wenn es noch vereinzelt zu Zwischenfällen gekommen sei.

[104] In der Vorlage: „XXXV° Corpo". Da der Kommandierende General des XXXV. Armeekorps jedoch Zingales selbst war, kann hier nur das XXIX. deutsche Armeekorps gemeint sein.

[105] Der italienische Satz „ciò precisamente non avvenne" läßt zwei Lesarten zu und bedeutet entweder, daß die Anordnung des deutschen Generals *nicht vollständig* ausgeführt worden sei, oder aber, daß man sie *überhaupt nicht* vollzogen habe. Der Kontext legt jedoch die erstere Variante nahe.

[106] Auch der Bericht des XXXV. Armeekorps (Ufficio Operazioni) über die Ereignisse vom 25. 11.–31. 12. 1942 (AUSSME, DS II 1555/1) gibt die ungefähre Höhe der Verluste der italienischen Truppen des XXXV. Korps vom 1. 12.–19. 12. 1942 mit 11 100 an, davon knapp 2300 Tote und Vermißte.

[107] Diese Entscheidung, die mit einer kurzzeitigen Unterstellung der 298. Infanteriedivision unter das II. Korps einherging, traf das AOK 8 angeblich auf höhere Weisung am 18. 12. 1942; General Zingales war darüber deshalb so erbost, weil er damit praktisch ausgeschaltet wurde. AUSSME, DS II 1555/1, Bericht des XXXV. Armeekorps (Ufficio Operazioni – gez. Francesco Zingales) über die Ereignisse vom 25. 11.–31. 12. 1942.

bataillon Pioniere, 16. Gaskompanie, 15. Sturmpionierbataillon, Stabsquartier Division „Pasubio", 1. Kradschützenkompanie) und wegen des Verschleißes im Zuge der langen Kämpfe am Don in ihrer Kampfkraft geschwächt waren.

II. Die willkürliche Abänderung der Rückzugsbefehle der 8. Armee durch das XXIX. Armeekorps führte
- für das XXXV. Armeekorps zum Verlust des einzigen intakten Verbands, der ihm geblieben war, die 298. deutsche Division, so daß dem auf die bloßen Reste der „Pasubio" und der Korpstruppen reduzierten Armeekorps nach menschlichem Ermessen jede Möglichkeit genommen wurde, den Bewegungskrieg anzunehmen, den die Lage erzwang, wie sie sich in der Nacht zum 20. Dezember herausgebildet hatte;
- zu einer Verlängerung des Rückzugsweges des Armeekorps[108], was aufgrund der beschränkten Verfügbarkeit von Betriebsstoff zum Verlust des größten Teils der Artillerie des XXXV. [Armeekorps] führte und eine weitere entscheidende Reduzierung der Kampfkraft des Armeekorps bedingte.

III. So wie das XXXV. Armeekorps vor allem aufgrund der Entschlossenheit seines Kommandeurs die ihm anvertraute Linie am Don um jeden Preis verteidigt und damit den Durchbruch überlegener Feindkräfte verhindert hatte, erreichte es trotz der schwierigen Bedingungen auch dieses Mal das ihm zugewiesene Ziel, von dem man annahm, es sei vom Oberkommando der 8. Armee vorgegeben worden. Und am Morgen des 20. Dezember befand sich das Generalkommando des XXXV. [Armeekorps] mit den Kräften, die es unmittelbar mit sich hatte führen können, am Ziel: im Raum Awakusch.

IV. Von diesem Moment nahm der Mangel an Kooperationsbereitschaft und Kameradschaftsgeist der deutschen Großverbände und insbesondere des Generalkommandos des XXIX. Armeekorps ein solches Ausmaß an, daß man glauben konnte, man wolle das Generalkommando des XXXV. [Armeekorps] bewußt in Schwierigkeiten bringen: Ein erstes Mal, als man die kleine Kolonne des XXXV. [Armeekorps] (1200 Italiener und Deutsche) am 20. Dezember in Schapiloff in einer äußerst schwierigen Lage ohne Beistand ließ, obgleich es bei der rund 35000 Mann zählenden Masse, die in Popowka konzentriert war und dem XXIX. Armeekorps unterstand, ein leichtes gewesen wäre, sich einen Weg zu bahnen, um ihr zu Hilfe zu eilen. Ein zweites Mal am 21. Dezember in Werchne Makejewka, als man die Kolonne des XXXV. [Armeekorps] in der von jeder Verteidigung entblößten Ortschaft zurückzulassen versuchte, nachdem man dieser Kolonne alle deutschen Kräfte, die mit den einzigen Panzerabwehrkano-

---

[108] Die 298. Infanteriedivision wurde am 19.12.1942 dem XXIX. deutschen Armeekorps unterstellt, wodurch das XXXV. italienische Armeekorps außer den Korpstruppen nur noch über die Reste der Division „Pasubio" verfügte. Ursprünglich war vorgesehen gewesen, das XXXV. Korps mit der Division „Pasubio" in eine neue Verteidigungsstellung an der Tichaja zurückzunehmen, dann erhielt das Korps jedoch über das deutsche XXIX. Armeekorps den Befehl, sich weiter nach Nordwesten zurückzuziehen, um die linke Flanke der Tichaja-Stellung zu decken. Aufgrund der geringen Treibstoffvorräte war es jedoch unmöglich, dieses wesentlich weiter entfernte Ziel mit der Masse der Fahrzeuge und Geschütze zu erreichen. AUSSME, DS II 1555/1, Bericht des XXXV. Armeekorps (Ufficio Operazioni) über die Ereignisse vom 25.11.-31.12.1942.

nen bewaffnet waren, die sie besaß, entzogen hatte. Das dritte Mal, als man am 22. und 23. Dezember dem Generalkommando des XXXV. [Armeekorps] die Verlegung – zunächst allein, dann mit einer Eskorte von 120 Mann und zwei Geschützen 75/27 – in den Raum Perwomajskoje, wo von Tausenden Partisanen unterstützte russische Panzer gemeldet worden waren, aufzuzwingen versuchte, um einen hypothetischen Sammelpunkt für versprengte Italiener einzurichten.

V. Und als hätte all dies noch nicht gereicht, führte man unter den deutschen Truppen des XXIX. Armeekorps eine heimtückische und unverschämte Verleumdungskampagne, die darauf zielte, die Schuld am unglücklichen Ausgang der Schlacht am Don allein den Italienern zuzuschreiben. Während des gemeinsamen Rückzugs, der sich zwischen dem 22. und 30. Dezember im Gefolge der Kolonne des XXIX. [Armeekorps] vollzog, gab es zahlreiche Hinweise darauf, daß eine solche Propaganda existierte.

Der italienische Soldat mit seiner lebhaften intuitiven Intelligenz sieht den Dissens zwischen der deutschen und der italienischen Militärführung deutlich und beurteilt den hochmütigen Stolz, den unnachgiebigen Egoismus und die spärliche Bereitschaft der Deutschen zur militärischen Zusammenarbeit mit den Italienern in ihrer ganzen Tragweite. Sein edler Geist veranlaßt ihn, im höchsten Interesse viel zu verzeihen. Allerdings verzeiht er nicht, daß der Deutsche angesichts des großmütigen Opfers vieler Italiener herausstreicht, wie bedeutsam die Unterstützung (wenn er sie nicht verweigert) durch seine überlegene Bewaffnung ist – im wesentlichen durch Panzer und Sturmgeschütze, welche die Waffen sind, die man zum Sieg an dieser Front benötigt. Deshalb besteht ein Gefühl des Grolls, das sich zunächst auf die hohen Offiziere beschränkte, jetzt aber – als Folge der Erfahrungen und Beobachtungen aus der letzten Schlacht – auch bei den unteren Dienstgraden und bei den Mannschaften verbreitet ist.

Der gegenwärtige Kampf entscheidet über Leben und Tod der beiden verbündeten Völker. Es ist deshalb nötig, daß sie sich während der Schlacht in spontaner Großmut und ohne Hochmut oder Ausdruck von Dominanz zu einem Amalgam verbinden, nur den Sieg als einziges Ziel verfolgen und ein jeder großzügig und ohne Aufrechnung gibt, was er kann. Hierbei handelt es sich um ein grundsätzliches Problem, das vollständig gelöst werden muß, ohne Ausflüchte und ohne Zögern, vor allem aber ohne Kompromisse. Nur so kann das Amalgam zwischen den beiden Völkern zu einem entscheidenden Faktor für Stärke und Sieg werden.

Deshalb ist es nicht nur sinnvoll, sondern erscheint geradezu als Pflicht, genau über die Tatsachen zu berichten, die Meinungsverschiedenheiten präzise darzulegen und deren Gründe herauszuarbeiten. Nur so gelangt man zu jenem tätigen Kameradschaftsgeist als wertvollem Beitrag und unabdingbarem Element des Sieges, der nicht nur auf Worten beruht, sondern von Taten geheiligt wird und von spontaner, auf Gegenseitigkeit beruhender Großmut inspiriert ist. Der Krieg muß von den Deutschen und den Italienern gewonnen werden. Die Deutschen werden ihn alleine nie gewinnen, und die Italiener werden ihn alleine nie gewinnen können.

Der Kommandierende General des Armeekorps
(Francesco Zingales)

AUSSME, DS II 1555/2.

Dokument 21

Bericht des Kommandierenden Generals des II. italienischen Armeekorps, Giovanni Zanghieri, über den Einsatz in der Sowjetunion 1942/43 vom 30. April 1943[109]

[...]

<u>Verhalten der Deutschen uns gegenüber während des Feldzugs an der Ostfront 1942-1943</u>
Man kann ehrlicherweise nicht sagen, daß das Verhalten, das die deutschen Streitkräfte unseren Truppen gegenüber in Rußland mehrheitlich gezeigt haben – von einigen besonderen Anlässen abgesehen –, besonders entgegenkommend gewesen ist. Unverständnis, Übergriffe, Unhöflichkeiten und Gewaltakte gab es zuhauf, und darüber haben schon andere berichtet. Diese Haltung löste bei den Unsrigen, die jedoch durch entschlossenes Auftreten und Gewaltandrohungen ihrerseits rasch wieder für Parität gesorgt haben, zunächst Überraschung und Unmut aus. Allerdings ist nicht daran zu zweifeln, daß die Rußlandheimkehrer – zumindest was die Streitkräfte des Verbündeten angeht – nicht deutschfreundlich sind.

Dieses [den Italienern gegenüber ablehnende] Verhalten rührt insbesondere bei den einfachen deutschen Soldaten von der ihnen eingeimpften Überzeugung her, daß der deutsche Soldat der beste und am besten bewaffnete der Welt sei, und deshalb betrachteten sie die Italiener, Ungarn und Rumänen als „Hilfstruppen". Nach den ersten Rückschlägen hat sich die Haltung insbesondere bei den „jungen Soldaten" natürlich geändert, aber nur für kurze Zeit. Auf jeden Fall ist der deutsche Soldat ein guter, disziplinierter und kaltblütiger Kämpfer, der auf sich selbst und seine Führer vertraut, der gut ausgerüstet und ausgezeichnet bewaffnet ist (viele deutsche und russische automatische Waffen; wenige Gewehre, viele Panzerabwehrwaffen etc. pp.). Er wird von erfahrenen, gedrillten und angesehenen Unteroffizieren gut geführt, die indirekt auch jenen Reserveoffizieren Autorität verleihen, die ohne sie nicht den notwendigen Einfluß hätten.

Es ist ein großer Vorzug der vom Feind angegriffenen Verbände, daß sie sich (wie soll man sagen?) „nicht im Stich gelassen fühlen", d.h., daß sie sich von den Russen ruhig umgehen und umzingeln lassen, ohne die Stellungen aufzugeben. Es sei hinzugefügt, daß der Russe dem „leeren Raum" gegenüber bisher sehr unentschlossen gewesen ist, und daß er erst in letzter Zeit vom Gegner lernt, „die Kessel auszuräumen". Sind [die angegriffenen Verbände] abgeschnitten, vermögen sie, den Entsatz abzuwarten, und sie sind geschickt darin, sich gewaltsam einen Weg zurück zu bahnen.

Ein weiterer Grund für dieses Überlegenheitsgefühl des deutschen Soldaten und für die beschriebene Einschätzung der anderen als „Hilfstruppen" liegt darin, daß der deutsche Soldat (abgesehen von den Pionieren) „kämpft, aber nicht arbeitet". Alle Schanz- und Befestigungsarbeiten, der Ausbau von Unterkünften, die Straßen-

---

[109] Der Bericht General Zanghieris „Il II Corpo d'Armata italiano al fronte russo (1942-1943) – relazione sintetica" umfaßt mit Anlagen rund 40 Seiten und ist in sieben Kapitel gliedert, von denen hier das letzte wiedergegeben ist.

arbeiten etc. pp. werden (entgegen den internationalen Konventionen) von den Gefangenen und der Zivilbevölkerung durchgeführt. Auch die Organisation Todt im rückwärtigen Gebiet dirigiert und überwacht, setzt aber [bei der Durchführung von Arbeiten] auf dieselben Methoden. Ich habe am Don (bei der mir unterstellten 294. deutschen Division) gesehen, wie die Gefangenen in Sichtweite der russischen Kameraden, die auf sie schossen, unter der Aufsicht eines einzigen deutschen Unteroffiziers arbeiteten[110] und wie die von zwei gefangenen russischen Ingenieuren (Unteroffizieren) geleiteten Arbeiten zur Verlegung des Divisionskommandos unter die Erde allein von russischen Soldaten als Arbeitskräfte und gänzlich ohne Aufsicht vorangebracht wurden[111].

Ich habe verschiedene deutsche Divisionen befehligt, auch im Gefecht. Abgesehen von der 294. [Infanteriedivision], die von Anfang an viel Kameradschaftsgeist und perfekte Unterordnung bewiesen hat, neigten die anderen vor allem anfänglich dazu, auf eigene Faust Krieg zu führen. Nach einem energischen Vorstoß beim Kommandeur und beim jeweiligen deutschen Verbindungsoffizier (normalerweise ein Oberst i.G.) hat sich alles eingerenkt. Gute Mannschaften, gute Kommandeure, aber alle mit der Neigung, die härtesten Aufgaben den italienischen Kameraden zu überlassen, um dann zur „Rettung der Lage" hinzustoßen zu können, nachdem sich die Verbündeten bis zum letzten Heller verausgabt hatten. Mit mir konnten sie dieses Spiel beim [II.] Armeekorps freilich nie spielen. Im größeren Rahmen ist leider, wie bekannt, niemand gekommen, um die Lage zu retten, nachdem auch der letzte Heller ausgegeben worden war.

Oftmals kamen Offiziere des deutschen Oberkommandos und der Heeresgruppe „zu Besuch" an die Front und zögerten zunächst nicht, unnötige Ratschläge zu erteilen, die im übrigen bewiesen, welch geringe Meinung sie von den italienischen

---

[110] Die 294. Infanteriedivision wurde dem II. Armeekorps unterstellt, das am 16. 8. 1942 den Befehl über einen Frontabschnitt am Don übernahm; am 20. 9. 1942 trat die Division unter den Befehl des Alpinikorps. AUSSME, DS II 785, KTB II. Armeekorps, Juli/August 1942, Anlage 121: Comando II° Corpo d'Armata (Ufficio Operazioni) an die unterstellten und benachbarten Verbände vom 16. 8. 1942 (Nr. 2156/02 di prot.), und DS II 974, KTB Alpinikorps, September/Oktober 1942, Anlage: Befehl der 294. Infanteriedivision (Abt. Ia 840/42 geh.) für die Ablösung der Division vom 18. 9. 1942.

[111] Während der Arbeitseinsatz von Kriegsgefangenen an der Front im Bereich des II. Korps ausdrücklich untersagt worden war (AUSSME, DS II 787, KTB Division „Ravenna", Juli/ August 1942, Anlage 302: Anweisung des Kommandos der Division „Ravenna" (Ufficio Operazioni e Servizi – Nr. 912/Op. di prot. segreto) vom 24. 8. 1942), wurden sie im Bereich des XXXV. Korps zur Anlage von Befestigungen herangezogen (DS II 876, KTB Division „Pasubio", Juli/August 1942, Anlage 232: Anweisung des Kommandos der Division „Pasubio" (Ufficio Operazioni, Informazioni e Servizi – Nr. 5250 di prot./Op.) vom 15. 8. 1942). Der Kommandierende General des XXIX. deutschen Armeekorps, Hans von Obstfelder, ließ die italienischen Divisionen in seinem Befehlsbereich wissen, man müsse alle Kriegsgefangenen und alle Zivilisten zum Arbeitseinsatz in der vorderen Linie heranziehen. In diesem Zusammenhang wurde er mit den Worten zitiert: „Man muß nicht allzu zimperlich mit den Gefangenen und Zivilisten umgehen." DS II 976, KTB Division „Pasubio", September/ Oktober 1942, Anlage: „Argomenti trattati nel rapporto tenuto dall'Eccellenza il Comandante il XXIX Corpo d'Armata germanico il giorno 26 ottobre 1942 in località Getreide". Zum Arbeitseinsatz von Kriegsgefangenen und Zivilisten bei den Fronttruppen der Wehrmacht vgl. Rass, Menschenmaterial, S. 360–378.

Kommandos und Generalstäben hatten[112]. Angesichts unserer Reaktionen und der Feststellung der Tatsachen hat sich dies aber anschließend völlig gewandelt.

Gleichgeblieben ist aufgrund der atavistischen deutschen Tendenz, an einst guten Ideen festzuhalten (auch wenn sie wegen der veränderten Lage heute nicht mehr zeitgemäß sind), dies: alle Truppen auf einer überbreiten Front in die Kampflinie zu beordern, ohne sich allerdings um strategische Reserven in der Tiefe zu kümmern; an der im wesentlichen inaktiven (von mir gegenüber den Emissären der deutschen Oberkommandos wiederholt mißbilligten) Verteidigung [der Positionen] am Don festzuhalten, auch als er kein Hindernis mehr darstellte, und weiterhin zu glauben, die Russen würden nicht angreifen, obgleich sie Truppen zusammenzogen (unglaublich, aber wahr), und sich im Kampf wie letztes Jahr verhalten, ohne irgend etwas vom Feind gelernt zu haben.

Ich glaube, daß sich einige dieser Emissäre noch nicht bewußt sind, daß, wenn das II. Armeekorps (wenn auch mit deutschem Beistand) das Wunder vollbringen konnte, fast eine Woche lang Widerstand zu leisten, dies [nur möglich] war, weil ich eine wenn auch nur minimale Tiefe[nstaffelung] beibehalten hatte, indem ich meine bescheidenen, aus Sturmtruppen (Schwarzhemden „M"[113]) bestehenden Reserven nicht an die Front beordert und den Divisionen erlaubt hatte, eine verkleinerte Divisionsreserve zu behalten.

Bei den unteren Rängen und bei den Komponenten [der deutschen] Landwirtschafts- und Wirtschaftsorganisation Tendenz, immer den Unsrigen die Schuld an verschiedenen Zwischenfällen (Übergriffe, Diebstähle, Brände usw.) zu geben, die jedoch nach sofortigen Ermittlungen größtenteils auf die Deutschen, die ukrainische Polizei oder auf die Bevölkerung zurückfiel[114].

Auf einer sehr viel höheren Ebene Tendenz (wie es während der letzten Großoffensive geschah), den Verbündeten die Schuld an den Rückschlägen zuzuschreiben. So habe ich anfänglich wiederholt sagen hören, daß der Grund für den Verlust von Stalingrad vor allem bei den Rumänen, ferner bei den Italienern und schließlich bei den Ungarn [zu suchen] sei, als ob es nichts mit ihnen [den Deutschen] zu tun gehabt hätte, daß die Flanke auch nach heftigen Angriffen ([3.] rumänische Armee und Teil der 8. [Armee]) und trotz des Zusammenziehens zusätzlicher Kräfte weiterhin

---

[112] Als Beispiel für die bei den höheren italienischen Offizieren geradezu verhaßten deutschen Empfehlungen als Ergebnis von Truppenbesuchen vgl. BA-MA, MFB4 18035, Bl. 284–288, Memorandum des Deutschen Verbindungsstabs an das AOK 8 vom 2. 9. 1942. Am 17. 9. 1942 vermerkte das Kriegstagebuch des Deutschen Generals (MFB4 41403, Bl. 1031): „Aus weiteren Äußerungen des [Stabs-]Chefs [der 8. Armee] geht hervor, daß die Italiener den Austausch von taktischen Erfahrungen als unerwünschte Belehrung betrachten."

[113] Dem II. Korps unterstand als Reserve die Schwarzhemden-Brigade „23 Marzo" mit sechs Bataillonen; vgl. Operazioni delle unità italiane al fronte russo, S. 607. Der Buchstabe M stand für Mussolini und bezeichnete die für Kampfeinsätze vorgesehene Elite der faschistischen Miliz.

[114] Zu diesem Konflikt zwischen den Verbündeten und den damit verbundenen Anschuldigungen und Rechtfertigungen vgl. das Material in: BA-MA, MFB4 41403, Bl. 110–207; General Zanghieri war hier wie auch an anderen Stellen sichtlich darum bemüht, das Verhalten seiner Soldaten und sein eigenes Handeln im bestmöglichen Licht erscheinen zu lassen. Ein Soldat der zum II. Korps gehörenden Division „Ravenna" hielt in seinen Aufzeichnungen fest, seine Kameraden hätten auf dem Weg zum Don eine Spur der Verwüstung hinterlassen. Sobald die typischen grün-grauen italienischen Uniformen aufgetaucht seien, hätten die Zivilisten ihr Eigentum versteckt und ihre Häuser verriegelt. Vgl. Rattenni, Tornerai, S. 65.

von einer dünnen Linie ohne Reserven gedeckt wurde. Verbreitet die schäbige Tendenz, jede Gelegenheit zu nutzen, um zu erklären, daß die Verbündeten „davongelaufen" seien.

Ich übergehe die ungerechten Klagen über die „Sforzesca", weil die Division immer außerhalb des Armeekorps [eingesetzt] war und weil es [bereits] jemandem gelungen ist, für sie Genugtuung zu erhalten[115]. [Dagegen] verweile ich bei der anfangs (nicht nur von den Deutschen) angestellten „Spekulation" über die Panik, die am 19. Dezember aufgrund eines Vorstoßes russischer Panzer nach Kantemirowka eingetreten ist – ein Vorfall, der zunächst als Flucht des II. Armeekorps, dann anderer [Verbände] von der Front (!) gedeutet wurde[116]. In dieser Ortschaft, die im rückwärtigen Gebiet (60–80 km hinter der Kampflinie) im Territorium der Intendenza hinter dem Sektor des XXXV. Armeekorps (außerhalb des Gebiets des II. Armeekorps) lag, versammelten sich wegen der Kälte (-30 Grad), die in der Nacht den sicheren Tod bedeutet hätte, zusammen mit den Truppen der Intendenza (ungefähr 4000 Mann) im wesentlichen Unterstützungstruppen und Artillerie zu Fuß des II. (ungefähr 4300 Mann) und XXXV. Armeekorps (ungefähr 1000 Mann) sowie der Division Celere (ungefähr 300 Mann), weil sie den Befehl zum Rückzug erhalten und in ihren Territorien keine Einquartierungsmöglichkeiten gefunden hatten. Ein Vorstoß russischer Panzer, der von einem Partisanenaufstand unterstützt wurde, rief aufgrund des Mangels an jeglicher Voraussicht seitens des Ortskommandanten[117] eine große Panik hervor, die eine Flucht der Lastwagen sowohl der Intendenza als auch der anderen Verbände und der Deutschen in Richtung Starobelsk zur Folge hatte (der erste, der von der Panik ergriffen wurde, scheint eben der Kommandeur des Logistikzentrums gewesen zu sein), wo sie vom Oberkommando unserer Armee angehalten, neu geordnet und nach Woroschilowgrad geschickt wurden.

Nun wurde dieser schmerzliche und ungerechtfertigte, aber erklärbare Vorfall in der Etappe zunächst in eine Art Flucht des Armeekorps umgedeutet, ohne zu be-

---

[115] Hier wird auf die Auseinandersetzungen um die Rolle der Division „Sforzesca" während der ersten Verteidigungsschlacht am Don angespielt; vgl. dazu S. 53 ff. dieses Bandes. Der von Zanghieri angesprochene „jemand" war kein geringerer als Giovanni Messe.

[116] Kantemirowka hatte dem II. Korps bis Ende Oktober 1942 als Hauptquartier gedient und beherbergte auch später Teile der rückwärtigen Dienste und Versorgungseinheiten des II. Korps. Aufgrund seiner verkehrsgünstigen Lage an der Bahnlinie Millerowo – Rossosch und der Straße nach Bogutschar hatte die *Intendenza* der 8. Armee hier einen der zentralen logistischen Stützpunkte errichtet, von denen aus die Divisionen an der Front versorgt wurden. Die chaotische Flucht der hier konzentrierten Einheiten und Dienststellen zog Untersuchungen und Rechtfertigungen nach sich; entsprechende Berichte finden sich etwa im AUSSME, DS II 1330, DS II 1563/10 und DS II 1557/1; letzterer Faszikel enthält den ausführlichen Augenzeugenbericht des Stabschefs der *Intendenza*, Oberstleutnant Luigi De Micheli, für General Biglino vom 25. 12. 1942, wo es heißt: „Aber plötzlich, kurz vor acht Uhr, verschärfte sich die Lage dramatisch: Als einige russische Panzer auf den umliegenden Hügeln auftauchten, breitete sich blitzartig eine unbeschreibliche allgemeine Panik aus. Ein Haufen von etwa 6000 Mann stürzte mit deutlichen Anzeichen kollektiven Wahnsinns in Richtung der Straße, die nach Belowodsk führt, wobei Waffen und Ausrüstung weggeworfen und die vorbeifahrenden Lastwagen gestürmt wurden. Aus den Häusern schossen vereinzelt Partisanen mit Gewehren, und die Masse der Fliehenden wurde zu einer Lawine, die alles fortriß."

[117] *Francesco Pinzi*, Oberst, Chef des für Kantemirowka zuständigen Comando Tappa Speciale 302.

denken, daß es sich um Truppen handelte, die sich ordnungsgemäß ins rückwärtige Gebiet zurückgezogen hatten, die sich vor allem aus Unterstützungstruppen und Artillerie ohne Geschütze zusammensetzten und zahlenmäßig nur einen minimalen Teil (weniger als ein Fünftel) der Überlebenden des II. Armeekorps ausmachten, dann in eine Flucht der Intendenza (wegen des Verhaltens des Kommandeurs des Logistikzentrums), schließlich [auch in eine Flucht] des XXXV. Armeekorps. Die Wiederholung des Vorfalls unter fast analogen Umständen in Millerowo und die anschließende Flucht auch der Deutschen (die zum Teil am Donez von italienischen Truppen gesammelt wurden, unter denen sich als Ironie des Schicksals auch die aus Kantemirowka befanden) stutzte den Zwischenfall auf angemessene Proportionen zurück und [ließ ihn] in günstigerem Licht [erscheinen].

Wenn richtig ist, was mir berichtet wurde, [haben] die Deutschen den Rumänen und Ungarn gegenüber ein ähnliches, aber noch schärferes Verhalten [an den Tag gelegt]. Dies erleichtert natürlich nicht die Aufgabe derjenigen, die den Soldaten den Umständen entsprechend davon überzeugen müssen, daß es für uns absolut notwendig ist, mit unserem Alliierten aufs engste verbunden zu sein und bis zum Sieg und darüber hinaus einen Block zu bilden.

General Giovanni Zanghieri
Kommandeur II. Armeekorps – Feldpost Nr. 20

AUSSME, DS II 1552/5.

Dokument 22

Bericht des Kommandeurs der Infanteriedivision „Torino",
General Roberto Lerici, über das Verhalten der deutschen Verbündeten
vom 14. Mai 1943

An das   Dronero, 14. Mai 1943
Kommando des XXXV. Armeekorps (CSIR) – Führungsabteilung
Feldpost Nr. 88

Betreff: Haltung der deutschen Verbündeten
Aufgrund postalischer Probleme erreichte mich die Sendung dieses Kommandos mit den Schreiben 643/Op. und 662/Op. vom 15. bzw. 20. März[118] erst gestern, am 13. Mai, und ich antworte daher mit Verspätung auf die an mich gerichteten Fragen.

Zu Beginn des Rückzugs unterstand die Division „Torino" dem XXIX. deutschen Armeekorps. Dieses Unterstellungsverhältnis bestand seit ungefähr fünf Monaten[119], in deren Verlauf unsere Beziehungen zu den Verbündeten immer von Herzlichkeit und Kameradschaft gekennzeichnet waren.

---
[118] Nicht ermittelt.
[119] Die Division „Torino" übernahm am 9.8. einen Verteidigungsabschnitt am Don und unterstand seit dem 13. 8. 1942 dem XXIX. deutschen Armeekorps; AUSSME, DS II 788, KTB IR 82 (Division „Torino"), Juli/August 1942, Anlage 47: Tagesbefehl des Infanterieregiments 82 vom 10. 8. 1942, und DS II 785, KTB II. Armeekorps, Juli/August 1942, Anlage

Kurz nachdem ich die Befehle zum Rückzug erhalten hatte (19. Dezember 1942)[120], wurde jede Verbindung zum Kommando des XXIX. Armeekorps unterbrochen, und die Division „Torino" mußte auf eigene Faust handeln. Zur Erklärung dieses möglicherweise befremdlich erscheinenden Umstands gebe ich die Bemerkungen aus meinem Tagebuchbericht wieder, den ich dem Oberkommando der 8. Armee am 28. Januar dieses Jahres übermittelt habe[121]: „... Um 24 Uhr hört die Telephonzentrale von Meschkoff, die die Verbindung zum Kommando des XXIX. Armeekorps ermöglicht hatte, zu funktionieren auf. Von diesem Zeitpunkt an verliert die Division ‚Torino' die Verbindung zum eigenen Armeekorps, weil sich das einzige Funkgerät, das eine solche Verbindung hätte aufrechterhalten können, im Besitz des deutschen Verbindungskommandos befand und am Morgen des 19. auf Befehl von Oberleutnant Böhm[122], dem Chef des Kommandos, zerstört worden war, als dieser erfahren hatte, daß sich die Russen in Kalmykoff befanden. Diese vollkommen willkürliche Entscheidung, die getroffen worden war, ohne vorher das Divisionskommando zu hören, sollte später gravierende Auswirkungen auf den Verlauf der weiteren Operationen haben."

Bezüglich des deutschen Verbindungskommandos mache ich auf eine kuriose Geschichte aufmerksam, die meiner Division widerfahren ist. Als wir im Donezbecken in Verteidigungsstellung lagen, d. h. in einer relativ ruhigen operativen Lage, verfügte die „Torino" über ein beachtliches und perfektes deutsches Verbindungskommando, das reichlich mit Nachrichtengerät ausgestattet war und, was wichtiger ist, von einem kultivierten und fähigen Hauptmann befehligt wurde, der dem ehemaligen österreichischen Heer entstammte[123]. Zu Beginn des Vormarsches vom Donez zum Don wurde das besagte Kommando aufgelöst und so gut es ging durch neue Kräfte ersetzt, die schlecht ausgestattet waren, wenig Erfahrung hatten und nicht aufeinander eingespielt waren. So wurde die Situation gerade dann kritisch, als es nötig war, mit den deutschen Verbänden, die mit uns operierten, täglichen Kontakt zu halten.

102: AOK 8 (Prot. Nr. 02/2345 – gez. Bruno Malaguti) an die Korpskommandos, die Division „Cosseria" und die Intendenza vom 10. 8. 1942.

[120] Am 19. 12. 1942 mittags wies das XXIX. Korps die Division „Torino" an, den Rückzug hinter die Tichaja einzuleiten (Funkspruch des XXIX. Armeekorps an die Division „Torino" vom 19. 12. 1942, 13 Uhr, abgedruckt in: Bedeschi (Hrsg.), Fronte russo, Bd. 1, S. 44 f.); aufgrund des raschen Vormarsches der sowjetischen Truppen widerrief das Korps diesen Befehl jedoch wenige Stunden später und ordnete den allgemeinen Rückzug in südwestlicher Richtung an. AUSSME, DS II 1555/9, Comando Divisione fanteria at. „Torino", gez. Roberto Lerici: „Relazione sul ciclo operativo 19 dicembre 1942 – 17 gennaio 1943", S. 2 f.; abgedruckt in: ebenda, S. 22–44.

[121] AUSSME, DS II 1555/9, Comando Divisione fanteria at. „Torino", gez. Roberto Lerici: „Relazione sul ciclo operativo 19 dicembre 1942 – 17 gennaio 1943", S. 3; das hier wiedergegebene Zitat weicht geringfügig von der von Lerici angesprochenen Vorlage ab.

[122] In der Vorlage: „Bomm". Oberleutnant Böhm befehligte das DVK, da sich dessen Chef, Hauptmann Schlubeck, im Urlaub befand. Nach dem Gefechtsbericht des DVK zur Division „Torino" (BA-MA, RH 31 IX/35, Bl. 19–31) wurde die Funkstelle am Abend des 19. 12. 1942 zerstört, nachdem Böhm erfahren hatte, daß die „Torino" fast vollständig eingeschlossen war.

[123] Die Zusammensetzung des DVK bei der Division „Torino" in diesen Monaten war nicht zu ermitteln.

Nach Beginn des Rückzugs mußte ich Kontakt zur deutschen Panzergruppe des Majors Hoffmann[124] und zur 298. deutschen Division aufnehmen, die wie wir in den Raum Popowka marschiert waren. Die Beziehungen zu Major Hoffmann waren von Anfang an gut[125], und es war einfach, sich in dem Sinne zu einigen, daß die „Torino" der Panzergruppe folgen sollte, um durch die von ihr geschlagene Bresche zu entkommen. Allerdings sollte sie tausend Liter Treibstoff beisteuern, die den Zugmaschinen unserer Artillerie abgezapft wurden. Weniger angenehm waren die Beziehungen zur 298. Division (die sich wie wir die von der Panzergruppe geschlagene Bresche zunutze machen sollte), deren provisorischer Kommandeur[126], wie ich mich erinnere, immer sehr beschäftigt war, wenn wir Kontakt aufnehmen mußten. Dieser Mangel an Verbindlichkeit in unseren Beziehungen hat sich nach und nach verstärkt, als die Schwierigkeiten während des Rückzugs zunahmen, und wäre in einen offenen Konflikt umgeschlagen, wenn die Verhältnisse, in denen wir uns fatalerweise befanden, nicht ein besonnenes Verhalten unsererseits nahegelegt hätten.

Genaue und detaillierte Angaben zu machen, fällt mir vor allem deshalb nicht leicht, weil der größte Teil derjenigen, die Übergriffe und Gewaltakte gesehen oder erlitten haben, nicht mehr unter uns (die „Torino" hat um die 90 Prozent ihrer Iststärke verloren[127]) oder jedenfalls nicht in meiner Nähe ist. Wenn man sich auf Episoden beschränkt, wäre es meines Erachtens nützlich, in den Lazaretten oder in den Zentren der Mobilmachung Nachrichten zu sammeln, wo die Rückkehrer von der russischen Front eingetroffen sind.

Es ist jedoch eine Tatsache, daß man die Feindseligkeit der deutschen Verbündeten uns gegenüber mit den Händen greifen konnte: Es war klar, daß die Deutschen uns die Schuld für das Geschehene zuschrieben und die verantwortlichen Kommandos, soweit ich weiß, nichts taten, um bei den Untergebenen eine solch willkürliche Interpretation der Ereignisse zu entkräften. Daraus ergab sich insbesondere seitens der einfachen deutschen Soldaten eine Reihe von Übergriffen, Anmaßungen und Gewaltakten, die noch dadurch verschärft wurden, daß die 298. Di-

---

[124] Nicht ermittelt.
[125] Trotz Differenzen, die es sowohl mit Major Hoffmann (Oberstleutnant Turrini, der Stabschef der Division „Torino" berichtete etwa, dieser habe den Kolonnen der Division bei Makarow mit einer „unerhörten Arroganz" die Durchfahrt verweigert; AUSSME, DS II 1555/11, Umberto Turrini: „Relazione circa l'attività svolta alla Divisione di fanteria ‚Torino' nel periodo maggio 1942 – febbraio 1943" vom 1. 5. 1943, S. 28) als auch mit Oberst Michaelis gab, schlug General Lerici beide für eine hohe Tapferkeitsauszeichnung vor. Als General und Soldat könne er nicht anders, als die Professionalität und den Wagemut der beiden Offiziere herauszustreichen. AUSSME, DS II 1555/9, Comando Divisione fanteria at. „Torino", gez. Roberto Lerici, an Italo Gariboldi vom 28. 1. 1943; abgedruckt in: Bedeschi (Hrsg.), Fronte russo, Bd. 1, S. 46 ff.
[126] *Herbert Michaelis* (geb. 1897), Generalmajor, am 27. 12. 1942 als Oberst mit der Führung der 298. Infanteriedivision beauftragt, 1944 Kommandeur der 95. Infanteriedivision, 1944–1955 sowjetische Kriegsgefangenschaft.
[127] Nach den Angaben von Umberto Turrini (AUSSME, DS II 1555/11, „Relazione circa l'attività svolta alla Divisione di fanteria ‚Torino' nel periodo maggio 1942 – febbraio 1943" vom 1. 5. 1943, S. 44), zählte die „Torino" zu Beginn des Rückzugs rund 11 000 Mann, von denen nur etwa 1200 das sichere Starobelsk erreicht hätten. Das Ufficio Storico des italienischen Heeresgeneralstabs bezifferte die Verluste der „Torino" an Toten und Vermißten mit rund 5000; Operazioni delle unità italiane al fronte russo, S. 491.

vision vorwiegend aus Sachsen[128] (auch unter den Deutschen selbst für ihre Härte berüchtigt) bestand, außergewöhnlichste Bedingungen herrschten und sich die Unsrigen leider in einem Zustand befanden, daß sie kaum zu reagieren vermochten. Zu den größten Konflikten kam es über die Belegung der Isbas und die Nutzung der Transportmittel. Ich erinnere mich beispielsweise an die Schwierigkeiten, auf die ich in Arbusow[129] stieß (21.–23. Dezember), um vom deutschen Kommando eine Unterkunft für unsere Verwundeten zu erhalten; ich erinnere mich daran, daß jede nennenswerte Unterstützung mit Lebensmitteln für uns ausblieb, während sie [die Deutschen] warme Verpflegung verzehren konnten; ich erinnere mich an die Brutalität, mit der die Deutschen die Unsrigen zurückstießen, die am Ende ihrer Kräfte waren und versuchten, sich an ihre Schlitten anzuhängen – und all dies bei einer Temperatur von 30–40 Grad unter Null! Ich könnte in diesem Zusammenhang konkrete Episoden nennen. Ich werde davon Abstand nehmen, weil ich denke, daß das traurige Phänomen, von dem hier die Rede ist, unabhängig von der notgedrungen emotional aufgeladenen Stimmung des Einzelfalls betrachtet werden muß. D.h. man muß sich – immer meinem Dafürhalten nach – die Bedingungen in Erinnerung rufen, unter denen es zu diesen Ereignissen kam. Ich werde sie kurz ansprechen:

Allgemeine Rahmenbedingungen: vergleichbar mit denen in einem brennenden Theater oder einem sinkenden Schiff.

Mitwirkende: Italiener, Deutsche und Russen. Italiener: sehr zahlreich (zwischen fünfundzwanzig- und dreißigtausend in Popowka), schlecht ausgerüstet, aus Mangel an Benzin ohne Artillerie und Logistik, kaum Munition; zahlreiche Truppenteile bereits in Auflösung; Gesamteindruck [ließ auf] geringe Kampfkraft [schließen].

Deutsche: weniger zahlreich (acht- bis zehntausend in Popowka); gut ausgerüstet (gefütterte Tarnanzüge, Schuhwerk russischer Machart); Artillerie und Versorgungsdienste einsatzfähig, weil bespannt; Truppenteile in guter Ordnung; Gesamteindruck [ließ auf] gediegene Kampfkraft [schließen], die durch die Präsenz der Panzergruppe noch verstärkt wurde. Russen: durch die erzielten Erfolge wagemutig geworden; gut ausgerüstet; reichlich mit automatischen Waffen, Artillerie und Panzern versehen; beharrlich in ihren Angriffen, insbesondere von hinten und an den Flanken. Es ist klar, daß die Italiener unter diesen Bedingungen nur den kürzeren ziehen konnten.

Zum Abschluß dieser Bemerkungen zitiere ich, was ich diesbezüglich in meinem oben erwähnten Tagebuchbericht geschrieben habe: „… Im konkreten Fall war der

---

[128] Die 298. Infanteriedivision war 1940 im Wehrkreis VIII (Breslau), also in Schlesien, aufgestellt worden.
[129] Die Kolonne, die vor allem aus den Resten der Division „Torino" und der 298. Infanteriedivision bestand, wurde am 21. 12. 1942 südwestlich des Flusses Tichaja in Arbusow eingeschlossen und konnte sich erst nach harten Kämpfen, unter schwersten Verlusten und der Zurücklassung aller nicht transportfähigen Verwundeten den Weg nach Westen freikämpfen. Wie Nikolajewka so hat auch Arbusow – das „Tal des Todes" – einen festen Platz in der kollektiven Erinnerung an die *Campagna di Russia*. AUSSME, DS II 1555/9, Comando Divisione fanteria at. „Torino", gez. Roberto Lerici: „Relazione sul ciclo operativo 19 dicembre 1942 – 17 gennaio 1943", S. 8; L 13/202, Oberstleutnant Archimede Palazzo: Olocausto. Il „ripiegamento" della Divisione „Torino" nell'eco dei caduti e nella voce dei superstiti, S. 5.

Schaden, den der rasche Zusammenbruch des inneren Zusammenhalts [der Einheiten und Verbände] verursacht hat, sehr schwer. Unter anderem hat der in der Tat wenig erbauliche Anblick unserer Truppenteile das Verhalten der Soldaten der 298. deutschen Division uns gegenüber noch mehr verhärtet, die – wenn auch unberechtigterweise – nicht umhin konnten, in uns eher eine Last denn eine Hilfe zu sehen. Von daher die Neigung [der Deutschen], uns unter dem Vorwand zurückzulassen, ihre tatsächlich sehr geordneten Bewegungen nicht zu behindern, während es in Wirklichkeit darum ging, uns stets die Nachhut bilden zu lassen, wodurch ihre Verluste begrenzt, unsere aber beträchtlich erhöht wurden. Es bedurfte der Tage von Tschertkowo[130], damit die Deutschen der 298. [Infanteriedivision] zumindest teilweise ihre Meinung über die Qualitäten unserer Soldaten im Krieg änderten."[131]

Und weiter[132]: „Während der Nacht (Arbusow 22.–23. Dezember) drängen die Russen von allen Seiten heran und konzentrieren das Feuer der automatischen Waffen, Granatwerfer, ‚Katjuschas' und Kanonen auf die Masse unserer Männer, die ein leichtes Ziel darstellen, da sie gezwungen sind, im Freien zu bleiben, weil alle Häuser von den zuerst hier eingetroffenen deutschen Truppenteilen besetzt worden sind. Auch der Kommandeur der Division ‚Torino' ist mit den Resten seines Kommandos gezwungen, draußen zu übernachten... Ohne mich zu befragen, läßt das deutsche Kommando gewaltsam die Tanks der wenigen noch zur Verfügung stehenden italienischen Kraftfahrzeuge leeren. Man braucht den Treibstoff für die Panzer. Ich protestiere gegen die Vorgehensweise..."

Es ist die unbarmherzige Wahrheit, daß in Ausnahmesituationen das Recht immer beim Stärkeren liegt. Damit will ich das Verhalten der Deutschen in dieser für unsere Streitkräfte dramatischen und außerordentlich harten Begebenheit keineswegs rechtfertigen. Wie es mir andererseits nicht im Traum einfallen würde, eine Person zu verteidigen, die Frauen und Kinder niedertrampelt, um sich vor den Flammen des brennenden Theaters zu retten. Ich möchte nur sagen, daß solche

---

[130] In Tschertkowo, einem wichtigen logistischen Knoten an der Eisenbahnlinie von Millerowo nach Rossosch, hielt sich vom 20. 12. 1942–15. 1. 1943 ein von deutschen und italienischen Soldaten verteidigter Stützpunkt. Die Kolonne mit den Resten der „Torino" und der 298. Infanteriedivision erreichte den Ort in der Nacht vom 25. auf den 26. 12. Lerici beschönigte hier die tatsächliche Lage. Nach dem Gefechtsbericht von Oberst Göller (BA-MA, MFB4 1835, Bl. 405–410) sei die Mehrzahl der Italiener unbewaffnet und damit keine große Hilfe gewesen. Die italienischen Quellen, auch der Gefechtsbericht Lericis für die Zeit vom 19. 12. 1942–17. 1. 1943 (hier S. 10–14) selbst (AUSSME, DS II 1555/9), geben ein zwiespältiges Bild von kämpfenden Freiwilligen und waffenlosen Verzweifelten; vgl. AUSSME, L 13/202, Console Italo Vianini (Schwarzhemden-Gruppe „Montebello"): Bericht über die Kampfhandlungen am 8./9. 1. 1943 in Tschertkowo vom 15. 2. 1943, die Erinnerungen (Epopea dei Carabinieri della „Torino") von Leutnant Attilio Boldoni (66. Sektion Carabinieri), in: Bedeschi (Hrsg.), Fronte russo, Bd. 1, S. 55–72, hier S. 66 ff., sowie Dok. 23.

[131] Dieses Zitat ist nicht Lericis Gefechtsbericht selbst, sondern einer gesonderten Notiz entnommen, die er General Garibaldi am 28. 1. 1948 zusammen mit dem Bericht und einem persönlichen Schreiben zukommen ließ; AUSSME, DS II 1555/9. Die Notiz ist abgedruckt in: Bedeschi (Hrsg.), Fronte russo, Bd. 1, S. 48–52. Das hier wiedergegebene Zitat weicht geringfügig vom Original ab.

[132] Dieses Zitat stammt wiederum aus Lericis Gefechtsbericht für die Zeit vom 19. 12. 1942–17. 1. 1943, S. 6 f. (AUSSME, DS II 1555/9), und weist im Vergleich mit dem Original leichte Abweichungen auf.

Dinge geschehen, daß sie immer schon geschehen sind und auch in Zukunft immer geschehen werden. Wesentlich ist, alles uns Mögliche zu tun, damit wir nicht in eine [bedrohliche] Lage geraten, deren Folgen wir zu tragen haben.

Der Divisionsgeneral
gez. Roberto Lerici

AUSSME, DS II 1555/9.

Dokument 23

Bericht über den Einsatz der Carabinieri der Division „Torino" während des Rückzugs von Makarow nach Belowodsk vom 4. April 1943

<u>Lage</u> der 56. und 66. Sektion CC.RR. am 4. Dezember 1942 (Datum der Ankunft des Ersatzes)

Im Gebiet unter der Jurisdiktion der Division „Torino" bestanden 13 Militärkommandanturen, um die Angelegenheiten der Zivilbevölkerung zu regeln[133]. Bei jeder Ortskommandantur war eine Carabinieristation – ein Mannschaftsgrad und zwei Carabinieri – mit den polizeilichen Aufgaben des Kampfes gegen die Partisanen und der Suppression der von Zivil- und Militärpersonen begangenen Straftaten errichtet worden[134]. Den wichtigsten Stationen der Sektionen (66. in Makaroff, Sitz des taktischen Kommandos der Division; 56. in Medowa, Sitz des Stabsquartiers und der Versorgungsdienste der Division) war das übrige Personal zugeteilt, darunter Fahrer, Kradfahrer usw.

Von der 56. Sektion eingerichtete Stationen: *Bogomoloff* – Sitz des Kommandos des 82. Infanterieregiments; *Medowa* – Sitz des Stabsquartiers, des Kraftwagentrupps, des [Feld-]Postamts, der Zahlmeisterei, der Leitung des Sanitätsdienstes mit Feldlazarett, des Kriegsgefangenenlagers; *Kriniza* – Sitz der 243. schweren Kraftwagentransportabteilung, eines aktiven und eines inaktiven Feldlazaretts; *Karasejew* – Sitz der Nachschubeinheit, der Verwaltung, des Bäckereitrupps, eines inaktiven Feldlazaretts und des für die Ablösung zuständigen Etappenkommandos (diese Station wurde aus einem Unteroffizier und zehn Carabinieri gebildet); *Krawzoff* – Sitz einer Kommandantur im rückwärtigen Gebiet; *Liman* – desgleichen; *Batowka* – desgleichen;

Von der 66. Sektion eingerichtete Stationen: *Makaroff* – Sitz des taktischen Kommandos der Division und des Kommandos der CC.RR.; *Michajloff* – Sitz des Kom-

---

[133] Zur Organisation des rückwärtigen Gebiets der Division „Torino" haben sich keine Dokumente erhalten. Zur Dislozierung der Division am 15. 12. 1942 vgl. die von Umberto Turrini gezeichnete Aufstellung, die seinem Gefechtsbericht für die Zeit vom Mai 1942 bis zum Februar 1943 (AUSSME, 1555/11) beigefügt ist.

[134] Nach den Erinnerungen von Boldoni, Epopea dei Carabinieri, in: Bedeschi (Hrsg.), Fronte russo, Bd. 1, S. 56, verfügte die 56. Sektion CC.RR. (mot.) unter der Führung eines Subalternoffiziers über acht Unteroffiziere und 57 Mann, die 66. Sektion CC.RR. (mot.), ebenfalls unter der Führung eines Subalternoffiziers, über sieben Unteroffiziere und 60 Mann. Koordiniert wurde die Tätigkeit der *Carabinieri* von einem bei der Division angesiedelten Kommando unter dem Befehl eines Hauptmanns.

mandos des 52. Artillerieregiments; *Ssuchoj Log* – Sitz des Kommandos der Divisionsinfanterie; *SSwch*[?] – Sitz des Kommandos des 81. Infanterieregiments; *Popowka* – Sitz der Verteilungsstelle für Pioniermaterial; *Klibnji* – Sitz der 183. leichten Kraftwagentransportabteilung und des Treibstoff- und Schmiermittellagers.

Kraftfahrzeuge der Sektionen: Die bei den Kommandos der Sektionen gesammelten Kraftfahrzeuge befanden sich größtenteils in schlechtem Zustand, weil sie durch den langen Gebrauch verschlissen waren. Die Lastwagen: abgenutzt, aber funktionstüchtig; die Personenkraftwagen: nicht betriebsbereit, weil defekt; die Krafträder: mit Ausnahme von dreien der 66. Sektion nicht betriebsbereit.

Bericht

Lage vom 19. Dezember 1942 bis zum 17. Januar 1943

Am 19. Dezember besetzten russische Panzer die Standorte Kriniza und Klibnji. Alarmbereitschaft und Verteidigungszustand in den anderen Standorten der Division. In Makaroff und Medowa wurde unter Einsatz von Carabinieri und Schreibern der Verteidigungsplan in Kraft gesetzt. Am Vormittag zogen sich das Kommando und das Hauptquartier des XXXV. Armeekorps sowie das Kommando der Division „Pasubio" nach Medowa zurück, wo sie bis zum Abend blieben[135]. Um 17 Uhr des genannten 19. erreichte das Kommando der Division „Torino" der Befehl des Kommandos des XXIX. deutschen Armeekorps, dem sie hinsichtlich des Einsatzes unterstellt war, auf neue Positionen südwestlich des Flusses Tichaja zurückzugehen[136]. Einige Stunden später machte der deutsche Verbindungsoffizier eigenmächtig das Funkgerät unbrauchbar [und zerstörte so] die einzige Verbindungsmöglichkeit mit dem XXIX. deutschen Armeekorps.

Den Kommandos der Stationen der CC.RR. wurde befohlen, sich mit den Ortskommandanturen zurückzuziehen. Die Stationen von Krawzoff[137], Liman und Batowka erhielten keinen Rückzugsbefehl, weil diese Standorte noch nicht an das Telephonnetz angeschlossen waren. Das Divisionskommando ordnete den Rückzug in zwei Kolonnen an, die sich wie folgt zusammensetzten[138]:
- Kommando und Versorgungsdienste der Division, 82. Infanterieregiment mit seinen Artilleriegruppen, Kommando des 52. Artillerieregiments;
- Infanteriekommando der Division, 81. Infanterieregiment mit seinen Artilleriegruppen.

Auf der Route des Divisionskommandos begannen aber am 19. bei Einbruch der Dunkelheit nicht enden wollende Kolonnen von Soldaten und Kraftfahrzeugen des Hauptquartiers des XXXV. Armeekorps, der Kommandos und Truppenteile der Division „Pasubio", der Division „Ravenna", der Schwarzhemden-Gruppen „Montebello" und „Tagliamento" und der 298. deutschen Division, gefolgt von der Panzergruppe Hoffmann, vorüberzuziehen. Auf dieser Straße (Karasejew – Maka-

---

[135] AUSSME, DS II 1555/1, Bericht des XXXV. Armeekorps (Ufficio Operazioni – gez. Francesco Zingales) über die Ereignisse vom 25. 11.–31. 12. 1942, S. 45.
[136] Vgl. dazu Dok. 22 mit Anm. 120.
[137] In der Vorlage: „Kranzow".
[138] So auch Brigadegeneral Cesare Rossi, der stellvertretende Kommandeur der Division „Torino", in seinem Gefechtsbericht (hier S. 6) für die Monate Oktober 1942 bis Januar 1943 (AUSSME, DS II 1555/10).

roff – Michajloff), einer einfachen Durchgangsstraße, verursachten die versprengten Soldaten auf dem Rückzug ein großes Durcheinander, und die Kraftfahrzeuge verursachten Staus, weil sie plötzlich wegen Motorschadens oder Benzinmangels ausfielen oder weil die Räder wegen fehlender Schneeketten durchdrehten. Dank des Einsatzes aller Offiziere der CC.RR. der Division (Leutnant Mantineo Francesco[139] war am Abend des 19. mit der eigenen Sektion und nur zwei Lastwagen in Makaroff angekommen) und der verfügbaren Soldaten der Sektionen schaffte man es, obwohl man die ganze Nacht arbeitete, erst um 12 Uhr des 20., die Straße frei zu machen, und bot damit der Kolonne der Division „Torino" die Möglichkeit, nach Michajloff zurückzugehen.

Bevor man Makaroff verließ, wurden auf Befehl des Divisionskommandos die Korrespondenz und die Geheimdokumente sowie das gesamte Material vernichtet, das aus Mangel an Kraftfahrzeugen und Treibstoff nicht mitgeführt werden konnte. Die Sektionen begannen den Rückzug so nur mit jeweils zwei Lastwagen und drei Krafträdern. Ein Lastwagen, der sich versehentlich der Wagenkolonne des Kommandos des XXXV. Armeekorps angeschlossen hatte, brach am Abend des 19. auf und hatte das Glück, der Einkreisung zu entgehen; so wurden die Schreibstube und einige Soldaten der 66. Sektion in Sicherheit gebracht. Die übrigen Kraftfahrzeuge wurden während des Marsches vom 20. zum 21. [Dezember] aufgrund von Schäden, die man nicht sofort beheben konnte, zurückgelassen und zerstört.

Während eines kurzen Halts in Michajloff meldeten sich 35 Unteroffiziere und Carabinieri der Sektionen des XXXV. Armeekorps beim Kommando der CC.RR. der Division, die im Laufe der Nacht von den Russen angegriffen und gefangengenommen worden waren, als sie mit der Wagenkolonne des Hauptquartiers auf dem Rückzug waren. Nachdem die genannten Soldaten den ganzen Tag herumgeirrt waren, trafen sie zufällig auf die Kolonne der „Torino"; man gab ihnen zu essen, vervollständigte ihre Bewaffnung und Ausstattung und wies sie den Sektionen der Division zu. Bei dieser Gelegenheit berichteten einige Unteroffiziere, sie hätten im Morgengrauen der Gefangennahme des Herrn Major D'Ambrogi[140] und des Herrn Hauptmann Boccucci[141] beigewohnt; sie behaupteten, sie hätten gesehen, wie sie mit einer Gefangenenkolonne ins rückwärtige Gebiet der Russen abmarschiert seien.

Bei Einbruch der Dunkelheit brach die Kolonne der Division nach Popowka auf. Während dieses Transfers wurde der einzige Lastwagen der 66. Sektion, auf dem der Herr Leutnant Boldoni Attilio[142] fuhr, nach einem Motorschaden verbrannt, und die Soldaten zogen zu Fuß weiter. Der Lastwagen war mit dem Gepäck der Offiziere, den Lebensmitteln und der Munitionsreserve beladen. In Popowka waren in unbeschreiblicher Unordnung die versprengten Truppen der Divisionen „Pasubio", „Ravenna" sowie der beiden Schwarzhemden-Gruppen „Montebello" und „Tagliamento", die des Hauptquartiers des XXXV. Armeekorps und die Lastwagen zusammengedrängt, die während der Nacht dem russischen Angriff entkommen wa-

---

[139] Nicht ermittelt.
[140] Nicht ermittelt.
[141] Möglicherweise *Mario Boccucci* (geb. 1907, gilt als gefallen bzw. in Gefangenschaft verstorben), Hauptmann im Generalkommando XXXV.
[142] *Attilio Boldoni*, Leutnant, 1942/43 Chef der 66. Sektion (mot.) CC.RR. der Division „Torino".

ren. In dieser Ortschaft vereinigten sich die beiden Kolonnen der Division „Torino" wieder, und der Herr kommandierende General [Roberto Lerici] verfügte folgende Marschordnung: Panzergruppe Hoffmann, 298. deutsche Division, Division „Torino", Versprengte der anderen Großverbände[143].

Entlang der Kolonne wurde die Artillerie verteilt, und die Fußtruppen mußten an den Straßenrändern marschieren, um die Fahrzeugkolonnen zu schützen. Nach einem kurzen Kampf zwischen deutschen und russischen Panzern begann der Marsch, der von Vorhutgefechten mehrfach unterbrochen wurde und sich bis zum Morgengrauen hinzog. Während der Nacht und insbesondere während der Marschpausen überholten die versprengten Truppenteile nach und nach die Division „Torino" und brachten ihre Verbände durcheinander. Als man im Morgengrauen des 21. den Fluß Tichaja erreicht hatte und sich die Möglichkeit eines heftigen russischen Angriffs abzeichnete, war aus der Division „Torino" eine ungeordnete Kolonne geworden, die sich aus Soldaten aller Waffengattungen und Verbände zusammensetzte.

Es war also dringlich notwendig, die Truppen der Division zu sammeln, und die Aufgabe wurde vom Herrn General an Herrn Hauptmann Fazzi Enrico[144] übertragen, der fast alle Soldaten der unterstellten Sektionen zusammenzog und den äußerst schwierigen Auftrag in Angriff nahm. Nach einigen Stunden harter Anstrengungen, die daraus resultierten, daß man in einer unorganisierten Masse von ungefähr 30000 Männern und inmitten eines Gewirrs von Schlitten und Kraftfahrzeugen arbeiten mußte, war die Aufgabe fast bewältigt, als die Soldaten aufgrund eines plötzlichen russischen Angriffs und des Abzugs der gepanzerten deutschen Kolonne von Panik ergriffen wurden und erneut auseinandersprengten. Die Kommandeure der Verbände der „Torino" begegneten dem feindlichen Angriff mit den Männern, die sie zu halten vermochten.

Hauptmann Fazzi stellte sich mit einigen Carabinieri sofort an die Spitze der Kolonne der Versprengten und versuchte vergeblich, sie mit Waffengewalt aufzuhalten, um das zurückgelassene Gerät wiederaufnehmen zu lassen (Lastwagen und Artillerie). In der Zwischenzeit hatte sich Leutnant Mantineo mit den eigenen Soldaten an den Gegenangriffen beteiligt, die es möglich machten, mehrere Lastwagen, auf die man die Verwundeten geladen hatte, und einige Zugmaschinen mit Artilleriegeschützen in Marsch zu setzen. Ein Teil unserer angreifenden Truppen, alle Nach-

---

[143] Am 20. 12. 1942 war in einer Lagebesprechung vereinbart worden, die Marschbewegungen der deutschen und italienischen Truppen zu koordinieren. Den Panzerfahrzeugen der Gruppe Hoffmann – nach einem deutschen Gefechtsbericht nur noch zwei Panzer und zwei Sturmgeschütze – kam dabei die Aufgabe zu, einerseits den Durchbruch zu erzwingen, andererseits die Marschkolonne gegen Panzerangriffe zu schützen. Da die Panzer und Sturmgeschütze jedoch nicht mehr über genügend Treibstoff verfügten, stellte die „Torino" 1000 Liter zur Verfügung, weshalb zahlreiche Fahrzeuge und Geschütze der Division zurückgelassen werden mußten. Den am 20. 12. getroffenen Absprachen gemäß übernahm die „Torino" die Nachhut. BA-MA, RH 31 IX/35, Bl. 19-31, Bericht des Sonderführers Hamann über den Einsatz des DVK bei der Division „Torino" vom 17. 12. 1942-16. 1. 1943. General Lerici schilderte den Hergang der Ereignisse, nicht aber die Ergebnisse der Besprechungen, etwas anders; AUSSME, DS II 1555/9, Comando Divisione fanteria at. „Torino", gez. Roberto Lerici: „Relazione sul ciclo operativo 19 dicembre 1942 – 17 gennaio 1943", S. 4.

[144] *Enrico Fazzi*, Hauptmann, 1942/43 Chef der Carabinieri der Division „Torino".

zügler, die noch von der Straße aus Popowka herbeiströmten, viele Artilleriegeschütze und eine bedeutende Anzahl von Lastwagen mit Lebensmitteln, Munition und weiterem Material fielen in die Hand der Russen. In den Nachhutgefechten wurden einige Carabinieri – Feldwebel Masci[145] und Leutnant Mantineo – verletzt, die man auf Lastwagen verlud.

Nach weiteren Angriffen, die man während des Marsches zu erleiden hatte, und nach Überwindung des heftigen Widerstandes in Ssmirnowskij traf die bereits beträchtlich dezimierte Kolonne in der Nacht vom 21. auf den 22. [Dezember] in Arbusow ein, wo sie eingeschlossen wurde. Als sich dort am Morgen des 22. zeigte, daß die gepanzerten deutschen Truppenteile nicht ausreichen, um den konzentrischen Angriff der Russen abzuwehren, folgten die italienischen Soldaten dem Beispiel und Ansporn der Offiziere und setzten zu einem alles mitreißenden Sturmangriff mit dem Bajonett an, mit dem sie den Feind zwangen, sich überstürzt hinter die umliegenden Höhenzüge zurückzuziehen. Obgleich die italienischen Soldaten hungrig und müde waren, lösten sich den ganzen Tag über Angriffe, Gegenangriffe und Gegenstöße mit dem Bajonett ab und verursachten blutige Verluste.

Auch die Offiziere der CC.RR. der Division „Torino" (Leutnant Mantineo war nicht in Arbusow eingetroffen) nahmen an der Spitze von Abteilungen aus Carabinieri und Soldaten an den Kämpfen des Tages teil, machten viele Gefangene und erbeuteten viele Waffen. Im Laufe des Tages wurde Leutnant Boldoni von einem Granatsplitter am Fuß verletzt und viele Carabinieri fielen oder wurden verwundet. Während der Kämpfe vollbrachten die Carabinieri, die den Soldaten jederzeit zum Vorbild gereichten, zahllose tapfere Taten.

Unter anderem griff eine Gruppe von Carabinieri unter der Führung des Vicebrigadiere[146] Antonelli Gino[147] bzw., nachdem dieser verwundet worden war, des Carabiniere Capati Antonio[148] mit Handgranaten ein starkes feindliches Widerstandsnest an, wobei sie ein schweres Maschinengewehr erbeutete und einige Gefangene machte. Als überdies ein namentlich nicht bekannter Carabiniere sah, daß eine große Gruppe von Soldaten auf der Rechten der von Hauptmann Fazzi befehligten Abteilung unter dem heftigen feindlichen Feuer zurückwich, sprang er spontan auf ein in der Nähe herumstreifendes verschrecktes Pferd, warf sich mit wehender Trikolore und unter dem Ruf „Savoia" im Galopp gegen den Feind, preschte dabei mitten durch die Gruppe und riß sie mit sich zum Gegenangriff. Wenige Augenblicke später fiel der heldenhafte Carabiniere vor den feindlichen Linien[149].

Am Nachmittag des 22., nachdem sich die Verteidigungslinie in gewisser Weise stabilisiert hatte, befanden sich unsere Truppen aufgrund fehlender Munition in großen Schwierigkeiten. Als Hauptmann Fazzi dies sah, organisierte er den Munitionsnachschub, wobei er von den Carabinieri aus eigener Initiative unterstützt wurde. Unter heftigem feindlichen Beschuß sammelte er die Munition derer ein, die wegen Verwundungen oder Erfrierungen kampfunfähig waren, und verteilte sie auf

---

[145] *Umberto Masci* (geb. 1905, gilt als gefallen bzw. in Gefangenschaft verstorben), Feldwebel in der 56. Sektion CC.RR. (mot.) der Division „Torino".
[146] Unteroffiziersdienstgrad der *Carabinieri*.
[147] *Gino Antonelli* (geb. 1910, gilt als gefallen bzw. in Gefangenschaft verstorben), Angehöriger der 56. Sektion CC.RR. (mot.) der Division „Torino".
[148] Nicht ermittelt.
[149] Vgl. S. 1 f. des vorliegenden Bandes.

die verschiedenen Abschnitte der Kampflinie. Nachdem er diese Aufgabe bei Einbruch der Dunkelheit erledigt hatte, erreichte er das Divisionskommando und organisierte mit den verbliebenen Carabinieri den nächtlichen Wach- und Sicherheitsdienst für dieses Kommando.

Am nächsten Morgen, dem 23. [Dezember], ging der Feind zu einem äußerst heftigen Bombardement über. Da der Herr Divisionskommandeur deshalb einen neuen Großangriff der russischen Infanterie befürchtete, erstattete er den Offizieren Bericht. Nachdem er die ziemlich prekäre Lage erläutert hatte, ordnete er den Aufbau von Hundertschaften an, die sich jeweils aus Soldaten und Offizieren derselben Einheit zusammensetzen sollten; Ziel war es, die Verteidigungsanstrengungen zweckmäßig und wirksam zu gestalten. Auch die Carabinieri der verschiedenen Sektionen wurden vereinigt und halfen den Offizieren beim Aufbau der erwähnten Hundertschaften, die sich im Verlauf des Tages als äußerst nützlich erwiesen.

Am 23. Dezember bot das Tal von Arbusow einen schmerzlichen Anblick: der Boden war mit Leichen übersät, in der Nähe der Häuser, die als medizinische Versorgungsstellen vorgesehen waren, lagen Tausende von Verwundeten, dem Beschuß ausgesetzt, auf dem verschneiten Boden. Die wenigen Häuser der Gegend quollen vor Verwundeten über. Die Ärzte, denen es an chirurgischem Gerät, Medikamenten und Verbandsmaterial fehlte, versorgten die schwersten Verletzungen mit Behelfsmitteln (Rasierklingen eines Sicherheitsrasierers, Taschenmesser usw.) auf der Türschwelle. Die hungrigen Soldaten aßen das rohe Fleisch der Maultiere, die dem Bombardement zum Opfer gefallen waren, und stillten ihren Durst mit Schnee, während die deutschen Truppen regelmäßig ihre Ration verzehrten, die in den fahrbaren Küchen zubereitet wurde. Im Laufe des Tages blieben alle Last- und Personenkraftwagen liegen, obgleich sie voll mit Verwundenten waren, weil das deutsche Kommando den Treibstoff in den Tanks beschlagnahmte, um die Panzer und die Sturmgeschütze am Laufen zu halten[150]. Nachdem der Einschließungsring gesprengt war, nahm die italienisch-deutsche Kolonne am 23. Dezember um 22.30 Uhr den Rückmarsch wieder auf, wobei sie alle Verletzten zurückließ, die nicht zu Fuß zu gehen vermochten.

Eine Gruppe von ungefähr 3000 italienischen Soldaten, die in einem benachbarten kleinen Tal im Freien lagerten und auf Befehle warteten, wurde nicht von der Bewegung benachrichtigt und bemerkte erst gegen Mitternacht, daß die Kolonne abgezogen war. Sobald sich Hauptmann Fazzi, der sich bei der Gruppe befand, der Lage bewußt wurde, beschloß er aufzubrechen, und am 24. um ein Uhr wandte er sich unter Zuhilfenahme des Kompasses nach Norden, wobei er, gefolgt von den Carabinieri und einigen Hundert Soldaten, ein enges Tal durchquerte. Nach einigen Stunden Marsch bog die kleine Kolonne nach Westen ab und konnte sich glücklicherweise wieder mit der Hauptkolonne vereinigen. Das intensive Feuer aus Gewehren und automatischen Waffen wie auch die lauten Schreie, die wenige Minuten nach dem Abrücken zu hören waren und aus dem kleinen Tal kamen, lassen vermuten, daß der Feind diejenigen angegriffen hat, die noch unschlüssig vor Ort geblieben waren.

Der Marsch der deutsch-italienischen Kolonne ging ununterbrochen bis Tschertkowo weiter, wo sie am Morgen des 26. Dezember ankam. Am Abend des 24. wur-

---

[150] Vgl. Dok. 22.

den die marschierenden Truppen jedoch von einem Schneesturm und einem starken Absinken der Temperatur (ungefähr 38 Grad unter Null) überrascht, was insofern bedeutende Verluste verursachte, als eine große Zahl von Soldaten, die von den Verletzungen, dem langen, aufreibenden Marsch und vom Hunger erschöpft waren, den Erfrierungstod starben. Außerdem erlitt das Ende der Kolonne durch die häufigen Partisanenangriffe andauernd Verluste.

In den ersten Stunden des 26. Dezember in Tschertkowo angekommen, erhielt die Truppe (insgesamt ungefähr 6000 Mann) den Befehl, in Privathäusern Quartier zu nehmen, doch die Soldaten blieben auf der Straße, weil sie ein eventuelles Abrücken der Kolonne fürchteten; sie schufen auf diese Weise ein unbeschreibliches Durcheinander, das nicht nur die Verpflegung und medizinische Versorgung der unzähligen Verwundeten und Soldaten mit Erfrierungen lähmte, sondern den Russen auch die Möglichkeit eröffnete, von den Truppenbewegungen Notiz zu nehmen und die Gegend unter heftigen, mehrere Tage dauernden Beschuß zu nehmen.

Hauptmann Fazzi, der alle Angehörigen der Carabinieri (siehe beigefügte Liste[151]) zu einer ad hoc-Formation zusammengefaßt hatte, kaum daß er in Tschertkowo angekommen war, erhielt sofort den Auftrag, unter der Truppe Ordnung zu schaffen; in diesem Sinne wurde allen befohlen, in den Privatwohnungen unterzuziehen und diese nicht mehr zu verlassen. Die Aufgabe erwies sich nicht nur wegen der Vielzahl der Soldaten als ausgesprochen schwierig, sondern auch deshalb, weil viele jegliche Disziplin verloren hatten, nicht gehorchten und sich sehr häufig mit der Waffe in der Hand gegen die Carabinieri wandten.

In den folgenden Tagen entdeckten die Soldaten die italienischen Depots und plünderten sie, wobei sie Lebensmittel und Kleidung mitnahmen und auf diese Weise das italienische Kommando in Schwierigkeiten brachten, das mit diesen Gütern die Versorgung der Truppe sicherstellen sollte. Da die Wachmannschaften der Depots die Plünderung nicht zu verhindern vermochten, erhielt Hauptmann Fazzi auch in diesem Fall den Auftrag, die Lage um jeden Preis zu bereinigen. Leutnant Boldoni, der zwar bei Arbusow leicht verwundet worden war, aber langsam wieder diensttauglich wurde, unterstützte den genannten Offizier nachhaltigst, dem es am 3. Januar trotz des anhaltenden feindlichen Beschusses, der durchdringenden Kälte und des bewaffneten Widerstands rebellierender Soldaten mit seinen Männern gelang, die Ordnung wieder vollkommen herzustellen; damit wurde es dem italienischen Kommando, das den Befehl erhalten hatte, sich auf eine lange Verteidigung einzurichten[152], ermöglicht, mit der regulären Verpflegung der Truppe und der Reorganisation der Verbände zu beginnen.

Während des Aufenthalts in Tschertkowo – 26. Dezember 1942 bis 15. Januar 1943 – verrichteten die Carabinieri neben den oben näher bezeichneten Aktionen

---

[151] Auf die Wiedergabe des „Elenco dei Sigg. ufficiali, dei sottufficiali e militari di truppa facenti parte della 66ᵃ Sezione di formazione" wurde verzichtet.
[152] Nachdem es sich als unmöglich erwiesen hatte, Tschertkowo zu entsetzen oder wenigstens einen Korridor zur Versorgung mit Nachschubgütern und zum Abtransport der Verwundeten zu öffnen, wurde der Besatzung des Stützpunkts am 14. 1. 1943 befohlen, sich nach Westen durchzuschlagen. BA-MA, MFB4 1835, Bl. 405–410 (hier Bl. 409), Gefechtsbericht von Oberst Göller „über Kampfeinsatz und Stützpunkt Tschertkowo", Dezember 1942 und Januar 1943.

ununterbrochen und unter ständigem feindlichen Feuer Wach- und Sicherheitsdienste am Sitz des Divisionskommandos und führten Tag und Nacht Patrouillen in dem von italienischen Soldaten belegten Stadtteil durch, um Unruhen und Raubüberfällen vorzubeugen bzw. diese zu bekämpfen und um das Einsickern von Partisanen zu melden bzw. dagegen vorzugehen. Außerdem eskortierten die Carabinieri die Herren Generäle und leisteten Wach- und Ordnungsdienste bei den Verpflegungslagern. In diesem Zeitraum opferten sich alle Carabinieri trotz der Verwundungen und der Entbehrungen, die sie erdulden mußten, bei der Erledigung dieser Aufgaben, die nachts besonders beschwerlich waren, in lobenswerter Weise auf. In Tschertkowo fielen in Erfüllung ihrer Pflicht zwei Carabinieri, während ein Appuntato[153] von Granatsplittern getroffen wurde.

Nach Tschertkowo kamen auch Hauptmann Blundo Carmelo und Oberleutnant Maci Osvaldo[154]. Hauptmann Blundo, der im Laufe des jüngsten Rückzugsmarsches von einem italienischen Soldaten schwer am Brustkorb verletzt worden war, wurde nach einigen Tagen mit anderen Schwerverwundeten in ein deutsches Flugzeug verladen, dem es gelungen war zu landen. Oberleutnant Maci Osvaldo, der Erfrierungen ersten Grades an den Zehen erlitten hatte und nicht mehr diensttauglich war, wurde ins Lazarett eingewiesen.

Auch der Aufenthalt in Tschertkowo war von einem Mangel an Arzneimitteln, chirurgischem Gerät und Verbandsmaterial geprägt. Die Verwundeten und Soldaten mit Erfrierungen, rund 2000 an der Zahl[155], wurden in einem geräumigen Gebäude untergebracht und auf Strohsäcke gelegt. Die Ärzte opferten sich in jeder Hinsicht auf, was soweit ging, daß sie brandige Gliedmaßen mit Behelfsmitteln amputierten und Kognak als Desinfizierungsmittel benutzten. Die Nachschubgüter, die von einigen italienischen Flugzeugen abgeworfen wurden, reichten nicht aus und wurden fast immer unbrauchbar, sobald sie am Boden aufschlugen.

Die diensttauglichen Soldaten wurden zunächst Haus für Haus gezählt, dann in Abschnitten, die mehrere Häuser umfaßten, organisiert und schließlich je Regiment in Hundertschaften zusammengefaßt; sie wurden zu Befestigungsarbeiten und Kampfeinsätzen zur Verteidigung des Stützpunkts herangezogen.

Am 15. Januar gab das Kommando gegen 16 Uhr den Befehl zum Abrücken und die Anweisung zur Formierung der Kolonnen durch, die um 21 Uhr beginnen sollte. Sofort setzten die Vorbereitungen zum Aufbruch ein, wobei alle verfügbaren Schlitten ausgerüstet wurden, und zur festgelegten Stunde begann die Kolonnenbildung nach Großverbänden. Erneut ließ man die ins Lazarett eingelieferten Verwundeten und Soldaten mit Erfrierungen zurück, wenn sie nicht in der Lage waren, zu Fuß zu gehen. Hauptmann Fazzi ließ jedoch Oberleutnant Maci aus dem Lazarett holen und auf den einzigen Lastwagen verladen, über den die italienischen Truppen verfügten. Leider blieb der Lastwagen nach einigen Kilometern im Schnee stecken,

---

[153] Dem Rang des Obergefreiten entsprechender Mannschaftsdienstgrad der *Carabinieri*.
[154] Weder zu Carmelo Blundo noch zu Osvaldo Maci wurden weitere Angaben ermittelt.
[155] Nach Angaben von General Lerici lag die Zahl der verwundeten und an Erfrierungen leidenden italienischen Soldaten mit 3850 fast doppelt so hoch. Von diesen seien mehr als 1000 nicht mehr in der Lage gewesen, sich aus eigener Kraft auf den Weg zu machen, und da man nur etwa 100 habe transportieren können, habe man den Rest in Tschertkowo zurücklassen müssen. Vgl. hierzu und zum folgenden den Gefechtsbericht von General Lerici (AUSSME, DS II 1555/9, S. 14 ff.) mit z.T. anderen Zeitangaben.

so daß der genannte Offizier gezwungen war, zu Fuß weiterzugehen; es gelang ihm, der Kolonne bis zu ihrem Bestimmungsort zu folgen. Nachdem die Patienten im Lazarett vom Abrücken Wind bekommen hatten, obgleich ihnen dies auf Befehl des deutschen Kommandos verheimlicht worden war, wurden sie von Panik ergriffen; die meisten verließen [das provisorische Lazarett] und schleppten sich hinter der Kolonne her. Weil sie Schwierigkeiten beim Gehen hatten, blieben sie auf dem Weg zurück.

Nachdem die Russen in der Zwischenzeit auf unsere Bewegungen aufmerksam geworden waren, begannen sie mit einem heftigen Bombardement und führten zahlreiche Angriffe gegen die Kolonne. Der Marsch ging so bis Strelzowka weiter, wo wir am 16. Januar um ungefähr 18 Uhr eintrafen; die Kolonne wurde dabei von den Russen dauernd mit Maschinengewehren, Granatwerfern und Artillerie unter Beschuß genommen. Außerdem wurde die Kolonne ständig von Panzern bedrängt, die ihr immer wieder den Weg versperrten, und von der feindlichen Luftwaffe mit Maschinengewehren und Splitterbomben angegriffen. Auch wurde die Kolonne während des Marsches durch einen russischen Angriff aufgespalten. Einige hundert italienische Soldaten, die das Ende dieser Kolonne bildeten, wurden so gefangengenommen.

Auch auf diesem Marsch waren die Carabinieri größten Anstrengungen ausgesetzt, weil sie den Auftrag hatten, Ordnung und Disziplin unter den Soldaten aufrechtzuerhalten; diese neigten nämlich dazu, sich an der Spitze der Kolonne zu massieren, so daß sie vor allem der feindlichen Luftwaffe ein sehr verwundbares Ziel boten. In Strelzowka traf die Kolonne endlich auf den ersten deutschen Stützpunkt, wo man die italienischen Truppen kühl empfing und in das circa 25 km entfernte Belowodsk weiterleitete, ohne den Verwundeten und den Soldaten mit Erfrierungen auch nur die geringste Hilfe zu gewähren. Dieser letzte Abschnitt des Marsches war am beschwerlichsten, weil die Temperatur in der Nacht auf ungefähr 30 Grad unter Null sank. Glücklicherweise begannen gegen Mitternacht italienisch-deutsche Kranken- und Lastwagen den Weg abzufahren, den die Kolonne genommen hatte, und all diejenigen aufzusammeln, die zu Boden gesunken waren, weil es ihnen unmöglich war weiterzugehen.

In Belowodsk setzte sich das italienische Etappenkommando auf jede erdenkliche Art dafür ein, die Truppe zu stärken und die Verwundeten und die Soldaten mit Erfrierungen ärztlich zu versorgen; diese wurden anschließend mit Krankenwagen ins Feldlazarett von Starobelsk gebracht. Auch die Truppe wurde mit Lastwagen dorthin befördert. In Starobelsk lieferte man Hauptmann Fazzi ins Lazarett ein, so daß er nicht in der Lage war, die Zahl der übriggebliebenen Soldaten der Carabinieri-Sektion festzustellen.

Anhang

<u>Die italienisch-deutschen Beziehungen während des Rückzugs</u>
Die italienisch-deutschen Beziehungen während des Rückzugs waren von großer Kälte und großer Verachtung der deutschen Truppen gegenüber den italienischen Offizieren und Soldaten gekennzeichnet. Die deutschen Soldaten grüßten die italienischen Offiziere nicht und nahmen keinerlei Rücksicht auf die von ihnen beklei-

deten Ränge[156]; man behandelte sie wie gemeine Soldaten, verweigerte ihnen den Gehorsam und gebrauchte Gewalt. Anstatt einzugreifen, billigten die deutschen Offiziere das Handeln ihrer Untergebenen, und sehr selten traten sie an die italienischen Offiziere heran – nur an die hohen Ranges –, wobei sie Kälte und Hochmut zeigten.

Auf dem Marsch oder im Falle der Einschließung, boten sie den italienischen Soldaten nicht die geringste Hilfe an. Während unsere Soldaten tatsächlich aufgrund des Fehlens von Lebensmitteln hungerten, bereiteten die deutschen Truppenteile die Verpflegung regulär in den mitgeführten Küchen zu. Das deutsche Kommando requirierte überdies die Lebensmittel in den Ortschaften, die man durchquerte, erlaubte es dem italienischen Kommando aber nicht, genauso vorzugehen, und hütete sich davor, einen Teil der requirierten Lebensmittel an die Italiener abzugeben[157]. Wenn sich ein italienischer Soldat einer deutschen Küche näherte und um ein wenig Essen oder Wasser bat, wurde er mit Pistolenschüssen empfangen[158].

Die deutschen Soldaten machten den Italienern gegenüber bei jeder Gelegenheit von der Schußwaffe Gebrauch, wenn diese nicht sofort den in deutscher Sprache erteilten Befehlen nachkamen.

Das deutsche Kommando, das sich wegen der Panzer und der Artillerie auf Selbstfahrlafetten der eigenen Überlegenheit bewußt war, tendierte außerdem stets dazu, sich von den italienischen Truppen abzusetzen; [die Deutschen] entfernten sich, als diese in ein Gefecht verwickelt waren wie am Fluß Tichaja[159], oder versuchten, einen Einschließungsring aufzubrechen, wobei sie das italienische Kommando erst wenige Minuten vor der Befehlsausgabe benachrichtigten, wie es in Arbusow geschah[160].

---

[156] Wie verschieden die Erfahrungen sein konnten, zeigen die Erinnerungen eines Oberleutnants im Infanterieregiment 81 der Division „Torino", der noch vierzig Jahre später berichtete, wie überrascht er war, als ein deutscher Unteroffizier salutierend Haltung annahm, während er in Tschertkowo den Gefechtsstand eines deutschen Regiments betreten habe. Die italienischen Soldaten dagegen hätten während des gesamten Rückzugs nicht einmal die Generäle gegrüßt. Auch an anderen Stellen läßt er das Verhältnis von Deutschen und Italienern in besserem Licht erscheinen, als dies im hier abgedruckten Dokument der Fall ist. Vgl. Giuseppe Longo, Dal Don a Karkov, in: Bedeschi (Hrsg.), Fronte russo, Bd. 1, S. 79–87, hier insbesondere S. 85 f.

[157] Piero Guarducci, Gefreiter im Artilleriedepot der 8. Armee, erinnerte sich daran (Nella sacca di Cerkovo, in: ebenda, S. 103–117, hier S. 112), daß vor dem Ausbruch aus Tschertkowo der Befehl gegeben worden sei, so viele Schlitten und Pferde zu requirieren wie irgend möglich. Aber überall habe man auf die italienischen Bitten und Drohungen geantwortet, es seien schon die Deutschen da gewesen und hätten alles mitgenommen.

[158] Die Tatsache, daß es den Deutschen gelungen war, trotz des Chaos Feldküchen zu retten, machte ebenso großen Eindruck auf die italienischen Offiziere und Mannschaften wie die unerwartete Erfahrung, daß die Verbündeten offensichtlich nicht bereit waren zu teilen. Vgl. den Gefechtsbericht von Oberstleutnant Turrini (AUSSME, DS II 1555/11, S. 37) oder Riccardo Richebuono, In Ritirata, in: Bedeschi (Hrsg.), Fronte russo, Bd. 1, S. 485–495, hier S. 488. Allerdings war die Bandbreite der Verhaltensweisen und Erfahrungen wiederum groß, wie die Erinnerungen von Giulio Casamenti, Soldat im Infanterieregiment 38 der Division „Ravenna", zeigen (Fronte russo, in: ebenda, S. 495 ff., hier S. 496), der während der Kämpfe in Arbusow bei deutschen Soldaten Verpflegung und Unterkunft fand.

[159] In der Vorlage: „Tukaja".

[160] Nach dem Gefechtsbericht Lericis für die Zeit vom 19. 12. 1942–17. 1. 1943, hier S. 8, (AUSSME, DS II 1555/9) wurde der Befehl zum Ausbruch aus Arbusow am 23. 12. gegen

Während des Rückzugs trug es sich ferner zu, daß die deutschen Panzertruppen keine gepanzerten Abteilungen als Nachhut abstellten, um die gesamte Kolonne zu verteidigen, sondern nur an der Spitze und am Ende der deutschen Kolonne marschierten, die der italienischen vorausging, und diese so auf Gnade und Ungnade den fortdauernden Angriffen des Feindes überließ. Als man Tschertkowo verließ, sollte sich beispielsweise ein deutsches Bataillon zuletzt aus dem Ort absetzen und die Nachhut der gesamten Kolonne bilden[161]. Dagegen hängte sich dieses Bataillon an die deutsche Vorhut an und lieferte die nachfolgende italienische Kolonne, die keine automatischen Waffen und keine Munition besaß, dem Feind aus.

Dann waren Rücksichtslosigkeit und Raub an der Tagesordnung. Die deutschen Soldaten stellten zu mehreren und mit der Waffe in der Hand einzelne italienische Soldaten, um ihnen die Pistole bzw. die Uhr zu rauben oder das Maultier wegzunehmen, das sie in Obhut hatten. Als einige italienische Flugzeuge Arzneimittel mit dem Fallschirm abwarfen, war es nicht möglich, die Übergabe der von den deutschen Soldaten aufgenommenen Pakete zu erreichen. Als man verschiedentlich eingeschlossen war, erschossen die Deutschen schließlich erbarmungslos alle russischen Gefangenen, die ihnen nach und nach in die Hände fielen. Dieser Umstand provozierte eine Reaktion des Feindes, der mit den deutschen und italienischen Gefangenen ebenso verfuhr. In Arbusow wurden beispielsweise einige hundert gefangengenommene russische Soldaten von den Deutschen kaltblütig erschossen[162], und man nimmt deshalb an, daß der Feind aus Rache Tausende italienische Verwundete getötet hat, die man vor Ort zurückließ, weil sie nicht transportiert werden konnten.

In Tschertkowo bemächtigte sich das deutsche Kommando[163], das einige Tage nach dem Abzug der italienischen Garnison eintraf, all der gut ausgestatteten italienischen Versorgungslager. Und als die italienischen Truppen bei ihrem Rückzug dort ankamen, weigerte sich das deutsche Kommando, diese Versorgungslager zurückzugeben, so daß die italienischen Soldaten für einige Tage ohne Lebensmittel

---

20.30 übermittelt. Angesichts der Geschwindigkeit, mit der sich die deutsche Marschkolonne formiert habe, habe man den Eindruck gewinnen können, die deutschen Truppen seien bereits vorab informiert gewesen.

[161] Umberto Turrini bemerkte in seinem Gefechtsbericht (AUSSME, DS II 1555/11, S. 42), als Nachhut sei ein deutsches Bataillon vorgesehen gewesen, in der Praxis hätten jedoch italienische Soldaten diese Aufgabe übernommen, allerdings unterstützt von deutschen Panzerfahrzeugen.

[162] Daß den deutschen und italienischen Soldaten während der Kämpfe um Arbusow neben sowjetischem Kriegsmaterial zahlreiche Gefangene in die Hände fielen, ist auch anderweitig bezeugt. Umberto Turrini berichtete (AUSSME, DS II 1555/11, S. 34) daß man die Beute an Waffen und Munition behalten, die Gefangenen aber an die Deutschen übergeben habe, ohne sie je wiederzusehen. Angesichts der Tatsache, daß sowohl die Deutschen als auch die Italiener nicht einmal all ihre Schwerverwundeten abtransportieren konnten, erscheint es nicht unwahrscheinlich, daß man sich der Gefangenen tatsächlich entledigte, wobei sich nichts über Entscheidungsprozesse und Verantwortlichkeiten aussagen läßt.

[163] Tschertkowo lag eigentlich im rückwärtigen Gebiet der 8. Armee und stand unter der Verwaltung des Comando Tappa Speciale 300. Nach dem sowjetischen Durchbruch hatten die italienischen Logistikeinheiten Tschertkowo verlassen, und seit dem 20. 12. 1942 führte Oberst Wilhelm Göller vom Festungspionierstab 30 das Kommando über die Verteidiger. BA-MA, MFB4 41403, Bl. 1090, KTB des Deutschen Generals beim italienischen AOK 8, Eintrag vom 20. 12. 1942.

blieben[164]. Angesichts der beharrlichen Proteste des italienischen Kommandos gab [das deutsche Kommando] die Depots später zurück, nachdem ihnen mit sorgfältiger Genauigkeit alle Genußmittel wie Butter, Marmelade, Mehl, Liköre, Schokolade, Zucker, Öl etc. pp. entnommen worden waren[165]. Während des Rückzugs gab es wegen der deutschen Haltung viele Konflikte, die als Reaktion unserer Soldaten darauf entstanden sind.

Rom, 4. April 1943-XXI   Der Hauptmann und Chef der CC.RR.
der Division „Torino"[166]
Enrico Fazzi

AUSSME, L 13/202.

Dokument 24

Bericht von Oberst Francesco Polito[167] an das Kommando der Infanteriedivision „Cosseria" über das Verhalten deutscher Soldaten gegenüber ihren italienischen Kameraden vom 28. März 1943

Kommando des 90. Infanterieregiments
„Gewohnt zu siegen"

Nr. 05/260 di prot. R.P.   P.M. 42, 28. März 1943-XXI

Betreff: Informationen

An das Kommando der Infanteriedivision „Cosseria"

Feldpost Nr. 42

Mit Bezug auf die Anfrage aus dem Schreiben 1/467 vom 20. des laufenden Monats[168] gebe ich im folgenden einige Vorfälle in Bezug auf fehlende Zusammenarbeit

---

[164] Brigadegeneral Cesare Rossi, der stellvertretende Kommandeur der Division „Torino" berichtete dagegen (AUSSME, DS II 1555/10, Gefechtsbericht für die Monate Oktober 1942 bis Januar 1943, S. 14), man sei in Tschertkowo gut aufgenommen und durch den bislang höchsten italienischen Offizier im Stützpunkt, einen Oberstleutnant der *Bersaglieri*, reichlich mit Lebensmitteln versorgt worden.
[165] Die Magazine von Tschertkowo waren offenbar bereits im Zuge der Räumung der Stadt durch Plünderungen und Brände schwer in Mitleidenschaft gezogen worden (vgl. Guarducci, Sacca di Cerkovo, in: Bedeschi (Hrsg.), Fronte russo, Bd. 1, S. 104). Nach den Erinnerungen von Attilio Boldoni (Epopea dei Carabinieri, in: ebenda, S. 67) versuchten hungrige italienische Soldaten später auch, die Depots zu stürmen.
[166] Dienstgrad und Dienststellung sind handschriftlich vermerkt.
[167] *Francesco Polito*, Oberst, seit Anfang März 1943 Kommandeur des Infanterieregiments 90 der Division „Cosseria".
[168] Der Kommandeur der Division „Cosseria", General Enrico Gazzale, teilte dem Infanterie- und dem Pionierführer seiner Division, den Infanterieregimentern 89 und 90 sowie dem Artillerieregiment 108 am 20. 3. 1942 in einem vertraulichen Schreiben (Nr. 1/467 di prot.; AUSSME, DS II 1551/5) folgendes mit: „Das Comando Supremo wünscht, genauestens

und verweigerte Unterstützung unserer Truppen von deutscher Seite während der Kämpfe vom vergangenen Dezember und des darauf folgenden Rückzugs wieder, von denen mir Soldaten des Regiments schriftlich berichtet haben. Diese Vorfälle haben reinen Beispielcharakter und bieten keine vollständige Dokumentation über die feindselige, ungeschliffene, oftmals barbarische und viehische, immer abfällige und anmaßende Behandlung seitens der Kameraden des deutschen Heeres.

Viele weitere, auch schwerwiegendere Vorfälle dieser Art, werden hier nicht wiedergegeben, obwohl sie „gerüchteweise" bekannt sind, weil die Soldaten, die darin verwickelt waren und die sie bezeugen könnten, nicht mehr beim Regiment weilen. Klar ist, daß sich diese Vorfälle sehr ungünstig auf die Moral der Truppe ausgewirkt haben, und zwar bis zu dem Punkt, daß sich ihre Einstellung gegenüber dem deutschen Verbündeten zutiefst gewandelt hat. Selbst eine beharrliche Einflußnahme auf die Moral zur Änderung dieses Zustands wird keine besonderen Ergebnisse zeitigen, denn die Offiziere, die die Einheiten führen, sind fast alle nicht anders behandelt worden, und in keinem Fall gab es auch nur die mindeste Andeutung von Ehrerbietung und Respekt ihrem Dienstgrad gegenüber.

A) Fehlende Kooperation im Gefecht

Am Abend des 6. Dezember [?] befahl Major *Millino* Teresio[169], der erste Adjutant des Regiments, in Dubowikoff dem befehlshabenden Oberleutnant der Geschützkompanie des 318. deutschen Grenadierregiments, die dem 90. Infanterie[regiment] unterstellt war, im Raum Deresowka zur Kampflinie am Don vorzurücken und dort seine Geschütze nach den Weisungen aufzustellen, die er vor Ort erhalten würde. Der deutsche Offizier weigerte sich entschieden und in ruppiger Form, den Befehl auszuführen, wobei er erklärte, er würde von einem italienischen Kommando keine Befehle entgegennehmen. Erst als es möglich war, telefonisch mit dem deutschen Regimentskommandeur [Oberst Mielke] in Verbindung zu treten, der den Befehl bestätigte, rückte der deutsche Offizier in den ihm angewiesenen Abschnitt vor. Es sei hervorgehoben, daß die damalige Lage eine sofortige Umsetzung der befohlenen Maßnahme verlangte.

B) Aneignung von Waffen und Material

1. Der Schütze *Muzzin* Antonio, Sohn von Giuseppe, von der 3. Kompanie wurde am 19. Dezember 1942 während des Rückmarsches, und zwar unmittelbar hinter Kantemirowka, wo sich deutsche Panzerjäger befanden, von deutschen Sol-

---

über das Verhalten unserer deutschen Verbündeten zu Beginn und während des Rückzugs unterrichtet zu werden, und zwar über Fälle fehlender Zusammenarbeit im Gefecht, über die Verweigerung von Unterstützung für unsere Truppen auf dem Rückzug, schließlich über die willkürliche Aneignung von italienischen Kraftfahrzeugen und Versorgungslagern. Ein vollständiger und erschöpfender Bericht mit den geprüften Einzelfällen wird umgehend erbeten. Die Angaben sollen so umfangreich wie möglich sein und in allen Einheiten wie auch bei den einzelnen Untergebenen gesammelt werden; sie müssen aber genau, ausführlich beschrieben und soweit wie möglich dokumentiert sein."

[169] Major Millino bekleidete dieses Amt seit dem 1. 12. 1942 (AUSSME, DS II 1553/2, Anlage 1 zur chronologischen Übersicht über den Einsatz der Division „Cosseria" an der Ostfront zwischen Juli 1942 und April 1943); weitere Angaben ließen sich nicht ermitteln. Daten zu den in diesem Dokument erwähnten Personen wurden nur in Ausnahmefällen erhoben, da es sich in der Regel um Subalternoffiziere, Unteroffiziere und einfache Soldaten handelt, deren Biographie keinen Erkenntnisgewinn verspricht.

daten festgehalten und aufgefordert, ihnen Karabiner und Munition zu übergeben. Als Muzzin sich weigerte und seinen Marsch fortzusetzen versuchte, holten ihn dieselben deutschen Soldaten ein, hielten ihn fest und entwaffneten ihn; nachdem man ihm einen heftigen Stoß und einen Tritt ins Hinterteil versetzt hatte, wurde er wieder freigelassen und konnte weiterziehen.

2. Die Schützen *Pasquali* Marino und *Mastrodomenico* Michele von der 8. Kompanie trafen am 19. Dezember 1942 auf der Straße von Kantemirowka nach Tschertkowo auf ungefähr zwanzig Deutsche, von denen sie aufgefordert wurden, ihnen die Waffen zu überlassen. Als sie sich weigerten, gaben die deutschen Soldaten zur Einschüchterung einige Pistolenschüsse ab und zwangen sie, die Waffen auszuhändigen.
3. Die Schützen *Bandirali* Carlo und *Maglio* Ernesto wurden zusammen mit anderen Italienern von einer Gruppe von Deutschen, die zahlenmäßig mehr als doppelt so stark war, gewaltsam entwaffnet.
4. Der Schütze *Maiani* Gino beobachtete in Charkow fünf Deutsche, als sie versuchten, sich eines italienischen Autos zu bemächtigen, das am Straßenrand stand. Der Fahrer versuchte, sie mit angelegtem Gewehr fernzuhalten, doch die Deutschen griffen ihn an, und nur durch die glückliche Intervention einiger zufällig vorbeikommender italienischer Offiziere, welche die Deutschen zum Etappenkommando geleiteten, war es möglich, den Diebstahl des Fahrzeugs zu verhindern.
5. Am 19. Dezember 1942 nahmen während des Rückzugs drei Deutsche, darunter ein Offizier, dem Stabsgefreiten *Ferrandi* Silvio von der 4. Kompanie auf der Straße von Kantemirowka nach Belowodsk gewaltsam das Maschinengewehr ab, das er geborgen und auf den Schultern transportiert hatte.
6. Zur gleichen Zeit wurde etwas westlich des Donez der Schütze *Consonni* Pietro von der 4. Kompanie zusammen mit weiteren Kameraden entwaffnet, die mit einem italienischen Lastwagen unterwegs waren.
7. Der Schütze *Lopeduso* Giuseppe von der 4. Kompanie traf mit zwei Artilleristen auf einige Deutsche, die sie dazu zwangen, ihnen die Waffen auszuhändigen. Da sie sich weigerten, richtete einer der Verbündeten die Pistole auf sie, schoß und verletzte einen der Artilleristen am rechten Arm. Beide wurden entwaffnet. Dem Schützen Lopeduso gelang es, die Waffe durch Flucht in Sicherheit zu bringen.
8. Nachdem er das Lazarett von Kantemirowka verlassen hatte, wohin er aufgrund einer Verwundung gebracht worden war, hatte der Schütze *Presenza* Giacobbe von der 4. Kompanie auf einem Schlitten Platz gefunden, der von zwei italienischen Maultieren gezogen wurde. Nach ungefähr zwanzig km zwang eine Gruppe von Deutschen den Führer mit der Waffe in der Hand, Schlitten und Maultiere herauszugeben.
9. Der Schütze *Biraghi* Ernesto von der 1. Kompanie berichtet, er sei dabeigewesen, als zwei italienische Soldaten in Kantemirowka von zwei deutschen Unteroffizieren aufgehalten worden seien. Nachdem diese sie entwaffnet und hätten weitergehen lassen, hätten sie ihnen von hinten nachgeschossen, ohne daß es jedoch gelungen sei, sie zu treffen.
10. Am 22. Februar 1943 traf die Kraftfahrzeugkolonne, die Truppen der Division „Cosseria" transportierte und auf dem Weg nach Gomel war, am Stadtrand von

Kiew ein. Da es wegen der schneidenden Kälte völlig unmöglich war, auf den offenen Fahrzeugen zu übernachten, versuchten einige Soldaten, in den nahen Wohnhäusern unterzukommen, obgleich sie durch die Bombardements stark beschädigt waren. Mit dem Versprechen, eine Unterkunft zu finden, führte eine deutsche Streife den Stabsgefreiten *De Carli* Pietro, den Schützen *Carubini* Ubaldo und den Schützen *Fabbri* Enrico von der 5. Kompanie zur eigenen Wacheinheit, wo diese plötzlich mit Waffen bedroht und entwaffnet wurden. Danach setzte man sie gewaltsam vor die Tür. Um die Waffen am nächsten Tag zurückzubekommen, war es notwendig, daß der Bataillonskommandeur Hauptmann *Bianchi* Evanzio[170] bei den örtlichen deutschen Behörden einschritt.

11. Am 19. Dezember 1942 wurden in Kantemirowka der Unteroffizier *Curcio* Giuseppe, der Stabsgefreite *Salvadori* Silvio und die Schützen *Gambino* Calogero und *Gendusa* Francesco von der Stabskompanie des I. Bataillons ohne jeglichen Grund gewaltsam von deutschen Streifen entwaffnet.
12. Am 23. Februar 1943 führte eine deutsche Streife in Kiew die Schützen *Pravatà* Salvatore und *Rinchiuso* Calogero zusammen mit anderen Soldaten des Regiments unter Vorwänden in ein Haus und zwang sie dort mit angelegten Gewehren, ihre Waffen abzugeben.

C) Von Niedertracht zeugende Vorfälle
1. Während des Marsches von Rykowo nach Jassinowatoje[171] fuhr ein deutsches Kraftfahrzeug willkürlich den Leutnant *Montoneri* Giuseppe von der 10. Kompanie an, so daß er mit einem gebrochenen Arm ins Lazarett eingeliefert werden mußte.
2. Während desselben Marsches fuhr ein anderes deutsches Kraftfahrzeug aus offenkundig niederträchtigen Beweggründen den Schützen *Citrini* Idrio von der 10. Kompanie an, so daß er mit einem Knie- und Armbruch ins Lazarett eingeliefert wurde.
3. Der Schütze *Donati* Ubaldo, der sich am 18. Februar dieses Jahres auf der Fahrt nach Krementschug befand, blieb plötzlich ohne Benzin liegen. Deshalb mußte er am Straßenrand halten und auf einen italienischen Wagen warten, um abgeschleppt zu werden. Zwischenzeitlich traf ein deutscher Major ein, der wie ein Besessener schrie und ihn aufforderte, von dort zu verschwinden, weil das Parken von Kraftfahrzeugen verboten sei. Auf höfliche Art und mit höchstem Respekt gab der genannte Schütze dem deutschen Offizier zu verstehen, daß er sich wegen Benzinmangels nicht fortbewegen könne, daß er aber sofort aufbrechen würde, sobald ein italienischer Wagen vorbeikäme, der in der Lage sei, ihn abzuschleppen. Der deutsche Offizier wollte nichts davon wissen und rief aus, nachdem er sich völlig deplaziert über den italienischen Soldaten aufgeregt hatte: „Hört endlich auf, Italiener!" Und während er dies sagte, richtete er die Pistole auf ihn und forderte ihn auf zu verschwinden. Wahrscheinlich war es seine Absicht gewesen, sich des Kraftfahrzeugs zu bemächtigen.

---

[170] Major Bianchi führte seit Mitte November 1942 das II. Bataillon des Infanterieregiments 90.
[171] In der Vorlage: „Jasinowataja"; im folgenden wurden diese und andere falsche Schreibweisen stillschweigend korrigiert.

4. Als der Schütze *Fortolan* Luigi am 15. Januar dieses Jahres auf der Straße fuhr, die von Woroschilowgrad nach Millerowo führt, sah er, wie etwa fünf km von Woroschilowgrad entfernt ein deutscher Soldat auf einen italienischen Kradfahrer schoß, der, am Kopf getroffen, tot zu Boden fiel[172]. Der deutsche Soldat bemächtigte sich danach des Motorrads und entfernte sich schnell. Dies geschah in einer Distanz von nicht mehr als 50 m vom Schützen Fortolan, der nicht reagieren konnte, weil er unbewaffnet war.
5. Der Schütze *Malegori* Luigi befand sich am vergangenen 19. Dezember zusammen mit einem anderen Soldaten von den Pionieren, dessen Füße bereits erfroren waren, in Kantemirowka und fragte einen deutschen Soldaten, wohin er sich wenden könne, um dem Kameraden zu helfen. Der deutsche Soldat schlug mit einem verächtlichen Lachen vor, ihn mit einem Pistolenschuß zu töten, und als Malegori nicht locker ließ, antwortete er, indem er ihn zu Boden warf und ihm das Gewehr wegnahm.
6. Der Schütze *Pesce* Giacomo behauptet, einige Kilometer hinter Kantemirowka einen unserer Verwundeten auf einem Schlitten gesehen zu haben, der sich – von deutschen Soldaten mit einer Peitsche bedroht – geweigert habe abzusteigen. Daraufhin wurde der Verletzte von deutschen Infanteristen zu Boden geworfen und konnte wenig später von einem vorbeikommenden italienischen Lastwagen aufgenommen werden.

D) Von fehlender Unterstützung zeugende Vorfälle
1. 25. Februar 1943 in Bolriskaja. Mehrere italienische Soldaten, die wegen Schäden an den Lastwagen ohne Fahrzeug geblieben sind, versuchten in einen Zug einzusteigen, um Kiew, den Versammlungsraum der Division zu erreichen. Der Zug war voller Rumänen und Zivilisten, aber es gab noch Platz. Die italienischen Soldaten wurden von den deutschen Soldaten mit Verachtung vertrieben, wobei sie gegen die Widerspenstigsten mit aufgepflanztem Bajonett vorgingen. Dem Vorfall wohnten der Gefreite *Corchia* Antonio und die Schützen *Boscaro* Fortunato, *Gazzano* Paolo, *Rossi* Adorno, *Fazzi* Amato, *Socci* Giulio von der Stabskompanie des I. Bataillons bei.
2. 5. Februar 1943 in Dnjepropetrowsk. Der Gefreite *Sallitto* Giuseppe und die Schützen *Cugerone* Carlo und *Sacchi* Mario von der Stabskompanie des I. Bataillons saßen an den Tischen eines in der Nähe des Bahnhofs gelegenen deutschen Restaurants und warteten darauf, bedient zu werden. Mehrere deutsche Soldaten traten ein, die sich jedoch, da sie keinen Platz fanden, den italienischen Soldaten näherten und von ihnen verlangten aufzustehen, weil sie bereits gegessen hätten. Diese wandten ein, daß dem nicht so sei. Da hoben jene den Gefrei-

---

[172] Angesichts der Schwere des Vorfalls und um die Identität des erschossenen italienischen Soldaten klären zu können, bat das Divisionskommando um nähere Informationen. Der Zeuge sagte daraufhin aus, er habe eine heftige Diskussion zwischen dem unbekannten italienischen Kameraden und dem deutschen Soldaten beobachtet, die sich offensichtlich darum gedreht habe, daß dieser auf das Motorrad aufsteigen wollte, und die damit geendet habe, daß der deutsche Soldat den italienischen Kradfahrer mit einer Pistole erschossen habe. AUSSME, DS II 1551/5, Comando 90° Reggimento fanteria (Nr. 05/321 di prot. ris. pers. – gez. Francesco Polito) an Comando della Divisione fanteria „Cosseria" vom 12. 4. 1943.

ten zusammen mit dem Stuhl gewaltsam hoch, um ihn anschließend schwer auf den Boden stürzen zu lassen. Es war ihre offenbare Absicht, die Uniform des italienischen Soldaten lächerlich zu machen, und tatsächlich brach der ganze Saal, der voller deutscher Soldaten war, in schallendes Gelächter aus.

3. **19. Dezember 1942 bis 16. Januar 1943, Flugplatz 85 K, in der Nähe von Kantemirowka.** Die italienischen Soldaten, die zusammen mit den Deutschen eingeschlossen wurden, weil sie den Flughafen verteidigten, wurden wie Gefangene behandelt: reduzierte Verpflegung, mit Bajonetten und Stockschlägen durchgesetzte Ausführung schwerster Arbeiten. Nichts galt es, daß man gemeinsam gekämpft und das Leben für ein und dasselbe Ziel riskiert hatte. Zugegen waren die Schützen *Cugerone* Carlo und *Fassina* Siro von der Stabskompanie des I. Bataillons.

4. **20. Dezember 1942 in der Nähe von Millerowo.** In den ersten Tagen des Rückzugs wurden die Schützen *Fazzi* Amato und *Lamioni* Alcide von der Stabskompanie des I. Bataillons und viele andere von anderen Truppenteilen gewaltsam gezwungen, von einem leeren, fahrenden Lastwagen zu springen. Dasselbe passierte den Schützen *Muzzi* Antonio und *Gazzola* Rosalino von der Stabskompanie des I. Bataillons, wobei Stockhiebe und Fußtritte erschwerend hinzukamen.

5. **22. Dezember in Belowodsk.** Der Schütze *Passarella* Giovanni von der Stabskompanie des I. Bataillons wird zusammen mit anderen Pionieren und einem Oberleutnant der Pioniere von einem deutschen Offizier beschimpft, der verlangt, daß sie an die Front zurückkehren, obgleich ihm der Rückzugsbefehl an die Division „Cosseria" nicht unbekannt sein kann. Feige überzieht er den italienischen Offizier und die Soldaten auf italienisch mit den Schimpfworten: Feiglinge, Verräter, Angsthasen usw. Der italienische Offizier, der unfähig war zu reagieren, verfiel in einen Weinkrampf.

6. Die Schützen *Cantore* Gildo und *Cartasegna* Filippo haben berichtet, sie hätten am 19. Dezember um acht Uhr während des Rückzugs von Kantemirowka versucht, auf einen fast leeren deutschen Lastwagen zu klettern, auf den sie an der Straße gestoßen waren: Sobald sie sich an die Bordwände des Lastwagens gehängt hatten, begannen die deutschen Soldaten, die sich darauf befanden, mit dem Gewehrkolben auf ihre Hände zu schlagen und sie so vom fahrenden Lastwagen zu werfen. Als sie zu Fuß weitergingen, sahen sie eine halbe Stunde nach diesem Vorfall, wie ein deutscher Mannschaftsdienstgrad die Maschinenpistole gegen einen von unseren Lastwagen richtete und ihn dadurch zum Stehen brachte. Danach zwang der Mannschaftsdienstgrad den Fahrer weiter mit der Waffe in der Hand, ihn und seine Männer aufsteigen zu lassen, obgleich der Lastwagen voll beladen war.

7. Am Morgen des vergangenen 17. Dezember zog Leutnant *Ferrol* Salvatore von den CC.RR. zusammen mit dem Schützen *Cadu* Carmine von der 355. Kompanie Kanonen 47/32 der Division und anderen Infanteristen die Straße von Orobinskji nach Krasnyj entlang. Als sie ein deutsches Kraftfahrzeug sahen, das in dieselbe Richtung fuhr, bat er die Insassen, ihn und seine Soldaten mitzunehmen, da genügend Platz vorhanden war. Als diese sich weigerten, ließ er nicht locker und versuchte den deutschen Verbündeten die Gefahr vor Augen zu führen, die von den feindlichen Panzern drohte, die bereits in Orobinskij ständen.

Die Antwort gab der Anmaßendste unter ihnen, der seine Maschinenpistole lud, sie gegen die Brust des italienischen Offiziers richtete und ihn aufforderte, sich zu entfernen.

8. Derselbe Offizier schlief am Abend des 23. Januar 1943 in Jassinowatoje in Begleitung seines Burschen, des Schützen *Cappelli* Gaetano, und des Schützen *Ferri* Giuseppe von der 8. Kompanie seit einigen Stunden in einer Isba, als ein deutscher Offizier mit einem Unteroffizier und einer aus sechs bewaffneten Männern bestehenden Patrouille eindrang und verlangte, [die Isba] zu räumen und sich sofort zu entfernen. Auch maß er der Bitte um Erklärungen seitens des italienischen Offiziers keine Bedeutung bei, ja er würdigte ihn keiner Antwort.

9. Am selben Tag und am selben Ort suchten der Unteroffizier *Morando* Giovanni und der Stabsgefreite *Mandelli* Alfredo, beide von der 4. Kompanie, eine Unterkunft in einer Isba und wurden dabei von den Verbündeten mit der Waffe in der Hand empfangen.

10. In den ersten Januartagen wurden die Schützen *Terni* Mario und *Ribani* Luigi von der 4. Kompanie in Solonowka von einigen Deutschen, die mit Gewehr und aufgepflanztem Bajonett bewaffnet waren, aus einer Isba vertrieben, die sie belegt hatten.

11. Den Gefreiten *Calleri* Paolo und die Schützen *Galli* Paolo und *Ingraffia* Vito von der 4. Kompanie zwangen die Deutschen in der Nähe von Kiew mit angelegten Gewehren nicht nur, sich zu entfernen; damit nicht zufrieden, hetzten sie den drei Soldaten noch einen Wachhund hinterher.

12. Der Schütze *Mascara* von der 3. Kompanie stieg in der Nacht vom 17. zum 18. Dezember des vergangenen Jahres auf der Straße Taly – Kantemirowka auf einen halbleeren deutschen Lastwagen, weil ihn die Müdigkeit übermannt hatte. Bald aber bemerkten die deutschen Soldaten auf dem Lastwagen seine Gegenwart und zwangen ihn auf ungehobelte Art und Weise zum Absteigen, wobei sie auch die Pistole gegen ihn richteten.

13. Der Schütze *Grassi* Mario von der 3. Kompanie klopfte am Abend des 26. Januar in Jassinowatoje nach einem Marsch von ungefähr 40 km an einem russischen Haus an, wo er hoffte, ein wenig Wärme und Ruhe finden zu können. Ihm öffnete ein deutscher Soldat, der das Haus zusammen mit russischen Zivilpersonen bewohnte. Grassi grüßte ihn, wobei er ihn <u>Kamerad</u> nannte, und bat ihn höflich um ein wenig Platz zum Schlafen. Der deutsche Soldat antwortete ihm mit harten Worten: „Hitler e Mussolini camerati, tedeschi ed italiani essere camerati solo al fronte, qui niente."[173] Nachdem er dies gesagt hatte, versetzte er dem italienischen Soldaten einen Stoß und schlug ihm die Tür vor der Nase zu.

14. Am Morgen des 19. Dezember des vergangenen Jahres, als die Stadt Kantemirowka wegen des plötzlichen Auftauchens russischer Panzer geräumt wurde, nahm der Schütze *Grosso* Lorenzo von der 3. Kompanie auf einem halbleeren deutschen Lastwagen Platz, von wo ihn die Deutschen bald mit Gewalt abzusteigen zwangen; um ihn einzuschüchtern, richteten sie die Pistole auf ihn und versetzten ihm beim Absteigen einen heftigen Fußtritt gegen die Brust, so daß er unglücklich auf die Straße fiel.

---

[173] „Hitler und Mussolini Kameraden, Deutsche und Italiener sein Kameraden nur an der Front, hier nicht."

15. Auch der Schütze *Destradis* Cosimo von der 3. Kompanie erklärte, daß er von deutschen Soldaten mit dem Gewehrkolben auf die Hände geschlagen worden sei, als er versucht habe, auf einen vollkommen leeren Lastwagen zu steigen, und daß man ihn mit einem Fußtritt vor die Brust hinabgestoßen habe, so daß er bewußtlos auf die Straße gefallen sei.
16. Der Schütze *Barbera* Giuseppe von der 3. Kompanie wurde am Abend des 19. Januar während des Rückmarsches in Jassinowatoje von einem deutschen Soldaten, an den sich der Schütze gewandt hatte, um ein wenig Gastfreundschaft in der Isba zu finden, wo der Deutsche bequem schlief, mit der Pistole in der Hand bedroht.
17. Der Unterfeldwebel *Malabarba* Giovanni erklärte, er habe am Abend des 25. Januar, nachdem er mit einigen Maultieren in Jassinowatoje angekommen sei, einen vollkommen leeren Reitstall gefunden und einige deutsche Soldaten um Erlaubnis gebeten, sowohl die Führer als auch die Maultiere in jenem Raum übernachten zu lassen. Auf seine Anfrage hin gingen sie mit den Waffen auf ihn zu und zwangen ihn, sich zusammen mit den anderen Soldaten zu entfernen. Vier Maultiere erfroren im Laufe der Nacht, während die Soldaten in einem Zimmer ohne Fensterscheiben Unterschlupf suchten.
18. Am 19. Dezember 1942 blieb der Stabsgefreite *Barbati* Domenico, nachdem er mit zwei anderen Infanteristen, die wie er verwundet waren, das Lazarett verlassen hatte, in Kantemirowka bei einigen unbewachten italienischen Fahrzeugen stehen in der Hoffnung, sie könnten einen dieser Kraftwagen benutzen. Indes trafen einige deutsche Soldaten ein, denen es gelang, einen der Wagen in Gang zu setzen. Zwei der Verwundeten versuchten einzusteigen, doch die deutschen Soldaten vertrieben sie auf rüde Weise, wobei sie ihnen mit der Waffe drohten.
19. Als sich der Schütze *Rubino* Giovanni von der 9. Kompanie am 19. Dezember 1942 in Kantemirowka an einen deutschen Lastwagen geklammert hatte, richteten deutsche Soldaten eine Pistole auf ihn, um ihn zum Absteigen zu bewegen. Als der Schütze Rubino zögerte, dieser Aufforderung nachzukommen, schlug man ihm mit dem Gewehrkolben auf die Hände, so daß er vom Lastwagen fiel.
20. Der Unterfeldwebel *Ecchia* Walter von den CC.RR. berichtete: Nachdem ich für meinen Trupp, der sich aus 55 Mann der Division „Cosseria" und mehrheitlich des 90. Infanterie[regiments] zusammensetzte, die Genehmigung zum Weitermarsch erhalten hatte, meldete ich mich am 23. Februar 1943 gegen 12 Uhr in Snamenka bei einem deutschen Oberfeldwebel, den ich unter Vorlage der Genehmigung bat, auf einige offene, mit verschiedenen deutschen Kraftfahrzeugen beladene Güterwaggons eines nach Kiew fahrenden Zuges steigen zu dürfen. Ich wies auch darauf hin, daß der Führer des Trupps, Oberfeldwebel *Fatiganti* Tommaso, Fieber hatte. Der deutsche Unteroffizier redete gestikulierend in seiner Sprache auf uns ein, wobei ich nur „Nicht Saizemen" [sic!] verstand. Dann zog er seine Pistole aus dem Halfter und richtete sie auf die Infanteristen, die inzwischen begonnen hatten, sich auf den offenen Güterwaggons um die Kraftfahrzeuge herum niederzulassen, und während der Zug sich in Bewegung zu setzen begann, forderte er sie trotz der großen Verletzungsgefahr auf, auszusteigen. Es waren zugegen: Oberleutnant Kaplan *Palmi* Antonio, Unterfeldwebel *Passalacqua* Francesco, Unteroffizier *Soldaini* Francesco, Stabsgefreiter *Scorza* Carlo und andere vom 90. und 89. Infanterie[regiment].

21. Oberleutnant *Lamanna* Cesare berichtet, er sei am 8. Februar 1943 gegen 20.30 Uhr, das heißt am späten Abend, nach einem Marsch unter besonders widrigen klimatischen Bedingungen mit seinem Truppenteil in Jakno angelangt, wo er übernachten mußte. Fast alle Isbas seien bereits von Deutschen belegt gewesen, aber mit wenigen Männern je Isba; so hätte es genügend Möglichkeiten gegeben, auch die italienischen Soldaten unterzubringen, wenn man die Deutschen entweder in weniger Isbas zusammengezogen oder auf eine gemischte Unterbringung gesetzt hätte. Die Deutschen weigerten sich jedoch kategorisch, die Italiener zu beherbergen. Nachdem er auf der Suche nach leeren Isbas vergeblich durch den Ort gezogen war, beschloß er gegen 21.30 Uhr, um jeden Preis zu erreichen, daß die italienischen Soldaten untergebracht würden. Deshalb sandte er Oberleutnant *Caluzzi* Ettore zu einer Isba, die von einem deutschen Unteroffizier und drei seiner Soldaten belegt war, um sie zu bitten, doch einige unserer Soldaten aufzunehmen. Oberleutnant Caluzzi klopfte an die Tür, erhielt vom Unteroffizier aber nur eine ungehobelte Abfuhr und einen Stoß; anschließend wurde die Tür wieder geschlossen, was eine Reaktion des Offiziers verhinderte. Sie beschlossen deshalb, sich mit Gewalt durchzusetzen, und nachdem sie die Tür aufgebrochen hatten, sahen sie sich vier Deutschen gegenüber, die versuchten, Gewalt gegen unsere beiden Offiziere anzuwenden. Nur unter vorgehaltener Pistole stimmten die Deutschen widerwillig und grummelnd zu, einige unserer Soldaten aufzunehmen. Außer Oberleutnant Caluzzi befanden sich bei Oberleutnant Lamanna noch Oberleutnant *Paolella* Fernando, Leutnant *Devia* Angelo, Leutnant *Zauli* Goffredo und Stabsfeldwebel *Morelli* Bruno, die alle dem Truppenteil angehörten, der mit ihm marschierte.
22. Der Militärseelsorger des Regiments, Pater *Palmi* Antonio, berichtete, er habe in Kirowograd einige unserer Soldaten zum deutschen Verpflegungsposten begleitet. Dort seien sie jedoch wie unerwünschte Gäste behandelt worden und hätten deshalb keinerlei Beistand erhalten. Er selbst habe trotz der Abzeichen eines Militärseelsorgers keine respektvollere Behandlung erfahren[174]. In Snamenka ließ er die Soldaten auf einige offene Güterwaggons eines Zuges steigen, um mit diesem Transportmittel weiterzukommen. Mit gezogenen Pistolen und angelegten Gewehren ließ man alle wieder absitzen (er bestätigt damit den unter Nr. 20 erwähnten Vorfall).
23. Am 18. Dezember 1942 hatten der Unteroffizier *Bugelli* Ezio und der Schütze *Rocchi* Zenone von der 90. Granatwerferkompanie in der Ortschaft Zapkowo einen schwer verwundeten Infanteristen des Regiments mangels anderer Möglichkeiten auf einen deutschen Lastwagen verladen, der verwundete Deutsche transportierte. Die deutschen Krankenträger bemerkten dies nicht sofort, als sie aber darauf aufmerksam wurden, hoben sie den italienischen Verwundeten hoch und warfen ihn vom Lastwagen, so daß er auf ganz unglückliche Weise in den Schnee fiel.

---

[174] Antonio Palmi schrieb am 23. 3. 1943 an das Kommando seines Regiments (AUSSME, DS II 1551/5), er könne in vollem Bewußtsein seiner Pflichten als Priester und Soldat behaupten, daß das Verhalten der Deutschen den Italienern gegenüber während des Rückzugs nicht nur nichts mit dem Verhalten zu tun gehabt hätte, das man von Verbündeten hätte erwarten können, sondern daß es im Gegenteil „des verhaßtesten Feindes würdig" gewesen wäre.

24. Der Stabsgefreite *Manesso* Igino von derselben Kompanie versuchte am Morgen des 19. Dezember 1942, als Kantemirowka von feindlichen Kräften angegriffen wurde, auf ein deutsches Kraftfahrzeug zu steigen, das mit nur drei deutschen Soldaten besetzt war und stadtauswärts fuhr. Um seinen Versuch zu vereiteln, lud einer der deutschen Soldaten das Gewehr und gab einen Warnschuß in der Nähe des Kopfes ab, nachdem er ihm wiederholt heftig auf die Hände geschlagen hatte, mit denen er sich an die hintere Bordwand des Lastwagens klammerte.

25. Der Gefreite *Manca* Nicolino und der Schütze *Desortes* Angelo, die beide ebenfalls der Granatwerferkomapnie angehörten, versuchten unter denselben Umständen, unter denen sich der vorhergehende Vorfall ereignete, auf einen fast leeren deutschen Lastwagen zu steigen, der stadtauswärts fuhr. Auf dem Lastwagen saßen einige deutsche Soldaten, die sich sofort anschickten, ihrem Versuch mit Gewalt entgegenzutreten. Der Schütze Desortes gab den deutschen Soldaten zu verstehen, daß sein Kamerad, der Gefreite Manca, wegen einer im Kampf erlittenen Verletzung nicht mehr zu Fuß weitergehen könne. Seine Worte zeigten jedoch keinerlei Wirkung, vielmehr richteten die deutschen Soldaten fest entschlossen ihre Pistolen und Gewehre auf sie, mit denen sie bewaffnet waren. Um Unannehmlichkeiten zu vermeiden, verließen die beiden Infanteristen das Fahrzeug.

26. Als dieselbe Einheit im Januar von Woroschilowgrad nach Bjelej verlegt wurde, erbat und erlangte der Unterfeldwebel *Alvano* Vincenzo von seinem Kommandanten die Genehmigung, sich eines beliebigen Transportmittels zu bedienen, weil er wegen eines verrenkten Fußes nicht weitergehen konnte. Er hielt einen deutschen Lastwagen an und bat unter Hinweis auf die Gründe höflich, ihn bis zum nächsten Ort mitzunehmen. Ein deutscher Unteroffizier, der sich auf dem Wagen befand, weigerte sich mit den Worten: „Italiani non buoni, nemà mascìna, italiani caput"[175] und schloß damit, daß er als Zeichen der Verachtung auf den Boden spuckte.

27. Der Unteroffizier *Puzzi* Virginio und der Schütze *Gavazzeni* Angelo, beide von der Granatwerferkompanie, suchten am Abend des 23. Januar 1943, als ihre Einheit im Zuge des Transfers in Debalzewo angekommen war, auf Befehl des Kompaniechefs in einigen Isbas, die in dem Gebiet lagen, das der Einheit zugewiesen worden war, nach einer Unterkunft für die Nacht. Alle Häuser waren von deutschen Soldaten belegt, die jegliche Gastfreundschaft verweigerten. Eine Isba war nur von zwei deutschen Soldaten belegt, die mit Gesten und Worten zu verstehen gaben, daß sie die Anwesenheit der Italiener nicht wünschten, obgleich noch genügend Platz für zwei weitere Personen vorhanden war. Als diese nicht locker ließen, zogen sie ihre Pistolen, bedrohten damit die beiden Italiener und zwangen sie, sich zu entfernen.

28. Am 19. Dezember 1942 gelang es dem Unterfeldwebel *Molinari* Vincenzo von der 2. Kompanie, auf einen deutschen Schlitten zu steigen, der sich auf dem Rückmarsch von Kantemirowka befand. Er wurde von einem deutschen Offizier zu Boden geworfen, der ihm einen überraschenden heftigen Stoß in den Rücken versetzt und dabei gleichzeitig folgende Worte gesprochen hatte: „Ita-

---

[175] Heißt wohl soviel wie „Italiener nicht gut, sogar ohne Wagen, Italiener kaputt."

lianski a piedi"¹⁷⁶; der Unteroffizier fiel als Folge des Stoßes bäuchlings in den Schnee, während der Schlitten sich entfernte.
29. Dem Unterfeldwebel *Oliva* Oronzo von derselben Einheit war es gelungen, sich auf der Straße nach Taly von einem deutschen Lastwagen mitnehmen zu lassen, der mit italienischem Material beladen war (Mäntel mit Pelzen, Strümpfe, Handschuhe usw.). Nach einer gewissen Zeit hielt der Lastwagen an und ein deutscher Unteroffizier, der im Führerhaus gesessen hatte, gab dem Unterfeldwebel Oliva zu verstehen, daß er ihn nicht weiter auf dem Lastwagen würde mitfahren lassen, wenn er als Entschädigung nicht eine Pistole bekäme; auf die Weigerung des italienischen Unteroffiziers (der mit einem Karabiner bewaffnet war), irgendeine Waffe abzugeben, reagierte der Deutsche, indem er den Karabiner und den Stahlhelm, die der Unterfeldwebel Oliva bei sich hatte, hinabwarf und ihn dadurch zwang, den Lastwagen zu verlassen.
30. Der Stabsgefreite *Speziano* Giuseppe, auch er von der 2. Kompanie, sah während des Rückzugs von Tschertkowo von einem Lastwagen aus einige italienische Soldaten, die von einem unserer liegengebliebenen Lastwagen abgestiegen waren und sich an einen deutschen Küchenwagen geklammert hatten; ein deutscher Offizier forderte sie auf abzusteigen und gab aus der auf sie gerichteten Pistole drei Schüsse ab, so daß die drei Soldaten hinfielen, und zwar zwei davon so schwer, daß Speziano selbst den Eindruck hatte, sie seien getroffen worden.
31. In Kantemirowka wurden der Schütze *Vighi* Giuseppe von derselben Kompanie und einige andere von einigen Deutschen gebeten, ihnen zu helfen, einen deutschen Lastwagen herauszuziehen, der in einem Graben steckengeblieben war, wobei man ihnen versprach, sie anschließend auf dem Lastwagen mitzunehmen. Als der Wagen wieder auf der Straße stand, fuhr er rasch ab und ließ die Italiener zurück.
32. Leutnant *Arengi* Salvatore suchte am Abend des 17. Februar 1943 Unterkunft in den Häusern einer Ortschaft, wo die Wagenkolonne, zu der er gehörte, angehalten hatte und an die er sich jetzt nicht mehr genau erinnert; da alle Häuser von den Deutschen belegt waren, bat er fünf deutsche Soldaten, die in einem Haus schliefen, das nicht so klein war wie die anderen, ihm und seinem Burschen ein wenig Platz zu überlassen. Obgleich er sich als Offizier zu erkennen gegeben hatte, weigerten sich die Deutschen schroff und nahmen eine drohende Haltung ein. Der Offizier, von soviel Disziplinlosigkeit und Ungeschliffenheit angewidert und irritiert, zwang einen von ihnen (einen Mannschaftsdienstgrad), ihn bei der Suche nach einem freien Haus, wo es möglich sein würde, die Nacht zu verbringen, ohne die Gefahr neuer Zwischenfälle mit deutschen Soldaten heraufzubeschwören, zu führen. Da der deutsche Mannschaftsdienstgrad sich dem nicht entziehen konnte, führte er den Befehl unter Protest aus, während die anderen unwürdig herumschrieen, als der Offizier das Haus verließ.
33. Dem Unterfeldwebel *Del Bò* Enzo von der 1. Kompanie war es gelungen, unbemerkt auf einen fahrenden deutschen Kleinlaster zu steigen, und er wurde erst entdeckt, als der Wagen anhielt, um italienische Nachschubgüter zu laden. Man forderte ihn auf abzusteigen, und da er sich weigerte, wurde der Wagen auf eine

---

¹⁷⁶ „Italianski zu Fuß".

einsame Rollbahn gelenkt und angehalten, wo ihn der Fahrer und sein Begleiter mit angelegtem Karabiner zwangen abzusteigen.

34. Hauptmann *Asquasciati* berichtet, daß sich am 19. Dezember 1942 in Taly eine Gruppe unserer Soldaten, und zwar der Unteroffizier *Pecolato* Maggiorino, die Stabsgefreiten *Saccocci* Giuseppe, *Mangione* Volante sowie die Schützen *Stancapiano* Salvatore, *Bombaci* Nunzio, *Buzzigoli* Ernesto, die alle der 1. Kompanie angehörten, nach Übernachtung in einer Isba zum Aufbruch anschickte, um ihre Einheit zu erreichen. Als eine deutsche Troßkolonne an ihnen vorbeizog, gab man ihnen in einer Mischung aus Deutsch und Russisch zu verstehen, daß es – da sie Italiener seien – ausschließlich ihre Schuld sei, wenn man einige Positionen verloren habe: Denn die Italiener hätten die Kampflinie aufgegeben, und durch das Verschulden der Italiener seien viele Deutsche umgekommen. Und weil ihnen ihre falschen und provokanten Behauptungen nicht genügten, wagten es vier Deutsche (aus dem erwähnten Troß) sogar, sie als Zeichen höchster Verachtung anzuspucken. Selbstverständlich ließen sich die Unsrigen das nicht gefallen, doch der Streit hatte wegen eines feindlichen Panzervorstoßes sofort ein Ende.

35. Außerdem berichtete er, daß die ordnungsgemäß von drei Offizieren (Hauptmann *Asquasciati* Luigi, Leutnant *Messere* Marcello, Leutnant *Calcagno* Nicolò) geführte 1. Kompanie am 19. Februar 1943 in Krementschug von der deutschen Bahnhofskommandantur eine vorschriftsmäßige Genehmigung erhalten habe, bis Kiew mit dem Zug zu fahren, aber von einem deutschen Soldaten des Zuges mit der Pistole in der Hand gezwungen worden sei, von den offenen Güterwaggons zu steigen, auf denen sie sich hätten niederlassen dürfen. Die genannten Offiziere wandten sich erneut an die deutsche Bahnhofskommandantur; und da diese Seite der deutschen Gastfreundschaft zwischenzeitlich nichts Außergewöhnliches mehr darstellte, baten sie um einen Sonderbeauftragten, der sie zum Zug begleiten sollte. Nur so war es der Einheit möglich, in einen Wagen der 3. Klasse zu steigen. Aber kaum hatte sich der deutsche Sonderbeauftragte nach Erledigung seiner Aufgabe entfernt, kam ein deutscher Truppenteil, dessen Führer die Italiener aufforderte, für sie Platz zu machen und dafür einen nicht beheizten Viehwaggon zu belegen. Die Aufforderung von deutscher Seite erfolgte mit diesen Worten: "Avanti Savoia, cikai!"[177]

Über die erwähnten Vorfälle, die nur in der Form modifiziert worden sind, um in den Bericht eingefügt werden zu können, haben die einzelnen Soldaten eine Erklärung abgegeben und unterzeichnet, die bei diesem Kommando verwahrt wird[178].

Der Oberst und Regimentskommandeur
(F. Polito)

AUSSME, DS II 1551/5.

---

[177] Mit dem Ruf „Savoia" zogen die Soldaten des königlichen Heeres in den Kampf. Nach der ersten Verteidigungsschlacht am Don wurde die Division „Sforzesca" nach dem russischen Wort für fliehen als Division „cikai" diffamiert; vgl. Valerio Sella, Il lungo dramma della Sforzesca, in: Bedeschi (Hrsg.), Fronte russo, Bd. 1, S. 389–393, hier S. 391.
[178] Diese Dokumentation findet sich im AUSSME, DS II 1551/5.

Dokument 25

Bericht des Stabschefs der Alpinidivision „Tridentina", Oberstleutnant Alessandro Ambrosiani, über den Einsatz in der Sowjetunion und das Verhältnis zwischen den Verbündeten 1942/43

Kommando der 2. Alpinidivision „Tridentina"

1. Abteilung – Operationen

Nr. 1139/Op. di prot.   P.M. 228, den 1. Juni 1943-XXI

Betreff: Bericht über die Aktivitäten der Alpinidivision „Tridentina" in der Zeit vom August 1942 – Januar 1943-XXI an der Ostfront (Rußland)

An das Generalstabskommando – Büro des Chefs der Operationsabteilung
Feldpost Nr. 9

Antwort auf Schreiben 102/S vom vergangenen 9. April; Fortsetzung Schreiben Nr. 1115/op. vom 25. Mai 1943-XXI[179]

[...][180]

<u>Verlegung der „Tridentina" vom äußersten rechten auf den äußersten linken Flügel der Armee</u>
Im Zuge des Einbaus einer rumänischen Armee zwischen der 8. italienischen Armee und der 6. deutschen Armee war die Aufstellung der ARMIR zahlreichen Änderungen unterworfen. Vom übergeordneten Kommando wurde befohlen, daß die „Tridentina" zum Alpinikorps auf der äußersten Linken der gesamten Armeeaufstellung stoßen sollte[181]. Als die Alpini sahen, daß ihr großer Wunsch in Erfüllung ging – nämlich die Zusammenführung mit den beiden Schwesterdivisionen –, fügten sie sich gelassen in die Notwendigkeit eines erneuten langen Transfers von über 400 km in einer Jahreszeit, in der das Thermometer nachts bereits unter Null Grad fiel. Die Truppenbewegungen unter diesen Umständen wurden teilweise dadurch erleichtert, daß täglich einige Eisenbahnwaggons auf der Linie Millerowo – Rossosch zur Verfügung standen, die von einigen Truppenteilen ohne Transportmittel genutzt

---

[179] Nicht ermittelt.
[180] Auf die Wiedergabe des ersten Teils, in dem Oberstleutnant Ambrosiani die Verlegung der Division an die Ostfront, die ersten Etappen auf dem Weg in den Kaukasus, den Marsch an den Don und die Kämpfe im Verband des XXXV. Armeekorps zur Abwehr der sowjetischen Offensive bzw. zur Stabilisierung der Front zwischen Ende August und Anfang Oktober 1942 beschrieb, wurde verzichtet. Eine erzählende, weitgehend unkritische Schilderung des Einsatzes der „Tridentina" an der Ostfront, die jedoch wertvolle Ausschnitte aus unveröffentlichten Quellen enthält, findet sich bei Rasero, Tridentina Avanti, S. 331–530.
[181] Zur Eingliederung der 3. rumänischen Armee in die Front zwischen der 6. deutschen und der 8. italienischen Armee und den daraus resultierenden Konflikten vgl. auch Dok. 10 mit Anm. 144. Die Division „Tridentina" wurde bis zum Morgen des 10. 10. 1942 von der 9. rumänischen Infanteriedivision abgelöst; AUSSME, DS II 680, KTB XXXV. Armeekorps, Einträge vom 7. 10.–11. 10. 1942.

werden konnten. Aber wenn diese Maßnahme einen günstigen Einfluß auf den physischen Zustand[182] eines Teils der Alpini hatte, so erschwerte sie die Organisation der Logistik, denn es war notwendig, gleichzeitig für die Verpflegung der im Raum Podgornoje eintreffenden Gruppen, für die der Einheiten, die bei Millerowo und Tschertkowo auf den Eisenbahntransport warteten, und für die der auf normalem Wege marschierenden Kolonne Sorge zu tragen; diese setzte sich aus dem gesamten Gebirgsartillerieregiment und allen Lasttieren der Division zusammen.

Die sehr komplexen Truppenbewegungen wurden ordnungsgemäß ausgeführt, so daß die gesamte „Tridentina" im Raum Podgornoje versammelt und bereit war, die 23. ungarische Division an der Front abzulösen. Seine Exzellenz der Oberbefehlshaber der 8. Armee, der die Verlegung aus nächster Nähe verfolgte, drückte in einem bewegenden Tagesbefehl seine lebhafte Genugtuung über die Disziplin und Widerstandskraft aus, welche die Einheiten in großartiger Manier unter Beweis gestellt hätten.

Ferner gilt es, gebührend zu berücksichtigen, daß die Einheiten einen Teil ihrer Märsche während der sogenannten Schlammperiode durchführten. Dieser ausgesprochen unangenehme Umstand hatte keinerlei Einfluß auf den Verlegungsplan, dessen Umsetzung erhebliche Opfer verlangte, die von allen mit einem herausragenden Sinn für Disziplin auf sich genommen wurden. Die am 10. Oktober im Gebiet von Gorbatowo begonnenen Truppenbewegungen kamen, wie bereits gesagt, Ende Oktober im Raum Podgornoje hinter dem Sektor zum Abschluß, den die Division in den nächsten Tagen übernehmen sollte.

<u>Verteidigungsstellung am Don zwischen den Ortschaften Karbut und Bassowka (äußerster linker Flügel der Schlachtordnung der 8. Armee) – die Division als Teil des Alpinikorps</u>

Am 6. November löst die „Tridentina" die 23. ungarische Division am Don ab und dehnt damit den Verteidigungsabschnitt des Alpinikorps, das mit den Divisionen „Cuneense" und „Julia" bereits seit über einem Monat in Stellung liegt, nach links aus[183]. Auch hier ist die Front über 25 km breit, so daß die heiklen Probleme wiederauftauchen, die sich aus dem Mißverhältnis zwischen den knappen verfügbaren Kräften und der übermäßigen Ausdehnung der zu verteidigenden Front ergeben. Und man kann nicht sagen, daß der Don ein wirksames Hindernis darstellt, denn der bevorstehende Frost wird seine die Defensive begünstigenden Eigenschaften abschwächen und am Ende völlig verschwinden lassen.

Auf jeden Fall wurden trotz der Notwendigkeit, den Verteidigungsstellungen die größtmögliche Festigkeit zu geben, zwei der sechs verfügbaren Bataillone für das zweite Treffen bestimmt; anfangs behielt jedes Bataillon des ersten Treffens eine Reservekompanie, später wurden die Reserven – aufgrund strikter Befehle von oben, die größtmögliche Zahl an Waffen an die Front zu werfen – zwischen den Kompanien geteilt[184]. Die 40 Panzerabwehrgeschütze 47 mm (24 bei den Bataillonen und

---

[182] In der Vorlage wörtlich: „sforzo fisico".
[183] Die Division „Tridentina" übernahm am 6. 11. 1942 ihren Verteidigungsabschnitt an der Nahtstelle zwischen der 8. italienischen und der 2. ungarischen Armee; AUSSME, DS II 1126, KTB Alpinikorps, November/Dezember 1942, Eintrag vom 6. 11. 1942.
[184] Zur Kräfteverteilung im Bereich der Division „Tridentina" und zum – weitgehend positiven – Urteil der deutschen Verbindungsoffiziere vgl. BA-MA, MFB4 18276, Bl. 503–506, Be-

16 bei den beiden [Panzerjäger-]Kompanien der Division) wurden gemäß dem Konzept, eine angemessene Tiefe der Aufstellung zu gewährleisten, günstig in den vier wahrscheinlich gefährdetsten Abschnitten[185] positioniert. Den drei [Artillerie-] Gruppen der Division von ziemlich kurzer Reichweite wurde die Unterstützung einer Gruppe von 105/32 [Geschützen] des Armeekorps zugesichert, und für kurze Zeit operierten im Sektor der Division auch zwei Gruppen [Artillerie] zu Pferd mit 75/27 [Geschützen] sowie eine gemischte Gruppe mit deutschen 105 und 150 mm Haubitzen. Als jedoch besondere Vorkommnisse, die sich auf dem rechten Flügel des Abschnitts der „Tridentina" ergeben hatten, das Abrücken der Gruppen zu Pferd und der deutschen Gruppe notwendig machten, verließ man sich ausschließlich auf das Feuer der drei Gruppen der Division[sartillerie] und auf die wenigen Geschütze der Gruppe 105/32.

Zusammengenommen war die Artillerie in dieser zweiten Phase ziemlich dürftig für eine so breite Front, die es zu verteidigen galt. Doch ein sorgfältiges Studium der Batteriestellungen, genaue und detaillierte Vereinbarungen über das rechtzeitige Einsetzen des Feuers sowie eine umsichtige Festlegung der zu treffenden Ziele, der abzuriegelnden Stellen und der zu neutralisierenden Zonen ermöglichten es, daß man alle stets heftigen und überraschend geführten Angriffe des Feindes abwehren konnte. Die Arbeiten an einer Verteidigungsstellung, die Sicherheit bei feindlichen Vorstößen bieten und die Einheiten vor den Härten des Winters schützen sollte, wurden bereits vor dem Zeitpunkt, an dem die „Tridentina" die Verantwortung für den Abschnitt übernahm, eifrig vorangetrieben und nahmen imposante Ausmaße an. Die von den Ungarn übergebenen Stellungen konnte man als für den Sommer [genügend] ansehen; die Einheiten der „Tridentina" (am 10. November fiel das Thermometer bereits auf zehn Grad unter Null) mußten hingegen Unterkünfte schaffen, die sie vor dem unmittelbar bevorstehenden Frost zu schützen vermochten. Die Alpini arbeiteten Tag und Nacht unter dem Störfeuer des Gegners, wobei sie gleichzeitig die beschwerlichen Aufgaben des Patrouillierens und der Aufklärung über den Don bewältigten und erfolgreiche Handstreiche ins Zentrum der tückischen gegnerischen Stellungen unternahmen. Tausende von Panzerabwehr- und Schützenminen wurden in den gefährdetsten Abschnitten[186] verlegt, obgleich die Eisdecke auf dem Boden die Arbeit höchst schwierig und gefährlich machte. Ende November, nach einem Monat pausenloser und unermüdlicher Tätigkeit, bekam die Kampflinie eine vertrauenerweckende Festigkeit, was die Organisation eines soliden Widerstands zur Vereitelung aller gegnerischen Angriffe ermöglichte.

Parallel zu den Schanzarbeiten und den operativen Aktivitäten wurden jene auf dem Feld der Logistik fortgeführt, die auf russischem Boden neue Formen angenommen haben wie zum Beispiel die Ausbeutung der lokalen Ressourcen in eigener Regie, das Mahlen von Roggen oder Weizen, das Dreschen usw.[187] Dazu kam überdies die schwierige Organisation des rückwärtigen Gebiets, die von der Zählung der

richt des Verbindungsoffiziers zur Division „Tridentina", Hauptmann Kött, vom 29. 11. 1942 und die diesbezüglichen Bemerkungen von General Schlemmer vom 3. 12. 1942.
[185] In der Vorlage wörtlich: „zone di facilitazione".
[186] In der Vorlage wörtlich: „zone di maggior facilitazione".
[187] Die Kriegstagebücher des Alpinikorps für September/Oktober und November/Dezember 1942 (AUSSME, DS II 974 und 1126) enthalten zahlreiche Informationen zu diesem Themenkomplex.

Einwohner bis zur Organisation des Schneeräumens auf Fahrbahnen in einer Länge von Hunderten von Kilometern, zur Organisation des Kampfes gegen Fallschirmspringer und Partisanen und zum Eingraben von 500 Kraftfahrzeugen der Division reichte.

Auch der Umstand verdient Erwähnung, daß die winterlichen Verhältnisse, die recht plötzlich auf das ziemlich milde Klima des Monats Oktober folgten, das Kommando zwangen, in der Transportorganisation sofortige, radikale Änderungen durchzuführen: der Lastwagen mußte eilends durch den Schlitten ersetzt werden. Fieberhafte Arbeit, um diese zu requirieren und zu bauen, weil das von den Ungarn bereits vollständig ausgebeutete Gebiet keine entsprechenden Bestände mehr aufwies.

Um die ersten Dezembertage bemerkt man im gegnerischen Lager etwas Neues, d. h. in den Nachtstunden verstärken sich die Kraftfahrzeugbewegungen. Insbesondere in der Ortschaft Pawlowsk[188], die dem Zentrum der Aufstellung der Division gegenüberliegt, laufen die Bewegungen von Norden und Osten zusammen. Die Möglichkeit eines massiven Angriffs gegen die Stellungen der Division entgeht dem übergeordneten Kommando nicht, das den Sektor der Division mit einer Gruppe von gepanzerten Selbstfahrlafetten und einer gemischten Gruppe deutscher Artillerie (Kaliber 105 und 150) verstärkt. Doch das anschließende „Abgleiten" der Truppenbewegungen nach Süden zu den Stellungen des II. Armeekorps lenkt die Aufmerksamkeit des höheren Kommandos auf den rechten Sektor des Alpinikorps, so daß gegen Mitte Dezember alle Verstärkungen von der „Tridentina" abgezogen und eiligst dorthin geschickt worden sind. Die Division verfügt damit wieder nur über ihre eigenen Kräfte, ja sogar über weniger, denn die Bataillone „Vestone" und „Morbegno" werden ins Zentrum der Aufstellung des Alpinikorps verlegt und taktisch der Infanteriedivision „Vicenza" unterstellt; diese ersetzte an der Front die „Julia"[189], die dringend in den Abschnitt des II. Armeekorps gerufen worden war, um den Vorkommnissen entgegenzutreten, die sich dort ereignet hatten.

Rückzug der Division vom Don zum Donez[190]

Die Lageentwicklung auf dem rechten Flügel der italienischen Armee, die seit Ende November dazu geführt hatte, daß die Kräfte aus der zweiten Linie des Alpinikorps (eine deutsche Division) in Richtung Millerowo abgezogen wurden, um der machtvollen Offensive zu begegnen, die der Gegner im Frontabschnitt der rumänischen Divisionen entfesselt hatte, sowie das eilige Abrücken der „Julia" aus ihren Stellungen am Don (zwischen der „Tridentina" und der „Cuneense") im Anschluß daran, um im Frontabschnitt des II. italienischen Armeekorps Hilfe zu leisten, ließen einige Zweifel an der Möglichkeit aufkommen, eine Offensive zum Stehen zu bringen, die der Gegner möglicherweise mit starken Kräften und der Unterstützung von

---

[188] In der Vorlage: „Pawlowka".
[189] Der Befehl, die Division „Julia" aus der Front des Alpinikorps herauszuziehen, um die vom Einsturz bedrohte Front des II. Armeekorps zu stützen, erging am 16. 12. 1942. Für die Alpini der „Julia", die in den folgenden Wochen zusammen mit den Verbänden des XXIV. Panzerkorps eine improvisierte Verteidigungsstellung am rechten Flügel des Alpinikorps hielten, wurde die Sicherungsdivision „Vicenza" an die Front geworfen. AUSSME, DS II 1126, KTB Alpinikorps, November/Dezember 1942, Einträge vom 16.–19. 12. 1942.
[190] Vgl. hierzu Dok. 11 und 12 des vorliegenden Bandes mit den entsprechenden Anmerkungen.

Panzern, die aufmerksame Boden- und Luftaufklärung bereits seit längerem gemeldet hatten[191], hätte starten können. Die Zweifel betrafen nicht so sehr die Front der Division und des Alpinikorps als den rechten Flügel des Armeekorps, wo die „Julia" eingesetzt war, die sich unter blutigen Opfern wirkungsvoll den blutigen Angriffen entgegenstellte, die der Feind wiederholt in Richtung Rossosch führte, um sich einen Weg in den Rücken des Alpinikorps zu bahnen.

Es war bekannt, daß der Gegner auch links von der Division (und folglich vom Alpinikorps) an der von der ungarischen Armee gehaltenen Front Kräfte konzentriert hatte, und die widersprüchlichen Nachrichten, die hinsichtlich der mehr oder weniger verhaltenen Angriffe zirkulierten, welche die Russen mit Panzerkräften auf Höhe des vom Don mit einer scharfen Wendung seines Laufs nach Westen gebildeten Knies führten, lenkten die Aufmerksamkeit auf diese Stelle. Trotz dieser heiklen Lage verharrten die Einheiten der „Tridentina" in ihren Stellungen und ließen sich nicht von den umlaufenden Gerüchten über die Präsenz feindlicher Panzer in der Etappe beeinflussen.

Am 15. Januar fahren in Rossosch (Sitz des Kommandos des Alpinikorps) ungefähr 15 russische Panzer herum; einen Tag später tauchen auch in Postojalyj ungefähr zehn Panzer auf, wo sie Teile des Korps angreifen, die sich bereits dorthin zurückgezogen hatten. Die Lage spitzt sich auch an der Front der ungarischen Armee zu. Am 17. Januar sind die Stellungen des Alpinikorps nicht mehr als ein nach Osten vorgeschobener Keil. Festzuhalten ist, daß die Bataillone „Edolo", „Vestone" und „Morbegno" am 15. Januar noch von ihren Stellungen aus einen machtvollen Angriff des Gegners zurückschlagen; allein am Frontabschnitt eines der drei Bataillone werden über 700 feindliche Leichen gezählt.

Am frühen Nachmittag des 17. kommt der Rückzugsbefehl[192]. Er wird von allen mit lebhaftem Schmerz aufgenommen, und von den Einheiten an der Kampflinie auch mit einer gewissen Überraschung, weil sie nicht genau darüber im Bilde waren, wie sich die Lage auf den Flügeln der Schlachtordnung des Alpinikorps seit einigen Tagen tatsächlich entwickelt hatte. Doch dieser Schmerz, die mit großer Leidenschaft und unter immensen blutigen Opfern angelegte Verteidigungslinie aufgeben zu müssen, wird keinerlei Auswirkungen auf die Moral der Einheiten während des gesamten aufreibenden Marsches haben, der als „Rückzug" bis zum 31. Januar einschließlich dauern, aber unter Strapazen und den Gefahren der Kälte noch viele Tage in der trostlosen Steppe weitergehen wird.

Zwischenzeitlich überstürzen sich die Ereignisse, und insbesondere auf dem linken Flügel vollzieht sich der Rückzug der Ungarn ziemlich phasenverschoben (d. h. vorzeitig); die Flanken des Alpinikorps werden damit praktisch entblößt; die Hoffnung, der Einkreisung noch rechtzeitig zu entkommen, hat nun keine Grundlage mehr. An die Stelle dieser Hoffnung tritt der entschiedene Wille, den Ring zu durchbrechen, den der Gegner zu schließen beginnt. Deshalb müssen die Truppenbewegungen entschieden nach Westen ausgerichtet werden, auf eine Linie hin, die zweifellos im Rücken aufgebaut wird. Aber wo würde diese Linie verlaufen? Diese

---

[191] Vgl. hierzu die entsprechenden Anlagen zum Kriegstagebuch des Alpinikorps für November/Dezember 1942; AUSSME, DS II 1126.
[192] AUSSME, DS II 1554/1, Anlage 8 zum Gefechtsbericht General Nascis für die Zeit vom 14.–31. 1. 1943: Befehl des Alpinikorps vom 17. 1. 1943, 12.30 Uhr.

Unsicherheit konnte gewiß kein Grund dafür sein, die Bewegungen hinauszuzögern. Es war nötig, so schnell wie möglich nach Westen zu marschieren. Die Befehle, die das Kommando des Alpinikorps, das der „Tridentina" folgte, am 17. Januar in Podgornoje ausgab, legten drei Rückzugsrichtungen für jede der einst an der Donfront stehenden Divisionen fest: „Tridentina", „Vicenza", „Cuneense". Die bereits sehr erschöpfte Division „Julia" sollte der „Cuneense" folgen.

Am 19. Januar setzt sich das Gros der Kolonne bei Tagesanbruch in Bewegung. Die Annahme, daß man sehr bald auf den Widerstand des Feindes treffen würde, war nicht falsch: In der Tat wird die am Nachmittag zuvor aufgebrochene Vorhut noch am 19. in Postojalyj in schwere Kämpfe verwickelt. Es besteht kein Zweifel mehr: Man muß sich mit ganzer Kraft den Weg bahnen. Eine detaillierte Schilderung aller Ereignisse und Gefechte, die zwischen dem 19. und 30. Januar entlang der Rückzugsstrecke stattgefunden haben, wäre zu weitschweifig. Ich halte es für richtiger, kurz einige Eindrücke wiederzugeben, welche die Entstehung dieser außerordentlich großen Kolonne betreffen, die mit der Eingliederung der Reste des XXIV. deutschen Armeekorps und des VII. ungarischen Armeekorps phantastische Ausmaße annahm.

Tatsächlich hatten sich die Kräfte des XXIV. deutschen Panzerkorps (zumeist Teile der Versorgungsdienste, die enorme, mit unterschiedlichem Material beladene Schlitten mit sich führten), am 16., 17., 18. und in der Nacht zum 19. aus dem Raum Rossosch nach Opyt zurückgezogen, und dies hatte Folgen für die Bewegungen der Division. Auch zahlreiche Ungarn waren am 19. in dieses Gebiet geströmt. Es handelte sich dabei zum größten Teil um Versprengte ohne Offiziere und Waffen, die zur 23. ungarischen Division gehörten; sie waren während des Rückzugs durch gegnerische Panzervorstöße abgeschnitten worden und versuchten, dem eisernen Griff des Feindes zu entkommen. Man kann sich leicht vorstellen, welche Schwierigkeiten diese führungslose, unkontrollierte Masse unter solchen Bedingungen bereitete; sie war nicht in der Lage, die Aktionen der „Tridentina" auch nur im geringsten zu unterstützen, die sich vollständig gerüstet und festgefügt in ihren Reihen anschickte, an der Spitze der Kolonne die Kämpfe auszufechten, die den Weg für alle bahnen sollten. Die einzigen aktiven Kräfte dieser Verbände der Verbündeten waren: eine Gruppe Artillerie mittleren Kalibers mit Kettenfahrzeugen (Major Fischer), vier Panzer, eine Batterie „Katjuschas"[193]; diese Einheiten bildeten während des gesamten Rückzugs einen Teil der Vorhut.

Am 19. bietet das weite Becken von Opyt, wo neben den Fahrzeugen der Division auch ein Teil derjenigen des Alpinikorps und der Troß des XXIV. deutschen Armeekorps zusammengezogen worden sind, ein beeindruckendes Bild (Hunderte von Kraftfahrzeugen, Tausende von Schlitten und Tieren). Außerdem befanden sich folgende Kommandos dort: Alpinikorps, Division „Tridentina", XXIV. deutsches Panzerkorps. Die Lage blieb weiterhin schwierig. Russische Einheiten von beträchtlicher Stärke stellten sich dem 5. Alpini[regiment] und den Bataillonen „Vestone" und „Val Chiese" des 6. [Regiments] auf der Linie Skororyb – Repjewka entgegen; auf dem rechten Flügel hatte das VI. ungarische Armeekorps aufgrund seines raschen Rückzugs die Flanke [des Alpinikorps] ungedeckt gelassen; von Osten war jederzeit das Auftauchen des Feindes zu erwarten. Angesichts dieser Situation war

---

[193] Gemeint sind die Nebelwerfer des Artillerieregiments 387; vgl. dazu auch Dok. 11 Anm. 199.

es notwendig, den Angriff auf die Ortschaft Postojalyj vorzubereiten, um der Kolonne einen Weg nach Westen zu bahnen. Zwischenzeitlich sorgte man im Laufe des 19. dafür, die übrigen Teile des 6. Alpini[regiments] in das Gebiet von Repjewka zu entsenden; dieses durch die bereits erwähnten deutschen Einheiten verstärkte Regiment sollte – bei Anbruch des folgenden Tages –, unterstützt durch eine Umfassungsaktion des 5. Alpini[regiments], an der linken Flanke Postojalyj angreifen. Man sorgte im Laufe des Tages auch dafür, eine oberflächliche Verteidigung der Ortschaft Opyt zu organisieren, und versuchte, die versprengten Ungarn zu ad hoc-Formationen zusammenzufassen.

Am 20. Januar um zwei Uhr griff der Feind mit Panzerunterstützung das Becken von Opyt aus nördlicher Richtung an: ein klarer Beweis dafür, daß die rechte Flanke völlig ungedeckt war. Es werden alle verfügbaren Einheiten eingesetzt, um den Feind zum Stehen zu bringen, der alle Kommandos zu vernichten oder gefangenzunehmen und die Division in zwei Teile aufzuspalten droht, die ihre beiden Alpiniregimenter und einen Teil ihrer [Artillerie-]Gruppen bereits nach Westen geworfen hat. Alle Einheiten aus dem Gebiet von Opyt vollbringen ein Wunder an Tapferkeit: Insbesondere zeichnen sich das Stabsquartier der Division und das II. Pionierbataillon aus, das bei der Durchführung eines Gegenangriffs 60 Prozent seiner Truppenstärke verliert und es durch dieses Opfer ermöglicht, daß der größte Teil der Kommandos und der in Opyt versammelten Verbände abziehen können. Indessen gelingt es dem 6. Alpini[regiment] in Postojalyj mit Unterstützung der Gruppen „Bergamo" und „Vicenza" und der deutschen Einheiten, den Feind nach einem heftigen Gefecht zu werfen und den Ort zu besetzen. So wurde am 20. gegen 13 Uhr nach einem ereignisreichen Tag, an dem es zuweilen zu gleichsam verzweifelten Situationen kam, der erste Ring durchbrochen und der feindliche Versuch vereitelt, die „Tridentina" zu zerschlagen.

Alle ehemals in Opyt aufmarschierten Kräfte, denen es gelang, sich im Raum Postojalyj dem Gros der Division anzuschließen, mußten – einschließlich der Kommandos – Lebensmittel, Gepäck und Transportmittel zurücklassen. Für sie begann der Leidensweg also sehr bald. Ich habe so ausführlich von den Ereignissen in Opyt gesprochen, weil ich glaube, daß das Opfer der Einheiten, die in diesem Gebiet mit unbändiger Tapferkeit kämpften, verhindert hat, daß der Gegner den bei Postojalyj in schwerem Kampf stehenden Bataillonen und [Artillerie-]Gruppen in den Rücken fiel. Das Kommando des Alpinikorps ist davon überzeugt, daß die feindlichen Angriffe weniger von hinten als vielmehr entlang der Marschwege erfolgen werden, um der riesenhaften Kolonne den Weg zu versperren, und befiehlt, daß zwei Alpinibataillone des 6. [Regiments] („Vestone" und „Val Chiese"), zwei Gruppen des 2. Gebirgsartillerie[regiments] („Bergamo" und „Vicenza"), die vier deutschen Panzer und die Artilleriegruppe Fischer eine starke, schnelle Vorausabteilung bilden, die in der Lage sein soll, jeden Widerstand zu brechen und einen Weg nach Westen zu bahnen. Angesichts der Bedeutung der Aufgabe wird das Kommando der Vorausabteilung dem Kommandeur der Division „Tridentina" [Luigi Reverberi] anvertraut. Indessen gingen recht unsichere Nachrichten über die Truppenbewegungen auf dem linken Flügel der Divisionen „Cuneense", „Vicenza" und „Julia" ein, was daran liegt, daß fast alle Funkgeräte in den Kämpfen um Opyt zerstört worden sind.

Auf diese Weise geht am 20. der mühevolle Marsch nach Westen weiter. Alle zunächst von der Vorhut, dann von der ganzen Division bis zum 30. Januar tapfer geführten Gefechte verdienten eine gesonderte Erörterung. Nowo Charkowa (in der Nacht zum 21. Januar), Lymoriwka (21. Januar), Scheljakino (22. Januar), Nikolajewka Ost (23. Januar), Malakejewa (24. Januar), Nikitowka (25. Januar), Arnautowo[194] (26. Januar), Nikolajewka West (26. Januar) stellen die ruhmreichsten Etappen dieses mühseligen Weges dar. In jeder dieser Ortschaften hat ein blutiges Gefecht stattgefunden, das jedesmal siegreich endete. In jeder hat die Division auch ihre Gefallenen im Eis der trostlosen Steppe zurückgelassen. Und dank der „Tridentina", die nach und nach jeden hartnäckigen Widerstand gebrochen hat, den ihr der Gegner auf dem Weg entgegenzusetzen suchte, ist es Tausenden von Alpini der drei Divisionen, von Infanteristen der Division „Vicenza", von Deutschen und Ungarn gelungen, der Einkreisung zu entkommen.

Vor allem in den letzten Tagen des Rückzugs dünnte die große Kolonne empfindlich aus, weil insbesondere die Nachhut vom Gegner angegriffen wurde. In diesem Zusammenhang ist zu berücksichtigen, daß die Kolonne in Bewegung 40 km lang war, was einem zweitägigen Defilee ohne Unterbrechung gleichkommt (die Information stammt von einem deutschen Offizier, der einen Aufklärungsflug unternommen hatte). Da die Kräfte am Ende [der Kolonne] in der Regel durch eine bestimmte Ortschaft kamen, nachdem dort einen Tag zuvor die Vorhut operiert hatte, ist es wahrscheinlich, daß die zuletzt durchziehenden [Soldaten] dort zumeist eine andere Lage vorfanden, als sie von den an der Spitze der Kolonne marschierenden Einheiten geschaffen worden war. Und die strenge Kälte (es ging bis auf 40 Grad unter Null), die Anstrengungen, Strapazen, Entbehrungen und Beschwernisse jeglicher Art haben dazu geführt, daß viele andere während des Marsches zurückblieben...

Ich habe bereits gesagt, daß jedes von der Division in den 15 Tagen des Rückzugs geführte Gefecht eine eigene Erörterung verdiente. Dies würde aber zuviel Platz in Anspruch nehmen. Das Gefecht um Nikolajewka am 26. Januar (das letzte, das die Division geführt hat) ist allerdings der besonderen Erwähnung wert, weil der Gegner hier am härtesten Widerstand leistete und die Division die größten Verluste erlitt[195]. Seit Tagesanbruch wurde der Abzug der Division aus Nikitowka von den Partisanen erheblich behindert. In der Nähe von Arnautowo wurde die Kolonne wenig später von starken feindlichen Kräften angegriffen, die dem Bataillon „Tirano" und der [Gruppe] „Valcamonica" schwer zusetzten; sie verfolgten dabei offensichtlich das Ziel, das Gros der Division von der Vorhut (6. Alpini[regiment]) zu trennen, die bereits am vorhergehenden Abend aus Sicherheitsgründen in das Gebiet von Arnautowo selbst geschickt worden war, um dort zu biwakieren. Der Feind wurde nach blutigen Kämpfen zurückgeschlagen. Zwischenzeitlich gelangten die Bataillone des 6. Alpini[regiments] in Sichtweite des Ortes Nikolajewka und begannen mit dem Angriff. Die Kampfkraft der Einheiten war aber wegen der überaus schweren Gefechte und der besonders ungünstigen Witterungsbedingungen, die

---

[194] In der Vorlage: „Armankowo"; im folgenden stillschweigend korrigiert.
[195] Die sogenannte Schlacht bei Nikolajewka hat einen festen Platz in der Erinnerungskultur der italienischen Streitkräfte. Es ist kein Zufall, daß die rund 680 Seiten dicke, von Giulio Bedeschi herausgegebene Sammlung von Erinnerungen über den Rückzug des Alpinikorps den Titel trägt: „Nikolajewka: c'ero anch'io".

große Lücken in ihre Reihen gerissen hatten, ziemlich geschwächt. Die Munition begann knapp zu werden ...

Der Feind, der die Ortschaft mit starken Kräften besetzt hält, leistet äußerst hartnäckigen Widerstand. Den wie die Löwen kämpfenden Bataillonen des 6. Alpini [regiments] gelingt es, die Böschung der erhöhten, am Rand der Ortschaft verlaufenden Bahnlinie zu überwinden, die eigens dazu gemacht scheint, dem Verteidiger einen Rückhalt zu geben; gegen elf Uhr befinden sie sich im Innern des Ortes, doch der an Männern und Material überlegene Feind zwingt sie, zu stoppen und sich hinter die Bahnlinie zurückzuziehen, von wo aus sie den Kontakt mit dem Feind aufrechterhalten. Gegen 12 Uhr beginnt das Gros der Kolonne einzutreffen. Sofort wird die rasche Aufstellung der gesamten Artillerie angeordnet; es wird veranlaßt, daß die Einheiten des 5. Alpini[regiments] aufschließen, und befohlen, daß alle, die keine spezifische Aufgabe haben, Formationen unter dem Kommando von Offizieren bilden und sich in die Bataillone eingliedern. Indessen hat der Feind leichtes Spiel, sein eigenes Artillerie- und Granatwerferfeuer, das auch von Luftangriffen begleitet wird, zu konzentrieren. Nur zu gut kann man sich die Verluste unter dem anmarschierenden Haufen vorstellen, der vor allem aus Schlitten, Tieren und Kraftfahrzeugen besteht, die von Soldaten unterschiedlicher Nationalität und Sprache gelenkt werden. Der Angriff wird energisch wiederaufgenommen und von den deutschen Panzern vorangetrieben, die der Kommandeur der Division persönlich führt. Es gelingt, die Bahnlinie zu überwinden und in den Ort einzudringen. Der Gegner setzt seinen wütenden Widerstand insbesondere mit Artillerie- und Granatwerferfeuer auf die Truppen fort, die auf den Weitermarsch warten, so daß an einem bestimmten Punkt des Gefechts Zweifel an dem Erfolg der Aktion aufkommen. Gegen 15 Uhr treffen jedoch die Einheiten des 5. Alpini[regiments] ein, die sich den Einheiten des 6. [Regiments] an die Seite stellen und mit ihnen den Angriff wiederaufnehmen, obgleich sie aufgrund der am Morgen in Arnautowo durchgeführten Aktion erschöpft sind. Es geht darum, die letzten Patronen klug zu nutzen... Vor diesem neuen, wuchtigen Ansturm weicht der Gegner zurück und läßt alle Waffen auf dem Schlachtfeld zurück. Somit endet der harte Tag des 26. Januar, der voll von glänzenden Heldentaten war, wie im Epos: Unter den Toten und Verwundeten sind mehr als 50 Offiziere (ein General stirbt und zwei Regimentskommandeure werden verwundet[196]). Die Verluste unter der Truppe sind nicht abzuschätzen.

Völlig erschöpft setzt sich die Kolonne bei Anbruch des folgenden Tages wieder in Bewegung. Als der Widerstand, den der Feind am Ortsausgang zu organisieren versucht, durch ein geschicktes Manöver überwunden ist, geht der Marsch weiter. Am 27. Januar werden Uspenka und Lutowinowo erreicht; am 28. Sslonowka; am 29. Bessarab; am 30. Bolsche Troitzkoje; am 31. Schebekino. Lange, mühsame Märsche durch die trostlose Steppe unter ausgesprochen widrigen klimatischen Bedingungen (die Temperatur schwankt immer zwischen 30–40 Grad unter Null). Die Schlitten sind überladen mit Verwundeten und Soldaten mit Erfrierungen, und

---

[196] Nach dem Bericht von General Reverberi (AUSSME, DS II 1554/5, Relazione sulle azioni svolte dalla Divisione „Tridentina" al fronte russo, S. 19) handelte es sich dabei um den Kommandeur des 5. Alpiniregiments, Oberst Giuseppe Adami, und um den Kommandeur des 2. Gebirgsartillerieregiments, Oberst Giuseppe Migliorati. Der Stabschef des Alpinikorps, Brigadegeneral Martinat, war gefallen.

einige müssen leider für immer zurückbleiben. Überwältigt von den Strapazen brechen die Tiere zu Dutzenden zusammen. Die Artilleristen sind deshalb zu ihrem großen Leidwesen gezwungen, sich von ihren Geschützen zu trennen, für die sie allerdings auch keine Munition mehr haben.

Am 31. Januar endet der am 17. desselben Monats begonnene ruhmreiche Leidensweg[197]. Die Alpini der „Tridentina", von den erduldeten Leiden schwer gezeichnet, schließen ihre gelichteten Reihen um die Fahnen, die sie mit soviel Glauben, Beharrlichkeit und Opfersinn verherrlicht haben, und schicken sich ruhigen Mutes an, den Marsch für weitere Tage wiederaufzunehmen, weil sie nicht mit der Bahn transportiert werden können.

[Schlußfolgerungen]
Die Division „Tridentina", die im wesentlichen dank ihres Kommandeurs die Reihen während des zermürbenden Rückzugs geschlossen zu halten vermochte, ist mit all ihren regulären Bataillons-, Gruppen- und Regimentskommandos in die Heimat zurückgekehrt, auch wenn bei den unterstellten Einheiten so große, schmerzhafte Lücken entstanden sind. Aber obgleich die harten Tage des Rückzugs in der Erinnerung an die auf russischem Boden zugebrachte Zeit einen herausragenden Platz einnehmen (vielleicht gerade deshalb, weil es sich um die jüngsten Ereignisse handelt), dürfen die zuvor während der erschöpfenden Truppenbewegungen durchgestandenen Wochen ebensowenig vergessen werden wie die in den Verteidigungsstellungen am Don. Und ebensowenig dürfen die ruhmreichen Kämpfe vergessen werden, welche die Bataillone „Val Chiese" und „Vestone" am 1. September unter dem Befehl des XXXV. Armeekorps (CSIR) bestanden haben[198].

Der Zufall wollte es, daß die beiden von der Division „Tridentina" kontrollierten Verteidigungsabschnitte am Don immer den Flügeln der Aufstellung der 8. italienischen Armee entsprachen: dem rechten Flügel im September und in den ersten zehn Oktobertagen, dem linken Flügel im November, Dezember und in der ersten Januarhälfte. Notwendigerweise bestanden in der ersten Phase Beziehungen zu den Deutschen und in der zweiten zu den Ungarn. Die Beziehungen zu den Deutschen waren immer korrekt und herzlich. Wie bereits angemerkt, wurde der Division für ungefähr zwanzig Tage ein deutsches Infanterieregiment unterstellt[199]; keinerlei Beanstandungen bezüglich der Haltung der Truppe und der Präzision bei der Ausführung der Befehle.

---

[197] Die aufgrund der angespannten Treibstoff- und Transportlage schwierige Verlegung der *Alpini* aus dem Süden der Ostfront in den Bereich der Heeresgruppe Mitte ist dokumentiert in: AUSSME, L 14/87–2, Comando 8ª Armata, Ufficio Operazioni: La 2ª battaglia difensiva del Don, Teil 3: L'avviamento delle Unità alla zona di riordinamento.

[198] Zu dieser Aktion, deren Scheitern viel dazu beitrug, daß die seit dem sowjetischen Angriff ohnehin gespannten Beziehungen zwischen Deutschen und Italienern weiter verschlechterten, vgl. Operazioni delle unità italiane al fronte russo, S. 283 ff.; nach einer Aktennotiz für den Stabschef des Alpinikorps, General Martinat, vom 4. 9. 1942 (AUSSME, DS II 974, KTB Alpinikorps, September/Oktober 1942, Anlage 78) hatten die beiden Bataillone mindestens 81 Tote und 339 Verwundete zu beklagen; 166 Mann galten noch als vermißt.

[199] Es handelte sich um das zur 298. Infanteriedivision gehörige Infanterieregiment 526, dessen Unterstellung unter den Befehl der „Tridentina" laut Kriegstagebuch des XXXV. Armeekorps (AUSSME, DS II 680) am 23. 9. 1942 angekündigt wurde.

Auch über die Ungarn gibt es nichts Besonderes zu berichten, doch hatte ich den Eindruck, daß ihre Aktivitäten vor allem dann, wenn sie die Beziehungen zu uns berührten, einen völlig anderen „Stil" als die der Deutschen besaßen. Insbesondere als die Einheiten im Abschnitt der 23. ungarischen Division abgelöst wurden, legten einige Kommandos gewisse Verhaltensweisen an den Tag, die nicht immer korrekt waren und mit den Anordnungen zusammenhingen, die zu erlassen waren, um den Abtransport von Ressourcen jeder Art aus dem Gebiet zu unterbinden, das in die Zuständigkeit der „Tridentina" überging. Tatsächlich wurden die Anordnungen eher zum Schein ausgegeben, als daß sie umgesetzt werden sollten, denn trotz aller Ermahnungen, Proteste und Befehle der höheren Kommandos fuhren die Ungarn fort, aus dem Sektor, der auf die „Tridentina" übergegangen war, alle möglichen Güter wegzubringen, einschließlich des Holzes der Fußböden bestimmter Isbas, die von einigen unserer Kommandos belegt werden sollten.

Diese Umstände haben aber, ich möchte es noch einmal betonen, zu keinem Zeitpunkt die Beziehungen zwischen den Kommandos beeinträchtigt, die im wesentlichen immer herzlich geblieben sind. Was das Verhältnis zu den deutschen Truppen betrifft, die während des Rückzugs Teil der Marschkolonne waren, habe ich den Eindruck, daß recht verzerrte, wenn nicht gar unbegründete Nachrichten nach Italien gelangt sind. Ich schätze, daß sich der Anteil der deutschen Soldaten, die zur Kolonne gehörten, auf acht- bis zehntausend kaum geordnete Männer belief; es handelte sich dabei hauptsächlich um Teile der Versorgungsdienste des XXIV. Panzerkorps, die für den Troß und für enorme, mit jeder Art von Material überladene Schlitten zuständig waren, an deren Rettung sie insbesondere interessiert waren. Aber die militärische Ordnung dieses Haufens ließ zu wünschen übrig; ich erinnere mich, nur sehr wenige Offiziere gesehen zu haben. Es ist nicht ungewöhnlich, daß es während des mühevollen Marsches auf zuweilen sehr engen Pisten zu Zwischenfällen mit den Alpini gekommen ist, denn jeder, der zur Kolonne gehörte, hatte nur ein Bestreben, nämlich nicht an Boden zu verlieren und sich vom Ende des Zuges fernzuhalten. Auch die Belegung der Isbas gab Anlaß zu zahlreichen Zwischenfällen bei dem Wettlauf, in den am Schluß einer Etappe alle Teile der Kolonne wegen der Angst eintraten, die Nacht im Freien verbringen zu müssen. Und da die Zahl der Isbas in den Orten, wo Station gemacht wurde, nicht ausreichte, um allen Schutz zu gewähren, wurde die Angst vor dem Erfrierungstod zu einer quälenden Sorge. Vorkommnisse von besonderer Schwere habe ich allerdings nicht beobachtet.

Zur Bewaffnung, Organisation und zum Ausbildungsstand des Führerkorps habe ich nicht viel zu sagen. Ich erwähne nur, daß mir das Maschinengewehr nicht hinreichend robust erschien, um bei so niedrigen Temperaturen eingesetzt zu werden, und daß sich das Geschütz 75/13 hinsichtlich Reichweite und Geschoßwirkung als nicht besonders geeignet erwiesen hat, um in so breiten Divisionsabschnitten verwendet zu werden, wie sie in Rußland zu besetzen waren. Bezüglich der Organisation betone ich, daß die Alpinidivision für den Einsatz im Gebirge geschaffen worden ist. Der Einsatz von Gebirgstruppen im russischen Flachland muß als Ausnahme gelten. Für Rußland schienen die 5000 Lasttiere der Division vielleicht zuviel zu sein, insbesondere angesichts der Tatsache, daß in der Winterperiode die Futtermittel vor Ort nicht ausreichen, so daß 50 Prozent davon tief in die Etappe verlegt werden mußten, oft 60 und mehr Kilometer von den Einheiten an der Front entfernt. Hinsichtlich des Führerkorps läßt sich sagen, daß jeder aus Italien gekommene Offizier mit seiner Einheit Tapferkeit und Geschick gezeigt und sich somit seiner Stellung als würdig erwiesen hat.

Hinsichtlich der logistischen Erfordernisse möchte ich an dieser Stelle bekräftigen, daß die von den höheren Kommandos unternommenen Anstrengungen, die Verpflegung auf jeden Fall – und auf die zweckmäßigste Weise – sicherzustellen, von den Soldaten selbst erkannt und geschätzt worden sind. Bei der Ausrüstung haben sich zwei wesentliche Mängel ergeben: Schuhwerk und Kopfbedeckung. Für Temperaturen, die von Dezember bis Februar zwischen 20 und 40 Grad unter Null schwanken, sind Lederschuhe nicht geeignet; das Oberleder wird spröde, biegt sich nicht und kann auch brechen. Sehr geeignet sind hingegen die sogenannten „Valenki", die von den Russen und den deutschen Truppen benutzt werden und bei denen es sich um nichts anderes als um große Stiefel aus Filz (gepreßte Wolle) handelt, die über den mit einem Wollstrumpf bekleideten Fuß gezogen werden; auf diese Weise ist die Gefahr von Erfrierungen fast vollständig gebannt. Auch die aus einem wollenen Kopfschützer bestehende Kopfbedeckung hat sich bei diesen rauhen Temperaturen als unzulänglich erwiesen, so daß man sagen kann, daß alle Soldaten das Bedürfnis verspürt haben, sich eine eigene Kopfbedeckung anzufertigen, die innen mit Kaninchen-, Hasen-, Schafsfell usw. gefüttert ist und auch ihre Ohren schützt. Solche Bekleidungsstücke haben sich in der Praxis als besonders zweckmäßig erwiesen und hätten auch die reguläre Art der Kopfbedeckung darstellen können.

Zum Schluß möchte ich noch kurz auf die Organisation [eines Aufgabenbereichs] eingehen, den ich als „Logistik und Zivilverwaltung" bezeichne und um den sich jede Division in ihrem Abschnitt zu kümmern hatte. Aus offensichtlichen Gründen mußte man in Rußland Agrarprodukte wie Schlachtvieh, Hafer, Futtermittel, Weizen und Roggen vor Ort requirieren, um einen Teil der logistischen Bedürfnisse der Verbände zu befriedigen. Da man aber sogar für das Mähen, Dreschen und Mahlen des Getreides sowie für das Schneiden des Heus sorgen mußte, ergab sich daraus eine komplexe Organisation des rückwärtigen Gebiets, die viele Offiziere und eine große Zahl von Soldaten band; außerdem verlangte sie vom Divisionskommando, logistische Funktionen wahrzunehmen, die über seine vorrangig operativen Aufgaben hinausgingen. Ähnliches gilt für alle Erfordernisse der Verteidigung des rückwärtigen Gebiets, der Zivilverwaltung, der Überwachung der „Kolchosen" usw. Für den Fall, daß der Großverband „Division" aufgrund besonderer zufälliger Einsatzbedingungen in Territorien operieren muß, in denen es unabdingbar ist, die genannten Aufgaben zu übernehmen, halte ich es für angebracht zu vermeiden, das Divisionskommando von seinen vorrangig operativen Aufgaben abzulenken. Vielmehr sollte die gesamte Organisation von Zivilverwaltung und Logistik im rückwärtigen Gebiet einem eigens dafür vorgesehenen Organ des übergeordneten Großverbands übertragen werden.

Der Chef des Generalstabs
Oberstleutnant A. Ambrosiani

AUSSME, DS II 1554/6.

Dokument 26

Bericht des Armeepfarrers der 8. italienischen Armee, Don Arrigo Pintonello[200], über die Moral der Truppe und das Verhältnis zwischen Deutschen und Italienern an der Ostfront, undatiert

Die wilde Natur des Landes, die Ferne des Vaterlands, das häufige Ausbleiben der Post, das Leben in einer zweifach fremden Welt sind Faktoren, die zuweilen die Gefühlslage unseres Soldaten negativ zu beeinflussen vermochten – niemals jedoch so sehr, daß sie seine Moral geschwächt oder seinen [Kampf-]Geist untergraben hätten. Auch in den tragischsten Momenten hat unser Soldat auf russischem Boden immer seine natürliche gute Laune bewahrt, die Gelassenheit, die Zuversicht der Starken. Dies konnte ich bei meinen ständigen Fahrten von einem Ende des Sektors, der unseren Truppen zugewiesen worden war, zum anderen leicht[201] feststellen; dies habe ich auch immer wieder den Berichten der Militärgeistlichen entnommen. Alle, auch der gemeinste Soldat, hatten das Gefühl, daß von unseren höheren Kommandos nichts unterlassen wurde, um für die Frontkämpfer die Verpflegung, die Ausrüstung, die Postzustellung... usw. sicherzustellen, während ihn die Übersendung von Kleidung und Geschenken aus der Heimat zutiefst berührte[202].

Es läßt sich jedoch nicht leugnen, daß es zugleich andere Faktoren gab, die sich auf die Moral der Truppe ausgewirkt haben. In erster Linie beziehe ich mich hier darauf, daß der Mehrheit der Soldaten ein klares Bewußtsein von der Notwendigkeit des russischen Feldzugs fehlte: Sie betrachteten den antibolschewistischen Krieg eher als den Krieg des Verbündeten und nicht als ihren eigenen[203].

Ferner hat sich die allgemeine Überzeugung, daß unser Soldat dem Feind bezüglich der Bewaffnung unterlegen sei, nicht wenig auf seine Gefühlslage ausgewirkt. In Erwartung des allgemeinen russischen Angriffs habe ich von Soldaten oft die Antwort bekommen, daß sie bis zuletzt Widerstand leisten würden, daß man aber gegen die russischen Panzer und ihre „Parabellum" nichts auszurichten vermöge[204]. Die Furcht war weit verbreitet, daß es bei einer möglichen feindlichen Offensive an geeignetem Gerät fehlen würde, um Widerstand zu leisten.

Außerdem darf nicht verschwiegen werden, daß eine nachhaltige deutsche Propaganda im Soldaten die Vorstellung weckte, die Gefangenschaft sei mit dem Tod

---

[200] *Arrigo Pintonello* (1908–2001), katholischer Priester, 1932 geweiht, 1941–1943 leitender Militärseelsorger des CSIR bzw. der 8. Armee, 1953 zum Bischof geweiht und zum Militärbischof der italienischen Streitkräfte ernannt, Titularbischof von Theodosiopolis in Arkadien, 1965–1967 apostolischer Administrator der Diözese Velletri, 1967–1971 Erzbischof der Diözese Latina-Terracina.
[201] Handschriftlich eingefügt.
[202] Tagebücher und Erinnerungen italienischer Soldaten der 8. Armee lassen diese Ausführungen stark geschönt und zweifelhaft erscheinen; vgl. etwa als berühmtes Beispiel Revelli, Mai tardi, S. 46 f.
[203] Vgl. Schlemmer, Erfahrung und Erinnerung.
[204] Gemeint ist wohl die ebenso gefürchtete wie als Beutestück beliebte Infanteriewaffe mit der offiziellen Bezeichnung PPSh 1941, die ab 1942 in großer Stückzahl an die Truppe ausgeliefert wurde.

selbst gleichzusetzen: von daher der Alptraum, die furchtbare Angst, in die Gefangenschaft des Feindes zu geraten. So etwas war weit davon entfernt, im Soldaten den Kampfgeist zu wecken, verstörte ihn vielmehr und machte ihn äußerst unruhig.

Mißverständnisse und kleine Unstimmigkeiten, die aufgrund von Sprachschwierigkeiten, von psychologischen, aber auch Religionsunterschieden unter Soldaten verschiedener Nationalität unvermeidlich sind, haben ferner dazu beigetragen, die Stimmung zu drücken und die Sehnsucht nach dem fernen Vaterland zu verstärken. Der sehr empfindsame italienische Soldat hatte erwartet, im deutschen Soldaten einen Kameraden zu finden, der ihm ebenso herzlich und großmütig entgegenkommen würde. Von all dem [war] jedoch nichts [zu spüren], und es hat nichts genutzt, ihm zu wiederholen, daß das deutsche Temperament dem unsrigen entgegengesetzt ist – kalt und der Freundschaft schwer zugänglich. Weit verbreitet war das Gefühl, der Deutsche schätze den italienischen Soldaten nicht. Und dieses Gefühl wurde durch das wenig disziplinierte Verhalten der deutschen Kraftfahrer – die ersten, die man kennenlernte, als man mit den Verbündeten in Kontakt kam – hervorgerufen, weil es sie reizte, sich mit ihren Fahrzeugen auf den Straßen als die Herren aufzuspielen; weil sie sich gewöhnlich weigerten, den Italiener zu Fuß aufzunehmen, wenn er darum bat, aufsitzen zu dürfen; weil die Deutschen es in ihrer großen Mehrheit unterließen, unsere Offiziere zu grüßen; wegen ihrer gering ausgeprägten Gastfreundschaft in den von ihnen bereits belegten Häusern oder – im Falle von Bahnfahrten – in den Zügen; weil sie sich absonderten und gleichsam den Kontakt mit uns zu vermeiden suchten... usw. Tatsächlich kam es mehr oder weniger überall zu derartigen Zwischenfällen.

Ich bin aber davon überzeugt, daß der wichtigste Grund in den Sprachschwierigkeiten liegt, die uns die Verständigung unmöglich machen. Sehr häufig konnte ich auf meinen Fahrten und im Rahmen meiner vielfältigen Beziehungen zu den deutschen Kommandos Äußerungen der lebhaftesten Bewunderung für den italienischen Soldaten, die Leistungsfähigkeit seines Kriegsgeräts und den Wert seines Beitrags zum Krieg ernten. Niemals wurde mir auf meinen unablässigen Fahrten kreuz und quer durch die Ukraine und durch Weißrußland von den deutschen Stellen etwas verweigert – die Bitte beispielsweise, mir einen Schlitten, einen Führer, Material aller Art zur Anlage von Soldatenfriedhöfen, ein Ersatzteil für den Wagen usw. zur Verfügung zu stellen. Und es muß betont werden, daß das zweifellos wenig freundschaftliche Verhalten der deutschen Kraftfahrer – und zuweilen auch des gewöhnlichen Deutschen – während der Fahrten oder im Alltagsleben auch gegenüber den eigenen Landsleuten nicht anders war. Nicht selten hörte man von den Deutschen, daß sie gewöhnlich nur von den italienischen Wagen und nicht von den deutschen aufgenommen wurden.

Während des Rückzugs drohte das Klima im Verhältnis zwischen Italienern und Deutschen freilich feindselig zu werden. Den Deutschen wird vorgeworfen, sie hätten Treibstoff und Kraftfahrzeuge nur sich selbst vorbehalten, unsere in der Steppe herumirrenden Soldaten von ihren Lastwagen weggedrängt und abgewiesen. Das ist häufig vorgekommen; es muß aber auch pflichtschuldig darauf verwiesen werden, daß die Orientierungs- und die Rücksichtslosigkeit, die den brutalen Instinkten des Menschen eigen sind, unter derartigen Umständen am Ende jeglichen Sinn für Humanität und Selbstlosigkeit ersticken.

Zweifellos ging vom Gastgeber viel Unrecht aus; eines vor allem wird der italienische Soldat niemals vergessen können, daß man nämlich diejenigen, die dem feindlichen Einschließungsring entkommen waren, wochenlang bei unmöglichen Temperaturen auf offenen Waggons oder Flachwagen transportierte, während dem deutschen Soldaten immer zumindest ein Waggon der 3. Klasse vorbehalten war. Zweifellos aber wirkten hier Mißverständnisse und Übertreibungen zusammen, die insbesondere auf die Unmöglichkeit zurückzuführen sind, sich zu verständigen.

Der Armeepfarrer der 8. Armee
(Don Arrigo Pintonello)

AUSSME, DS II 1551/5.

Dokument 27

Bericht von General Efisio Marras für das Comando Supremo
vom 15. Januar 1943

Italienische Militärmission　　　　　　　　　　Berlin, 15. Januar 1943-XX
　in Deutschland

Nr. 51/S
Betreff: Version der deutschen Führung von der Schlacht am Don
Antwort auf das Telegramm 2299/S.G. vom vergangenen 30. Dezember[205]

An das
Comando Supremo
<u>Feldpost Nr. 21</u>

Als Antwort auf die an mich gerichtete Anfrage fasse ich zusammen, was sich diesbezüglich aus den Unterredungen sowohl beim OKW als auch beim OKH bzw. beim Oberkommando der Heeresgruppe B ergeben hat, aber auch aus den Gesprächen mit General von Tippelskirch und anderen Verbindungsoffizieren sowie mit deutschen Offizieren, die an den Operationen teilgenommen haben.

Die deutsche Version der Schlacht am Don interessiert nicht so sehr, um den genauen Verlauf der Operationen zu bestimmen, über die noch viele Einzelheiten fehlen, als vielmehr deshalb, weil sie die über diese Operationen abgegebenen Bewertungen vor allem hinsichtlich der Haltung unserer Truppen und letztendlich hinsichtlich der Gründe spiegelt, die den Rückzug bedingt haben.

Es ist vorauszuschicken, daß die feindliche Offensive gegen die 8. Armee die deutsche Führung zu einem Zeitpunkt überrascht hat, als man nach dem Rückschlag bei den rumänischen Armeen und der Isolierung der 6. Armee in Stalingrad die wenigen verfügbaren Reserven bereits eingesetzt hatte. Die deutsche Führung war sich des Ausmaßes der Bedrohung und des Ernstes der Gesamtlage im Südabschnitt anscheinend nicht bewußt, und es ist symptomatisch, daß einige Generalstabsoffiziere noch wenige Tage vor der Offensive der Meinung waren, daß das so-

---

[205] Nicht ermittelt.

wjetische Oberkommando mit seiner Offensive gegen die rumänischen Armeen und gegen Stalingrad seine Offensivkraft für den Winter zum Großteil erschöpft habe[206].

Soweit es möglich war, wurde die Schlacht vom OKH und vom Oberkommando der Heeresgruppe mit straffem Zügel geführt, und es ist deshalb natürlich, daß man von deutscher Seite über die Ausgangslage der Armee und über die Führung der Schlacht hinwegzugehen neigt. Man tendiert vielmehr dazu, den Mißerfolg der unzulänglichen Ausbildung unserer Truppen und den qualitativen Mängeln des Führerkorps zuzuschreiben, nicht ohne diskret und vage auf einige Fälle von unzureichendem Widerstand und einige Episoden von Panik hinzuweisen. Hierbei muß ich jedoch hinzufügen, daß sich diese Andeutungen nach einigen Tagen Zug um Zug abgeschwächt haben und sich hingegen die Zurückhaltung diesem Thema gegenüber verstärkt hat. Dies entspringt offensichtlich einer bewußt eingenommenen Haltung, aber auch der Tatsache, daß der Gesamtverlauf der Schlacht, die momentan zwischen [dem Sektor] unserer Armee und dem Kaukasus im Gange ist, die Ereignisse in einen größeren Rahmen und so in die richtigen Proportionen gestellt hat, da sich auch die deutschen Verbände zum Rückzug gezwungen sahen[207].

Dies vorausgeschickt, gebe ich die Meinungen wieder, die mir gegenüber von verschiedenen Kommandeuren und in diversen Stäben geäußert worden sind. Der Generalstabschef des Heeres [Kurt Zeitzler] erklärte mir, er wolle von einer Prüfung der Geschehnisse Abstand nehmen, da die vorhersehbaren gegenseitigen Schuldzuweisungen zwischen deutschen Kommandos einerseits und italienischen Kommandos und Truppen andererseits zu nichts führen würden. Dennoch wies er bei der ersten Unterredung am 27. Dezember auf Fälle von Panik hin und sagte bei der zweiten Unterredung am 14. Januar, die im Zuge der Rückkehr von meiner Reise stattfand[208], die Verteidigungsanlagen in unserem Sektor seien nach Aussagen von Kriegsgefangenen nicht so robust gewesen wie die in anderen Abschnitten, was nach General Zeitzler damit zusammenzuhängen scheine, daß unsere Abteilungen wenig gearbeitet hätten. Was die Anerkennung der Tapferkeit angeht, die unsere Truppen gezeigt haben, verlieh General Zeitzler, wie im allgemeinen alle deutschen Offiziere, seiner unbedingten Bewunderung für die Division „Julia" Ausdruck[209], während er sich hinsichtlich der anderen Verbände zurückhaltender gab.

---

[206] Vgl. dazu S. 63 f. des vorliegenden Bandes.
[207] Die weitreichendste Bewegung dieser Art vollzog sich mit dem Rückzug der Heeresgruppe A aus dem Kaukasus; vgl. Wegner, Krieg gegen die Sowjetunion, in: DRZW 6, S. 1064–1068. Zur panikartigen Flucht auch deutscher Einheiten und zur verheerenden moralischen Wirkung sowjetischer Panzerangriffe auf erstmals an der Ostfront eingesetzte deutsche Divisionen vgl. ebenda, S. 1012 mit Anm. 199 und S. 1019 f., sowie Gosztony, Hitlers fremde Heere, S. 324.
[208] General Marras brach am 25. 12. 1942 zur 8. Armee auf, wo er sich bis zum 10. 1. 1943 aufhielt; sein Bericht an Generalstabschef Ugo Cavallero (Nr. 50/S) vom 14. 1. 1943 findet sich im AUSSME, L 13/48-4, und ist abgedruckt in: Ceva, Storia delle Forze Armate, S. 473–484.
[209] Eine erzählende Darstellung der Kämpfe der Alpinidivision „Julia" im Verband des XXIV. deutschen Panzerkorps findet sich bei Caruso, Tutti i vivi all'assalto, S. 69–112; vgl. auch Dok. 8, S. 114.

General Jodl[210] räumte unumwunden ein, daß die deutschen Reserven in unserem Abschnitt unzureichend gewesen seien, und er fügte hinzu, daß diese Blöße sowohl dem starken Verschleiß zugeschrieben werden müsse, den die Operationen gegen Stalingrad gefordert hätten, als auch dem Umstand, daß die ursprünglich im Abschnitt unserer Armee dislozierten Reserven von der Gruppe Hollidt vereinnahmt worden seien[211]. Auch General Jodl verwies auf Episoden von Panik, die sich in unserer Etappe ereignet hätten, und auf die Konfusion unserer in die Gegend von Woroschilowgrad strömenden Versprengten. Er hat mir allerdings auch berichtet, daß sich die Division „Cosseria" nach einer Aussage von General Fegelein dem Führer gegenüber in perfekter Ordnung zurückgezogen habe. Nach den widersprüchlichen Nachrichten, die das Führerhauptquartier während des Besuchs Seiner Exzellenz des Generalstabschefs erreicht hatten, war General Jodl sehr erfreut, mir dies mitzuteilen[212].

General von Weichs, in dem ich einen loyalen Soldaten gefunden habe, erkannte ebenfalls an, daß Reserven fehlten, und sagte mir im Vertrauen, er habe in einigen Fragen, die ihm in der Vergangenheit vom Oberkommando der 8. Armee vorgetragen worden seien, und insbesondere in der Frage der überdehnten Front [dessen Position] persönlich geteilt, aber es sei ihm nicht möglich gewesen, die Zustimmung des Generalstabschefs des Heeres zu erlangen.

Bei der Führungsabteilung[213] der Heeresgruppe ist mir gesagt worden, die Division „Ravenna" habe sich einem Panzerangriff nicht gewachsen gezeigt. Des weiteren hieß es, man habe die Organisation der Panzerabwehr an der Front des II. Armeekorps nach der Zuführung deutscher Panzerjägerkompanien zur Verstärkung als die beste der gesamten Heeresgruppe betrachten müssen[214]. Auf meinen Einwand, daß diese Aufstellung den Vormarsch der Panzer nicht habe verhindern können, erwiderte man, die Panzerjäger seien nach dem Zusammenbruch der Wi-

---

210 *Alfred Jodl* (1890–1946), Generaloberst, Teilnahme am Ersten Weltkrieg, 1919 in die Reichswehr übernommen, seit August 1939 Chef des Wehrmachtführungsamts bzw. des Wehrmachtführungsstabs, unterzeichnete am 7. 5. 1945 in Reims die Kapitulationsurkunde, Mitglied der Regierung Dönitz, 1946 vom Internationalen Militärgerichtshof in Nürnberg zum Tode verurteilt und hingerichtet.
211 Es handelte sich dabei um die 62. und 294. Infanteriedivision; die 22. Panzerdivision wurde zum XXXXVIII. Panzerkorps beordert; vgl. Wegner, Krieg gegen die Sowjetunion, in: DRZW 6, S. 1030.
212 *Ugo Cavallero* (1880–1943), Marschall von Italien, 1925–1928 Staatssekretär im Kriegsministerium, anschließend Spitzenpositionen bei Pirelli und Ansaldo, seit 1937 wieder aktiver Offizier, Dezember 1940–Februar 1943 Chef des Comando Supremo, im September 1943 unter ungeklärten Umständen ums Leben gekommen. Cavallero war am 16. 12. in Begleitung von Außenminister Ciano zu einem Meinungsaustausch mit Hitler aufgebrochen und am 22. 12. 1942 wieder nach Rom zurückgekehrt. Vgl. Cavallero, Diario, S. 616–631.
213 In der Vorlage wörtlich: „ufficio operazioni".
214 Ende November 1942 verfügte das II. Armeekorps mit den Divisionen „Cosseria" und „Ravenna" über 78 Pak 47/32 und über 12 Pak vom Kaliber 7,5 cm; dazu kamen drei auch zur Panzerabwehr geeignete Batterien des italienischen Artillerieregiments 201 mit zehn Geschützen vom Typ 75/32 im Abschnitt der Division „Ravenna". BA-MA, MFB4 18276, Bl. 279, Fernschreiben des AOK 8 (Nr. 02/6530 – gez. Bruno Malaguti) an die Heeresgruppe B vom 30. 11. 1942. Kurz vor Beginn des sowjetischen Angriffs wurden auch deutsche Panzerjäger zum II. Armeekorps verlegt (vgl. hier S. 63). Akten zu den Versuchen, der 8. Armee praktisch im letzten Moment zusätzliche panzerbrechende Waffen zuzuteilen, finden sich auch im BA-MA, RH 32 IX/72.

derstandslinie nicht in der Lage gewesen, sich der feindlichen Infanterie zu erwehren.

Es ist interessant festzustellen, daß nach Aussage dieser Dienststelle der sowjetische Vormarsch durch das von der Division Celere gehaltene Tichaja-Tal eine wichtige Rolle für den Rückzug gespielt hat. Das ist die einzige in diese Richtung gehende Behauptung. Man muß berücksichtigen, daß sich die Front der Division Celere über ungefähr 50 km erstreckte[215]. Dieselbe Dienststelle räumte mir gegenüber den Mangel an Reserven und den Umstand ein, daß die 385. deutsche Infanteriedivision zu Schlachtbeginn gerade anzurollen begann und daß die 27. Panzerdivision nur über 47 Panzer verfügte[216]. Man gab ferner zu, daß die Schlacht um Stalingrad bezüglich der Zuweisung von Material und Betriebsstoff auch auf die 8. Armee erhebliche Auswirkungen hatte. Die Leistungsfähigkeit der Verteidigungsorganisation wurde als gut bezeichnet; die Zahl der Panzerabwehrminen, die der Armee zur Verfügung standen, konnte man für ausreichend halten, doch es stellte sich heraus, daß ein großer Teil in Reserve gehalten worden war.

Ein Feindlageoffizier der Heeresgruppe sagte ausdrücklich, daß sich unsere Truppen gut geschlagen haben, und fügte hinzu, es sei ein schwerer Fehler gewesen, daß nach dem Zusammenbruch der rumänischen Armeen nicht der Befehl gegeben worden sei, die Front generell zurückzuverlegen. Ein in diese Richtung gehender Vorschlag des Generals von Weichs ist vom Oberkommando abgelehnt worden[217].

General von Tippelskirch, Chef des Verbindungskommandos beim Armeeoberkommando, faßte sein Urteil über die Ereignisse dergestalt zusammen, daß die 8. Armee aufgrund des Ausbildungsstands nicht in der Lage gewesen sei, einem Großangriff mit Panzern zu begegnen. Ferner hat er betont, daß unser taktisches Vorgehen nicht den Notwendigkeiten der russischen Front entsprochen und er sich vergeblich dafür eingesetzt habe, die neuen deutschen Methoden, die auf den Lehren des vergangenen Winters beruhten, bei unseren Verbänden zu verbreiten. Die italienischen Verbände hätten an einer Staffelung von Truppen und Gerät festhalten wollen, was die Widerstandskraft der vordersten Linie geschwächt habe. Schließlich habe er die übermäßige Besatzung der Stützpunkte, die unzureichende Aufgliederung der Artillerie, den fehlerhaften Einsatz der Nachrichten[truppe] kritisiert und damit geschlossen, daß der Kampf von italienischer Seite mit einem zu hohen Aufwand an Menschen geführt werde[218]. Bezüglich des Kampfwerts unserer Truppen zeigte er sich sehr zurückhaltend. Über die Division „Julia" äußerte er sich sehr positiv; er sagte [auch], daß sich die Artillerie gut geschlagen habe, wobei er insbesondere auf die Artillerie der Divisionen Celere und „Pasubio" verwies, während hingegen einige Einheiten der Division „Pasubio" nicht genügend Widerstand geleistet hätten. Ferner hob er die Folgen der Ablösung hervor.

---

[215] Vgl. Dokument 18 mit Anm. 67.
[216] Vgl. Dok. 19 mit Anm. 89.
[217] Wegner, Krieg gegen die Sowjetunion, in: DRZW 6, S. 1026, berichtet lediglich von einem Vorstoß des zögernden Oberbefehlshabers der Heeresgruppe B vom 23. 11. 1942 zur Zurücknahme der 6. Armee.
[218] Eine Zusammenfassung der Besprechung zwischen von Tippelskirch und Marras findet sich im BA-MA, MFB4 41403, Bl. 1107, KTB des Deutschen Generals beim italienischen AOK 8, Eintrag vom 5. 1. 1943.

Festzuhalten ist, daß diese Urteile ein Echo dessen darstellten, was die einzelnen Verbindungsoffiziere – von denen einige auch niedrige Ränge bekleideten – berichtet hatten, und daß zum Zeitpunkt meiner Unterredung nicht alle Berichte eingegangen waren, so daß die Eindrücke zwangsläufig unvollständig blieben. Allerdings ändert dies nichts daran, daß diese umgehend an die vorgesetzten Kommandos gesandten Eindrücke an höherer Stelle zuweilen maßgebend werden.

Der Kommandeur der 298. Division[219], die zwischen den Divisionen „Ravenna" und „Pasubio" aufgestellt war und sich aufgrund eines direkten Befehls des Generals von Tippelskirch zusammen mit einigen Einheiten der Division „Pasubio" und der Division „Torino" zurückgezogen hatte, legte unseren Truppen gegenüber einen gewissen Groll an den Tag. Er erzählte mir von einer in einem anderen Bericht wiedergegebenen Episode, wonach sich einer unserer Regimentskommandeure aus einer anderen Division geweigert habe, seine Befehle zu befolgen, die er auch im Namen des XXXV. Armeekorps, aber ohne dessen Wissen, gegeben habe. Er fuhr fort, er habe bei unseren Einheiten eine gewisse Trägheit festgestellt, wenn es ans Arbeiten gegangen sei. Er hat sich über den wenig ausgeprägten Kampfgeist einiger Elemente beklagt, die mit seiner Division nach Tschertkowo gelangt sind. Diese Kräfte sind in jener Ortschaft eingeschlossen, die der deutsche General im übrigen verlassen hat.

Schließlich teile ich mit, daß General Schlemmer, Verbindungs[-Offizier] beim Alpinikorps, mir gegenüber geäußert hat, keine Truppe habe dem sowjetischen Angriff widerstehen können, der mit einer neuen Taktik geführt worden sei. Auch er räumt ein, daß die Reserven eher hätten herangeführt werden müssen. Er sagte ferner, daß es sich beim 318. Infanterieregiment, das von der deutschen Führung an die wichtige Nahtstelle zwischen der „Cosseria" und der „Ravenna" beordert worden war, um ein minderwertiges Regiment gehandelt habe[220].

---

[219] *Arnold Szelinski* (1891-1943), Generalleutnant, Teilnahme am Ersten Weltkrieg, 1919 in die Reichswehr übernommen, bis 1933 zumeist als Kompaniechef verwendet, 1935 als Oberstleutnant Bataillonskommandeur, 1939-1942 als Oberst Regimentskommandeur, 1942 als Generalmajor Kommandeur der 298. Infanteriedivision, am 27. 12. 1942 abgelöst, seit April 1943 als Generalleutnant Kommandeur der 376. Infanteriedivision, im Dezember 1943 an der Ostfront gefallen.

[220] Das Grenadierregiment 318, das zur im rückwärtigen Gebiet der Heeresgruppe B operierenden 213. Sicherungsdivision gehörte, wurde in der Nacht vom 7. 12. auf den 8. 12. 1942 im Bereich des II. Armeekorps zwischen die Divisionen „Cosseria" und „Ravenna" eingeschoben, um einen Frontabschnitt zu verteidigen, der aufgrund der Beschaffenheit des Geländes als besonders gefährdet galt. Das Regiment, das rund 2900 Mann stark war, stellte eigentlich keine Kampf-, sondern eine Besatzungs- und Sicherungstruppe dar. Nur etwa die Hälfte der Soldaten waren kampferprobt; die 500 Mann, die das Regiment erst vor kurzem als Ersatz erhalten hatte, waren nach Angaben des Regimentskommandeurs über 40 Jahre alt und mangelhaft ausgebildet. Zum Einbau des Grenadierregiments 318 in die Front des II. Armeekorps und zu seinem Kampfauftrag vgl. AUSSME, DS II 1126 a, KTB II. Armeekorps, November/Dezember 1942, Anlage 297: Comando II° Corpo d'Armata, Ufficio Operazioni, an Comando Divisione „Cosseria" (Nr. 4695/02 di prot.) vom 4. 12. 1942, und DS II 1094, KTB Division „Cosseria", November/Dezember 1942, Anlage 323: Grenadierregiment 318: Regimentsbefehl zur Verteidigung des Frontabschnitts am Don vom 7. 12. 1942 (italienische Übersetzung); zur Zusammensetzung des Regiments vgl. BA-MA, MFB4 18276, Bl. 178, Notiz über einen Anruf des Kommandeurs des Grenadierregiments 318, Oberst Mielke, am 27. 11. 1942; zu Kampf und Rückzug des Regiments zwischen Dezem-

Abschließend scheint sich aus diesen verschiedenen Urteilen seitens deutscher Stäbe und Offiziere zu ergeben, daß
- einige gravierende Defizite der deutschen Seite – darunter vor allem das Fehlen von Reserven – im allgemeinen zugegeben werden;
- die Tapferkeit unserer Truppen in einigen Fällen anerkannt wird, man sich in dieser Hinsicht aber im allgemeinen sehr zurückhält, was wahrscheinlich jenem übertriebenen Bewußtsein der eigenen Tapferkeit zugeschrieben werden muß, das dazu führt, daß der deutsche Soldat ziemlich streng und nicht immer unvoreingenommen über andere urteilt;
- vage Andeutungen hinsichtlich einiger Fälle zu schwachen Widerstands und Panik gemacht worden sind;
- sich weitere Kritik gegen den insbesondere für den russischen Kriegsschauplatz [ungenügenden] Ausbildungsstand unserer Truppen richtete; gleichzeitig haben einige unser gutes Menschenmaterial im Bereich der Mannschaften und die qualitativen Mängel des Führerkorps hervorgehoben.

Abschließend kann ich den Eindruck wiedergeben, daß einige vorschnelle, in den ersten Tagen von der deutschen Seite über unsere Truppen gefällte Urteile, angesichts der Tatsache nach und nach abgeschwächt worden sind, daß sich die Schlacht immer mehr ausdehnte und zahlreiche weitere deutsche Verbände den Rückzug antreten mußten. Derartige Urteile mögen auf vereinzelten, noch zu klärenden Vorfällen beruhen, aber ich denke, daß unsere Verbündeten vor allem von den Anzeichen des Chaos im rückwärtigen Gebiet beeindruckt worden sind.

Chef der Mission
General Marras

AUSSME, L 13/48–4.

Dokument 28

Bericht von General Efisio Marras für das Comando Supremo vom 20. Februar 1943

Italienische Militärmission   Berlin, den 20. Februar 1943-XXI
in Deutschland

Betreff: Haltung des deutschen Oberkommandos gegenüber der 8. Armee

An das Comando Supremo (drei Ausfertigungen)
Feldpost Nr. 21

Das unglückliche Geschick, das der 8. italienischen Armee zuteil geworden ist, die trotz der von der Truppe unter Beweis gestellten verbissenen Tapferkeit – ein Zeugnis, das in Zukunft einen Grundpfeiler für den Ruhm unseres Heeres bilden wird – ein umfassendes Rückzugsmanöver vollzogen und schwerste Verluste erlitten hat,

ber 1942 und Januar 1943 vgl. den ausführlichen Einsatzbericht vom 15. 2. 1943 im BA-MA, RH 22/129.

läßt sich anscheinend zum größten Teil auf die Irrtümer und Defizite der deutschen Führung zurückführen. Diese Irrtümer und Defizite lassen sich in folgenden Punkten zusammenfassen:
- übermäßige Ausdehnung des der Armee zugewiesenen Sektors;
- ausgebliebene Zuweisung zusätzlicher Waffen und adäquaten Befestigungsmaterials, die notwendig gewesen wären, um den Sektor hinreichend auszubauen;
- ungenügende Zuweisung von Eisenbahntransporten und des benötigten Treibstoffs; der vollständige Verlust der Artillerie und der Verlust des größten Teils der Kraftfahrzeuge ist vor allem der chronisch unzureichenden Versorgung mit Treibstoff geschuldet;
- Absenz von Großverbänden der zweiten Linie, die der Armee versprochen worden waren; auch sah sich das deutsche Oberkommando nicht in der Lage, rechtzeitig Reserven aus anderen Abschnitten heranzuführen;
- Beschränkungen jeglicher Art, die der Befehlsführung unserer Armee von der deutschen Führung auferlegt wurden.

Bekanntlich haben es sowohl das Oberkommando der 8. Armee und die ihm unterstellte Intendenza als auch diese Dienststelle in ihrer Funktion als Bindeglied zum deutschen Hauptquartier während des ganzen Sommers und des vergangenen Herbstes nicht unterlassen, wiederholt darauf zu bestehen, die notwendigen Voraussetzungen sicherzustellen, um es der Armee zu ermöglichen, einer großangelegten sowjetischen Offensive zu begegnen, die der Führer selbst von Anfang an vorausgesehen hatte[221]. Dieses Drängen zeigte zweifellos eine gewisse positive Wirkung, führte aber insgesamt nicht dazu, die Situation grundlegend zu ändern, wie es notwendig gewesen wäre.

Die Argumente, auf die sich die verschiedenen Ebenen der deutschen Führung stützten, um das Ausbleiben der Vorkehrungen zu rechtfertigen, verwiesen im allgemeinen immer auf die schwerwiegenderen und dringlicheren Bedürfnisse, die sich aus den Operationen im Kaukasus und gegen Stalingrad ergaben. Aber abgesehen von der Verminderung unseres Bedarfs geschah es ständig, daß die versprochenen Transporte und Treibstofflieferungen noch weiter reduziert wurden und daß die deutsche Seite bei vielen wichtigen Fragen versuchte, die Lösung hinauszuschieben[222] bzw. die Fragen selbst aufgrund unterschiedlicher Kompetenzansprüche von Kommando zu Kommando weiterzugeben.

Ohne weiter auf diese aufreibende und gefährliche Situation einzugehen, die sich bereits vor dem Rückzug eingestellt hatte, muß man die Aufmerksamkeit jetzt auf die Haltung richten, die das deutsche Oberkommando während des Rückzugs der 8. Armee gegenüber eingenommen hat; diese führte zu neuen Verlusten unter unseren Truppen und brachte sie in eine materiell wie moralisch ausgesprochen schwie-

---

[221] Vgl. S. 60 des vorliegenden Bandes. Die ergriffenen Maßnahmen zur Sicherung der Donfront waren jedoch bestenfalls halbherzig, zumal die für die Feindlagebeurteilung zuständige Abteilung Fremde Heere Ost noch zwei Wochen vor der sowjetischen Offensive gegen die 6. Armee nicht mit einem Angriff im großen Don-Bogen gerechnet hatte. Vgl. Wegner, Krieg gegen die Sowjetunion, in: DRZW 6, S. 1012–1017.
[222] So vertröstete etwa Freiherr von Weichs am 24. 8. 1942 (Ia Nr. 2633/42 geh. Kdos.) General Garibaldi, man werde der 8. Armee „nach Abschluß der Kampfhandlungen um Stalingrad" ausreichende Kräfte zuführen; so lange müsse man mit dem auskommen, was zur Verfügung stehe. AUSSME, DS II 1551/1.

rige Lage. Vor allem kann man sagen, daß die deutschen Kommandos nach Beginn des Rückzugs deutlich die Tendenz zeigten, sich nicht für die 8. Armee zu interessieren; sie überließen unsere Truppen sich selbst, auf daß sie sich mit eigenen Mitteln auf die bestmögliche Weise durchschlügen[223]. Das Hauptargument, mit dem man in den ersten Tagen des Rückzugs auf unser Drängen antwortete, war, daß man von deutscher Seite zwar das Möglichste tun würde, daß es aber der Ernst der Lage unbedingt verlangte, den Bedürfnissen der an der Front kämpfenden Verbände den Vorrang zu geben.

Diese Haltung erklärt die großen Verzögerungen und Defizite bei den deutschen Hilfsmaßnahmen, die nach all den Opfern, die unsere Truppen und insbesondere das Alpinikorps erbracht haben, um so gebotener gewesen wären; dieses war am weitesten von den wichtigen Nachschubwegen entfernt und hat am meisten gelitten. Dieser substantielle Mangel an Unterstützung wurde von den deutschen Stellen hinter der größtmöglichen formellen Höflichkeit versteckt, die immer von dem Versprechen begleitet war, uns soweit wie möglich entgegenzukommen. Die konkreten Ergebnisse blieben jedoch immer weit hinter den Versprechungen und vor allem hinter den wirklichen Bedürfnissen zurück.

Um die Defizite und Verzögerungen zu rechtfertigen, wurden und werden weiterhin unterschiedliche Verfahren angewandt. Häufig ist die Lösung unter verschiedenen Vorwänden in der Gewißheit verschoben worden, daß viele Probleme in der Zwischenzeit notwendigerweise – wenn auch unter schweren Opfern – aufgrund eigener Initiativen behoben, wenn nicht gar durch Feindeinwirkung gänzlich beseitigt würden. Dies ist z. B. bei der Räumung einiger Depots geschehen; erst stellte man dafür keine Transportmittel zur Verfügung, um freilich dann mit dem Hinweis auf die zur Eile drängende Lage deren Übergabe zu verlangen, als eine Zerstörung der Depots letztendlich gar nicht erforderlich war. Ein anderes Verfahren besteht darin, die Daten über unseren Bedarf zu verlangen und zu kontrollieren, was einen verhängnisvollen Zeitverlust mit sich bringt.

Noch häufiger ist die Methode, daß man von der vermeintlichen Nichtzuständigkeit des deutschen Kommandos ausgeht, an das der Antrag gerichtet war, und auf andere Instanzen verweist, die dann ihrerseits auf Anfrage erklären, daß sie aufgrund fehlender Befehle nicht handeln können. So ist es bezüglich der Transportfragen geschehen, die den wesentlichen Teil ausmachten. Was diese Fragen angeht, hat das OKH sehr oft geantwortet, daß sie in den Kompetenzbereich der Heeresgruppen oder besonderer Transportleitstellen fielen, wodurch unser Oberkommando bzw. unsere Intendenza – angesichts der außerordentlichen Streuung unserer Kräfte – gezwungen war, sich an die Heeresgruppe Don, die Heeresgruppe B, die Heeresgruppe Mitte oder an das Sonderkommissariat Transporte Süd zu wenden. Man muß hinzufügen, daß hinsichtlich der Organisation des Gebiets von Gomel auch die Zuständigkeiten des Kommandos für das rückwärtige Gebiet der Heeresgruppe Mitte und neuerdings auch die des Militärbefehlshabers im Generalgouvernement berührt sind. Daraus ist leicht zu ersehen, welche und wie viele Schwierigkeiten überwunden werden müssen, um diese Kontakte aufzunehmen, wobei das deutsche

---

[223] Gegenüber dem Auswärtigen Amt gab man im OKW zu, daß die italienischen „Beschwerden und Wünsche bis zu einem gewissen Grade begründet" seien. ADAP, Reihe E, Bd. 5, S. 435 f.: Aufzeichnung des Botschafters z.b.V. Ritter vom 20. 3. 1943.

Verbindungskommando beim Armeeoberkommando anscheinend keine große Hilfe ist. Vor allem aber muß hervorgehoben werden, daß aufgrund dieses Verschiebens von Kompetenzen und dieses Mangels an Befehlen immer wertvolle Zeit verlorengeht.

Andererseits fehlt es nicht an anderen Verhaltensweisen. Symptomatisch ist die Tatsache, an die General Biglino erinnert hat, daß sich Zugeständnisse häufig durch Geschenke an untergeordnete Dienststellen sehr viel schneller erreichen lassen; so erhielt man vor kurzem z. B. aufgrund eines Präsents von 40 Flaschen Kognak sofort einen Zug zu 40 Waggons.

Zu einer spürbaren Verbesserung der Situation kam es nach einer vom Duce befohlenen energischen Intervention, die beim deutschen Oberkommando durchaus einen gewissen Eindruck hinterlassen hat[224]. Marschall Keitel, General Zeitzler und der Generalquartiermeister[225] gaben bei dieser Gelegenheit die umfassendsten Versicherungen ab, wobei sie, wie üblich, die Unzulänglichkeiten der Vergangenheit mit dem Ernst der Lage rechtfertigten. Trotzdem sind die Schwierigkeiten noch nicht überwunden. Die Gründe sind komplex. Einerseits muß eingeräumt werden, daß die deutsche Führung einer schweren Krise gegenübersteht, die es tatsächlich verlangt, daß man die Aufmerksamkeit und die [zur Verfügung stehenden] Mittel vor allem auf die an der Front kämpfenden Truppen und auf die Zuführung der Reserven konzentriert. Es besteht auch der Eindruck, daß die deutsche Führung weder in der Lage ist, die Situation vollständig zu kontrollieren noch Mißstände zu verhindern, die an der Peripherie auftreten.

Andererseits kann man in der deutschen Führung ein gewisses Unverständnis nicht[226] verhehlen, das von der außerordentlichen formellen Höflichkeit kaum verdeckt wird. Dieses Unverständnis ist bei einigen peripheren Dienststellen noch ausgeprägter. So erklärt sich, daß die deutsche Führung noch zu oft allgemeine Versicherungen abgibt, aber konkreten Antworten ausweicht oder sie hinauszögert. Der Eindruck bleibt nicht aus, daß man – ist der aktuelle Anlaß einmal vorbei[227] – an der zuvor gewählten Verfahrensweise festhält, um die im ersten Moment gezeigte größere Tatkraft und [das Interesse] an einer verstärkten Sorge um unsere Truppen verpuffen zu lassen.

Diese Haltung ist zu einem Zeitpunkt besonders besorgniserregend, wo die Unterkünfte für unsere Truppen noch so weit entfernt scheinen und wo große Teile un-

---

[224] General Ambrosio forderte Marras am 6. 2. 1943 im Namen Mussolinis auf (Fernschreiben Nr. 20481/Op. di prot.), energisch beim OKW zugunsten der 8. Armee zu intervenieren, um Transportraum und Treibstoff zur Verlegung der Reste der italienischen Verbände zu erhalten. Mussolini selbst bekräftigte diesen Auftrag am 7. 2. 1943 (Fernschreiben Nr. 20484/Op. – PAPA di prot. an Marras). Über die Gespräche, die Marras im Zuge dieser Weisung im Führerhauptquartier vor allem mit Keitel führte, berichtete er am 10. 2. 1943 ausführlich nach Rom. Die hier zitierten Dokumente finden sich im AUSSME, L 13/48–4 und 48–6.
[225] *Eduard Wagner* (1894–1944), General der Artillerie, Teilnahme am Ersten Weltkrieg, 1936–1940 Chef der Abteilung VI im Generalstab des Heeres, 1940–1944 Generalquartiermeister des Heeres, vereinbarte Richtlinien über die Zusammenarbeit von Wehrmacht und SS in Polen und in der Sowjetunion, Mitverschwörer des 20. Juli 1944, beging nach dem Scheitern des Attentats Selbstmord.
[226] Handschriftlich eingefügt.
[227] In der Vorlage wörtlich: „superato il primo momento".

serer Verbände ungeheure Qualen erdulden. Da die deutsche Führung über die Eisenbahntransporte und die Treibstoffzuweisungen entscheidet, ist sie im wesentlichen dazu in der Lage, unser Oberkommando vollständig zu kontrollieren und in einen Zustand unbeschränkter Abhängigkeit zu versetzen, der zuweilen zur Ohnmacht gerät.

Aufgrund meiner Kenntnis des Milieus und der Personen betrachte ich es als notwendig, an einer klaren, korrekten und entschlossenen Linie festzuhalten, die allerdings von der Forderung begleitet werden muß, bei der Durchführung der deutschen Truppentransporte in Italien [das Gesetz] der Reziprozität in vollkommener Weise zu wahren. Auszuschließen sind alle Schritte, die als Vergeltungsmaßnahmen gedeutet werden können; sie sind auf jeden Fall zu vermeiden, doch es muß alles getan werden, um unser Recht auf mehr Rücksicht und angemessenere Behandlung durchzusetzen.

Der General und Chef der Mission
(E. L. Marras)

AUSSME, L 13/48-4.

Dokument 29

Bericht über die Mission von Oberstleutnant Brunetto Paoli[228] bei der 8. italienischen Armee vom 3. bis 15. Februar 1943

Generalstab des Königlichen Heeres
Abteilung Versorgungsdienste II

P.M. 9, den 16. Februar 1943-XXI

Denkschrift

Betreff: Bericht über die Mission von Oberstleutnant Paoli bei der 8. Armee
1. <u>Zweck der Mission</u>: Kontaktaufnahme mit der 8. Armee, um die angesichts der Lage wichtigsten Bedürfnisse – insbesondere in logistischer Hinsicht – kennenzulernen.
2. <u>Zeitplan</u>: Abfahrt aus Italien mit Militärtransport am 3. Februar und Rückkehr auf demselben Weg am 15. Vom 7. bis zum 11. Februar fünf Tage Aufenthalt im Sektor der 8. Armee. Kontakt aufgenommen mit: Seiner Exzellenz General Gariboldi, Oberbefehlshaber der 8. Armee und seinem Generalstab in Borsna[229];

---

[228] *Brunetto Paoli*, Oberstleutnant i. G., Leiter der „Sezione Russia" im Generalstab des italienischen Heeres.
[229] Das AOK 8 befand sich bis zum 28. 2. 1943 in Borsna und wurde dann nach Gomel verlegt; AUSSME, L 14/87-2, Comando 8ª Armata, Ufficio Operazioni: La 2ª battaglia difensiva del Don, Teil 3: L'avviamento delle Unità alla zona di riordinamento, Anlage 29 III: Funkspruch (Nr. 02/1116) AOK 8 an die unterstellten Verbände vom 26. 2. 1943.

Seiner Exzellenz General Zingales, Kommandeur des XXXV. Armeekorps[230], der momentan mit dem Kommando des Auffrischungsraums in Neshin betraut ist; General Biglino, Quartiermeister der 8. Armee, und seinem Generalstab in Neshin und Kiew; General Baggi[231], Kommandeur des rückwärtigen Gebiets Ost in Lemberg; der Inspektion des rückwärtigen Gebiets Nr. 2 (Kiew); verschiedenen Etappen[-Kommandos] entlang der Reiseroute; Besuch der Quarantänelager in Udine und Osoppo[232].

3. <u>Lage</u>: taktische [und] strategische Lage bekannt, täglich neue Entwicklungen, so daß der Stand vom letzten Tag des Aufenthaltes im Sektor [der 8. Armee] bei der Rückkehr nach Italien bereits überholt ist. Zum Zeitpunkt, als sich der Unterzeichnete im Sektor [der 8. Armee] befand, konnte man davon ausgehen, daß die Armee in drei große Blöcke geteilt war, die keinen Feindkontakt mehr hatten[233]: ungefähr 15000 Mann und etwa 100 Kraftfahrzeuge, die bereits im Raum Neshin angekommen waren; ungefähr 60000 Mann auf dem Rückzug (großteils zu Fuß, wie im folgenden genauer dargelegt wird) entlang der Marschroute Woroschilowgrad – Rykowo – Stalino – Dnjepropetrowsk – Neshin; ungefähr 20000 Alpini auf der Marschroute Achtyrka (Ankunft am 10. des laufenden Monats) – Gadjatsch – Romny – Bachmatsch (300 km nördlich der vorgenannten Marschroute). Alles in allem ungefähr 95000 Mann; es handelt sich dabei um einen groben Richtwert, denn es ist aufgrund der Entfernungen und fehlender Verbindungen bis heute nicht möglich, auch nur Näherungswerte zu erhalten. Von dieser Masse an Männern befinden sich, wie gesagt, noch etwa 80000 in Bewegung, und wenn diese, wie es scheint, weiterhin zu Fuß erfolgen muß, wird ein großer Teil der Soldaten aufgrund der Entbehrungen und Strapazen auf der Strecke bleiben. Die Straßen und Fahrbahnen sind mit Eis und Schnee bedeckt, was es während des Marsches schwierig macht, das Gleichgewicht zu halten. Die schon tagsüber rigide Temperatur erlaubt es, selbst wenn man über Decken, Wollkleidung und Pelze verfügt, auf keinen Fall, ohne ein angemessenes Obdach, das zumindest vor dem Wind schützt, im Freien zu übernachten.

Für die Verpflegung ist bekanntlich[234] die deutsche Seite zuständig, welche die deutsche Ration ausgibt, die nicht immer vollständig ist und viele Nahrungsmittel enthält, die nicht nach italienischem Geschmack sind, weil sie die von der 8. Armee vorgesehenen Lebensmittel nicht ausgeben kann. Tabakwaren fehlen fast vollständig, und Wein gibt es überhaupt nicht. Unabhängig davon, ob Lebensmittel zur Verfügung stehen, hat die italienische Intendenza keine Möglich-

---

[230] In der Vorlage falsch: „XXXIV° Corpo d'Armata".
[231] *Carlo Baggi* (geb. 1882), Generale di Divisione, 1942/43 Kommandeur des rückwärtigen Gebiets Ost.
[232] In diesen Lagern verbrachten die von der Ostfront zurückkehrenden Soldaten die vorgeschriebene zweiwöchige Quarantäne; ACS, T-821/374, Bl. 5–8, Stato Maggiore del Regio Esercito (Nr. 135700/10900/R. di prot. – segreto) vom 23. 4. 1943: Rimpatrio del II° Corpo d'Armata.
[233] Von italienischer Seite zu diesem schwierigen Transfer zusammengestelltes Material findet sich im AUSSME, L 14/87–2, Comando 8ª Armata, Ufficio Operazioni: La 2ª battaglia difensiva del Don, Teil 3: L'avviamento delle Unità alla zona di riordinamento.
[234] In der Vorlage handschriftlich gestrichen. Diese und andere Streichungen wurden jedoch offensichtlich nicht vom Autor des Berichts, sondern im Zuge einer späteren Bearbeitung vorgenommen und fanden bei der Übertragung des Dokuments daher keine Beachtung.

keit einzugreifen, weil keine Verbindung zu den Truppen auf dem Marsch besteht, deren Bewegungen von deutscher Seite gesteuert werden, die, soweit verfügbar, Treibstoff und Eisenbahntransporte zur Verfügung stellen müßte. Um die Verpflegung der Truppen, die im Auffrischungsraum von Neshin angekommen sind, kümmert sich hingegen die italienische Intendanza in Übereinstimmung mit der deutschen Seite. Die Zubereitung der Mahlzeiten für die Truppen auf dem Marsch erfolgt fast immer behelfsmäßig[235].

Zum Zeitpunkt, an dem ich den Sektor [der 8. Armee] verließ, ergab es sich, daß die deutsche Seite dem südlichen Block[236] einige Züge zugestanden hatte, um dessen Marschbewegungen zu erleichtern. Der Quartiermeister hat seinerseits am 10. dieses Monats[237] angeordnet, unabhängig von der Notwendigkeit, die Depots zurückzuverlegen, alle noch betriebsbereiten Kraftfahrzeuge zum Truppentransport einzusetzen, soweit es sich mit der Verfügbarkeit von Treibstoff vereinbaren läßt.

Für die Verlegung der Alpini wurde die deutsche Seite gebeten, wenigstens die Route unseres dreimal pro Woche angesetzten Transports von Neshin nach Gadjatsch zu verlängern, doch die Antwort fiel negativ aus, wobei man technische Gründe anführte. Es sei hervorgehoben, daß für die Fahrt beheizte Züge unentbehrlich sind; in den unbeheizten Güterwaggons sind die Erfrierungen überaus zahlreich; wer sich auf die offenen Waggons wagt, wie es zuweilen geschehen ist, ist endgültig dem absoluten Erfrierungstod ausgesetzt. Die überlebenden Alpini werden zwischen dem 20. und 25. dieses Monats im Raum Neshin ankommen; die Marschbewegungen der Gruppe Süd (60000 Mann) werden noch 30–40 Tage dauern. Entsprechend der letzten Anordnungen wird man dann weitermarschieren müssen, um aus dem Raum Neshin in den Raum Gomel zu gelangen (200 km)[238].

Die Artillerie ist vollständig verloren, abgesehen von zwei Gruppen der Armee mit Flugabwehrkanonen 75/46, die sich noch auf dem Marsch befinden, und

---

[235] General Gariboldi beklagte sich am 14. 2. 1943 in einem Funkspruch (Nr. 02/844) an das *Comando Supremo* in Rom, General Marras und den italienischen Verbindungsstab bei der Heeresgruppe B (AUSSME, L 14/87-2, Comando 8ª Armata, Ufficio Operazioni: La 2ª battaglia difensiva del Don, Teil 3: L'avviamento delle Unità alla zona di riordinamento, Anlage 28 h-III): „Auch Verpflegung unserer unglücklichen Truppen von deutscher Seite ist unzulänglich. Brot fehlt wegen Mangel an Brennholz. Heute, 14. [Februar], nur Kartoffeln ausgegeben. Zu den Entbehrungen [kommt] der Hunger."

[236] Diese Kolonne, die den weitesten Weg zurückzulegen hatte, bestand vor allem aus den Resten des II. und des XXXV. Armeekorps; AUSSME, L 14/87-2, Comando 8ª Armata, Ufficio Operazioni: La 2ª battaglia difensiva del Don, Teil 3: L'avviamento delle Unità alla zona di riordinamento, Anlage 16-III: Fernschreiben AOK 8 an das Comando Supremo, das Oberkommando des italienischen Heeres und an General Marras vom 1. 2. 1943.

[237] An dieser Stelle handschriftlich vermerkt „Februar". Die hier angesprochene Anordnung wurde nicht ermittelt; das Kriegstagebuch der *Intendenza* für diese Monate ist nicht überliefert.

[238] Das AOK 8 erfuhr am 8. 2. 1942 von der deutschen Entscheidung, die italienischen Truppen aus dem Raum Neshin in die Region Gomel zu verlegen; trotz des sofortigen Protests blieb es bei den deutschen Dispositionen. AUSSME, L 14/87-2, Comando 8ª Armata, Ufficio Operazioni: La 2ª battaglia difensiva del Don, Teil 3: L'avviamento delle Unità alla zona di riordinamento, Anlage 26-III: Funkspruch (Nr. 02/703) AOK 8 an das Oberkommando der Heeresgruppe B vom 8. 2. 1943.

einigen Geschützen, die in der zweiten Phase [der Kämpfe] der Division „Ravenna" für den Einsatz am Donez zur Verfügung gestellt worden sind[239]. Wie im folgenden genauer dargelegt wird, ist der Verlust der Artillerie zu einem großen Teil dem Mangel an Treibstoff zuzuschreiben; die Division „Pasubio" beispielsweise, die auf dem Rückzug sieben vollständige Gruppen mit sich führte, mußte nach 50 km alles aus Benzinmangel zurücklassen, weil die deutsche Seite trotz ständiger drängender Forderungen niemals den Treibstoff bewilligt hat, der nötig gewesen wäre, um bei den operierenden Einheiten Reserven anzulegen[240].

Aus Treibstoffmangel mußte man außer der Artillerie auch alles andere an der Front zurücklassen: Pioniermaterial, Ausrüstungsgegenstände, Lebensmittel, Bekleidung usw. Während des Rückzugs gingen auch die Kollektivwaffen (Maschinengewehre, Granatwerfer usw.) verloren; nicht selten wurden auch Gewehre und Karabiner zurückgelassen. Kurzum, bezüglich der Ausstattung der Kampfeinheiten muß alles erneuert werden, von der persönlichen Ausrüstung und jener der Einheiten bis zu den Waffen. Die verbliebenen Lasttiere werden auf ungefähr 5000 geschätzt; die Kraftfahrzeuge verschiedenen Typs auf ungefähr 3500; allerdings sind noch alle auf dem Marsch, so daß hinsichtlich ihrer endgültigen Bergung größte Vorbehalte bestehen; dies gilt insbesondere für die Kraftfahrzeuge, die ohne Wartung bis zum Äußersten beansprucht werden und für die es keine Reparaturmöglichkeiten gibt.

4. Ursachen des Rückzugs: Nach der Prüfung dessen, was von den höheren Kommandos der 8. Armee vor Ort zu erfahren war, und der Einzelheiten, die zahlreiche auf dem Transport, in den Unterkünften und Bahnhöfen befragte Soldaten untergeordneter Dienstgrade beschrieben haben, sieht der Unterzeichnete in folgenden [Faktoren] die wichtigsten Ursachen für den Rückzug:

a) Lineare Schlachtordnung ohne Tiefe, wobei man gemäß den präzisen Befehlen, die von deutscher Seite erteilt wurden, alles nach vorne geworfen hat, ohne Reserven zu bilden. Bekanntlich hat man aus dem Sektor der 8. Armee zwei deutsche Divisionen (die 62. und 294.) abgezogen[241], nachdem die deutsch-rumänische Front bei Stalingrad durchbrochen worden war. Dementsprechend waren in einigen Abschnitten einer einzigen Gruppe Infanterie ungefähr 400 Meter Front anvertraut. Hervorgehoben sei, daß die gewundene Aufstellung genau dem langsamen Lauf des Don folgte, und dabei hatte der Fluß seit Einbruch des Winters jegliche Bedeutung als Hindernis verloren, weil er zugefroren war.

---

[239] Vgl. dazu Dok. 9 mit den entsprechenden Anmerkungen.

[240] Von den Artillerieabteilungen, die der Division „Pasubio" während der Abwehrkämpfe unterstellt waren, war eine von sowjetischen Truppen überrollt worden; weitere waren in der ersten Phase des Rückzugs aus Treibstoffmangel liegengeblieben. In Makarow, wo sich die Division sammelte, trafen vier Artillerieabteilungen ein. Aufgrund der Treibstofflage wurde beschlossen, alle Geschütze außer 11 zurückzulassen und deren Zugmaschinen mit Treibstoff für 40 km auszustatten. Am Ende konnten nur ein Geschütz und ein Fahrzeug gerettet werden. AUSSME, DS II 1556/1, Comando Divisione „Pasubio" (gez. General Guido Boselli): „Relazione sulla difesa al Don e sul ripiegamento al Donez (dicembre 1942 – gennaio 1943)", S. 19, S. 22 und S. 28 f.

[241] Diese beiden Divisionen wurden der Gruppe Hollidt unterstellt; vgl. S. 62 des vorliegenden Bandes.

b) Große waffentechnische Überlegenheit des russischen Heeres, das mit zahlreichen schweren Panzern und vielen automatischen Gewehren „Parabellum" ausgestattet ist, aus denen die Individualbewaffnung einiger Einheiten besteht. Von großer Wirkung ist auch die „Katjuscha"[242], ein Apparat auf einem Kraftfahrzeug, der den gleichzeitigen Abschuß von schweren Projektilen mit Raketenantrieb bis zu einer Entfernung von etwa sechs km erlaubt.
c) Befehl von deutscher Seite, an Ort und Stelle Widerstand zu leisten, obwohl es zu Einbrüchen gekommen war. Der Rückzugsbefehl kam erst, als die russischen Panzer bei der „Ravenna" tief [in eigenes Gebiet] eingedrungen waren und aus dem Rücken der an der rechten Flanke der Armee stehenden deutsch-rumänischen Verbände noch effektiv [operierten]. Diese Panzer besetzten rasch alle Verkehrsknotenpunkte, und erstickten mit großer Beweglichkeit jeden Versuch unserer Verbände im Keim, Gegenmaßnahmen zu ergreifen. Auf einigen dieser Panzer waren zehn russische Soldaten aufgesessen, fünf auf jeder Seite, die mit sichtlich vernichtender Wirkung aus automatischen Karabinern auf Infanterie und Kraftfahrzeuge feuerten, denen sie auf ihrem Marsch begegneten.
d) Das Fehlen von Treibstoffreserven bei den italienischen Verbänden machte jedes weiträumige Manöver der Artillerie unmöglich, mit der man die in die Tiefe des Raumes vorgestoßenen Panzer hätte zerstören müssen.
e) Das Zurücklassen der Artillerie hat sich entschieden auf die Moral der Truppe ausgewirkt, und ihre Angst, in russische Gefangenschaft zu geraten, hat die Auflösungserscheinungen zunächst beschleunigt.
f) Schwächer ausgeprägte Fähigkeiten der Offiziere, insbesondere der unteren Ränge, bei Rückzugsoperationen.
g) Nachhaltiger Einfluß des Klimas auf die Truppe, die gezwungen war, Tag und Nacht ohne sorgfältig vorbereitete logistische Unterstützung in den vorgeschobenen Stellungen (Schützengräben, Schneelöcher und mit Öfen versehene Schutzräume, genügend Decken, Genußmittel usw.) im Freien zu kämpfen.
h) Befehlsführung nach Maßgabe der Dispositionen von deutscher Seite, die das Gesamtbild der operativen Lage nicht immer rechtzeitig weitergab. Die Division „Torino" z. B., die dem XXIX. deutschen Armeekorps unterstellt war, wußte nicht um den Ernst der Situation und führte einen Angriff, um einige Stellungen wiederzugewinnen, während sich alle anderen Divisionen bereits auf dem Rückzug befanden.

Trotz all dieser Mängel hat sich der italienische Soldat tagelang mit der gewohnten Tapferkeit geschlagen. Alle Kommandeure erinnern sich mit Tränen in den Augen an die Aktionen der eigenen Truppen. Die Division „Ravenna" widerstand sechs Tage lang dem Angriff starker gepanzerter Verbände (anscheinend rund 300 Panzer)[243]. Die Division „Pasubio", die von vier Divisionen und Einheiten zweier weiterer Divisionen angegriffen wurde, hielt bis zum Rückzugsbefehl durch und bahnte sich den Weg mit Hilfe von zwei deutschen Sturmgeschützen vom [Kali-

---

[242] Zu „Parabellum" und „Katjuscha" bzw. „Stalinorgel" vgl. Dok. 9 mit Anm. 113 und Dok. 26 mit Anm. 204.
[243] Zur Kräfteverteilung und zur angeblichen Stärke der sowjetischen Panzertruppen vgl. Dok. 9 mit Anm. 112.

ber] 88, da sie eingeschlossen war[244]. Von der Division „Torino" sind nur wenige Hundert Mann übrig, die sich unter dem Kommando ihres Generals [Roberto Lerici] nach dem epischen Widerstand von Tschertkowo den Weg zurück erkämpften[245]. Das Alpinikorps hat die Bewunderung des Feindes und der Verbündeten erregt; überall spricht man mit Begeisterung von diesem großartigen Verband. Die Schwarzhemden haben sehr starke Verluste erlitten und zahlreiche Ruhmestaten vollbracht. Groß ist der Anteil der Offiziere aller Einheiten an den Gefallenen.

Zusammenfassend: Die Frontverbände haben sich hervorragend geschlagen und sind erst der erdrückenden Überlegenheit des Gegners und den außergewöhnlichen Witterungsverhältnissen gewichen. Im rückwärtigen Gebiet ist es stellenweise zu Panik gekommen; so in Kantemirowka[246], wo die Deutschen die Szenen anscheinend gefilmt haben[247]. Der General Quartiermeister hat einige Kommandeure der vorgeschobenen Logistikzentren dem Kriegsgericht gemeldet, weil sie ihre Stellung zu früh aufgegeben haben.

5. Moral der Truppe:
a) Zweifellos ist die Moral der Truppen gegenwärtig sehr gedrückt. Sogleich sei aber betont, daß es bei diesen italienischen Soldaten nicht wegen der Kämpfe, sondern wegen der Entbehrungen und der mit den besonderen russischen Verhältnissen verbundenen Strapazen dazu gekommen ist. Ein großer Teil auch der bereits im Auffrischungsraum eingetroffenen und als einsatzbereit geltenden Soldaten leidet unter beginnenden Erfrierungen und Formen leichten Bronchialkatarrhs. Hoher Anteil von Erfrierungen mit schwerwiegenden Folgen; viele Todesfälle aufgrund von Erfrierungen, gepaart mit Herzschwäche, die den Entbehrungen und langen Märschen geschuldet war, oder mit Brandgeschwüren, die nicht rechtzeitig operiert werden konnten. Man kann sich leicht vorstellen, welche Verluste die noch auf dem Marsch befindliche Truppe erleiden wird. Hervorzuheben ist, daß die Etappen notgedrungen oberflächlich organisiert sind.
b) Ein anderer dominanter Aspekt, der die Soldaten aller Dienstgrade beeinflußt: die Beziehungen zur deutschen Seite. Das Unverständnis und gegenseitige Mißtrauen haben sich so zugespitzt, daß sie Anlaß zu allen möglichen Konsequenzen geben können. Das Thema verdient die besondere Aufmerksamkeit der höheren Dienststellen. Diese Notwendigkeit wurde dem Chef des Generalstabs der Armee [Bruno Malaguti], dem General Quartiermeister und dem Kommandierenden General des rückwärtigen Gebiets vor Augen geführt. Eine Erklärung der zentralen Dienststellen, die auf diese Notwendigkeit verweist, wäre zweifellos sehr opportun.

---

[244] Vgl. Luoni, „Pasubio" sul fronte russo, S. 267–298.
[245] Vgl. Dok. 22 und 23 mit den entsprechenden Anmerkungen.
[246] Vgl. Dok. 21 mit Anm. 116.
[247] Auf italienischer Seite nahm man diese Gerüchte so ernst, daß das Ministerium für Volkskultur den Botschafter in Berlin mit Nachforschungen betraute. Wie Dino Alfieri berichtete, hätten maßgebliche deutsche Stellen bestritten, daß das Chaos während des Rückzugs der ARMIR gefilmt worden sei, doch seien diese Dementis ebensowenig zu kontrollieren wie die Gerüchte selbst. ACS, MCP, Gabinetto, busta 137, fasc. „Corpo di Spedizione in Russia", Telegramm des Ministeriums für Volkskultur, gez. Gaetano Polverelli, an Dino Alfieri vom 17. 3. 1943 und dessen Antwort vom 21. 4. 1943.

Ursachen des Problems: Wie es in solchen Fällen immer geschieht, schreiben sich die Verbündeten gegenseitig die Verantwortung für den Rückzug zu. Die deutsche Seite gewährt Züge und Treibstoff nicht im geforderten Umfang, die nötig sind, um unsere Soldaten nach hinten zu verlegen, so daß sie Hunderte von Kilometern zu Fuß zurücklegen müssen und Tag für Tag höhere Verluste erleiden. Unsicherheit über den Auffrischungsraum der Armee, der sich ständig ändert; dadurch weitere Fußmärsche, Unmöglichkeit, Unterkünfte zu organisieren, Schwierigkeiten, Nachschub und Logistik zu gewährleisten usw. Sperrung der besseren Straßen wie der über Poltawa für den italienischen Verkehr. Verbot für italienische Verbände, die Städte Kiew und Dnjepropetrowsk zu betreten. Plünderung von Depots und insbesondere Raub von Kraftfahrzeugen, zum Teil auch mit der Waffe in der Hand und mit Schußwechseln, die bisher glücklicherweise folgenlos geblieben sind[248]. Zum gegenwärtigen Zeitpunkt nimmt sich die engmaschige deutsche Organisation in den rückwärtigen Gebieten wegen beschränkter Mittel nur der Deutschen und nicht der Italiener an, die sich oftmals im Stich gelassen fühlen. Die Unkenntnis der Sprache trifft denjenigen, der Hilfe nötig hat und nicht weiß, wie und an wen er sich wenden soll.

c) Wie bereits anfänglich gesagt, verstärkte die Angst, in russische Gefangenschaft zu geraten, die Auflösungserscheinungen und löste bei denen, die von ihrer Einheit getrennt wurden, das Verlangen aus, sich vor einer unmittelbar bevorstehenden Gefangennahme in Sicherheit zu bringen. Später jedoch verbreitete sich aufgrund einiger Begebenheiten die Nachricht, daß der Russe den italienischen Soldaten gut behandelt. Alpini der „Julia", die nach zwei oder drei Tagen Gefangenschaft geflohen sind, erzählten, daß der russische Soldat die gefangenen italienischen Soldaten gut behandle, während die Deutschen entkleidet und umgebracht würden, und diese Gruppe von Soldaten berichtete mir, daß die Schuhe, die man den Deutschen weggenommen habe, an die italienischen Soldaten verteilt worden seien. Die Partisanen hingegen töten unterschiedslos alle Gefangenen. In einigen Fällen werden die gefangenen italienischen Offiziere anscheinend ohne Umschweife getötet, während man die gefangenen Mannschaften am Leben läßt[249].

Dann bot die russische Bevölkerung all unseren Soldaten eingedenk der Behandlung, die sie in den besetzten Gebieten von unseren Truppen erfahren hat, im Verlauf des Rückzugs großzügige Hilfe an. Offensichtlich veranlaßte dies unsere bereits ermüdeten Soldaten dazu, in den Isbas zu bleiben, um den aufreibenden Rückzugsmärschen zu entgehen, die voller Risiken für denjenigen sind, der nicht mehr vollständig Herr seiner Kräfte ist.

Zusammenfassend: Im wesentlichen handelt es sich um ein physisches Tief, das sich auf den moralischen Zustand auswirkt. Starkes Verlangen, nach Italien zurückzukehren oder auf einen anderen Kriegsschauplatz versetzt zu werden, weil nur geringes Vertrauen in unsere Bewaffnung besteht, die ungeeignet ist, den Panzerkräften des russischen Heeres standzuhalten, und wegen der Furcht vor den Folgen des hiesigen Klimas im Falle eines Rückzugs aus ausgebauten Stellungen.

[248] Vgl. die Zusammenstellung von Zwischenfällen in Dok. 24.
[249] Zu den widersprüchlichen Schilderungen vgl. auch Dok. 18 mit Anm. 70.

6. Verluste und Möglichkeiten zur sofortigen Wiederverwendung von Personal:
a) Die ungefähr 215 000 Mann starke Armee ist nunmehr auf ungefähr 95 000 reduziert, ausgenommen diejenigen, die aus verschiedenen Gründen in die Reservelazarette und nach Italien gebracht worden sind[250]. Diese Zahlen müssen als grobe Näherungswerte verstanden werden. Die großen Entfernungen, die Zersplitterung und die fehlenden Verbindungen erlauben es nicht, die Verluste der einzelnen Verbände anzugeben, bevor nicht alle in einem einzigen Sektor versammelt sind.
b) Ebenso ist es momentan unmöglich, Kommandeure von Großverbänden und Generalstabsoffiziere für neue Verwendungen zu gewinnen (abgesehen von denen, die bereits wegen Verwundung oder Krankheit in die Heimat zurückgeschickt worden sind), weil das Führerkorps aus offenkundigen Gründen der Moral nicht von der Truppe auf dem Marsch abgezogen werden kann, auch wenn die Stärke der einzelnen Einheiten im Vergleich zum Soll beträchtlich reduziert ist.
Gegenwärtig könnte folgendes Personal gewonnen werden: Diejenigen, die ein Anrecht auf Ablösung haben; die Armee hat bereits die Befehle erlassen, um diese Soldaten nach Italien zu schicken, doch gibt es erhebliche Schwierigkeiten wegen des Mangels an Beförderungsmitteln. Truppen, Versorgungsdienste der Armee sowie Personal der Intendenza, die aufgrund der verbliebenen Gesamtstärke in der Operationszone nicht mehr benötigt werden. Leider gibt es jedoch für den Transport dieses Personals in die Heimat nur eine einzige Möglichkeit: den wertvollen, dreimal pro Woche angesetzten Transport, aber dieser genügt zumeist nicht einmal, um die Leichtverwundeten und Kranken zurückzuverlegen. Die Lazarettzüge reichen gerade für die Liegendkranken aus. Nötig wäre also eine größere Zahl von Zügen, die für die Beförderung von Personen ausgerüstet sind. Diese müßte man von der deutschen Seite einfordern, um die Kranken und Leichtverwundeten zurückzuverlegen und die verfügbaren [regulären] Transporte für das Personal freizuhalten, das heimkehren soll.
7. Neuordnung der verbliebenen Truppen: Bekanntlich wechselte der Auffrischungsraum für die verbliebenen Truppen mehrfach: zunächst Woroschilowgrad, anschließend Isjum, dann Neshin, schließlich Gomel. All diese aufeinanderfolgenden Änderungen haben bei der Truppe das Gefühl der Entmutigung erheblich verstärkt. Gravierende Auswirkungen hatte die Bergung des Materials aus den vorgeschobenen Logistikzentren und die Versendung bzw. Rückstellung von allem, was aus Italien kommt. Die Weiterleitung der Versorgungszüge mußte ausgesetzt werden, und ein Teil des Materials wurde nach Italien zurückgeschickt, weil die deutsche Seite nur zwei Lösungsmöglichkeiten zuließ: Entladung im Gebiet von Neshin oder Rücksendung der vollen Waggons in die Heimat. Für die Munition der Artillerie, die es nicht mehr gibt, und das schwere, nicht für den unmittelbaren Einsatz bestimmte Material blieb nur die Rücksendung in die Heimat.
Der Raum Neshin bot keinerlei Ressourcen, und das wenige Verfügbare war bereits von deutschen Kräften besetzt. Auch der größte den italienischen Truppen zugewiesene Entladebahnhof (Neshin) ist bis heute von Deutschen besetzt, die

[250] Zu den Verlusten an Menschen und Material vgl. S. 74f. des vorliegenden Bandes.

auch die kleinste Aktion regeln; dem italienischen Militärkommando ist eine kleine, im wahrsten Sinne des Wortes schäbige Baracke vorbehalten. Man wird gezwungen sein, der Truppe, die nach Hunderten von Kilometern Fußmarsch auf eisigem Schnee in Neshin eintrifft, zu befehlen, nach Gomel weiterzumarschieren, das weitere 200 km entfernt ist.

Der neue Auffrischungsraum ist bekanntlich sumpfig, malariaverseucht, voll von organisierten Partisanen und ausnehmend knapp an logistischen Ressourcen. Wie dem auch sei, eines ist unbedingt notwendig: daß wir über ein ausschließlich für uns bestimmtes Gebiet verfügen, wo wir ohne deutsche Einmischung ein italienisches Milieu schaffen können, um unsere Soldaten physisch und moralisch wiederaufzurichten. Dieser von Seiner Exzellenz, dem Oberbefehlshaber der Armee, klar geäußerte Wunsch verdient die ganze Unterstützung der höheren Stellen. Seine Exzellenz Gariboldi hat überdies dem Wunsch Ausdruck gegeben, ihn zumindest bis zu dem Zeitpunkt, an dem der letzte Soldat das Neuaufstellungsgebiet erreicht hat, an seinem Platz zu belassen.

8. **Eventuelle Neuaufstellung des II. Armeekorps:** Momentan ist jedes Urteil darüber verfrüht[251]. Zunächst muß man wissen, wieviel insbesondere an Lasttieren und Kraftfahrzeugen im Auffrischungsraum gesammelt werden kann. Es gibt, wie gesagt, anscheinend noch 3500 Kraftfahrzeuge und 5000 Lasttiere, die jedoch alle noch Hunderte von Kilometern von der Basis der Neuaufstellung entfernt sind. Keine Artillerie, wenige tragbare Kollektivwaffen. Die Reorganisation der Männer und ihre Einteilung in reguläre Einheiten beansprucht zweifellos viel Zeit. Die Überlebenden der Kampftruppen sind zum großen Teil leicht erkrankt oder leiden unter beginnenden Erfrierungen.

Es bleibt ein erheblicher [Bedarf[252]] an Artillerie, Transportmitteln und diverser Ausrüstung, die Männer werden verschiedene Phasen durchlaufen müssen: Sammlung in einem bestimmten Gebiet, die vielleicht bis Ende März abgeschlossen ist; Selektion und Neugliederung in Einheiten; angemessen lange Ausbildung insbesondere für die Fachkräfte; die Ausbildung kann logischerweise erst beginnen, nachdem Waffen und Material herbeigeschafft und ausgegeben worden sind.

Infolgedessen wird der neue Großverband nicht vor Ende Juni einsatzbereit sein können, wenn die deutsche Seite liefert, was an Artillerie, Lasttieren und Kraftfahrzeugen nötig ist. In diesem Zusammenhang gilt es nach übereinstimmender Meinung aller höheren Stellen der 8. Armee und aufgrund der gemachten Erfahrungen zu bedenken, daß der neue Großverband reichlich mit Panzern und Sturmgeschützen vom [Kaliber] 88 oder 90 ausgestattet sein muß. Ohne diese Waffen kann man in Rußland nicht mehr kämpfen; andernfalls ist es um der nationalen Ehre willen besser, unsere Truppen zurückzuziehen. Angesichts der Tatsache, daß die deutsche Seite bereits indirekt mitgeteilt hat, sie könne das geforderte Gerät nicht stellen[253], ist es sehr wahrscheinlich, daß man beabsich-

---

[251] Vgl. S. 75 des vorliegenden Bandes.
[252] In der Vorlage wörtlich: „disponibilità", was aber angesichts des Kontextes keinen Sinn ergibt.
[253] Der Unwille, das königliche Heer mit deutschen Waffen auszurüsten, war auch bei Hitler spürbar; vgl. Heiber (Hrsg.), Lagebesprechungen, S. 81 f.; zu den divergierenden deutschen und italienischen Vorstellungen zu Ausrüstung und Einsatz des neuen Expeditionskorps

tigt, die Reste der 8. Armee für den Kampf gegen die Partisanen einzusetzen und ihnen solche Aufgaben zu übertragen, wie sie den italienischen Hilfstruppen im Krieg 1915–1918 in Frankreich zugewiesen worden sind[254]. Auch diese Lösung würde der nationalen Ehre Italiens zweifellos nicht zum Vorteil gereichen.

Zusammenfassend scheint folgender Vorschlag der beste zu sein: Auffrischung der restlichen Truppen vor Ort, und wenn es nicht möglich sein sollte, eine angemessene Bewaffnung und einen eigenen Frontabschnitt zu erhalten, Rückkehr des Expeditionskorps nach Italien.

9. Logistische Organisation der 8. Armee: Die Intendenza bemüht sich mit allen Mitteln und unter Ausnutzung aller Möglichkeiten, die Situation zu meistern und zu retten, was zu retten ist. Der Quartiermeister, General Biglino, der sein gesamtes Personal fest in der Hand hat, begibt sich täglich per Flugzeug, Auto und Eisenbahn von einem Sektor in den anderen, um zu ermutigen und Maßnahmen zu ergreifen. Der Chef des Generalstabs, Oberstleutnant De Micheli[255], der für den Widerstand gegen russische Panzer im von der kämpfenden Truppe bereits aufgegebenen vorgeschobenen Logistikzentrum Kantemirowka auf dem Schlachtfeld mit der silbernen Tapferkeitsmedaille ausgezeichnet worden ist, befindet sich nun im am weitesten vorgeschobenen Logistikzentrum in Charkow, der einzigen dort verbliebenen italienischen Einrichtung, um wertvolles Material zu bergen und zurückzuführen. Das übrige Personal ist über das gesamte Gebiet verteilt und versucht, die größtmögliche Menge an Material zu retten und unsere Truppen zu unterstützen.

Die Interventionen der Intendenza bei den deutschen Stellen, um Transportmittel, Treibstoff, Lebensmittel und Unterkünfte zu erhalten und zu verhindern, daß die Deutschen sich der Kraftfahrzeuge und logistischen Zentren bemächtigen, waren zweifellos sehr wirkungsvoll. Oftmals ist es zwischen den beiden Seiten zu sehr unerfreulichen Konflikten gekommen, doch muß auch bedacht werden, daß es der italienischen Seite darum geht, Tausende von unseren Soldaten und Materialien zu retten, die das Vaterland nicht ersetzen kann.

a) Räumung der Logistikzentren: In den vorgeschobenen Zentren einschließlich Kantemirowka und Tschertkowo ist die Gesamtheit des dort gelagerten Materials verlorengegangen – Unmengen von Lebensmitteln, Pelzbekleidung, Munition, Pionier-, Sanitäts-, chemisches usw. Material. Woroschilowgrad wurde mit Ausnahme des Brückenbaumaterials ganz geräumt. In Stalino und Rykowo wurden die Lazarette, die Fiat-Werkstätten, der 6. und 7. Kraftfahrzeugpark und der Apparat zur Neukalibrierung von Patronenhülsen evakuiert, während sich die umfangreiche Ausrüstung verschiedener Dienste aufgrund des Fehlens von Transportmitteln noch dort befindet. Debalzewo wurde abgesehen von der

---

vgl. AUSSME, L 13/48–5, Bericht der italienischen Militärmission in Deutschland, gez. General Efisio Marras, an das Comando Supremo vom 15. 3. 1943.

[254] Neben dem 1917 an die Westfront entsandten, aus zwei Divisionen bestehenden II. italienischen Armeekorps unterstützte Italien die französischen Alliierten durch die Aufstellung eines Hilfskorps, das beim Bau von Feldbefestigungen, bei der Anlage von Feldflugplätzen, beim Bau oder der Instandhaltung von Straßen und Eisenbahnlinien im Operationsgebiet usw. eingesetzt wurde. Vgl. Bovio, Operazioni, in: Esercito italiano, S. 390f.

[255] *Luigi De Micheli*, Oberstleutnant, 1941–1943 Chef des Stabes der Intendenza des CSIR bzw. der 8. Armee.

Munition fast vollständig geräumt. Kupjansk wurde abgesehen von den Barakken vollständig geräumt. Charkow: Räumung im Gange, aber durch das Fehlen von Transportmitteln behindert.

b) **Verluste bei der Ausstattung der Intendenza:** Zum gegenwärtigen Zeitpunkt ist die Intendenza nicht in der Lage, die Verluste an Material, Lasttieren und Transportmitteln auch nur annähernd anzugeben; [die Zahlen] werden so bald wie möglich präzisiert. Ein beträchtlicher Teil des aus den verschiedenen Zentren evakuierten Materials befindet sich in Eisenbahnwaggons, deren Rückführung in deutschen Händen liegt und davon abhängt, ob [Lokomotiven[256]] zur Verfügung stehen. Man schätzt, daß ein Viertel des in der Gegend vorhandenen Eisenbahnmaterials verlorengegangen ist.

c) **Ergriffene Maßnahmen:** Rückführung der gesamten Artilleriemunition nach Italien. Rückführung des gesamten Materials zum rückwärtigen Sammelbahnhof (Skotschau[257] bei Krakau), mit Ausnahme eines Teils der in Neshin benötigten Lebensmittel. Die normalen Versorgungsanforderungen für März wurden annulliert, abgesehen von einem Teil der Lebensmittel, die mit dem Nachschub für Februar geschickt werden.

Die Dienststelle wird auf Grundlage der mündlichen Absprachen mit dem General Quartiermeister die Anordnungen treffen, die sich aus den erwähnten Maßnahmen allgemeiner Natur ergeben. Keine Mängel wurden hinsichtlich dessen beklagt, was aus Italien geschickt worden ist oder sich auf dem Weg befindet. Alle erkennen gleichermaßen die Großzügigkeit an, mit der man sich um die Ausrüstung und die Versorgung der 8. Armee gekümmert hat.

Als der Angriff begann, hatten die Soldaten, die abgelöst werden sollten, keine pelzgefütterten Mäntel, von denen 50000 in den Depots des vorgeschobenen Zentrums von Kantemirowka lagerten. Gleiches gilt für die Schlafsäcke und weitere Sonderbekleidung. Einige Klagen über diese restriktiven Anordnungen bezüglich der Ausgabe von Bekleidung, deren Fehlen sich nun bei einem kleinen Teil der Soldaten auf dem Rückzug bemerkbar macht. Man muß jedoch anerkennen, daß diese Maßnahme logisch und opportun gewesen wäre, wenn nicht der unvorhersehbare Fall des Rückzugs eingetreten wäre[258].

10. **Organisation des rückwärtigen Gebiets:** Das Kommando für das rückwärtige Gebiet Ost und das für Transporte zuständige italienische Verbindungskommando bemühten und bemühen sich unermüdlich darum, mit intelligenten Initiativen jede unvorhergesehene Zwangslage zu bewältigen. Das Lazarett in Lemberg hat Wunder vollbracht. Der Direktor, Oberstleutnant Palmieri[259], verdient jedes Lob; durch dieses Hospital sind in kurzer Zeit ungefähr 8000 Kranke und Verwundete gegangen, von denen viele aufgrund brandig gewordener Erfrierungen einer Amputation unterzogen werden mußten.

---

[256] In der Vorlage wörtlich: „mezzi di trazione".
[257] In der Vorlage: „Schotscau".
[258] Das handschriftlich in diesen Satz eingefügte Wort „auch" ergibt keinen rechten Sinn und wurde daher weggelassen.
[259] Oberstleutnant Palmieri hatte die Leitung des Reservelazaretts Nr. 10 in Lemberg erst Ende Dezember 1942 übernommen; AUSSME, DS II 1204, KTB Comando delle Retrovie dell' Est, Dezember 1942/Januar 1943, Eintrag vom 22. 12. 1942.

Sämtliche Etappenkommandos und die Militärkommandos an den Bahnhöfen versuchen mit allen Mitteln, die momentanen Schwierigkeiten zu meistern. Das Kommando für das rückwärtige Gebiet hat auch im Raum Neshin eingegriffen, wo es ein eigenes Etappen[kommando] positioniert hat, um auf die bestmögliche Weise mit der Intendenza zusammenzuarbeiten.

Hervorgehoben sei die hervorragende italienische Transportorganisation, die der deutschen, ungarischen und rumänischen weit überlegen ist. Dieser eigenständige italienische Apparat, der warme Speisen, beheizte Räumlichkeiten, Gesundheitsversorgung und Geldwechselmöglichkeiten bietet, wird von all denen aufgesucht, die mehrere Tage lang durch die unermeßlichen gefrorenen Ebenen Rußlands fahren müssen. Wer sich über die Transporte beklagt, hat offensichtlich kein Verständnis für die Probleme, die es zu überwinden gilt, ist noch nicht mit anderen Zügen in Rußland gefahren und will vor allem nicht das geringste Opfer für den Krieg auf sich nehmen.

Das gesamte Personal in der Etappe verdient Lob; allerdings wäre es angebracht, daß die Jüngeren möglichst bald durch Personal ersetzt würden, das in Rußland abgelöst worden ist. Wer den Frontkämpfern bei der Durchfahrt durch das rückwärtige Gebiet zu Diensten ist, sollte aus offensichtlichen Gründen der Moral zeigen können, daß er seine Pflicht an der Front bereits erfüllt hat.

11. <u>Vorschläge zur logistischen Organisation</u>: Die Lage ist noch zu unbeständig, um Programme logistischer Natur umsetzen zu können. Der Transport der gesamten Armee in den Raum Gomel verlangt Maßnahmen von großer Tragweite.

Zunächst jedoch muß man in Erfahrung bringen: den Nachschubweg aus Italien, um die gesamte Organisation des rückwärtigen Gebiets entsprechend zu verlegen; die Möglichkeiten, das Material der Intendenza im Sektor [der Armee] zu lagern und in der Tiefe des Raums zu staffeln (fürs erste sind die Reservelazarette, Fiat-Werkstätten und Kraftfahrzeugparks in den Raum Lemberg geschickt worden, was zweifellos nicht der jüngsten Verschiebung [des Auffrischungsraums] nach Norden entspricht); die Route der dreimal pro Woche angesetzten Transporte, um einen Anhaltspunkt für die Dislozierung der Etappen[kommandos] zu haben; Truppen und Material, die nach Beendigung der laufenden Bewegungen in den Sektor [der Armee] verlegt werden sollen. Momentan ist alles ausgesetzt, und man wartet darauf, die genannten Angaben zu bekommen.

AUSSME, L 13/48–4.

Abkürzungsverzeichnis

Abt.	Abteilung
Abw.	Abwehr
ACS	Archivio Centrale dello Stato
ADAP	Akten zur Deutschen Auswärtigen Politik
AK	Armeekorps
Anm.	Anmerkung
AO	Abwehroffizier
AOK	Armeeoberkommando
ARMIR	Armata Italiana in Russia
ASD	Archivio Storico Diplomatico del Ministero degli Affari Esteri
at.	autotrasportabile
Att.Abt.	Attaché-Abteilung
AUSSME	Archivio dell'Ufficio Storico dello Stato Maggiore dell'Esercito
BA-MA	Bundesarchiv-Militärarchiv
Bd., Bde.	Band, Bände
Befh.	Befehlshaber
betr.	betrifft
Bl.	Blatt
B-Stelle	Beobachtungsstelle
Btl., Btle.	Bataillon, Bataillone
C.A.	Corpo d'Armata
CC.RR.	Carabinieri Reali
CO	Carteggio ordinario
CR	Carteggio riservato
CSIR	Corpo di Spedizione Italiano in Russia
D(iv.)	Division – divisione
DDI	Documenti Diplomatici Italiani
Ders., dies.	Derselbe, dieselben
DGAP	Direzione Generale Affari Politici
DGPS	Direzione Generale per la Pubblica Sicurezza
DHI	Deutsches Historisches Institut, Rom
Dok.	Dokument
DRZW	Das Deutsche Reich und der Zweite Weltkrieg
DS	Diario Storico
DVK	Deutsches Verbindungskommando
DVSt	Deutscher Verbindungsstab

EK I	Eisernes Kreuz I. Klasse
EK II	Eisernes Kreuz II. Klasse
f.	fanteria
f	französisch
Fasc.	Fascicolo
Flak	Flugabwehrkanone
geh.	geheim
geh. Kdos.	geheime Kommandosache
GenStdH	Generalstab des Heeres
gez.	gezeichnet
GFP	Geheime Feldpolizei
GmbH	Gesellschaft mit beschränkter Haftung
gr	Gramm
GUF	Gioventù universitaria fascista
H.	Heft
H.Geb.	Heeresgebiet
HKL	Hauptkampflinie
Hrsg., hrsg.	Herausgeber, herausgegeben
i.G.	im Generalstab
IG	Infanteriegeschütz
IR	Infanterieregiment
ital.	italienisch
Kdo.	Kommando
Kfz	Kraftfahrzeug
kgl.	königlich
KGST	Korps-Gefechtsstand
km	Kilometer
Kp.	Kompanie
Krad	Kraftrad
KTB	Kriegstagebuch
KZ	Konzentrationslager
Lkw	Lastkraftwagen
MCP	Ministero della Cultura popolare
(l/s) MG	(leichtes/schweres) Maschinengewehr
MIn	Ministero dell'Interno
mot.	motorisiert
MST	Museo Storico in Trento
NATO	North Atlantic Treaty Organization
N.B.	Nota Bene

Nr.   Nummer
NSDAP   Nationalsozialistische Deutsche Arbeiterpartei

OB   Oberbefehlshaber
Oblt.   Oberleutnant
OD   Ordnungsdienst
Offz., Offze.   Offizier, Offiziere
o.J.   ohne Jahr
OKH   Oberkommando des Heeres
OKW   Oberkommando der Wehrmacht
o.O.   ohne Ort
O.U.   Ortsunterkunft

P.   Punkt
Pak   Panzerabwehrkanone
PFR   Partito Fascista Repubblicano
Pkw   Personenkraftwagen
P.M.   Posta Militare
PNF   Partito Nazionale Fascista
P.S.   Post Scriptum
PzK   Panzerkorps

RSI   Repubblica Sociale Italiana

Sanka   Sanitätskraftwagen
Sich.-Division   Sicherungsdivision
SIE   Servizio Informazioni dell'Esercito
SIM   Servizio Informazioni Militari
SPD   Segreteria particolare del Duce
SS   Schutzstaffel
SSO   Süd-Südost
St.Qu.   Stabsquartier

TMG   Tribunale Militare di Guerra
to   Tonne

UdSSR   Union der Sozialistischen Sowjetrepubliken
U.S.(A.)   United States (of America)

z.b.V.   zur besonderen Verwendung
ZfG   Zeitschrift für Geschichtswissenschaft

Ia   Erster Generalstabsoffizier (Führung)
Ib   Zweiter Generalstabsoffizier (Versorgung)
Ic   Dritter Generalstabsoffizier (Nachrichten)
O 1   Erster Ordonanzoffizier

Quellen- und Literaturverzeichnis

1. Archivalien

Archivio dell'Ufficio Storico dello Stato Maggiore dell'Esercito, Rom (AUSSME)

H 1 – Ministero di Guerra
H 9 – Carteggio del Capo del Governo
I 3 – Carteggio versato dallo Stato Maggiore della Difesa
L 13 – Documentazione acquistata dal 1968: Fondo Bertinelli, Fondo Gualano, Fondo Lerici, Fondo Luoni, Fondo Marras, Fondo Ricagno, Fondo Salvatores
L 14 – Carteggio sussidiario dello Stato Maggiore del Regio Esercito
Fondo Messe (ungeordnet)
Archivio fotografico
Diari storici della seconda guerra mondiale:
    Comando Supremo – Kriegstagebuch
    Comando Supremo – Anlagen zum Kriegstagebuch
    Comando Supremo – ein- und ausgehende Depeschen
    Kriegsgefangene
    Militärische Kooperation mit dem Deutschen Reich
    Ostfront: Italienisches Verbindungskommando zur deutschen Heeresgruppe
    8. Armee – direkt unterstellte Einheiten
    8. Armee – Einsatzberichte
    Corpo di Spedizione Italiano in Russia bzw. XXXV. Armeekorps und direkt unterstellte Einheiten
    II. Armeekorps und direkt unterstellte Einheiten
    Alpinikorps und direkt unterstellte Einheiten
    Infanteriedivision „Cosseria"
    Infanteriedivision „Ravenna"
    Infanteriedivision „Sforzesca"
    Infanteriedivision „Vicenza"
    Infanteriedivision (autotrasportabile) „Pasubio"
    Infanteriedivision (autotrasportabile) „Torino"
    3. schnelle Division „Principe Amedeo Duca d'Aosta"
    Alpinidivision „Cuneense"
    Alpinidivision „Julia"
    Alpinidivision „Tridentina"

Archivio Storico Diplomatico del Ministero degli Affari Esteri, Rom (ASD)

Direzione Generale Affari Politici 1931–1945 (URSS)
Rappresentanze diplomatiche – Russia 1861–1950

Archivio Centrale dello Stato, Rom (ACS)

Ministero della Cultura popolare, Gabinetto
Ministero dell'Interno, Direzione Generale della Pubblica Sicurezza

Tribunali Militari di Guerra: 8. Armee, CSIR, II. Armeekorps
Segreteria particolare del Duce, carteggio ordinario 1922–1943
Segreteria particolare del Duce, carteggio riservato 1922–1943
T-821 – Records of the Italian Armed Forces

Museo Storico in Trento (MST)

Fondo Ufficio Censura postale di Guerra di Mantova

Bundesarchiv-Militärarchiv, Freiburg im Breisgau (BA-MA)

RH 20–11 – 11. Armee
RH 22 – Befehlshaber der rückwärtigen Heeresgebiete: Heeresgruppen Süd, B und Don
RH 24–24 – XXIV. Panzerkorps
RH 26–221 – 221. Sicherungsdivision
RH 26–385 – 385. Infanteriedivision
RH 31 IX – Deutscher General beim italienischen Armeeoberkommando 8[1]
RH 31 XIV – Deutscher Verbindungsstab beim II. italienischen Armeekorps
NL 592 – Otto Heidkämper
MSG/2–4388: Ernst Distler, Als deutscher Verbindungsoffizier bei der italienischen Rußland-Armee 1942/43, unveröffentlichtes Manuskript, o.O. o.J.
ZA 1/2028–2030: Burkhard Müller-Hillebrand u. a., Die militärische Zusammenarbeit Deutschlands und seiner Verbündeten während des Zweiten Weltkrieges, unveröffentlichtes Manuskript P-108 der Historical Division der U.S. Army, o.J. (1953).

2. Propagandaschriften

Baravelli, G.C.: Gli schiavi bianchi nella Russia sovietica, Rom 1942.
Il bolshevismo contro Dio, Rom 1941.
I fronti di guerra dell'Asse: Ucraina, hrsg. vom Stato Maggiore Regio Esercito – Ufficio Propaganda, Rom o.J. (1941).
Gianturco, Luigi E.: Ritorno dalla Russia, Rom 1943.
L'importanza economica dell'Ucraina, Rom 1942.
Mazzara, Aldo: Fanti in Russia, Rom 1942.
Parodi, Mario: Il bolshevismo contro la famiglia, Rom 1941.
Quello che hai visto in Russia. Parole a un reduce, Rom o.J. (1943).
Valori, Aldo: L'epopea dello C.S.I.R., in: Due anni di guerra – 10 giugno 1940–1942, hrsg. vom Ministero della Cultura Popolare, Rom 1942, S. 177–194.

3. Gedruckte Quellen, Selbstzeugnisse und Forschungsliteratur

Akten zur Deutschen Auswärtigen Politik 1918–1945, Serie D: 1937–1941, Bde. 12/2, 13/1 und 13/2, Göttingen 1969/70.
Akten zur Deutschen Auswärtigen Politik 1918–1945, Serie E: 1941–1945, Bde. 1 und 5, Göttingen 1969 und 1978.

---

[1] Die Bestände RH 31 IX, RH 31 XIV und RH 26–221 wurden – bis auf nachträglich eingefügte Bände oder nicht auffindbare Teile – nach dem in Freiburg lagernden Bestand (MFB4) der nach 1945 in den USA angefertigten Mikrofilme zitiert.

Argati, Giacomo (Hrsg.): Quelli della neve... Persone, esperienze e fatti legati all'intervento italiano nella Campagna di Russia 1941–1943. Prefazioni di Giovanni Balconi, Giuseppe Prisco, Mario Rigoni Stern, Luciano Vigo, Mailand 2001.
L'8ª Armata Italiana nella seconda battaglia difensiva del Don (11 dicembre 1942 – 31 gennaio 1943), hrsg. vom Ufficio Storico dello Stato Maggiore dell'Esercito, Rom 1946.
Ascari, Odoardo: La lunga marcia degli alpini nell'inferno russo (1942–43). La campagna di Russia nei ricordi di un superstite, in: Nuova Storia contemporanea 7 (2003) H. 5, S. 63–82.
Bartov, Omer: Hitlers Wehrmacht. Soldaten, Fanatismus und die Brutalisierung des Krieges, Reinbek 1995.
Battistelli, Pier Paolo: La „guerra dell'Asse". Condotta bellica e collaborazione militare italo-tedesca 1939–1943, Diss., Padua 2000.
Bedeschi, Giulio: Centomila gavette di ghiaccio, Mailand ^{9}2001.
Bedeschi, Giulio: Il natale degli alpini, Mailand 2003.
Bedeschi, Giulio: Il segreto degli alpini, Mailand 2004.
Bedeschi, Giulio (Hrsg.): Nikolajewka: c'ero anch'io, Mailand 1972.
Bedeschi, Giulio (Hrsg.): Fronte russo – c'ero anch'io, 2 Bde., Mailand 1983.
Belmondo, Rosalba u. a.: La „campagna" di Russia nella stampa e nella pubblicistica piemontese ed in particolare della provincia di Cuneo, in: Gli Italiani sul fronte russo, hrsg. vom Istituto Storico della Resistenza in Cuneo e provincia, Bari 1982, S. 425–464.
Bigazzi, Francesco/Zhirnov, Evgenij: Gli ultimi 28. La storia incredibile dei prigionieri di guerra italiani dimenticati in Russia, Mailand 2002.
Bocca, Giorgio: Storia d'Italia nella guerra fascista 1940–1943, Mailand ^{3}2001.
Bosworth, R.J.B.: Mussolini, London/New York 2002.
Bottai, Giuseppe: Diario 1935–1944, hrsg. von Giordano Bruno Guerri, Mailand 2001.
Bovio, Oreste: Le operazioni dell'esercito nella prima guerra mondiale, in: L'esercito italiano dall'Unità alla Grande Guerra (1861–1918), Rom 1980, S. 363–391.
Bugio, Alberto (Hrsg.): Nel nome della razza. Il razzismo nella storia d'Italia 1870–1945, Bologna ^{2}2000.
Capizzi, Manlio: La Divisione „Ravenna" in Russia, in: Studi Storico-Militari 1986, S. 333–435.
Cappellano, Filippo: „Scarpe di cartone e divise di tela..." Gli stereotipi e la realtà sugli equipaggiamenti delle truppe italiane in Russia nella seconda guerra mondiale, in: Storia Militare 10 (2002) Nr. 101, S. 20–30.
Carloni, Mario: La campagna di Russia, Mailand 1956.
Caruso, Alfio: Tutti i vivi all'assalto, Mailand 2003.
Casmirri, Silvana: Voci, opinioni e stati d'animo della città in guerra, in: Piccioni, Lidia (Hrsg.): Roma in guerra 1940–1943, Rom 2004, S. 529–564 (Roma moderna e contemporanea 11 (2003) Nr. 3).
Cavallero, Ugo: Diario 1940–1943, hrsg. von Giuseppe Bucciante, Rom 1984.
Ceva, Lucio: La condotta italiana della guerra. Cavallero e il Comando supremo 1941/1942, Mailand 1975.
Ceva, Lucio: La campagna di Russia nel quadro strategico della guerra fascista, in: Gli Italiani sul fronte russo, hrsg. vom Istituto Storico della Resistenza in Cuneo e provincia, Bari 1982, S. 163–192.
Ceva, Lucio: Italo Gariboldi, in: Dizionario biografico degli italiani, hrsg. vom Istituto della Enciclopedia Italiana, Bd. 52, Rom 1999, S. 347ff.
Ceva, Lucio: Storia delle Forze Armate in Italia, Turin 1999.
Ceva, Lucio: I cavalli di Hitler, in: ders., Guerra mondiale. Strategie e industria bellica 1939–1945, Mailand 2000, S. 245–262.
Ceva, Lucio: Le prime riflessioni italiane sulla guerra: interpretazioni, testimonianze, apologie (1945–1946), in: ders., Guerra mondiale. Strategie e industria bellica 1939–1945, Mailand 2000, S. 263–283.
Ceva, Lucio/Curami, Andrea: La meccanizzazione dell'esercito italiano dalle origini al 1943, Bd. 1: Narrazione, Bd. 2: Documentazione, Rom 1994.
Ciano, Galeazzo: Diario 1937–1943, hrsg. von Renzo De Felice, Mailand ^{7}2000.
Colarizi, Simona: L'opinione degli italiani sotto il regime 1929–1943, Rom/Bari 2000.
Collotti, Enzo: L'alleanza italo-tedesca 1941–1943, in: Gli Italiani sul fronte russo, hrsg. vom Istituto Storico della Resistenza in Cuneo e provincia, Bari 1982, S. 3–61.

Corradi, Egisto: La ritirata di Russia. La marcia allucinante degli Alpini in un inferno di ghiaccio e di fuoco, Chiari 2003 (erstmals: 1964).
Crespi, Benigno: La battaglia di Natale. Dal diario storico di un ufficiale del Corpo di Spedizione Italiano in Russia (CSIR), Mailand 1965.
Crucco, Rinaldo: Le operazioni italiane in Russia 1941-1943, in: Gli Italiani sul fronte russo, hrsg. vom Istituto Storico della Resistenza in Cuneo e provincia, Bari 1982, S. 209–227.
Deakin, Frederick W.: Die brutale Freundschaft. Hitler, Mussolini und der Untergang des italienischen Faschismus, Zürich 1962.
De Felice, Renzo: Interview vom 27. 12. 1987, in: Jacobelli, Jader (Hrsg.): Il fascismo e gli storici di oggi, Rom/Bari 1988, S. 3–6.
De Felice, Renzo: Mussolini l'alleato. L'Italia in guerra 1940-1943, Bd. 1: Dalla guerra „breve" alla guerra lunga, Turin ²1996.
De Giorni, Giulio: Con la Divisione Ravenna. Tutte le sue vicende sino al rientro dalla Russia 1939-1943, Mailand 1973.
De Grazia, Victoria/Luzzatto, Sergio (Hrsg.): Dizionario del fascismo, Bd. 1: A-K, Bd. 2: L-Z, Turin 2002 und 2003.
Del Fabbro, Lionello: Odissea nella steppa russa. Diario di un cappellano militare nella Campagna di Russia 1941-1943, hrsg. von Enrico Fantin, Latisana 2002.
Della Volpe, Nicola: „Werden wir es jemals schaffen, nach Italien heimzukehren?" Italienische Feldpostbriefe aus dem Zweiten Weltkrieg, in: Vogel, Detlef/Wette, Wolfram (Hrsg.): Andere Helme – andere Menschen? Heimaterfahrung und Frontalltag im Zweiten Weltkrieg. Ein internationaler Vergleich, Essen 1995, S. 113–134.
Della Volpe, Nicola: Esercito e propaganda nella seconda guerra mondiale (1940-1943), Rom 1998.
Diario Storico del Comando Supremo, hrsg. von Antonello Biagini und Fernando Frattolillo, Bd. 4–8, Rom 1992-1999.
I Documenti Diplomatici Italiani, hrsg. vom Ministero degli Affari Esteri, Serie 9: 1939-1943, Bd. 7–10, Rom 1987-1990.
Doerr, Hans: Verbindungsoffiziere, in: Wehrwissenschaftliche Rundschau 3 (1953), S. 270–280.
Faccini, W./Ferrari, G.: Gabriele Nasci. Generale degli Alpini, in: Studi Storico-Militari 1991, S. 363–555.
Filatov, Georgij S.: La campagna orientale di Mussolini, Mailand 1979.
Focardi, Filippo: „Bravo italiano" e „cattivo tedesco": riflessioni sulla genesi di due immagini incrociate, in: Storia e memoria 5 (1996) H. 1, S. 55–84.
Focardi, Filippo/Klinkhammer, Lutz: La questione dei „criminali di guerra" italiani e una Commissione di inchiesta dimenticata, in: Contemporanea 4 (2001), S. 497–528.
Förster, Jürgen: Stalingrad. Risse im Bündnis 1942/43, Freiburg im Breisgau 1975.
Förster, Jürgen: Il ruolo dell'8ª armata italiana dal punto di vista tedesco, in: Gli Italiani sul fronte russo, hrsg. vom Istituto Storico della Resistenza in Cuneo e provincia, Bari 1982, S. 229–259.
Förster, Jürgen: Der Krieg gegen die Sowjetunion bis zur Jahreswende 1941/42: Die Entscheidungen der „Dreierpaktstaaten", in: Boog, Horst u. a.: Das Deutsche Reich und der Zweite Weltkrieg, Bd. 4: Der Angriff auf die Sowjetunion, Stuttgart 1983, S. 883–907.
Förster, Jürgen: Hitlers Verbündete gegen die Sowjetunion 1941 und der Judenmord, in: Hartmann, Christian/Hürter, Johannes/Jureit, Ulrike (Hrsg.): Verbrechen der Wehrmacht. Bilanz einer Debatte, München 2005, S. 91–97.
Fortuna, Piero/Uboldi, Raffaello: Il tragico Don. Cronache della campagna italiana in Russia (1941-1943), Mailand 1980.
Fretter-Pico, Maximilian: „... verlassen von des Sieges Göttern". Mißbrauchte Infanterie, Wiesbaden 1969.
Ganzenmüller, Jörg: Ungarische und deutsche Kriegsverbrechen in der Sowjetunion 1941-1944. Eine kleine Konferenz in Freiburg und die methodischen Probleme eines Vergleichs, in: Jahrbücher für Geschichte Osteuropas 49 (2001), S. 602–606.
Gariboldi, Mario: L'Italia in Russia: L'ARMIR, in: Rainero, Romain H./Biagini, Antonello (Hrsg.): L'Italia in guerra: Il terzo anno – 1942. Cinquant'anni dopo l'entrata dell'Italia nella 2ª guerra mondiale. Aspetti e problemi, Gaeta 1993, S. 297–307.

Gentile, Carlo: Alle spalle dell'ARMIR. Documenti sulla repressione antipartigiana al fronte russo, in: Il Presente e la Storia 53 (1998), S. 159–181.
Gerlach, Christian: Kalkulierte Morde. Die deutsche Wirtschafts- und Vernichtungspolitik in Weißrußland 1941 bis 1944, Hamburg ²2000.
Gheddo, Piero: Il testamento del Capitano. Mio padre Giovanni disperso in Russia nel 1942, Cinisello Balsamo 2002.
Giambartolomei, Aldo: 2° Conflitto Mondiale – Campagna di Russia 1942–1943: La guerra del 6° Reggimento Bersaglieri, in: Memorie Storiche Militari 1983, S. 679–749.
Giambartolomei, Aldo: La campagna in Russia del CSIR e dei suoi veterani nell'ARMIR, in: Rainero, Romain H./Biagini, Antonello (Hrsg.): L'Italia in guerra: Il terzo anno – 1942. Cinquant'anni dopo l'entrata dell'Italia nella 2ª guerra mondiale. Aspetti e problemi, Gaeta 1993, S. 273–296.
Giuliano, Lorenzo: Il bel fiume Don. Lettere dal fronte russo, hrsg. von Giovanni Magnino, Peveragno 1998.
Giusti, Maria Teresa: I prigionieri italiani in Russia, Bologna 2003.
Gosztony, Peter: Hitlers fremde Heere. Das Schicksal der nichtdeutschen Armeen im Ostfeldzug, Düsseldorf/Wien 1976.
Halder, Franz: Kriegstagebuch. Tägliche Aufzeichnungen des Chefs des Generalstabes des Heeres 1939–1942, 3 Bde., bearb. von Hans-Adolf Jacobsen, Stuttgart 1962–1964.
Hillgruber, Andreas: Der Einbau der verbündeten Armeen in die deutsche Ostfront 1941–1944, in: Wehrwissenschaftliche Rundschau 10 (1960), S. 659–682.
Hillgruber, Andreas: Der 2. Weltkrieg. Kriegsziele und Strategie der großen Mächte, Stuttgart ⁴1985.
Hitlers Weisungen für die Kriegführung 1939–1945. Dokumente des Oberkommandos der Wehrmacht, hrsg. von Walther Hubatsch, Koblenz 2., durchgesehene und ergänzte Aufl. 1983.
Inaudi, Giuseppe: La notte più lunga. La battaglia del solstizio d'inverno sul Don, Rom 1979.
Inaudi, Giuseppe: Il Don degli italiani, in: Studi Storico-Militari 1993, S. 373–561.
Innocenzi, Andrea: L'alleato. Il valore e la fedeltà degli italiani nella Campagna d'Africa 1940–42, Neapel 2001.
Irving, David: Rommel. Eine Biographie, Hamburg ²1979.
Isnenghi, Mario: La campagna di Russia nella stampa e nella pubblicistica fascista, in: Gli Italiani sul fronte russo, hrsg. vom Istituto Storico della Resistenza in Cuneo e provincia, Bari 1982, S. 377–423.
Isnenghi, Mario: Le guerre degli italiani. Parole, immagini, ricordi 1848–1945, Mailand 1990.
Kehrig, Manfred: Stalingrad. Analyse und Dokumentation einer Schlacht, Stuttgart ²1976.
Klink, Ernst: Der Krieg gegen die Sowjetunion bis zur Jahreswende 1941/42: Die Operationsführung, in: Boog, Horst u. a.: Das Deutsche Reich und der Zweite Weltkrieg, Bd. 4: Der Angriff auf die Sowjetunion, Stuttgart 1983, S. 451–712.
Klinkhammer, Lutz: Der Partisanenkrieg der Wehrmacht 1941–1944, in: Müller, Rolf-Dieter/Volkmann, Hans-Erich (Hrsg.): Die Wehrmacht. Mythos und Realität, München 1999, S. 813–836.
Klinkhammer, Lutz: Kriegserinnerung in Italien im Wechsel der Generationen. Ein Wandel der Perspektive?, in: Cornelißen, Christoph/Klinkhammer, Lutz/Schwentker, Wolfgang (Hrsg.): Erinnerungskulturen. Deutschland, Italien und Japan seit 1945, Frankfurt a.M. 2003, S. 333–343.
Knox, MacGregor: The Italian Armed Forces, 1940–3, in: Millet, Allan R./Murray, Williamson (Hrsg.): Military Effectiveness, Bd. 3: The Second World War, Boston u. a. 1988, S. 136–179.
Knox, MacGregor: Hitler's Italian Allies. Royal Armed Forces, Fascist Regime, and the War of 1940–1943, Cambridge 2000.
König, Malte: Kooperation als Machtkampf. Die deutsch-italienischen Beziehungen in den Jahren 1940/41, Diss., Köln 2004.
Kriegstagebuch des Oberkommandos der Wehrmacht (Wehrmachtführungsstab), hrsg. von Percy Ernst Schramm, Bd. 1: 1. 8. 1940–31. 12. 1942, bearb. von Hans-Adolf Jacobsen; Bd. 2: 1. 1.–13. 12. 1942, bearb. von Andreas Hillgruber; Bd. 3: 1. 1.–31. 12. 1943, bearb. von Walther Hubatsch, Frankfurt a.M. 1963 und 1965.

Krumeich, Gerd: Schlachtenmythen in der Geschichte, in: ders./Brandt, Susanne (Hrsg.): Schlachtenmythen. Ereignis, Erzählung, Erinnerung, Köln u. a. 2003, S. 1-17.
Labanca, Nicola (Hrsg.): Militari italiani in Africa. Per una storia sociale e culturale dell'espansione coloniale. Atti del convegno di Firenze, 12-14 dicembre 2002, Neapel 2004 (Società Italiana di Storia Militare. Quaderno 2001-2002).
Lagebesprechungen im Führerhauptquartier. Protokollfragmente aus Hitlers militärischen Konferenzen 1942-1945, hrsg. von Helmut Heiber, München 1962.
Latzel, Klaus: Tourismus und Gewalt. Kriegswahrnehmungen in Feldpostbriefen, in: Heer, Hannes/Naumann, Klaus (Hrsg.): Vernichtungskrieg. Verbrechen der Wehrmacht 1942-1944, Hamburg 1995, S. 447-459.
Latzel, Klaus: Vom Kriegserlebnis zur Kriegserfahrung. Theoretische und methodische Überlegungen zur erfahrungsgeschichtlichen Untersuchung von Feldpostbriefen, in: Militärgeschichtliche Mitteilungen 56 (1997), S. 1-30.
Latzel, Klaus: Deutsche Soldaten - nationalsozialistischer Krieg? Kriegserlebnis - Kriegserfahrung 1939-1945, Paderborn u. a. ²1998.
Lo Faso di Serradifalco, Alberico: 5 Mesi sul Don. Ricordi della Campagna di Russia di un Ufficiale della Sforzesca, Collegno 2003.
Luoni, Vittorio: La „Pasubio" sul fronte russo, Rom 1977.
Luoni, Vittorio: I cavalieri del fango. Racconti di guerra in Francia, Albania e Russia 1940-1943, Parma o.J.
Mantelli, Brunello: Kurze Geschichte des italienischen Faschismus, Berlin 1999.
Mantelli, Brunello: Die Italiener auf dem Balkan 1941-1943, in: Dipper, Christof/Klinkhammer, Lutz/Nützenadel, Alexander (Hrsg.): Europäische Sozialgeschichte. Festschrift für Wolfgang Schieder, Berlin 2000, S. 57-74.
Mantelli, Brunello (Hrsg.): L'Italia fascista potenza occupante: lo scacchiere balcanico, Triest 2002 (Qualestoria 30 (2002) H. 1).
Massignani, Alessandro: Alpini e Tedeschi sul Don. Documenti e testimonianze sulla ritirata del Corpo d'Armata Alpino e del XXIV *Panzerkorps* Germanico in Russia nel gennaio 1943. Con il diario di guerra del „Generale Tedesco Presso l'8ª Armata Italiana", Vicenza 1991.
Messe, Giovanni: Der Krieg im Osten, Zürich 1948.
Messe, Giovanni: La guerra al fronte russo. Il Corpo di Spedizione Italiano (CSIR), Mailand 1964.
Minniti, Fortunato: Il problema degli armamenti nella preparazione militare italiana dal 1935 al 1943, in: Storia contemporanea 9 (1978), S. 5-61.
Montanari, Mario: L'esercito italiano alla vigilia della 2ª guerra mondiale, Rom 1982.
Moro, Ermenegildo: Naufragio nella steppa. Diario di un ufficiale della „Julia" sul fronte russo, Cassola 2002.
Morozzo della Rocca, Roberto: La vicenda dei prigionieri in Russia nella politica italiana 1944-1948, in: Storia e Politica 22 (1983), S. 480-542.
Müller, Rolf-Dieter: Der Krieg gegen die Sowjetunion bis zur Jahreswende 1941/42: Das Scheitern der wirtschaftlichen „Blitzkriegsstrategie", in: Boog, Horst u. a.: Das Deutsche Reich und der Zweite Weltkrieg, Bd. 4: Der Angriff auf die Sowjetunion, Stuttgart 1983, S. 936-1029.
Müller, Rolf-Dieter: Albert Speer und die Rüstungspolitik im totalen Krieg, in: Kroener, Bernhard R./Müller, Rolf-Dieter/Umbreit, Hans: Das Deutsche Reich und der Zweite Weltkrieg, Bd. 5/2: Organisation und Mobilisierung des deutschen Machtbereichs. Kriegsverwaltung, Wirtschaft und personelle Ressourcen 1942-1944/45, Stuttgart 1999, S. 275-773.
Müller, Rolf-Dieter: Der letzte deutsche Krieg 1939-1945, Stuttgart 2005.
Müller, Rolf-Dieter/Ueberschär, Gerd R.: Hitlers Krieg im Osten 1941-1945. Ein Forschungsbericht, Darmstadt 2000.
Oliva, Gianni: Storia degli Alpini. Dal 1872 a oggi, Mailand 2001.
Le operazioni del C.S.I.R. e dell'A.R.M.I.R. dal giugno 1941 all'ottobre 1942, hrsg. vom Ufficio Storico dello Stato Maggiore dell'Esercito, Rom 1947.
Le operazioni delle unità italiane al fronte russo (1941-1943), hrsg. vom Ufficio Storico dello Stato Maggiore dell'Esercito, Rom ³2000.
Orlandi, Rosita: Giovanni Messe - da volontario a Maresciallo d'Italia, in: Garzia, Italo/Pasi-

meni, Carmelo/Urgesi, Domenico (Hrsg.), Il Maresciallo d'Italia Giovanni Messe. Guerra, forze armate e politica nell'Italia del Novecento. Atti del convegno di studi (Mesagne 27–28 ottobre 2000), Galatina 2003, S. 91–134.
Palazzo, Archimede: Verità sulla campagna di russia (e „l'olocausto" della Divisione „Torino"), Rom 1944.
Pardini, Giuseppe: Sotto l'inchiostro nero. Fascismo, guerra e censura postale in Lucchesia (1940–1944), Montespertoli 2001.
Pedriali, Ferdinando: La Regia Aeronautica in Russia (1941–1942). L'aviazione del CSIR nella prima fase della campagna sul fronte orientale, in: Storia Militare 11 (2003) Nr. 122, S. 46–55.
Pelagalli, Sergio: Il Generale Efisio Marras Addetto Militare a Berlino, Rom 1994.
Petersen, Jens: Deutschland und Italien 1939 bis 1945, in: Michalka, Wolfgang (Hrsg.): Der Zweite Weltkrieg. Analysen, Grundzüge, Forschungsbilanz, München 1989, S. 108–119.
Petracchi, Giorgio: „Il colosso dai piedi d'argilla": l'URSS nell'immagine del fascismo, in: Di Nolfo, Ennio/Rainero, Romain H./Vigezzi, Brunello (Hrsg.): L'Italia e la politica di potenza in Europa (1938–40), Mailand 1985, S. 149–170.
Petracchi, Giorgio: Pinocchio, die Katze und der Fuchs: Italien zwischen Deutschland und der Sowjetunion (1939–1941), in: Wegner, Bernd (Hrsg.): Zwei Wege nach Moskau. Vom Hitler-Stalin-Pakt bis zum „Unternehmen Barbarossa", München/Zürich 1991, S. 519–546.
Petracchi, Giorgio: Da San Pietroburgo a Mosca. La diplomazia italiana in Russia 1861–1941, Rom 1993.
Pignato, Nicola/Cappellano, Filippo: Gli Autoveicoli da combattimento dell'Esercito italiano, Bd. 1: Dalle origini fino al 1939, Bd. 2: 1940–1945, Rom 2002.
Plotnikov, Jurii V.: L'offensiva delle truppe sovietiche nel medio Don (dicembre 1942 – gennaio 1943), in: Gli Italiani sul fronte russo, hrsg. vom Istituto Storico della Resistenza in Cuneo e provincia, Bari 1982, S. 522–530.
Pohl, Dieter: Die Einsatzgruppe C 1941/42, in: Klein, Peter (Hrsg.): Die Einsatzgruppen in der besetzten Sowjetunion 1941/42. Die Tätigkeits- und Lageberichte des Chefs der Sicherheitspolizei und des SD, Berlin 1997, S. 71–87.
Porcari, Libero: La „Cuneense" sulle fronti di guerra, in: Gli Italiani sul fronte russo, hrsg. vom Istituto Storico della Resistenza in Cuneo e provincia, Bari 1982, S. 261–291.
Ragionieri, Ernesto: Italien und der Überfall auf die UdSSR, in: Zeitschrift für Geschichtswissenschaft 4 (1961), S. 761–808.
Rapporto sui prigionieri di guerra italiani in Russia, hrsg. von der Unione Nazionale Italiana Reduci di Russia, Cassano Magnago 1995.
Rasero, Aldo: Tridentina Avanti! Storia di una divisione Alpina, Mailand 1982.
Raspin, Angela: The Italian War Economy 1940–1943. With particular reference to Italian relations with Germany, New York u. a. 1986.
Rass, Christoph: „Menschenmaterial": Deutsche Soldaten an der Ostfront. Innenansichten einer Infanteriedivision 1939–1945, Paderborn u. a. 2003.
Rattenni, Oliderio: Tornerai. Diario di Guerra – Campagna di Russia 1942–1943, l'Aquila/Rom 2003.
Revelli, Nuto: L'ultimo fronte. Lettere di soldati caduti o dispersi nella seconda guerra mondiale, Turin 1971.
Revelli, Nuto: La guerra dei poveri, Turin 1993.
Revelli, Nuto: La ritirata di Russia, in: Isnenghi, Mario (Hrsg.): I luoghi della memoria. Strutture ed eventi dell'Italia unita, Rom/Bari 1997, S. 365–379.
Revelli, Nuto: Mai tardi. Diario di un alpino in Russia, Turin 2001.
Revelli, Nuto: La strada del davai. Nuova edizione, Turin 2001.
Revelli, Nuto: Le due guerre. Guerra fascista e guerra partigiana, Turin 2003.
Rigoni Stern, Mario: Alpini im russischen Schnee, Heidelberg 1954.
Rigoni Stern, Mario: L'ultima partita a carte, Turin 2002.
Rintelen, Enno von: Mussolini als Bundesgenosse. Erinnerungen des deutschen Militärattachés in Rom 1936–1943, Tübingen/Stuttgart 1951.
Rizzi, Loris: Lo sguardo del potere. La censura militare in Italia nella seconda guerra mondiale 1940–1945, Mailand 1984.
Rochat, Giorgio: Memorialistica e storiografia sulla campagna italiana di Russia 1941–1943, in:

Gli Italiani sul fronte russo, hrsg. vom Istituto Storico della Resistenza in Cuneo e provincia, Bari 1982, S. 465–482.
Rochat, Giorgio: Ufficiali e soldati. L'esercito italiano dalla prima alla seconda guerra mondiale, Udine 2000.
Rochat, Giorgio: Duecento sentenze nel bene e nel male. La giustizia militare nella guerra 1940–1943, Udine 2002.
Rochat, Giorgio: Le truppe italiane in Russia, in: Storia Militare 11 (2003) Nr. 115, S. 39–47.
Rochat, Giorgio/Massobrio, Giulio: Breve storia dell'esercito italiano dal 1861 al 1943, Turin 1978.
Sanna, Daniele: Un ufficiale del „Tirano" nella guerra al fronte russo. Il diario inedito del S[otto] ten[ente] Giuseppe Perego, in: Quaderno dell'Istituto Sondriese per la Storia della Resistenza e dell'Età Contemporanea 6 (2002), S. 91–98.
Sartori, Mario: Lettere dal fronte russo di un ufficiale italiano, hrsg. von der Associazione Alpini (Ala), Trient 1992.
Schlemmer, Thomas: Zwischen Erfahrung und Erinnerung. Die Soldaten des italienischen Heeres im Krieg gegen die Sowjetunion, in: Quellen und Forschungen aus italienischen Archiven und Bibliotheken 85 (2005).
Schlemmer, Thomas/Woller, Hans: Der italienische Faschismus und die Juden 1922–1945, in: Vierteljahrshefte für Zeitgeschichte 53 (2005), S. 164–201.
Schreiber, Gerhard: Problemi generali dell'alleanza italo-tedesca 1933–1941, in: Gli Italiani sul fronte russo, hrsg. vom Istituto Storico della Resistenza in Cuneo e provincia, Bari 1982, S. 63–117.
Schreiber, Gerhard: Deutschland, Italien und Südosteuropa. Von der politischen und militärischen Hegemonie zur militärischen Aggression, in: ders./Stegemann, Bernd/Vogel, Detlef: Das Deutsche Reich und der Zweite Weltkrieg, Bd. 3: Von der „non belligeranza" Italiens bis zum Kriegseintritt der Vereinigten Staaten, Stuttgart 1984, S. 275–414.
Schreiber, Gerhard: Die politische und militärische Entwicklung im Mittelmeerraum 1939/40, in: ders./Stegemann, Bernd/Vogel, Detlef: Das Deutsche Reich und der Zweite Weltkrieg, Bd. 3: Von der „non belligeranza" Italiens bis zum Kriegseintritt der Vereinigten Staaten, Stuttgart 1984, S. 3–271.
Schreiber, Gerhard: Die italienischen Militärinternierten im deutschen Machtbereich 1943–1945. Verraten, verachtet, vergessen, München 1990.
Schreiber, Gerhard: Italiens Teilnahme am Krieg gegen die Sowjetunion. Motive, Fakten und Folgen, in: Förster, Jürgen (Hrsg.): Stalingrad. Ereignis, Wirkung, Symbol, München/Zürich [2]1993, S. 250–292.
Serpellon, Adalgisa (Hrsg.): Lettere di caduti e reduci del Cadore nella seconda guerra mondiale, Venedig 1988 (Annali dell'Istituto veneto per la storia della Resistenza 1986/87).
I servizi logistici delle unità italiane al fronte russo (1941–1943), hrsg. vom Ufficio Storico dello Stato Maggiore dell'Esercito, Rom 1975.
Stegemann, Bernd: Die italienisch-deutsche Kriegführung im Mittelmeer und in Afrika, in: Schreiber, Gerhard/Stegemann, Bernd/Vogel, Detlef: Das Deutsche Reich und der Zweite Weltkrieg, Bd. 3: Von der „non belligeranza" Italiens bis zum Kriegseintritt der Vereinigten Staaten, Stuttgart 1984, S. 591–682.
Stumpf, Reinhard: Der Krieg im Mittelmeerraum 1942/43. Die Operationen in Nordafrika und im mittleren Mittelmeer, in: Boog, Horst u. a.: Das Deutsche Reich und der Zweite Weltkrieg, Bd. 6: Der globale Krieg. Die Ausweitung zum Weltkrieg und der Wechsel der Initiative 1941–1943, Stuttgart 1990, S. 569–757.
Sullivan, Brian R.: The Italian Armed Forces 1918–1940, in: Millett, Allan R./Murray, Williamson (Hrsg.): Military Effectiveness, Bd. 2: The interwar Period, Boston 1988, S. 169–217.
Sullivan, Brian R.: The Italian Soldier in Combat, June 1940 – September 1943: Myths, Realities and Explanations, in: Addison, Paul/Calder, Angus (Hrsg.): Time to kill. The Soldier's Experience of War in the West 1939–1945, London u. a. 1997, S. 177–205.
Die Tagebücher von Joseph Goebbels, Teil I, Bd. 9: Aufzeichnungen Dezember 1940 – Juli 1941, bearb. von Elke Fröhlich, München 1998.
Die Tagebücher von Joseph Goebbels, Teil II, Bd. 1: Diktate Juli – Dezember 1941, bearb. von Elke Fröhlich, München 1996.
Tolloy, Giusto: Con l'armata italiana in Russia, Mailand 1968.

Tomasin, Vittorio: Donne sovietiche nelle memorie di un polesano in Russia (1941-1943), in: Terra d'Este 13 (2003) Nr. 26, S. 89-101.
La tragedia italiana sul fronte russo (1941-1943). Immagini di un sofferto sacrificio con documenti e testimonianze, presentazione e coordinamento di Pier Luigi Bertinaria, Rimini 1993.
Umbreit, Hans: Die Verantwortlichkeit der Wehrmacht als Okkupationsarmee, in: Müller, Rolf-Dieter/Volkmann, Hans-Erich (Hrsg.): Die Wehrmacht. Mythos und Realität, München 1999, S. 743-753.
Ungváry, Krisztián: Das Beispiel der ungarischen Armee. Ideologischer Vernichtungskrieg oder militärisches Kalkül?, in Hartmann, Christian/Hürter, Johannes/Jureit, Ulrike (Hrsg.): Verbrechen der Wehrmacht. Bilanz einer Debatte, München 2005, S. 98-106.
Vettorazzo, Guido: Cento lettere dalla Russia 1942-1943, Rovereto 1993.
Vicentini, Carlo: Le perdite della Divisione Alpina „Cuneense" sul fronte russo, in: Studi Storico-Militari 1998, S. 467-489.
Webster, Richard A.: Una speranza rinviata. L'espansione industriale italiana e il problema del petrolio dopo la prima guerra mondiale, in: Storia contemporanea 11 (1980), S. 219-281.
Wegner, Bernd: Der Krieg gegen die Sowjetunion 1942/43, in: Boog, Horst u. a.: Das Deutsche Reich und der Zweite Weltkrieg, Bd. 6: Der globale Krieg. Die Ausweitung zum Weltkrieg und der Wechsel der Initiative 1941-1943, Stuttgart 1990, S. 761-1102.
Wegner, Bernd: Der Mythos „Stalingrad" (19. November 1942-2. Februar 1943), in: Krumeich, Gerd/Brandt, Susanne (Hrsg.): Schlachtenmythen. Ereignis, Erzählung, Erinnerung, Köln u. a. 2003, S. 183-197.
Die Wehrmachtberichte 1939-1945, 3 Bde., unveränderter photomechanischer Nachdruck, München 1985.
Wimpffen, Hans: Die Zweite ungarische Armee im Feldzug gegen die Sowjetunion. Ein Beitrag zur Koalitionskriegführung im Zweiten Weltkrieg, Diss., Würzburg 1968.
Woller, Hans: Rom, 28. Oktober 1922. Die faschistische Herausforderung, München 1999.
Zamagni, Vera (Hrsg.): Come perdere la guerra e vincere la pace. L'economia italiana tra guerra e dopoguerra 1938-1947, Bologna 1997.

Register

Personenregister

Abraham, Erich 99
Adami, Giuseppe 243
Agosti, Guido 109
Albori, von (Major) 140
Albrecht (Major) 155
Alessi, Manlio 97
Alfieri, Dino 169, 172, 263
Alfieri (Frau) 169
Almici, Ugo 106, 110f.
Alvano, Vincenzo 232
Ambrosiani, Alessandro 235, 240ff., 245f.
Ambrosio, Vittorio 257
Antonelli, Gino 216
Arengi, Salvatore 233
Ascari, Odoardo 72
Ascione, Quinto 44f.
Asquasciati, Luigi 234
Awdassenko (OD-Mann) 156f.

Badoglio, Pietro 46, 159
Baggi, Carlo 259, 263
Bandirali, Carlo 225
Barbati, Domenico 230
Barbera, Giuseppe 230
Barbò, Guglielmo 98
Battaglini, Dandolo 98
Battistelli, Pier Paolo 24, 26
Battisti, Emilio 142, 186
Bauer (Dolmetscher) 169
Bedeschi, Giulio 4, 242
Beolchini, Aldo 130
Berger (Hauptmann) 142
Berlanda (Sonderführer) 140
Bertegani (Hauptmann) 196
Bianca (Major) 108
Bianchi, Evanzio 226
Bianchi, Mario 125
Bianchi, Ugo 97
Bigazzi, Francesco 5
Biglino, Carlo 50, 88, 95, 186, 206, 257, 259f., 263, 267f.
Bila, Ernst von 132
Biraghi, Ernesto 225
Blundo, Carmelo 219
Boccucci, Mario 214

Böhm (Oberleutnant) 208, 213
Boldoni, Attilio 212, 214, 216, 218, 223
Bombaci, Nunzio 234
Bonzani (Oberstleutnant) 66, 68
Bormann, Martin 177f.
Boscaro, Fortunato 227
Boselli, Guido 99, 134
Bouhler, Philipp 177
Bugelli, Ezio 231
Buzzigoli, Ernesto 234

Cadu, Carmine 228
Calcagno, Nicolò 234
Calleri, Paolo 229
Caluzzi, Ettore 231
Camagna (Funktionär des PNF) 169
Cancarini-Ghisetti, Giuseppe 147
Cangini, Gianfilippo 96f., 99
Cantore, Gildo 228
Capati, Antonio 216
Capizzi, Manlio 70
Cappelli, Gaetano 229
Carloni, Mario 37f., 72, 133ff.
Cartasegna, Filippo 228
Carubini, Ubaldo 226
Caruso, Alfio 142, 146
Casamenti, Giulio 221
Cavallero, Carlo 97
Cavallero, Ugo 7, 10, 13, 25, 28f., 250f.
Cellanova, Domingo 175
Ceva, Lucio 30
Ciano, Galeazzo 6, 9, 24, 251
Citrini, Idrio 226
Collotti, Enzo 26
Consonni, Pietro 225
Conti, Federico 97
Contini, Massimo 46, 134
Corchia, Antonio 227
Cramer, Hans 144
Criscuolo, Vittorio 107
Cugerone, Carlo 227f.
Curcio, Giuseppe 226

D'Ambrogi (Major) 214
De Biase, Achille 108

De Carli, Pietro 226
De Felice, Renzo 6
Del Bò, Enzo 233f.
Del Fabbro, Lionello 36
Della Volpe, Nicola 42
De Micheli, Luigi 70, 206, 267
Desortes, Angelo 232
D'Este, Antonio 168, 178
Destradis, Cosimo 230
Devia, Angelo 231
Dietrich, Otto 178
Di Stefano, Paolo 3
Distler, Ernst 54, 127, 129f., 132, 134
Dönitz, Karl 251
Dogliotti, Achille Mario 175
Donati, Ubaldo 226
Dupont, Francesco 66, 94, 98, 121

Ecchia, Walter 230
Eibl, Helene 151
Eibl, Karl 78, 115, 139ff., 146–151
Estrafallaces, Ugo 196

Fabbri, Enrico 226
Fabiani (Chirurg) 175
Fassina, Siro 228
Fatiganti, Tommaso 230
Favagrossa, Carlo 10
Fazzi, Amato 227f.
Fazzi, Enrico 215–220, 223
Fegelein, Hermann 138, 150, 251
Fellmer, Reinhold 57, 84f., 90, 101
Ferrandi, Silvio 225
Ferrara, Giuliano 6
Ferri, Giuseppe 229
Ferrol, Salvatore 228f.
Fiore, Giovanni 130, 132
Fischer (Major) 141, 240f.
Förster, Jürgen 5
Forgiero, Arnaldo 155f., 190
Fortolan, Luigi 227
Frank, Hans 172
Fretter-Pico, Maximilian 121, 123
Friderici, Erich 47
Friedrichs, Helmuth 169

Gallarati Scotti, Gian Giacomo 168
Galli, Paolo 229
Gallo 169, 178
Gambino, Calogero 226
Gandini, Cesare 134
Gariboldi, Italo 51, 56, 59f., 62, 67f., 72, 75, 85, 87, 89, 91, 102, 170, 173, 176, 188–191, 195, 211, 236, 255, 258, 260, 266
Gavazzeni, Angelo 232
Gazzale, Enrico 223

Gazzano, Paolo 227
Gazzola, Rosalino 228
Gendusa, Francesco 226
Giambartolomei, Aldo 38
Giovanelli, Vittorio 99
Giraudo, Giuseppe 106
Giusti, Maria Teresa 5
Goebbels, Joseph 7
Göller, Wilhelm 211, 222
Gorini, Alessandro 168
Grana, Saverio 175
Grassi, Mario 229
Grosso, Lorenzo 229
Guarducci, Piero 221
Gyldenfeldt, von (Major) 31, 52, 86, 88, 103

Haager, Joachim 152
Halder, Franz 27, 46, 59, 86f.
Hausser, Paul 113f.
Heidkämper, Otto 73, 91, 138f., 141, 146–152
Herrmann (Oberleutnant) 153
Hess, Rudolf 169, 177
Himmler, Heinrich 138, 178
Hitler, Adolf 6–10, 16, 24–27, 46ff., 58–61, 63, 68, 75, 87, 127, 146, 156, 161, 177f., 180f., 192, 229, 251, 255, 266
Hofer, Franz 172
Hoffmann (Major) 70, 209, 213, 215
Hollidt, Karl 62f., 65, 69, 128, 131, 133, 135, 198, 251, 261
Homer (griechischer Epiker) 2
Hutzelmeyer (Major) 90f., 106, 108–111

Ingraffia, Vito 229
Ippolito, Andrea 168
Isnenghi, Mario 4

Jahr, Arno 150
Jodl, Alfred 27, 251
Joos, Otto 53f., 126, 129–132, 134–137

Keitel, Wilhelm 28f., 177f., 257
Kinzel, Eberhard 67f., 91
Kleist, Ewald von 84f., 92, 95
Klopfer, Gerhard 169
Knox, MacGregor 5
Kreysing, Hans 113

Lamanna, Cesare 231
Lamioni, Alcide 228
Lanz, Hubert 151
Lanza (Oberstleutnant) 169
Latzel, Klaus 43
Lerici, Roberto 98, 115, 207–212, 215, 217, 219, 221, 263

Personenregister

Lo Faso, Domenico 71
Longo, Giuseppe 221
Lopeduso, Giuseppe 225
Lupo, Renato 123

Maci, Osvaldo 219f.
Mackensen, Eberhard von 93f.
Mackensen, Hans Georg von 24, 93
Maempel, Rolf 119f.
Maglio, Ernesto 225
Maiani, Gino 225
Malabarba, Giovanni 230
Malaguti, Bruno 57, 102, 111, 205, 263
Malegori, Luigi 227
Manca, Nicolino 232
Mandelli, Alfredo 229
Manesso, Igino 232
Mangione, Volante 234
Mantineo, Francesco 214ff.
Marazzani, Mario 98
Marras, Efisio 7f., 27, 33, 51, 64, 72, 159–163, 166f., 192, 195, 249–254, 257f., 260
Martinat, Giulio 143, 148, 185, 243f.
Mascara (Schütze) 229
Masci, Umberto 216
Massaioli, Giuseppe 109f.
Massignani, Alessandro 5, 142f., 145, 149
Mastrodomenico, Michele 225
Mazzi, Achille 192f., 195ff.
Mela, Luciano 11
Messe, Giovanni 3f., 14f., 19–23, 30, 32f., 46ff., 53f., 56f., 82–85, 87, 96f., 99f., 126, 134, 176, 206
Messere, Marcello 234
Michaelis, Herbert 209
Mielke (Oberst) 224, 253
Migliorati, Giuseppe 243
Millino, Teresio 224
Molinari, Vincenzo 232f.
Molotow, Wjatscheslaw M. 9
Montoneri, Giuseppe 226
Morando, Giovanni 229
Morelli, Bruno 231
Moschioni (Funktionär des PNF) 169
Musinu, Giuseppe 93
Mussolini, Benito 1 ff., 6–12, 15, 22–29, 33, 46, 48, 59, 74, 78, 93, 97, 156, 168ff., 173f., 178f., 205, 229, 257
Muzzi, Antonio 228
Muzzin, Antonio 224f.
Muzzin, Giuseppe 224

Nasci, Gabriele 36, 139, 141, 147f.
Navone (Hauptmann) 169
Nebbia, Edoardo 104

Obstfelder, Hans von 87, 91, 113, 127, 130ff., 137, 198, 200, 204
Oliva, Oronzo 233
Olmi, Roberto 99
Ongaro (Journalist) 169, 178

Palmi, Antonio 230f.
Palmieri (Oberstleutnant) 268
Paolella, Fernando 231
Paoli, Brunetto 258–261
Pardini, Giuseppe 39
Pariani, Alberto 12
Pascolini, Etelvoldo 186
Pasquali, Marino 225
Passalacqua, Francesco 230
Passarella, Giovanni 228
Pecolato, Maggiorino 234
Pellegrini, Carlo 130ff., 135, 137
Perego, Giuseppe 43
Pernter (Oberleutnant) 116, 119, 126
Perrod, Adriano 185f.
Pesce, Giacomo 227
Pezzi, Enrico 186
Piacenza, Guido 36, 84
Pintonello, Arrigo 247ff.
Pinzi, Francesco 206
Pippin (fränkischer König) 15
Plado-Mosca, Giuseppe 2
Polito, Francesco 70, 223, 234
Pravatà, Salvatore 226
Presenza, Giacobbe 225
Puzzi, Virginio 232

Rasero, Aldo 235
Raus, Erhard 151
Reichel (Leutnant) 109f.
Revelli, Nuto 4
Reverberi, Luigi 115, 140, 147, 241, 243f.
Ribani, Luigi 229
Ribbentrop, Joachim von 9
Ricagno, Umberto 139, 142, 186
Ricca, Umberto 99
Rigoni-Stern, Mario 4
Rinchiuso, Calogero 226
Rintelen, Enno von 52, 166
Rizzi, Loris 40
Rizzo, Mario 122f.
Roatta, Mario 10, 24
Rocchi, Zenone 231
Rochat, Giorgio 16, 21, 30
Rommel, Erwin 56
Roques, Karl von 19
Rossi, Adorno 227
Rossi, Amilcare 169
Rossi, Cesare 71, 213, 223
Rubino, Giovanni 230
Russo (Oberstleutnant) 108

Sacchi, Mario 227
Saccocci, Giuseppe 234
Salazer (Oberleutnant) 117, 145
Sallitto, Giuseppe 227
Salvadori, Silvio 226
Scarazzati, Agostino 43
Schieder, Wolfgang 6
Schlemmer, Ernst 88, 139, 253
Schlubeck (Hauptmann) 208
Schmidt, Paul Otto 24
Schmundt, Rudolf 146, 152
Schreiber, Gerhard 5, 9, 11, 29
Schuldt, Hinrich 64, 69, 134
Schwarz, Franz Xaver 178f.
Schwedler, Viktor von 99
Scorza, Carlo 230
Socci, Giulio 227
Soldaini, Francesco 230
Speidel, Hans 151
Speziano, Giuseppe 233
Spighi, Enrico 54
Stancapiano, Salvatore 234
Steeg, Ludwig 172
Stefanelli, Giuseppe 110
Sullivan, Brian R. 5, 13
Szelinski, Arnold 253

Tarnassi, Paolo 185f.
Terni, Mario 229
Tippelskirch, Kurt von 55ff., 63–68, 78, 86–92, 108, 111, 127, 140, 151, 165ff., 193ff., 205, 249, 252f.
Tirelli, Mario 94, 98
Todt, Fritz 163, 204
Tolloy, Giusto 3
Tomasin, Vittorio 42f.

Turrini, Umberto 98f., 209, 212, 222

Uffreduzzi, Ottrino 175
Utili, Umberto 85f., 97, 192

Vaccaro, Michele 128f.
Vidussoni, Aldo 168f., 171, 173ff., 177ff.
Vighi, Giuseppe 233
Vittorio Emanuele III. (italienischer König) 22, 46, 109, 170

Wagner, Adolf 178
Wagner, Eduard 257
Wandel, Martin 138
Wangenheim, Horst Freiherr von 129f.
Weichs, Maximilian Freiherr von 60, 67, 160, 192, 251f., 255
Wimpffen, Hans 73, 151
Winter, August 68
Woedtke, von (Oberstleutnant) 90
Wondrich (Hauptmann) 169, 178

Xenophon (griechischer Schriftsteller) 2

Zanghieri, Giovanni 45, 67, 87, 104, 106, 111, 190f., 203–207
Zastrow, Tönniges von 149
Zauli, Goffredo 231
Zeitzler, Kurt 63, 72, 84f., 250f., 257
Zhirnov, Evgenij 5
Zingales, Francesco 8, 22, 133f., 190, 197f., 200ff., 259
Zito, Francesco 42, 67
Zittka (Oberleutnant) 49

Ortsregister

Abrosimowo 113
Achtyrka 259
Adua 11
Alessandria 29
Alexejewka 69
Annenskij 134f., 198
Annuwka 139
Arbusow 1f., 45, 113, 210f., 216ff., 221f.
Arnautowo 143, 242f.
Augustinowka 84
Awakusch 201

Bachmatsch 259

Baranowicze 169
Basowka 236
Batowka 212f.
Belgorod 114, 144
Belowodsk 69, 104, 112f., 206, 212, 220, 225, 228
Belyj 232
Berlin 6, 8, 113, 138, 159, 169, 172, 177, 249, 254, 263
Bessarab 243
B. Gigonatzkij 126
Bobruisk 169f., 172
Bogomolow 212

Bogutschar 107, 119, 125, 130, 163, 206
Bogutscharskij 117, 119 f.
Bokowskaja 128
Bologna 29, 142
Bolriskaja 227
Bolsche Troizkoje 144, 243
Bolschoj 54
Bolschoj Ternowyj 136
Borsa 258
Bozen 29, 169
Brescia 169
Breslau 210
Brest-Litowsk 169 f., 172
Bukarest 7

Caporetto (Karfreit) 11, 159
Catania 175
Charkow 31, 103, 113 f., 140, 169 f., 172. 186, 195 f., 225, 267 f.
Cuneo 5

Danzig 150
Dawydo-Nikolskij 122
Debalzewo 20, 101, 186, 232, 267
Deresowka 64, 66, 224
Djogtewo 62, 69, 130
Dnjepropetrowsk 15, 19, 84, 95, 185 f., 227, 259, 264
Dobrusch 156
Dronero 207
Dubowikow 117, 120, 224

El Alamein 74 f.

Feltre 139
Filonowo 119 f.
Flossenbürg 98
Forschtadt 69, 137
Frolow 129

Gadjatsch 259 f.
Gadjutsche 66, 117–120, 124 f.
Genua 98 f.
Glogau 169
Golyj 119
Gomel 73 f., 114, 169 f., 185, 187, 189, 225, 256, 258, 260, 265 f., 269
Gorbatowo 54, 128, 236
Gorjanowskj 37
Gorlowka 20, 31, 36
Gorochowka 163
Gorodischtsche 104

Halle 169, 172

Iljewka 122 f.
Innsbruck 169, 172

Isjum 21, 31, 265
Iwanowka 101, 122

Jagodnyj 53 f.
Jakno 231
Jasinowatoje 34, 226, 229 f.
Jelanskoje 101
Jewdakowo 161

Kalatsch 112
Kalmykow 208
Kamenka 132 f.
Kamensk 34, 113, 161
Kantemirowka 62, 68–71, 107 f., 120 f., 137 f., 163, 185, 206 f., 224–230, 232 f., 263, 267 f.
Karaischnik 141
Karasejew 212 f.
Karbut 236
Karinowskaja 126
Kaschary 113
Kassel 86
Kiew 187, 226 f., 229 f., 234, 259, 264
Kiewskoje 113, 133 ff., 197
Kirowograd 231
Klibnij 213
Klinzy 156 f.
Kosino 148
Krakau 268
Krasnogorowka 113
Krasnojarowka 135
Krasno Orechowoje 105, 109, 117 ff.
Krasnyj 109, 228
Krasnyj Lutsch 101
Krawzow 212 f.
Krawzowka 150
Krementschug 151, 226, 234
Kriniza 212 f.
Kruschilowka 122 f.
Krutowskij 163
Kupjansk 169, 268
Kursk 113, 186
Kuselkin 60, 83
Kusmenkow 121

Latina 247
Lemberg 185, 189, 259, 268 f.
Leningrad 7, 198
Lesnitschanskij 142
Lichaja 137
Liman 212 f.
Lissa 169
Littoria 168
Litzmannstadt (Lodz) 169, 172
Livorno 3
Lucca 39, 43, 168
Luganskaja 34, 121

Lutowinowo 243
Lymoriwka 242

Mailand 15, 86, 98, 159, 168, 174, 177
Makarow 209, 212 ff., 261
Makarow Jar 122 f.
Malakejewa 242
Mantua 39, 43, 52
Medowa 212 f.
Melowoje 104
Meschkow 1, 129 f., 133, 208
Michailowka 121
Michajlow 212, 214
Migulinskaja 129
Millerowo 34, 69, 87, 112 f., 127, 130, 160 f., 169 f., 173 f., 179, 181, 206 f., 211, 227 f., 235 f., 238
Minsk 169 f., 172 f.
Mitrofanowka 107 f., 121, 137, 186
Modena 134
Monastyrschtschina 83, 113
Montecatini Terme 130
Morosowskaja 113, 137, 197
Moschajewka 105
Moskau 6 f., 9, 42, 170
München 168 f., 177 ff.

Napolow 129, 131
Neschin 74, 185, 259 f., 265 f., 268 f.
Nikitowka 34, 143, 242
Nikolajewka 70, 141, 143 ff., 210, 242 f.
Nikolajewskij 136
Nisch. Gniluscha 116
Nischne Boljschinskoj 130
Nischnij Mamon 116 f.
Nisch. Tschukarin 126
Nowaja Kalitwa 60, 64, 105, 107
Nowo Astachow 130 f., 198
Nowo Charkowka 148 f., 242
Nowomoskowsk 84
Nowopokrowskij 133
Nowo Postojalowka 150
Nowo Pskow 35
Nowyi Georgijewskije 142
Nowyj Oskol 144
Nürnberg 151, 160, 169, 172, 177 f., 251

Ob. Tschirskij 130
Odessa 25, 157
Ogolew 64, 113, 199 f.
Opyt 140, 146 f., 240 f.
Orel 58, 186
Orlowo 101
Orobinskij 228
Osetrowko 117
Osoppo 259
Ostrogoschsk 62, 69, 143, 161, 194

Palermo 110
Paris 151
Pavia 174
Pawlograd 37, 49
Pawlowsk 59, 101, 111, 238
Pereschtschepnoje 117, 119 f.
Perwomajskoje 198 f., 202
Petrikowka 19, 84
Petropawlowka 179
Petrowskij 135 f.
Podgornoje 139 f., 146, 152, 236, 240
Poltawa 151, 196, 264
Popowka 120, 131 ff., 141, 201, 209 f., 213–216
Postojalyj 140, 147 f., 239 ff.
Pullach 179

Rassypnaja 20
Reims 251
Repjewka 69, 240 f.
Rom 7 ff., 28, 33, 40, 52, 75, 79, 93, 159, 166, 168, 191, 224, 257, 260
Romny 259
Rossosch 34, 62, 69, 121, 135, 138 f., 141, 152, 174, 181, 206, 211, 235, 239 f.
Rostow 19, 60, 63, 113, 137, 165
Rykowo (Ordschonikidse) 20, 31, 34, 98, 137, 186, 226, 259, 267

Samodurowka 64
Saprina 174
Schapilow 201
Schebekino 144 f., 243
Scheljakino 34, 141 ff., 242
Schilin 138
Schlobin 74
Serafimowitsch 60, 102, 111
Siegen 128
Skasyrskaja 69, 113, 136
Skororyb 147, 240
Skotschau 268
Slonowka 243
Smaglejewka 120 f.
Smirnowskij 216
Snamenka 37, 230 f.
Solonowka 229
Solonzy 105
Stalingrad 2, 53 f., 58 ff., 62 f., 66, 78, 112 f., 127, 160, 167, 181, 187, 193, 205, 249–252, 255, 261
Stalino 20, 31, 34, 137, 177, 186, 259, 267
Starobelsk 34, 159, 161, 192, 206, 209, 220
Stolpce 169 f., 172
Strelzowka 104, 220
Suchoj Log 213
Swinjucha 105, 117 ff.
Swoboda 69, 137

Taly 68, 107, 121, 229, 233 f.
Terracina 247
Triest 168
Troizkoje 34
Trudering 169
Tschebotarewskij 53 f., 111
Tschertkowo 1, 68 f., 113, 181, 186, 211, 217 ff., 221 ff., 225, 233, 236, 253, 263, 267
Turin 175
Twerdochlebowa 117, 120 f.

Udine 259
Ulm 169
Urazowo 69
Uspenka 144, 243

Velletri 247
Verona 169

Waluiki 142 f., 169, 186
Warschau 98, 169

Washington 134
Wawarin 129
Werch. Grekowo 131, 133
Werch. Mamon 60, 64, 66, 89, 105, 112, 116 f., 198
Werchnaja 105
Werchne Makejewka 113, 133, 197, 201
Weschenskaja 111, 126, 198
Weselaja Gora 121
Weselyj 110
Wien 179
Wilokowski 104
Winniza 177
Woltschansk 138, 144
Woronesch 34, 58, 65, 69, 113, 137
Woroschilowgrad 69, 88, 101, 104, 113, 121, 173, 175, 186, 206, 227, 232, 251, 259, 265, 267

Zapkowo 231

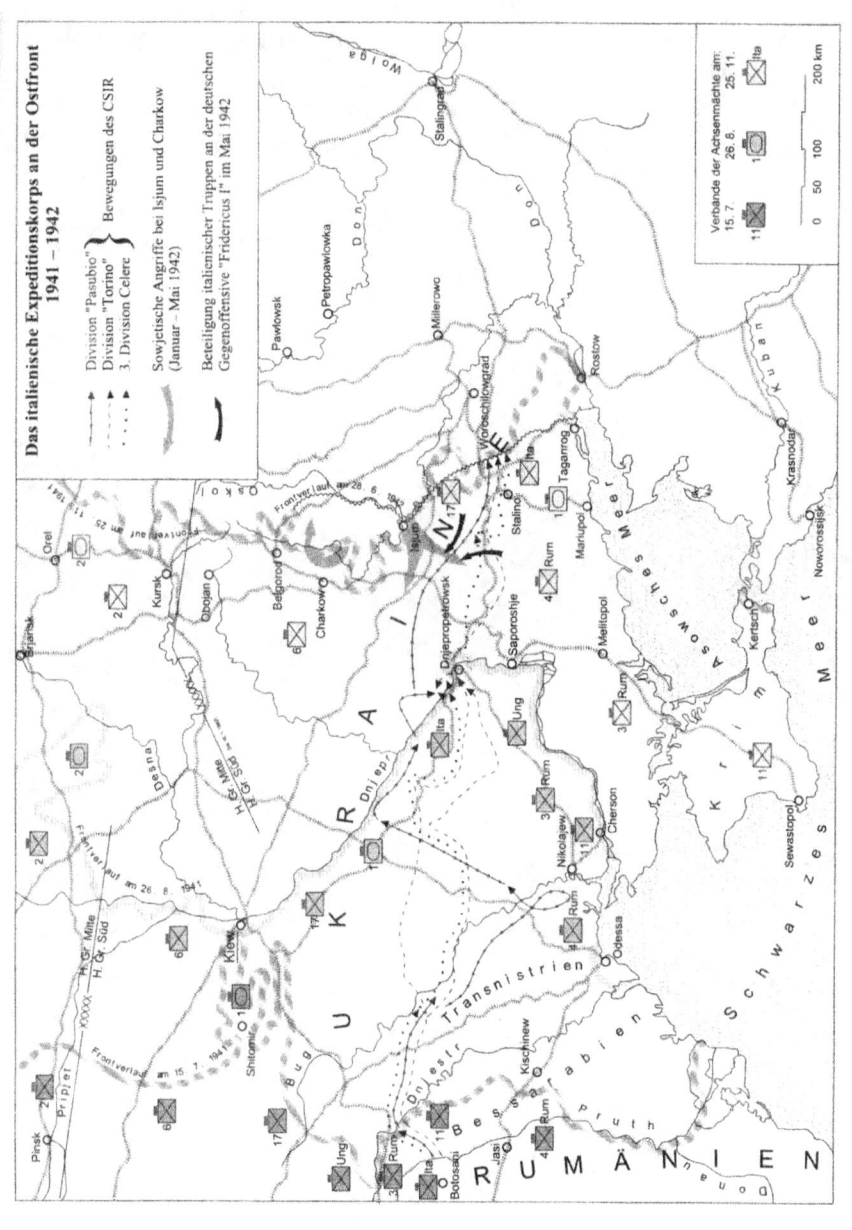

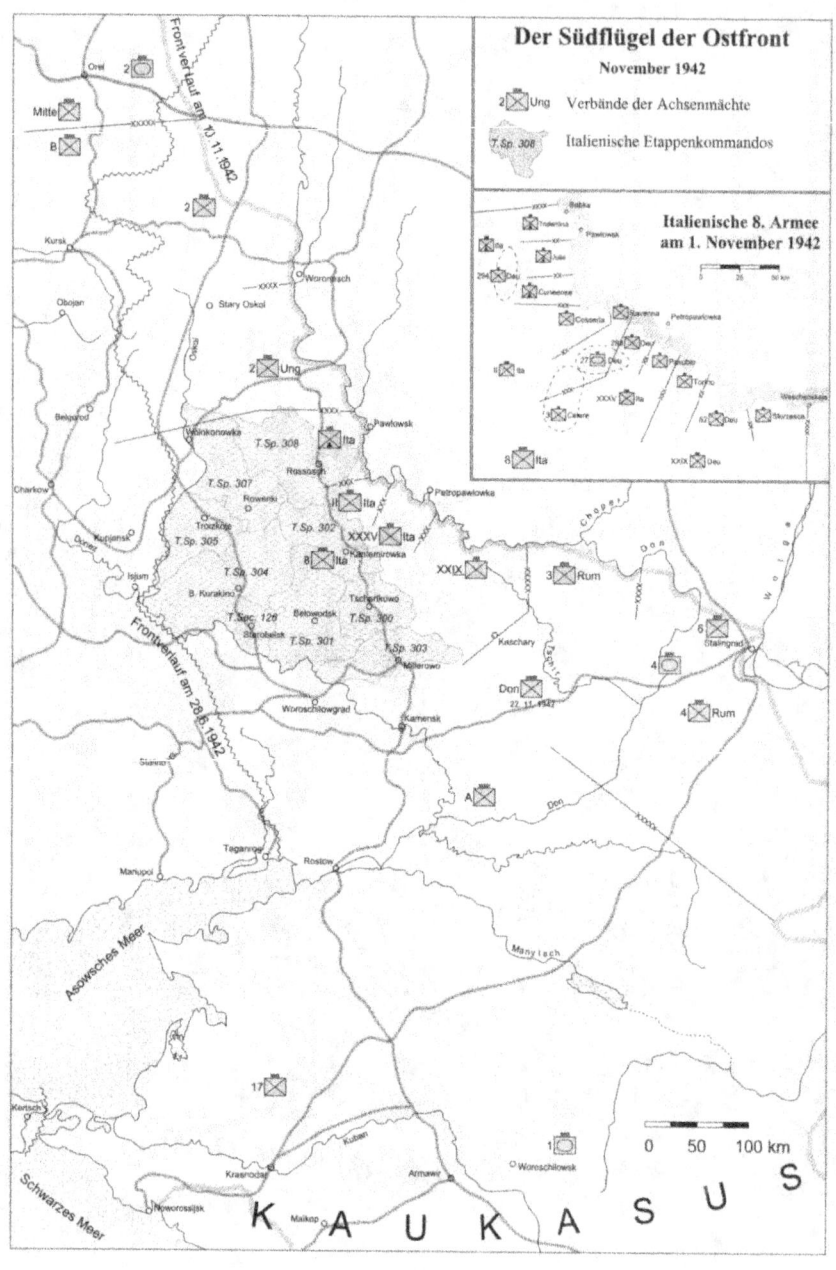

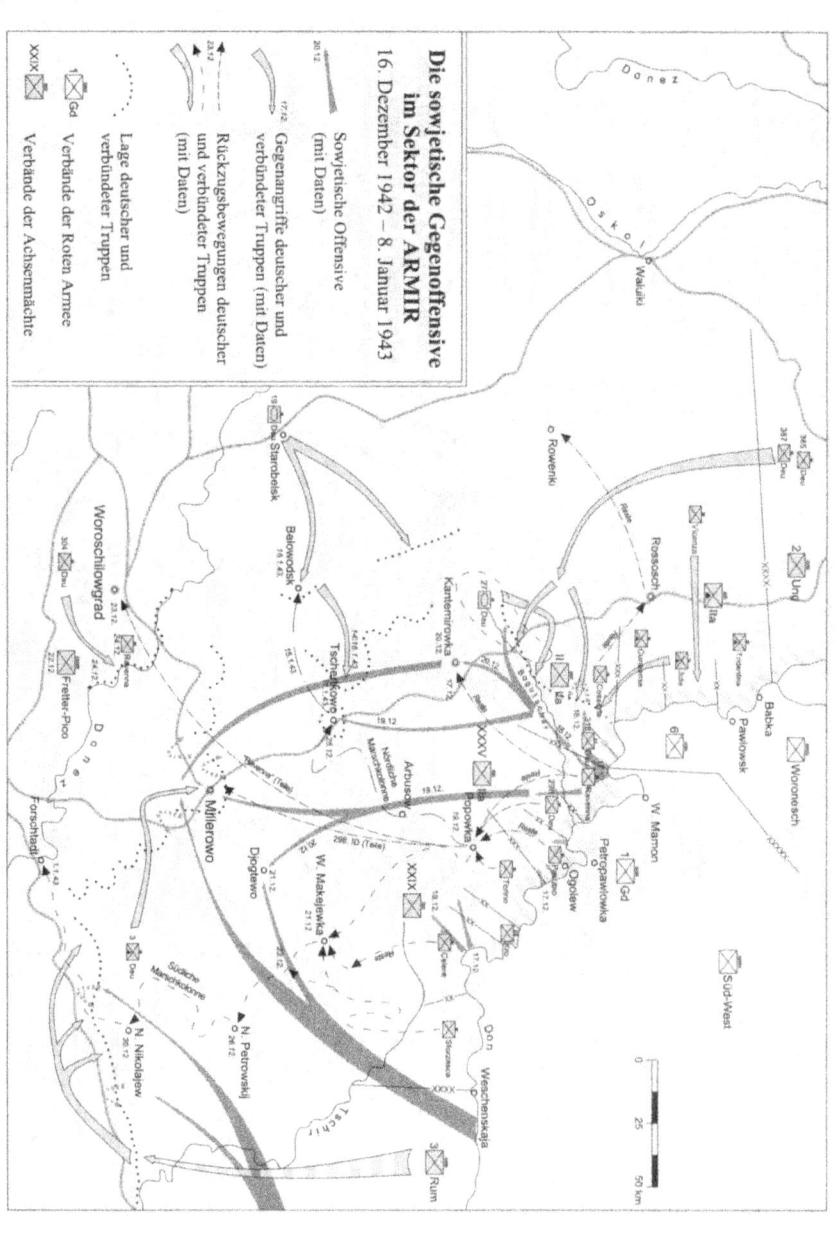

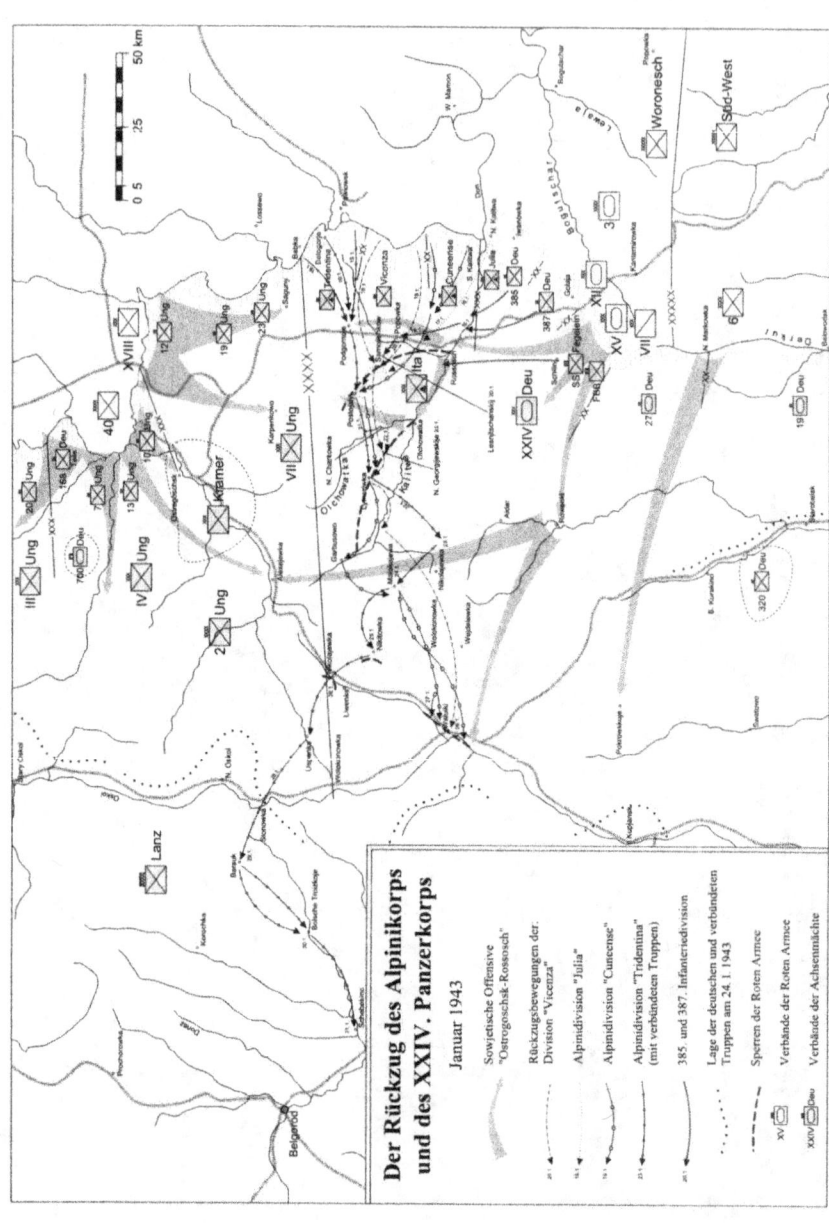